정관
정요

일러두기

1. 이 책은 청 건륭 연간에 어명으로 간행한 『사고전서』(상무인서관 영인본, 2005)본을 저본으로 삼았다. 『사고전서』본은 원元 과직본戈直本과 명明 성화본成化本을 교감한 판본으로, 지금까지 유통된 판본 가운데 가장 널리 읽히는 선본이자 정본이다. 『사고전서』본 앞에 붙어 있는 다양한 인물의 서문은 편찬자 오긍의 것을 제외하고는 모두 생략했고, 중화서국의 『정관정요집교貞觀政要集校』(謝保成 集校, 2003)본을 참고하여 「『정관정요』를 진상하며 올리는 상소문『貞觀政要』表」을 보충해 넣었다.
2. 그 밖에 『사고전서』본의 문자 교감과 의미 파악을 위해 중국 상하이고적출판사의 『정관정요』(上海師範大學古籍整理組 校點, 1978), 중화서국의 『정관정요집교』, 구이저우인민출판사의 『정관정요전역政觀政要全譯』(葉光大 等 譯注, 1991), 중화경전장서中華經典藏書의 『정관정요』(騈宇騫 等 譯注, 中華書局, 2012), 일본 동양문화연구소의 『정관정요정본貞觀政要定本』(原田種成 校勘, 1961) 등을 참고했다.
3. 해제를 작성하고 주석을 달기 위해 참고한 자료로는 위의 서적을 비롯해 인터넷의 바이두백과, 중문판 위키백과, 네이버백과, 한국고전번역원 데이터베이스 및 『중국문학가대사전』(世界書局, 臺北, 1981) 등이 있다. 여러 자료를 종합하여 서술했기 때문에 따로 출처를 명기하지 않았다.
4. 인명과 지명은 1911년 신해혁명을 전후하여 그 이전은 우리말 한자음으로, 그 이후는 현대 중국어 발음으로 표기했다. 이는 원칙적으로 국립국어원의 중국어 표기법을 준용한 것이다.

천년의 제왕학 교과서

정관정요

오긍 지음 | 김영문 옮김

글항아리

머리말

나는『정관정요貞觀政要』를 이번 번역과정에서 처음 완독했다. 대학에서 중문학을 전공하며 본격적으로 중국어와 한문을 접한 이래 거의 35년의 세월을 보내는 동안 그 유명한『정관정요』를 이번에야 처음 완독하다니, 적지 않은 독자께서 의아하게 생각하실 것이다. 물론 이전에도『정관정요』의 일부 내용을 이런저런 필요 때문에 읽어본 적은 있다. 하지만 처음부터 끝까지 완독한 적은 없다. 내가 말하는 완독은 전체 내용을 정독하는 것을 가리킨다. 끝내 정독할 마음이 나지 않았던 이유는 두 가지다. 첫째,『정관정요』의 주인공 당 태종이 고구려를 침략한 원흉이었기 때문이다. 아무리 중국에서 성군으로 칭송받는 당 태종이라 해도 우리나라를 침략한 원흉인데 어떻게 그의 정치 이론을 읽을 마음이 나겠는가? 나라가 크고 강하다고 주위의 다른 나라를 침략하고 업신여기는 일을 합리화해서는 안 된다. 둘째, 당 태종이 형과 아우를 죽이고 황제의 지위에 올랐기 때문이다. 유학을 중시했던 고대 왕조 체제에서 이는 패륜 행위에 해당된다. 당 태종 정권의 정통성에 치명적인 약점으로 작용하는 일이라 할 수 있다. 이런 연유로 당 태종은 내 뇌리에 성군이기는커녕 다른 나라를 침략하기 좋아하고 피를 나눈 형제까지 죽인 폭군으로 각인되었다.

이번 번역을 통해 내 선입견을 일부 확인하고 일부는 불식했다. 이 과정에서 놀라웠던 건 오긍吳兢이 『정관정요』를 편찬하면서 고구려에 패배한 당 태종의 행적과 고구려 정벌을 만류한 신하들의 상소문을 그대로 기록했다는 사실이다. 또한 국사를 토론하고 처리하는 과정에서 드러난 당 태종의 언행도 그대로 기록했다. 물론 이러한 기록은 상당 부분 태종을 미화하는 교묘한 언어로 장식되어 있지만 그럼에도 태종의 약점과 과오를 정직하게 드러내고 있다. 따라서 나에겐 『정관정요』가 당 태종의 '정관지치貞觀之治'에 대한 단순한 용비어천가가 아닌, 정통성 없는 당 태종이 자신의 약점과 과오를 극복하기 위해 평생토록 노력한 참회록으로 읽혔다.

예나 지금이나 정통성에 약점을 지닌 정권이 얼마나 많았던가? 고대의 불법 정변이나 사기 협잡으로 집권한 정권 또는 현대의 군사 쿠데타나 불법 선거로 집권한 정권이 바로 정통성 없는 정권에 해당된다. 이처럼 정통성 없이 집권한 권력자는 대개 자신의 부정을 감추기 위해 탄압과 전횡을 일삼다가 결국 불행한 결말을 맞는다. 그러나 당 태종은 자신의 형제를 죽이고 집권한 약점을 극복하고 민생과 국가를 올바르게 이끌기 위해 평생을 바쳤다. 그는 자신의 형인 태자 이건성李建成과 아우 이원길李元吉을 죽였으므로 왕위 계승의 적통과 윤리적 측면에서는 정통성이 없다. 이 때문에 자신의 통치 행위를 통해 직접 정통성을 확보하려 했다. 그것은 바로 민심을 반영하고 민생을 돌보는 민본정치의 철저한 실행이었다. 우리에게 잘 알려져 있는 명구, '임금은 배요, 백성은 물이다. 물은 배를 띄울 수도 있지만 뒤집어엎을 수도 있다'라는 말에 당 태종의 정치 철학이 잘 드러나 있다. 또한 자신을 바로잡기 위해 늘 근신하고 성찰한 일이라든가, 가식으로 보일 정도로 신하들의 직간을 장려한 일, 탐관오리를 철저하게 징벌한 일,

역사의 잘잘못을 거울로 삼으려 노력한 일 등을 통해 그는 백성의 자발적 지지를 이끌어내며 정권의 정통성을 얻어나갔다.

그렇다면 당 태종이 이룩한 정관의 치세가 칭송받을 일만 가득한 태평성대였던가? 이 또한 그렇지 않다. 『정관정요』의 기록에만 근거해 보더라도, 당 태종은 자신의 정복욕을 억누르지 못해 고구려 침략에 나섰다가 패퇴했으며, 자신의 태자 이승건李承乾과 넷째 아들 위왕魏王 이태李泰의 황위 다툼 문제 때문에 골머리를 앓아야 했다. 이승건과 이태의 권력투쟁은 당 태종에게 마치 과거 자신의 치부를 다시 들춰보는 듯한 곤혹감을 안겨줬고, 결국 이 두 아들을 모두 추방하고 아홉째 아들 이치李治(고종)를 태자로 세울 수밖에 없었다. 또 처음에는 간언을 장려하다가 시간이 지날수록 자신의 잘못을 지적하는 신하들의 직간에 불쾌해하는 모습을 보였으며, 사치와 독단에 빠져들기도 했다.

따라서 우리는 『정관정요』를 무결점·무오류의 리더십 고전이라 불러서는 안 된다. 당 태종의 정관지치만을 찬양하며 『정관정요』를 단지 그의 제왕학 교본일 뿐이라고 일컬어서는 안 된다. 이 책의 편찬자 오긍은 오히려 사심 없는 직필을 통해 당 태종의 약점과 과오까지 기록했다. 따라서 우리는 오긍의 기록으로 드러난 당 태종의 패륜과 인간적 약점에 주목해야 할 뿐 아니라 그가 자신의 과오를 반성하고 약점을 극복하기 위해 부단히 노력했다는 점을 더 중시해야 한다. 이런 측면에서 당 태종은 현명한 군주라 할 수 있다. 그러나 자신의 잘못된 생각을 고치지 않고 끊임없이 아집과 독단의 수렁으로 빠져드는 리더 또한 얼마나 많은가? 『정관정요』는 이처럼 잘못된 길로 빠져든 어리석은 리더들에게 올바른 길을 제시해줄 수 있다.

그렇다면 당 태종의 정치적 성공이 그의 패륜을 합리화할 수 있는가? 그는 자신이 형과 아우를 죽인 일을 주周나라 주공周公이 자신의 형제 관숙管叔과 채숙蔡叔을 죽인 일에 비견하며 합리화하려 했다. 그러나 그건 불가능한 일이었다. 형제를 죽인 무도의 행위는 어떤 변명과 합리화를 통해서도 부정할 수 없다. 물론 그가 이룩한 정관지치는 칭송받아 마땅하다. 그건 그가 평생 동안 끊임없는 반성과 수양으로 이룬 치적이기 때문이다. 그렇더라도 그것이 그의 패륜을 가려주지는 못한다. 조선조 세조가 아무리 뛰어난 임금으로 칭송받는다 해도 끝내는 어린 조카 단종을 죽이고 권력을 탈취한 임금인 것과 마찬가지다. 역사의 기록은 이처럼 엄정하고 두려운 것이다.

끝으로 『정관정요』 번역을 부탁하기 위해 대구까지 발걸음을 한 강성민 대표에게 감사드린다. 글항아리의 동양고전 시리즈는 알차고 품위 있는 기획으로 이미 독서계에 화제를 불러일으킨 지 오래다. 이번 『정관정요』 신완역판도 이 기획에 누를 끼치지 않았으면 하는 바람이다. 또 일일이 성명을 밝히지는 않겠지만 나의 페이스북 친구분들께도 깊은 감사의 말씀을 전한다. 2015년 2월 16일부터 6월 11일까지 페이스북에 『정관정요』 번역이 40회 연재되는 동안 매번 최소 40여 명에서 최대 150여 명에 가까운 분들이 '좋아요'를 누르거나 댓글을 달며 많은 관심을 표해주셨다. 이분들의 격려로 『정관정요』 번역에 더욱 힘을 낼 수 있었다.

2017년 1월

청청재靑靑齋에서 옮긴이

차 례

머리말 _004

해제-약점과 과오를 극복한 리더십의 고전 _016

『정관정요』를 진상하며 올리는 상소문 _038

『정관정요』 서序 _041

권1_군주론

제1편 임금의 길[君道] _047

다스림은 수양에서부터 | 밝은 임금은 사람들의 의견을 두루 듣는다 | 창업과 수성 중 어느 것이 어려운가? | 멸망의 교훈은 멀리 있지 않다 | 천하를 얻기는 어려우나 잃기는 쉬운 법 | 두려워해야 할 것은 오직 민심의 동향 | '열 가지 생각十思'이란 무엇인가? | 거침없는 직언이 필요하다 | 평안할 때 장래의 위기를 생각하라

제2편 정치의 요체[政體] _065

화살이 곧게 날아가는 이치 | 부처 간에 견제와 협조가 잘 이루어져야 | 경전에 뛰어난 인재를 중용하다 | 자신의 견해대로 이의를 제기하라 | 신하의 생각을 다 발휘하도록 하다 | 임금과 신하가 마음을 다 털어놓아야 | 임금은 배요 백성은 물이다 | 벌주지 않을 테니 직간하라 | 혼란 직후에 태평성대가 올 수 있다 | 민심에 역행하면 나라가 망한다 | 임금은 맑고 깨끗한 마음을 지녀야 | 윗물이 맑아야 아랫물도 맑다 | 교만을 부리면 패망한다 | 대문을 잠그지 않다

권2_현신론과 간언론

제3편 어진 이를 임용하다[任賢] _089

다른 사람의 선행을 들으면 자신의 일처럼 기뻐했다 | 법령과 문물제도를 정하다 | 직간으로 역린을 거스르다 | 공평한 인물평 | 돌궐과 토욕혼을 격파하다 | 다섯 가지에 뛰어난五絕 명신 | 태종이 수염을 태워 약을 지어주다 | 잠시라도 곁에 없으면 생각나는 사람

제4편 간언을 구하다[求諫] _115

간언을 따르면 성군이 된다 | 목재가 먹줄을 받으면 바르게 잘린다 | 간쟁을 하지 않는 신하는 죽어 마땅하다 | 임금과 신하가 함께 노력해야 | 간언을 하려면 다른 사람의 간언을 받아들여라 | 역린을 범하는 일도 피하지 말라 | 원수를 등용하라 | 편하게 아뢸 수 있도록 하다 | 두려움 없이 끝까지 말하라 | 간언은 거울과 같다 | 잘못은 애초에 바로잡아야

제5편 간언을 받아들이다[納諫] _129

빼앗은 미인을 돌려보내다 | 쓸데없는 궁궐 수리는 백성을 해친다 | 말이 죽었다고 사람을 죽여서야 | 임금의 욕망을 백성에 맞춰야 | 진상품 요구를 거절하다 | 과격한 간언은 비방과 비슷하다 | 은혜를 베풀면 보물은 저절로 들어온다 | 약이 되는 말에 진짜 약으로 보답하다 | 사리에 맞지 않아도 힐난하지 말아야

부록 직간 부[直諫 附] _145

남의 약혼녀를 후궁으로 들여서는 안 된다 | 임금이 말을 바꿔서는 안 된다 | 참소와 비방은 간언이 아니다 | 충신이 아닌 양신良臣 | 봉선封禪은 아직 일러 | 황실 인척의 전횡을 방지하라 | 임금과 대신은 모든 정보를 공유해야 | 임금의 아들이라고 특별 대우할 수는 없다 | 장점을 발휘하게 하라 | 초심을 고수해야

권3_군신관계론

제6편 임금과 신하가 서로 거울이 되어 경계하다[君臣鑒戒] _171

역사의 교훈이 멀지 않다 | 억울한 옥사가 없도록 하라 | 선한 정치를 하며 공과 덕을 쌓아야 | 고난의 시절을 잊지 말라 | 심장이 있으면 팔다리도 있어야 | 백성을 사랑하면 임금, 백성을 학대하면 원수 | 임금은 대신을 믿고 의지해야 | 덕망과 인정에 더욱 힘써야 | 공신의 자제를 잘 훈계하라

제7편 관리 선발[擇官] _189

불필요한 관리를 줄여라 | 잡무를 줄이고 현인을 찾으라 | 도독과 자사를 통해 멀리 보고 멀리 듣다 | 어느 시대에 현인이 없겠는가 | 말 잘하고 글 잘 짓는 자들로는 안 된다 | 인재를 등용할 땐 품행을 자세히 따져야 | 군수와 현령에 어진 사람을 임명하라 | 상서성의 관리를 엄선하여 관직의 기강을 잡으라 | 스스로를 천거하게 해서는 안 된다 | 임금은 어진 신하의 보필을 받아야 | 여섯 부류의 바른 신하와 사악한 신하 | 포상과 처벌을 공평하게 시행하라 | 수염만 훌륭해서야

제8편 봉건제도[封建] _207

황실 종친을 편애하지 말라 | 백성을 보호하는 일은 제왕의 직분 | 봉건제도는 시대에 맞게 조정해야 | 봉작을 세습케 하지 말고 현인을 등용하라 | 형벌을 중지하고 교화를 펼쳐야 | 요순에게도 불초자식이 있었다

권4_태자교육론

제9편 태자와 왕자들의 직분 정하기[太子諸王定分] _227

왕자들이 보위를 노리지 못하게 하라 | 황제의 자제에게 과도한 봉작을 주지 말라 | 사랑하면 의롭게 교육하라 | 보좌할 바른 선비를 구하라

제10편 스승을 존경하라[尊敬師傅] _235

스승을 두려워하며 공경하다 | 태자의 스승 삼사三師를 설치하라 | 가르침에 따라 품성이 변한다 | 황제를 대하듯 하라 | 태자와 스승 | 태자의 몸과 종묘사직 | 책을 읽히고 빈객과 사귀게 해야 | 태자가 간언할 기회를 주어야

제11편 태자와 왕자들을 교육하고 경계하다[教戒太子諸王] _247

엄한 말로 따끔하게 | 굽은 나무는 먹줄을 받아야 곧게 잘린다 | 재앙과 복락은 사람이 불러오는 것 | 선행하여 군자가 되어라 | 백성의 고통을 알아야 한다 | 예법을 어기면 형벌로 도륙 | 어린 왕자를 자사에 임명하지 말라

제12편 태자에게 올바른 간언을 올려라[規諫太子] _261

만물의 변화법칙에 따라야 | 어찌 욕망에 몸을 내맡기겠습니까? | 역대 태자의 행적 | 올바른 사람을 뽑아 옥사를 맡겨야 | 궁궐 축조, 주색, 사냥을 절제하라 | 덕행을 준수하며 싫증내지 말라 | 목숨을 걸고 간언하다 | 지나친 사냥은 종묘사직을 망치는 일 | 악행이 쌓이면 성정까지 바뀐다 | 쓰라린 간언이 행동에는 이롭다 | 궁궐 건축의 사치를 금하라 | 음란한 음악을 경계하라 | 거슬리는 간언은 좋은 약과 같다 | 잘못된 시작을 막고 악의 싹을 잘라야

권5_도덕론

제13편 인의[仁義] _289

인의로 다스려야 국운이 길어진다 | 민심을 따르고 가혹한 법률을 제거하라 | 백성의 안락이 바로 갑옷과 무기다 | 인의가 쌓이면 백성이 저절로 귀의한다

제14편 충의[忠義] _295

풍립과 사숙방의 충의 | 충렬지사 요사렴 | 옛 주군을 애도함은 의로운 일 | 수나라의 충신들 | 진숙달의 직간 | 청렴한 관리 이홍절 | 임금의 잘잘못을 직언한 위징 | 극형을 두려워하지 않은 소우 | 양진의 충절이 수백 년 후에 보답을 받다 | 제 배를 갈라 임금의 간을 품은 홍연 | 추운 겨울의 소나무 같은 요군소 | 원헌 부자의 충렬 | 충신의 자손에게 관용을 베풀라 | 고구려 안시성주에게 비단 300필을 내리다

제15편 효도와 우애[孝友] _313

계모에게 효도한 방현령 | 형 대신 죽기를 청한 우세남 | 효도와 우애로 이름난 이원가 | 부친 사후 종신토록 베옷을 입은 이원궤 | 고기를 남겨 모친에게 올린 사행창

제16편 공평[公平] _319

자식과 형제도 내쳐야 한다 | 전쟁은 자신까지 불태운다 | 형벌 시행은 국법에 따라야 | 공평무사한 제갈량의 정치 | 공주를 특별히 대우하지 말라 | 증거가 불충분하면 무죄다 | 능력 있는 사람이면 원수라도 추천하라 | 보옥과 돌멩이는 구분해야 한다 | 선행을 좋아하고 악행을 미워해야 | 형벌로는 치세를 이룰 수 없다 | 감정에 따라 형벌을 정해서는 안 된다 | 주관을 개입시키지 말라 | 인정을 베푸는 척 뇌물을 받지 말라 | 판결은 사람을 살리기 위한 것 | 다른 사람을 탓해서는 안 된다 | 간언을 좋아해야 간언을 올린다 | 큰 강을 건널 때

제17편 성실과 신의[誠信] _351

윗물이 맑아야 아랫물도 맑다 | 말과 행동은 일치해야 한다 | 열린 태도로 직언을 받아들여라 | 군자에게 일을 맡겨라 | 아첨꾼에게 상을 주면 안 된다 | 선인을 등용하고 악인을 제거하라 | 전쟁을 중지하고 문치를 일으켜야 | 먹을 것을 버리더라도 신의를 지켜라

권6_자질론

제18편 검약[儉約] _365

화려한 복식을 남용하지 말라 | 누대 건설에 과도한 경비를 쓰지 말라 | 탐욕에 빠지면 망한다 | 궁궐 증축에 마음을 써서는 안 된다 | 화려한 장례 의식은 교화를 망친다 | 검소하게 본분을 지키다 | 검소함을 숭상한 관리들

제19편 겸양[謙讓] _377

늘 겸허하고 두려워해야 | 신명함을 감추고 과묵함을 유지하라 | 이효공과 이도종의 겸손함

제20편 측은지심[仁惻] _383

궁녀들을 내보내 짝을 찾게 하라 | 아이들을 찾아 부모에게 돌려주다 | 슬픔에 무슨 기피하는 날이 있겠는가? | 태종이 친히 병졸 상처의 피를 빨다

제21편 좋아하는 것을 삼가라[愼所好] _389

화려하고 텅 빈 학문을 좋아하지 말라 | 신선술은 본래 허망한 것이다 | 허황한 일로 의심을 품지 말라 | 기묘한 솜씨에 탐닉하지 말라

제22편 말을 삼가라[愼言語] _395

임금은 언행에 신중해야 한다 | 수 양제의 잘못된 명령을 경계로 삼으라 | 변론을 줄이고 기상을 기르라

제23편 아첨꾼을 막으라[杜讒邪] _401

아첨꾼이 종묘사직을 폐허로 바꾼다 | 아첨을 일삼다가 질책당한 조원해 | 선악은 가까운 배움에서 말미암는다 | 참소하는 진사합을 내쫓다 | 남을 모함하는 자는 처벌하라 | 참소하는 자는 참수한다 | 당 태종이 힘쓴 세 가지 일

제24편 잘못을 뉘우치다[悔過] _411

잘못은 반복하지 말아야 | 황제도 잘못을 인정하다 | 부모의 짧은 상례 기간을 뉘우친 태종 | 직언하는 사람을 힐난하지 말라

제25편 사치와 방종[奢縱] _417

자신에게 근검하고 백성에게 은혜를 베풀라 | 황실의 검소함이 갖는 중요성 | 옛 시대의 망국을 거울로 삼아야 | 검소하게 생활하며 백성을 편히 쉬게 하라

제26편 탐욕과 비열[貪鄙] _425

몸 안의 것과 몸 밖의 것 | 돌소가 황금 똥을 누다 | 뜻을 해치고 허물을 만든다 | 밀기울을 탐한 진만복 | 노다지 은광을 내버려두는 이유 | 물 밑 굴속의 물고기는 왜 잡힐까

권7_학문과 예절

제27편 유학 숭상[崇儒學] _435

홍문관을 설치하여 유학을 장려하다 | 교육을 통해 유학을 장려하다 | 역대 유학자를 드높이다 | 경전의 뜻에 밝은 사람을 등용하라 | 안사고가 경전의 오류를 바로잡다 | 학문을 배워 도를 완성하라

제28편 문장과 역사[文史] _445

문장은 화려함보다 현실에 도움이 돼야 | 임금의 문집이 왜 필요한가? | 임금의 잘못은 천하 사람이 모두 기록한다 | 국사는 사실대로 기록해야 한다

제29편 예절과 음악[禮樂] _453

살아 있는 임금의 이름은 피휘하지 말라 | 숙부가 조카에게 절을 해서는 안 된다 | 부모의 상에는 슬픔을 다하라 | 스님과 도사도 부모에게 절을 해야 | 조상의 명성을 팔지 말라 | 공주도 시부모를 뵙는 예절을 행해야 | 지방의 사자를 위해 숙소를 마련하다 | 임금의 아들을 지나치게 높여서야 | 친족의 복상 기간을 새로 정하라 | 복상 기간은 은정에 따라야 | 상례 규정을 바꾸다 | 생일은 기쁨으로 즐기는 날이 아니다 | 음악은 사람의 마음에서 비롯된다 | 음악으로 아픈 과거를 그려내지 말라

권8_실무론

제30편 농사에 힘쓰라[務農] _473

사람의 근본은 옷과 밥이다 | 당 태종이 누리를 삼키다 | 태자의 관례를 농한기로 미루라 | 농사 시기를 빼앗지 말라

제31편 형벌과 법률[刑法] _479

관대하고 가볍게 법을 시행하라 | 혼자서 반역할 수는 없다 | 사형은 다섯 번에 걸쳐 다시 심사하라 | 높은 곳에서도 낮은 세상의 소리를 들으라 | 화와 복은 사람에 달려 있다 | 옥사 판결에 억울함이 없게 하라 | 공신이라고 사면해서는 안 된다 | 기분에 따라 시행하지 말라 | 참화와 복락은 서로 의지해 있다 | 편안할 때 위기를 생각해야 | 올바른 원칙을 신중하게 고수하라 | 처음처럼 공손하고 검소하라 | 불필요하게 상관을 연루시키지 말라 | 관대하고 공평하게 판결하라

제32편 사면령[赦令] _499

함부로 사면령을 내리지 말라 | 상충되는 법 조항을 없애라 | 조정의 명령은 반드시 시행하라 | 병을 빌미로 법령을 어지럽히지 말라

제33편 조공품[貢賦] _505

각지의 산물로만 조공품을 바치라 | 앵무새를 돌려보내다 | 조공품을 보고 두려움에 젖다 | 반역자의 뇌물을 받지 말라 | 고구려 여인을 돌려보내다

제34편 흥망을 논하다[辨興亡] _511

천하를 지키는 방법은 오직 인의일 뿐 | 백성이 부족하면 어느 임금이 풍족하랴? | 배은망덕은 멸망을 초래한다 | 전쟁을 좋아하면 반드시 멸망한다 | 백성이 피폐하면 임금도 멸망한다

권9_국방론

제35편 정벌[征伐] _521

적과 강하게 맞서라 | 전쟁보다는 덕으로 포용해야 | 아무 도움이 안 되는 전쟁을 하지 말라 | 헛된 명성을 위해 군대를 움직이지 말라 | 다른 나라의 장례를 습격해서야 | 혼인으로 화친을 도모하다 | 창을 멈추는 것이 무武다 | 전쟁에서 요행을 바라지 말라 | 태종이 간언에 따르지 않다 | 임금에게 적병을 남겨주지 않다 | 군대를 숭상해서도 내버려서도 안 된다 | 고

구려는 아무도 공격할 수 없었다 | 태종이 직접 섶나무를 지다 | 고구려 정벌은 이치에 맞지 않는 일 | 멈출 줄 알고 만족할 줄 알라 | 경사가 있더라도 기뻐하지 말라 | 행군과 노역의 고통을 줄여주라 | 대형 공사는 백성을 지치게 한다 | 교묘한 노리개는 나라를 망치는 도끼

제36편 변방 안정[安邊] _545

돌궐을 회유하여 하남 일대에 살게 하다 | 항복해온 돌궐족은 신중하게 처리해야 | 배반한 돌궐족을 옛 땅으로 돌려보내다 | 유용한 재물을 뿌려 무용한 일을 해서야 | 고창국에 국왕을 세워줘야 | 화친책을 주장한 사람에게 상을 내리다

권10_경계론

제37편 순행[行幸] _561

지나친 순행은 백성의 힘을 고갈시킨다 | 순행을 위해 백성을 부역에 내몰지 말라 | 강도 순행 중 피살된 양제 | 임금의 욕망을 위해 순행에 나서지 말라

제38편 사냥[畋獵] _567

천자가 웃통 벗고 사냥에 나서다니 | 기왓장으로 비옷을 만들면 | 임금이 위험을 무릅쓰면 안 된다 | 황제가 어찌 맹수와 박투를 벌이랴? | 사냥은 가을 수확기가 끝난 후 해야

제39편 재난과 길상[災祥] _577

상서로운 조짐은 가소로운 것 | 덕을 닦으면 천재지변이 없어진다 | 교만과 방탕이 재난의 원인 | 임금이 도를 잃으면 백성은 반역한다 | 흉조는 임금의 덕을 이길 수 없다

제40편 끝까지 삼가라[愼終] _587

초심을 끝까지 유지하라 | 한 고조도 초심을 유지하지 못했다 | 풍성한 공훈을 후세에까지 누리게 하라 | 시대가 안락하면 교만해진다 | 아는 것은 어렵지 않으나 행동하는 것은 어렵다 | 인의의 도리를 믿고 굳게 지키라 | 백성이 즐거워 패망한 적은 없다 | 몸을 즐겁게 하는 일만 추구해선 안 된다 | 절인 생선 옆에 있으면 비린내에 젖어든다 | 일상 용품을 천하게 여기지 말라 | 한 사람이 참소한다고 사람을 버리지 말라 | 지나친 사냥으로 변고에 빠질 수 있다 | 예의를 갖춰 신하를 대하라 | 부지런히 힘쓰며 태만하지 말라 | 평안할 때 교만하거나 안일하지 말라 | 아직도 한 삼태기의 공로가 부족하다 | 강경하고 정직한 간언을 채택하라 | 공을 생각하고 사를 잊어라 | 신하의 간언을 반듯한 법칙으로 삼으라

해제

약점과 과오를 극복한 리더십의 고전

1. 역대 제왕학 교과서

『정관정요』는 당唐나라의 사관 오긍吳兢(670~749)이 편찬한 역사 정론집이다. 말 그대로 '정관貞觀 시대 정치 사례 정선집'이다. 정관은 당 태종太宗(598~649)의 연호인데 역사에서 '정관지치貞觀之治'라고 하면 당 태종의 뛰어난 치세를 가리킨다. 당 태종이 정치를 잘하여 역사에 보기 드문 융성기를 이뤘다는 의미다. 오긍은 무측천武則天 혼란기 이후 당 현종 시대에 당시 제왕이 읽어야 할 정론 요약집이 절실하게 필요함을 느끼고 당 태종 치세의 구체적인 정무 사례를 엄선하여 『정관정요』를 편찬했다. 『정관정요』는 애초에 거리낌 없는 필법 때문에 당 조정의 인가를 받지 못했지만, 오히려 이런 직필법이 이후 수많은 군신의 공감을 얻는 요인으로 작용했다. 당나라 말기부터 송宋, 금金, 원元, 명明, 청淸에 이르기까지 중국 사서史書에는 제왕과 신료들이 대대로 『정관정요』를 읽은 기록이 줄줄이 등장한다. 또 『정관정요』는 우리나라와 일본으로도 전해져 역대 군신이 반드시 읽어야 할 제왕학 교과서로 인정되었다. 『고려사高麗史』 2권 「광종세가光宗世家」

원년(950) 1월 1일 조에 이런 기록이 있다.

> 원년 춘春 정월에 세찬 바람이 불어 나무가 뽑혔다. 왕께서 재난을 물리치는 방법에 대해 묻자 천문 담당 관리司天가 아뢰기를 "덕을 닦는 것보다 더 좋은 방법이 없습니다"라고 했다. 이때부터 늘 『정관정요』를 읽었다.
>
> 元年春正月, 大風拔木, 王問禳災之術, 司天奏曰, "莫如修德." 自是常讀『貞觀政要』.

이는 『정관정요』가 우리나라 역사 기록에 최초로 등장하는 사례다. 과거제도와 노비안검법 등 개혁 조치를 시행하여 고려 500년 왕조의 기틀을 놓은 광종光宗(925~975)이 즉위하자마자 『정관정요』를 자신의 국정 교과서로 삼았다는 기록이다. 이보다 앞서 신라 말기 최치원崔致遠(857~?)의 『고운집孤雲集』 제1권에 실려 있는 「신라 왕이 당나라 강서 고대부 상에게 보내는 글新羅王與唐江西高大夫湘狀」에 '촉칭蜀稱'이란 전고가 등장하는데[1] 이 어휘의 출처도 『정관정요』 권5 제16편 「공평公平」이다.[2] 이 글은 신라 말기 헌강왕憲康王(?~886)이 박인범朴仁範 등 신라 선비가 당나라 빈공과賓貢科에 급제하자 당시 과거 감독관이었던 당나라 대부 고상高湘에게 보낸 감사 편지다. 촉蜀나라 승상 제갈량諸葛亮이 국사를 저울추蜀稱처럼 공명정대하게 처리한 것처럼 당나라 대부 고상도 과거시험을 공평하게 감독하여 신라 선비들이 급제할 수 있게 되었다는 의미를 담고 있다. 이는 당시 국가 지도

1_ 최치원, 『고운집』 제1권, 「장狀」. "엎드려 살펴보니 마침 대부께서 손으로 공정한 일처리蜀秤를 주관하고, 마음을 공평한 거울秦臺에 비춰보고, 과거 급제蟾桂의 주인공을 만들며, 신라의 선비를 돌아보는 때를 만났습니다伏遇大夫手提蜀秤, 心照秦臺, 作蟾桂之主人, 顧鷄林之士子."

2_ 『정관정요』 권5 제16편. "옛날 제갈공명은 작은 나라의 승상이었지만 '내 마음을 저울추처럼 공평하게 유지해야지 사람에 따라 경중을 달리해서는 안 된다'라고 했소. 하물며 내가 지금 큰 나라를 다스려야 하는 경우에야 어떠해야겠소?昔諸葛孔明, 小國之相, 猶曰, '吾心如稱, 不能爲人作輕重.' 況我今理大國乎?"

층이 『정관정요』에 나오는 전고를 외교 문서에서 능숙하게 구사할 정도로 그 내용을 잘 알고 있었다는 사실을 말해준다. 실제로 당나라에서 『정관정요』가 널리 유통되기 시작하는 때가 당 헌종憲宗(778~820) 무렵임을 감안해보면 거의 비슷한 시기에 이 책이 당시 유학생 등을 통해 신라에도 전해졌음을 짐작할 수 있다.

이후 고려 예종睿宗(1079~1122)도 『정관정요』를 애독하며 김연金緣, 박경인朴景仁 및 보문각寶文閣 학사에게 『정관정요』를 주해註解하여 올리라고 어명을 내렸다.[3] 이는 중국 『정관정요』 통행본인 원나라 과직戈直의 『정관정요집론貞觀政要集論』(1333)보다 거의 200년 앞서 나온 주해본이다. 『고려사』에는 이후로도 『정관정요』에 관한 기록이 계속 등장한다.

고려시대와 마찬가지로 조선시대에도 『정관정요』는 경연經筵의 교재이자 지식인의 필독서로 자리 잡았다. 『태조실록』 1년 12월 16일 조에 이미 조준趙浚(1346~1405)이 전문箋文을 올려 학문에 밝은 선비가 임금에게 조석으로 『정관정요』를 가르친다고 했으며,[4] 『태조실록』 4년 9월 4일 조에는 태조가 예조의랑禮曹議郎 정혼鄭渾과 교서소감校書少監 장지도張志道에게 『정관정요』를 교정해 올리도록 어명을 내렸다는 기록이 있다.[5] 이후 세종, 단종, 세조, 성종, 중종, 선조, 인조, 효종, 숙종, 영조, 정조, 순조 시대에 이르기까지 각 실록에는 『정관정요』에 관한 주해, 교정, 경연, 진강進講 기록이 끊이지 않고 등장한다. 특히 『영조실록』과 『정조실록』에는 『정관정요』 관련 기록이 모두 24차례나 등장하는데 이는 당시 정치와 학문 토론이 매우 활발했고 그 중심

3_ 『고려사』 14권 「예종세가睿宗世家」 3년. "마침내 김연, 박경인 및 보문각 학사에게 『정관정요』를 주해하여 올리라고 어명을 내렸다遂命金緣朴景仁及寶文閣學士, 註解政要, 以進."

4_ "경연을 열고 임금 좌우에 밝은 선비를 나아가게 하여 『정관정요』를 강의해 올리다開經筵, 進明儒於左右, 獻『貞觀政要』."

5_ "예조의랑 정혼 및 교서소감 장지도에게 『정관정요』를 교정해 올리도록 어명을 내렸다命禮曹議郎鄭渾及校書少監張志道, 校正『貞觀政要』, 以進."

에 『정관정요』가 있었음을 증명해주는 사실이다. 한마디로 말해서 『정관정요』는 신라 말기에 우리나라로 전해져 고려와 조선을 거치는 동안 계속해서 제왕학 교과서로 존중받아왔음을 알 수 있다.

2. 『정관정요』에 기록된 고구려

우리는 또 당 태종이란 명칭을 마주하면 고구려를 떠올리지 않을 수 없다. 당시 중국, 서역, 북방을 아우르며 대제국을 건설한 당 태종은 연개소문이 영류왕을 시해하고 보장왕을 옹립하자, 임금을 죽인 난신을 정벌한다는 명분으로 고구려를 침략했지만 결국 고구려 안시성에서 패배하여 귀국해야 했다. 『정관정요』에 고구려 관련 기록이 나오는 대목은 다음과 같다.

제2편 「정체政體」 1곳, 제3편 「임현任賢」 1곳, 제14편 「충의忠義」 1곳, 제20편 「인측仁惻」 1곳, 제27편 「숭유학崇儒學」 1곳, 제33편 「공부貢賦」 2곳, 제35편 「정벌征伐」 7곳.

모두 14곳에서 고구려를 언급하고 있다. 『정관정요』가 당 태종의 '정관지치'에 기반한 정론 요약집임을 상기해보면 고구려에 패배한 당 태종의 행적을 14곳이나 기록하고 있음은 다소 의외로 생각될 정도다. 이를 많은 양이라 할 수는 없지만 또 그렇게 적은 양이라고도 할 수 없다. 물론 대부분의 기록은 당 태종이 고구려를 격파하고 당나라 황제로서의 위엄을 떨쳤다고 기록하고 있다. 이는 당나라 입장을 그대로 반영한 편파적인 기록이지만 그럼에도 이 기록들을 자세히 음미해보면 당시 고구려의 위상과 국력을 충분히 짐작할 수 있다. 그중 중요한 기록 두 가지만 살펴보자.

당나라 군사를 안시성 아래에 머물게 하고 항복을 권했으나 성안의 군사들은 견고하게 지키며 동요하지 않았다. 매번 황제의 깃발을 볼 때마다 반드시 성 위로 올라가 북을 치며 고함을 질렀다. 태종은 대로하여 강하왕江夏王 이도종李道宗에게 토산을 쌓아 성을 공격하게 했지만 끝내 이길 수 없었다. 태종은 장차 군사를 돌리려 하면서 안시성주가 신하의 절개를 굳게 지킨 일을 가상히 여겨 비단 300필을 하사하고 자신의 임금을 섬긴 사람을 격려했다.(권5 제14편 「충의」)

만약 고구려가 신하로서의 예절을 어겼다면 폐하께서 그들을 주살해도 됩니다. 우리 백성을 침략했다면 폐하께서 그들을 멸망시켜도 됩니다. 오랫동안 중원의 우환거리가 되었다면 폐하께서 그들을 제거해도 됩니다. 만약 이런 조건에 한 가지라도 해당된다면 하루에 만 명을 죽이더라도 부끄러울 것이 없습니다. 그러나 지금은 이 세 가지 조건에 해당되지 않으며 공연히 중원만 번거롭게 할 뿐입니다. 안으로는 고구려의 옛 군주를 위해 원수를 갚는다 하고, 밖으로는 신라를 침략한 저들에게 복수한다 하지만, 이 어찌 얻는 것은 작고 잃는 것은 큰 일이 아니겠습니까?(권9 제35편 「정벌」)

앞의 기록은 정관 19년 당 태종이 고구려를 침략했다가 안시성에서 패배한 내용이다. 당시 고구려 안시성 성주와 백성이 결사 항전으로 태종의 대군을 패퇴시켰음을 기록하고 있다. 이는 『삼국사기』의 해당 내용과도 일치한다. 뒤의 기록은 정관 22년 당 태종이 재차 고구려 침략에 나서려 하자 당시 병석에 누워 있던 방현령房玄齡이 불가함을 아뢰는 상소문의 일부다. 임금을 시해한 연개소문을 응징하기 위해 고구려를 정벌해야 한다는 당 태종의 명분이 전혀 이치에 맞지 않는다는 사실을 조목조목 열거하고 있다. 이 기록을 통해 우리는 당 태종의 고구려 정벌 논리가 허약했음을 쉽게 간파할 수 있다. 이런 점이 바로 『정관정요』의 특징이다. 오긍의 직필이 왜 애초에 당나라 조정의 인가를 받지 못했는지 알 수 있는 대목이다. 당나라의 고구려 침략에 대해서는 권9 제35편 「정벌」 맨 앞 해설 부분에서 자세히 분석했으므로 참고하기 바란다.

3. 편찬자 오긍

역대 동아시아 제왕학 텍스트로 기능해온 『정관정요』는 앞에서도 언급한 것처럼 무측천에서 당 현종 무렵까지 당나라 조정의 사관으로 이름을 떨친 오긍의 저작이다. 물론 오긍이 직접 쓴 것은 아니고 당 태종 정관 시대 군신 간의 주요 정론 기록을 매우 체계적으로 편집한 것이다. 『구당서』 「열전列傳」 권52와 『신당서』 「열전」 권57에 오긍의 생애에 관한 비교적 상세한 기록이 전해진다. 그 기록을 요약하면 대체로 다음과 같다.

오긍은 무측천, 중종, 예종, 현종 4대 동안 거의 40년 가까이 사관으로 재직하며 직필과 직간으로 명성을 날렸다. 그는 변주汴州 준의浚儀(지금의 허난 성 카이펑) 출신으로 어려서부터 경사經史에 조예가 깊었다. 무측천 시대에 당시 권력자였던 위원충魏元忠(?~707), 주경칙朱敬則(635~709)의 추천으로 사관이 되어 국사 편수에 참여했고, 우습유右拾遺에 임명되었다. 중종中宗 신룡神龍 연간에 우보궐右補闕과 기거랑起居郎 직으로 옮겨 위승경韋承慶(639~705), 최융崔融(653~706), 유지기劉知幾(661~721) 등과 『측천실록則天實錄』을 편찬했다. 이 무렵 무측천 이후 복위된 중종이 조정의 실권을 장악하지 못한 채 무력한 모습을 보이자, 무측천의 조카 무삼사武三思(649~707), 중종의 황후 위후韋后(?~710), 중종의 딸 안락공주安樂公主(685~710) 등이 호시탐탐 권력을 탈취하려고 중종의 아우 상왕相王 이단李旦(662~716)을 참소하여 죽이려 했다. 당시 조정의 신료들은 이들의 권세에 몸을 사리며 아무도 나서지 못했지만, 오직 오긍만 홀로 나서 이단의 억울함을 호소하는 상소문을 올렸다. 오긍의 직간을 옳게 여긴 중종은 이단을 용서했고 이후 이단은 중종 사후 보위에 올라 예종이 되었다. 정국의 혼란으로 예종은 2년 만에 현종에게 보위를 물려줬고, 현종은 국가의 혼란을 극복하며 개원開元의 치세를 열었다.

현종은 보위에 오른 뒤 외척과 권신의 권력을 막고 개혁 정치를 펼쳐 치세를 열었지만 점차 신하들의 간언을 듣지 않고 국사를 전횡하기 시작했다. 이때도 오긍은 현종 앞에서 직간을 올려 태종의 허심탄회한 간언 장려 정책을 본받아야 한다고 비판했다. 또 현종이 태산에서 봉선례封禪禮를 거행하며 사냥에 탐닉하자 제왕이 위험한 일에 빠져 종사의 위기를 자초해서는 안 된다고 지적했다. 이처럼 오긍은 역사를 거울삼아 임금의 잘못과 국가의 오류를 바로잡으며 사관으로서의 역할에 충실했다.

이어서 오긍은 모친상을 당해 귀향했다가 상을 마친 후 간의대부諫議大夫에 임명되어 다시 국사 편찬을 계속했고, 또 부친상으로 잠시 벼슬에서 물러났다가 계속해서 수문관학사修文館學士, 위위소경衛尉少卿, 태자좌서자太子左庶子 직을 역임했다. 그리고 개원 17년(729), "나랏일을 기록한 것이 타당하지 못하다고 형주사마로 폄적되었다坐書事不當, 貶荊州司馬." 아마도 이 무렵 『정관정요』를 편찬하여 진상했다가 현종의 인정을 받지 못하고 지방관으로 쫓겨난 것으로 보인다. 대주臺州, 홍주洪州, 요주饒州, 기주蘄州의 자사刺史 직을 두루 거치는 동안 다시 공적을 인정받아 은청광록대부銀青光祿大夫 품계에 올랐으며 계속해서 상주相州 장원현자長垣縣子에 봉해졌다. 천보天寶 초년에 업군태수鄴郡太守에 임명된 후 다시 항왕恆王 이전李瑱의 사부로 전임되었다. 말년에 기력이 쇠했을 때도 사관으로 재직하기를 희망했지만 당시 권력자 이임보李林甫는 그가 연로하다고 여겨 임용하지 않았다. 천보 8년(749) 향년 80세로 자택에서 세상을 떠났다.

오긍은 내직 사관으로 재직할 때나 외직 지방관으로 근무할 때를 막론하고 역사 편찬 임무를 소홀히 하지 않았다. 이 때문에 그는 국사에 사사롭게 손을 댄다는 비판에 직면하기도 했지만 평생토록 사관으로서의 직필 임무에 충실했다. 당 현종 개원 연간에 승상으로 권세를 누리던 장열張說(667~730)이 『측천실록』에 자신에게 불리한 기록이 있는 것을 알고 오긍에게 그 기록을 몇 글자 고쳐달라고 요청했다. 그러자 오긍은 "공의 사정을 봐준다면 어찌 실록이라 이름할 수 있겠습니까徇公之情, 何名實錄"라고 반문하며 요청을 거절했다. 이 소문을 듣고 사람들은 오긍을 동호董狐라고 불렀다. 동호는 춘추시대 진晉나라 사관으로서 직필로 유명하다. 조천趙穿이 영공靈公을 시해하자 동호는 당시 최고 권력자였던 조돈趙盾이 영공을 시해했다고 적었다. 조돈이 이에 항의하며 기록을 고쳐달라고 요구하자 동호는 당신이 최고 권력자로서 조천을 처벌하지 않았으므로 임금을 시해한 것과 같다고 질책하며 기록을 고치지 않았다. '동호직필董狐直筆'이란 고사성어가 여기에서 나왔다. 오긍은 바로 동호직필의 전통을 이어받은 사관이었다 할 수 있다.

각종 정사와 개인 기록을 종합해보면 오긍은 모두 24종 941권의 역사 저작에 참여했다. 단독으로 저작한 것이 16종 216권이고, 공동으로 저작한 것이 8종 725권에 이른다. 그중 단독 저작만 열거해보면 다음과 같다.

『양사梁史』 10권, 『제사齊史』 10권, 『주사周史』 10권, 『진사』 5권, 『수사隋史』 20권, 『당서唐書』 100권, 『당서비궐기唐書備闕記』 10권, 『당춘추唐春秋』 30권, 『정관정요』 10권, 『태종훈사太宗勳史』 1권, 『개원승평원開元昇平源』 1권, 『개원명신주開元名臣奏』 3권, 『오씨서재서목吳氏西齋書目』 1권, 『악부고제요해樂府古題要解』 1권, 『보성장생찬요좌우장保聖長生纂要坐隅障』 3권, 『오장론응상五藏論應象』 1권.

실로 방대한 저작이 아닐 수 없다. 그러나 안타깝게도 『정관정요』 10권 이외에는 아무것도 전해지지 않는다.

4. 『정관정요』의 초기 판본 상황

이해할 수 없는 일은 당나라 말기 이후 중국뿐 아니라 우리나라와 일본 등 동아시아 전체의 정치 철학에 막대한 영향을 끼치며 제왕의 필독서로 기능한 『정관정요』가 『구당서』와 『신당서』의 「오긍전」에 전혀 언급되지 않는다는 사실이다. 심지어 당나라 때의 도서 목록을 기록한 『구당서』 「경적지經籍志」에도 빠져 있고, 『신당서』 「예문지藝文志」에 가서야 비로소 『정관정요』 10권이 등재되어 있다. 『정관정요』가 등장하는 최초의 기록은 『구당서』 「문종기文宗紀」다. 「문종기」 마지막 '사관왈史官曰' 대목에 문종(809~840)이 "『정관정요』를 즐겨 읽었다喜讀『貞觀政要』"라고 기록되어 있다. 문종은 오긍이 활동했던 현종 때보다 6대 이후에 보위에 오른 임금인데 연도로 따져보면 거의 100년 뒤의 인물이라 할 수 있다. 또 문종 바로 전 임금인 헌종憲宗(778~820)도 『정관정요』를 읽었다는 기록이 남아 있다. 이는 정사가 아닌 남송 때 왕응린王應麟(1223~1296)이 저작한 백과전서 『옥해玉海』 권

49에 나오는 기록이다.

원화 2년(807) 12월 [헌종이] 재상들에게 말하기를 "근래에 『정관정요』를 읽었소."

元和二年十二月, 謂宰臣曰, "近讀『貞觀政要』."

따라서 지금까지의 기록을 종합해보면 『정관정요』는 대체로 헌종 이후로 당나라 조정의 인가를 받아 왕실과 민간에 널리 유통되었음을 알 수 있다. 오긍이 『정관정요』를 편찬한 이후 거의 100년 가까운 세월이 흐른 뒤에야 널리 유통되기 시작한 연유는 무엇일까? 지금까지 아무도 이에 대한 정확한 답변을 내놓지 못하고 있다. 다만 그동안 학계에서 논의된 학설을 종합해보면 대체로 다음과 같은 결론에 도달할 수 있다.

우선 오긍이 무측천을 이어 보위에 오른 중종에게 국정의 혼란을 방지하고 덕치를 권장하기 위해 『정관정요』를 바쳤다는 학설은 아무 근거가 없는 추측에 불과하다. 이는 오긍이 직접 쓴 「『정관정요』 서序」만 읽어봐도 쉽게 알 수 있는 사실이다.

당나라의 어진 재상으로는 흔히 시중 안양공과 중서령 하동공을 일컫는다. 이 두 분은 때마침 성스럽고 영명한 군주를 만나 벼슬이 재상에 이르러 황제의 도리를 성실하게 밝히고 왕도 정치를 보좌하여 조화롭게 했다.

有唐良相, 曰侍中安陽公. 中書令河東公, 以時逢聖明, 位居宰輔, 寅亮帝道, 弼諧王政.

여기에 나오는 안양공 원건요源乾曜(?~731)와 하동공 장가정張嘉貞

(665~729)은 모두 당 현종 개원 연간에 각각 재상을 역임한 사람이다. 또 성스럽고 영명한 군주를 만나 왕도 정치를 보좌했다고 했으므로 이는 현종의 개혁 정치를 묘사한 내용임이 분명하다. 따라서 오긍이 『정관정요』를 완성하여 진상한 시기는 당 현종 때로 봐야 한다. 『신당서』 「오긍전」에 기록된 바와 같이 현종이 초기의 열린 개혁 정치에서 벗어나 점차 간언을 듣지 않고 폐쇄와 독단으로 흐르자, 이 무렵 오긍은 현종에게 "나무는 먹줄을 받으면 바르게 되고, 임금은 간언을 따르면 성군이 됩니다木從繩則正, 后從諫則聖"라고 하며 언로를 열고 덕정을 펼칠 것을 간절하게 권했다. 무측천 시대에 당나라 조정이 전복되는 혼란을 직접 겪은 오긍으로서는 당 현종의 전횡에 심각한 위기의식을 느끼고 있었음이 분명하다. 오긍은 이를 바로잡기 위해 상소문을 올렸음에도 개선의 기미가 없자, 『정관정요』를 편찬하여 현종에게 진상한 것으로 보인다.

따라서 『구당서』와 『신당서』 「오긍전」 개원 17년(729)에 나오는 "나랏일을 기록한 것이 타당하지 못하여 형주사마로 폄적되었다坐書事不當, 貶荊州司馬"는 내용도 『정관정요』와 관련된 기록으로 보는 것이 좀 더 합리적이다. 현종은 태종의 약점과 당나라 종실의 치부까지 드러낸 오긍의 거리낌 없는 직필에 불만을 느끼고 『정관정요』를 인가하지 않았을 뿐 아니라 그의 기록이 타당하지 못하다고 여기고 그를 형주사마로 폄적시켰다고 볼 수 있다. 이로써 『정관정요』는 왕실과 조정의 인정을 받지 못했으므로 사관史館의 도서 목록에 포함되지 못했고, 결국 『구당서』 「경적지」에서조차 누락될 수밖에 없었던 셈이다.

근래 『정관정요』를 연구하는 학자들은 당시의 이런 상황과 현재 전해지는 『정관정요』 각종 간본刊本 및 초본抄本의 형태를 종합하여 초기 『정관정요』 판본은 세 가지가 있었을 것으로 추정했다. 첫째는 오긍이 현종에게 올린 진상본이다. 둘째는 진상본을 만들기 위한 저본이다. 마지막으로, 저본을 만들기 위해 처음 편집한 초고본이다. 이 중 진상본은 오긍이 현종에게 바친 후 인가되지 못한 상태로 사관 서고에 보관되었을 것이며, 저본과 초고본은 오긍의 자택에 소장되었을 것으로 추정된다. 남송 조공무晁公武(1105~1180)가 편집한 『군재독서지郡齋讀書志』라는 도서 목록 권1에는 오긍 자신의 도서 목록인 『오씨서재서목吳氏西齋書目』 1권이 기록되어 있다. 이 기록 아래 부가된 설명에 따르면 오긍의 장서는 모두 1만3468권인데 여기에는 오긍이 스스로 편찬한 책도 들어 있다고 한다. 『정관정요』 저본과 초고본도 오긍의 자택에 소장되어 있었으므로 『군재독서지』에는 물론 『정관정요』 10권의 명칭도 기록되어 있다.

5. 장예蔣乂의 정리와 『정관정요』의 전승

『정관정요』는 애초에 당나라 조정의 냉대를 면치 못했지만 뒤로 갈수록 진정한 가치를 인정받기 시작하여 당 헌종 이후에는 제왕과 신하의 필독서로 자리 잡게 된다. 그 계기가 당나라 사회를 극심한 혼란과 공포로 몰아넣은 '안사의 난安史之亂'이었다. 안사의 난은 당 현종 말(755)에서 대종 초(763)까지 안녹산安祿山(703~757)과 사사명史思明(703~761)이 주도한 대당對唐 반란 전쟁으로 당나라의 정치, 경제, 사회, 문화 등 모든 분야를 근본적으로 동요시킨 대사건이었다. '안사의 난'을 겪은 당나라 조정에서도 지난 과오를 성찰하고 새로운 정책을 모색하려는 분위기가 형성된다. 이에 수반하여 당나라 왕실에서는 난리 통에 뒤섞이고 분실된 도서를 정리하고 수집하는 일에 착수한다. 이때 대종 대력大曆 연간에서 헌종 원화元和 연간까지 사관 직을 역임한 장예蔣乂(747~821)가 중요한 역할을 담당한다.

흥미롭게도 장예는 바로 『정관정요』 편찬자 오긍의 외손이었고, 그의 부친 장장명蔣將明도 사관 직을 역임했다. 『구당서』 「열전」 권99에 그의 생애가 서술되어 있고, 『신당서』 「열전」 권57에는 그의 외조부 오긍과 함께 사관으로서 그의 업적이 기록되어 있다. 『구당서』 「오긍 열전」에는 이런 내용이 나온다.

> 장예는 사관 오긍의 외손이다. 외가에 경전과 역사책이 풍부했기 때문에 어려서부터 그것을 기록하고 열람하며 싫증 내지 않았다. 일곱 살 때 유신의 「애강남부」를 낭송하는데, 몇 번만 읽고는 바로 입으로 암송할 수 있었다. 총명하고 뛰어난 기억력으로 친척들 사이에서 명성을 날렸다. 약관(20세)에 온갖 전적에 두루 통달했고 사학 재능은 더 뛰어났다. 그의 부친이 집현원에 재직할 때 병란 이후 도서가 혼잡하게 뒤섞여 있어서, 당시 집정자에게 말을 하고 아들 장예를 집현원으로 데리고 들어가 도서를 정리하게 했다. 재상 장일이 장예를 보고 기특하게 여겨 집현원의 작은 관직을 맡겼다. 장예는 1년 넘게 도서를 편정하고 차례를 정리했는데 어지러운 책 더미에서도 도서를 찾아 묶어내면서 2만여 권을 얻었다. 다시 왕옥위로 옮겨 태상례원수찬 직을 담당했다. 정원 9년(793)에 다시 우습유로 옮겨 사관수찬 직을 역임했다.
>
> 乂, 史官吳兢之外孫, 以外舍富墳史, 幼便記覽不倦. 七歲時, 誦庾信「哀江南賦」, 數遍而成誦在口, 以聰悟强力, 聞於親黨間. 弱冠博通群籍, 而史才尤長. 其父在集賢時, 以兵亂之后, 圖籍溷雜, 乃白執政, 請擕乂入院, 令整比之. 宰相張鎰見而奇之, 乃署爲集賢小職. 乂編次逾年, 於亂中勒成部帙, 得二萬余卷, 再遷王屋尉, 充太常禮院修撰. 貞元九年, 轉右拾遺, 充史館修撰.

당시 장예는 어지럽게 뒤섞인 당나라 왕실의 책 더미에서 2만여 권의 도서를 완전하게 정리해냈다. 실로 어마어마한 양이라 할 만하다. 이는 장예가 어릴 때부터 자신의 외조부 오긍의 집에서 방대한 도서를 보고 그것을 기억해둔 결과라 할 수 있다. 그러므로 오긍이 당 현종에게 진상했지만 왕실의 인가를 받지 못한 『정관정요』도 다시 장예의 정리를 거쳐 10권 40편의 완전한 도서로 거듭났을 것으로 추측된다. 물론 『정관정요』 진상본을 정리할 때 외조부 오긍의 자택에 보관된 저본과 초고본을 충분히 참고했을 것이다. 앞에서도 언급한 바 있지만 헌종과 문종이 읽었다는 『정관정요』도 장예가 새로 정리한 판본일 가능성이 매우 높다. 이후 장예는 외조부 오긍의 장서를 자신이 물려받았으며, 그의 아들 계係, 신伸, 해偕도 모두 사관으로 재직했다.

안사의 난 이후 장예의 정리를 거친 『정관정요』 판본은 제왕학의 필독서로 인정되었고, 송, 원, 명, 청을 거치면서 거의 정본으로 자리잡는다. 특히 원나라 순제順帝 때 과직은 이 판본을 근거로 당시까지 전해진 22명의 『정관정요』 주석과 해독 자료를 집대성하여 『정관정요집론貞觀政要集論』을 출간했다. 이것이 이른바 과직본戈直本인데 이후 명나라 초기 홍무洪武 3년(1370)에 출간한 판본(명본明本)과, 성화成化 원년(1465)에 출간한 판본(성화본成化本)이 모두 과직본을 저본으로 사용했다. 이 중 성화본이 가장 널리 유통된 판본이며 청 건륭 연간에 『사고전서』에 편입되어 정본으로서의 지위를 공고히 했다. 우리나라에서 간행한 판본은 대부분 성화본인데, 이외에도 '한판주해본韓版注解本'이 있다는 소식은 들었지만 이 글을 쓸 때까지 확인하지 못했다.

한편 『정관정요』는 장예와 그의 아들 삼형제 대에 이르러 민간으로도 널리 유통되었다. 이때 유통된 판본 중에는 장예의 정리를 거친 『정관정요』 정본도 있지만, 오긍의 자택에 보관된 저본과 초고본도 여러 사람에 의해 필사되어 널리 퍼져나갔던 것으로 보인다. 일본에 전해진 다양한 초본은 모두 장예와 그의 세 아들이 활동할 무렵 일본 견당사遣唐使에 의해 필사되어 바다를 건너간 것으로 알려져 있다. 지금 일본에 남아 있는 『정관정요』 초본은 20여 본이 넘는다. 과직본과 비교해보면 무려 21장章 4800자가량 상이한 부분이 있는데, 이를 종합하여 교감한 판본이 1962년 일본 동양문화연구소에서 출간한 『정관정요정본貞觀政要定本』이다. 또 중국에서도 셰바오청謝保成이 중국 안팎의 각종 『정관정요』 판본을 비교·종합하여 2003년 중화서국에서 『정관정요집교貞觀政要集校』를 출간했다. 그러나 일본의 『정관정요정본』과 중국의 『정관정요집교』는 교감 부분이 복잡하고 혼란스러워 일반 독자들이 참고하기에는 상당히 불편한 점이 있다. 이런 이유로 이 책에서는 『사고전서』본(성화본) 『정관정요』를 번역 저본으로 삼았다.

6. 『정관정요』의 체재

『정관정요』는 모두 10권 40편으로 구성되어 있다. 『사고전서』본에 근거하여 그 목록을 나열해보면 다음과 같다. 괄호 속 숫자는 전체 40편의 순서다.

권1: 군도君道(01), 정체政體(02)

권2: 임현任賢(03), 구간求諫(04), 납간納諫·직간直諫 부附(05)

권3: 군신감계君臣鑒戒(06), 택관擇官(07), 봉건封建(08)

권4: 태자제왕정분太子諸王定分(09), 존경사부尊敬師傅(10), 교계태자제왕敎戒太子諸王(11), 규간태자規諫太子(12)

권5: 인의仁義(13), 충의忠義(14), 효우孝友(15), 공평公平(16), 성신誠信(17)

권6: 검약儉約(18), 겸양謙讓(19), 인측仁惻(20), 신소호愼所好(21), 신언어愼言語(22), 두참사杜讒邪(23), 회과悔過(24), 사종奢縱(25), 탐비貪鄙(26)

권7: 숭유학崇儒學(27), 문사文史(28), 예악禮樂(29)

권8: 무농務農(30), 형법刑法(31), 사령赦令(32), 공부貢賦(33), 변흥망辨興亡(34)

권9: 정벌征伐(35), 안변安邊(36)

권10: 행행行幸(37), 전렵畋獵(38), 재상災祥(39), 신종愼終(40)

위의 목록을 일별해보면 전체 책의 체재와 구성이 매우 체계적이고 논리적임을 금세 간파할 수 있다.

권1은 '군주론君主論'이다. 전체 책의 강령으로 임금이 견지해야 할 원칙과 조정의 중추 기구에 관한 내용을 담고 있다. 권2는 '현신론과 간언론'이다. 앞부분 「임현」에서는 방현령, 두여회, 위징 등 당 태종을 현명하게 보좌한 총 여덟 현신의 사적을 기록했고, 그 뒤 세 편에서는 모두 간언의 중요성을 강조하고 있다. 임금이 마음을 비우고 현명한 신하의 간언을 받아들여야 나라가 흥성한다는 원리를 설파하고 있다. 권3은 '군신관계론'이다. 임금이 유능한 관리를 선발하여 서로 올바른 이치를 권고함으로써 공생공영共生共榮의 관계를 유지할 수 있다는 내용이다. 권4는 '태자교육론'이다. 나라의 보위를 이어가야 할 태자를 훌륭하게 교육해야 나라의 미래가 보장된다는 내용이다. 권5는 '도덕론'이다. '인의'는 임금의 도덕, '충의'는 신하의 도덕, '효우'는 자식과 형제의 도덕, '공평'은 관리의 도덕, '성신'은 임금과 신하 간 또는 임금과 백성 간의 도덕을 가리킨다. 권6은 '자질론'이다. '검약' '겸양' '인측' '신소호' '두참사' '회과'는 치자가 반드시 갖춰야 할 자질이고, '사종'과 '탐비'는 치자가 반드시 버려야 할 자질이다. 권7은 '학문과 예절'이다. 유학을 숭상하여 문치文治를 지향하고, 역사를 통해 교훈을 얻을 것을 강조하면서 허례허식도 현실에 맞게 조화시킬 것을 요구하고 있다. 권8은 '실무론'이다. 왕조시대의 가장 중요한 국가 대사인 농사, 형벌, 사면, 조공, 흥망을 어떻게 조화롭게 처리할 것인가에 관한 논의다. 권9는 '국방론'이다. 정벌에 나서고 변방을 지킬 때 군사를 부리는 요령이다. 권10은 결론 부분으로 '경계론警戒論'에 해당된다. 임금은 순행, 사냥, 길상吉祥 등에 과도하게 집착해서는 안 된다고 하면서 끝까지 초심을 유지하여 신중하게 국사를 처리할 것을 요구하고 있다.

현대인의 안목으로 보더라도 매우 균형 잡힌 내용과 체재의 제왕학 교과서임을 부정할 수 없다. 『정관정요』가 당나라 말기 이후 동아시아 전역에서 임금과 신하의 필독서로 기능할 수 있었던 것도 이 책의 주인공이 단지 '정관지치'의 주인공 당 태종이었기 때문만이 아니라 이처럼 체계적인 구성과 내용을 포함하고 있기에 가능한 일이었다고 할 수 있다.

그런데 우리가 주의해야 할 점은 이처럼 짜임새 있는 『정관정요』의 체재가 오긍의 독창적인 창안은 아니라는 사실이다. 오긍은 사관이었으므로 역대 전적에 밝았고, 그중에서 여러 가지 도서의 체재를 참고하여 『정관정요』의 밑그림을 그렸던 것으로 보인다. 특히 우리의 눈길을 끄는 책은 바로 당 태종이 직접 저작했다고 전해지는 제왕학 교과서 『제범帝範』이다. 이 책은 모두 4권 12편으로 이루어져 있으며, 제목 그대로 황제가 규범으로 삼아야 할 교훈을 담고 있다. 『사고전서』 「자부·유가류子部·儒家類」에 수록되어 있는 『제범』의 목차는 다음과 같다.

권1: 군체君體(01), 건친建親(02), 구현求賢(03)

권2: 심관審官(04), 납간納諫(05), 거참去讒(06)

권3: 계영誡盈(07), 숭검崇儉(08), 상벌賞罰(09)

권4: 무농務農(10), 열무閱武(11), 숭문崇文(12)

언뜻 보아도 『제범』의 목차가 『정관정요』의 목차와 같거나 유사하다는 사실을 쉽게 알 수 있다. 『제범』의 '군체'는 『정관정요』의 '군도'로, '건친'은 '봉건'으로, '구현'은 '임현'으로, '심관'은 '택관'으로, '납간'은 그대로, '거참'은 '두참사'로, '계영'은 '겸양'으로, '숭검'은 '검약'으로, '상벌'은 '형법'으로, '무농'은 그대로, '열무'는 '정벌'과 '안변'으로, '숭문'은 '숭유학'과 '문사'로 대응하고 있다. 오긍은 당 태종의 치세인 정관지치에서 제왕학의 정론을 정선하기 위해 태종 자신이 저작한 『제범』의 얼개에 기대고 있는 셈이다. 물론 오긍은 『제범』을 단순하게 참조하는 데 그치지 않고 『제범』 체재의 성글고 부족한 점을 보충하여 좀더 정밀하고 확장된 체재의 『정관정요』를 완성했다.

7. 『정관정요』의 문체

또 한 가지 주목해야 할 점은 『정관정요』의 문체文體다. 『정관정요』의 한문 문체는 일반적인 대화와 서술 부분 그리고 장편 상소문과 조칙詔勅 부분으로 나눌 수 있다. 대화와 서술 부분은 보통 한문에 당시 구어인 백화체白話體가 조금 섞인 문체다. 그러나 『정관정요』 정론의 주요 부분은 장편의 상소문과 조칙 위주로 기록되어 있다. 상소문은 신하가 임금에게 올리는 글이고, 조칙은 임금이 신하나 백성에게 반포하는 명령문이다. 이 두 가지 글은 모두 한문에서 형식과 수사가 가장 화려한 사륙변려문四六騈儷文을 기반으로 작성된다. 사륙변려문은 한漢나라 사부辭賦에서 발전하여 위진남북조시대를 거치며 조정공식 문체의 하나로 채택되었다. 특히 양梁나라 소명태자昭明太子 소통蕭統이 편찬한 시문 선집 『문선文選』의 문장 부분은 거의 대부분 사부와 변려문으로 되어 있다. 『문선』은 남북조시대와 당나라 전체 문학 및 문장에 큰 영향을 끼쳤다. 변려문을 쓸 때는 글자 배열을 대개 4자와 6자로 맞추고 대구를 강구한다. 물론 상소문과 조칙은 변려문에 3자구, 5자구, 7자구 등을 섞어 쓰고, 적절한 접속사와 허사虛辭를 곁들여 좀더 자유롭고 유연하다는 특징을 보이기는 하지만 이럴 경우도 대부분 대구는 맞춘다.

夫	대저
美玉明珠	아름다운 옥과 밝은 구슬,
孔翠犀象	공작, 비취, 무소, 코끼리,
大宛之馬	대원 땅 명마와
西旅之獒	서이 땅 명견은
或無足也	어떤 것은 발이 없고,
或無情也	어떤 것은 감정이 없습니다.
生於八荒之表	팔방의 끝에서 생산되었고
途遙萬里之外	만 리 밖에 떨어져 있습니다.
重譯入貢	여러 번의 통역을 거쳐 조공을 바치려고,
道路不絶(者)	끊임없이 도로를 오고 가는 것은
何哉?	무슨 이유입니까?

이 글은 권3 「택관」에 나오는 위징의 상소문 일부다. 4자와 6자를 위주로 매우 가지런한 구법에다 대구를 맞추고 있다. 대구는 안정감과 논리성을 강화시켜 문장의 설득력을 높여주는 효과를 발휘한다. 그러나 대구를 쓰기 위해 같은 성격의 구절을 반복하는 과정에서 문

장이 쓸데없이 길어지고 내실 없는 수식으로 치우칠 수 있다.

『정관정요』에 채택된 상소문과 조칙에도 물론 허황한 수식으로 흐른 부분이 없지는 않지만 대부분은 비교적 가지런한 구법과 대구에 적절한 접속사와 허사를 가미하여 문장의 자연스런 흐름을 강화하고 있다. 또 내용과 형식이 조화를 이뤄, 소리 내어 읽어보면 리듬감이 있어 음악성까지 느껴질 정도다. 이 번역본에서는 이러한 문체의 음악성까지 살리지는 못했지만 대구의 특징이 잘 드러나도록 하기 위해 우리말 어휘 선택과 문장 구성에 심혈을 기울였다.

8. 이 번역본의 특징

이 책은 기존 글항아리 판 『정관정요』 번역본을 완전히 새롭게 개정한 신완역판이다. 옮긴이는 2006년부터 2010년까지 서울대 인문학연구원에서 『문선』의 최초 완역에 참가했다. 그 결과물은 현재 『문선역주』(전10권, 소명출판)란 제목으로 출간되어 있다. 『문선』은 중국 남북조시대 남조 양나라 소명태자 소통이 편찬한 시문 정선집이다. 중국 선진시대 주周나라에서 양나라까지 130여 명의 작가가 쓴 750여 편의 시문을 수록했다. 사부와 사륙변려문 및 초기의 오언시가 대부분인데, 지금까지의 한문 전적 중에서 가장 난해한 것으로 정평이 나 있고 수록 분량도 방대하다. 우리나라에도 신라 통일 이전에 전해져서 한문 문장 학습의 교과서 역할을 했다. 옮긴이의 『문선』 번역 경험은 『정관정요』에 수록된 상소문과 조칙 등을 번역할 때 매우 유용한 효과를 발휘했다. 앞에서도 언급한 것처럼 상소문과 조칙은 변려문을 기반으로 약간의 신축성을 발휘하지만 수사와 대구를 중시하는 문체이기 때문에 번역자의 『문선』 번역 경험은 이들 문장의 문맥 파악과 번역 문장 처리에 매우 큰 도움이 되었다. 아울러 이 번역본의 특징을 간단히 소개하면 다음과 같다.

1. 『사고전서』본의 원문을 근거로 한자를 하나하나 확인하여 새로운 번역을 시도했다. 이 과정에서 기존 번역본의 일부 누락된 구절과 잘못된 글자를 확인했고, 단락 나눔도 『사고전서』본에 근거하여 새롭고 정확하게 조정했다. 물론 이전 번역본의 오류도 바로잡았다.
2. 이전 번역본보다 각주를 더 상세하게 보충했다. 이는 인명, 관직명, 지명, 고사성어, 전고典故 등에 모두 해당된다. 『정관정요』에 수록된 상소문에서는 특히 역사적 사례를 많이 인용하고 있으므로 이와 관련된 각주를 더 정확하고 상세하게 달아 독자들의 책 읽기에 편의를 제공했다.
3. 전체 40편 맨 앞에 각각 새로운 해설을 붙였다. 현대인은 고전 읽기를 통해 옛 고전에 포함된 현대적 의미와 보편적 가치를 새롭게 발굴해야 하므로 새로운 해설로 그 길을 인도하고자 했다.
4. 『정관정요』 상소문과 조칙의 대구를 번역할 때, 그 형식과 의미가 잘 살아나도록 애썼다. 이는 『정관정요』 주요 문체의 특징을 우리말로 살리기 위한 노력의 일환인데, 그것이 제대로 구현되었는지는 감히 장담할 수 없다. 하지만 한문의 다양한 문체를 우리말로 번역할 때 그것을 어떻게 다르게 처리할 것인지에 대한 고민이 있어야 한다고 생각했고, 이를 반영하기 위해 노력했다.

어떤 번역본이든 완벽을 지향하지만 지금까지 나온 역본 중 어떤 것도 완벽하다고 볼 수는 없다. 다만 이전 번역본의 오류를 답습하지 않고 좀더 정확한 번역이 되도록 노력할 뿐이다. 이 번역본에서도 이전 번역본의 장점은 흡수하고 단점은 개선하려고 최선을 다했다. 출판 이후 발견되는 오류는 판을 거듭하는 과정에서 교정하도록 하겠다. 독자 여러분의 유익한 가르침을 기대한다.

『정관정요』를 진상하며 올리는 상소문

신 오긍은 아룁니다. 신은 비록 어리석은 사람이지만, 일찍이 조정과 재야의 선비들이 국가의 정치 교화를 언급하는 걸 본 적이 있습니다. 그들은 모두 이렇게 말했습니다. "폐하처럼 성스럽고 영명하신 분은 태종太宗[6]의 사례만을 잘 따르신다 해도 아득한 상고시대의 법술法術을 구할 필요도 없이 태평성대의 업적을 이룰 수 있을 것입니다." 이 때문에 천하의 백성이 폐하께 바라는 것은 정말 두텁다고 할 수 있습니다. 『주역周易』에서는 "성인이 민심을 잘 감지하면 천하가 평화롭게 된다"[7]고 했습니다. 지금 폐하께서는 성스러운 덕으로 민심을 감지하고 계신데, 그 경지가 매우 심오하다고 할 수 있습니다. 남몰래 생각건대 태종 문무황제文武皇帝의 정치 교화는 자고이래로 그처럼 성대한 경우가 없었습니다. 비록 요임금, 순임금, 하나라 우왕禹王, 상나라 탕왕湯王, 주나라 문왕文王과 무왕武王, 한나라 문제文帝와 경제景帝라 해도 모두 태종의 치세에는 미치지 못할 것입니다. 그리고 현인을 등

6_ 중국 당唐나라 태종 이세민李世民(598~649). 당시의 연호가 정관貞觀(627~649)이고, 치세를 이룩했기 때문에 흔히 당 태종의 정치를 정관지치貞觀之治라고 일컫는다.

7_ 『주역』 「함괘咸卦·단전彖傳」에 나온다. "聖人感人心而天下和平."

용하고 간언을 수용한 미덕, 대대로 교육을 바로 세우기 위한 규범은 나라의 큰 법도를 널리 선양하고 지극한 도리를 더욱 높일 수 있는 방안임과 동시에 나라의 문서를 환하게 밝혀 후세의 본보기가 되게 한 것이라 할 수 있습니다. 미천한 신은 일찍부터 사관의 직무를 맡아 보며 마음속으로 그러한 업적을 칭송하지 않은 적이 없었습니다. 이 한 몸 바쳐 벼슬길에 나서 공적과 덕망을 세우고 언어와 대의를 곧게 유지한 것은 군주를 바로잡는 일에 뜻을 두었기 때문입니다. 아울러 사안에 따라 역사 기록을 싣고 권유와 경계의 사례를 구비하여 1질 10권의 책을 40편으로 엮어 『정관정요貞觀政要』란 제목을 달았습니다. 삼가 이 상소문表文에 덧붙여 받들어 올리니 바라건대 천자께서 거울로 삼아 좋은 정책을 택하여 실행하시고 그것을 다시 이끌어 확장하시면 비슷한 사례를 만날 때 더 발전된 방안을 낼 수 있을 것입니다. 『주역』에서도 "성인이 정도正道에 오래 머물면 천하의 교화가 이루어진다"[8]고 하지 않았습니까? 엎드려 바라건대 이러한 이치를 실행하며 항상심을 지니고 또 그것을 생각하며 싫증을 내지 않으시면 정관 시대의 높디높은 교화를 이룰 수 있을 것입니다. 옛날에 상나라 탕왕이 요·순보다 못하자 이윤伊尹[9]은 그것을 치욕으로 여겼습니다. 폐하께서 만약 선조의 유업을 수행하지 않으시면 이 미천한 신하도 그것을 치욕으로 여길 것입니다. 『시경詩經』에 이르기를 "우리 할아버지를 생각하니 조정의 뜰로 왕래하시는 듯하다"[10]고 했고, 또 이르기를 "그대의 할아버지를 생각지 않는가? 마침내 그분의 덕을 닦아야

8_ 『주역』 「계사繫辭 상」에 나온다. "聖人久於其道而天下化成."

9_ 상商나라 탕왕의 현신. 어릴 때 이름이 아형阿衡이었다고도 하고, 이윤이 역임한 벼슬이 아형 또는 보형保衡이었다고도 한다. 본래 공상空桑에서 태어나 요리사를 직업으로 삼았다는 전설이 있다. 탕왕을 도와 하나라 걸왕桀王을 몰아내고 천하를 통일했으며, 이후 5대의 임금을 섬기며 상나라를 반석 위에 올려놓았다.

10_ 『시경』 「주송周頌·민여소자閔予小子」에 나온다. "念我皇祖, 陟降廷止."

하네"[11]라고 했습니다. 이것은 진실로 선조를 공경스럽게 받든다는 뜻입니다. 무릇 폐하께서 이러한 뜻을 생각하신다면 크나큰 다행일 것입니다. 진실하고 간절한 마음 이길 수 없어 삼가 명복문明福門에 이르러 이 상소문을 받들고 제 마음을 들려드리는 바입니다. 삼가 아뢰었습니다.[12]

11_ 『시경』「대아大雅 · 문왕文王」에 나온다. "無念爾祖, 聿脩厥德."

12_ 이 상소문은 원 과직본戈直本, 명 성화본成化本, 청 사고전서본四庫全書本에는 실려 있지 않고, 명 홍무본洪武本, 일본의 남가본南家本, 강가본江家本 등에 실려 있다. 『정관정요』를 이해하기 위한 중요 자료이므로 이 번역본에서는 2003년 중국에서 출간된 『정관정요집교貞觀政要集校』(謝保成 集校, 中華書局, 北京)에 근거하여 보충했다.

당나라의 어진 재상으로는 흔히 시중侍中 안양공安陽公[13]과 중서령中書令 하동공河東公[14]을 일컫는다. 이 두 분은 때마침 성스럽고 영명한 군주를 만나 벼슬이 재상에 이르러 황제의 도리를 성실하게 밝히고 왕도 정치를 보좌하여 조화롭게 했다. 또한 한 가지 사물이라도 제자리를 이탈할까 두려워했고, 나라의 예의와 염치가 널리 확장되지 못할까 근심하면서 항상 자신의 사욕을 이겨내고 정신을 가다듬어 옛날 사실을 돌이켜 생각하며 일찍이 부족함이 없었다. 태종 때는 정치 교화가 참으로 볼만해서 자고이래로 그런 장관이 펼쳐진 적이 없었다. 대대로 본보기가 될 만한 아름다운 사적과 전범典範에 맞게 직간直諫을 한 훌륭한 말씀은 나라의 큰 법도를 널리 선양하고 지극한 도리를 더욱 높일 수 있는 사례다. 이에 이 재주 없는 자에게 명령을 내리시어 그것을 잘 갖춰 선록하게 하셨으니 체제의 대강이 기존 규범에 모두 드러나게 되었다. 그리하여 들은 바를 채집하고, 옛 역사를

13_ 성명은 원건요源乾曜로 당 현종 때의 재상(?~731).

14_ 성명은 장가정張嘉貞으로 당 현종 때의 재상(665~729).

자세히 참조하여, 그 요점을 모으고, 광대한 강령을 모두 수록했다. 문장은 질박함과 화려함을 겸비하게 했고 그 뜻은 징벌과 권유에 두었으니 인륜의 기강이 모두 갖춰졌고 군국軍國의 정령政令도 담기게 되었다. 무릇 1질 10권 40편으로 묶어 제목을 『정관정요』라 했다. 아마도 나라와 가문이 있는 사람은 앞 시대의 자취를 준수하고 그 좋은 점을 선택하여 따른다면 오래도록 이어지는 업적이 더욱 찬란해질 것이고 위대하게 전해질 공로가 더욱 밝아질 것이다. 어찌 반드시 머나먼 요순시대만을 근원으로 삼고 문왕과 무왕의 법도만을 본받을 필요가 있겠는가? 각 편의 제목과 차례는 왼쪽에 기록한 바와 같다.(이 책에서는 해제와 차례에 소개되므로 생략했다.—옮긴이)

위위소경 겸 수국사 홍문관학사 오긍 지음

衛尉少卿 兼 修國史 弘文館學士 吳兢 撰

貞觀政要

卷一

제1편 | 임금의 길
君道

당 태종은 수 양제가 폭정으로 멸망하는 과정을 직접 목도했다. 수나라는 대운하 굴착과 대규모 궁궐 건설, 고구려 침략 등에 몰두하다가 불과 2세 만에 멸망했다. 수나라 이전은 어떤가? 위진남북조시대 대부분의 나라가 길어야 4~5대 만에 패망의 길을 걸었다. 심지어 황제를 칭한 자신의 대에서 국운이 끝난 경우도 많았다. 당 태종은 자손만대까지 보위가 전해지길 소망하면서 그에 걸맞은 조치를 취하려 했다. 그중 가장 먼저 성찰한 것이 바로 임금 자신의 역할이었다. 나라의 모든 시스템과 정책의 정점에 위치한 임금이 제 역할을 하지 못하면 백성은 고통을 당하고 나라는 멸망의 길로 치달릴 수밖에 없다. 이를 방지하기 위해서는 임금의 부단한 자기 수양과 백성과의 허물없는 소통이 필요하다. 역사에는 백성을 등한시하고 임금 자신의 독단에만 의지하다가 자신도 죽고 나라도 멸망한 사례가 얼마나 많은가? 역사상 어느 나라든 백성 없이 존재한 나라는 없고, 백성을 이긴 정부도 없다.

"군주는 배요 서민은 물이다. 물은 배를 띄울 수도 있지만 뒤엎을 수도 있다君者, 舟也, 庶人者, 水也. 水則載舟, 水則覆舟"라는 구절은 본래 전국시대 순자의 말이지만 『정관정요』의 여러 대목에서 반복 인용되고 있다. 『정관정요』의 정신을 집약해서 보여주는 말이다. 백성이 물이 되어 임금 혹은 국가라는 배를 띄울 수 있으려면 임금에게는 다양한 특성을 지닌 백성의 희로애락에 공감하고 그들의 갈등과 대립을 지혜롭게 융화시킬 수 있는 소통과 조화의 능력이 필요하다.

다스림은 수양에서부터

정관貞觀[1] 초에 태종이 근신近臣들에게 말했다.

"임금 된 사람이 행해야 할 도리는 반드시 백성을 살리는 일을 가장 우선해야 하오. 만약 백성을 해치면서 자신을 받들게 한다면 이는 자신의 허벅다리 살을 베어내어 자신의 배를 채우는 것과 같아 배는 부르지만 몸은 죽게 되오. 천하를 안정시키려면 먼저 자신의 몸을 바로잡아야 하오. 몸은 바른데 그림자가 굽는 경우나 위는 잘 다스려지는데 아래가 혼란한 경우는 이제까지 없었소. 짐朕은 매번 자신의 몸을 손상시키는 것은 외부의 사물에 그 원인이 있는 것이 아니라 모두가 욕망에 따라 행동하다가 재앙을 야기한 것이라 생각해왔소. 맛있는 음식에만 탐닉하고 아름다운 음악과 미녀만 즐기면 욕망은 퍽 충족되겠지만 손해도 역시 커질 것이고, 올바른 정치를 방해할 뿐만 아니라 백성을 번거롭게 할 것이오. 또 사리에 맞지 않는 말을 한마디라도 하면 만백성이 뿔뿔이 흩어져 원망이 생기고 반란도 일어날 것이오. 짐은 늘 이런 생각을 하며 감히 욕망에 따라 마음대로 행동할 수 없었소."

간의대부諫議大夫[2] 위징魏徵[3]이 대답했다.

"성스럽고 밝은 옛 임금께선 모두 가까이로 자신의 몸에서 성찰의 근거를 얻었기 때문에 멀리 다른 사물에까지 이해의 폭을 넓힐 수 있었습니다. 옛날 초楚나라에서는 첨하詹何[4]를 초빙하여 나라를 다스리

1_ 당나라 태종의 연호로 627년에서 649년까지다.

2_ 중국 역대 왕조의 간언諫言을 담당한 관리. 진秦나라 때 설치하여 명나라 때까지 존속했다. 당나라 때는 문하성門下省 소속 좌간의대부 4명과 중서성中書省 소속 우간의대부 4명을 두었다.

3_ 당 태종의 현신(580~643). 자는 현성玄成, 시호는 문정文貞이다. 성품이 강직하여 태종에게 200여 차례가 넘는 간언을 올린 것으로 유명하다. 태종은 그의 간언을 받아들여 정관의 치세貞觀之治를 이룩했다.

는 요령에 대해 질문한 적이 있습니다. 첨하는 자신의 몸을 수양하는 방법을 쓰면 된다고 대답했습니다. 초나라 임금[5]이 또 나라를 다스릴 때 어떤 방법을 써야 하느냐고 묻자 첨하는 이렇게 말했습니다. '임금께서 자신의 몸을 잘 다스리는데 국가가 어지러워졌다는 말을 들은 적이 없습니다.' 폐하께서 밝히신 견해는 실로 옛 선현들의 뜻과 같습니다."

밝은 임금은 사람들의 의견을 두루 듣는다

정관 2년, 태종이 위징에게 물었다.

"무엇을 일러 밝은 임금이니 어두운 임금이니 하는 것이오?"

위징이 말했다.

"임금이 밝은 까닭은 사람들의 의견을 두루 듣기 때문이고, 임금이 어두운 까닭은 편협된 신념을 갖고 있기 때문입니다. 『시경』에서는 '선현께서 말씀하시기를 꼴 베고 나무하는 사람에게도 자문을 구하라'[6]고 했습니다. 옛날 요堯임금[7]과 순舜임금[8]의 통치 원리는 문을 넓

4_ 전국시대 중후기 초나라 사상가다. 대체로 도가道家 계열에 속하며 자아와 생명을 중시하고 이익을 가볍게 여기는 특징을 보인다. 『강희자전康熙字典』에 따르면 첨하詹何의 '詹'은 성으로 읽을 때 발음이 '첨'이다.

5_ 초나라 임금을 『열자列子』「설부說符」에서는 초 장왕莊王이라고 했지만, 초 장왕은 춘추시대 인물이고 첨하는 전국시대 중후기 인물이므로 시대가 맞지 않는다. 『여씨춘추呂氏春秋』「집일執一」에서는 그냥 초왕楚王이라고 했다.

6_ 선인유언先人有言은 『시경』「대아·판板」 원문에 '선민유언先民有言'으로 되어 있다. "先民有言, 詢於芻蕘." 당 태종의 이름이 이세민이므로 원문의 민民을 인人으로 써서 피휘한 것이다.

7_ 중국 전설에 나오는 오제五帝의 한 사람. 제곡帝嚳의 아들로 이름은 방훈放勳이며 당 땅에 도읍을 두었다. 나중에 아들이 아닌 품성이 어질었던 순에게 보위를 선양하여 성군의 대명사로 불린다.

8_ 중국 전설에 나오는 오제의 한 사람. 이름은 중화重華이고 우虞 땅에 도읍을 두었다. 품성이 어질고 효성스러워 요에게서 보위를 선양받아 천하를 다스렸다. 재위 중 천하에 홍수가 발생하여 우禹를 시켜 홍수를 다스리게 했고, 나중에 우에게 보위를 선양했다.

게 열어 사방으로 눈을 밝게 하고, 사방에서 민심이 잘 들리도록 하는 것이었습니다.[9] 이러한 까닭에 성군께서 밝게 비추지 않는 곳이 없게 되었으며, 따라서 공공共工[10]이나 곤鯀[11]과 같은 패거리도 성군의 이목을 가릴 수 없었고, 또 그럴싸한 말로 사악함을 감춘 채 성군을 어지럽힐 수 없었습니다. 진이세秦二世[12]는 자신의 몸을 구중궁궐 속에 숨긴 채 현명한 신하를 내치고 백성을 멀리하며 편협하게 조고趙高[13]만 믿었습니다. 그러다가 천하가 붕괴되어 반란이 일어났는데도 그 소식을 제대로 들을 수 없었습니다. 양梁 무제武帝[14]는 주이朱異[15]만 믿다가 후경侯景[16]이 군사를 이끌고 대궐로 향하는데도 끝내 그 소식을 알 수가 없었습니다. 수隋 양제煬帝[17]는 편협하게 우세기虞世基[18]만 믿다가

9_ 『상서尙書』「순전舜典」에 나온다. "闢四門, 明四目, 達四聰."

10_ 요임금 시대 네 명의 악인, 즉 사흉으로 알려져 있다. 사흉은 공공, 환두驩兜, 삼묘三苗, 곤鯀이다. 『상서』「요전堯典」에 나온다.

11_ 중국 신화에 나오는 인물로 우임금의 부친이며 전욱顓頊의 아들. 물길을 막는 방법으로 홍수를 다스리려 했으나 실패한 뒤 결국 순임금에게 우산羽山에서 처형당했다. 그의 아들 우는 물길을 트는 방법으로 치수에 성공하여 마침내 하나라 시조가 되었다.

12_ 진시황의 열여덟 번째 아들로 이름은 호해胡亥(기원전 230~기원전 207). 승상 이사와 환관 조고가 진시황의 유언을 위조하여 태자 부소扶蘇 대신 호해를 보위에 올렸다. 조고의 말만 듣고 폭정을 펼치다가 망국의 지경으로 빠져들었고 결국 조고의 심복에게 살해당했다.

13_ 진나라 초기 환관(?~기원전 207). 승상 이사와 함께 태자 부소를 핍박하여 자살하게 하고 어린 호해를 보위에 올려 정치를 좌지우지했다.

14_ 중국 남조南朝의 양나라를 창업한 임금. 성명은 소연蕭衍(464~549)이다. 제나라 화제和帝를 핍박하여 보위를 물려받아 양梁이라 칭했다. 주이朱異의 권유로 동위東魏에서 항복한 장수 후경侯景을 받아들여 재앙을 자초했다. 나중에 후경은 반란을 일으켜 무제를 감금하고 굶어죽게 만들었다.

15_ 자가 언화彦和로 남조 양나라 오군吳郡 사람이다(483~549). 재주가 뛰어나고 학식이 깊었으나 양 무제의 총애를 믿고 아첨을 일삼으며 후경의 항복을 받아들였다가 나라를 위기에 빠지게 했다.

16_ 동위東魏의 장수로 양 무제에 항복하여 수양壽陽을 지키는 장수가 되었다(503~552). 나중에 반란을 일으켜 양 무제를 굶어 죽게 만들고 정권을 전횡하다가 보위를 찬탈하여 한漢나라로 칭했다. 진패선陳霸先과 왕승변王僧辯의 공격을 받고 도주하던 중 부하에게 살해되었다.

17_ 수 문제文帝의 둘째 아들 양광楊廣(569~618). 남조 진陳나라를 멸망시키고 천하를 통일했다. 자신의 형 양용楊勇을 모함해서 태자의 자리를 탈취했고, 와병 중인 부친 문제를 살해한 뒤 보위에 올랐다. 대운하 등 대규모 토목공사와 고구려 정벌 등 해외 원정을 일삼으며 천하를 혼란에 몰아넣다가 나중에 신하 우문화급에게 살해되었다.

18_ 자가 무세懋世로 수 양제의 권신權臣(?~618). 박학다식하고 서예에 뛰어났다. 수 양제가 우문화급에게 살해될 때 우세기도 함께 살해되었다.

적병들이 성을 공격하고 고을을 약탈하는데도 그 동향을 알 수 없었습니다. 이러한 까닭에 임금이 여러 사람의 말을 두루 듣고 아랫사람의 의견을 받아들이면 고귀한 신하라도 임금의 이목을 가로막을 수 없고, 아래 백성의 사정이 반드시 위로 전달될 수 있을 것입니다."

태종은 그의 말이 매우 훌륭하다고 칭찬했다.

창업과 수성 중 어느 것이 어려운가?

정관 10년, 태종이 근신들에게 말했다.

"제왕의 대업은 창업創業(나라를 세움)과 수성守成(창업을 지킴) 중에서 어느 것이 더 어렵소?"

상서좌복야尙書左僕射[19] 방현령房玄齡[20]이 대답했다.

"천지가 혼돈에 빠져 영웅들이 다투어 일어날 때는 그들을 쳐부수어야 항복해오고, 그들과 싸워 이겨야만 굴복합니다. 이 점에 근거하여 말해본다면 창업이 어렵습니다."

위징이 대답했다.

"제왕의 군사 봉기는 반드시 혼란한 때를 틈타서 이루어집니다. 저 아둔하고 교활한 폭군을 전복시키면 백성이 제왕을 즐겁게 추대하고 사해 만민이 천명에 귀의하게 되므로, 이는 하늘이 주고 사람이 받는 일이니 어려운 것이 아닙니다. 그러나 천하를 얻은 뒤로는 본래의 뜻이 교만해지고, 백성은 조용한 휴식을 바라지만 온갖 노역은 끝없이

19_ 당나라 상서성의 실제 장관. 당나라 초기에 상서령이란 장관직은 이름만 있었고 실제로 좌우복야가 모든 업무를 총괄했다. 당 태종 때 좌복야는 중서령, 시중과 함께 재상으로 인정되었을 뿐만 아니라 수상首相의 지위를 보장받았다.

20_ 본명은 교喬, 자가 현령玄齡이다(579~648). 당 태종의 명재상으로 중서령, 상서좌복야, 사공을 역임했고, 양국공梁國公에 봉해졌다.

이어지며, 백성이 피로에 지쳐 쓰러지는데도 과도한 업무는 쉼 없이 계속 됩니다. 나라의 쇠퇴는 언제나 이 때문에 발생하는 것입니다. 이 점에 근거하여 말씀드리자면 수성이 어렵습니다."

태종이 말했다.

"현령은 지난날 나를 따라 천하를 평정하느라 온갖 고난을 다 겪으며 구사일생으로 살아남았기 때문에 창업의 어려움을 직접 목격했소. 위징은 나와 함께 천하를 안정시키며 교만의 싹이 돋아날까 걱정하고 또 그러다가 반드시 위기와 멸망의 나락으로 빠져들까 염려하고 있기 때문에 수성이 어렵다고 하는 것이오. 이제 창업의 어려움은 지나갔으니, 수성의 어려움을 공들과 함께 신중하게 생각하고자 하오."

멸망의 교훈은 멀리 있지 않다

정관 11년, 특진特進[21] 위징이 상소를 올려 이렇게 말했다.

"신이 살펴보건대, 옛날부터 '하도河圖'[22]를 받고 천운에 부응하여, 옛 체제를 계승하고 옛 문물을 고수하면서, 영웅을 거느리고 남쪽으로 앉아 천자 노릇을 한 사람은 모두 자신의 두터운 덕망이 천지와 짝하게 하려 했고, 자신의 고명함이 일월과 나란히 빛나게 하고자 했습니다. 그리하여 본손과 지손이 백세까지 이어지고 그 보위가 무궁하게 전해지기를 희망했습니다. 그러나 끝이 좋았던 사람은 드물고 패

21_ 중국 고대 관직 명칭으로 일종의 명예직. 문신 중에서 최고 품계에 해당한다. 제후나 대신들 중에서 덕망이 있고 공적이 뛰어난 사람에게 특진이란 관직을 주어 명예를 더해주었다. 후한 시기에는 정일품으로 삼공 아래 제후의 윗자리에 위치했고, 당나라 때는 정이품에 해당했다.

22_ 하도河圖는 황하에서 솟아나온 용마의 등에 그려진 그림으로 전해진다. 전설에 따르면 복희씨가 천자에 등극하자 황하에서 용마가 솟아올랐는데 그 등에 기이한 그림이 그려져 있었고 복희씨가 그것을 근거로 팔괘八卦를 그렸다고 한다. 흔히 천명을 상징하는 상서로운 조짐을 가리킨다.

망이 계속 이어진 까닭은 무엇입니까? 그 까닭을 탐구해보면 다스림의 올바른 도리를 잃었기 때문입니다. 옛말에 '은殷나라 사람들이 교훈으로 삼아야 할 거울이 멀리 있지 않다殷鑑不遠'[23]고 했으므로 이제 그런 사례를 구하여 말씀드리고자 합니다.

지난날 수나라는 천하를 통일하고, 갑옷 입은 병사를 강하고 예리하게 양성하여, 30여 년 동안 바람처럼 만 리 천하를 휩쓸자 그 위엄이 타국에까지 진동했습니다. 그러나 하루아침에 모든 것이 내버려지면서 그것이 전부 다른 사람의 소유가 되고 말았습니다. 저 수나라 양제라고 해도 어찌 천하의 안정을 싫어하고 사직을 오래도록 보존하고 싶지 않아서 걸왕桀王[24]처럼 학정을 자행하며 나라의 멸망을 초래했겠습니까? 자신의 부강함만 믿고 후환을 생각하지 않았기 때문입니다. 천하의 백성을 내몰아 양제 자신의 사욕만 따르게 했고 천하 만물을 소진시키며 자신만 받들게 했으며, 나라 안의 자녀를 잡아가고 먼 지방의 기이한 보물을 구해오도록 했습니다. 궁궐과 정원을 장식하고, 누대와 정자를 높이느라 부역이 시도 때도 없이 이어졌고 전쟁이 쉬지 않고 계속되었습니다. 겉으로는 위엄과 장중함을 갖춘 듯 보였지만 속으로는 음험함과 시기심이 가득했습니다. 아첨을 일삼으며 사악한 짓을 저지른 자는 반드시 복을 받았고, 충성스럽고 정직하게 행동한 사람은 목숨조차 보존할 수 없었습니다. 윗사람과 아랫사람은 서로 바라보는 것조차 가로막혔고, 임금과 신하는 서로 소통하는 길조차 폐쇄되었습니다. 백성은 조정의 명령을 견디지 못하게 되었고, 온 나라의 땅은 갈가리 찢기고 무너져 내렸습니다. 마침내 사해를

23_ 은나라 사람들은 하나라의 멸망을 거울로 삼아야 하므로 그 거울이 멀리 있지 않다는 뜻이다. 『시경』「대아·탕蕩」에 다음 구절이 있다. "은나라에서 교훈으로 삼아야 할 거울이 멀리 있는 것이 아니라, 바로 하나라 걸왕 때가 그때라네殷鑑不遠, 在夏后之世."

24_ 하나라 마지막 임금이다. 흔히 은나라 마지막 임금 주왕과 함께 걸주桀紂로 병칭되며 폭군의 대명사로 불린다. 폭정을 일삼다가 은나라 탕왕의 정벌을 받고 남소南巢로 추방되어 죽었다.

거느리던 지존이 한 필부의 손에 목숨을 빼앗기고 자손이 모두 끊어져 천하의 웃음거리가 되었으니 이 어찌 애통하지 않을 수 있겠습니까?"

천하를 얻기는 어려우나 잃기는 쉬운 법

"성스럽고 현명하신 선왕께서 이 기회를 틈타 위태로운 상황에 처한 백성을 구제하셨습니다. 나라의 기둥이 기울어지자 그것을 다시 바로 세웠고, 나라의 예의가 느슨해지자 그것을 다시 팽팽하게 끌어당겼습니다. 먼 곳이 조용해지고 가까운 곳이 편안하게 되는 기간이 1년을 넘지 않았고, 잔학한 자들에게 승리하고 살육 행위를 없애는 데는 100년을 기다릴 필요도 없었습니다. 이제 수나라의 궁궐과 누대를 모두 점유했고, 진기한 보배와 기이한 물건을 모두 거둬들였으며, 맑고 고운 미녀를 모두 임금 곁에서 시중들게 했고, 사해만방의 백성을 모두 신하와 비첩婢妾으로 삼게 되었습니다.

만약 수나라가 실패한 까닭을 거울로 삼고 우리가 성공한 까닭을 생각하며 날마다 신중하게 처신한다면 비록 내게 훌륭한 공적이 있다 해도 그것이 훌륭하다고 자만하지 않을 것입니다. 녹대鹿臺[25]의 보배로운 옷을 불태우고, 아방궁阿房宮[26]의 드넓은 전각을 허물고, 높다란 건물에서 망국을 두려워하고, 나지막한 거처에서 편안함을 생각한다면 정신의 교화가 남몰래 통하여 억지로 무엇을 하지 않아도 나라

25_ 은나라 마지막 임금 주왕이 세운 궁궐이다. 은 주왕은 주 무왕에게 패배하고 녹대로 들어가서 보배로 장식한 화려한 옷을 입고 스스로 불을 질러 자결했다.

26_ 전국시대를 통일한 진나라의 궁궐이다. 웅장함과 화려함이 천하의 으뜸이었지만, 수많은 백성의 강제 노역으로 이루어진 원성의 상징이기도 하다.

가 저절로 다스려질 것이니 이것이 덕치의 최고 경지입니다.

만약 기존의 건물이 훼손되지 않았다면 옛 모습 그대로 보존하고, 급하지 않은 건물은 제거하면서 줄이고 또 줄여나갑니다. 따라서 화려한 기둥을 세운 집에 띠풀로 지붕을 일 수도 있고, 흙으로 만든 계단에 옥으로 만든 섬돌을 끼워 넣을 수도 있습니다. 백성이 즐거워하는 일을 시키며 그들의 힘을 다 고갈시키지 않아야 합니다. 그 건물에 거주하는 사람은 편안하지만 그 건물을 지은 사람은 고생했음을 늘 생각해야 합니다. 그럼 만백성이 기쁜 마음으로 자식처럼 달려올 것이고, 수많은 중생이 임금을 우러르며 선한 본성으로 귀의할 것입니다. 이것이 덕치의 차선책입니다.

만약 성군이라도 선한 생각을 하지 않거나 자신의 종말을 신중하게 고려하지 않고, 창업의 어려움은 망각한 채 천명은 믿을 만한 것이라 떠벌리고, 산유자나무 서까래의 검소함은 무시한 채, 조각한 담장의 화려함만 추구하고, 본래의 기초에 의지하여 규모만 넓히고, 옛날 건물을 증축하여 장식만 더하면서 비슷한 일이 있을 때마다 확장만 하고 만족할 줄 모르면 사람들은 임금의 덕망은 볼 수 없게 되고 노역의 소식만 들을 것이니 이것은 수준이 낮은 정책입니다.

비유하자면 마치 땔나무를 지고 불을 끄려는 것과 같고, 뜨거운 물을 퍼부어 끓는 물을 식히려는 것과 같으며, 폭력으로 혼란을 대체하려는 것과 같으므로, 이는 본래의 혼란과 똑같은 길로 나아가는 것입니다. 그 죄과를 도저히 헤아릴 수 없으니 후손들이 무엇을 볼 수 있겠습니까? 무릇 정사政事에 볼만한 업적을 남기지 못하면 사람들이 원망하고, 사람들이 원망하면 신령이 분노하고, 신령이 분노하면 반드시 재앙이 발생하고, 재앙이 발생하면 또 반드시 난리가 일어나고, 난리가 일어난 뒤에는 자신의 몸과 명성을 온전하게 보전할 수 있는 사람이 거의 드뭅니다. 하늘의 뜻에 따라 천명을 바꾼 뒤에는 장차 700년간 이어질 보위를 자손에게 물려주고 그것을 만대에까지 전하게 해야 합니다. 천하를 얻는 것은 어려우나 잃는 것은 쉬우므로 깊이 생각하지 않을 수 있겠습니까?”

두려워해야 할 것은 오직 민심의 동향

이 달에 위징이 또 상소를 올려 다음과 같이 아뢰었다.

“신이 듣건대 나무를 높이 자라게 하려면 그 뿌리를 튼튼하게 해야 하고, 물을 멀리까지 흐르게 하려면 샘물을 깊이 쳐두어야 하며, 나라의 안정을 도모하려면 덕행을 쌓아야 한다고 합니다. 샘물을 깊이 쳐두지 않고 흐름이 멀리까지 가기를 바라거나, 뿌리를 튼튼하게 하지 않고 나무가 높이 자라기를 바라거나, 덕행을 두텁게 쌓지 않고 나라가 잘 다스려지기를 바라는 일은 신이 비록 매우 어리석은 사람이지만 불가능하다는 사실을 알고 있습니다. 하물며 현명하신 폐하이시겠습니까?

임금은 신령神靈의 기물을[27] 관리하는 중책을 맡아, 나라 안의 큰 자리에 앉아서 장차 하늘까지 닿을 만한 공적을 더 드높이고, 무궁하게 이어질 경사를 영원히 보존해야 합니다. 그런데도 편안하게 앉아 장래의 위험을 생각하지 않고, 사치를 경계하며 검소하게 살 생각을 하지 않으면서, 덕망을 쌓음에 두텁게 쌓지 않고 감정을 다스림에 욕망을 이기지 못하면 뿌리를 베어낸 뒤 나무가 무성하기를 바라고 샘물을 막은 뒤 그 흐름이 멀리까지 가기를 바라는 것과 같습니다.

27_ ‘신령의 기물神器’은 나라의 보정寶鼎, 신물神物, 옥새玉璽 등을 가리킨다. 흔히 임금의 보위나 천자의 지위를 비유한다.

무릇 수많은 역대 임금을 살펴보면 위대한 천명을 받고 나서는 깊이 근심하며 올바른 도를 드러냈지만 공적을 이룬 뒤에는 그 덕이 쇠퇴하지 않은 사람이 없었습니다. 훌륭하게 시작한 사람은 진실로 많지만 좋은 결말을 맺은 사람은 대체로 드문 형편입니다. 이 어찌 천하를 얻는 것은 쉽지만 지키는 것은 어렵다는 사실이 아니겠습니까? 지난날 천하를 얻을 때는 역량이 넉넉했지만 지금 그것을 지키는 일에 역량이 부족한 것은 무엇 때문입니까? 처음에 깊이 근심할 때는 반드시 성심을 다해 아랫사람을 대하지만 뜻을 얻고 나서는 제 마음대로 행동하며 사람들에게 오만하게 굴기 때문입니다. 성심을 다하면 북쪽의 호胡나라[28]와 남쪽의 월越나라[29]도 한 몸처럼 융화될 수 있지만, 사람들에게 오만하게 굴면 한집안의 혈육이라도 길에서 만난 낯선 사람처럼 서먹서먹해지고 말 것입니다.

비록 (백성을) 엄혹한 형벌로 감독하고 사나운 분노로 위협한다 해도 끝끝내 구차하게 모면하려고만 할 뿐, 속으로는 좋은 마음을 먹지 않습니다. 겉모습은 공손한 척하면서도 마음으로는 복종하지 않는 것입니다. 원망의 무서움은 그 크기에 달려 있는 것이 아니니, 두려워해야 할 것은 오직 민심의 동향입니다. 물은 배를 띄울 수도 있지만 배를 뒤집어엎을 수도 있으므로 매우 신중하게 대처해야 합니다. 이는 마치 썩은 새끼줄로 치달리는 수레를 제어하는 것처럼 위험한 일이니 소홀히 생각할 수 있겠습니까?"

28_ 동이족 계열의 귀성歸姓 제후국. 작위는 자작으로 도성은 지금의 허난 성 뤄허漯河 또는 안후이 성 푸양阜陽 일대에 있었다. 호胡는 대체로 중국 북쪽의 이민족을 통칭하는 말로도 쓰인다.

29_ 중국 저장 성 일대에 있었던 제후국. 대체로 하나라 임금 소강少康의 서자 무여無餘가 봉해진 나라로 알려져 있으며 구천에 이르러 오나라와 쟁패를 벌이다 오나라를 멸망시키고 춘추오패의 하나로 칭해졌다.

'열 가지 생각十思'이란 무엇인가?

"만백성 위에서 임금 노릇을 하는 분은 진실로 자신이 좋아하는 대상을 보면 만족할 줄 알고 스스로 경계할 생각을 해야 하며, 장차 어떤 사업을 일으킬 때는 멈출 줄 알아 백성을 편안하게 해줄 생각을 해야 합니다. 또 높은 자리의 위태로움을 염려한다면 겸허하게 행동하며 스스로 수양할 생각을 해야 하고, 가득 차서 넘칠까봐 두렵다면 강과 바다가 수많은 냇물을 받아들이는 도량을 생각해야 합니다. 또 사냥 놀이를 하면 삼면만 포위하고 한 면은 열어두는 절제를 생각해야 하고, 나태함이 걱정된다면 시작을 신중히 하고 끝마침을 경건히 할 것을 생각해야 합니다. 또 언로가 막힐까 근심스럽다면 허심탄회한 마음으로 아랫사람의 의견을 받아들일 것을 생각해야 하고, 아첨꾼의 사악함이 마음에 걸린다면 자신의 몸을 바르게 하고 악인을 쫓아낼 생각을 해야 합니다. 그리고 은혜를 베풀 때는 자신의 사사로운 애호심 때문에 상을 잘못 주게 될까 생각해야 하고, 죄를 줄 때는 자신의 사사로운 분노 때문에 형벌을 남용하게 될까 생각해야 합니다. 이 열 가지 생각十思을 종합하고 저 아홉 가지 덕망九德[30]을 넓혀서 유능한 사람을 선발하여 일을 맡기고 선한 사람을 뽑아서 그 의견에 따르면 지혜로운 사람은 자신의 꾀를 다 발휘할 것이고, 용감한 사람은 자신의 힘을 다 쏟아부을 것이며, 어진 사람은 자신의 은혜를 베

30_ 성현들이 구비하고 있는 아홉 가지 훌륭한 성품이다. 『상서』 「고요모皐陶謨」에서는 "너그러우면서도 엄격함, 부드러우면서도 꼿꼿함, 성실하면서도 공손함, 잘 다스리면서도 공경스러움, 곧으면서도 온화함, 간략하면서도 세밀함, 억세면서도 충실함, 강하면서도 의로움寬而栗, 柔而立, 愿而恭, 亂而敬, 擾而毅, 直而溫, 簡而廉, 剛而塞, 彊而義"이라고 했다.

31_ 중국 전설 속 인물로 신농神農 때 우사雨師를 맡았다. 항상 곤륜산으로 가서 서왕모의 석실에 거주했고 나중에 염제炎帝의 딸과 신선이 되어 떠나갔다. 장수하는 사람의 대명사로 쓰인다.

32_ 주나라 영왕靈王의 태자 진晉. 생황을 잘 불어 봉황 울음소리를 낼 수 있었고, 이수와 낙수 사이에서 놀다가, 도사 부구공浮丘公과 함께 숭고산嵩高山으로 올라갔다. 적송자와 함께 송·교松喬로 병칭되며 역시 장수하는 사람의 대명사로 쓰인다.

풀고, 신의가 있는 사람은 자신의 충성을 다 바칠 것입니다. 문신과 무신이 다투어 힘을 쏟으면 임금과 신하에게는 아무 사건도 일어나지 않아 유희와 사냥의 즐거움을 모두 만끽할 수 있을 것이고, 적송자赤松子[31]나 왕자교王子喬[32]의 장수長壽도 누릴 수 있을 것이며, 순임금처럼 오현금五絃琴[33]을 타거나 두 손을 모으고 아무 말도 하지 않아도 백성에 대한 교화가 저절로 이루어질 것입니다. 하필이면 정신을 수고롭게 하면서 아랫사람 대신 일을 관장하고 밝은 이목을 동원하여 무위無爲의 대도大道를 훼손할 필요가 있겠습니까?"

거침없는 직언이 필요하다

태종이 손수 조서詔書를 내려 위징에게 대답했다.

"공公의 상소문을 자주 읽고 있소. 진실함이 지극한 데다 충성심까지 담겨 있고, 언어의 표현도 끝 간 데까지 치달아 절실함이 가득했소. 공의 상소문을 읽을 때마다 피로함도 잊고 매번 한밤중까지 이르곤 하오. 공이 나라를 제 몸처럼 생각하는 마음이 깊지 않고, 짐을 이끌어주는 대의가 무겁지 않다면 어찌 이처럼 훌륭한 계책을 펼쳐, 짐의 부족한 부분을 바로잡아줄 수 있겠소? 짐은 진晉 무제武帝[34]가 오

33_ 『예기』「악기樂記」에 따르면 순임금이 오현금을 만들어 「남풍南風」 노래를 불렀다고 한다. 『공자가어孔子家語』에 따르면 「남풍」은 대체로 순임금의 정치가 남쪽에서 불어오는 훈풍처럼 온 백성에게 두루 미치고 있음을 노래한 내용이다.

34_ 본명은 사마염司馬炎(236~290). 위魏나라 상국 사마소司馬昭의 아들로 서진西晉을 건국한 인물이다. 오나라를 멸망시키고 삼국을 통일했다. 그러나 통일 이후 각 지역에 자신의 친척을 무분별하게 봉하고 음란한 생활에 탐닉하여 이후 천하 대란의 빌미를 제공했다.

35_ 본명은 서간瑞諫이며 자는 영고穎考(199~278). 위魏나라 명제明帝 때 부친의 작위를 세습하여 평원후平原侯에 봉해졌다. 사마씨 집안과 우의가 두터워서 사마염이 진나라를 세울 때 적극적으로 참여했다. 진나라 건국 후 승상과 태부를 역임하며 사치스러운 생활을 했다.

36_ 하증의 둘째 아들로 자는 경조敬祖(236~301). 진 무제 사마염과 동갑이어서 어려서부터 매우 친하게 지냈다. 진나라 건국 후 고위직을 역임했다.

나라를 평정한 이후 교만하고 사치스러운 생활에 힘쓰며 더 이상 올바른 정치에 마음을 두지 않았다고 들었소. 당시 하증何曾[35]은 조정에서 물러나 자신의 아들 하소何劭[36]에게 이렇게 말했다 하오.

'내가 매번 주상을 만날 때마다 치국治國의 원대한 계책은 말씀하시지 않고 평소의 한담만 늘어놓으시니, 이 사람은 나라를 자신의 후손에게 전해줄 만한 인물이 아니다. 네 스스로 재앙에서 벗어날 수 있도록 하거라.'

또 손자들을 가리키며 말했소.

'이놈들은 틀림없이 난리통에 죽을 것이다.'

그의 손자 하수何綏[37]에 이르러 과연 가혹한 형벌을 받고 살육당하고 말았소. 이전 역사에서는 하증을 찬미하며 앞일을 내다보는 데 뛰어난 사람이라 여겼소. 짐의 생각은 그렇지 않소. 짐은 하증이 불충한 사람이고 그의 죄가 크다고 말하고 싶소. 대저 다른 사람의 신하가 되었다면 나아가서는 충성을 다 바칠 생각을 해야 하고, 물러나서는 자신의 잘못을 고칠 생각을 해야 하오. 임금의 미덕에는 순종하고 그 악행은 바로잡아주는 것이 함께 치세를 이루는 방법이오. 하증은 벼슬이 최고위직인 삼공三公[38]에 있었으며 명망도 드높고 무거웠소. 그러므로 곧은 언어와 정직한 간언으로 치국의 도를 논하고 시국을 보좌해야 했소. 그러나 당시 그는 물러나온 이후에야 뒷자리에서 말을 했고, 들어가서는 조정에서 간쟁諫諍을 하지 않았소. 그런 사람을

37_ 자가 백울伯蔚로 하증의 손자이며 하준何遵의 둘째 아들(?-309). 명문가의 자제로 벼슬은 상서에 이르렀지만 사치스럽고 오만했다. 나중에 동해왕東海王 사마월司馬越에게 피살되었다.

38_ 삼공은 시대마다 일컫는 벼슬이 달랐다. 하증이 살았던 진晉나라 때는 태위太尉, 사도司徒, 사공司空을 삼공이라 했다.

39_ 춘추시대 말기 진晉나라 사람(?~기원전 496). 성격이 매우 느려서 항상 팽팽한 활시위를 차고 다니며 좀더 빠르게 일을 처리하려 했다고 한다.

40_ 전국시대 위魏나라 사람. 성격이 매우 급해서 항상 부드러운 가죽을 차고 다니며 좀더 느긋하게 일을 처리하려 했다고 한다.

현명하고 지혜롭다고 여긴다면 이 또한 잘못된 생각이 아니오? 나라가 위태로운데도 도와주지 않는 사람을 어떻게 재상의 자리에 등용했단 말이오? 공이 진술한 의견을 통해 짐은 스스로의 잘못을 알게 되었소. 이제 짐은 이 상소문을 책상 앞에 놓아두고 동안우董安于[39]와 서문표西門豹[40]처럼 일처리의 완급을 조절하며 경계할 것이오. 그럼 틀림없이 늦게라도 수확을 거둘 희망이 있을 것이니 짐은 만년에라도 그렇게 될 수 있기를 바라오. 짐은 '편안하도다康哉' '훌륭하도다良哉'[41]라는 노래가 유독 그 옛 시절에만 아름답게 칭송되도록 놓아두지는 않을 것이오. 임금과 신하의 관계가 물고기와 물의 관계와 같다는 것이 마침내 오늘날 명확하게 드러났소. 공의 훌륭한 계책에 짐이 너무 늦게 답변을 했지만 짐의 기분을 상하게 하더라도 숨기지 말고 간언을 올려주기 바라오. 짐은 마음을 비우고 뜻을 고요하게 한 뒤 삼가 공의 덕망 넘치는 말씀을 기다릴 것이오."

평안할 때 장래의 위기를 생각하라

정관 15년, 태종이 근신들에게 말했다.

"천하를 지키는 것이 어려운 일이오, 쉬운 일이오?"

시중[42] 위징이 대답했다.

"매우 어렵습니다."

태종이 말했다.

41_ '편안하도다康哉' '훌륭하도다良哉'라는 노래는 『상서』 「익직益稷」에 나온다. 그 내용은 다음과 같다. "임금님은 밝으시도다! 신하들은 훌륭하도다! 모든 일이 편안하도다!元首明哉! 股肱良哉! 庶事康哉!" 고요가 순임금을 찬양하는 내용이다.

42_ 당나라 문하성의 장관으로 황제의 명령을 출납하고 백관을 총괄했다.

"현명하고 유능한 사람을 관직에 임명하고 간언을 받아들이면 가능한 일인데 어찌하여 어렵다고 하오?"

위징이 말했다.

"자고이래로 역대 제왕들을 살펴보면 우환과 위기가 닥쳤을 때는 현명한 사람을 관직에 임명하고 간언을 받아들였습니다. 하지만 천하가 평안해지면 반드시 언행이 느슨해지고 게을러졌습니다. 그리고 정사에 대해 의견을 말하려는 사람이 있으면 그들에게 두려운 마음을 심어주었고, 그렇게 나날이 쇠퇴를 거듭하는 가운데 결국 망국의 지경에까지 이른 것입니다. 성인들께서 편안하게 살 때도 장래의 위기를 생각해야 한다고 말한 까닭이 바로 이 때문입니다. 편안한 생활 속에서도 늘 두려운 마음을 지녀야 하니 이 어찌 어려운 일이 아니겠습니까?"

貞觀政要

제2편 | 정치의 요체

政體

왕조시대 정치의 요체는 임금으로부터 출발했다. 그것은 군림하는 태도가 아니었고 임금에 대한 도덕성 요구가 바탕을 이루었다. 열린 임금은 사사로운 욕망과 이익에 집착하지 않았다. 또 열린 임금은 자신의 편견과 오해를 마치 모든 이의 생각인 양 착각하며 강요하지 않았다. 따라서 임금은 공평무사한 정견을 갖기 위해 트인 생각을 가진 신하를 자주 불러 궁궐 밖 일을 자문하고, 백성의 이해관계와 정치교화의 잘잘못을 파악했다.

신하들과 정사政事를 토론할 때도 현명한 임금은 신하들의 생각을 모두 말하게 하면서 격의 없는 대화가 이루어지게 했다. 특히 자신의 잘못을 지적하는 간언이 가능하도록 했다. 반대 의견을 허심탄회하게 받아들이는 태도야말로 임금의 편견과 오해를 바로잡는 출발점이기 때문이다.

임금이 공평무사한 입장을 견지함으로써 각 부처 간의 다툼과 견제도 어렵지 않게 조정할 수 있었다. 임금의 공평무사함은 민생과 민심에 기반하기 때문이다. 당 태종 재위 시 당나라에서는 중서성에서 정책을 결정하고, 문하성에서 그것을 감찰했으며, 상서성에서 정책을 집행했다. 당시에도 각 부처는 견제와 협조를 통해 나라의 살림을 꾸려야 했고, 임금은 민생과 민심에 따라 각 부처의 경쟁을 잘 조화시켜야 했다.

화살이 곧게 날아가는 이치

정관 초에 태종이 소우蕭瑀[1]에게 이렇게 말했다.

"짐은 젊은 시절 활과 화살을 좋아해서 그 오묘한 이치를 모두 터득할 수 있다고 말하곤 했소. 근래에 좋은 활 10여 개를 얻어 활 제조공에게 보여주자 그가 이렇게 말했소.

'모두 좋은 재질이 아닙니다.'

짐이 그 까닭을 묻자 제조공이 대답했소.

'목재의 중심이 바르지 않아서 나무의 결이 모두 비틀어져 있습니다. 활은 비록 강하지만 화살을 쏘면 직선으로 나가지 못하므로 좋은 활이 아닙니다.'

짐은 비로소 그 이치를 깨달았소. 짐은 활과 화살로 사방을 평정하는 과정에서 수많은 활을 사용했지만 그 이치를 터득하지 못했던 것이오. 하물며 짐은 천하를 소유한 시간이 짧아서 다스림의 의의를 터득하는 공부가 진실로 활에 대한 공부에 미치지 못하오. 활도 아직 잘 모르는데 하물며 나라를 다스리는 일이야 말해 무엇하겠소?"

이때부터 5품 이상의 경관京官[2]에게 조서를 내려 중서내성中書內省[3]에서 번갈아 숙직하게 하고, 매번 그들을 불러 자리를 마련해주고 함께 이야기를 나누며 궁궐 바깥일에 대해 자문하면서 백성의 이해관계와 정치 교화의 잘잘못을 알려고 힘을 기울였다.

1_ 남조 양梁나라 황실 출신(575~648). 그의 증조부는 소명태자昭明太子 소통蕭統이다. 후량後梁 명제明帝 소귀蕭巋의 일곱째 아들이며 자는 시문時文이다. 당 고조 이연의 건국과정에 적극 참여하여 능연각 24공신의 한 명으로 봉해졌다.

2_ 도성에서 근무하는 중앙 관직의 벼슬아치.

3_ 중서성으로 국가의 주요 정책을 결정하던 중추기구. 당나라 때는 중서성이 궁궐 안에 있었으므로 중서내성이라고 했다.

부처 간에 견제와 협조가 잘 이루어져야

정관 원년, 태종이 황문시랑黃門侍郎[4] 왕규王珪[5]에게 말했다.

"중서성에서 제출한 조칙들 중에 [문하성의] 의견이 다른 점도 꽤 있고 혹은 양 기관에서 모두 틀린 점도 있으니 각각의 상이한 의견으로 서로의 잘못을 바로잡도록 하시오. 본래 중서성과 문하성門下省[6]을 설치한 것은 서로의 잘못을 방지하기 위함이었소. 사람들의 의견이 매번 일치하지 않아 시비가 일어날 수도 있지만 그 바탕은 공무를 처리하기 위함이오. 그런데 어떤 사람은 자신의 단점을 옹호하고 실수에 대해서는 듣기 싫어하면서 누군가 자신의 옳고 그름을 지적하면 속으로 원망을 품기도 하오. 또 어떤 사람은 자신의 사사로운 관계가 멀어지는 일은 구차하게 피하려고만 하고 또 서로 안면이 받칠까봐 걱정하며, 정책이 잘못되었음을 알고도 결국은 그대로 시행하기도 하오. 벼슬아치 한 명의 소소한 감정을 거스르기 어려워하다가 순식간에 수많은 사람에게 커다란 폐단을 안기게 되오. 이것은 실로 나라를 멸망시키는 정치이니 경들은 특히 주의하여 방지해야 하오.

수나라 시절 조정 안팎의 관리들이 정무를 처리할 때 우유부단하게 이쪽저쪽 눈치만 보다가 마침내 참화를 초래하고 말았는데, 사람들은 대부분 이러한 이치를 깊이 생각하지 않고 있소. 당시에는 모두 참화가 자신에게는 미치지 않을 거라 여기며, 면전에서는 복종하는 체하고 등 뒤에서는 비난을 일삼으면서도 그것이 우환이 될 줄 생각지도 못했소. 나중에 국가대란이 일어나 가문과 나라가 모두 망하자

4_ 진秦나라 때 설치하여 송나라까지 존속한 관리. 황제의 조서와 명령을 전달하던 측근이다. 당나라 때는 문하성 소속의 부관副官이어서, 현종 이후에는 문하시랑으로 개칭했다.

5_ 자가 숙개叔玠로 당나라 초기 명신(570~639).

6_ 당나라 삼성三省 중의 하나. 삼성 중 중서성은 정책을 결정하는 기관이고, 문하성은 중서성의 정책 결정을 감찰하는 기관이며, 상서성은 정책을 집행하는 기관이다.

비록 난리에서 탈출하여 살육을 당하지 않은 사람도 있지만 그들도 모두 온갖 고통을 겪으며 죽음만 겨우 면했을 뿐 당시 여론의 뭇매를 맞으며 결국 퇴출되고 말았소. 경들은 특히 사욕을 버리고 공무를 처리해야 하며, 정도正道를 견지한 채 모든 업무를 서로 이끌어주면서, 위아래가 부화뇌동하지 말아야 할 것이오."

경전에 뛰어난 인재를 중용하다

정관 2년, 태종이 황문시랑 왕규에게 물었다.

"근대近代[7]에 임금과 신하가 나라를 다스리는 방식은 옛 시대에 비해 훨씬 더 졸렬한데 그 이유가 무엇이오?"

왕규가 대답했다.

"옛날 제왕들은 정치를 할 때 모두 맑고 깨끗함을 숭상하면서 백성의 마음을 자신의 마음으로 삼았습니다. 그러나 근대에 이르러서는 백성을 해치면서 자신의 욕망을 채우고 있습니다. 또한 임용한 대신들도 더 이상 경전에 뛰어난 선비가 아닙니다. 한漢나라 재상들은 한 가지 경전에라도 정통하지 않은 사람이 없어서, 만약 조정에 의심스러운 일이 생기면 모두 경전을 인용하여 결정을 내렸습니다. 이 때문에 사람들은 예의를 알게 되었고, 나라의 다스림은 태평성대를 이룰 수 있었습니다. 그런데 근대에는 무예를 중시하고 유가를 경시하는 가운데 간혹 법률만을 섞어서 썼기 때문에 유가의 행위 규범은 벌써 어그러졌고 순후한 풍속도 크게 파괴되었습니다."

7_ 여기에서 말하는 근대는 당나라와 가까운 시대를 말한다. 대체로 남북조와 수나라를 가리킨다.

태종은 왕규의 말에 깊이 동의했다. 이로부터 백관 중에서 학식이 우수하고 정치 요령을 겸비한 사람은 대부분 품계가 올랐으며 또 거듭 승진하여 자리를 옮겼다.

자신의 견해대로 이의를 제기하라

정관 3년, 태종이 근신들에게 말했다.

"중서성과 문하성은 국가의 중추 기관이므로 준재를 발탁하여 관직에 임명하는데, 이들이 맡은 임무는 진실로 막중하오. 짐의 조칙에 만약 타당하지 않은 점이 있으면 모두들 자신의 견해에 근거하여 이의를 제기해야 하오. 근래에 느끼기에는 짐의 뜻에 아부하고 짐의 마음에 순종하며 예예 응답만 하고 그럭저럭 세월만 보내면서 결국 한마디 간언도 올리는 사람이 없는 듯하오. 어찌 이럴 수 있단 말이오? 만약 관리의 임무가 조칙에 서명이나 하고 문서를 시행하는 일에 그친다면 사람들 중 누가 이런 일을 감당하지 못하겠소. 어찌 번거롭게 준재를 선발하여 일을 맡길 필요까지 있겠소? 지금부터는 짐의 조칙 가운데 타당하지 않은 점이 있으면 반드시 자신의 견해에 근거하여 이의를 제기해야 하오. 터무니없이 두려움에 젖어 [짐의 잘못을] 알고도 침묵하는 일이 없도록 하시오."

신하의 생각을 다 발휘하도록 하다

정관 4년, 태종이 소우에게 물었다.

"수 문제文帝[8]는 어떤 임금이었소?"

소우가 대답했다.

"그는 사욕을 극복하고 예법에 따랐으며, 부지런히 노력하면서 정사政事를 생각했습니다. 매번 조정에 앉아 일을 할 때는 더러 해가 기울 때까지 계속했습니다. 5품 이상 관리들을 자리로 불러 앉히고 국사를 토론할 때는 황제를 호위하는 인사들에게 음식을 날라오게 하여 식사를 했습니다. 비록 그의 성품이 인자하고 현명한 것은 아니었지만 정신을 가다듬으며 노력한 임금이라 할 만합니다."

태종이 말했다.

"공은 하나만 알고 둘은 모르는구려. 그 사람은 성격이 지나치게 꼼꼼했지만 마음은 밝지 못했소. 대저 마음이 어두우면 밝은 이치가 있어도 이해하지 못하고, 성격이 지나치게 꼼꼼하면 다른 사람에 대해 의심을 많이 하는 법이오. 또 고아와 과부를 속이고[9] 천하를 얻었으므로 신하들이 마음속으로 불복할까 항상 두려움에 젖어 백관을 믿지 않으려 했고 모든 일을 스스로 결정했소. 따라서 비록 정신은 피로하고 몸은 고통스러웠지만 모든 결정을 일일이 이치에 맞출 수가 없었소. 조정의 신하들은 그의 뜻을 알고 감히 직언을 올리지 못했고, 재상 이하의 관리들도 오직 그에게 순종할 뿐이었소. 짐의 생각은 이와 다르오. 천하의 땅은 드넓고 사해의 백성은 많기 때문에 천 가

8_ 수 문제는 중국 남북조시대를 통일한 수나라 건국 황제 양견楊堅(541~604)이다.

9_ 수 문제 양견은 자신의 딸을 북주北周 선제宣帝의 황후로 들였다. 그러다가 선제 사후 자신의 외손자인 북주의 정제靜帝를 폐위하고 스스로 황제에 등극하여 수나라를 세웠다. 따라서 이 글에서 고아가 된 자신의 외손자와 과부가 된 자신의 딸을 속였다고 한 것이다.

지 만 가지 일의 단서가 발생하면 모름지기 변화에 맞춰 일을 잘 처리해야 하오. 모든 일은 백관에게 맡겨 상의하게 하고 재상들에게 계획을 마련하게 한 후 그 계획이 그 사안에 타당하면 그것을 상주하여 시행하게 할 것이오. 하루에도 만 가지 일을 처리해야 하는데 어찌 그것을 독단으로 혼자서 처리하려고 근심할 수 있겠소? 또 하루에 열 가지 일을 결정하고 나서 다섯 가지가 타당하지 않다면 그중 타당하게 처리된 것은 잘되었다고 믿어야 하지만 타당하게 처리되지 않은 것은 어떻게 해야 하오? 이렇게 날짜가 계속 이어져서 여러 해가 지나 오류가 많아지면 나라가 멸망하지 않고 또 무엇을 기대할 수 있겠소? 어찌 현명하고 어진 인재를 널리 임명하여 높은 관직에 올리고 백성의 고충을 자세히 살피게 한 뒤 법령을 엄숙하게 시행하는 일과 같겠소? 그럼 누가 감히 비리를 저지를 수 있겠소?"

그리하여 여러 관청에 명령하여 만약 조칙을 반포한 뒤 타당하지 못한 점이 발견되면 반드시 자신의 입장에 근거하여 의견을 올리게 했고, 또 임금의 뜻에 순종하며 바로 시행하지 못하도록 하면서 신하의 생각을 다 발휘하는 데 힘쓰게 했다.

임금과 신하가 마음을 다 털어놓아야

정관 5년, 태종이 근신들에게 말했다.

"나라를 다스리는 일과 질병을 치료하는 일은 서로 다르지 않소. 환자가 좀 나았다고 느껴지더라도 더 잘 보살펴야 하오. 만약 다시 질병의 증상에 저촉되는 행위를 하면 틀림없이 목숨을 잃게 될 것이오. 나라를 다스리는 일 또한 그러하므로, 천하가 조금 안정되었을 때 더 조심스럽고 신중해야 하오. 만약 곧바로 교만하고 방종해지면 반드시 패망을 초래하고 말 것이오. 지금 천하의 안위는 모두 짐에게 달려 있기 때문에 날마다 근신하며 비록 경사스러운 일이 있어도 경사스럽게 여기지 않고 있소. 그러나 눈과 귀와 팔과 다리가 하는 일은 모두 경들에게 맡기고자 하오. 대의로는 이미 모두 일체가 되었으므로 마땅히 힘을 합치고 마음을 함께해야 할 것이오. 만약 임금과 신하가 의심하며 마음을 다 털어놓을 수 없다면 그것은 실로 국가의 큰 재앙일 것이오."

임금은 배요 백성은 물이다

정관 6년, 태종이 근신들에게 말했다.

"옛 제왕들을 살펴보면 흥성한 경우도 있고 쇠망한 경우도 있소. 이는 마치 아침이 지난 후 저녁이 오는 것처럼 모두 임금의 눈과 귀를 가려 당시 정치의 잘잘못을 알지 못하게 했기 때문이오. 충성스럽고 정직한 사람들이 말을 하지 않자, 사악하고 아첨을 일삼는 사람들이 날마다 승진했고 이에 임금은 자신의 잘못을 볼 수 없어서 결국 멸망에 이르게 된 것이오. 짐은 구중궁궐에 거처하고 있으니 천하의 일을 다 볼 수 없소. 이 때문에 경들에게 짐의 눈과 귀가 되어달라고 알리는 것이오. 천하가 무사하고 사해가 편안하다고 하여 마음 쓰지 않아도 된다고 생각해서는 안 되오. 사랑해야 할 대상은 임금이 아니겠소? 두려워해야 할 대상은 백성이 아니겠소? 천자가 올바른 도를 지키면 백성이 그를 받들어 임금으로 삼지만 올바른 도를 지키지 않으면 그를 내버리고 더 이상 그의 능력을 쓰지 않소. 진실로 두려워할 만한 일이오."

위징이 대답했다.

"옛날부터 나라를 잃은 임금은 모두 편안하게 거처할 때 장래의 위기를 망각했고, 치세治世를 살면서 난세를 망각했기 때문에 나라를 오래 지탱할 수 없었습니다. 지금 폐하께서는 사해를 넉넉하게 소유했고 나라의 안팎이 평화로우므로 치세의 원리에 마음을 쓰실 수 있습니다. 늘 깊은 연못에 임하듯 얇은 얼음을 밟듯[10] 마음을 쓰시면 국가의 운수가 자연히 신령스럽고도 길게 이어질 것입니다. 신은 또 '임금은 배요, 백성은 물이다. 물은 배를 띄울 수도 있지만 배를 뒤집어 엎을 수도 있다'[11]란 옛말을 들은 적이 있습니다. 폐하께서는 백성을 정말 두려워해야 한다고 생각하고 계신데, [이 옛말이] 진실로 폐하의 뜻과 같습니다."

벌주지 않을 테니 직간하라

정관 6년, 태종이 근신들에게 말했다.

"옛사람이 이렇게 말했소. '나라가 위태로운데도 붙잡아주지 않고

10_ 원문은 "임심리박臨深履薄"이다. 『시경』 「소아·소민小旻」에 다음과 같은 구절이 있다. "두려워하며 경계하는 모습이 마치 깊은 연못에 임한 듯 얇은 얼음을 밟는 듯하네戰戰兢兢, 如臨深淵, 如履薄氷." 두려워하며 조심하는 모양을 비유한다.

11_ 원문은 "君, 舟也, 人, 水也. 水能載舟, 亦能覆舟"다. 『순자』 「애공哀公」과 「왕제王制」에 다음과 같은 구절이 있다. "임금은 배요, 서민은 물이다. 물은 배를 띄우기도 하고, 물은 배를 뒤집어엎기도 한다君者, 舟也, 庶人者, 水也. 水則載舟, 水則覆舟."

12_ 『논어論語』 「계씨季氏」에 나온다. "危而不持, 顚而不扶, 則將焉用彼相矣?"

13_ 하나라 말기 대신으로 걸왕의 폭정에 대해 여러 차례 직간하다가 죽임을 당했다. 근래의 판본에는 '방逄'을 '봉逢'으로 쓰는 경우가 있지만 원 과직의 집론본集論本을 저본으로 한 명 성화본 등 고본에는 대부분 '방逄'으로 되어 있다. 만약 '방逄'을 '봉逢'으로 통용해서 썼더라도 발음은 당연히 '방'으로 읽어야 한다.

14_ 한나라 문제와 경제 때의 관리(기원전 200~기원전 154). 태상장고, 태자사인, 태자가령, 어사대부 등을 역임했다. 경제 때 제후들의 봉토를 깎고 황제의 중앙 권력을 강화하려다 오초칠국의 반란에 직면했다. 경제는 결국 원앙袁盎 등의 말을 믿고 조조를 장안 동시東市에서 참형에 처했다. 『사기 삼가주史記三家注』에 따르면 '鼂'의 발음은 '조朝', '錯'의 발음은 '조厝'로 되어 있고, 과직의 『집론』에도 '鼂'의 발음은 '조潮', '錯'의 발음은 '조措'로 달려 있다. 따라서 '鼂錯'의 발음은 '조조'다. '鼂'를 '晁'로 통용해서 쓰기도 하지만 고본에는 대부분 '鼂'로 되어 있다.

임금이 넘어지는데도 부축해주지 않는다면 어찌 재상으로 등용할 수 있겠는가?'[12] 임금과 신하 간의 대의로 볼 때 충성을 다하여 나라를 바로잡고 임금을 구해주지 않을 수 있겠소? 짐은 일찍이 독서하면서, 걸왕이 관용방關龍逄[13]을 죽이고 한나라가 조조鼂錯[14]를 죽이는 대목을 읽을 때마다 책을 덮고 탄식하지 않은 적이 없었소. 공들이 올바른 말로 직간할 수 있으면 정치 교화에 도움이 될 것이므로 짐의 얼굴과 짐의 뜻을 거스른다고 해서 절대 함부로 벌을 내려 질책하지 않을 것이오. 짐은 근래 조정에서 정책을 결정할 때 율령에 어긋나게 처리한 점이 있었지만 공들은 하찮은 일로 여기고 끝끝내 자신의 의견에 따라 간언을 올리지 않았소. 무릇 큰일은 모두 작은 일에서 비롯되고 작은 일을 토론하지 않으면 큰일도 구제할 수 없으니 사직이 기울어지는 일이 여기에서 비롯되지 않는 것이 없소. 수 양제는 잔학하여 필부의 손에 살해되었는데 그때 온 나라 백성 중에서 애통해하는 사람이 있다는 소문을 짐은 거의 들은 적이 없소. 공들은 짐을 위해 수나라가 멸망한 일을 생각해주시오. 짐은 공들을 위해 관용방과 조조가 주살된 일을 생각할 것이오. 임금과 신하가 서로 온전하게 보호해줄 수 있으면 이 어찌 아름다운 일이 아니겠소?"

혼란 직후에 태평성대가 올 수 있다

정관 7년, 태종은 비서감祕書監[15] 위징과 자고이래 역대 정치의 잘잘못을 조용히 토론하다가 다음과 같이 말했다.

"지금은 큰 혼란이 지나간 직후라 조급하게 다스림을 이룰 수가

15_ 당나라 비서성祕書省의 장관. 국가의 문서와 서적을 관리했다.

없소."

위징이 말했다.

"그렇지 않습니다. 무릇 사람이 위급하고 어려운 상황에 빠지면 자신이 죽을까 걱정하고, 자신이 죽을까 걱정하면 나라가 잘 다스려지기를 바라고, 나라가 잘 다스려지기를 바라면 쉽게 교화될 수 있습니다. 그러므로 난리가 일어난 후 쉽게 교화될 수 있음은 마치 굶주린 사람이 먹을 것에 쉽게 만족하는 것과 같습니다."

태종이 말했다.

"선한 마음을 가진 사람도 나라를 100년간 다스린 연후에야 잔학한 무리를 이기고 살상을 없앨 수 있소. 큰 혼란이 지나간 직후에 다스림을 성취하고자 하는 일을 어찌 조급하게 바랄 수 있겠소?"

위징이 말했다.

"이것은 일반인들의 상황에 근거해서 말한 것이므로 성스럽고 밝은 임금께는 해당되지 않습니다. 만약 성스럽고 밝은 임금께서 교화를 펼치시면 상하가 한마음이 되어 사람들이 메아리처럼 호응할 것이므로, 서두르지 않아도 속도가 저절로 빨라져서 1년 만에 성취를 이루는 일이 진실로 어렵지 않을 것입니다. 따라서 만약 3년 만에 성공한다면 너무 늦다고 해야 할 것입니다."

태종도 그렇게 생각했다.

봉덕이封德彝[16] 등이 대답했다.

"삼대三代[17] 이후로 사람들이 점차 경박해졌기 때문에 진秦나라에서는 모든 것을 법률에만 맡겼고, 한나라에서는 패도覇道 정치를 섞어

16_ 이름이 윤倫, 자가 덕이德彝(568~627). 본래 수나라 양소楊素의 막료로 벼슬을 시작했으나 나중에 당나라 고조 이연에게 투항한 후 벼슬이 중서령에 이르고 밀국공密國公에 봉해졌다. 당 태종이 보위를 이은 후 상서좌복야에 올랐다. 사후에 고조 이연의 태자 이건성을 보위하려는 마음을 품었다는 사실이 알려지면서 추증된 관직이 삭탈되고 명明이란 시호가 무繆로 고쳐졌다.

17_ 삼대는 중국의 상고시대인 하, 은, 주를 가리킨다.

서 썼습니다. 이들 모두가 나라를 잘 다스리려 했지만 그렇게 할 능력이 없었던 것이지, 어찌 나라를 잘 다스릴 능력이 있는데도 그렇게 하려 하지 않았겠습니까? 만약 위징의 말을 믿으시면 국가가 혼란에 빠질까 두렵습니다."

위징이 말했다.

"오제五帝[18]와 삼왕三王[19]은 백성을 바꾸지 않고도 나라를 잘 다스렸습니다. 오제의 도道를 시행하면 제업帝業이 이루어지고, 삼왕의 도를 시행하면 왕업王業이 이루어집니다. 당시에는 나라를 다스림에 있어 백성을 교화하는 방법을 썼을 뿐입니다. 옛날 서적을 고찰해보면 이러한 사실을 알 수 있습니다. 옛날 황제黃帝[20]와 치우蚩尤[21]는 70여 차례나 전쟁하여 그 혼란이 극심했습니다. 그러나 황제가 승리한 이후에는 바로 태평성대를 이룩할 수 있었습니다. 구려족九黎族[22]이 도덕을

18_ 오제에 대해서는 여러 견해가 있다. 대표적인 것이 『사기』의 견해로 황제, 전욱, 제곡, 요, 순을 오제라 했고, 『여씨춘추』에서는 태호太昊, 염제炎帝, 황제, 소호少昊, 전욱을 오제라 했다.

19_ 삼왕은 하나라를 건국한 우왕禹王, 은나라를 건국한 탕왕, 주나라를 천하의 주인으로 만든 문왕文王·무왕武王을 가리킨다. 문왕이 천명을 받고 무왕이 은나라 주왕을 죽이고 천하의 주인이 되었으므로 흔히 두 사람은 하나의 덕을 실현한 하나의 임금처럼 간주된다.

20_ 중국 민족의 공동 조상으로 일컬어지는 전설상의 임금이다. 소전少典의 아들로 성은 공손公孫이며 이름은 헌원軒轅이라고 한다. 나중에 희수姬水 가에 거주하며 부족을 일으켰기 때문에 희성姬姓을 칭하기도 했다. 또 유웅有熊이란 곳에서 나라를 세웠기 때문에 유웅씨有熊氏로 불리기도 한다. 염제와 치우를 격파하고 중원의 패자가 되었다.

21_ 중국 전설에 나오는 동방 구려족九黎族의 영수. 강력한 군사력을 갖추고 중원의 황제와 패권을 다투다가 패배한 것으로 알려져 있다. 중국 고대에 전쟁과 무기의 신으로 숭배되기도 했다.

22_ 고대에 중국 동쪽에 거주하던 부족 명칭. 9개 부족으로 구성되어 있었고 치우蚩尤가 이들 부족연맹의 임금이었던 것으로 전해진다.

23_ 중국 전설에 나오는 오제의 한 사람. 황제의 손자로 본명은 건황乾荒, 호는 고양씨高陽氏다. 북방의 물을 관장하기 때문에 흑제黑帝 또는 현제玄帝로도 불린다.

24_ 상나라를 세운 인물. 하나라 걸왕이 폭정을 펼치며 백성을 도탄에 빠뜨리자 상나라 탕왕이 군사를 일으켜 걸왕을 정벌하고 천하의 패권을 잡았다. 흔히 유가에서는 탕왕을 요, 순, 우, 문왕, 무왕과 함께 성군으로 일컫는다. 상나라는 나중에 은殷으로 도읍을 옮겨 은나라로 불리기도 한다.

25_ 은나라 마지막 임금(?~기원전 1046). 하나라 걸왕과 함께 걸주桀紂로 병칭되며 폭군의 대명사로 불린다. 주색에 탐닉하며 폭정을 일삼다가 주나라 무왕의 정벌을 받고 자결했고 나라도 망했다.

26_ 주나라 문왕의 아들. 성은 희姬, 이름은 발發(?~기원전 1043). 부친의 유업을 이어 은나라 주왕을 정벌하고 천하를 통일했기 때문에 흔히 주 문무文武로 병칭된다. 유가에서 칭송하는 성군의 한 사람이다.

어지럽히자 전욱顓頊23이 그들을 정벌했고 승리한 이후에도 자신의 치세를 망가뜨리지 않았습니다. 하나라 걸왕이 음란하고 잔학하자 은나라 탕왕24이 그를 추방한 후 자신의 시대에 바로 태평성대를 이룩할 수 있었습니다. 은나라 주왕紂王25이 무도하자 주나라 무왕26이 그를 정벌했고 [바로 다음 임금인] 성왕成王27 시대에 또 태평성대를 이룰 수 있었습니다. 만약 사람들이 점차 경박해진 나머지 순박하지 못하다고 한다면 오늘날 모든 사람은 요괴가 되어야 할 뿐 어찌 다시 교화를 이룰 수 있겠습니까?"

봉덕이 등은 다시 반박할 방법이 없었지만 모두 위징을 옳지 못하게 여겼다. 태종은 매번 힘써 정사를 돌보면서도 싫증을 내지 않았다. 수년 만에 해내海內를 편안하게 다스렸고 돌궐突厥을 격파했다. 그리하여 신하들에게 이렇게 말했다.

"정관 초년에 사람들은 저마다 다른 의견을 갖고서 지금 제업과 왕업을 시행할 수 없다고 말했지만 오직 위징만이 그것을 내게 권했소. 그의 말을 따르자 몇 년 지나지도 않아 마침내 화하華夏가 편안해졌고, 먼 곳 이민족도 복종을 해왔소. 돌궐은 자고이래로 항상 중국의 강적이었지만 지금은 그 추장들이 모두 칼을 들고 짐을 호위하고 있으며 그들 부락도 모두 중국 의상을 사용하고 있소. 짐을 마침내 이런 경지에까지 이르게 한 것은 모두 위징의 힘이오."

그리고 위징을 돌아보며 말했다.

"옥은 비록 아름다운 자질을 갖고 있지만 돌 사이에 끼인 채 훌륭한 장인의 가공을 거치지 않으면 기와 조각이나 돌멩이와 구별되지 않소. 그러나 훌륭한 장인을 만나면 곧바로 만세토록 전해줄 만한 보

27_ 주나라 무왕의 아들. 성은 희姬, 이름은 송誦(기원전 1055~기원전 1021). 숙부인 주공周公의 보필을 받아 주나라의 전성시대를 열었다.

물이 되오. 짐은 비록 아름다운 자질은 없지만 공에 의해 깎이며 다듬어졌소. 수고스럽게도 공은 짐의 행동을 인의로써 단속해줬고 짐의 생각을 도덕으로 넓혀주면서 짐의 공적과 대업을 여기에까지 이르게 했소. 공은 진정 훌륭한 장인이라 할 만하오."

민심에 역행하면 나라가 망한다

정관 8년, 태종이 근신들에게 말했다.

"수나라 때는 백성이 설령 재물을 갖고 있었다 해도 어떻게 그것을 보존할 수 있었겠소? 짐은 천하를 보유한 이래로 백성을 어루만지고 부양하는 데 마음을 다 쓰면서 세금이나 부역을 없앴소. 따라서 사람들은 생업을 영위하며 자신의 재산을 지킬 수 있었으니, 이는 짐이 내린 상이라 할 수 있소. 만약 짐이 끊임없이 세금을 부과했다면 비록 자주 상을 내렸다 해도 상을 내리지 않느니만 못했을 것이오."

위징이 대답했다.

"요임금과 순임금이 보위에 있을 때 백성은 '밭을 갈아 밥을 먹고, 우물 파서 물 마시네'라고 노래했고, 또 입에 먹을 걸 가득 물고 배를 두드리며 '임금이 이 사이에 무슨 힘을 미칠 수 있으랴?'[28]라고 했습니다. 지금 폐하께서 이처럼 포용하여 길러주시니 백성은 날마다 은

28_ 이 노래는 「격양가擊壤歌」로 알려져 있다. 『예문유취藝文類聚』에 다음과 같이 기록되어 있다. "해가 뜨면 일을 하고, 해가 지면 편히 쉬네. 우물 파서 물 마시고, 밭을 갈아 밥을 먹네. 임금이 내게 무슨 힘을 미칠 수 있으랴日出而作, 日入而息. 鑿井而飮, 耕田而食. 帝何力於我哉."

29_ 진晉 헌공獻公의 아들로 본명은 중이重耳(?~기원전 628). 헌공의 계비인 여희驪姬의 참소로 천하를 19년간 방황하다가 진秦 목공穆公의 도움으로 귀국하여 보위에 올랐다. 관후하고 현명한 정치로 나라 안팎의 칭송을 들었다. 성복대전城濮大戰에서 초나라 군사를 격파하고 중원을 안정시켰다. 이후 제 환공을 이어 춘추시대 두 번째 패자가 되었다.

30_ 탕碭은 옛 지명이다. 허난 성 융청永城 동북에 있었다.

혜를 누리면서도 그 사실을 알지 못하는 셈입니다."

또 자기 의견을 다음과 같이 아뢰었다.

"진晉 문공文公[29]이 사냥을 나가서 탕碭[30] 땅에서 짐승을 쫓다가 드넓은 소택지로 들어갔는데, 그곳에서 길을 잃고 빠져나올 줄 몰랐습니다. 그 가운데에 어떤 어부가 있는 것을 보고 문공이 이렇게 말했습니다.

'나는 그대의 임금이오. 길이 어디로 나 있소? 내가 그대에게 후한 상을 내리겠소.'

어부가 말했습니다.

'신이 한 말씀 드리고자 합니다.'

문공이 말했습니다.

'이 소택지에서 나간 후에 가르침을 받겠소.'

그리하여 어부는 문공을 인도하여 소택지를 나가게 해줬습니다.

문공이 말했습니다.

'지금 그대가 과인에게 가르치고자 하는 것이 무엇이오? 그 가르침을 받고자 하오.'

어부가 말했습니다.

'큰 기러기와 고니는 황하와 바다에서는 목숨을 보전할 수 있지만, 그곳이 싫다고 좁은 소택지로 옮겨 가면 곧바로 주살에 맞을 것을 걱정해야 합니다. 자라와 악어는 깊은 연못에서는 목숨을 보전할 수 있지만 그곳이 싫다고 얕은 물가로 옮겨가면 틀림없이 낚시에 걸리고 작살에 맞을 것을 걱정해야 합니다. 지금 폐하께서는 탕 땅으로 사냥하러 나왔다가 이곳에까지 들어오셨는데 어찌하여 이렇게 멀리까지 행차하셨습니까?'

문공이 말했습니다.

'훌륭하오!'

그리고 시종에게 일러 어부의 이름을 기록하게 했습니다.

어부가 말했습니다.

'폐하께선 어찌하여 제 이름을 기록하려 하십니까? 폐하께서 하늘을 받들고, 땅을 섬기고, 사직을 공경하고, 사방 나라를 보호하고, 만민을 사랑하고, 농지세를 줄여주고, 각종 세금을 감면해주시면 신도 그 혜택을 함께 누릴 수 있을 것입니다. 그런데 폐하께서 하늘을 받들지 않고, 땅을 섬기지 않고, 사직을 공경하지 않고, 사방 나라를 튼튼하게 보호해주지 않고, 밖으로 제후들에게 예의를 지키지 않고, 안으로 민심에 역행한다면 나라는 망하고 말 터이니, 저 같은 어부가 비록 후한 상을 받는다고 해도 그것을 보존할 수 없을 것입니다.'

그리고 끝끝내 상을 사양하고 받지 않았습니다."

태종이 말했다.

"경의 말씀이 옳소."

임금은 맑고 깨끗한 마음을 지녀야

정관 9년, 태종이 근신들에게 말했다.

"지난날 수나라 도성을 처음 평정했을 때 궁중에는 아름다운 여인과 진기한 보물이 가득하지 않은 곳이 없었소. 그럼에도 수 양제는 오히려 부족하다고 생각하고 끊임없이 그것들을 구했소. 아울러 동서로 정벌을 다니며 병력을 남용하고 무기를 더럽히자 백성이 견딜 수 없게 되었고 결국 멸망에 이르고 말았소. 이것은 짐이 친히 목격한 바요. 이 때문에 밤낮으로 노력을 기울여 맑고 깨끗한 마음으로 천하를 공평무사하게 다스리고자 하는 것이오. 마침내 부역이 중단되고 오곡이 풍성해지면 백성이 안락한 생활을 누리게 될 것이오. 대저 나라를 다스리는 일은 나무를 심는 일과 같아서 뿌리가 흔들리지 않으면 가지와 잎이 무성해지는 법이오. 임금이 능히 맑고 깨끗한 마음을 지닐 수 있는데, 백성이 어찌 안락한 생활을 누리지 못하겠소?"

윗물이 맑아야 아랫물도 맑다

정관 16년, 태종이 근신들에게 말했다.

"더러 임금은 위에서 어지러운데 신하가 아래에서 잘 다스리기도 하고, 또 더러 신하는 아래에서 어지러운데 임금이 위에서 잘 다스리기도 하오. 만약 두 가지 경우를 만난다면 어느 쪽의 폐단이 더 심하오?"

특진 위징이 대답했다.

"임금이 나라를 잘 다스리려고 마음먹으면 아랫사람의 비리를 밝게 비춰볼 수 있게 됩니다. 한 사람을 주살하여 백 명을 타이를 수 있는데, 누가 감히 그 위엄을 두려워하며 힘을 다하지 않겠습니까? 만약 위에서 혼란한 폭정을 자행하며 충성스러운 간언을 받아들이지 않으면, 백리해百里奚[31]와 오자서伍子胥[32]가 우虞나라와 오나라에 있다 해도 나라의 참화를 구하지 못해 패망이 이어질 것입니다."

31_ 춘추시대 진 목공의 현신(기원전 700?~기원전 621). 본래 우虞나라 대부였으나 우나라가 진晉나라에 멸망한 후 포로가 되었다. 나중에 진 목공 부인의 노예가 되었다가 초나라로 망명하여 소 먹이는 일을 했다. 목공이 그가 현명하다는 소문을 듣고 양 가죽 다섯 장을 주고 그를 방면하여 재상에 임명했다. 따라서 흔히 오고대부五羖大夫라고 부른다.

32_ 본명이 운員, 자가 자서子胥(기원전 559~기원전 484). 본래 초나라 사람이었으나 그의 부친 오사伍奢와 그의 형 오상伍尙이 억울하게 참소를 받고 죽임을 당한 후 오나라로 망명했다. 이후 오왕 합려闔閭와 부차夫差를 도와 국력을 크게 신장시킨 후 초나라를 정벌하여 원수를 갚았다. 사로잡은 월왕越王 구천勾踐을 죽여야 한다고 아뢰었으나 부차는 오자서의 말을 듣지 않고 그에게 자결을 명했다. 나중에 오나라는 결국 구천에게 멸망당했다.

33_ 중국 남북조시대 북제의 개국 황제로 성명은 고양高洋(526~559). 개국 후 현명한 인재를 등용하여 영토를 넓히고 치세를 이룩했으나 만년에 황음무도하여 진양晉陽에서 급사했다.

34_ 본명이 음愔, 자가 준언遵彦(511~560). 북제 개국 황제 문선제를 보좌하여 많은 공적을 남겼다. 문선제 사후 소제少帝 고은高殷을 보위하다가 당시의 권신 고연高淵에게 살해되었다.

태종이 말했다.

"반드시 그와 같다면 북제北齊 문선제文宣帝[33]가 혼란한 폭정을 자행할 때 양준언楊遵彦[34]이 올바른 도리로 그를 도와 치세를 이룬 까닭은 무엇이오?"

위징이 말했다.

"양준언은 미봉책으로 폭군을 돕고 백성을 구제하여 겨우 난세를 면할 수 있었지만 온갖 위기와 고통을 겪어야 했습니다. 따라서 임금이 엄격하고 현명하여 신하들이 법을 두려워하고, 또 신하들이 곧은 언론과 바른 간언을 펼쳐 모두 신임을 받는 경우와는 함께 거론할 수 없습니다."

교만을 부리면 패망한다

정관 19년, 태종이 근신들에게 말했다.

"짐이 역대 제왕들을 살펴보니, 교만을 부리다가 패망한 자가 이루 다 헤아릴 수 없을 정도로 많았소. 먼 옛날의 일까지는 서술할 수 없으므로, 진晉 무제가 오나라를 평정하고, 수 문제가 진陳나라를 정벌한 이후의 일을 예로 들어보겠소. 이들 마음은 갈수록 교만하고 방자해져서 자만심만 가득했소. 따라서 신하들은 더 이상 감히 간언을 올릴 수 없었고, 이로 인해 정치의 올바른 도리가 해이해지며 어지러워지고 말았소. 짐은 돌궐을 평정하고 고구려를 격파한[35] 이후 철륵鐵勒[36]을 겸병하고 사막을 석권하여 주州와 현縣으로 삼았소. 동이東夷와

35_ 당 태종이 고구려를 격파했다는 건 태종 자신이나 중국 측 견해에 불과하다.

36_ 고대 중국의 서쪽에 거주한 부족 명칭이다. 한나라 때는 정령丁零이라고 했다. 적력狄歷, 칙륵敕勒, 고거高車라고도 불렸다. 당 태종이 그들의 동쪽 부족을 정벌한 적이 있다.

북적北狄은 멀리서 복종해왔고 짐의 명성과 교화는 더욱더 드넓어졌소. 그러나 짐은 교만한 마음이 들까 두려워 항상 스스로 억제하며 해가 진 이후에야 밥을 먹었고, 앉은 채로 새벽을 맞기도 했소. 매번 신하들 중에서 곧은 말과 정직한 간언을 정치 교화에 펼칠 수 있는 사람이 있기를 바라며, 눈을 씻고 그들을 찾아 스승과 벗으로 대우하고자 했소. 이와 같이 하여 제때에 안락하고 태평한 시대를 이루기를 바랐소."

대문을 잠그지 않다

태종이 즉위한 초기에는 서리와 가뭄이 재앙으로 변하여 곡식 값이 폭등했고, 돌궐도 침입하여 변방의 주와 현이 소란스러웠다. 황제는 백성을 염려하여 정신을 가다듬으며 정치를 했고 절약과 검소를 숭상하면서 크게 은덕을 베풀었다. 당시에 도성인 장안長安에서 하동河東,[37] 하남河南,[38] 농우隴右[39] 지역에 이르기까지 기근이 매우 심하여 명주 한 필로 겨우 쌀 한 말을 살 수 있을 뿐이었다. 백성은 비록 동쪽과 서쪽으로 먹을 것을 좇아다녔지만 탄식이나 원망을 내뱉지 않았고, 스스로 편안해하지 않은 사람이 없었다.

정관 3년이 되자 관중關中[40] 땅 곡식이 풍성하게 익어 모두 자진해서 고향으로 돌아갔고 한 사람도 뿔뿔이 흩어지지 않았다. 태종이 민

37_ 황하 동쪽 지역이란 뜻으로 대체로 지금의 산시山西 성 일대를 가리킨다.

38_ 황하 남쪽 지역이란 뜻으로 보통 지금의 허난 성 일대를 가리키지만, 당나라 때는 강역이 넓어지면서 산시陝西 성 북쪽과 닝샤 후이족 자치구를 흐르는 황허 강 남쪽 일대를 가리키기도 했다.

39_ 농산隴山(六盤山) 서쪽 지역이란 뜻으로 대개 지금의 간쑤 성 일대를 가리킨다.

40_ 함곡관函谷關과 동관潼關 안쪽 땅이란 뜻으로 대개 지금의 산시陝西 성 웨이허 강 유역을 가리킨다.

심을 얻은 것이 이와 같았다. 게다가 물이 흐르듯 간언을 따랐고, 유학을 좋아했으며, 부지런히 선비를 구해 관직을 마련해주는 데 힘썼다. 또 낡은 폐단을 개혁하고 좋은 제도를 다시 설치하여 매번 한 가지 일을 처리할 때마다 그 종류에 따라 좋은 방도를 시행했다.

처음에 식은息隱[41]과 해릉海陵[42]의 파당 중에서 태종을 해치려고 공모한 자들이 수백에서 일천여 명에 달했다. 사건이 진압된 이후에 또 그들을 이끌어 자신의 좌우 측근으로 삼은 것은 마음 씀씀이가 드넓어서 의심이나 거리낌이 없는 행동이었다. 당시 여론은 태종이 국가대사를 결단하고 제왕의 체통을 얻었다고 생각했다. 태종은 또 관리들의 탐욕을 깊이 증오하여 법을 어기면서 재물을 받아먹은 자가 있으면 절대로 용서하지 않았다. 도성의 아전들[43] 중에서도 뇌물죄를 범한 자가 있으면 모두 문서를 만들어 아뢰게 했고, 그 범법 행위에 따라 중죄로 다스렸다. 이로부터 관리들은 대부분 스스로 청렴하고 신중하게 처신했다. 왕공王公 귀족이나 비빈妃嬪 공주의 집과 거대 문벌이나 부자 토호들 무리를 제어하자 모두 그 위엄을 두려워하며 자취를 감추고 감히 미천한 사람들을 속이려 하지 않았다. 장사치나 여행객이 야외에 묵더라도 더 이상 도적을 만나지 않았고 감옥은 늘 텅 비어 있었다. 또 말과 소가 들판에 가득했고 사람들은 바깥 대문을 잠그지도 않았다. 그리고 자주 풍년이 들어 쌀 한 말에 3~4전에 불과했다. 나그네가 도성에서 영남[44]에 이르도록, 화산華山 동쪽에서 푸

41_ 당 고조 이연의 태자이며 당 태종의 형인 이건성. 동생 이세민의 공적과 명망을 시기하여 죽이려 하다가, 현무문에서 오히려 이세민에게 죽임을 당했다.

42_ 당 고조 이연의 넷째 아들이며, 당 태종 이세민의 동생인 이원길李元吉. 그는 태자 이건성과 함께 형 이세민을 죽이려 하다가 현무문에서 이건성과 같이 죽었다.

43_ 원문은 유외流外. 당나라 때는 대체로 정식으로 구품九品 이내에 임명된 관리를 유내流內라 했고, 구품 이외의 관직을 유외라 했다. 당시에 도성의 말단 관직은 대부분 유외의 인사로 충당했다.

44_ 중국의 영남은 남방의 오령五嶺 남쪽으로 지금의 광둥 성, 광시 좡족 자치구, 하이난 성 등지를 가리킨다.

른 바다에 이르도록 모두 식량을 갖고 다닐 필요 없이 길에서 식량을 공급받을 수 있었다. 화산 동쪽의 마을로 들어서서 그 길을 지나가는 나그네는 반드시 후한 대접을 받았고 더러는 출발할 때 선물까지 받기도 했다. 이러한 미풍은 모두 옛날에는 없었던 일이었다.

卷二

제3편 | 어진 이를 임용하다

任賢

후한의 왕부王符는 『잠부론潛夫論』에서 "대붕이 움직여 나는 것은 깃털 하나의 가벼움 때문이 아니다. 천리마가 빠르게 달리는 것은 발 하나의 힘 때문이 아니다大鵬之動, 非一羽之輕也. 騏驥之速, 非一足之力也"라고 말했다. 대붕이 구만리장천을 오래도록 높이 날 수 있는 까닭은 수많은 깃털의 도움과 날개의 조화 때문이다. 천리마가 바람처럼 치달릴 수 있는 까닭도 네 다리의 끊임없는 협력 때문이다. 아무리 뛰어난 성군이라도 현명한 인재의 보좌 없이는 나라를 제대로 다스릴 수 없다. 춘추시대 첫 번째 패자인 제 환공에게는 포숙, 관중, 영척, 빈수무 등의 유능한 신하가 있었다. 또한 한 고조에게는 장량, 소하, 조참, 진평, 한신, 팽월 등이 있었다. 주나라 주공은 어진 인재가 찾아오면 머리를 감다가도 물 흐르는 머리를 움켜쥐고 달려 나가 환영했고, 밥을 먹다가도 입에 든 밥을 뱉어내고 바로 뛰어나가 맞았다.

심지어 제 환공은 자신에게 화살을 쐈던 원수 관중을 등용하여 천하의 패자가 되었고, 진晉 문공은 자신의 목숨을 노린 자객 발제勃鞮를 용서하여 역모를 막았다. 당 태종도 자신의 반대파였던 위징과 왕규를 적극 등용하고 신임하여 '정관의 치세'를 이루었다. 도덕성 있고 현명하고 유능한 인재를 뽑으려는 리더의 열린 의식이야 말로 나라의 치세를 이루고 조직의 번영을 가져오는 첫 번째 조건이다.

다른 사람의 선행을 들으면 자신의 일처럼 기뻐했다

방현령房玄齡(579~648)은 제주齊州 임치臨淄[1] 사람이다. 처음에는 수나라에서 벼슬하여 습성위隰城尉가[2] 되었다. 나중에 어떤 사건에 연루되어 제명된 후 상군上郡으로[3] 좌천되었다. 태종이 위북渭北[4] 땅으로 갔을 때 방현령은 말채찍을 잡고 군문軍門에서 배알했다. 태종이 한 번 보고 바로 옛 친구를 만난 듯 친하게 여기며 위북도渭北道 행군行軍 기실참군記室參軍[5]에 임명했다. 방현령은 지기知己를 만나 마침내 자신의 마음과 힘을 다 바쳤다. 당시에 도적을 평정할 때마다 사람들은 금은보화를 차지하려고 다퉜지만, 현령은 홀로 먼저 인물을 거두어 막부로 맞아들였다. 모사와 맹장을 만나면 그들과 몰래 교분을 맺고 각각 사력을 다하자고 다짐했다. 여러 차례 진왕부秦王府[6] 기실記室에 임명되었고 아울러 섬동도陝東道[7] 대행대大行臺[8] 고공낭중考功郎中[9]을 겸하기도 했다. 방현령은 진왕부에서 10여 년 동안 재직하면서 항상 문서와 기록을 관장했다. 은태자隱太子[10]와 소랄왕巢刺王[11]은 방현

1_ 산둥 성 쯔보淄博.

2_ 습성은 북위北魏에서 수나라까지 존재한 현. 당 숙종 때 서하현西河縣으로 개칭했다. 지금의 산시 성 펀양汾陽이다. 위尉는 한 고을을 다스리는 장관이다.

3_ 산시陝西 성 푸富 지역.

4_ 산시陝西 성 웨이허 강 북쪽을 가리키던 고대 지명. 당나라 초기에 이곳에 위북도渭北道란 행정기구가 설치되어 있었다.

5_ 기실은 군영의 대장을 보좌하는 관직. 주로 자문에 응하고 문서를 관리한다. 현대로 말하면 비서실장과 유사한 직책이다. 기실참군은 기실을 보좌하는 직책이다.

6_ 당시 이세민이 진왕秦王에 봉해져 있었고, 그의 정식 관공서가 진왕부秦王府였다.

7_ 당나라 초기에 왕세충王世充을 정벌하기 위해 낙양에 설치한 전시 행정기구. 당 고조는 이세민을 섬동도 대행대大行臺에 임명하여 왕세충을 평정했고, 이후 섬동도를 폐지하고 하남도河南道를 설치했다.

8_ 행대行臺의 우두머리란 뜻. 당 초기에 이세민이 섬동도 대행대에 임명되어 각 지역 행대의 윗자리에 군림했다. 행대는 중앙 상서성(중대中臺)의 지역 파견 기관으로 특히 정벌 업무를 원활하게 수행하기 위해 임시로 설치한 관청이다. 행상서대行尙書臺 또는 행대성行臺省이라고도 불렸다.

9_ 관리들의 공적과 과실, 선행과 악행을 감찰하고 조사하던 관직.

10_ 고조의 태자 이건성으로 은隱은 그의 시호다.

령 및 두여회杜如晦가 태종에게 친밀하게 예우를 받자 두 사람을 매우 미워하며 고조高祖에게 참소했고, 이 때문에 방현령은 두여회와 함께 축출되었다. 은태자가 장차 변란을 일으키려 하자 태종은 현령과 여회를 불러 도사 복장을 하게 하고 작전 모의를 위해 몰래 들어오게 했다. 변란이 평정되자 태종은 동궁東宮으로 들어가 태자가 되었고, 방현령은 태자좌서자太子左庶子[12]에 임명되었다.

정관 원년에 중서령[13]으로 옮겼고, 3년에 상서좌복야에 임명되어 국사國史를 감수했으며, 다시 양국공梁國公에 봉해져 실제로 식읍 1300호를 받았다. 백관을 총괄하는 지위에 임명된 뒤에도 밤낮없이 경건하고 공손하게 처신하면서, 충심과 의리를 다 바쳐 한 가지 일에도 실수하지 않으려 했다. 다른 사람이 선행을 했다는 소문을 들으면 마치 자신이 한 것처럼 기뻐했다. 관리들의 공무에 통달하여 그것을 문장으로 아름답게 수식할 줄 알았고, 법령을 심의하여 결정할 때도 관대하고 공평하게 하려는 데 뜻을 두었다. 사람을 뽑을 때도 완벽한 사람만을 구하지 않았고, 자신의 장점으로 다른 사람을 재단하지도 않았다. 능력에 따라 관직에 등용했고, 관계가 소원하고 지위가 비천한 사람에게도 거리를 두지 않았다. 논자들은 그를 어진 재상이라고 일컬었다. 정관 13년에 태자소사太子少師[14] 직이 더해졌다. 현령은 자신이 재상의 지위에 15년 동안이나 계속 재직하자 자주 상소문을 올려 사퇴하려 했지만 그를 우대하는 조서가 내려와 사퇴를 허락하지

11_ 고조의 넷째 아들 이원길李元吉. 랄剌이란 시호를 내렸다가 다시 그의 추증 봉호를 소왕巢王으로 고친 뒤 소랄왕巢剌王이라 폄하하여 부르게 했다.

12_ 태자를 보좌하던 관직. 동궁 좌춘방左春坊의 책임자였다.

13_ 당나라 삼성의 하나인 중서성의 장관이었지만 실제 업무를 관장하지는 않는 명예직이었다.

14_ 태자소사는 황태자를 보좌하는 관직이다.

15_ 이미 주나라 때 설치된 관직으로 수리 사업과 궁궐과 성곽 건축 및 국토 개발을 담당했다. 수·당 시기에는 태위, 사도, 사공을 백관 위에 두고 삼공이라고 일컬었으나 실제 업무를 관장하지는 않는 일종의 명예직이었다.

않았다. 정관 16년에는 사공司空[15]으로 승진하여 여전히 조정의 업무를 총괄했고 또 옛날처럼 국사를 감수했다. 현령은 다시 연로함을 이유로 퇴직을 청했으나 태종은 사자를 보내 다음과 같이 말했다.

"국가에서 오랫동안 재상을 맡겨 일을 처리하게 했는데 하루아침에 갑자기 어진 재상이 사라지면 마치 두 손을 잃은 것과 같을 것이오. 공이 만약 근력이 쇠약해지지 않았다면 이번에 사퇴하지 마시오. 스스로 쇠약해졌음을 알게 되었을 때 다시 내게 그 사실을 알려주시오."

현령은 결국 사퇴 의사를 꺾었다. 태종은 또 일찍이 왕업 개창의 고난과 천명 보좌의 공로를 추억하며 「위봉부威鳳賦」[16]를 지어 자신을 비유하고 그것을 현령에게 하사했다. 그를 칭송함이 이와 같았음을 알 수 있다.

법령과 문물제도를 정하다

두여회杜如晦(585~630)는 경조京兆(장안) 만년萬年[17] 사람이다. 무덕武德(618~626) 초에 진왕부의 병조참군兵曹參軍[18]이 되었고 조금 뒤 섬주총관부陝州總管府 장사長史[19]로 옮겼다. 당시 진왕부에는 준재가 많았지만 외부 사정에 따라 다른 곳으로 옮겨 가는 사람이 많았고 태종은 이를 우려했다. 기실 직을 맡고 있던 방현령이 말했다.

16_ 당 태종이 당나라 건국의 어려움과 공신들의 헌신을 읊은 작품. 『구당서』「장손무기전長孫無忌傳」에는 당 태종이 이 작품을 지어 장손무기에게 하사한 것으로 되어 있으나, 이 『정관정요』에는 방현령에게 하사한 것으로 기록되어 있다.

17_ 산시陝西 성 퉁관潼關 북쪽에 있었다.

18_ 당나라 때는 태자의 동궁이나 각 제후의 왕부王府에도 병조참군이 설치되어 있었다. 군사나 역참 업무 등을 관장했다.

19_ 지방관이나 제후의 비서 업무를 담당하던 관직. 당나라 때 자사刺史 아래 설치된 장사長史 직은 실제 업무가 없는 명예직이었으나, 총관부나 대도독부 아래 설치된 장사 직은 실권도 있고 명망도 높았다.

"진왕부의 막료 중에서 떠나가는 사람이 많지만 애석해할 일은 아닌 듯합니다. 두여회만은 총명한 데다 식견이 뛰어나 제왕을 보좌할 만한 인재입니다. 만약 대왕께서 나라의 번왕藩王[20] 지위나 고수하며 단정히 손을 모으고 아무 일도 하지 않으시겠다면 그를 등용할 필요가 없습니다. 그러나 만약 사해를 경영하고 싶으시다면 이 사람이 아니고서는 불가능합니다."

태종은 이로부터 더욱 그를 예우·중시하며 심복으로 의지했고 마침내 주청奏請을 올려 진왕부 소속 관리가 되게 하여 항상 막료 회의에 참여시켰다. 당시 나라의 군사 업무가 많았지만 물 흐르듯 명쾌한 판단을 내리자 많은 사람이 깊이 탄복했다. 여러 번 천책부天策府[21]의 종사중랑從事中郎[22]에 임명되었고 문학관文學館[23] 학사 직까지 겸했다. 은태자를 패퇴시킬 때 두여회와 방현령이 가장 뛰어난 공적을 세워 태자우서자太子右庶子[24]로 승진했다. 얼마 지나지 않아 병부상서兵部尙書[25]로 옮겼고 채국공蔡國公에 봉해져서 실제 식읍 1300호를 받았다.

정관 2년에는 본래 관직인 병부상서 직에다 시중의 업무까지 더해졌다. 정관 3년에는 상서좌복야에 임명되었고 아울러 이부吏部[26]의 관

20_ 지방 절도사나 제후왕諸侯王을 가리킨다. 중앙정부를 호위하는 울타리 역할을 하므로 번왕藩王이라고 불렀다.

21_ 당 고조가 아들 진왕 이세민의 공적을 기리기 위해 낙양에 개설해준 관저. 이세민이 당나라에 마지막으로 반항하던 왕세충과 두건덕 연합군을 격파하자 고조는 그를 천책상장天策上將에 봉하고 낙양에 관저 개설을 허락했다.

22_ 삼공이나 장군부에서 각종 업무를 추진할 때 자문 역할을 하던 관직. 지위는 장사長史나 사마司馬 아래였다.

23_ 당나라 무덕武德 4년(621), 당시 진왕秦王이던 이세민이 개설한 관서. 역대 서적과 문학에 관해 토론하며 정사政事를 자문했다. 이세민은 자신의 막료 18명에게 본래 관직 외에 문학관 학사 직을 겸임하게 했고, 이를 18학사라 불렀다.

24_ 당나라 태자궁의 관청인 우춘방右春坊의 책임자였다. 우춘방은 마치 조정의 중서성처럼 태자궁의 정책을 결정했다.

25_ 당나라 행정기관 육부六部 중 병부의 장관. 병부는 군사 업무를 관장하던 기관이다. 조선시대의 병조판서에 해당한다.

26_ 당나라 육부六部의 하나로 우리나라 조선시대 이조吏曹에 해당한다.

리 선발 업무까지 겸하면서 여전히 방현령과 함께 조정 일을 관장했다. 조정 중추기관의 규모, 법령, 문물제도는 모두 두 사람이 제정해서 당시 사람들의 큰 칭송을 얻었다. 당시 사람들은 두 사람을 방두房杜로 병칭했다.

직간으로 역린을 거스르다

위징魏徵(580~643)은 거록鉅鹿[27] 사람이다. 앞서 멀지 않은 시기에 집을 상주相州[28]의 내황內黃[29]으로 옮겼다. 무덕武德 말년에 태자세마太子洗馬에[30] 임명되었다. 그는 태종과 은태자가 음험한 마음으로 서로 다투는 것을 보고 매번 건성에게 일찌감치 태종을 죽일 계교를 마련해야 한다고 권했다. 태종이 은태자를 주살하고 위징을 불러 이렇게 질책했다.

"네가 우리 형제를 이간시킨 건 무슨 까닭인가?"

사람들이 모두 그 말을 듣고 두려움에 떨었다. 그러나 위징은 비분강개하면서도 태연자약하고 조용한 태도로 대답했다.

"황태자께서 신의 말을 따랐다면 틀림없이 오늘의 참화를 당하지 않았을 것입니다."

태종은 그 모습을 보고는 표정을 바로잡고 특별하게 예우하며 간의대부諫議大夫[31]로 발탁했고, 자주 침전으로 불러들여 정치의 방략

27_ 허베이 성 싱타이邢臺.

28_ 허베이 성 린장臨漳에 설치되었던 옛 행정구역 명칭.

29_ 지금의 허난 성 안양 네이황內黃.

30_ 태자세마는 태자를 보좌하여 태자에게 정치의 원리와 문장의 이치를 가르치던 관직. 남북조 시대 이후에는 서적이나 문서를 관리하기도 했다.

31_ 당나라 간의대부는 문하성 소속으로 임금에게 간언을 올리던 관리였다.

을 자문했다. 위징은 평소에 나라를 경륜할 만한 재능을 지니고 있었고 성격 또한 강직하여 자신의 올바른 뜻을 굽히지 않았다. 태종은 매번 그와 이야기를 나눌 때마다 기뻐하지 않은 적이 없었다. 위징도 자신을 알아주는 임금을 만나 자신의 능력을 다 바쳤다. 태종은 또 그를 위로하며 다음과 같이 말했다.

"경이 간언을 올린 앞뒤 200여 가지 일은 모두 짐의 뜻에 들어맞았소. 경이 충성으로 국가를 받들지 않는다면 어찌 이와 같을 수 있겠소?"

3년 동안 여러 번 승진하여 비서감으로 옮겨가서 조정의 논의에 참여했다. 그의 심모원려는 대부분 백성을 널리 이롭게 하는 것이었다. 태종은 일찍이 이렇게 말했다.

"경의 죄는 관중管仲[32]이 화살로 제 환공[33]의 허리띠 고리를 쏘아 맞춘 것보다 더 무겁지만, 짐이 경을 신임하는 마음은 관중의 경우를 훨씬 뛰어넘소. 근래 군신 간에 서로 마음이 맞는 사람들 중에서 어찌 경을 대하는 내 마음과 비슷한 사람이 있을 수 있겠소?"

정관 6년에 태종이 구성궁九成宮[34]으로 행차하여 근신들에게 연회를 베풀었다. 장손무기長孫無忌[35]가 말했다.

"왕규와 위징은 지난날 식은息隱(이건성)을 섬겨서 신은 이들을 원수처럼 보고 있습니다. 그런데 오늘 또 이 연회에 함께 참석할 줄은

32_ 제 환공桓公의 재상(?~기원전 645). 본래 관중은 제나라 공자 규糾를 보필했고, 포숙아鮑叔牙는 공자 소백小白을 보필했다. 규와 소백이 제나라 보위를 놓고 다투는 과정에서 관중이 화살로 소백을 쏴서 혁대 고리를 맞췄고, 이로 인해 관중은 소백의 원수가 되었다. 소백이 마침내 제나라 보위에 오르자 포숙아는 자신의 친구 관중을 제 환공에게 추천했다. 제 환공은 관중이 자신의 원수임에도 식견이 대단함을 보고 그를 재상에 임명하고 제나라의 정사政事를 모두 맡겼다.

33_ 중국 춘추시대 첫 번째 패자. 제나라 군주로 이름은 소백小白(?~기원전 643)이다.

34_ 수나라 인수궁仁壽宮을 당 태종이 확장한 궁궐. 당나라 제일의 별궁이었다. 지금의 산시陝西성 린유麟游 신청新城에 있었다.

35_ 자가 보기輔機(594~659). 당 태종의 심복 측근으로 태종의 황후인 문덕황후文德皇后의 친오빠다. 태종과는 포의布衣로 만나 평생 우정을 변치 않았다. 현무문의 정변을 주도해서 당 태종이 보위에 오르는 데 지대한 공을 세웠다. 능연각 24공신의 첫 번째 자리에 배치된 인물이다.

생각지도 못했습니다."

태종이 말했다.

"위징은 지난날 사실 나의 원수였지만 [당시에는] 자신이 섬기는 주군을 위해 마음을 다했으니 가상하게 여길 만한 사람이오. 짐이 이제 능히 그를 발탁하여 등용할 수 있게 되었는데, 이것이 옛사람들의 사적에 비추어 무슨 부끄러움이 있겠소? 위징은 매번 나의 안색을 범하면서까지 간절하게 간언을 올리며 내가 잘못을 저지르지 못하도록 하고 있소. 이 점이 내가 그를 중시하는 까닭이오."

위징이 재배하며 말했다.

"폐하께서 신을 이끌어 말을 하게 하시니 신이 감히 말씀을 올릴 수 있었던 것입니다. 폐하께서 신의 말을 받아들이지 않으셨다면 신이 어찌 감히 역린逆鱗[36]을 범하며 금기를 건드릴 수 있었겠습니까?"

태종은 매우 기뻐하며 각각 상금 15만 전을 하사했다.

정관 7년에 왕규王珪를 대신하여 시중에 임명되었고 정국공鄭國公의 봉작이 더해졌다. 오래지 않아 병으로 사직을 청하며 실제 업무에서 물러나고자 했다. 태종이 말했다.

"짐은 포로들 속에서 경을 발탁하여 국가 중추기관의 요직을 맡겼고, 경은 짐의 잘못을 보면 간언을 올리지 않은 적이 없었소. 공은 유독 금이 광산에 묻혀 있을 때 모습을 보지 못하셨소? 거기에 무슨 고귀한 점이 있었겠소? 훌륭한 대장장이가 제련을 해서 그릇을 만들고 나서야 사람들에게 보배로 여겨지는 것이오. 짐은 바야흐로 스스로를 광산에 묻힌 금에 비견하고 경을 훌륭한 대장장이로 삼고자 하오. 비록 질병이 있더라도 아직 노쇠하지는 않으셨소. 어찌 공을 편하게

36_ 용의 목 아래에 돋아난 비늘인데, 다른 비늘과는 반대 방향으로 돋아나 있다고 한다. 사람이 용의 역린을 건드리면 반드시 그 사람을 죽인다고 전해진다.『한비자』「세난說難」 편에 이와 관련된 기록이 있다. 흔히 임금의 기분을 거슬러 간언을 올리는 일을 역린을 거스른다고 한다.

만 내버려둘 수 있겠소?" 위징은 이에 사직 요청을 그만뒀다. 그 뒤 다시 굳게 사직하려고 해서 시중 직에서 물러나게 하고 특진의 벼슬을 내린 뒤 여전히 문하성의 직무는 맡아 보게 했다.

정관 12년 태종은 황손이 탄생하자 공경대부를 불러 연회를 베풀었다. 황제는 기쁨에 겨워 근신들에게 말했다.

"정관 이전에 나를 수행하여 천하를 평정하고 험난한 일을 처리하는 과정에서 방현령이 세운 공적은 비교할 만한 사람이 없소. 정관 이후에 나에게 전심전력으로 충성스러운 직언을 올리며 나라를 편안하게 하고 백성을 이롭게 하여 오늘날 나의 공업을 완성시켜 천하 사람들에게 칭송을 듣게 한 사람은 오직 위징이 있을 뿐이오. 옛날의 명신이라 해도 어찌 이보다 더 뛰어날 수 있겠소?"

그리하여 친히 차고 있던 칼을 풀어 두 사람에게 하사했다.

서인庶人으로 강등된 이승건李承乾[37]은 태자로 동궁에 있을 때 덕행을 닦지 않았고, 위왕魏王 태泰[38]에 대한 태종의 총애가 나날이 더해지자 내외의 신료들이 모두 의심을 품고 분분한 논의를 펼쳤다. 태종은 그 소문을 듣고 싫어하며 근신들에게 말했다.

"지금 조정의 신하들 중에는 그 충직함이 위징만한 사람이 없소. 나는 그를 황태자의 사부로 보내 천하 사람들의 헛된 희망을 끊고자 하오."

정관 17년 [위징에게] 마침내 태자태사 벼슬을 내리고 문하성의 업무는 예전처럼 그대로 맡아보도록 했다. 위징이 스스로 병이 있음을

37_ 당 태종과 문덕황후 장손씨長孫氏 사이에서 태어난 맏아들(619~645). 당 태종이 보위에 오른 뒤 황태자로 책봉되었다. 자신의 친동생 위왕魏王 태泰와 태자의 자리를 다투는 과정에서 군사를 일으켜 황위를 노리다가 황태자에서 폐위되고 서인으로 강등되었다.

38_ 당 태종의 넷째 아들(620~652). 위왕魏王에 봉해졌다. 정관 12년에 유명한 지리서 『괄지지括地志』를 편찬했다. 태종의 총애를 믿고 태자 자리를 노리다가 친형인 황태자와 갈등을 빚었다. 태종의 형제 격리 정책으로 운향鄖鄉에 보내졌고 그곳에서 죽었다.

아뢰자 태종이 이렇게 말했다.

"태자는 종사의 근본이라 모름지기 사부가 있어야 하오. 이 때문에 공정한 경을 선발하여 태자를 보필하도록 하는 것이오. 공에게 병이 있는 걸 알고 있으니 누워서 가르칠 수 있도록 하겠소."

그리하여 위징이 그 직위에 취임했다. 오래지 않아 다시 병이 들었다. 위징의 저택에는 이전까지 정당正堂[39]이 없었다. 당시 태종은 작은 궁전을 건축하려 하다가 공사를 중지하고 그 목재로 위징의 정당을 지어 닷새 만에 완공했다. 그리고 궁중의 사자를 보내 소박한 베 이불과 흰 명주 담요를 하사하여 그가 숭상하는 삶을 마칠 수 있도록 했다. 이후 며칠 만에 세상을 떠났다. 태종은 친히 왕림하여 통곡했다. 사공의 벼슬을 추증하고 문정文貞이란 시호를 내렸다. 태종이 직접 비문을 짓고 또 돌에다 스스로 글씨를 썼다. 그리고 그의 집에 실제 식읍 900호를 특별히 하사했다. 태종은 이후 또 근신들에게 다음과 같이 말한 적이 있다. "대저 동銅으로 거울을 만들면 나의 의관을 단정히 할 수 있고, 옛 역사를 거울로 삼으면 나라의 흥망성쇠를 알 수 있고, 사람을 거울로 삼으면 나의 잘잘못을 밝게 비춰볼 수 있소. 짐은 항상 이 세 가지 거울을 보존하며 스스로의 잘못을 예방하려 했소. 이제 위징이 세상을 떠나서 마침내 거울 하나를 잃게 되었소." 이런 연유로 오랫동안 눈물을 흘렸다. 그리고 다음과 같은 조칙을 내렸다.

"지난날에는 오직 위징만이 매번 나의 잘못을 드러내주었소. 그가 세상을 떠난 이후에는 내가 잘못을 저질러도 그것을 밝혀주는 사람이 아무도 없소. 짐이 어찌 지난날에만 잘못을 저질렀고 오늘날에는 모두 옳은 일만 하겠소? 그 원인은 신료들이 구차하게 순종만 하며

39_ 중국 전통 주택의 가장 중심 공간인 본채 대청. 집안의 주요 의례를 집행하고 외부에서 온 손님을 접대하는 장소다.

역린을 건드리기 어려워하기 때문일 것이오. 따라서 내 마음을 비우고 밖으로 좋은 의견을 구해 나의 미혹함을 풀고 안으로 반성을 수행하고자 하오. 간언을 하는데도 그것을 받아들이지 않으면 짐이 기꺼이 책임을 지겠소. 그러나 간언을 받아들이려 하는데도 간언을 올리지 않으면 그것은 누구의 책임이오? 이제부터는 각자 성심을 다하시오. 만약 짐에게 옳은 점이나 그른 점이 있으면 정직하게 말하고 감추지 마시오."

공평한 인물평

왕규王珪는 태원太原[40] 기현祁縣[41] 사람이다. 무덕 연간에 은태자의 중윤中允[42]이 되어 태자 건성의 두터운 예우를 받았다. 그 뒤 태자의 음모에 연루되어 수주嶲州[43]로 유배되었다. 건성이 주살된 후 태종이 즉위하여 그를 불러 간의대부에 임명했다. 그는 매번 성심을 다해 목숨을 걸고 간언을 올렸고, 태종은 대부분 받아들였다. 왕규가 일찍이 상소문을 밀봉해 올리며 절절하게 간언하자 태종이 이렇게 말했다.

"경의 논의는 모두 짐의 잘못을 지적한 것이오. 옛날부터 사직의 영원한 안정을 바라지 않은 임금은 없지만 그렇게 하지 못한 것은 다만 자신의 잘못을 듣지 못했거나 들었더라도 고치지 못했기 때문이오. 이제 짐에게 잘못이 있으면 경이 직언할 수 있고, 짐도 잘못을 듣고

40_ 산시 성 타이위안太原과 그 인근 지역을 포괄하는 지명. 수·당 시기에 장안, 낙양과 함께 3대 도시로 일컬어졌다. 당나라 고조 이연과 태종 이세민이 태원에 주둔하여 세력을 키웠다. 태원 지역은 춘추시대 진晉나라 강역으로 그 옛날 요임금의 당나라가 있던 지역이기 때문에 나중에 이연이 수나라를 멸한 후 자신의 나라를 당이라고 했다.

41_ 산시 성 치祁 지역이다.

42_ 당나라 때 중윤은 태자를 보좌하는 관직. 태자좌서자의 속관으로 태자의 의례를 관장했다.

43_ 지금의 쓰촨 성 시창西昌.

고칠 수 있으니 어찌 사직이 불안해질까 염려할 필요가 있겠소?"

태종은 또 왕규에게 다음과 같이 말한 적이 있다.

"경이 항상 간관으로 재직하고 있으면 짐은 영원히 잘못을 저지르지 않을 것이오."

그리고 그에 대한 대우를 더욱 두텁게 했다.

정관 원년에 황문시랑으로 자리를 옮겨 정사에 참여했고 태자우서자를 겸직했다.

정관 2년에 시중으로 승진했다. 당시에 방현령, 위징, 이정李靖,[44] 온언박溫彦博,[45] 대주戴胄[46]가 왕규와 함께 국정에 참여했다. 일찍이 태종을 모시고 연회할 때 태종이 왕규에게 말했다.

"경은 사람을 식별하고 감정하는 능력이 정확하고 특히 변론에도 뛰어나니 방현령 등으로부터 시작하여 모든 사람을 품평해주시고, 또 여러 사람과 비교해서 어떤 점이 현명한지 스스로 헤아려봐주기 바라오."

왕규가 대답했다.

"부지런히 나라를 받들면서 자신의 지식을 실천하지 못함이 없는 점은 신이 방현령에 뒤집니다. 매번 간쟁을 염두에 두고 자신의 임금이 요순에 미치지 못함을 부끄럽게 여기는 점은 신이 위징에 뒤집니다. 재능이 문무겸전하여 나가서는 장수가 되고 들어와서는 재상이 되는 점은 신이 이정보다 못합니다. 정사를 상세하고 분명하게 아뢰고 어명의 출납을 성실하게 하는 점은 신이 온언박보다 못합니다. 번잡하고 급박한 일을 처리할 때 모든 사무를 빠뜨리지 않고 반드시 거론하

44_ 자가 약사藥師(571~649). 아래에 자세한 소개가 나온다.

45_ 자가 대림大臨으로 태원太原 기현祁縣 사람(574~637). 본래 수나라에서 벼슬했으나 나중에 당나라에 투항했다.

46_ 자가 현윤玄胤으로 상주相州 안양安陽 사람(?~633). 엄격한 법 집행으로 당 태종의 인정을 받았다.

는 점은 신이 대주보다 못합니다. 혼탁한 흐름을 씻어내고 맑은 흐름을 드날리며, 악행을 미워하고 선행을 좋아하는 점은 신이 여러 사람에 비해서 좀더 뛰어난 점이 있습니다."

태종은 그의 말에 깊이 공감했고 여러 대신도 각각 자신들이 마음에 품고 있는 말을 다했다고 여기며 그의 말을 확실한 논평이라고 했다.

돌궐과 토욕혼을 격파하다

이정李靖(571~649)은 경조京兆 삼원三原[47] 사람이다. 대업大業[48] 말년에 마읍군馬邑郡[49]의 군승郡丞[50]이 되었다. 이때 마침 당나라 고조가 태원유수太原留守[51]가 되자 이정은 고조를 관찰하고 나서 그에게 천하를 점유할 뜻이 있음을 알았다. 이 때문에 스스로 몸을 묶고[52] 변고를 아뢰러 강도江都[53]로 가려고 했다. 장안에 이르러 도로가 막혀 나아갈 수 없자 결국 행진을 그만둬야 했다. 고조가 도성 장안을 함락시키고 이정을 사로잡아 참수하려고 했다. 그러자 이정이 큰소리로 부르짖었다.

47_ 산시陝西 성 싼위안三原.

48_ 수 양제의 연호. 605년에서 618년까지다.

49_ 산시 성 숴저우朔州.

50_ 군승은 군수를 보좌하던 관직이다.

51_ 유수는 중국 고대에 도성이나 도성에 버금가는 도시에서 지방 장관을 겸하여 행정, 조세, 군사 업무까지 총괄하던 중요 관직이다.

52_ 원문은 '자쇄自鎖'. 이정이 수나라에 반역하려는 당 고조 이연의 마음을 알고 강도江都로 달려가 수 양제에게 고변하려는 행동이다. 이정이 스스로 몸을 묶고 죄인처럼 위장한 데는 몇 가지 이유가 있다. 첫째, 자신이 지키는 지역을 무단으로 이탈하는 것이기 때문에 실제 죄인으로 자처한 것이다. 둘째, 죄인으로 위장한 후 관의 신속한 호송 능력에 의지하여 서둘러 강도로 가서 양제에게 이연의 역모를 고변하려는 것이다. 셋째, 자신을 죄인으로 위장함으로써 당 고조 이연의 이목을 피하려는 것이다.

53_ 당시 수 양제는 세 번째로 강도로 행차해 있었고, 대업 14년(618) 결국 그곳에서 우문화급에게 살해되었다. 강도는 지금의 장쑤 성 양저우 장두江都 구다.

"공은 의병을 일으켜 폭동을 제거하려 하시면서 대사는 이루려 하지 않고 사사로운 원한으로 장사를 죽이려 하십니까?"

태종도 이정을 구원해달라고 하자 고조가 마침내 그를 석방했다. 무덕 연간에 소선蕭銑[54]과 보공석輔公祏을[55] 평정한 공으로 양주대도독揚州大都督[56] 장사長史로 승진했다. 태종이 보위를 이은 후 그를 불러 형부상서刑部尙書[57]에 임명했다.

정관 2년 본래 관직에 임시로 중서령을 겸직했다.

정관 3년 병부상서로 옮겼고, 대주행군총관代州行軍總管[58]이 되어 돌궐의 정양성定襄城[59]으로 진격하여 그곳을 함락시켰다. 돌궐의 여러 부락은 모두 사막 북쪽으로 달아났고, [그곳에 머물고 있던] 수나라 제왕齊王 양간楊暕[60]의 아들 양도정楊道政[61] 및 양제의 황후 소후蕭后[62]

54_ 수 양제 소황후蕭皇后의 친정 5촌 조카로 후량後梁 선제宣帝의 증손(583~621). 수나라 말기 나羅 현에서 봉기하여 양왕梁王을 칭했으며, 당나라 무덕 원년에는 악양岳陽에서 황제를 칭하고 국호를 양梁이라 했다. 한때 40만 대군을 거느리고 장강 일대에서 세력을 떨쳤으나 결국 당나라 군사에 패하여 장안으로 압송된 뒤 참수되었다.

55_ 수나라 말기 장수(?~624). 두복위杜伏威를 따라 반란을 일으켰다가 두복위가 당나라에 항복한 후 단양丹陽에서 독립하여 황제를 칭하고 국호를 송宋이라고 했다. 그 뒤 이정이 이효공李孝恭을 도와 그를 토벌하고 사로잡아 죽였다.

56_ 장쑤 성 양저우. 대도독은 당나라 때 10개 주를 총괄하던 관직이다.

57_ 당나라 육부 장관의 하나로 법률과 형벌을 관장하던 관직.

58_ 지금의 산시山西 성 다이代 현. 행군총관은 지방 주요 고을의 군사 업무를 총괄하던 관직이다.

59_ 지금의 산시 성 딩샹定襄.

60_ 수 양제의 둘째 아들(585~618). 교만한 성품으로 태자의 자리를 노리다가 양제에게 미움을 받았다. 우문화급의 반란 때 살해되었다.

61_ 『수서隋書』에는 양정도楊政道로 되어 있다. 양간의 유복자다. 수나라가 망한 후 양제의 황후 소씨와 함께 두건덕에게 의지하다가 동돌궐 처라가한處羅可汗에게 투항하여 수왕隋王에 봉해졌다. 이후 이정의 돌궐 정벌 때 소씨와 함께 사로잡혀 장안으로 압송되었다.

62_ 수 양제의 민황후愍皇后 소씨蕭氏(567~647). 남조 양나라 소명태자 소통의 증손녀이며, 서량西梁 효명제孝明帝 소규蕭巋의 딸이다. 본래 양제의 황후였다가 우문화급이 양제를 죽이고 소후를 취했으며, 이후 또 두건덕이 우문화급을 죽이고 소후를 취했다. 그러다가 돌궐의 처라가한에게 귀의했다가 다시 처라가한이 죽은 뒤 그의 동생 힐리가한에게 몸을 맡겼다. 마지막에는 이정이 돌궐을 정벌할 때 포로가 되어 당 태종 이세민에게 바쳐졌다.

63_ 동돌궐의 소가한小可汗(603~631). 성은 아사나阿史那, 이름은 십발필什鉢苾이다. 그의 조부 계민가한啓民可汗도 돌리가한으로 불렸다. 수나라 말기와 당나라 초기 세력을 떨치며 당나라를 압박하다가 당나라의 이간책에 말려 당나라에 투항했다. 가한은 흉노나 돌궐 등 유목 민족의 최고 통치자다.

를 사로잡아 장안으로 압송했다. 돌리가한突利可汗[63]은 투항해왔고 힐리가한頡利可汗[64]은 몸만 빼서 달아났다. 태종이 말했다.

"옛날에 이릉李陵(?~기원전 74)[65]은 보졸 5000명을 이끌다가 흉노에 항복할 수밖에 없었는데도 사서에 이름을 남겼소. 그런데 경은 3000명의 경기병으로 오랑캐의 앞마당에까지 깊이 쳐들어가 정양성을 함락시키고 위엄을 북적들에게 떨쳤으니 이는 실로 고금에 없던 일이오. 지난날 위수渭水[66]에서 당한 치욕[67]을 복수했다 할 만하오."

그는 이 공로로 대국공代國公에 봉해졌다. 이후 힐리가한은 매우 두려워하며 정관 4년에 후퇴하여 철산鐵山[68]을 보위하면서 사신을 입조入朝시켜 사죄하고 온 나라를 들어 귀부歸附를 요청해왔다. 그리하여 또 이정을 정양도행군총관으로 삼아 힐리를 맞이하러 보냈다. 힐리는 겉으로 투항을 요청했지만 속으로는 의심하며 두 마음을 품었다. 태종은 홍려경鴻臚卿[69] 당검唐儉,[70] 대리 호부상서戶部尙書[71] 장군 안수인安修仁[72]에게 조칙을 내려 그를 위무하도록 했다. 그러자 이정이 부장

64_ 동돌궐한국東突厥汗國의 마지막 대가한으로, 성은 아사나, 이름은 돌필咄苾(?~634). 당나라 초기 막강한 군사력으로 고조 이연과 태종 이세민을 곤경에 몰아넣었다. 나중에 당나라 장수 이정에게 패배하여 돌리가한에 의지했다가 당나라 이간책에 빠진 돌리가한이 그를 사로잡아 당나라에 넘겼고, 결국 장안에서 울분을 품고 살다가 한 많은 생을 마쳤다.

65_ 전한 무제 때의 맹장. 5000명의 군사로 흉노와 싸워 연전연승했으나, 마지막엔 지원군을 거느린 이광리李廣利의 지원을 받지 못한 상황에서 중과부적으로 패배하여 흉노에 항복했다. 사마천이 이릉의 억울함을 변호하다 궁형을 당한 일은 매우 유명하다.

66_ 지금의 산시陝西성 웨이허渭河 강.

67_ 수나라 말기 혼란을 평정하는 데 힘을 쏟은 당나라는 북방의 강자 돌궐족에 힘으로 맞설 수 없었다. 따라서 당 고조는 돌궐에 신하를 칭하기도 하고 예물을 써서 조공을 바치며 평화를 유지했다. 무덕武德 9년(626) 동돌궐의 힐리가한이 당나라 도성인 장안 근처 위수渭水 북쪽까지 진격해오자 고조의 아들 이세민이 직접 힐리가한과 만나 화친의 맹약을 맺었다.

68_ 내몽골 음산陰山 북쪽에 있는 산.

69_ 홍려경은 조정의 조회, 연회, 제사 등을 관장하는 관직이다. 홍려시경鴻臚寺卿이라고도 한다.

70_ 자가 무약茂約으로 능연각 24공신의 한 사람(579~656). 이연과 이세민을 도와 공적을 세웠으며, 중서시랑, 천책부장사를 거쳐 거국공에 봉해졌다. 정관 초 홍려경의 직위에 있을 때 돌궐로 파견되어 힐리가한과 협상을 벌였다. 고종 때 벼슬에서 물러나 병으로 죽었다. 시호는 양襄이다.

71_ 호부상서는 당나라 육부 장관의 하나로 토지, 조세, 인구 등을 관장했다.

72_ 당나라 건국 공신. 수나라 말기 양주涼州에서 기병한 양왕梁王 이궤李軌를 평정한 공로로 무후대장군武侯大將軍, 상주국上柱國의 벼슬을 받았다.

장공근張公謹[73]에게 말했다.

"조칙을 받은 사신이 저곳에 도착하면 이민족들은 틀림없이 마음을 놓을 것이오. 이에 정예 기병을 뽑아 20일 분의 군량을 지닌 채 군사를 거느리고 백도白道[74]로부터 저들을 습격하시오."

공근이 말했다.

"이미 저들의 항복을 허락했고 조칙을 받은 사신도 저들에게 당도했으므로 토벌하기가 마땅치 않습니다."

이정이 말했다.

"지금은 군사를 일으킬 기회이니 이 시기를 놓쳐서는 안 되오."

그리고 마침내 군사들에게 질풍같이 진격하라고 독려했다. 행군이 음산陰山[75]에 이르렀을 때, 저들 척후병의 1000여 장막이 설치되어 있는 것을 보고, 그들을 포로로 잡고 군대의 뒤를 따르게 했다. 힐리는 사신을 만나 매우 기뻐하며 관병이 공격해온다는 사실을 생각지도 못했다. 이정의 선봉대는 안개를 틈타서 행군했고 저들의 본영에서 불과 7리 떨어진 곳에 당도하자 비로소 힐리가 알아챘다. [힐리는] 군대의 대열을 짓다가 아직 진陣을 이루지도 못한 채 필마단기의 가벼운 군장을 하고 달아났고, 이민족 군사들은 이로 인해 궤멸하여 흩어졌다. 이민족 1만여 명의 목을 베고 힐리의 부인인 수나라 의성공주義成公主[76]를 죽였으며 남녀 포로 10여만 명을 사로잡았다. 음산에서 사막까지 땅의 경계를 개척하고 마침내 그 나라를 멸망시켰다. 얼마 지나지 않아 다른 부락에서 힐리가한을 사로잡자 나머지 이민족

73_ 자가 홍신弘愼으로 능연각 24공신의 한 사람(594~632). 당 태종을 도와 현무문의 거사에 참여하여 대주도독에 임명되었고 이정의 부장으로 동돌궐 평정에서 공을 세웠다.

74_ 내몽골 중부 대청산大青山을 통과하는 험준한 길. 중국과 몽골을 이어주는 통로다.

75_ 내몽골 중부에 솟아 있는 산맥으로 예로부터 초원과 농경 지역을 가르는 경계로 인식되었다.

76_ 수나라 문제의 딸이자 양제의 여동생(?~630). 돌궐과의 화친을 위해 계민가한에게 출가했으며, 계민가한 사후 돌궐 풍습에 따라 차례로 계민가한의 아들 시필가한, 시필가한의 동생 처라가한, 처라가한의 동생 힐리가한의 아내가 되었다. 이정의 돌궐 정벌 때 잡혀서 죽었다.

군사들은 모두 항복했다. 태종은 너무나 기뻐서 근신들을 돌아보며 말했다.

"짐이 듣건대 '임금에게 근심이 있으면 신하는 치욕으로 생각해야 하고, 임금이 치욕을 당하면 신하는 죽어야 한다'[77]고 했소. 지난날 국가의 초창기에 돌궐이 강성할 때 태상황(당 고조)께선 백성 때문에 힐리에게 신하를 칭했소. 짐은 이를 매우 가슴 아프게 생각하며 흉노를 멸망시킬 마음을 품지 않은 적이 없소. 이 때문에 앉아서도 자리에서 편안함을 느끼지 못했고, 밥을 먹으면서도 그 맛이 단 줄을 몰랐소. 그런데 오늘 적은 군사를 잠깐 움직여 가는 곳마다 모두 승리를 거두었고, 선우單于[78]까지 머리를 조아리게 했으니 이는 지난날의 치욕을 씻은 것이오!"

신하들이 모두 만세를 불렀다. 오래지 않아 이정에게 광록대부光祿大夫,[79] 상서우복야 벼슬을 내렸고, 500호의 실제 봉읍까지 하사했다. 또 그는 서해도행군대총관西海道行軍大總管[80]에 임명되어 토욕혼吐谷渾[81]을 정벌, 그 나라를 대파했고, [그 공로로] 위국공衛國公으로 봉작이 바뀌었다. 이정이 죽자 그의 분묘 조성을 한나라 위청衛青과 곽거병霍去病[82]의 사례에 의거해도 좋다는 조칙을 내렸다. 그리하여 분묘 주위

77_ 『국어』「월어越語 하」에 "다른 사람의 신하 된 자는 임금에게 근심이 있으면 그 신하로서 더 힘을 써야 하고, 임금이 치욕을 당하면 그 신하로서 죽음으로 갚아야 한다爲人臣者, 君憂臣勞, 君辱臣死"라는 구절이 있다.

78_ 보통 흉노의 왕을 부르는 칭호였지만, 흔히 중국 북방 민족의 군장을 범칭하기도 한다. 여기에서는 돌궐의 군장 가한과 같은 의미로 쓰였다.

79_ 당나라 광록대부는 실권이 없는 명예직 품계였지만 국가에 공이 많은 공신들에게 하사했다. 광록대부는 종2품, 자금紫金광록대부는 정3품, 은청광銀青光광록대부는 종3품이었다.

80_ 당나라 초기에 서역 지역을 관리하던 행정 명칭.

81_ 선비족 모용씨慕容氏가 지금의 중국 간쑤, 칭하이, 신장 일대에 세운 나라. 토욕혼은 본래 그 씨족을 지칭하는 말이나 흔히 나라 이름으로도 혼용된다. 서진 시대부터 당나라 초기까지 거의 400년 가까이 존속하다가 이정의 공격을 받고 세력이 몰락했다.

82_ 위청(?~기원전 106)과 곽거병(기원전 140~기원전 117)은 모두 전한 무제 때 흉노 정벌에 혁혁한 공을 세운 장군들이다. 곽거병이 죽자 무제는 그의 공적을 기리기 위해 그의 분묘 밖에 기련산祁連山 모양의 산을 만들게 했고, 위청이 죽자 그의 분묘를 음산陰山(루산廬山) 모양으로 만들게 했다.

에 마치 돌궐 경내의 연연산燕然山[83]과 토욕혼 경내의 적석산磧石山[84]을 닮은 높은 언덕을 만들어 그의 남다른 업적을 기렸다.

다섯 가지에 뛰어난五絶 명신

우세남虞世南(558~638)은 회계會稽[85] 여요餘姚[86] 사람이다. 정관 초에 태종이 그를 이끌어 상객上客으로 삼고 그것을 기회로 문학관을 개설했다. 문학관 안에는 선비로 칭하는 사람이 많았지만 모두 우세남을 추천하여 문학의 종주宗主로 삼았다. 기실 벼슬을 내리고 방현령과 함께 문서 관리를 담당하게 했다. 일찍이 『열녀전列女傳』[87]을 필사하여 병풍을 만들라는 명령이 내려졌지만 당시에 책을 구할 수 없었다. 그러나 우세남은 암기한 내용을 필사하면서 한 글자도 빠뜨리거나 실수하지 않았다.

그는 정관 7년에 여러 번 승진하여 비서감으로 옮겨갔다. 태종은 매번 국가의 중요한 일을 처리하는 틈틈이 그를 불러들여 토론하며 경전과 역사의 내용을 함께 살폈다. 우세남은 용모가 연약하여 겉으로 옷조차 이기지 못할 정도로 보였지만 성품은 굳세고 열렬하여 매번 옛날 제왕들이 행한 정치의 잘잘못을 토론할 때마다 반드시 법도와 풍자를 곁들여 많은 도움이 되게 했다. 고조가 세상을 떠났을 때 태종은 장례를 치르며 예절이 지나쳐서 슬픔으로 얼굴이 상할 정도

83_ 원래 지금의 몽골 공화국 중부에 있는 항가이 산맥. 그러나 당시 이정은 그곳까지 진출하지 못했다. 따라서 이 대목에서 말하는 연연산은 음산 산맥 북쪽 철산鐵山을 가리키는 것으로 보인다.

84_ 『구당서』에 '적석산積石山'으로 되어 있다. 지금의 칭하이 성 아니마칭阿尼瑪卿 산이다.

85_ 회계는 저장 성 사오싱紹興과 그 인근 지역을 포괄하는 지명.

86_ 여요는 저장 성 위야오餘姚.

87_ 『열녀전』은 전한의 대학자 유향劉向이 중국 고대 여성 105명의 사적을 기록한 책이다.

였고 오랫동안 국정도 돌보지 않았다. 문무백관은 아무 대책도 세울 수 없었지만 우세남은 매번 태종에게 들어가 간언을 올렸다. 태종은 매우 가상하게 여기며 그의 의견을 받아들이고, 더욱 친근하게 대하며 두텁게 예우했다. 태종은 일찍이 근신들에게 말했다.

"짐은 한가한 날 항상 우세남과 고금의 일을 상의했소. 짐이 한마디 말이라도 선하게 하면 세남은 기뻐하지 않은 적이 없었고, 짐이 한마디 말이라도 실수하면 한스럽게 생각하지 않은 적이 없었소. 신료들이 모두 세남과 같다면 어찌 천하가 잘 다스려지지 않을까 근심할 필요가 있겠소?"

태종은 일찍이 우세남에게 다섯 가지 뛰어난 점이 있다고 칭찬했다. 덕행, 충직, 박학, 문장, 서예가 그것이었다. 우세남이 세상을 떠나자 특별히 마련한 빈소에서 애도 행사를 거행하며 매우 비통하게 울었다. 상례 비용은 모두 관에서 지급했고 또 동원東園[88]에서 마련한 장례도구를 하사했으며 예부상서 벼슬을 추증하고 시호를 문의文懿라고 했다. 태종은 자신의 아들 위왕 태에게 칙지를 내려 이렇게 말했다.

"우세남은 나에게 있어 한 몸과 같은 사람이었다. 나의 결점과 과실을 수습하고 보완해주는 일을 잠시라도 잊은 날이 없었다. 실로 당대의 명신이었고 인륜의 모범이었다. 내가 작은 선행이라도 하면 반드시 내 뜻을 따르며 그것을 이루어주려고 했고, 내가 작은 잘못이라도 저지르면 반드시 내 안색을 범하면서까지 간언을 올렸다. 지금 그가 세상을 떠나서 석거石渠[89]와 동관東觀[90]에서 더 이상 그 사람을 볼 수 없게 되었으니 애석한 마음을 어찌 말로 표현할 수 있겠는가?"

88_ 한나라 때 설치된 관서. 주로 장례도구를 제작했다.

89_ 석거각石渠閣. 전한의 황실 도서관의 하나. 흔히 천록각天祿閣, 기린각麒麟閣과 함께 3각으로 일컬어졌다.

90_ 후한시대에 황실에서 도서와 문서를 보관하던 곳.

얼마 지나지 않아 태종은 시 한 편을 지어 지난날 난세를 다스리던 이치를 추모하다가 이윽고 다음과 같이 탄식했다.

"종자기鍾子期가 죽자 백아伯牙[91]는 더 이상 금을 타지 않았다. 짐의 이 시를 장차 누구에게 보여주랴?"

그리하여 기거랑起居郞[92] 저수량褚遂良[93]을 그의 빈소로 보내 시를 다 읽은 후 불태워버리게 했다. 태종이 그를 슬퍼함이 이와 같았다. 또 방현령, 장손무기, 두여회, 이정 등 24명의 초상화와 함께 그의 초상화도 능연각凌煙閣[94]에 그려두게 했다.

태종이 수염을 태워 약을 지어주다

이적李勣[95]은 조주曹州[96] 이호離狐[97] 사람이다. 본래 성은 서씨徐氏였

91_ 종자기와 백아는 모두 춘추시대 초나라 사람. 백아는 금琴을 잘 탔고, 종자기는 뛰어난 감상가로 백아의 연주에 담긴 의미를 잘 알아들었다. 종자기가 먼저 죽자 백아는 자신의 연주를 알아듣는 사람이 없음을 슬퍼하며 다시는 금을 타지 않았다. 친한 친구를 의미하는 지음知音이라는 말이 여기에서 나왔다.

92_ 당나라 때 문하성 아래 설치된 기록관. 황제의 일상 동작과 법도를 기록했다.

93_ 자가 등선登善으로 당나라 초기 명신(596~659). 박학다식하고 서예에 뛰어나서 당 태종의 총애를 받았다. 간의대부, 담주도독, 애주자사 등을 역임했다. 장손무기와 함께 태종의 유언을 받고 측천무후가 황후가 되는 것에 결사반대하다가 귀양 가서 울분 끝에 죽었다. 구양순歐陽詢, 우세남, 설직薛稷 등과 함께 당나라 초기 서예를 대표하는 초당사대가初唐四大家에 속한다.

94_ 태종이 건국공신을 기념하기 위해 지은 건물. 모두 24명의 건국공신 초상화를 그려 걸어두었다. 24명은 다음과 같다. 장손무기長孫無忌, 이효공李孝恭, 두여회杜如晦, 위징魏徵, 방현령房玄齡, 고사렴高士廉, 울지경덕尉遲敬德, 이정李靖, 소우蕭瑀, 단지현段志玄, 유홍기劉弘基, 굴돌통屈突通, 은개산殷開山, 시소柴紹, 장손순덕長孫順德, 장량張亮, 후군집侯君集, 장공근張公謹, 정지절程知節, 우세남虞世南, 유정회劉政會, 당검唐儉, 이세적李世勣, 진숙보秦叔寶.

95_ 본명이 서세적徐世勣(594~669)이었으나 고조가 그의 충직함을 기려 자신의 성을 하사했다. 그 후 태종 이세민의 세世를 피휘하여 이적李勣이라 했다.

96_ 산둥 성 허쩌菏澤.

97_ 산둥 성 허쩌 둥밍東明과 무단牡丹.

98_ 수나라 말기의 군웅 중 한 사람으로 자는 현수玄邃(582~618). 양현감楊玄感과 책양翟讓의 반군에 가담했다. 책양의 신임을 얻어 군사 통수권을 장악하고 스스로 위공魏公을 칭하며 연호를 영평永平이라 했다. 나중에 왕세충에게 패하여 당나라에 투항했지만, 오래지 않아 다시 당나라에 반기를 들었다가 피살되었다.

99_ 수·당 시대 무관직으로 종3품에 해당한다.

으며 처음에 이밀李密에게[98] 출사하여 좌무후대장군左武侯大將軍[99]이 되었다. 이밀이 나중에 왕세충王世忠[100]에게 패배하고 나서 군사를 거느리고 당나라에 귀의했을 때도 이적은 이밀의 옛 영토 10개 군을 점거하고 있었다. 무덕 2년 이적이 장사長史 곽효각郭孝恪[101]에게 이렇게 말했다.

"위공魏公(이밀)은 이미 당나라에 귀의했지만, 지금 이곳의 백성과 토지는 위공의 소유다. 내가 만약 상소문을 올리고 백성과 토지를 바친다면 주군의 실패를 이익으로 여기고 자신의 공적으로 삼아 부귀를 추구하는 일이니 이러한 일을 나는 치욕스럽게 생각하오. 이제 주와 현 및 군인들의 호구를 모두 기록하여 위공에게 아뢰고 위공께서 스스로 당나라에 바치도록 하고자 하오. 이렇게 하면 위공의 공로가 되므로 이 또한 가한 일이 아니겠소?"

그리하여 사자를 파견하여 이밀에게 아뢰게 했다. 사자가 당도했을 때 고조는 자신에게 바치는 상소문이 없고 오직 이밀에게 일을 아뢰기만 했다는 소문을 들은 뒤 매우 이상하게 생각했다. 사자가 자신이 온 뜻을 고조에게 아뢰자 고조가 매우 기뻐하며 말했다.

"서적徐勣이 이밀의 은덕에 감격하여 공로를 그에게 미루니 참으로 순수한 신하다."

그리고 여주총관黎州總管[102]의 벼슬을 내리고 이씨李氏 성을 하사했으며 그의 호적을 황실 종친부에 소속되도록 했다. 그의 부친 이개李蓋를 제음왕濟陰王에 책봉했으나 왕위를 기어코 사양하므로 이에 서

100_ 본래 서역 사람으로 자는 행만行滿(?~621). 수 양제가 피살된 후 월왕越王 양동楊侗을 황제로 옹립했다가 다음해 양동을 폐위하고 스스로 황제가 되어 국호를 정鄭이라 했다. 무덕武德 4년(621) 당나라 군사에게 패배하여 장안으로 압송되었다가 독고수덕獨孤修德에게 살해되었다.

101_ 당나라 초기 명장(?~649). 처음에 이적과 함께 이밀을 섬기다가 나중에 당나라에 투항하여 수많은 전공을 세웠다. 구자국龜玆國을 공격하던 중 화살을 맞고 죽었다.

102_ 쓰촨 성 한위안漢源 북쪽. 총관은 지방 주요 고을의 군사 업무를 총괄하던 관직이다.

국공舒國公에 봉하고 산기상시散騎常侍[103]의 벼슬을 내렸다. 오래지 않아 우무후대장군右武侯大將軍[104] 직위를 더해주었다. 이밀이 반란을 일으켰다 주살되자 이적은 상례를 치르며 상복을 입고 임금과 신하간의 예를 모두 행하면서 상소문을 올려 시신을 거두어 묻게 해달라고 청했다. 고조는 마침내 그의 시신을 돌려주었다. 그리하여 위엄 있는 의례를 융숭하게 갖춘 뒤 삼군에게 모두 흰 상복을 입게 하고 여양산黎陽山에 장사지냈다. 장례를 모두 마치고 나서 상복을 벗고 해산하자 조야의 사람들이 모두 이적을 의롭게 여겼다. 얼마 지나지 않아 두건덕竇建德[105]의 공격을 받고 그에게 사로잡혔다가 다시 스스로 탈출하여 도성인 장안으로 귀의했다. 태종을 따라 왕세충과 두건덕을 정벌하여 평정했다.

정관 원년, 병주도독幷州都督[106]에 임명되었다. 그가 시행 명령을 내리면 바로 시행되었고, 금지 명령을 내리면 바로 금지되자 사람들은 그를 직책에 잘 맞는 인물이라고 일컬었고, 돌궐은 그를 매우 두려워하고 꺼려했다. 태종이 근신들에게 말했다.

"수 양제는 현명하고 어진 인재를 엄선해서 쓸 줄 모르고 변경을 진무할 때 오직 먼 곳까지 장성을 쌓고 장수와 병사만 널리 주둔시킨 채 돌궐을 방비했소. 그의 지각과 식견의 멍청함이 한결같이 이 지경에까지 이르렀소. 짐이 이제 병주에 이적을 임명하자 마침내 돌궐은 그의 위엄을 두려워하며 먼 곳으로 도망쳤고 변방 울타리가 안정을

103_ 궁궐로 들어가서는 황제를 시종하며 간언을 아뢰고, 밖으로 나가서는 말을 타고 황제를 수행하는 측근 관리. 황제의 비서 겸 고문 역할을 담당했다. 당나라 때는 문하성 소속으로 실권이 없는 명예직인 경우가 많았다.

104_ 수·당 시대 무관직으로 종3품에 해당된다.

105_ 수 양제 때의 장수(573~621). 고구려 정벌에 항거하여 반군을 일으켰다. 위도아魏刀兒, 우문화급, 맹해공孟海公 등을 격파하고 하나라를 세운 후 하북河北의 패자覇者로 군림했다. 나중에 왕세충을 구원하기 위해 나섰다가 당 태종 이세민의 포로가 되어 장안에서 처형되었다.

106_ 병주는 산시 성 타이위안太原 일대를 일컫던 옛 지명. 도독은 수·당 시대 지방의 군사 책임자다. 무덕 7년(624), 총관부를 도독부, 대총관부를 대도독부로 개칭했다.

찾았소. 이 어찌 수천 리의 장성 수축보다 더 나은 일이 아니오?"

그 후 병주에 대도독부를 바꾸어 설치하고 이적을 장사로 삼았으며 영국공英國公이란 봉작을 더해줬다. 병주에서 모두 16년간 재직하다가 조정으로 소환되어 병부상서 직에 임명되었고 겸하여 정사도 돌보게 되었다. 그 무렵 갑자기 중병에 걸렸는데, 약방문에 이르기를 수염을 태운 재로 그 병을 치료할 수 있다고 했다. 그러자 태종은 스스로 수염을 잘라 태워서 그것을 약에다 섞었다. 이적은 머리를 찧어 피를 흘리며 흐느껴 울면서 감사 인사를 했다. 태종이 말했다.

"나는 사직을 위해 계책을 냈을 뿐이니 그렇게 깊이 감사 인사를 할 필요가 없소."

정관 17년에 고종高宗[107]이 태자가 되어 동궁에 들어가자 그는 태자첨사太子詹事[108] 직으로 옮겼고 특진의 벼슬이 더해졌으며 이전처럼 정사도 계속 맡아보게 되었다. 태종은 또 일찍이 잔치를 열고 이적을 돌아보며 말했다.

"짐은 장차 외롭고 어린 태자를 맡기려 하는데, 생각해보니 경보다 더 나은 사람은 없는 듯하오. 경은 지난날 이밀에게도 유감이 없게 했는데 지금 어찌 짐을 저버릴 리가 있겠소?"

이적은 눈물을 닦으며 응낙의 말을 올리고 손가락을 깨물어 피를 흘리며 맹세했다. 이윽고 술에 깊게 취하자 태종은 자신의 옷으로 그를 덮어줬다. 그가 신임을 받음이 이와 같았다. 행군할 때마다 미리 세운 계획에 맞게 군사를 부렸고, 적을 만나서는 임기응변의 지혜를 발휘하여 그 움직임이 일의 변화 기미에 딱 들어맞았다. 정관 이래로

107_ 당 태종의 아홉째 아들로 이름은 치治(628~683). 정실황후 장손씨長孫氏에게서 태어난 세 번째 적자嫡子다. 태종의 맏아들인 태자 이승건과 둘째 적자인 위왕 이태가 보위를 놓고 다투자, 태종은 셋째 적자인 이치를 태자로 세워 보위를 물려줬다. 고종의 황후가 바로 측천무후다.

108_ 태자를 보좌하는 태자첨사부의 책임자. 태자첨사부에는 첨사 1명, 소첨사 1명, 승 1명, 주부 2명 등 50명에 가까운 관리를 두었다.

돌궐의 힐리가한 및 북적의 설연타薛延陀,[109] 고구려 등을 쳐서 크게 격파했다. 태종이 일찍이 이렇게 말했다.

"옛날의 한신韓信,[110] 백기白起,[111] 위청, 곽거병이라고 해도 이정과 이적 두 사람에게 어찌 미칠 수 있겠는가?"

잠시라도 곁에 없으면 생각나는 사람

마주馬周(601~648)는 박주博州[112] 치평茌平[113] 사람이다. 정관 5년에 도성으로 가서 중랑장中郎將[114] 상하常何[115]의 집에 문객으로 묵었다. 당시에 태종이 백관들로 하여금 글을 올려 정치의 잘잘못을 말하게 했다. 마주는 상하를 위해 백성을 편하게 하는 20여 가지 일을 진술했고, 그것을 태종에게 아뢰게 했는데 그 일이 모두 태종의 뜻과 합치되었다. 태종은 그 능력을 기이하게 생각하며 상하에게 물었다. 상하가 대답했다.

"이것은 신이 생각해낸 것이 아니라 바로 신의 문객 마주의 계책입

109_ 중국 북방에 살던 고대 민족의 하나. 설薛과 연타延陀 두 부족을 합하여 설연타라고 부른다. 철륵鐵勒 부락의 한 분파로 돌궐에 복속하다가 당나라의 공격을 받았다.

110_ 한나라 건국공신(기원전 231?~기원전 196). 소하, 장량과 함께 한초삼걸漢初三傑로 불린다. 뛰어난 군사전략가로 한나라 건국에 불후의 공적을 세웠다. 제왕, 초왕에 봉해졌다가 나중에 회음후淮陰侯로 강등되었다. 건국 후 진희陳豨의 반란에 연루되어 한 고조(유방)의 황후 여후呂后에게 사로잡혀 처형되었다.

111_ 전국시대 말기 진나라 명장(?~기원전 257). 당시 여러 제후국을 쳐서 영토를 확장했고 조나라와의 장평대전長平大戰에서는 조나라 군사 40만 명을 몰살시켰다. 전공으로 무안군武安君에 봉해졌다가 승상 범저范雎의 모략에 빠져 자결했다.

112_ 당나라 때 지금의 산둥 성 랴오청聊城 일대 6현을 관장하던 고을.

113_ 산둥 성 랴오청聊城 츠핑茌平.

114_ 당나라 때 궁궐과 각 부를 방어하고 호위하던 무관. 대장군과 장군 아래 소속되어 부대의 주력군을 이끌었다. 품계는 정4품과 종4품을 오르내렸다.

115_ 당나라 초기 장수(588~653). 수나라 말기에 이밀과 왕세충의 진영에 참여했다가 나중에 당나라에 투항하여 중랑장이 되었다. 현무문에서 이세민이 이건성을 죽일 때 큰 공을 세웠다. 평양도행군부대총관이 되어 바닷길로 고구려를 공격했다.

니다."

태종은 그날 바로 마주를 불렀고, 아직 도착하기도 전에 네 번이나 사자를 보내 재촉했다. 마주가 알현하자 그와 더불어 이야기를 나누며 매우 기뻐했다. 바로 문하성에 보냈다가 다시 감찰어사監察御史[116]직에 임명했다. 이후 여러 번 승진하여 중서사인中書舍人[117]이 되었다. 마주는 사고가 기민하고 변론에 뛰어나 임금에게 잘 아뢸 수 있었고 또 일의 단서를 깊이 파악하고 있었기 때문에 그의 행동은 사리에 맞지 않는 것이 없었다. 태종은 일찍이 이렇게 말했다.

"내가 마주를 잠시라도 보지 않으면 곧바로 그를 생각하게 된다."

정관 18년에 여러 관직을 거쳐 중서령으로 승진했고 태자좌서자직을 겸했다. 마주는 두 궁궐의 일을 겸직하면서도 일처리가 공평하고 미더워서 당시 사람들의 칭찬을 많이 들었다. 그 뒤 또 본래 관직에다 이부상서 업무까지 대신했다. 태종은 일찍이 근신들에게 이렇게 말했다.

"마주는 일을 관찰함이 매우 민첩하지만 성격은 지극히 신중하오. 인물을 논평할 때는 정직한 이치에 근거하여 말을 하오. 짐은 근래에 그가 추천한 사람을 임명하여 일을 시켜보았는데, 대부분 짐의 뜻에 맞았소. 그는 충성을 다 바치면서 짐에게 친하게 의지하니 짐도 진실로 이 사람에게 기대어 함께 이 시대의 정치를 편안히 하고자 하오."

116_ 당나라 어사대 찰원察院에 소속된 관직으로 백관을 감찰하고 형벌을 바로잡고 의례를 엄숙하게 시행하던 임무를 맡았다. 품계는 낮았으나 권한은 막강했다.

117_ 당나라 중서성 소속 관리로, 황제를 시종하면서 조칙을 작성하고 어명을 전달하는 일을 맡았다.

제4편 | 간언을 구하다
求諫

완벽한 인간은 없다. 완벽한 임금도 없다. 임금이 완벽하지 않으므로 현명한 신하를 등용하여 보좌를 받았다. 예로부터 성군은 현명한 신하의 강직한 간언을 받아들여 자신의 잘못을 고치고 백성을 위해 헌신했다. 『공자가어孔子家語』「육본六本」에서는 "좋은 약은 입에 쓰나 병에는 이롭고, 충성스러운 말은 귀에 거슬리나 행동에는 이롭다良藥苦口利於病, 忠言逆耳利於行"고 말했다.

그러나 귀에 거슬리는 말을 허심탄회하게 받아들이기란 얼마나 어려운 일인가? 중국 하나라 걸왕은 자신의 황음무도함을 지적하는 관용방을 죽였으며, 은나라 주왕은 자신의 폭정을 질타하는 비간을 참살했다. 간언을 거부한 걸왕과 주왕은 결국 망국의 군주가 되고 말았다.

북송의 대학자 사마광司馬光은 『자치통감自治通鑑』「당기唐紀」 45에서 "다른 사람에게 이기기를 좋아하고, 자신의 잘못을 듣는 걸 치욕으로 생각하고, 자신의 변명을 장황하게 늘어놓고, 자신의 총명함을 자랑하고, 자신의 위엄을 사납게 과시하고, 자신의 강퍅함을 함부로 자행하는 것, 이 여섯 가지가 바로 군자의 폐단이다好勝人, 耻聞過, 騁辯給, 眩聰明, 厲威嚴, 恣强愎, 此六者, 君子之弊也"라고 경고했다.

간언을 따르면 성군이 된다

태종은 위엄 있는 용모에 엄숙한 태도를 지니고 있어서 백관 중 알현하는 사람들은 모두 행동거지에 실수가 많았다. 태종은 이와 같은 사실을 알고 정사를 아뢰는 사람을 만날 때마다 반드시 안색을 거짓으로 꾸며서라도 간언을 듣고자 했고, 또 정치 교화의 잘잘못을 알고자 했다. 정관 초에 태종은 공경대부들에게 다음과 같이 말했다.

"사람이 자신을 비춰보려면 반드시 밝은 거울이 필요하고 임금이 잘못을 알려면 반드시 충신에게 의지해야 하오. 임금이 스스로 현명하다고 여기는데 신하가 바로잡아주지 않고도 위험한 지경에 빠지지 않으려 한다면 그것이 어찌 가능한 일이겠소? 이 때문에 임금이 나라를 잃으면 신하도 혼자서 자신의 집안을 보전할 수 없는 법이오. 수 양제가 포악한 정치를 하자 신하들은 입을 닫았고 그는 끝내 자신의 잘못을 듣지 못하고 마침내 멸망으로 치닫고 말았소. 우세기虞世基 등도 얼마 지나지 않아 주살되었소. 지난 일의 교훈이 멀지 않으므로 공들께서는 늘 정사를 관찰하면서 백성에게 불리한 일이 있으면 반드시 심한 말로라도 간언을 올려 바로잡아주시오."

목재가 먹줄을 받으면 바르게 잘린다

정관 원년 태종이 근신들에게 말했다.

"올바른 임금이 사악한 신하를 임용하면 나라를 잘 다스릴 수 없고, 올바른 신하가 사악한 임금을 섬겨도 나라를 잘 다스릴 수 없소. 오직 올바른 임금과 올바른 신하가 서로 만나 물과 물고기의 관계처럼 되어야 천하가 안정을 이룰 수 있소. 짐은 비록 밝지 못하지만 다행히 공들께서 자주 바로잡아 구제해주시니 그 곧은 간언과 정직한 의견에 의지하여 천하의 태평을 이루고자 하오."

간의대부 왕규가 대답했다.

"신이 듣건대 목재가 먹줄을 받으면 바르게 잘리고, 임금이 간언을 따르면 성군이 된다고 합니다. 이러한 까닭에 옛 성군들은 반드시 간쟁하는 신하 일곱 사람을 두었습니다.[1] 간언을 올렸는데도 채택하지 않으면 서로 이어가며 목숨을 걸고 간언을 계속했습니다. 폐하께서 성스러운 마음을 넓게 여시고 꼴 베고 나무하는 서민들의 의견까지 다 받아들이시면, 어리석은 신은 아무 것도 거리낄 것이 없는 조정에서 실로 미친 소경의 망언 같은 심한 말이라도 다 쏟아내겠습니다."

태종은 훌륭한 말이라고 칭찬하고 지금부터 재상들이 조정으로 들어와 국가 대사를 상의할 때는 반드시 간관을 동반하여 정사를 듣게 하라는 조칙을 내렸고, 간관이 진언하면 반드시 마음을 비우고 받아들였다.

간쟁을 하지 않는 신하는 죽어 마땅하다

정관 2년, 태종이 근신들에게 말했다.

"밝은 임금은 자신의 단점에 대해 생각하므로 더욱 선해지고, 어두운 임금은 자신의 단점을 옹호하므로 영원히 어리석어지오. 수 양제는 스스로 자랑하고 과시하기를 즐기며 단점을 옹호하고 간언을 거부했으니 진실로 그의 뜻을 거스르기 어려웠을 것이오. 우세기가 감히 직언을 하지 못한 것도 아마 그것이 아직 중죄라고 여기지 않았기 때

1_ 원문은 "쟁신칠인爭臣七人." 『효경』 「간쟁諫爭」에 나온다.

문일 것이오. 옛날에 기자箕子[2]는 미치광이를 가장하여 스스로 목숨을 온전히 지켰고 공자도 어질다고 칭송했소. 양제가 피살될 때 우세기는 함께 죽어야 했소, 아니면 살아야 했소?"

두여회가 대답했다.

"천자에게 간쟁하는 신하가 있으면, 그가 비록 무도하더라도 천하를 잃지는 않습니다.[3] 중니仲尼[4]는 이렇게 말했습니다. '곧구나! 사어史魚[5]여! 나라에 올바른 도가 있어도 화살처럼 곧게 행동하고, 나라에 올바른 도가 없어도 화살처럼 곧게 행동하는구나.'[6] 수 양제가 무도하여 간쟁을 용납하지 않는다고 우세기가 어찌 입을 닫고 아무 말도 하지 않을 수 있단 말입니까? 자신의 안위만 훔치고 벼슬자리만 중시하느라, 직위를 버리고 물러나지 않았으니, 이는 기자가 미치광이를 가장하고 떠난 것과 이치상 서로 다른 행동입니다. 옛날 진晉 혜제惠帝[7]의 황후인 가후賈后[8]가 민회태자愍懷太子[9]를 폐위하려 하자, 사공 장화張華[10]는 끝내 쓴소리로 간쟁하지 못하고 황후의 뜻에 아부하며 구차하게 사태를 모면하고자 했습니다. 조왕趙王 사마륜司馬倫[11]이 군

2_ 은나라 주왕의 숙부. 주왕의 폭정에 대해 간언을 올리다가 받아들여지지 않자 민간에 숨어들어 미치광이를 가장했다. 은나라가 망한 후 조선으로 이주했다는 전설이 있다.

3_ 『효경』「간쟁」에 나온다. "天子有諍臣, 雖無道, 不失其天下."

4_ 공자孔子(기원전 551~479)는 본명이 구丘, 자가 중니仲尼다.

5_ 춘추시대 위衛나라 대부로 자는 자어子魚. 위 영공靈公에게 간신 미자하彌子瑕를 내치고 현신 거백옥蘧伯玉을 중용하라고 간언을 올렸으나 영공이 듣지 않았다. 임종에 이르러 그는 아들에게 자신이 신하의 도리를 다하지 못했으므로 정식으로 상례를 치르지 말고 들창 밑에 시신을 방치하라고 유언을 남겼다. 영공이 그 소식을 듣고 마침내 미자하를 내치고 거백옥을 중용했다. 여기에서 죽어서도 간언을 올린다는 시간屍諫이란 말이 나왔다.

6_ 『논어』「위영공衛靈公」에 나온다. "直哉! 史魚. 邦有道, 如矢, 邦無道, 如矢."

7_ 서진 무제의 둘째 아들 사마충司馬衷(259~307). 중국 역사에서 가장 우둔한 임금 중 한 명. 밥을 먹지 못해 백성이 굶어죽자 "왜 고기와 죽을 먹지 않느냐何不食肉糜?"라고 했다. 실권을 가후에게 빼기고 팔왕의 난 때 폐위되었다가 복위되는 등 치욕스런 생활을 하던 중 의문사했다.

8_ 가충賈充의 딸로 서진 혜제의 황후(257~300). 초왕 사마위司馬瑋를 불러들여 조정 중신 양준楊駿을 죽이고 정권을 오로지하다가 황족 간의 골육상쟁인 '팔왕의 난'을 야기했다. 나중에 조왕 사마륜司馬倫에게 살해되었다.

9_ 서진 혜제의 태자 사마휼司馬遹(278~300). 모친은 재인才人 사구謝玖다. 가황후의 모함으로 구금되었다가 살해되었다.

사를 일으켜 가후를 폐위하고 장화를 잡아들이자 그가 말했습니다. '태자를 폐위하던 날 내가 간언을 올리지 않은 것이 아닌데 당시에 내 간언이 채택되지 않았소.' 사자가 말했습니다. '공은 삼공으로 재직하면서 태자가 아무 죄도 없이 폐위되는 날 말은 저들에게 따르지 않았다고 하지만 어찌하여 몸을 이끌고 물러나지 않았소?' 장화는 대답할 말이 없어 마침내 참수되었으며 그의 삼족까지 모두 죽임을 당했습니다. 옛사람은 또 이렇게 말했습니다. '나라가 위태로운데도 붙잡아주지 않고 임금이 넘어지는데도 부축해주지 않는다면 어찌 재상으로 등용할 수 있겠는가?'[12] 이 때문에 '군자가 중요한 순간에 봉착했을 때는 아무도 그의 올바른 뜻을 빼앗지 못한다'[13]고 했습니다. 장화는 굳세고 곧은 행동으로 절개도 지키지 못했고, 겸손한 말로 자신의 몸도 보전하지 못했으니 임금과 신하 간의 절개는 사실 이미 사라진 것입니다. 우세기는 벼슬이 재상이었으므로 말을 할 수 있는 입장에 있었는데도 끝내 한마디 간쟁도 하지 못했으니 진실로 죽어 마땅합니다."

태종이 말했다.

"공의 말씀이 옳소. 임금은 반드시 충성스럽고 어진 인재의 보필을 받아야 몸도 편안하고 나라도 안정을 이룰 수 있소. 양제의 경우는 아래로 충신이 없어 자신의 잘못에 대해 듣지 못하니 결국 악행이 쌓이고 재앙이 차올라 멸망에 이른 것이 어찌 아니겠소? 만약 임금의

10_ 서진의 문학가 겸 정치가(232~300). 박학한 학문으로 중국 최초의 박물학 저작 『박물지博物志』 10권을 남겼다. 사공 직을 맡아 서진 혜제를 보좌하다가 팔왕의 난 후 조왕 사마륜에게 살해되었다.

11_ 서진 선제宣帝로 추증된 사마의司馬懿의 아홉째 아들이자, 서진을 세운 무제의 숙부(?~301). 조왕에 봉해졌다가 가후의 요청으로 도성으로 들어가 중신 양준을 죽였다. 팔왕의 난 때 가후를 죽이고 혜제를 폐위한 후 황위에 올랐다가 여러 제후왕의 반발로 다시 혜제를 복위시켰다. 나중에 금용성金墉城에 거주하다가 조정에 내린 사약을 마시고 죽었다.

12_ 『논어』「계씨」에 나온다. 앞에 이미 출현한 적이 있다.

13_ 『논어』「태백」에 나온다. "臨大節而不可奪也, 君子人與, 君子人也."

행동이 옳지 않은데도 신하가 올바른 간언을 올리지 않고 구차하게 아부만 하며 모든 일을 아름답다고 칭송만 한다면 임금은 어두운 임금이 되고 신하는 아첨하는 신하가 되므로 머지않아 나라의 위기와 멸망이 들이닥칠 것이오. 지금 짐의 뜻은 군신 상하가 각각 지공무사至公無私의 노력을 다 바쳐 서로 함께 절차탁마하며 치세의 길을 완성하려는 데 있소. 공들은 각각 충성스럽고 정직한 간언을 모두 쏟아붓는 데 힘써서 짐의 악행을 바로잡아주셔야 하오. 짐은 끝까지 그 직언이 짐의 뜻을 거스른다고 해서 갑자기 질책하거나 분노하지 않을 것이오."

임금과 신하가 함께 노력해야

정관 3년, 태종이 사공 배적裴寂[14]에게 말했다.

"근래에 상소문으로 아뢰는 일이 그 숫자가 매우 많아 짐은 늘 그것을 벽에다 붙여두고 방을 출입하면서 살펴보고 있소. 이렇게 노력하며 게으름을 부리지 않는 까닭은 신하들의 충정을 모두 이해하고 싶기 때문이오. 매번 정치의 이치를 한결같이 생각하느라 한밤중에 이르러서야 잠자리에 들기도 하오. 또한 공들께서도 게으름 없이 마음을 쓰며 짐의 생각에 부응하도록 해주시오."

14_ 자가 현진玄眞으로 당나라 건국공신(570~629). 당 고조가 황위에 오르는 데 큰 공을 세웠다. 당나라 건국 후 상서좌복야에 오르고 위국공에 봉해졌다. 법아法雅의 사건에 연루되어 삭탈관직 되었으며 오래지 않아 병으로 죽었다.

간언을 하려면 다른 사람의 간언을 받아들여라

정관 5년, 태종이 방현령 등에게 말했다.

"자고이래로 제왕 대부분은 기쁨과 노여움에 함부로 감정을 내맡겨 기쁘면 공이 없는 사람에게도 마구 상을 주었고, 노여우면 죄가 없는 사람까지 마구 죽였소. 이러한 까닭에 천하의 멸망과 혼란이 이로부터 말미암지 않은 적이 없소. 짐은 오늘날 아침부터 밤중까지 이 일을 마음에 담아두지 않은 적이 없소. 짐은 항상 공들이 마음을 다해 지극한 간언을 올려주길 바라오. 또 공들도 반드시 다른 사람의 간언을 받아들여야 하오. 어찌 다른 사람의 의견이 자신의 의견과 다르다고 자신의 단점을 옹호하며 다른 사람의 의견을 받아들이지 않을 수 있겠소? 만약 다른 사람의 간언을 받아들일 수 없다면 어찌 다른 사람에게 간언할 수 있겠소?"

역린을 범하는 일도 피하지 말라

정관 6년, 태종은 어사대부御史大夫[15] 위정韋挺,[16] 중서시랑中書侍郞[17] 두정륜杜正倫,[18] 비서소감祕書少監[19] 우세남虞世南, 저작랑著作郞[20] 요사

15_ 어사대의 책임자로 백관의 죄악을 바로잡고 형벌과 법전을 관장하던 관직.

16_ 당나라 초기 관리(590~647). 본래 당 고조의 태자 이건성을 보필하다가 왕규王珪 등과 함께 수주嶲州로 귀양 갔다. 그 후 태종에게 발탁되어 이부시랑, 황문시랑, 태상경, 어사대부 등을 역임했다. 태종의 요동 정벌 때 군량미를 제때 운송하지 못해 파직되었다가 얼마 안 있어 죽었다.

17_ 당나라 중서성의 실제 책임자. 중서성의 장관 중서령은 명예직이었으므로 중서시랑이 중서성의 모든 업무를 사실상 총괄했다.

18_ 당나라 초기 관리(575?~658). 정관 연간에 중서시랑을 역임하며 태종의 신임을 받았다. 고종 때 중서령으로 승진했고 양양현공襄陽縣公에 봉해졌다.

19_ 당나라 비서성의 관리. 비서성은 국가의 도서를 관리하던 관청으로, 비서감 1명, 비서소감 2명 비서승 1명 등의 관직을 두었다.

렴姚思廉[21] 등의 봉함 상소문이 자신의 뜻에 부합한다고 하면서 그들을 불러 다음과 같이 일렀다.

"짐이 자고이래로 신하들의 충절에 관한 일을 두루 살펴보니, 밝은 군주를 만나면 쉽게 성심을 다해 간언을 올릴 수 있었지만, 관용방이나 비간比干[22]은 처자식까지도 죽음을 면치 못했소. 임금 노릇도 쉽지 않지만 신하 노릇도 지극히 어렵다고 할 수 있소. 짐은 또 용을 길들여 부릴 수 있지만 목 아래에 역린이 있다고 들었소. 경들은 마침내 역린을 범하는 행동도 피하지 않고 각각 봉함 상소문을 올렸소. 언제나 이와 같을 수 있다면 짐이 어찌 종묘사직의 패망을 염려할 필요가 있겠소? 매번 경들의 이러한 뜻을 생각하고 잠시라고 잊지 않을 수 있게 되었소. 이 때문에 잔치를 베풀어 즐기고자 하오."

그리하여 차등을 두어 명주를 하사했다.

원수를 등용하라

태상경太常卿[23] 위정이 일찍이 상소문을 올려 정치의 잘잘못을 아뢰자 태종이 편지를 내려 이렇게 말했다.

"올린 의견은 지극히 정직한 말이었고 문장의 이치도 참으로 볼만하여 매우 위안이 되었소. 옛날 제나라 경계의 난리 때 관중은 소백小白[24]의 허리띠 고리를 화살로 맞추는 죄를 지었고, 포성蒲城[25]의 변란

20_ 당나라 저작국著作局 소속 관직. 주로 비문, 축문, 제문 등의 저작을 담당했다. 저작국에는 저작랑 2명, 저작좌랑 2명, 교서랑 2명, 정자 2명 등의 관직을 두었다.

21_ 당나라 초기 관리(557~637). 남조 진陳나라에서 벼슬을 시작하여 수를 거쳐 당나라 조정에서도 벼슬을 했다. 문장이 뛰어나고 역사에 밝았다. 문학관학사, 저작랑 등을 거쳐 산기상시를 역임했다. 『양서梁書』와 『진서陳書』 편찬에 참여했다.

22_ 은나라 주왕의 숙부. 주왕의 폭정을 바로잡으려 간언을 올렸다가 죽임을 당했다.

23_ 당나라 때 태상시경太常寺卿이라고 했다. 종묘의 제사나 황실의 의례를 관장하던 관직이다.

때는 발제勃鞮[26]가 중이重耳의[27] 소매를 잘라 원수가 되었소. 그러나 소백은 관중을 의심하지 않았고, 중이는 발제를 옛 친구처럼 대했소. 이 어찌 개는 각각 자신의 주인이 아닌 사람을 보면 짖고, 충신의 뜻은 두마음을 먹지 않는 데 있다는 사례에 해당되지 않겠소? 경의 깊은 성심은 이 상소문에 모두 드러나 있소. 만약 이 절개를 보전할 수 있으면 영원히 아름다운 이름을 누릴 수 있겠지만 만일 게을러지면 참으로 애석해지지 않겠소? 시종일관 부지런히 갈고닦아 미래에 모범을 드리워, 후세 사람들이 오늘날을 바라보는 것이, 오늘날 사람이 옛날을 바라보는 것처럼 되게 하면 이 또한 아름다운 일이 아니겠소? 짐은 근래에 스스로의 잘못에 대해 듣지 못하고 있고, 스스로의 부족한 점도 잘 살피지 못하고 있소. 충성스럽고 간절한 마음을 다하여 자주 훌륭한 간언을 올리는 경에게 의지하여 짐의 생각을 비옥하게 하고 있으니, (다른 일이야) 어찌 하나라도 말할 만한 점이 있겠소?"

편하게 아뢸 수 있도록 하다

정관 8년, 태종이 근신들에게 말했다.

"짐은 매번 한가하게 조용히 앉아 있을 틈이 생기면 스스로 마음을 반성하며 항상 위로 천명에 부합하지 못할까 또 아래로 백성에게 원망을 들을까 걱정을 해왔소. 그러나 정직한 신하들의 바른 간언을

24_ 제나라 환공의 이름.

25_ 지금의 산시 성 융지永濟 서북쪽에 있었다. 진晉 헌공獻公이 여희驪姬의 모함을 듣고 중이重耳를 포성으로 추방하여 국경을 지키게 했다.

26_ 진 헌공의 내시. 진 헌공의 명령으로 중이를 죽이러 포성으로 갔다가 중이를 잡지 못하고 담장을 넘어 도망치는 중이의 옷소매를 잘라 돌아왔다. 중이는 진나라 보위에 오른 후 원수인 발제를 등용하여 반대파의 의심을 잠재웠다.

27_ 진晉나라 문공의 이름.

생각하며 눈과 귀를 밖으로 소통시켜 아래 백성에게 억울함이 없도록 하려고 했소. 또 근래에 정사를 아뢰러 온 사람들을 보면 대부분 두려움에 떨며 말을 할 때 그 차례조차 잊어버리는 듯하오. 보통의 아룀도 상황이 이와 같은데 하물며 간쟁을 하려는 경우이겠소? 틀림없이 역린을 범하길 두려워할 것이오. 따라서 매번 간언을 올리는 사람이 설령 짐의 마음에 합치되지 않더라도 짐은 그가 내 뜻을 거슬렀다고 생각하지 않을 것이오. 만약 곧바로 화를 내어 꾸짖으면 사람들이 공포심을 품을까 매우 두렵소. [이런 상황에서] 어찌 다시 말을 하려 하겠소?"

두려움 없이 끝까지 말하라

정관 15년, 태종이 위징에게 물었다.

"근래에 조정의 신료들이 모두 정사를 말하지 않는데 이는 무슨 까닭이오?"

위징이 대답했다.

"폐하께서 마음을 비우고 간언을 받아들이시면 진실로 말을 하는 사람이 있을 겁니다. 그러나 옛사람들은 이렇게 말했습니다. '아직 믿음도 얻지 못한 사람이 간언을 올리면 자신을 비방한다고 생각하고, 신임을 하는데도 간언을 올리지 않으면 공연히 벼슬자리만 차지하고 있다고 생각한다.' 다만 사람의 재능은 각기 달라 유약한 사람은 충직함을 품고도 말을 할 수 없고, 소원한 사람은 믿지 않을까 두려워 말을 할 수 없으며, 봉록만 생각하는 사람은 자신의 몸이 불편하게 될까 우려하여 감히 말하지 않습니다. 이 때문에 서로 입을 봉한 채 위아래로 눈치나 살피며 나날을 보내고 있을 뿐입니다."

태종이 말했다.

"진실로 경의 말씀과 같소. 짐은 매번 이런 상황을 생각해왔소. 신하가 간언을 하려다가도 문득 죽음의 재앙이 두려워지는 것은 물 끓는 솥에 다가가고 흰 칼날을 무릅쓰는 일과 무엇이 다르겠소? 이 때문에 충직한 신하는 성심을 다하려 하지 않는 경우가 없지만, 성심을 다하는 것은 지극히 어려운 일이오. 따라서 우禹[28] 임금이 훌륭한 말을 들으면 절을 한 것이 어찌 이와 같지 않겠소? 짐은 이제 마음을 열고 간쟁을 받아들일 것이오. 경들도 공연히 두려움 때문에 결국 지극한 간언을 올리지 않는 일이 없도록 하시오."

간언은 거울과 같다

정관 16년, 태종이 방현령 등에게 말했다.

"자신을 아는 사람은 현명한 사람인데 이는 진실로 어려운 일이오. 예를 들면 글을 짓는 선비나 기술을 발휘하는 장인은 모두 자신의 장점을 떠벌리며 다른 사람이 미칠 수 없다고 생각하오. 그러나 유명한 장인이나 뛰어난 문장가가 따지고 비평하면 그들의 거친 문장과 서툰 솜씨가 곧바로 드러나게 되오. 임금도 반드시 바르게 간언을 올리는 신하를 만나야 자신의 허물을 들춰볼 수 있소. 하루에도 온갖 중요한 일을 혼자서 듣고 판단해야 하므로 거듭 근심하고 노력한다 해도 어찌 모든 걸 완벽하게 처리할 수 있겠소? 위징이 사안마다 올바른 간언을 올리고 있고 그것이 대부분 짐의 실수를 지적한 것임을 늘 생각

28_ 중국 상고시대 하나라를 건국한 임금. 성은 사姒 이름은 문명文命이다. 혹은 이름이 우禹고 자가 밀密이라는 학설도 있다. 전욱의 손자이고 황제의 현손이라고 한다. 순임금 때 천하에 홍수가 발생하자 우를 시켜 치수하게 했고, 우는 치수에 성공하여 순으로부터 보위를 선양받아 하나라를 열었다.

해보면 마치 밝은 거울로 사물의 형태를 비춰 그 아름다움과 추악함이 드러나는 것과 같소."

그러고는 바로 술잔을 들어 방현령 등 여러 사람에게 하사하고 그들을 격려했다.

잘못은 애초에 바로잡아야

정관 17년, 태종이 간의대부 저수량에게 물었다.

"옛날에 순임금이 그릇에 옻칠을 하고, 우임금이 도마에 조각을 하자 당시 그 일에 대해 간언을 올리는 사람이 10여 명이나 되었소. 식기를 만드는 일에까지 어찌 반드시 쓴소리로 간언을 올릴 필요가 있소?"

저수량이 대답했다.

"조각하고 다듬는 일은 농사에 방해가 되고 허리띠에 수를 놓는 일은 여인들의 일을 해칩니다. 앞장서서 사치를 제창하면 나라의 위기와 멸망이 점차 다가올 것입니다. 그릇에 옻칠 하는 일을 그치지 않으면 반드시 금으로 그릇을 만들게 되고, 금으로 그릇 만드는 일을 그치지 않으면 반드시 옥으로 그릇을 만들 것입니다. 이 때문에 간쟁하는 신하는 반드시 임금이 점차 그렇게 될까봐 간언을 올리는 것입니다. 그런 일이 가득 찼을 때는 더 이상 간언을 올릴 수 없기 때문입니다."

태종이 말했다.

"경의 말씀이 옳소. 짐이 하는 일에도 만약 부당한 점이 있으면 그것이 처음에 점차 퍼져나갈 때이거나 그것이 이미 끝날 무렵이라 하더라도 전부 간언을 올려야 하오. 근래에 이전 역사를 살펴보니 더러 신하들이 간언을 올리면 임금이 답변하기를 '그 일은 이미 끝났소'라

하기도 하고 혹은 '그 일은 이미 허락했소'라고도 하며 끝내 멈추거나 고치지 않는 경우가 있었소. 이렇게 되면 위기와 멸망의 참화가 잠깐 손을 뒤집는 사이에라도 바로 들이닥칠 것이오."

제5편 | 간언을 받아들이다

納諫

중국 역사에서 가장 유명한 치세로 일컬어지는 '정관지치'는 어떻게 가능했는가? 가장 중요한 요인은 바로 당 태종이 끊임없이 간언을 장려하고 그것을 받아들였기 때문이다. 태종은 심지어 자신을 폭군 수 양제와 은 주왕에 비견하며 낙양 궁궐 수리 중지를 요청한 장현소張玄素에게 명주 200필을 상으로 내렸고, 자신에게 비방에 가까운 직언을 올린 황보덕참皇甫德參에게도 비단 20단을 상으로 내렸다. 게다가 꼴 베고 나무하는 백성의 간언까지 받아들이려 했으니 당시의 언로가 얼마나 널리 열려 있었는지 짐작할 만하다.

당 태종은 지금부터 1400년 전에 이미 비천한 백성에서 조정의 고관대작에 이르는 모든 사람의 간언을 받아들이려 애썼다. 언로가 드넓게 열림으로써 다양하고 건설적인 의견이 전달되었다. 태종은 그것을 채택하고 조화시켜 당나라 최고의 융성기를 열었다. 그것이 바로 '정관지치'다. 『순자』「수신修身」편에도 "나의 잘못된 점을 비판하며 나를 바로잡아주는 사람은 나의 스승이고, 나의 올바른 점을 칭찬하며 나를 바로잡아주는 사람은 나의 벗이며, 나에게 아첨하는 자는 나의 적"이라는 금언이 있다.

빼앗은 미인을 돌려보내다

정관 초년에 태종은 황문시랑 왕규와 연회 중에 이야기를 나누었다. 그때 어떤 미인이 곁에서 시중을 들었는데 그녀는 본래 여강왕廬江王[1] 이원李瑗[2]의 애첩이었다가 이원이 패배한 후 적몰籍沒되어 당나라 궁전으로 들어왔다. 태종이 그녀를 가리키며 왕규에게 말했다.

"여강왕이 무도하여 남편을 죽이고 아내를 데려왔소. 포악함이 극심했으니 어찌 멸망하지 않을 수 있겠소?"

왕규가 자리를 피하며 말했다.

"폐하께서 여강왕을 빌미로 이 여인을 취한 것이 옳다는 것입니까, 그르다는 것입니까?"

태종이 말했다.

"어찌 사람을 죽이고 그의 아내를 취할 수 있겠소? 경이 짐에게 그 옳고 그름을 묻는 건 무슨 까닭이오?"

왕규가 대답했다.

"신은 『관자』[3]라는 책에서 다음과 같은 이야기를 읽었습니다.

'제 환공이 곽郭[4]나라로 가서 그곳 노인에게 물었다.

'곽나라는 무엇 때문에 망했소?'

노인이 대답했다.

1_ 여강은 지금의 안후이 성 루장廬江.

2_ 자가 덕규德圭(586~626). 당나라 고조 이연의 당질(오촌 조카)로 여강왕에 봉해졌다. 현무문 정변으로 태자 이건성이 살해된 후 당 태종이 이원을 도성으로 호출하자, 위협을 느낀 그는 왕군곽王君廓과 함께 반란을 일으켰다가 진압당한 후 피살되었다.

3_ 제 환공을 천하의 패자로 만든 명재상 관중의 저작. 현재 76편이 전한다. 『사고전서』에는 법가로 분류되어 있으나 도가, 유가, 법가, 음양가, 명가名家, 병가, 농가의 학설이 모두 포함되어 있다. 이는 아마도 현실적인 정치가 관중의 실용적인 면모를 반영한 사상 경향인 것으로 보인다. 이어지는 대목은 현재 전해지는『관자』에는 나오지 않는다.

4_ 곽郭은 괵虢과 통한다. 따라서 곽국은 괵국이다. 주 왕실 계열의 희성姬姓 제후국이다. 기원전 655년 진 헌공이 가도멸괵假道滅虢의 계책으로 괵국을 멸망시켰다.

'선인을 선하게 대하고 악인을 악하게 대했기 때문입니다.'

환공이 말했다.

'만약 어르신의 말씀과 같다면 현명한 임금입니다. 그런데 어찌하여 멸망에 이른 것입니까?'

노인이 대답했다.

'그렇지 않습니다. 곽나라 임금은 선인을 선하게 대했지만 등용하지 않았고, 악인을 악하게 대했지만 내치지 않았습니다. 그래서 망한 것입니다.''

지금 이 부인을 아직도 폐하의 좌우에 두시는 것은 신이 몰래 생각건대 폐하의 성심聖心으로 그 일을 옳다고 여기시는 듯합니다. 폐하께서 만약 그 일을 그르다고 여기신다면 소위 악행을 알고도 내치지 않는 것입니다."

태종은 몹시 기뻐하며 지극히 훌륭한 말이라고 칭찬하고는 서둘러 어명을 내려 미인을 친족들에게 돌려보내게 했다.

쓸데없는 궁궐 수리는 백성을 해친다

정관 4년, 병졸을 징발하여 낙양洛陽[5]의 건원전乾元殿[6]을 수리하고 천자의 순행에 대비하라는 조칙을 내렸다. 급사중給事中[7] 장현소張玄素[8]가 상소문을 올려 이렇게 간언했다.

5_ 허난 성 뤄양洛陽.

6_ 수나라의 건양전建陽殿을 기초로 당 고종이 증축한 낙양 자미궁紫微宮의 정전. 당 태종이 수리하려 했으나 신료들의 반대로 실행하지 못했고 고종 때에 이르러 증축을 완료했다.

7_ 당나라 때 문하성 소속 관리로 조정의 정책이나 명령을 심의 반박하고 교정하는 업무를 관장했다.

8_ 당 태종 때의 명신. 직간과 청렴함으로 명망이 높았다. 시어사, 급사중, 태자첨사, 등주자사를 역임하고 은청광록대부銀靑光祿大夫에 올랐다.

"폐하의 지혜는 만물에 두루 미쳐 사해를 포괄하고 있습니다. 명령을 내려 시행하려고 하면 어느 곳에서 응하지 않겠으며, 의지로 이루고자 하시면 무슨 일인들 따르지 않겠습니까? 미천한 신이 남몰래 진시황[9]의 임금 됨됨이를 생각해보건대 그는 주 왕실의 남은 힘에 의지하고 육국의 극성함에 기대어 장차 만대까지 대업을 물려주려 했습니다. 그런데 그의 아들 대에 이르러 멸망한 것은 진실로 자신의 기호와 욕망에 탐닉하며 하늘을 거스르고 백성을 해쳤기 때문입니다. 이런 점에서도 천하는 힘으로 이길 수 없고 신령은 사사롭게 친할 수 없다는 사실을 알 수 있습니다. 오직 근검절약하는 생활을 널리 보급하고 세금을 줄여주면서 처음부터 끝까지 신중하게 정책을 편다면 길이길이 튼튼한 나라를 만들 수 있을 것입니다.

지금 폐하께선 수많은 왕이 저지른 말단의 유풍을 승계했고 피폐의 흐름이 아직 남아 있는 시기에 처해 있습니다. 따라서 반드시 예법으로 절제해야 할 시기이므로 폐하께서 이 일에 몸소 앞장서셔야 합니다. 그런데 동도東都 낙양으로 순행할 시기가 아직 아닌데도 궁궐을 수리하라고 명령을 내리셨습니다. 제후왕들은 이제 자신의 봉토로 가서 또 자신의 궁궐도 건축해야 합니다. 수많은 사람을 징발하는 일이 어찌 피로한 백성이 바라던 바이겠습니까? 이것이 이 일을 추진해서는 안 되는 첫째 이유입니다.

폐하께서 처음 동도를 평정하실 때 층층 누각과 광대한 궁전을 모두 철거하라고 하시자 천하 사람들이 한결같이 칭송하며 한마음으로 우러러 봤습니다. 어찌하여 처음에는 사치스러움을 미워하시다가 지금에 와서는 화려함을 답습하려 하십니까? 이것이 이 일을 추진해서

9_ 전국시대를 통일한 황제로 성명은 영정嬴政(기원전 259~기원전 210). 생부가 여불위呂不韋란 설도 있다. 문자와 수레바퀴를 통일하여 소통과 교통의 혁명을 이루었으나 가혹한 법가사상을 시행하여 민심이 이반했다. 그의 아들 호해胡亥에 이르러 백성의 항거로 천하가 혼란에 빠졌고, 그 다음 황제 자영子嬰에 이르러 나라가 멸망했다.

는 안 되는 둘째 이유입니다.

매번 성지를 받들고도 아직 순행 준비를 하지 않은 것은 그것이 급하지 않은 일에 종사하는 것이고 헛된 고생만 자초하는 일이기 때문입니다. 나라에 2년 치 예산도 비축해두지 못한 상황에서 어떻게 두 도읍지를 경영하는 호사를 누릴 수 있겠습니까? 노역이 지나치면 원성이 일어나기 마련입니다. 이것이 이 일을 추진해서는 안 되는 셋째 이유입니다.

백성은 난리를 겪은 후 재력이 고갈되었지만 천자의 은혜로 양육을 받아 대략 생존하여 자립할 수 있게 되었습니다. 그러나 굶주림과 추위가 아직 심하여 생계가 안정을 찾지 못했기 때문에 3~5년은 옛 시절을 회복할 수 없을 것입니다. 그런데 어찌하여 아직 순행하지도 않은 도시를 경영하며 피로한 사람의 힘까지 빼앗으려 하십니까? 이것이 이 일을 추진해서는 안 되는 넷째 이유입니다.

옛날 한나라 고조가 장차 낙양에 도읍을 정하려 할 때 누경累敬의[10] 한마디 간언을 듣고 그날 바로 서쪽 장안으로 어가를 옮겼습니다. 어찌 낙양 땅이 영토의 중앙이고 사방에서 조공을 바치러 오는 거리가 동일하다는 것을 몰랐겠습니까? 다만 지세의 뛰어남이 관내關內만 못했던 것입니다. 엎드려 생각건대 폐하께서는 피폐한 백성을 교화하고, 불량한 풍속을 혁신하기에도 날짜가 부족하여 아직도 그리 순후한 기풍을 형성하지 못하고 있습니다. 따라서 지금 일의 타당성을 짐작해보건대 어찌 동쪽 낙양으로 순행할 수 있겠습니까? 이것이 이 일을 추진해서는 안 되는 다섯째 이유입니다.

신은 일찍이 수나라 황실에서 이 건원전을 처음 건축할 때의 상황

10_ 본래 변방을 지키는 병졸이었으나 한 고조에게 낙양을 버리고 관중의 장안에 도읍을 정할 것을 아뢰었고, 고조는 그의 의견에 따랐다. 그 공로로 한나라 종실 성인 유劉를 하사받았고 관내후에 봉해졌다.

을 목격한 적이 있습니다. 기둥은 웅장했는데 그 큰 목재는 가까운 지방에 없는 물건이라 대부분 예장豫章[11]에서 베어왔습니다. 2000명이 기둥 하나를 끌었고 그 아래에는 바퀴를 설치했으며 바퀴는 모두 무쇠로 만들었습니다. 그 가운데에 만약 나무 바퀴를 사용했다면 움직이자마자 바로 불길이 일었을 것입니다. 기둥 하나의 경비만 대략 계산해보아도 이미 수십만 전을 사용했으니 나머지 경비는 이에 비해 두 배 이상을 초과했을 겁니다. 신이 듣건대 아방궁阿房宮[12]이 낙성되자 진나라 사람들이 흩어졌고, 장화궁章華宮[13]이 완공되자 초나라 사람들이 흩어졌으며, 건원전 공사가 끝나자 수나라 사람들이 뿔뿔이 흩어졌다고 합니다. 또 폐하의 오늘날 공력이 어찌 수나라의 전성시대와 같겠습니까? 피폐한 시대의 뒤를 이으면서 상처투성이 백성을 부역에 동원하고 억만 전의 공력을 허비하며 수많은 왕의 폐단을 답습한다는 점에서 말하자면 폐하께서는 아마도 수 양제보다 훨씬 더 심한 분인 듯합니다. 폐하께서 이 점을 잘 생각하시어 유여由余에게[14] 비웃음을 당하지 않으시길 간곡히 바랍니다. 그리 된다면 천하 만민에게 크나큰 행운일 것입니다."

태종이 장현소에게 말했다.

"경은 나를 수 양제보다도 못하다고 생각하는데 걸왕과 주왕에 비

11_ 예장은 옛 지명으로 지금의 장시 성 일대를 가리킨다.

12_ 아방궁은 흔히 진시황의 지나친 사치를 비난하는 대명사로 쓰인다. 지금의 산시陝西 성 시안 서쪽 교외에 있었다. 대체로 건물 규모로만 동서 길이가 500보(650미터 정도), 남북 길이가 50장(115미터 정도)이었고 1만 명이 앉을 수 있었다고 한다. 구조와 장식이 화려하기 그지없었다고 하며 항우가 진나라를 멸망시키고 아방궁을 불태우자 3개월 동안 불길이 꺼지지 않았다고 전해진다.

13_ 초나라 영왕靈王이 건설한 별궁이다. 근래의 고증에 따르면 후베이 성 첸장潛江 룽완龍灣 근처에 있었으며, 높이가 10장, 바닥 넓이는 15장이었다고 한다. 천하제일대天下第一臺 혹은 삼휴대三休臺라고도 불렸다. 또 허리 가는 미녀를 이 궁궐에 거주하게 하며 음주가무를 즐겼기 때문에 세요대細腰臺라는 별칭으로 불리기도 했다.

14_ 유여繇余라고도 쓴다. 본래 진晉나라 사람으로 서융에서 벼슬하다가 진秦 목공에게 등용되어 아경亞卿에 임명되었다. 목공이 서융에서 유여를 초청하여 크고 화려한 궁궐을 자랑하자 유여는 크고 화려한 궁궐이란 백성을 고생시킨 징표일 뿐 나라의 부강을 나타내는 것은 아니라고 하면서 임금과 백성이 한마음으로 믿고 의지하는 것이야 말로 나라의 진정한 부강이라고 역설했다.

하면 어떻소?"

장현소가 대답했다.

"만약 이 궁전을 끝끝내 건축하신다면 똑같이 혼란으로 귀결될 것입니다."

태종은 감탄하며 말했다.

"내가 잘 생각해보지 않아서 그 한가함이 이 지경에 이른 것이오."

또 방현령을 돌아보며 말했다.

"지금 현소의 상소문을 보니 낙양에 진실로 수리 공사를 해서는 안 되겠소. 나중에 사리에 맞게 행차를 해야 한다면 노숙을 한다 해도 무슨 고생이라 할 수 있겠소? 모든 노역은 즉시 중지할 것이오. 그러나 낮은 지위의 사람이 높은 지위의 사람에게 간여하는 것은 옛날부터 쉬운 일이 아니오. 충직한 사람이 아니라면 어찌 이와 같을 수 있겠소? 여러 사람이 '예, 예' 하고 순종하는 것은 한 명의 선비가 악악대며[15] 반대하는 것보다 못하오. 명주 200필을 하사하시오."

위징이 감탄하며 말했다.

"장공에게는 멀리 하늘의 뜻조차 되돌리는 힘이 있으니 이는 진정 어진 이의 말이라 할 만합니다. 그 이익이 매우 큽니다."

말이 죽었다고 사람을 죽여서야

태종에게 준마 한 필이 있어 특별히 아끼며 항상 궁중에서 사육했는데 병도 없이 갑자기 죽었다. 태종은 사육사 환관에게 화가 나서 그를 죽이려 했다. 황후가 간언을 올려 말했다.

15_ 원문은 '악악諤諤.' 직언으로 간쟁하며 윗사람의 잘못을 바로잡으려는 모습이다.

"옛날 제 경공景公[16]이 말의 죽음 때문에 사람을 죽이려 하자, 안자晏子[17]가 사육사의 죄를 꼽으며 이렇게 말했다고 합니다. '너는 말을 사육하다가 죽였으니 이것이 너의 첫 번째 죄다. 만약 임금께서 말 때문에 사람을 죽이면 백성이 그 소문을 듣고 반드시 우리 임금을 원망할 것이니 이것이 너의 두 번째 죄다. 또 제후들이 소문을 듣고 반드시 우리나라를 가볍게 여길 것이니 이것이 너의 세 번째 죄다.' 이에 경공이 그의 죄를 용서했다고 합니다. 폐하께서는 일찍이 책을 읽으실 때 이 일을 보았을 터인데 어찌하여 잊으셨습니까?"

태종의 생각이 바로 풀어졌다. 또 방현령에게 말했다.

"황후가 여러 가지 사안에서 나를 도와 깨우쳐주고 있으니 참으로 유익하오."

임금의 욕망을 백성에 맞춰야

정관 7년, 태종이 구성궁으로 순행하려 하자 산기상시 요사렴이 간언을 올렸다.

"폐하께서 황제의 자리에 높이 앉아 창생을 편안하게 구제하시려면 폐하의 욕망을 백성에게 맞춰야지, 백성을 폐하의 욕망에 맞추게 해서는 안 됩니다. 그런데도 별궁에 놀러나 다니는 것은 진시황이나 한 무제[18]가 한 짓입니다. 이 때문에 요, 순, 우, 탕 같은 성군은 이런 일을 하지 않았습니다."

16_ 이름이 저구杵臼로 춘추시대 제나라 군주(?~기원전 490). 가혹한 형벌을 시행하기도 했으나 고씨高氏와 난씨欒氏 등 권신들을 축출하고 왕권을 강화했다. 안으로는 안영晏嬰에게 정사를 맡기고, 밖으로는 전양저田穰苴에게 병무를 맡겨 치세를 이룩했다.

17_ 이름은 영嬰, 자는 평중平仲으로 춘추시대 제나라 재상을 역임했다(기원전 578~기원전 500). 영공靈公, 장공莊公, 경공景公을 섬기며 제나라 정치를 안정시켰다. 현명하고 민첩한 언행으로 외교와 내치에 큰 공을 세웠다.

말이 매우 간절했다. 태종이 그를 일깨우며 말했다.

"짐에게 기질氣疾[19]이란 병이 있어서 날씨가 더워지면 갑자기 심해지오. 이 때문에 짐의 본성은 놀러 다니는 것을 좋아하지 않지만 지금 경의 뜻은 매우 가상하게 생각하오."

그리하여 비단 50단을 하사했다.

진상품 요구를 거절하다

정관 3년, 이대량李大亮[20]이 양주도독涼州都督[21]으로 재직할 때 일찍이 조정의 사자가 고을 경내로 와서 훌륭한 사냥 매가 있는 것을 보고 넌지시 대량에게 그것을 조정에 바치라고 일렀다. 그러자 대량이 비밀리에 상소문을 올려 이렇게 말했다.

"폐하께서는 오랫동안 사냥을 끊으셨는데 사자가 와서 매를 요구합니다. 만약 이것이 폐하의 뜻이라면 지난날의 성지에 심히 어긋나는 일이고, 만약 사자 마음대로 전횡한 것이라면 그 사자는 직책에 맞지 않는 사람입니다."

태종이 편지를 내려 말했다.

"경은 문무의 자질을 모두 갖추었고 그 뜻이 정직하고 굳센 분이오. 이 때문에 변방 고을의 수령에 임명하여 중임을 맡긴 것이오. 근

18_ 전한 제7대 황제로 성명은 유철劉徹(기원전 156~기원전 87). 경제의 10번째 아들로 7세에 태자로 책봉되어 경제 사후 16세에 보위에 올라 54년간 재위했다. 안으로 유가를 국가의 이념으로 삼고 개혁 정책을 펴서 치세를 이루었고, 밖으로 광범위한 정복 사업을 펼쳐 영토를 넓게 개척하여 한나라의 전성기를 열었다. 황태자 유거劉據가 연루된 무고의 난巫蠱之亂을 평정하고 유거의 손자 유순劉詢을 후계자로 삼았다.

19_ 흔히 기병氣病이라고 한다. 한의학에서 말하는 기와 관련된 질병이다.

20_ 당나라 건국공신(586~644). 안주자사, 양주도독, 좌위대장군, 공부상서, 행군총관 등을 역임하고, 무양현공武陽縣公에 봉해졌다.

21_ 양주는 지금의 간쑤 성 우웨이武威와 그 인근 지역을 포괄하던 행정 구역이다.

래 그 고을에서 명성을 쌓아 멀리까지 이름이 밝게 알려지고 있소. 이처럼 충성스럽고 근면한 품행을 생각해보면 어찌 자나 깨나 경을 잊을 수 있겠소? 사자가 매를 바치게 했는데도 바로 뜻을 굽혀 순종하지 않고 옛날 사례를 인용하여 지금의 일을 토론하며 멀리서 직언을 올렸소. 마음속 진심을 모두 피력하여 내용이 매우 간절하오. 경의 글을 읽으며 훌륭하다는 감탄을 그칠 수 없었소. 신하가 이와 같다면 짐이 또 무슨 근심을 하겠소? 이러한 성심을 고수하며 처음부터 끝까지 한결같이 행동하도록 하시오. 『시경』에 이러한 구절이 있소.

'그대의 지위에서 공경을 다해, 바르고 곧음을 좋아하라.

신령께서 알아들으시고, 그대에게 큰 복록을 내리리라.'[22]

고인들은 한마디 말의 무게가 천금에 값한다고 하였소. 따라서 경의 말씀은 매우 귀하다고 할 만하오. 이제 경에게 황금 호리병과 황금 주발 하나씩을 하사하오. 비록 천 일鎰[23]의 무게는 나가지 않지만 짐이 쓰던 물건이오. 경은 뜻을 바르고 곧게 세웠고 공평무사하게 절개를 다 바치고 있으며, 지금 벼슬자리에서도 매번 맡은 바 소임에 부응하고 있소. 이제 또 바야흐로 대임을 맡기기 위해 짐의 무거운 부탁을 말씀드리오. 공무의 여가에는 옛 전적을 읽어야 할 것이오. 이에 경에게 순열荀悅[24]의 『한기漢紀』 한 부를 하사하오. 이 책은 서술이 간명하고 논의가 깊으면서도 넓어 정치의 요체를 끝 간 데까지 밝혔고, 군신 간의 의리를 남김없이 설파하고 있소. 이제 경에게 내리니 더 열심히 읽어야 할 것이오."

22_ 『시경』 「소아·소명小明」에 나온다. "靖共爾位, 好是正直. 神之聽之, 介爾景福."

23_ 일鎰은 무게 단위. 20냥兩이나 24냥이 1일鎰이고 1냥은 24수銖다. 흔히 1000일은 매우 무거운 중량을 비유한다.

24_ 자가 중예仲豫로 후한 말기의 사학자 겸 관리(148~209). 어릴 때부터 『춘추』 등 역사서에 밝았다. 헌제獻帝 때 조조曹操의 추천으로 황문시랑에 임명되었고 비서감, 시중 등을 역임했다. 헌제의 명을 받들어 『좌전』의 편년체 체제에 의거하여 『한서漢書』를 간추려 『한기』 30편을 지었다. 이외에도 『신감申鑒』이란 저서를 남겼다.

과격한 간언은 비방과 비슷하다

정관 8년 섬현陝縣[25]의 현승縣丞[26] 황보덕참皇甫德參[27]이 상소문을 올려 태종의 뜻을 거스르자 태종은 자신을 비방한다고 여겼다. 시중 위징이 간언을 올렸다.

"옛날에 가의賈誼[28]는 한 문제[29] 때 상소문을 올려 '통곡할 만한 일 한 가지가 있고, 장탄식할 만한 일이 여섯 가지 있습니다'라고 운운했습니다. 옛날부터 상소문이란 대개 과격하고 절실한 말로 아룁니다. 만약 과격하고 절실하지 않으면 임금의 마음을 움직일 수 없기 때문입니다. 과격하고 절실한 말은 비방과 비슷하므로 폐하께서는 그것이 사실인지 아닌지 자세히 살펴주십시오."

태종이 말했다.

"공이 아니면 이런 이치를 말해줄 수 있는 사람이 없소."

그러고는 황보덕참에게 비단 20단을 하사하게 했다.

은혜를 베풀면 보물은 저절로 들어온다

정관 15년, 사신을 서역으로 보내 섭호가한葉護可汗[30]을 그곳 왕에

25_ 지금의 허난 성 산陝 지역.

26_ 현령 아래에 설치된 관직.

27_ 당나라 초기의 관리. 현승과 감찰어사 등을 역임했다.

28_ 전한의 정치가 겸 문학가(기원전 200~기원전 168). 어려서부터 재주가 뛰어나 20세 무렵에 한 문제의 박사가 되었다. 1년 만에 태중대부로 승진하여 한나라의 법률과 제도를 정비했다. 양 회왕懷王의 태부가 되었다가 회왕이 말에서 떨어져 죽자 슬픔을 견디지 못하고 33세에 세상을 떠났다. 「과진론過秦論」「복조부鵩鳥賦」 등의 글이 전해진다.

29_ 한 고조의 넷째 아들로 이름은 유항劉恒(기원전 202~기원전 157). 본래 대왕代王에 봉해졌다. 주발과 진평陳平 등이 여후 일족을 주살하고 유항을 보위에 올렸다. 재위 기간 혼란을 수습하고 민심을 잘 살펴 안정된 치세를 이루었다.

책봉하게 했다. 사신이 아직 귀환하지 않았는데 또 사람을 시켜 황금과 비단을 잔뜩 싣고 여러 나라를 돌아다니며 말을 사게 했다. 위징이 간언을 올렸다.

"지금 사신을 보낸 건 가한 책봉을 명분으로 삼았는데, 가한이 아직 책봉되지도 않은 상황에서 사람을 여러 나라로 보내 말을 사게 하면 저들이 틀림없이 우리가 말을 사는 데만 마음이 있지 가한 책봉에는 전념하지 않는다고 생각할 것입니다. 따라서 가한이 책봉되어도 그리 큰 은혜를 입었다고 생각하지 않을 것이고, 가한이 책봉되지 않으면 깊은 원한을 품을 것입니다. 또 서역의 여러 번국[31]에서도 이 소문을 듣고 중원을 존중하지 않을 것입니다. 그러나 저들 나라를 편안하게 해주면 여러 나라의 말을 구하지 않아도 저들이 스스로 가져올 것입니다. 옛날 한 문제에게 천리마를 바치는 사람이 있었는데, 그때 문제가 이렇게 말했습니다.

'나는 제사를 지내러 순행할 때 하루에 30리를 갔고, 전쟁을 하러 행군할 때는 하루에 50리를 갔는데, 내가 탄 난여鸞輿[32]가 앞에서 가면 부속 수레는 그 뒤를 따를 뿐이었소. 그런데 내가 지금 혼자서 천리마를 타고 장차 어디로 가겠소?'

이에 길을 가는 데 필요한 경비를 주어 돌려보냈습니다.

또 후한 광무제光武帝[33]는 어떤 사람이 천리마 및 보검을 바치자 천리마로는 북 수레鼓車를 끌게 하고 보검은 기사騎士에게 하사했습니다. 지금 폐하께서 시행하시는 정책은 모두 옛날 세 성군三王[34]을 훨

30_ 서돌궐의 전성기를 연 가한(?~628). 통섭호가한統葉護可汗이라고도 한다. 섭호는 본래 가한 다음가는 서돌궐의 관직 명칭이었지만 당시 섭호가 자신의 형인 사궤가한射匱可汗의 보위를 계승하고 난 뒤부터 섭호가한으로 불리게 되었다.

31_ 당나라 때 서역에 있던 이민족 국가. 흔히 토번土蕃(토번吐藩)이라고 한다.

32_ 황제가 타는 수레.

33_ 후한을 세운 유수劉秀(기원전 6~기원후 57). 한나라 종실로 전한을 찬탈한 왕망의 반란을 수습하고 후한을 건국했다.

씬 능가하는데 어찌하여 여기에 이르러 문제와 광무제의 아래로 들어가려 하십니까? 또 위魏 문제[35]가 서역의 큰 구슬을 사려 하자 소칙蘇則[36]은 다음과 같이 말했습니다.

'만약 폐하의 은혜가 사해에까지 미치면 구슬은 구하지 않아도 저절로 굴러들어올 것입니다. 굳이 구하여 얻는다면 그것은 귀하다고 할 수 없습니다.'

폐하께서는 설령 한 문제의 고상한 행동을 사모하지 않을 수는 있을지언정 소칙의 올바른 간언까지 두려워하지 않을 수 있겠습니까?"

태종은 신속히 명령을 내려 그만두게 했다.

약이 되는 말에 진짜 약으로 보답하다

정관 17년, 태자우서자 고계보高季輔[37]가 상소문을 올려 정책의 잘잘못을 진술했다. 태종은 특별히 종유석[38] 약제 한 첩을 하사하며 이렇게 말했다.

"경이 약이 되는 말씀을 올렸으므로 이제 이 약으로 보답하오."

34_ 하나라 우왕, 은나라 탕왕, 주나라 문왕·무왕.

35_ 조조의 아들 조비曹丕(187~226). 위魏나라를 건국했다. 문학에도 뛰어나 아버지 조조, 동생 조식曹植과 함께 삼조로 불리기도 한다.

36_ 자가 문사文師로 위魏나라의 명재상(?~223). 조조와 조비를 보필하여 각지의 반란을 진압하고 나라의 기틀을 튼튼히 했다. 거리낌 없는 직간으로 황제인 조비조차 그를 두려워할 정도였다.

37_ 이름이 풍馮, 자가 계보季輔(596~654). 감찰어사, 태자우서자, 중서사인, 중서령, 이부상서, 시중, 태자소보 등을 역임하며 정책의 득실에 대한 간언을 올려 당 태종의 인정을 받았다.

38_ 종유석은 위를 튼튼하게 한다는 속설이 있다.

사리에 맞지 않아도 힐난하지 말아야

정관 18년 태종이 장손무기 등에게 일렀다.

"대저 신하들은 제왕을 마주하면 대부분 순종할 뿐 거역하지 못하고, 달콤한 말로 환심을 사려고만 하오. 짐이 이제 질문할 테니 감추지 말고 차례대로 짐의 잘못을 말해야 하오."

장손무기와 당검 등이 모두 말했다.

"폐하께선 성스러운 교화와 올바른 이치로 태평성대를 이루었습니다. 신들이 살펴보건대 잘못이 보이지 않습니다."

황문시랑 유계劉洎[39]가 대답했다.

"폐하께서는 혼란을 평정하고 대업을 이루셨으니 실로 그 공이 만고에 드높습니다. 이는 진정 무기 등의 말과 같습니다. 그러나 얼마 전 어떤 사람이 사리에 맞지 않는 상소문을 올렸을 때 더러 면전에서 끝까지 힐난하며 저들을 참담한 모습으로 물러나게 하지 않은 적이 없습니다. 이것은 아마도 간언을 장려하는 모습이 아닌 듯합니다."

태종이 말했다.

"그 말씀이 옳소. 마땅히 경의 말씀대로 고치도록 하겠소."

간언이 몸에 밴 황태자

태종이 일찍이 원서감苑西監[40] 목유穆裕에게 화가 나서 조정에서 그를 참수하라고 명령을 내렸다. 이때 고종이 황태자였는데 서둘러 용

39_ 자가 사도思道로 당나라 초기 직간直諫으로 유명한 재상(?~646). 급사중, 황문시랑, 태자좌서자, 시중 등을 역임하고 청원현남淸苑縣男에 봉해졌다. 저수량과 불화하여 그의 모함을 받고 사사賜死되었다.

40_ 당나라 때 궁궐 원림을 돌보던 관리.

안을 범하며 간언을 올리자 태종의 마음도 곧바로 풀어졌다. 사도司徒 장손무기가 말했다.

"자고이래로 태자가 간언할 땐 더러 틈을 봐서 조용하게 말씀을 올리곤 했습니다. 그런데 지금 폐하께서 하늘 같은 위엄으로 분노를 터뜨리셨는데, 태자가 용안을 범하는 간언을 올렸으니 이는 진실로 고금에 없던 일입니다."

태종이 말했다.

"대저 사람이란 오래 함께 살다 보면 저절로 같은 습속에 물들게 마련이오. 짐은 천하를 다스린 이후로 허심탄회하게 정직한 자세로 임했고 위징은 아침저녁으로 간언을 올렸소. 위징이 죽고 나서는 유계, 잠문본岑文本,[41] 마주, 저수량 등이 그 임무를 이었소. 황태자는 어릴 때 짐의 무릎 앞에서 항상 짐이 간언을 진심으로 기쁘게 받아들이는 모습을 보았소. 이로 인해 그런 습속에 물들어 품성이 되었고, 따라서 오늘의 간언이 나온 것이오."

41_ 당나라 초기 관리(595~645). 경사經史에 밝았고 문장에 뛰어났다. 비서랑, 중서사인, 중서시랑, 중서령 등을 역임했다.

제5편 부록 | 직간 부附

直諫

임금의 노여움을 무릅쓰고 직간하는 것을 흔히 '역린逆鱗'을 거스른다고 한다. '역린'은 용의 목 아래에 거꾸로 돋아 있는 비늘로, 사람이 그것을 건드리면 용은 반드시 그 사람을 죽인다고 한다. 따라서 직간은 목숨을 걸고 임금의 잘못을 비판하는 행위다. 당 태종 때는 위징, 장현소張玄素, 손복가孫伏伽, 이백약李百藥 등이 모두 직간으로 명성을 날렸다. 그중에서 특히 위징은 200여 차례나 직간을 올린 명재상으로 당 태종조차도 그의 곧은 언설을 두려워할 정도였다.

『명사明史』「전당전錢唐傳」에 실려 있는 명 태조 주원장朱元璋과 형부상서 전당錢唐의 일화도 직간의 본질을 잘 보여준다. 어느 날 명 태조는 『맹자』「이루離婁하下」 편을 읽다가 "임금이 신하를 흙이나 지푸라기처럼 보면 신하는 임금을 원수처럼 본다"는 구절을 만났다. 주원장은 노발대발하며 "이 늙은이가 지금까지 살아 있다면 어떻게 참형을 면할 수 있겠는가?"라고 소리를 지르고 문묘에 모셔 놓은 맹자의 위패를 당장 철거하라는 명령을 내렸다. 그리고 이 일에 대해 감히 간언을 올리는 자가 있으면 활로 쏘아 죽이겠다고 했다. 그때 형부상서 전당錢唐이 이 조치에 항의하는 상소문을 들고 주원장 앞으로 와서 가슴을 내밀며 말했다. "신이 맹자를 위해 죽는다면 죽어도 영광이겠습니다." 주원장은 죽음을 무릅쓰고 당당히 간언을 올리는 전당의 용기에 감복하여 맹자의 문묘 배향을 철폐하지 않았다.

남의 약혼녀를 후궁으로 들여서는 안 된다

정관 2년, 수나라 통사사인通事舍人[1]이었던 정인기鄭仁基의 딸이 16~17세로 용모가 매우 아름다워 당시에 견줄 만한 여인이 없었다. 문덕황후文德皇后[2]가 그녀를 찾아 데려와서 비빈으로 삼아줄 것을 요청했고, 태종도 예를 갖춰 충화充華[3]로 삼고자 했다. 조서는 이미 발부되었고 책봉 사자는 아직 출발하지 않았다. 위징은 그녀가 이미 육씨陸氏[4]에게 출가하기로 허락했다는 소문을 듣고 서둘러 궁궐로 들어와 아뢰었다.

"폐하께서는 백성의 부모이시니 백성을 어루만져 사랑하면서 그들의 근심을 근심하고, 그들의 즐거움을 즐거워해야 합니다. 옛날부터 올바른 도리를 갖춘 임금은 백성의 마음을 자기 마음으로 삼았습니다. 이 때문에 임금은 높다란 궁궐에 거처하면서도 백성에게 주택의 편안함을 갖춰주려 했고, 기름진 음식을 먹으면서도 백성의 추위와 굶주림에 대한 근심을 없애주려고 했고, 비빈을 돌아보면서도 백성에게 가정의 기쁨을 누리게 해주려 했습니다. 이것은 임금이 지켜야 할 일상 도덕입니다.

지금 정씨의 딸은 오래전에 이미 다른 사람에게로의 출가를 허락했는데 폐하께서는 그 여자를 취하면서도 의심하지 않았고 주위를 돌아보며 질문도 하지 않았습니다. 이 소문이 사해로 퍼져나간다면

1_ 황제의 명령을 전달하는 관리.

2_ 당 태종의 정실 황후(601~636). 수나라 우요위장군 장손성長孫晟의 딸이고 당나라 건국공신 장손무기의 여동생이다. 13세에 이세민에게 출가하여 현숙한 내조로 조야의 칭송을 들었다.

3_ 충화는 수·당 시기 후궁 품계의 하나다. 당나라 초기에는 수나라 후궁제도를 답습했다. 수나라 제도에 따르면 황후 1명 밑에 귀비貴妃, 숙비淑妃, 덕비德妃로 불리는 부인 3명, 그리고 그 밑에 구빈嬪이 있었다. 구빈은 순의順儀, 순용順容, 순화順華, 수의修儀, 수용修容, 수화修華, 충의充儀, 충용充容, 충화充華다.

4_ 바로 뒤에 육상陸爽으로 나온다. 수나라 태자세마 육상과는 다른 인물로 경력은 미상이다.

어찌 백성의 부모 된 분이 행할 도리라고 하겠습니까? 신도 전해 들은 사실이라 어쩌면 정확하지 않을 수도 있지만 아마도 폐하의 성덕을 손상시킬 듯하여 이런 상황을 감히 감출 수 없었습니다. 임금의 행동거지는 반드시 기록으로 남기는 법이므로 폐하께서 원하는 일에 대해 특별히 유의해주십시오."

태종은 그의 말을 듣고 깜짝 놀라 친히 조칙을 써서 답변을 내렸고 심각하게 자책하며 마침내 책봉 사자의 출발을 중지시킨 뒤 그 여인을 약혼한 옛 남편에게 돌려주게 했다. 그러자 좌복야 방현령, 중서령 온언박, 예부상서 왕규, 어사대부 위정 등이 아뢰었다.

"그 여인이 육씨에게 시집간다는 사실은 뚜렷하게 드러난 정황이 없습니다. 책봉 대례大禮를 이미 거행했으므로 중지해서는 안 됩니다."

또 육씨도 항의 상소문을 올렸다.

"저의 아비 육강陸康이 살아 있을 때 정씨 집과 왕래하며 때때로 서로 재물을 주고받기는 했지만 애초에 혼인으로 친척을 맺은 일은 없습니다."

또 이렇게 말했다.

"외부 사람들이 알지도 못한 채 망령되게 이런 이야기를 하고 있습니다."

대신들도 맞아들이기를 권했다. 그러자 태종은 퍽 의심스러운 마음으로 위징에게 물었다.

"신료들이 더러 짐의 뜻에 순종하기도 하는데 육씨는 어찌하여 과도하게 해명을 하려는 것이오?"

위징이 말했다.

"신이 짐작해보니 그 뜻을 알 만합니다. 그는 폐하를 태상황의 경우와 동일하게 보고 있는 것입니다."

태종이 말했다.

"그게 무슨 말이오?"

위징이 대답했다.

"태상황께서 처음 장안을 평정했을 때 신처검辛處儉의 아내를 얻어서 꽤 총애한 적이 있습니다. 신처검은 당시 태자 사인이었는데 태상황께서 그 소문을 듣고 불쾌하게 생각하시며 마침내 그를 동궁에서 내쳐 만년현萬年縣으로 보냈습니다. 그는 매번 전전긍긍하며 자신의 머리를 보전하지 못할까 늘 두려워했습니다. 육상陸爽도 폐하께서 지금은 비록 용납하지만 나중에 몰래 질책하며 내치실까 두려워하고 있기 때문에 스스로 거듭 해명하고 있는 것입니다. 그의 뜻이 여기에 있으므로 이상하게 생각할 것이 없습니다."

태종이 웃으면서 말했다.

"외부 사람들의 생각은 아마도 이와 같을 것이오. 그러나 짐의 말을 사람들에게 반드시 믿게 할 수는 없을 듯하오."

그리하여 칙령을 내려 말했다.

"지금 소문을 들으니 정씨의 딸이 이미 먼저 다른 사람의 혼례 약속을 받았다고 한다. 이전에 문서를 시행하던 날 사태를 상세하게 알지 못했으니 이는 짐의 잘못일 뿐만 아니라 담당 관리의 잘못이기도 하다. 후궁인 충화로 들이고자 한 일은 중지하는 것이 마땅하다."

당시에 이 조치에 대해 칭찬하며 감탄하지 않는 사람이 없었다.

5_ 동관과 함곡관 동쪽 지역이라는 뜻으로 대체로 지금의 허난 성 지역.

임금이 말을 바꿔서는 안 된다

정관 3년, 관중關中에서는 2년간 조세를 받지 말고 관동關東[5]에는 1년간 부역을 면제해주라는 조서를 내렸다. 얼마 지나지 않아 또 다음과 같은 조칙을 내렸다.

"이미 부역을 시행하고 있거나 이미 조세를 수납하고 있는 경우에는 모두 부역을 보내고 조세를 받도록 하라. 내년에 한꺼번에 상쇄해주도록 하겠다."

급사중 위징이 상소문을 올렸다.

"신이 8월 9일의 조서를 읽어보니 전국에 모두 1년간 부역을 면제하라는 것이었습니다. 이 때문에 늙은이와 젊은이가 서로 기뻐하며 노래를 부르기도 하고 춤을 추기도 했습니다. 또 소문을 들어보니 새로 내린 조칙에는 장정이 이미 부역에 배정되었으면 복역을 만료하게 하고, 조세 납부의 나머지 공물도 모두 납부하게 한 뒤 내년에 한꺼번에 상쇄해준다는 내용이 들어 있다고 합니다. 부역 길에 나선 사람들은 모두 희망을 잃어버렸습니다.

이것은 진실로 공평하게 부담을 나눠 백성을 모두 일곱 아들처럼 동일하게 대하겠다는 조치입니다. 그러나 하층민들과는 일의 시작을 함께 계획하기가 어렵고, 일상 경비도 부족하기 때문에 그들은 모두 나라가 앞의 말을 후회하고 이랬다저랬다 변덕을 부린다고 생각하고 있습니다.

신이 가만히 들어보니 하늘이 돕는 자는 어진 사람이고, 사람이 돕는 자는 신의가 있는 사람이라고 합니다. 지금 폐하께서는 처음으로 큰 보배를 품으셨으므로 억조창생이 그 덕망을 바라보고 있습니다. 그런데 처음에는 위대한 호령을 발표하셨다가 곧바로 한 입으로 두말을 하시니 팔방의 사람들이 의심하고 사계절의 운행이 질서를 잃은 듯합니다. 설령 국가에 지극히 위급한 일이 있더라도 이렇게 해서는 안 되는데, 하물며 국가가 태산처럼 안정된 지금 갑자기 이런 일을 시행할 수 있단 말입니까? 폐하를 위해 이 계책을 마련한 자는 재물에서는 작은 이익을 얻겠지만 덕행과 의리에서는 큰 손해를 볼 것입니다. 신은 진실로 지식이 천박하지만 남몰래 폐하를 위해 애석해하고 있습니다. 엎드려 바라건대 신의 말을 조금이라도 살펴보시고 이익 되는 바를 자세히 채택해주십시오. 외람되게 간언을 올린 죄는 신이 달게 받겠습니다."

간점사簡點使[6] 우복야右僕射 봉덕이 등이 모두 중남中男[7] 18세 이상을 선발하여 군에 입대시키려 했다. 칙령이 서너 차례 내려졌지만 위징은 고집스럽게 불가하다고 아뢰었다. 봉덕이도 거듭 아뢰었다.

"지금 선발 담당자가 말하는 걸 보니 차남[8] 중에서 신체가 건장한 자들입니다."

태종이 노하여 바로 칙령을 내렸다.

"중남 이상에서 나이가 아직 18세가 되지 않았더라도 신체가 건장하면 역시 뽑도록 하라."

위징이 또 태종의 말에 따르지 않고 조칙에 서명하려 하지 않았다. 태종은 위징 및 왕규를 불러 정색을 하고 그들을 대하며 말했다.

"중남이 실제로 신체가 작다면 군에 입대시키지 않을 것이지만 실제로 신체가 건장하다면 선택하여 쓸 것이오. 이것이 그대들의 생각에 무슨 방해가 된단 말이오? 이처럼 지나치게 고집을 부리고 있으니 짐은 공들의 뜻을 이해하지 못하겠소?"

6_ 간簡은 선발한다는 뜻이고, 점點은 점검·점호한다는 뜻. 당나라 초기에 18세 이상의 중남中男을 병역에 징발하기 위해 각 도로 간점사를 파견했다.

7_ 당나라 초기에 중남은 16세 이상 21세 미만의 젊은이를 뜻했고 21세 이상은 정丁이라 했다. 대체로 정이 병역 의무를 담당했는데, 당 초기에 중남에서 건장한 자도 선발하여 입대시키자는 논의가 있었다.

8_ 16~21세 중남 가운데 건장한 자를 입대시키되, 장남이 아닌 차남 중에서 뽑는다는 의미.

위징도 정색을 하며 말했다.

"신이 듣건대 '못을 말려 물고기를 잡으면 물고기를 잡지 못할 리가 없지만 내년에 잡을 물고기가 없을 것이요, 숲을 태워 사냥하면 짐승을 잡지 못할 리가 없지만 내년에 사냥할 짐승이 없을 것이다'라고 합니다. 만약 차남 이상을 모두 점검하여 입대시키면 조세와 부역을 장차 어디서 공급받을 수 있겠습니까? 또 근래에 국가를 지키는 병사들이 전투를 감당하지 못하는 것이 어찌 그 숫자가 적어서이겠습니까? 다만 그들에 대한 예우가 타당성을 잃자 결국 싸울 마음을 먹지 않는 것입니다. 만약 많은 사람을 점검하여 장정을 뽑아 잡무에 충당시킨다면 그 숫자는 많아지더라도 끝내 전투에는 아무 쓸모가 없을 것입니다. 그러나 건장한 장정을 정선해서 예법에 맞게 대우한다면 그들이 일당백의 용기를 발휘할 것인데 어찌 반드시 숫자만 크게 늘릴 필요가 있겠습니까?

폐하께서 늘 말씀하시기를 '나는 임금 노릇을 하면서 성실과 신의로 사람들을 대하고, 관리와 백성이 모두 교만과 허위의 마음을 먹지 않도록 하고자 한다'고 하셨습니다. 그런데 폐하께선 등극 이래 큰 일 서너 가지를 처리하면서 모두 신의를 지키지 않았으니 다시 무엇으로 사람들에게서 신의를 얻을 수 있겠습니까?"

태종이 경악하며 물었다.

"신의를 지키지 않았다고 말씀하시는 건 어떤 일들이오?"

위징이 대답했다.

"폐하께서 처음 즉위하셨을 때 조서를 내려 이렇게 말씀하셨습니다.

'오래 체납한 조세 빚과 손해를 끼친 관물官物 배상 책임을 모두 면제한다.'

그런데 바로 담당 관청에 명령을 내려 그 사례를 나열해보라고 하시면서 진부秦府는 나라의 관청인데도 관물이 아니라 하셨습니다. 폐하께선 진왕秦王에서 천자가 되시고도 그 관청을 관물이 아니라 하시면 나머지 물건은 어느 곳 소유가 되는 것입니까? 또 관중에서는 2년간 조세를 받지 말고 관외에서는 1년간 부역을 면제해주라고 하시자 백성은 성은을 입고 기뻐하지 않는 사람이 없었습니다. 그런데 또다시 다음과 같은 칙지를 내렸습니다.

'올해는 장정 대부분이 이미 부역 배정을 마쳤으므로 만약 지금부터 바로 부역을 면제해주면 모두 터무니없이 나라의 은혜를 입게 된다. 이미 현물로 환산했거나 이미 받아들이기 시작한 조세는 모두 납부하게 하라. 면제 정책은 모두 내년부터 시작할 것이다.'

조세를 돌려준다는 조칙을 내린 이후에 또다시 징수한다고 하시면 백성은 마음속으로 기이하게 생각하지 않을 수 없습니다. 또 이미 조세 현물을 받았고 장정을 점검하여 입대시켰으므로 내년부터 정책을 시작한다고 하시면 어떻게 신의를 얻을 수 있겠습니까? 또한 공동 통치의 책임을 자사刺史와 현령縣令에게 기탁하고, 해마다 장정의 모습을 파악하는 일과 조세를 부과하는 일을 모두 그들에게 맡겼습니다. 장정을 선발하고 점검하는 일에 대해서는 그들이 속임수를 쓸까 의심하면서 그들에게 성실과 신의를 지키기를 바라신다면 그건 어려운 일이 아니겠습니까?"

태종이 말했다.

"나는 공이 끊임없이 고집을 부리는 것을 보고 이 일의 진상을 은폐하고 있다고 의심했소. 그런데 지금 국가가 신의를 지키지 않아 백성의 마음과 통하지 않는다고 말씀하셨소. 짐은 이리저리 잘 생각해 보지 않아서 과실 또한 깊어졌소. 일을 처리함에 왕왕 이와 같은 잘못을 저지르면 어떻게 나라를 잘 다스릴 수 있겠소?"

이에 중남 징병 정책을 중지하고 위징에게 금 항아리 하나를, 왕규에게 명주 50필을 하사했다.

참소와 비방은 간언이 아니다

정관 5년, 치서시어사治書侍御史[9] 권만기權萬紀,[10] 시어사[11] 이인발李仁發이 모두 남의 잘못을 폭로하고 참소·비방하자 태종이 자주 이들을 불러들여 접견했다. 그러자 마음대로 사람을 탄핵하며 방자하게 속임수를 썼다. 이제 위에서 임금이 진노하니 아래에서 신하들이 스스로 안정을 찾을 수 없었다. 조정 안팎의 사람들은 모두 두 사람의 옳지 못한 행동을 알고 있었지만 나서서 논쟁할 수 있는 사람이 아무도 없었다. 이때 급사중 위징이 정색을 하고 아뢰었다.

"권만기와 이인발은 모두 소인배로 국정의 큰 틀은 알지 못한 채 참소와 비방만을 옳은 일로 생각하고 고발과 폭로만을 정직한 일로 여깁니다. 무릇 그들이 탄핵한 사람이 모두 죄가 있는 것은 아닙니다. 폐하께서 그들의 단점을 덮어주시고 모든 것을 받아들이시니 간계를 마음대로 펼치며 아랫사람의 의견에 부화뇌동하여 윗사람을 속이는 것입니다. 두 사람은 무례한 짓을 많이 저지르면서도 강직하다는 명성을 얻고 있습니다. 방현령을 헐뜯었고 장량張亮(?~646)[12]을 질책하여 물러나게 했습니다. 엄숙하게 격려하는 내용은 없고 단지 폐하의 밝은 판단을 해치고 있습니다. 길가는 사람들도 저마다 두 사람을 비방합니다.

9_ 황제나 국가의 문서를 작성하는 일을 맡았다. 어사대 소속으로 품계는 종5품이었다. 당 고종 이후로는 고종의 이름인 이치李治를 피휘하여 지서시어사持書侍語史 또는 어사중승御史中丞이라 했다.

10_ 당나라 초기 관리(?~643). 당 태종의 아들들인 오왕 이각李恪과 제왕 이우李祐의 장사長史와 치서시어사를 역임했다. 처음에는 직간으로 명성을 날렸으나 점차 근거 없는 비방과 참소를 일삼다가 이우의 불만을 샀고, 이우가 고용한 자객에게 살해당했다.

11_ 당나라 때 시어사는 백관을 감찰·탄핵하고 어명에 의해 지방으로 파견되어 현지 관리의 불법을 조사하는 관직이었다.

12_ 능연각 24공신. 본래 이적의 부하였다가 이적과 함께 당나라에 투항했고 방현령의 추천으로 진왕부 거기장군으로 임명되어 당 건국에 공을 세웠다. 말년에 술사를 믿고 양자 500명을 받아들이는 등 유별난 행각을 벌이다가 고발되어 목이 잘렸다.

신이 엎드려 폐하의 성심을 살펴보건대 폐하께서는 틀림없이 저들의 계책이 심원해서 동량의 임무를 맡긴 것이 아니라 장차 저들의 거리낌 없는 언행을 이용하여 신료들을 경계하고 격려하려고 하신 듯합니다. 만약 저 사악한 무리를 신임한다 해도 저들 소인배로는 큰일을 도모할 수 없습니다. 신료들이 평소에 교만하거나 거짓된 행동을 하지 않았는데도 이렇게 대하시면 부질없이 신료들의 마음을 떠나게 할 뿐입니다. 방현령과 장량 같은 무리도 자신의 시비곡직을 해명할 수 없는데 그 나머지 소원하고 비천한 무리야 누가 능히 그 속임수에서 벗어날 수 있겠습니까? 엎드려 바라건대 폐하께서는 주의를 기울여 다시 생각해주십시오. 두 사람을 부린 이래로 한 가지라도 유익한 일이 있었다면 신은 기꺼이 도끼날 아래에서 불충의 죄과를 받겠습니다. 폐하께서는 선한 사람을 등용하여 덕을 높이지는 못할지언정 어찌 간신을 등용하여 스스로를 해치려 하십니까?"

태종은 위징의 의견을 흔쾌히 받아들이고 그에게 명주 500필을 하사했다. 권만기는 간사한 모습이 점차 드러났고 이인발도 파직되어 쫓겨났다. 권만기가 연주사마連州司馬[13]로 폄적貶謫되자 조정 신료들은 모두 서로서로 축하의 인사를 나눴다.

충신이 아닌 양신良臣

정관 6년, 어떤 사람이 상서우승尙書右丞 위징을 고발하여 그가 자신의 친척을 비호한다고 했다. 태종이 어사대부 온언박을 시켜 그 일의 내막을 조사해보니 고발자가 정직하지 못한 것으로 드러났다. 온

13_ 지금의 광둥 성 롄저우連州. 당나라 시대 사마는 각 주 자사의 보좌관이었지만, 나중에는 조정에서 폄적된 인사가 임명되는 실권 없는 관직에 불과했다.

언박이 아뢰기를 "위징은 이미 다른 사람에게 고발당했습니다. 비록 사사로운 책임은 없다 하더라도 질책당할 만한 일입니다"라고 했다. 태종은 마침내 언박을 시켜 위징에게 다음과 같이 일렀다.

"그대는 나의 수백 가지 잘못을 간언으로 바로잡았는데, 어찌하여 이런 작은 일로 자신의 수많은 장점을 훼손한단 말이오? 지금 이후로는 자신의 행적을 살피지 않을 수 없을 것이오."

며칠이 지나고 태종이 위징에게 물었다.

"지난 며칠간 밖에서 경의 잘못에 대해 뭔가 들은 것이 있소?"

위징이 말했다.

"며칠 전 언박을 시켜 신에게 '무슨 연유로 자신의 행적을 살피지 않는가?'라고 칙명을 내리셨는데, 이 말씀은 매우 잘못된 것입니다. 신이 '임금과 신하는 의기意氣가 동일하고 도의상으로도 모두 한 몸을 이룬다'는 말은 들었지만, '공공의 도리는 살피지 않고 오로지 행적만 중시한다'는 말은 듣지 못했습니다. 만약 임금과 신하 상하 모두 함께 이 길만을 따라간다면 나라의 흥망을 알 수 없게 될 것입니다."

태종은 깜짝 놀라 안색을 바꾸며 말했다.

"이전에 그 말을 하고 오래지 않아 후회했소. 기실 매우 잘못된 말이었소. 공께서도 은퇴할 마음을 품어서는 안 될 것이오."

위징이 이에 재배하며 말했다.

"신은 몸을 나라에 바치고 정직한 길을 따라 걸었지, 감히 속임수는 쓰지 않았습니다. 다만 폐하께서 신을 양신良臣으로 삼아주시고, 충신忠信으로는 삼지 마시길 바랍니다."

태종이 말했다.

"양신과 충신은 다르오?"

위징이 말했다.

"양신은 자신도 아름다운 이름을 얻고, 임금도 영예로운 호칭으로 불리게 하며 그것을 자손만대에까지 전해 끝이 없는 복록을 누리게 합니다. 충신은 자신도 주살을 당하고 임금도 악의 구렁텅이에 떨어지게 하여 가문과 국가를 모두 망하게 한 뒤 홀로 명성을 누립니다. 이런 점에 근거하여 말해보더라도 이 두 유의 신하는 서로 거리가 퍽 멀다고 할 수 있습니다."

태종이 말했다.

"공도 다만 이 말을 어기지 마시오. 나도 반드시 사직을 위한 계책을 잊지 않을 것이오."

이에 명주 200필을 하사했다.

봉선封禪은 아직 일러

정관 6년, 흉노匈奴[14]를 평정하자 먼 곳에 사는 이민족이 조공을 바쳤고, 상서로운 조짐이 날마다 나타났으며 한 해 곡식이 자주 풍작을 이뤘다. 지방 고을의 수령들이 누차 태종에게 봉선封禪[15]을 올리라고 청했고, 신료들도 태종의 공덕을 칭찬하며 이렇게 여겼다.

'시기도 놓칠 수 없고 천명도 어길 수 없습니다. 지금 봉선을 올린다 해도 신들은 오히려 늦었다고 생각합니다.'

오직 위징만 불가한 일이라고 생각했다. 태종이 말했다.

"짐이 경의 직언을 듣고자 하니 숨기는 것이 있어서는 안 되오. 짐의 공적이 높지 않소?"

"높습니다."

14_ 흉노는 한나라 때 중국 북방에서 세력을 떨쳤고, 당나라 때는 돌궐을 가리키는 용어로 쓰였다.

15_ 고대의 중국 황제들이 천하를 통일한 후 천지신명에게 올리던 제사 의식의 일종. 봉封은 태산 정상에 단을 설치하고 하늘에 제사를 올리던 의식이며, 선禪은 태산의 낮은 언덕에 땅을 쓸고 땅에게 제사를 올리던 의식이다. 천하 통일과 천하의 안정을 과시하던 행사였다.

"덕이 두텁지 않소?"

"두텁습니다."

"중화 땅이 안정되지 못했소?"

"안정되었습니다."

"먼 곳에 사는 이민족이 중화를 사모하지 않소?"

"사모합니다."

"상서로운 조짐이 나타나지 않았소?"

"나타났습니다."

"해마다 곡식이 풍작을 이루지 않았소?"

"풍작을 이뤘습니다."

"그런데 어찌하여 불가하단 말이오?"

위징이 대답했다.

"폐하께선 공적은 높지만 백성이 은혜롭다고 생각하지 않습니다. 덕은 두텁지만 은택이 흘러넘친다고 생각하지 않습니다. 중화 땅은 안정을 이뤘지만 큰일을 치를 만한 역량은 부족합니다. 먼 곳에 사는 이민족이 중화를 사모하지만 그들의 요구를 들어줄 만한 여력은 없습니다. 상서로운 조짐은 이어지고 있지만 법망도 빽빽하게 둘러쳐져 있습니다. 해를 거듭하여 풍년이 들고 있지만 창고는 아직 텅 비어 있습니다. 이러한 점이 바로 봉선례를 아직 거행해서는 안 된다고 신이 남몰래 생각하는 까닭입니다.

신이 멀리서 비유를 끌어올 수는 없고, 가까이 사람에게서 비유를 빌려오고자 합니다. 어떤 사람이 오랫동안 아파서 몸을 지탱할 수도 없게 되었습니다. 치료를 잘 하여 이제 병이 치유되었지만 살갗과 뼈가 겨우 남아 있는 형편이라 그에게 쌀 한 섬을 지고 하루에 백 리를 가게 하면 틀림없이 그렇게 할 수 없을 것입니다. 수나라의 혼란은 10년에 그치지 않았습니다. 폐하께서 훌륭한 의사가 되어 질병의 고통을 없애시니 비록 이미 천하가 안정을 얻었지만 아직 그리 충분하지는 못합니다. 이런 시절에 천지신명에게 성공을 고하신다니 신은 남몰래 의심에 젖습니다.

또 폐하께서 동쪽 태산에서 봉선례를 거행하시면 만국의 사신이 모두 모여들 것이고, 변방 요새 밖의 이민족도 치달려오지 않는 나라가 없을 것입니다. 지금 이수伊水[16]와 낙수洛水[17] 동쪽에서 발해와 태산에 이르는 지역에는 초목이 우거진 거대한 늪지대가 천 리에 걸쳐 망망하게 펼쳐져 있습니다. 그곳에는 사람의 자취가 모두 끊겨 닭과 개의 울음소리도 들리지 않고, 도로는 쓸쓸하여 나아가고 물러나기조차 어려운 형편입니다. 어떻게 저들 융적을 끌어들여 우리의 허약함을 보일 수 있겠습니까? 우리의 재물을 모두 쏟아부어 상을 준다 해도 멀리서 오는 융적의 기대를 만족시킬 수 없을 것이고, 부역을 면제해주는 햇수를 늘린다 해도 백성의 노고에는 보답할 수 없을 것입니다. 그러다가 혹시라도 홍수와 가뭄 같은 재난이나 폭풍과 폭우 같은 변고를 만나면 용속한 자들의 사악한 비방이 쏟아질 터이니 그때 가서 후회해도 미칠 수 없을 것입니다. 이것이 어찌 유독 신의 간절함일 뿐이겠습니까? 백성의 여론도 이와 같습니다."

태종은 좋은 의견이라고 칭찬하고 이에 봉선 행사를 중지했다.

황실 인척의 전횡을 방지하라

정관 7년, 촉왕蜀王[18] 비妃의 부친 양예楊譽가 황궁 안에서 비첩婢妾을 뒤쫓다가 도관낭중都官郎中[19] 설인방薛仁方에게 잡혀 심문을 받으면

16_ 허난 성 뤄양 이허伊河 강.

17_ 허난 성 뤄양 뤄허洛河 강.

서 아직 풀려나지 못했다. 당시 그의 아들이 천우위장군千牛衛將軍[20]으로 재직하고 있었는데 그가 궁전 뜰에서 하소연하며 다음과 같이 아뢰었다.

"5품 이상의 관리는 반역죄가 아니면 잡아둘 수 없습니다. 나라의 인척이라는 이유로 부러 트집을 잡아 판결을 내리려 하지 않고 날짜를 지체하고 있는 것입니다."

태종이 그 말을 듣고 화를 내며 말했다.

"그가 나의 인척임을 알고 고의로 이 같은 고생을 시키고 있구나."

그리하여 즉시 설인방에게 곤장 100대를 치고 맡은 관직에서 그를 해임하라 일렀다. 위징이 앞으로 나아가 아뢰었다.

"성곽 아래에 굴을 파고 사는 여우와 사직단에 숨어 사는 쥐는 모두 미물이지만 의지하는 바가 있기 때문에 제거하기가 쉽지 않습니다. 하물며 권문세가와 황실 인척은 옛날부터 다스리기 어렵다고 일컬어져왔고, 한漢·진晉 이래로 제어할 수 없었습니다. 무덕 연간에는 저들이 대부분 교만과 방종을 일삼다가 폐하께서 등극하신 뒤에야 비로소 조용해졌습니다. 설인방은 자신의 직책을 수행했고 국가를 위해 법을 지켰습니다. 그런데도 어찌 억울하게 형벌을 덮어씌워 외척의 사욕을 달성해주려 하십니까? 이러한 흐름이 한번 시작되면 만 가지 분쟁이 일어날 것이니, 나중에 후회해도 미칠 수 없을 것입니다. 자고로 이러한 일을 금지할 수 있는 사람은 오직 폐하 한 분뿐입니다. 예측불허의 일에 대비하는 것이 나라를 다스리는 불변의 진리입니다. 어찌 물이 아직 범람하기도 전에 스스로 제방을 무너뜨릴 수 있겠습

18_ 당 태종의 여섯째 아들 이음李愔(?~667). 처음 양왕에 봉해졌다가 나중에 촉왕으로 봉토가 바뀌었다. 성격이 포악하여 관리들을 자주 구타했고, 지나친 사냥으로 백성의 원성을 들었다. 친동생 오왕 이각의 사건에 연루되어 파주巴州로 유배되었다가 죽었다.

19_ 당나라 때 형옥을 관장하던 관리.

20_ 당나라 때 황제를 근거리에서 호위하던 장수.

니까? 신이 남몰래 생각해봐도 그것이 옳은 일인지 모르겠습니다."

태종이 말했다.

"진실로 공의 말과 같소. 지난번에는 짐이 생각하지 못했소. 그러나 설인방은 양예를 구금시키고도 아뢰지 않았으니 자못 권력을 마음대로 사용한 셈이오. 비록 중죄에 해당되지는 않지만 조금이라도 징벌을 내리는 것이 마땅하오."

이에 곤장 20대를 쳐서 사면시켰다.

임금과 대신은 모든 정보를 공유해야

정관 8년, 좌복야 방현령과 우복야 고사렴高士廉[21]이 길에서 소부감少府監[22] 두덕소竇德素를 만나 근래 북문[23]에 또 무엇을 짓는지 물었다. 두덕소는 그 사실을 태종에게 알렸다. 그리하여 태종이 현령에게 말했다.

"공은 각 남아南衙의[24] 일만 알고 있으면 되오. 내가 북문에 무엇을 좀 짓는 일이 공의 일과 무슨 상관이오?"

방현령 등이 엎드려 사죄했다. 그러자 위징이 앞으로 나서며 말했다.

"신은 폐하의 질책도 이해하지 못하겠고, 현령과 사렴의 사죄도 이해하지 못하겠습니다. 방현령은 대신의 임무를 맡고 있으므로 폐하의 팔다리와 눈귀인데 어떻게 북문에 무엇을 짓는데도 모르게 할 수가

21_ 자가 사렴士廉이고 이름은 검儉(575~647). 당 태종의 정실부인 문덕황후의 외삼촌으로 능연각 24공신이다. 현무문의 정변 때 공을 세워 시중에 임명되었다.

22_ 소부少府를 관장하는 책임자. 당나라 때 소부는 온갖 장인의 기술을 관장하던 관청이다.

23_ 당나라 황궁의 북문은 현무문이다.

24_ 당나라 때 국가의 각 관공서를 가리킨다. 황궁 남쪽에 관공서가 위치해 있었으므로 남아南衙라고 칭했다. 조정의 모든 정사政事를 비유하기도 한다.

있습니까? 담당 관리에게 그 일을 물었다고 질책하셨는데 신은 이해하지 못하겠습니다. 하는 일이 이로운지 해로운지 공사 인원은 많은지 적은지 짐작해보고 폐하께서 하시는 일이 좋은 일이면 마땅히 폐하를 도와 그 일을 완성하게 해야 하고, 하시는 일이 옳지 않으면 비록 건물을 짓고 있다 해도 폐하께 아뢰어 공사를 중지해야 할 것입니다. 이것은 임금이 신하를 부리고, 신하가 임금을 섬기는[25] 도리입니다. 현령 등이 물은 행위는 죄가 없는데도 폐하께서 질책하셨으니 신은 이해할 수가 없습니다. 또 현령 등은 자신이 고수해야 할 도리를 알지 못하고 다만 엎드려 사죄할 줄밖에 모르니 그 또한 신은 이해할 수 없습니다."

태종은 매우 부끄러워했다.

임금의 아들이라고 특별 대우할 수는 없다

정관 10년, 월왕越王[26]은 장손황후의 소생이며 태자의 친아우로 총명함이 출중하여 태종의 특별한 총애를 받았다. 어떤 사람이 3품 이상의 대신들은 모두 월왕을 경멸한다고 했는데 이는 시중 위징 등을 참소하여 주상의 분노를 자극하려는 의도였다. 태종이 제정전齊政殿으로 가서 3품 이상 대신들을 불러 좌정하게 하고는 얼굴을 붉혀가며 크게 화냈다.

"내가 공들에게 하고 싶은 말이 한마디 있소. 옛날 천자만 천자이고, 오늘날 천자는 천자가 아니오? 옛날 천자의 아들만 천자의 아들

25_ 『논어』「팔일八佾」에 나온다. "君使臣以禮, 臣事君以忠."

26_ 당 태종의 넷째 아들 이태李泰(620~652).

이고, 오늘날 천자의 아들은 천자의 아들이 아니오? 내가 수나라의 여러 왕[27]의 행적을 보니 조정의 고귀한 대신 이하 벼슬아치들이 모두 그들에 의해 좌절과 곤경을 면치 못했소. 나의 아들들은 내가 함부로 행동하지 못하게 하여 공들이 편안하게 지낼 수 있게 되었지만, 결국 [그 애들은] 공들이 함께 경멸하는 대상이 되고 말았소. 내가 만약 그 애들을 마음대로 행동하게 내버려두었다면 어찌 공들을 좌절과 곤경에 빠뜨리지 않을 수 있겠소?"

방현령 등은 몸을 떨며 모두 엎드려 사죄했다. 그러나 위징은 정색하고 간언을 올렸다.

"지금 신료들 중에는 월왕을 경멸하는 사람이 아무도 없을 겁니다. 그러나 예법에 따르면 신하와 자식은 동일하게 대우해야 합니다. 옛 기록에 따르면 천자를 모시는 관리는 비록 미미하더라도 제후의 윗자리에 들어간다고 했습니다. 제후의 경우 천자가 그들을 등용하여 공公으로 삼으면 공이 되고, 경卿으로 삼으면 경이 됩니다. 만약 공경으로 삼지 않으면 지위가 낮은 선비로서의 제후일 뿐입니다. 지금 3품 이상의 관리들은 공경의 자리에 서 있을 뿐만 아니라 천자의 대신이어서 폐하께서도 공경하는 마음으로 특별하게 대우하고 있습니다. 설령 그들에게 작은 잘못이 있다 하더라도 월왕이 어찌 그들을 업신여길 수 있겠습니까? 만약 국가의 기강이 무너졌다면 신도 알지 못하겠지만 지금처럼 성스럽고 밝은 시절에 월왕이 어찌 이와 같을 수 있습니까? 또 수나라 고조는 예의를 모르고 여러 아들을 총애하여 제후왕에 봉하고 무례한 짓을 자행하게 하다가 얼마 지나지 않아 죄를 덮어쓰고 쫓겨났습니다. 그것은 본받아서는 안 되는 일인데 어찌 입에 올릴 수 있겠습니까?"

27_ 제후왕에 봉해진 수나라 황제의 여러 아들.

태종은 그의 말을 듣고 기쁜 낯빛을 띠며 신료들에게 말했다.

"무릇 사람의 말이 이치에 닿으면 복종하지 않을 수 없소. 짐이 한 말은 나 자신의 사사로운 사랑일 뿐이지만, 위징이 논쟁한 것은 국가의 위대한 법도요. 짐이 조금 전에 분노한 것은 스스로 이치상 의심할 것이 없다고 생각했기 때문이지만 위징이 논쟁하는 것을 보고 비로소 도리에 크게 어긋났다는 사실을 깨달았소. 임금 된 사람이 말을 할 때 어찌 쉽게 내뱉을 수 있겠소?"

그리고 방현령 등을 불러 절실하게 꾸짖고 위징에게는 명주 1000필을 하사했다.

장점을 발휘하게 하라

정관 11년, 능경凌敬이 빌어먹고 있는 상황을 담당 관청에서 아뢰자 태종은 시중 위징 등이 함부로 사람을 추천했다고 꾸짖었다. 위징이 말했다.

"신들은 폐하께서 자문을 구할 때마다 항상 그 사람의 장단점을 모두 말했습니다. 학식이 있고 간쟁에 뛰어난 것은 그의 장점이지만, 일상생활에만 신경 쓰고 재물 경영을 좋아하는 것은 그의 단점입니다. 지금 능경은 다른 사람에게 비문을 지어주기도 하고 또 다른 사람에게 『한서漢書』[28]를 가르치기도 하는 등 이러한 방법으로 사람들에게 빌붙어 쉽게 이익을 구하고 있습니다. 이는 신들이 말씀드린 것과는 다른 모습입니다. 폐하께서는 아직 그의 장점을 쓰지 않으시고 그의 단점만을 보시고는 신들이 폐하를 기만했다고 여기시는데 신은 진실

28_ 후한 반고가 지은 역사서. 『사기』 『후한서』 『삼국지』와 함께 전4사前四史로 일컬어진다.

로 감히 마음으로 복종하지 못하겠습니다."

태종이 그의 간언을 받아들였다.

초심을 고수해야

정관 12년, 태종이 위징에게 말했다.

"근래 시행한 정책의 득실과 정치 교화는 이전에 비해 어떠하오?"

위징이 대답했다.

"예를 들면 은혜와 위엄을 베풀어 먼 곳의 이민족이 조공을 바치러 오고는 있지만, 이런 상황이 정관 초년에 비해 동일하다고 말할 수 없습니다. 또 예를 들면 덕망과 의리를 깊이 통하게 하여 민심이 기쁘게 복종하고는 있지만, 이런 상황도 정관 초년에 비하면 차이가 매우 크다고 할 수 있습니다."

태종이 말했다.

"먼 곳의 이민족이 복종해오는 것은 덕망과 의리를 베풀었기 때문인데 이전의 공적이 어찌하여 더 크다는 것이오?"

위징이 대답했다.

"지난날에 사방을 아직 평정하지 못했을 때는 항상 덕망과 의리를 마음에 담고 있었습니다. 이윽고 해내에 근심이 없어지자 점차 교만과 사치가 과도해졌습니다. 따라서 공적은 비록 성대하지만 결국 처음보다 못한 것입니다."

태종이 또 물었다.

"시행하는 정책이 이전에 비해 어떻게 다르오?"

위징이 대답했다.

"정관 초년에는 사람들이 말을 하지 못할까봐 걱정하며 그들을 이끌어 간언하게 하셨습니다. 3년 이후에도 사람들이 간언을 올리면 기쁘게 따르셨습니다. 근래 한두 해 동안에는 사람들의 간언을 기꺼워하지 않고 억지로 받아들이시기는 하지만 마음속으로 끝내 불평을 품고 진실로 난색을 보이시고 있습니다."

태종이 말했다.

"어떤 일에 그와 같은 모습을 보였소?"

위징이 대답했다.

"원율사元律師를 사형에 처하려고 할 때 손복가孫伏[29]가 간언을 올려 이렇게 말했습니다.

'법률에 따르면 사형에 처할 수 없습니다. 가혹한 형벌을 남용해서는 안 됩니다.'

그리고 마침내 난릉공주蘭陵公主의[30] 원림園林을 상으로 줬는데, 그 값어치가 백만 전에 해당했습니다. 당시에 사람들이 더러 '그가 간언한 내용은 평범한 일인데 하사받은 상이 너무 후하다'고 했습니다. 그러자 이렇게 대답하셨습니다.

'내가 즉위한 이래 아직 간언을 올리는 사람이 없었기 때문에 이 상을 내린 것이오.'

이것은 신하들을 이끌어 간언을 올리게 하기 위한 조치였습니다. 서주사호徐州司戶[31] 유웅柳雄은 수나라 때의 품계에 근거하여 [관리들에게] 함부로 녹봉을 더 많이 줬습니다. 어떤 사람이 그를 고발하자 폐하께서는 그에게 자수하라 하시면서 자수하지 않으면 죄를 주겠다고 했습니다. 마침내 본래의 고발이 사실로 드러났는데도 그는 끝까

29_ 무덕武德 4년(622) 진사시에서 장원 급제했다(?~658). 직간으로 명성을 날렸다.

30_ 당 태종의 열아홉째 딸 이숙李淑(628~659). 난릉공주로 봉해졌고 두회철에게 시집갔다.

31_ 지금의 장쑤 성 쉬저우徐州. 당나라 때는 사호司戶를 부府에서는 호조참군戶曹參軍이라 했고 주州에서는 사호참군司戶參軍이라 했다. 지방의 재정과 호적을 담당하던 관직이다.

지 자수하려 하지 않았습니다. 대리시大理寺[32]에서 그의 허위를 밝혀내어 장차 유웅을 사형에 처하려 하자 소경少卿[33] 대주戴胄[34]가 법률에 따르면 단지 징역형에 처하는 것이 합당하다고 아뢰었습니다. 그러자 폐하께서 이렇게 말씀하셨습니다.

'내가 이미 그 판단이 옳다고 허가했으므로 사형에 처해야 한다.'

그때 대주가 또 아뢰었습니다.

'폐하께서 신의 말이 옳지 않다고 생각하시니 신을 법관에게 넘기십시오. 그의 죄는 사형에 해당되지 않으므로 형벌을 가혹하게 남용해서는 안 됩니다.'

폐하께서는 정색을 하시고 죽이라고 했지만 대주는 고집을 꺾지 않고 네댓 번까지 간언을 올렸고, 그 후 폐하께서 사면령을 내리셨습니다. 그리고 법관에게 이렇게 말씀하셨습니다.

'다만 짐을 위해 이처럼 법을 지킬 수 있다면 어찌 함부로 사람을 죽일까봐 걱정하겠소.'

이 말씀은 기쁘게 간언에 따르신 것입니다.

이전에 섬현陝縣 현승 황보덕참이 상소문을 올려 폐하의 뜻을 크게 거스를 때 폐하께서는 비방이라고 여기셨습니다. 그때 신이 상소문은 과격하고 절실하지 않으면 임금의 마음을 움직일 수 없고, 과격하고 절실한 말은 비방과 비슷하다고 아뢰었습니다. 당시에 신의 간언을 따르시고 비단 20단을 상으로 주시면서도 마음에 심한 불평을 품고 간언을 받아들이기 어려워하셨습니다."

태종이 말했다.

32_ 재판과 형벌 심의를 담당하던 최고위 관청.

33_ 대리시의 관리. 대리시에는 경卿 1명, 소경 2명, 그리고 정正, 승丞의 관리가 재직했다. 대리승은 형벌의 경중을 바로잡는 관직이다.

34_ 자가 현윤玄胤(?~633). 왕세충 휘하에서 벼슬하다가 당 태종에게 투항하여 사조참군을 역임했다. 당 태종이 즉위한 후 대리소경에 임명되어 직간으로 신임을 얻었다.

"진실로 공의 말과 같소. 공이 아니면 이런 말을 해줄 수 있는 사람이 없을 것이오. 사람들은 모두 스스로 각성하지 못하여 괴로워하오. 공이 아직 이런 말을 해주지 않았을 때는 나 자신도 행동을 바꾸지 않겠다고 생각했소. 공의 논설을 듣고 나서야 나의 과실에 깜짝 놀랐소. 공은 오직 이 마음을 잘 간직하시오. 짐도 끝까지 공의 말을 어기지 않겠소."

卷三

제6편 | 임금과 신하가 서로 거울이 되어 경계하다

君臣鑑戒

당 태종은 자신을 200여 차례나 비판한 위징이 죽자 나의 거울을 잃었다고 통곡했다. 위징 앞에서는 당 태종의 모든 잘잘못이 그대로 드러났으므로, 위징이란 거울은 단순한 거울이 아닌 태종 자신과 당나라의 모든 현상을 비춰보고 교정하는 호신경護身鏡이었던 셈이다.

성군과 현신은 이처럼 자신의 잘잘못을 밝게 비춰보며 서로 거울로 삼는다.

그러나 폭군과 간신은 어떤가? 폭군은 자신의 잘못된 견해만을 고집하며 신하들의 올바른 건의를 무시한다. 신하의 건의가 자신의 심기를 거스르면 폭군은 그를 추방하거나 심지어 참형에 처한다. 이 때문에 현신들은 조정을 떠나 강호로 은신하고 조정에는 간신배만 들끓는다. 간신배는 임금의 잘못을 덮어주고 비호하며 아부와 참소로 자신의 사리사욕만을 추구한다. 이러고서야 어찌 나라가 망하지 않겠는가? 이런 지경에 이르면 임금과 신하의 관계는 서로 잘못을 비춰보고 교정하는 호신경이 아니라, 잘못은 숨기고 잘한 것은 과장하는 왜곡된 반사경에 그칠 뿐이다.

역사의 교훈이 멀지 않다

정관 3년, 태종이 근신들에게 말했다.

"임금과 신하는 본래 치세와 난세를 함께하고 안락과 위험을 공유하오. 만약 임금이 충성스런 간언을 받아들이면 신하도 바른 말을 할 수 있소. 이러한 까닭에 임금과 신하의 마음이 서로 합치되는 것을 옛날부터 아주 중시했소. 만약 임금이 스스로 현명하다고 뻐기고 신하도 그것을 바로잡아주지 않으면 위기와 멸망에 빠지지 않고자 해도 그렇게 할 수 없을 것이오. 임금이 나라를 잃으면 신하도 홀로 자신의 가문을 보존할 수 없소. 예를 들면 수 양제가 포악한 정치를 자행하는데도 신하들은 입을 굳게 닫고서 끝까지 그의 잘못을 들려주지 않다가 마침내 멸망에 이르고 말았소. 우세기 등도 오래지 않아 역시 주살되었소. 이전 역사의 교훈이 멀지 않은데 짐이 경들과 더불어 삼가지 않을 수 있겠소? 후세 사람들에게 비웃음을 당하지 말아야 할 것이오."

억울한 옥사가 없도록 하라

정관 4년, 태종이 수나라 시대에 대해 토론했다. 위징이 대답했다.

"신이 지난날 수나라 조정에 있을 때 도적 사건이 발생했고 양제가 어사징於士澄[1]에게 명해 도적을 잡아들인 일에 대해 들은 적이 있습니다. 그런데 도적과 비슷하다고 의심되는 사람이 있으면 고통스럽게 고문을 가해 당시에 억울하게 도적 누명을 쓴 사람이 2000여 명이나

1_ 어사징於士澄의 '於'는 성姓으로 읽을 때 발음이 '오'가 아니라 '어央居切'다(『강희자전』). 자세한 경력은 미상.

되었고, 모두 그날로 참수했습니다. 대리승大理丞 장원제張元濟가 그 일을 이상하게 생각하고 범죄 문건을 조사해보았습니다. 이에 6~7명의 백성이 도적 사건 발생 당일 먼저 다른 장소에 구금되어 있다가 석방되어 나왔는데, [다시 잡혀가] 심문을 받던 중 고통을 이기지 못해 스스로 도적질을 했다고 거짓 진술을 했다는 것입니다. 이 때문에 장원제가 그 사건을 다시 자세히 조사해보니 2000명 중에서 9명만 당일 행적이 불분명했습니다. 또 관리들 중에서 내막을 아는 사람은 9명 중에서 4명은 도적이 아니라고 했습니다. 그런데도 담당 관리는 양제가 이미 참형을 명했기 때문에 끝내 끈질기게 아뢰지 못하고 모두 죽이고 말았습니다."

태종이 말했다.

"그것은 양제가 무도했을 뿐만 아니라 신하들도 마음을 다하지 않은 것이오. 모름지기 사태를 바로잡기 위한 간언을 올려 [무고한 사람을] 주살하지 않게 해야 함에도 어찌하여 아첨만 일삼으며 구차하게 임금의 환심과 칭찬만 구했단 말이오? 임금과 신하가 이와 같은데 어찌 패망하지 않을 수 있겠소? 짐은 공들의 공동 보좌에 의지해 마침내 감옥을 텅 비게 할 수 있었소. 공들께서는 시작을 잘 했으니 그것을 끝까지 유지하여 항상 오늘처럼 최선을 다해주길 바라오."

선한 정치를 하며 공과 덕을 쌓아야

정관 6년, 태종이 근신들에게 말했다.

"짐이 듣건대 주나라와 진나라가 처음 천하를 얻었을 때는 나랏일에 힘쓰는 모습이 서로 다르지 않았다고 하오. 그러나 주나라는 오직 선善에만 힘쓰며 공을 쌓고 덕을 쌓았소. 이것이 800년의 기반을 보전할 수 있었던 방법이오. 진나라는 사치와 음행을 함부로 자행하고 형벌을 내리기 좋아하다가 불과 2세世 만에 멸망하고 말았소. 이 어찌 선을 행하는 자는 복락이 길게 이어지고, 악을 행하는 자는 수명이 길지 않다는 것이 아니겠소? 짐이 또 듣건대 걸왕과 주왕은 제왕이지만 필부에 비해서도 치욕스럽게 생각되고, 안회顔回[2]와 민손閔損[3]은 필부이지만 제왕에 비해서도 영광스럽게 생각되오. 이는 또한 제왕들의 심각한 수치요. 짐은 매번 이 일을 거울로 삼아 경계하고 있고, 그들에게 미치지 못하여 사람들에게 비웃음거리가 될까 항상 걱정이오."

위징이 대답했다.

"신이 듣건대 노魯 애공哀公[4]이 공자에게 이런 말을 했다고 합니다.

'잘 잊는 어떤 사람이 있었는데, 이사할 때 자신의 아내도 잊었다 하오.'

공자가 대답했습니다. '잘 잊는 사람 중에 이보다 더 심한 사람이 있습니다. 제가 걸왕과 주왕이라는 두 임금을 보니 자기 자신조차 잊었습니다.'

폐하께서는 늘 이 말을 생각하시며 후인들의 비웃음에서 벗어나시기를 바랍니다."

2_ 자가 자연子淵이어서 흔히 안연顔淵으로도 불린다(기원전 521~?). 공자의 수제자로 공자보다 30세 연하였다. 공문10철 중에서 덕행으로 유명하다.

3_ 자가 자건子騫이어서 흔히 민자건으로 불린다(기원전 536~기원전 487). 공문10철 중에서 안회와 함께 덕행으로 유명하다.

4_ 춘추시대 노魯나라 제26대 군주로, 공자와 동시대 인물(?~기원전 468). 당시 노나라 정권을 좌우하던 삼환三桓의 전횡을 막으려다 실패하고 월나라로 망명해서 죽었다.

고난의 시절을 잊지 말라

정관 14년, 태종은 고창국高昌國[5]이 평정되자 근신들을 불러 양의전兩儀殿에서 연회를 베풀며 방현령에게 말했다.

"고창국이 만약 신하의 예절을 잃지 않았다면 어찌 멸망에까지 이르렀겠소? 짐은 이 나라를 평정한 후 심하게 두려움을 느끼오. 오직 교만한 행동을 경계하여 스스로를 지키고, 충직한 간언을 받아들여 스스로를 바로잡아야 마땅하오. 사특한 간신을 내쫓고 어진 신하를 등용해야 하며, 소인배의 말로 군자를 비난하지 말아야 하오. 이러한 원칙을 신중하게 지키면 거의 안정을 이룰 수 있을 것이오."

위징이 앞으로 나서며 말했다.

"신이 보기에 옛날부터 혼란을 바로잡고 대업을 개창할 때는 반드시 스스로 경계하고 삼가면서 꼴 베고 나무하는 서민들의 의견까지 받아들이고 충성스럽고 정직한 신하들의 간언에 따랐습니다. 그런데 천하가 안정되고 나면 마음대로 행동하고 욕심을 부리면서 아첨하는 말을 달콤하게 생각하고 정직한 간언을 듣기 싫어합니다. 장자방張子房[6]은 한왕漢王을 위해 계책을 마련하던 신하인데 한漢 고조가 천자의 지위에 올라 적자를 폐하고 서자를 태자로 세우려 하자 이렇게 말했습니다.

'오늘의 이 일은 입으로 논쟁할 수 있는 대상이 아닙니다.'

그리고 끝내 다시 입을 열지 않았습니다. 하물며 폐하께선 공덕이 성대하여 한 고조를 폐하와 비교해봐도 [폐하를] 능가할 수 없습니다.

5_ 지금의 중국 투루판 분지 남쪽에 있던 고대 서역 국가. 기원전 5세기부터 존속하다가 640년 당나라에 의해 멸망했다.

6_ 한나라 건국공신 장량張良의 자가 자방子房(?~기원전 186). 본래 전국시대 한韓나라 후예로 황석공黃石公에게서 병법을 배웠다고 한다. 유방을 도와 한나라 건국에 큰 공을 세웠으며 건국 후 유후留侯에 봉해졌다. 나중에 장가계張家界로 은거하여 여생을 마쳤다.

즉위 15년 만에 성덕이 햇볕처럼 널리 덮였고 이제 또 고창국을 평정하여 섬멸했습니다. 그럼에도 자주 나라의 안위를 마음에 두시고 바야흐로 충성스럽고 훌륭한 간언을 받아들여 직언의 길을 열어주시니 천하에 크나큰 다행입니다. 옛날 제 환공과 관중, 포숙아, 영척寧戚[7] 네 사람이 술을 마실 때 환공이 포숙아에게 이렇게 말했습니다.

'어찌하여 일어나서 과인을 위해 축수祝壽해주지 않으시오?'

포숙아가 술잔을 받쳐 들고 일어나서 말했습니다.

'바라건대 주상께선 거莒나라로 망명해 있던 때를 잊지 마시어[8] 관중에게는 노나라에서 포박되어 있던 때를 잊지 않게 하시고,[9] 영척에게는 수레 아래에서 소에게 여물을 먹이던 때를 잊지 않게 하십시오.'

환공은 [공경의 표시로] 옆으로 피해 앉으며 감사의 말을 했습니다.

'과인과 이 두 분 대부가 선생의 말을 잊지 않을 수 있으면 사직에 위기가 없을 것이오.'"

태종이 위징에게 말했다.

"짐은 기필코 나의 포의布衣(평민) 시절을 감히 잊지 않겠으니, 공도 포숙아의 사람 됨됨이를 잊어서는 안 되오."

심장이 있으면 팔다리도 있어야

정관 14년, 특진 위징이 다음과 같은 상소문을 올렸다.

7_ 신분이 미천했으나 현명했다. 제 환공의 행차 길 옆에서 소에게 여물을 먹이다가 관중을 만나 대부로 추천되었다. 제나라 대사전大司田에 임명되어 농업과 경제 정책을 관장했다.

8_ 제나라 공자 소백小白(나중의 제 환공)은 포숙아와 함께 제나라의 혼란을 피해 자신의 외가인 거莒나라로 망명해 있다가 귀국하여 제나라 보위에 올랐다.

9_ 관중은 제나라 공자 규糾와 함께 규의 외가인 노나라로 망명했다. 제나라가 혼란에 빠지자 관중은 규를 제나라 보위에 올리기 위해 정적인 공자 소백에게 화살을 쏘았으나 그 화살이 소백의 혁대 고리에 맞아 거사에 실패했다. 제나라 보위에 오른 소백(환공)은 노나라에 관중을 포박해 압송하라고 요청했고, 관중이 압송되어 오자 포숙아는 관중을 추천하여 제 환공의 재상이 되게 했다.

"신이 듣건대 임금은 머리가 되고 신하는 팔다리가 되어 모두 한마음으로 합쳐야 한 몸을 이룰 수 있다고 합니다. 몸에 혹시라도 이 모두를 갖추지 못하면 사람이 될 수 없습니다. 그러므로 머리는 비록 존귀하지만 반드시 손발의 도움을 받아야 몸을 이룰 수 있고, 임금은 비록 현명하더라도 반드시 팔다리 같은 신하에게 의지해야 다스림을 이룰 수 있습니다. 『예기禮記』에는 이런 말이 있습니다.

'백성은 임금을 자기 마음으로 삼고, 임금은 백성을 자기 몸으로 삼는다. 마음이 튼튼하면 몸이 편안하고 마음이 엄숙하면 용모가 공경스럽다.'[10]

또 『상서尙書』에는 이런 말이 있습니다.

'머리인 임금께서 밝으시면, 팔다리인 신하들도 어질어, 세상의 모든 일이 편안하리로다. 머리인 임금께서 자질구레하면, 팔다리인 신하들도 게을러져서, 세상만사가 실패하리로다.'[11]

그러므로 팔다리는 버려두고 오직 가슴에만 일을 맡기고도 온몸에 활기가 넘쳤다는 소문을 신은 들은 적이 없습니다.

대저 임금과 신하가 서로 만나 의기투합하기란 옛날부터 어려운 일이었습니다. 돌을 물속에 던져 넣는 것처럼 임금과 신하가 마음이 맞는 경우는 천 년에 한 번쯤 있었고, 물을 돌에 쏟아붓는 것처럼 임금과 신하의 마음이 어긋나는 경우는 없던 때가 없었습니다.[12] 지공무사의 길을 열고 천하 인재의 쓰임을 다 펼쳐, 안으로는 임금이 심장 노릇에 진력하고 밖으로는 신하들이 팔다리 역할을 다할 수 있으면 조화롭기가 음식 속의 소금이나 매실과 같아질 것이고 단단하기가

10_ 『예기』「치의緇衣」에 나온다. "民以君爲心, 君以民爲體. 心莊則體舒, 心肅則容敬."

11_ 이 두 구절은 『상서』「익직益稷」에 나온다. "元首明哉, 股肱良哉, 庶事康哉. 又歌曰, 元首叢脞哉, 股肱惰哉, 萬事墮哉."

12_ 돌을 물속에 던져 넣으면 아무 저항감 없이 물속으로 가라앉는다. 어진 신하의 말이 밝은 임금에게 받아들여져 국정 운영의 지침이 된다는 뜻이다.

쇠나 돌과 같아질 것이니, [이러한 경지는] 단지 고위관직과 두터운 녹봉을 하사하는 데 달려 있지 않고 신하를 합당하게 예우하는 데 달려 있을 뿐입니다.

옛날 주 문왕은 봉황鳳凰의 옛 폐허를 유람할 때 버선 끈이 풀어졌지만 좌우를 돌아봐도 시킬 사람이 없어서 스스로 끈을 묶어야 했습니다. 어찌 주 문왕의 조정에는 모두 준재만 있고, 성스럽고 밝은 지금 이 시대에는 유독 군자가 없겠습니까? 이는 다만 사람을 알아주느냐 아니냐, 그리고 사람을 예우해주느냐 아니냐에 달려 있을 뿐입니다. 이러한 까닭에 이윤伊尹은 유신씨有莘氏[13]의 몸종이었고, 한신韓信은 항우項羽[14]에게서 도망친 망명객이었지만, 은나라 탕왕은 이윤을 예로써 맞아들인 뒤 남소南巢에서 왕업을 결정했고, 한나라 고조는 한신을 대장의 지휘단으로 이끌어 올려 해하垓下에서 제왕의 공업을 이룩했습니다. 만약 하나라 걸왕이 이윤을 버리지 않았고 항우가 한신에게 은혜를 베풀었다면 어찌 [두 임금이] 기존 국가를 패망에 빠뜨리고 망국의 포로가 되었겠습니까? 또 미자微子[15]는 은나라 황실의 골육지친이었지만 송나라에 제후로 봉해졌고, 기자箕子[16]는 은나라의 어진 신하였지만 주 무왕에게 『홍범洪範』[17]을 진술했습니다. 공자가

13_ 기원전 21세기 무렵 하나라 시절 제후국으로 알려져 있고, 신莘 땅을 다스렸으므로 그 제후를 유신씨有莘氏라 일컫게 되었다. 유신씨의 딸이 은나라 탕왕과 혼인할 때 이윤이 몸종으로 따라가서 탕왕의 인정을 받고 재상에 임명되었다.

14_ 진나라 말기 유방과 천하를 놓고 쟁패를 벌인 인물(기원전 232~기원전 202). 엄청난 용력으로 천하의 패자로 군림했으나 포용력이 부족하여 결국 해하垓下 전투에서 유방에게 패배한 뒤 자결했다.

15_ 은나라 마지막 임금 주왕의 서형庶兄으로 알려져 있다. 주왕의 폭정에 간언을 올렸으나 주왕이 받아들이지 않자 먼 곳으로 도피하여 목숨을 부지했다. 주나라 무왕이 은나라를 멸망시킨 후 미자를 송에 봉하고 은나라 조상의 제사를 받들게 했다.

16_ 은나라 마지막 임금 주왕의 숙부로 알려져 있다. 주왕이 자신의 간언에 따르지 않자 미치광이로 위장하여 노예처럼 살았다. 주나라 무왕이 은나라를 멸망시킨 후 기자를 방문하여 치도治道를 묻자 기자는 『홍범구주洪範九疇』를 바쳤고, 이후 은나라 유민을 이끌고 조선으로 이주했다.

17_ 은나라 유민 기자가 주나라 무왕에게 바쳤다고 하는 일종의 법전. 지금 『상서』에 포함되어 있는 「홍범洪範」은 대체로 전국시대 유학자의 저술로 인정되고 있으므로 본래의 『홍범』은 실전된 것으로 봐야 한다.

그들이 어질다고 칭찬하자, 아무도 그들을 비난하는 사람이 없었습니다. 『예기』에서는 이렇게 말했습니다.

'노나라 목공穆公[18]이 자사子思에게 물었다.

'옛 임금을 위해 외국에서 돌아와 상복을 입는 일이 옛날 법도요?'

자사가 대답했다.

'옛날 군주는 사람을 등용할 때 예로써 맞아들였고, 사람을 사퇴시킬 때도 예로써 물러나게 했습니다. 이 때문에 옛 임금을 위해 외국에서 돌아와 상복을 입는 예법이 생긴 것입니다. 오늘날의 군주는 사람을 등용할 때 마치 무릎 위에라도 앉힐 것처럼 행동하지만 사람을 사퇴시킬 때는 마치 깊은 연못에라도 빠뜨리듯이 행동합니다. 그러니 [쫓겨난 신하가] 병란의 괴수가 되지 않는 것만 해도 착한 일이 아니겠습니까? 그러니 어찌 외국에서 돌아와 상복을 입는 예법이 있을 수 있겠습니까?''

제 경공景公[19]이 안자晏子에게 물었습니다.

'충신이 임금을 섬기는 모습은 어떠하오?'

안자가 대답했습니다.

'임금이 고난에 처했을 때 죽지 않고, 임금이 망명을 갈 때 배웅하지 않습니다.'

경공이 말했습니다.

'땅을 갈라 봉토를 주고 관직에 임명하여 잘 대해주는데도 임금이 고난에 처했을 때 죽지 않고 임금이 망명할 때 배웅하지 않는 이유는 무엇이오?'

안자가 대답했습니다.

18_ 노 원공元公의 아들로 성은 희姬, 이름은 현顯(?~기원전 377). 공자의 손자 자사子思를 예우하는 등 현인들을 등용하여 치세를 이루었다.

19_ 제 영공靈公의 아들로 성은 강姜, 이름은 저구杵臼(?~기원전 490). 안으로는 안영晏嬰에게 정사를 맡기고, 밖으로는 전양저田穰苴에게 병무를 맡겨 치세를 이룩했다.

'[충신이] 의견을 말했을 때 그 의견을 받아들여 쓰면 [임금은] 종신토록 고난을 당하지 않을 것인데 신하가 무엇 때문에 죽겠습니까? 간언을 올렸을 때 그것을 받아들이면 종신토록 멸망하지 않을 것인데 신하가 무엇 때문에 [임금의 망명을] 배웅하겠습니까? 만약 의견을 말했는데도 써주지 않아서 고난을 당해 죽으면 그것은 망령된 죽음입니다. 간언을 올렸는데도 받아들여주지 않아서 임금의 망명을 배웅할 일이 있으면 그것은 거짓 충성입니다.'

『춘추좌씨전春秋左氏傳』에는 이렇게 기록되어 있습니다.

'최저崔杼[20]가 제 장공莊公[21]을 시해했을 때 안자가 최씨 댁 문밖에서 있었다. 안자 휘하의 사람이 물었다.

'[장공을 따라] 죽을 작정입니까?'

안자가 대답했다.

'나 혼자만의 임금이냐? 그럼 나도 죽겠다.'

또 물었다.

'외국으로 망명할 겁니까?'

대답했다.

'그것이 내 죄냐? 그럼 나도 망명하겠다. 이 때문에 임금이 사직을 위해 죽으면 그를 따라 죽고, 사직을 위해 망명하면 그를 따라 망명한다. 만약 군주가 자신만을 위해서 죽고, 자신만을 위해 망명한다면 그가 총애하는 사람이 아닌 이상 누가 감히 그런 일을 맡겠느냐?'

최씨 댁 문이 열리자 안으로 들어가서 시신의 다리에 얼굴을 묻고 곡을 하고는 일어나 위로 세 번 뛰어오르고는 밖으로 나왔다.'

20_ 제 장공莊公의 상경(?~기원전 546). 제 장공이 자신의 아내 당강棠姜과 사통하자 장공을 시해하고 경공景公을 옹립했다. 제나라 태사가 "최저가 자신의 임금을 시해했다"는 유명한 기록을 남겼다.

21_ 제 영공의 아들로 성은 강姜, 이름은 광光(?~기원전 548). 용력이 뛰어난 자를 숭상했다. 진晉에서 망명한 난영欒盈을 앞세워 진을 치려다 실패했다. 최저의 아내 당강과 사통했다가 최저에게 시해되었다.

맹자가 말했습니다.

'임금이 신하를 자신의 손이나 발처럼 간주하면 신하는 임금을 자신의 배나 심장처럼 간주하고, 임금이 신하를 개나 말처럼 간주하면 신하는 임금을 일반 백성처럼 간주하고, 임금이 신하를 거름처럼 간주하면 신하는 임금을 원수처럼 간주한다.'

그러므로 신하가 임금을 섬길 때 두 마음은 먹지 않는다 해도 거취의 절개는 베풀어준 은혜가 두터우냐 박하냐에 따라 정해질 것입니다. 그러니 어찌 임금 된 사람이 신하에게 무례할 수 있겠습니까?"

백성을 사랑하면 임금, 백성을 학대하면 원수

"신이 남몰래 조정의 신료들을 살펴보니 나라의 주요 임무를 맡은 사람 가운데 혹자는 진秦과 진晉 가까운 곳에서 일하고[22] 혹자는 조정에서 국가 대사에 참여하며 모두 큰일을 추진하고 큰 공을 세우고 있습니다. 이들은 모두 한 시대의 인재로 뽑혀서 나라의 요직에 자리 잡고 있는지라 그들에게 맡긴 임무도 막중합니다. 임무가 막중하더라도 임금의 믿음이 돈독하지 못하면 사람들이 더러 의심하기도 합니다. 사람들이 더러 의심하면 마음이 구차해집니다. 마음이 구차해지면 절의를 세우지 못합니다. 절의를 세우지 못하면 가르침을 일으키지 못합니다. 가르침을 일으키지 못하면서도 태평의 바탕을 튼튼히 하는 일이나 700년 복록을 보전하는 일에 참여할 수 있는 경우는 아직까지 없었습니다.

또 신이 듣기로 지금 국가에서는 공신을 중시하며 그들의 옛날 악

22_ 진秦은 지금의 산시陝西 성 일대이고, 진晉은 산시 성 일대다. 도성을 벗어난 지방을 가리킨다.

행을 따지지 않는다는데 이는 옛날 성군과 비교해봐도 하나도 차이가 없습니다. 그러나 단지 큰일에만 관용을 베풀고 작은 죄에는 급박하게 벌을 내리면서 수시로 꾸짖고 화를 내며 애증愛憎의 마음에서 벗어나지 못하시니 이렇게 해서는 정치를 잘할 수 없습니다. 임금이 금법禁法을 엄격하게 시행하더라도 신하는 더러 그것을 어기기도 합니다. 게다가 위에서 범법의 근원을 열면 아래에서는 반드시 더 심한 자가 생기고, 냇물을 막았다가 터뜨리면 필시 다치는 사람이 많아질 터인데, 이렇게 하여 백성으로 하여금 손발을 어디다 두게 하려는 것입니까? 이것은 위에서 임금이 하나의 근원을 열어 아래에서 온갖 변고가 생기게 하는 경우이니 장차 천하가 어지럽지 않을 수 없을 것입니다.

『예기』에서는 '사람을 사랑하더라도 그의 악한 점을 알아야 하고, 사람을 미워하더라도 그의 선한 점을 알아야 한다'[23]고 했습니다. 만약 사람을 미워하기만 하고 그의 선한 점을 모르면 선을 행하는 자가 반드시 두려워할 것이고, 사람을 사랑하기만 하고 그의 악한 점을 모르면 악을 행하는 자가 진실로 많아질 것입니다. 『시경』에서는 '임금님께서 참언讒言에 분노하시면 나라의 혼란을 바로 막을 수 있네'[24]라고 했습니다. 그러므로 옛사람들의 진노는 악을 응징하려는 것이었지만, 오늘날의 징벌은 간사함을 조장하는 일일 뿐입니다. 이것은 요임금과 순임금의 마음이 아니고 우왕禹王과 탕왕의 정사政事가 아닙니다. 『상서』에서는 '우리를 어루만져주면 임금이지만 우리를 학대하면 원수다'[25]라고 했습니다. 순자는 '임금은 배요, 백성은 물이다. 물은 배를 띄워줄 수도 있지만 배를 뒤엎을 수도 있다'고 했습니다. 따

23_ 『예기』「곡례曲禮 상」에 나온다. "愛而知其惡, 憎而知其善."
24_ 『시경』「소아·교언巧言」에 나온다. "君子如怒, 亂庶遄沮."
25_ 『상서』「태서泰誓 하」에 나온다. "撫我則后, 虐我則讎."

라서 공자는 '물고기는 물을 잃으면 죽지만 물은 물고기를 잃어도 여전히 물이다'[26]라고 했습니다. 이 때문에 요임금과 순임금은 조심조심 두려운 마음으로 하루하루 신중하게 나라를 다스렸습니다. 어찌 깊이 생각하지 않을 수 있겠습니까? 어찌 오래 고려하지 않을 수 있겠습니까?"

임금은 대신을 믿고 의지해야

"대저 대신大臣에게 큰일을 위임하고 소신小臣에게 작은 일을 맡기는 것은 나라를 다스리는 법칙이요, 치세를 이루는 이치입니다. 그런데 오늘날 직무를 맡길 때는 대신을 중시하고 소신을 경시하다가, 일이 생기면 소신을 신임하고 대신을 의심합니다. 경시하던 소신을 신임하고 중시하던 대신을 의심하면서 지극한 치세를 이루려 한다면 그것이 어떻게 가능하겠습니까? 또 정치는 일정한 원칙을 귀하게 여기며 변덕스러운 변화를 구하지 않아야 합니다. 지금 더러 소신에게 큰일을 맡기기도 하고 대신에게 작은 일을 맡기기도 하는데 이렇게 되면 소신은 자신이 앉지 말아야 할 자리에 오르게 되고 대신은 자신이 지켜야 할 자리를 잃게 됩니다. 따라서 대신은 더러 작은 잘못으로 죄를 얻고 소신은 더러 큰일로 처벌을 받습니다. 자신의 자리가 아닌 직위에 앉아서 자신의 죄가 아닌 일로 처벌받으면서 사사로움이 없기를 바라고, 있는 힘을 다 발휘하기를 바라는 것 또한 어려운 일이 아니겠습니까? 소신에게 큰일을 맡겨서는 안 되고, 대신에게 작은 죄를 지워서는 안 됩니다. 어떤 사람을 대신으로 임명하고도 사소한 잘못을 추

26_『시자尸子』에 나온다. "魚失水則死, 水失魚猶爲水也."

궁하면 비천한 문서 담당관들은 임금의 뜻과 성향에만 순종하며 문필을 희롱하고 법률을 농락하여 왜곡되게 죄를 만들어냅니다. [왜곡된 죄를] 스스로 진술하면 마음속으로 죄를 인정하지 않는다고 생각할 것이고, 아무 말도 하지 않으면 저질렀다는 일을 모두 사실이라고 여길 것입니다. 이처럼 진퇴양난의 곤경에 처하고도 스스로 해명할 수 없다면 구차하게 재앙에서 벗어나기만을 구하게 될 것입니다. 대신이 구차하게 벗어나기만을 구하면 속임수가 생겨납니다. 속임수가 생겨나면 허위가 풍속이 됩니다. 허위가 풍속이 되면 지극한 치세에 도달할 수 없습니다.

또 대신의 직위를 맡기는 건 그의 능력을 다 발휘하게 하려는 것인데, 모든 관리가 기피하며 말하지 못할 것이 있게 되면 그들의 힘을 다 발휘하지 못합니다. 만약 직위에 맞는 사람을 등용했다면 그 사람이 옛 친구라 한들 무슨 관계가 있으며, 만약 직위에 맞지 않는 사람을 등용했다면 그 사람이 소원한 사이라 한들 무슨 귀할 게 있겠습니까? 대신을 대우할 때 성실과 신의를 다하지 않고서 어떻게 그들에게 충성과 관용을 요구할 수 있겠습니까?

신하도 더러 실수하지만 임금도 모든 일을 타당하게 할 수는 없습니다. 대저 윗사람이 아랫사람을 불신할 때는 틀림없이 아랫사람에게 신임할 수 없는 점이 있다고 생각할 것입니다. 만약 틀림없이 아랫사람에게 신임할 수 없는 점이 있다면 윗사람에게도 의심할 만한 점이 있을 것입니다. 『예기』에서 말하기를 '윗사람이 의심하면 백성은 의혹에 빠진다. 아랫사람을 알기 어려우면 임금은 피곤해진다'[27]라고 했습니다. 윗사람과 아랫사람이 서로 의심하면 지극한 치세를 입에 담을 수 없습니다.

27_ 『예기』 「치의緇衣」에 나온다. "上人疑, 則百姓惑. 下難知, 則君長勞."

지금 신료들 중에서는 멀리 변방에 있는 사람도 있는데 이들에게 유언비어가 세 번 전해졌을 때 베틀의 북을 던지지 않을 사람이 있을지[28] 신이 몰래 생각해본 결과 그런 사람은 아직 발견할 수 없었습니다. 대저 드넓은 사해와 수많은 선비 중에서 믿을 만한 사람이 어찌 한두 명도 없겠습니까? 대체로 사람을 믿으면 옳지 않은 점이 없고, 사람을 의심하면 믿을 수 있는 점이 없다고 합니다. 어찌 유독 신하의 잘못만 그러하겠습니까? 대저 일개 범부도 교우관계를 맺고 온몸을 바치기로 서로 맹세하면 죽어도 마음을 어기지 않습니다. 하물며 군신관계로 맺어져서 물과 물고기처럼 의지하는 경우야 말해 무엇하겠습니까? 만약 임금이 요임금이나 순임금 같은 성군이 되고 신하가 직稷[29]이나 설契[30]과 같은 현신이 된다면 어찌 작은 일을 만나 뜻을 바꾸고 작은 이익을 보고 마음을 바꾸겠습니까? 이것은 비록 신하의 충성심이 분명하게 드러나지 않았기 때문이기도 하지만 임금이 불신감을 품고 신하를 지독히 박대했기 때문에 일어난 현상입니다. 이 어찌 임금이 예의로써 신하를 부리고 신하가 충성으로 임금을 섬긴 경우라 하겠습니까? 폐하의 성명聖明하심과 현재의 공적으로 진실하게 이 시대의 준재를 널리 구하시고 상하가 동심협력할 수 있으면 3황三皇도 따라잡아 4황四皇이 되고, 5제五帝도 굽어보며 6제六帝로 칭해질 것인데, 하·은·주·한 따위야 어찌 손에 꼽을 수 있겠습니까?"

태종이 그의 견해를 매우 아름답게 여기며 받아들였다.

28_ 증자曾子 모친의 고사를 인용했다. 『전국책戰國策』「진책秦策」에 따르면 노나라 비費 땅에서 증자와 이름이 같은 어떤 사람이 살인을 했다고 한다. 사람들이 증자 모친에게 증자가 사람을 죽였다고 알려주자 증자 모친은 베를 짜다가 우리 아들은 살인을 할 사람이 아니라고 하면서 베틀에서 내려오지 않았다. 그러나 사람들이 세 번씩이나 그 사실을 전하자 결국 증자 모친도 허위 사실을 믿고 베틀에서 내려와 몸을 피했다고 한다. 허위가 반복되면 진실로 믿게 됨을 비유한다.

29_ 후직后稷이라고도 한다. 제곡의 맏아들로 성은 희姬, 이름은 기棄다. 요임금에 의해 농사農師에 임명되었고, 순임금에 의해 후직后稷에 임명되었다. 모두 농업을 관장하는 관직이다. 후직의 후손들이 주나라를 세웠다.

30_ 순임금의 신하로 우를 도와 치수에 공을 세워 사도司徒로 임명되고 상商 땅에 봉해졌다. 이후 그의 후손들이 상나라를 세웠다.

덕망과 인정에 더욱 힘써야

정관 16년, 태종이 특진特進 위징에게 물었다.

"짐은 정치를 할 때 사리사욕을 억제하고 선현들을 우러러 배우고 있소. 덕망德을 가득 쌓고, 인정仁을 자주 베풀고 공적功을 많이 세우고 이익利을 두텁게 나누면서 짐은 이 모든 부문에서 스스로 힘쓰고자 했소. 그러나 사람은 자신을 돌아볼 수 없어 괴로워하오. 짐이 시행하는 정치가 지금 그 우열優劣이 어떠하오?"

위징이 대답했다.

"덕망, 인정, 공적, 이익은 폐하께서 두루 시행하셨습니다. 그러므로 안으로 난리를 평정하고 밖으로 이민족을 제거한 것은 폐하의 공입니다. 백성을 편안하게 하여 각각 생업을 갖게 한 것은 폐하의 이익입니다. 이런 점에 근거하여 말씀드리자면 공적과 이익 부문에서는 많은 업적을 쌓으셨습니다. 다만 덕망과 인정에서는 바라건대 폐하께서 스스로 쉬지 않고 노력하셔야自彊不息 성취를 이룰 수 있을 것입니다."

공신의 자제를 잘 훈계하라

정관 17년, 태종이 근신들에게 말했다.

"옛날부터 창업 군주는 자손 대에 이르러 혼란이 많이 발생했는데 그것은 무슨 까닭이오?"

사공 방현령이 말했다.

"그것은 어린 임금이 깊은 궁궐에서 나고 자라 어려서부터 부귀를 누리며 세상의 진위와 치국의 안위를 알지 못하기 때문에 정치를 함에 혼란이 많이 발생한 것입니다."

태종이 말했다.

"공은 임금에게 잘못을 미루지만 짐은 신하들에게 허물을 돌리고자 하오. 대저 공신의 자제들은 대부분 재능이 없는데도 조부의 음덕에 의지해 대신의 자리에 앉아 덕행과 대의는 닦지 않고 사치와 방종만 좋아하오. 임금이 유약한 데다 신하까지 재능이 없어 나라가 기울어도 지탱하지 못하니 어찌 능히 혼란이 없겠소? 수 양제는 우문술宇文述[31]이 변방에서 세운 공을 기록하고 그의 아들 우문화급宇文化及[32]을 고위직에 발탁했소. 그런데도 우문화급은 은혜에 보답할 생각은 하지 않고 행적을 바꿔 임금을 시해했소. 이것이 신하의 잘못이 아니오? 짐이 이런 말을 하는 것은 공들이 자제들을 훈계하여 잘못을 저지르지 않게 하려는 것이오. 그렇게 되면 가문과 국가의 경사일 것이오."

태종이 또 말했다.

"우문화급과 양현감楊玄感[33]은 수나라 대신들로 임금의 은혜를 깊이 받은 자들인데 그 자손들은 모두 반란을 일으켰소. 그 까닭이 무엇이오?"

잠문본岑文本이 대답했다.

"군자는 임금의 은덕을 생각할 수 있는데, 양현감과 우문화급은 모두 소인이기 때문입니다. 이것이 바로 고인들이 군자를 귀하게 여기고 소인을 천시한 까닭입니다."

태종이 말했다.

"그렇소!"

31_ 선비족으로 자는 백통伯通(?~616). 수 문제 때 진陳나라를 격파하고 천하를 통일하는 데 큰 공을 세웠다. 다시 양광楊廣을 보좌하여 황제에 등극케 한 공훈으로 허국공許國公에 봉해졌다. 고구려 정벌에 나섰다가 대패해서 서민으로 강등되었다가 양현감의 반란을 진압하고 복권했다.

32_ 우문술의 아들(?~619). 강도江都에서 수 양제와 황실 종친 및 대신들을 죽이고 진왕 양호楊浩를 황제에 추대했다. 이후 다시 양호를 시해하고 스스로 황제가 되어 국호를 허許, 연호를 천수天壽라 했다. 결국 두건덕에게 패배하여 참수되었다.

33_ 수나라 공신 양소楊素의 아들(?~613). 부친의 작위를 계승하여 초국공楚國公이 되었다. 고구려 원정 때 군량미를 운반하다가 여양黎陽에서 반란을 일으켰다. 낙양을 공격하다 우문술에게 대패했다. 도주 도중 자신의 아우 양적선楊積善에게 부탁하여 자결했다.

제7편 | 관리 선발 擇官

백성의 고충을 풀어주고 나라의 난제를 해결하기 위해서는 우수한 인재를 적재적소에 임명하는 것이 가장 중요한 과제였다. 수나라와 당나라를 거치면서 과거제도가 정착된 것도 바로 우수한 인재를 공정하게 뽑기 위한 제도적 장치였다. '정관지치'의 가장 강력한 추진력은 바로 불필요한 관리를 줄이고 유능한 인재를 등용하는 데서 왔다고 해도 지나친 말이 아니다. 당 태종은 이 책 뒷부분 「숭유학崇儒學」 편에서도 이렇게 말했다. "정치의 요체는 오직 인재를 얻는 데 달려 있소. 재능이 없는 자를 등용하면 틀림없이 치세를 이루기 어려울 것이오. 지금 인재를 임용하려면 반드시 덕행과 학식을 바탕으로 삼아야 하오." 군주 개인의 호오好惡에 따라 인재를 뽑아서는 안 되며, 객관적인 능력에 근거하여 덕행과 학식이 뛰어난 사람을 등용해야 한다는 말이다. 당 태종은 이를 위해 과거제도를 활성화하고 공평무사한 승진 정책을 시행했다. 특히 당 태종은 중앙 조정의 관리뿐만 아니라 지방 장관의 능력에도 큰 관심을 기울이며, 뛰어난 업적을 세운 지방관의 이름을 병풍에 기록해두고 존경의 마음을 표시했다. 군주 한 사람이 모든 백성과 접촉할 수 없으므로 관대하고 능력 있는 지방관을 파견하는 것은 바로 군주 자신의 이목과 수족을 여러 지방에까지 넓히는 일이었다.

불필요한 관리를 줄여라

정관 원년, 태종이 방현령 등에게 말했다.

"치세를 이루기 위한 근본은 오직 인재를 자세히 살피는 데 있소. 재능을 헤아려 관직을 주고 불필요한 관리를 줄이는 데 힘써야 하오. 이 때문에 『상서』에서는 '관리를 임용할 때는 오직 어질고 재능 있는 사람을 써야 한다'[1]라고 했고, 또 '관직을 모두 갖출 필요는 없고 다만 업무에 맞는 사람을 써야 한다'라고 했소. 만약 일을 잘하는 사람을 얻었다면 숫자가 적더라도 오히려 넉넉하지만 일을 잘 못하는 사람을 얻었다면 숫자가 많다 해도 무슨 쓸모가 있겠소? 옛사람들도 그 관직에 맞는 인재를 얻지 못함을 땅 위에 그려놓은 떡을 먹지 못함에 비유했소. 『시경』에서는 '꾀를 내는 사람은 너무나 많지만 쓸 만한 사람이 없네'[2]라고 했소. 또 공자는 '[관중은 가신들에게] 업무를 겸임시키지 않았는데 어떻게 검소하다 할 수 있겠는가?'[3]라고 했고 또 '양 천 마리의 가죽이 여우 한 마리의 겨드랑이 털보다 못하다'[4]라고 했소. 이 구절들은 모두 경전에 실려 있는데 [이러한 예는 너무 많아서] 모두 말할 수가 없소. 중복된 직책을 고치고 관리를 줄여 각자의 소임을 타당하게 맡기면 임금은 아무 일을 하지 않고도 치세를 이룰 수 있소. 경들은 이러한 이치를 자세히 생각하여 여러 관리의 직위를 정해 주시오."

방현령 등이 이로부터 배치한 문무 관리는 모두 640명이었다. 태종이 그 결정에 따르면서 방현령에게 말했다.

1_ 『상서』 「함유일덕咸有一德」에 나온다. "任官惟賢才."

2_ 『시경』 「소아·소민小旻」에 나온다. "謀夫孔多, 是用不就." '不就'가 현재 통용본에는 '不集'으로 되어 있다.

3_ 『논어』 「팔일」에 나온다. "官事不攝, 焉得儉."

4_ 『사기』 「조세가趙世家」에 나온다. "千羊之皮, 不如一狐之腋."

"이제부터 만약 악공樂工이나 여러 예인藝人 가운데 기술이 동료보다 더 뛰어난 사람이 있으면 특별히 돈과 비단을 하사하여 그 능력을 칭찬해줘도 좋지만 작위를 초과하여 내려서는 안 되오. 그러나 조정의 어진 군자들과 어깨를 나란히 서게 하고 함께 앉아서 밥을 먹게 하여 의관이나 갖춘 자들로 하여금 부끄러움을 느끼게 하시오."

잡무를 줄이고 현인을 찾으라

정관 2년, 태종이 방현령과 두여회에게 말했다.

"공들은 복야僕射가 되어 짐을 도와 근심과 노고를 아끼지 않으면서 눈과 귀를 크게 열어 현인을 구하러 다니고 있소. 근래 소문을 들으니 공들께서 하루에도 수백 건씩 소송을 듣는다고 했소. 이렇게 되면 공문서를 읽느라 틈을 내지 못할 터이니 어찌 짐을 도와 현인을 찾을 수 있겠소?"

그리하여 상서성에 조칙을 내려 자질구레한 업무는 모두 좌우 승丞[5]에게 맡기고 원한이 맺힌 큰일만 합쳐서 상주하게 하고 복야에게 처리하도록 했다.

도독과 자사를 통해 멀리 보고 멀리 듣다

정관 2년, 태종이 근신들에게 말했다.

"짐은 매일 밤 늘 백성의 일을 생각하느라 어떤 때는 한밤중까지

5_ 상서성의 관리. 수·당시대 상서성에서는 상서령과 좌우복야를 보좌하는 관직으로 좌승과 우승을 두었다.

잠을 이루지 못하면서 오직 도독都督과 자사가 백성을 잘 부양하고 있는지 걱정에 젖어드오. 이 때문에 병풍에 그들의 성명을 적어두고 앉아서나 누워서나 늘 바라보고, 그들이 관직에서 좋은 일을 하면 이름 아래 그것을 모두 기록해두오. 짐은 깊은 궁궐 속에 거주하므로 보고 듣는 것이 멀리까지 미칠 수 없소. 업무를 맡길 사람은 오직 도독과 자사뿐이고 이들에게 진실로 치세와 난세가 매여 있으니 더욱더 직위에 맞는 훌륭한 인재를 찾아야 하오."

어느 시대에 현인이 없겠는가

정관 2년, 태종이 우복야 봉덕이에게 말했다.

"나라의 안정을 이루는 근본은 오직 인재를 얻는 데 달려 있소. 근래에 경에게 현인을 추천하라고 명을 내렸는데 아직도 추천한 사람이 없소. 천하 대사는 막중하므로 경은 짐의 근심과 노고를 분담해야 하오. 경이 말을 하지 않으면 짐은 장차 어디에 기댈 수 있겠소?"

봉덕이가 대답했다.

"신이 어리석기는 하지만 어찌 감히 제 진심을 다 말씀드리지 않을 수 있겠습니까? 다만 지금까지 뛰어난 인재와 특별한 능력자를 만나지 못했을 뿐입니다."

태종이 말했다.

"앞 시대의 현명한 임금들은 그릇을 쓰듯 용량에 맞게 사람을 부렸소. 모두 당시의 선비를 선발했을 뿐 다른 시대로부터 인재를 빌리지 않았소. 어찌 부열傅說[6]의 꿈을 꾸거나 여상呂尙[7]을 만난 연후에야 정

6_ 은나라 무정武丁 때의 명신. 본래 노예 신분으로 부암傅巖에서 판축 일을 하다가 등용되어 승상이 되었다. 부패한 정치를 개혁하여 무정의 중흥 시대를 이끌었다.

치를 할 수 있겠소? 또 어느 시대에 현인이 없겠소? 다만 버려두고 알아보지 못할까 걱정일 뿐이오."

봉덕이는 부끄러움에 얼굴을 붉히며 물러났다.

말 잘하고 글 잘 짓는 자들로는 안 된다

정관 3년, 태종이 이부상서吏部尙書 두여회에게 말했다.

"근래에 이부의 인재 선발을 살펴보니 말 잘하고 글 잘 짓는 자들만 취하지 그들의 품행은 모두 살피지 않는 것 같소. 몇 년이 지난 이후 악행의 자취가 비로소 드러나면 그들을 주살한다 해도 백성은 이미 그 피해를 보게 되오. 어떻게 하면 선인善人을 얻을 수 있겠소?"

두여회가 대답했다.

"한대에 사람을 뽑을 때는 모두 행적이 향리에서 저명한 자를 주군州郡에서 추천한 연후에 등용했습니다. 이 때문에 당시에 인재가 많았다고 일컬어집니다. 지금은 매년 선발하여 모은 인재가 수천 명에 가까운데도 외모만 화려하고 말만 번지르르하여 그 내면의 실상을 다 알 수가 없습니다. 선발 관청에서는 다만 그들의 품계만 배정해줄 수 있을 뿐입니다. 인재를 전형하고 선발하는 이치에 대해서는 실로 정확하게 알지 못하고 있으니 이 때문에 인재를 얻을 수 없는 것입니다."

이에 태종은 한나라 때의 법령에 의거하여 각 주에서 인재를 뽑게 하고 공신들이 대대로 봉토를 받는 일을 마침내 중지하게 했다.

7_ 강성姜姓 여씨呂氏로 이름은 상尙, 자는 자아子牙. 주나라 태공太公 고공단보古公亶父가 항상 성인이 주나라로 올 것이고 그럼 주나라가 흥성한다고 소망했다. 이 때문에 주 문왕이 위수渭水 가에서 여상을 만나 태사로 등용하면서 태공이 소망한 분이란 뜻으로 태공망太公望이라고 불렀다고 한다. 이에 강태공姜太公으로도 불린다. 문왕 사후 무왕을 도와 은나라 주왕을 정벌하고 천하를 통일했다.

인재를 등용할 땐 품행을 자세히 따져야

정관 6년, 태종이 위징에게 말했다.

"옛사람이 말하기를 임금은 관직에 사람을 선발할 때 경솔하게 함부로 등용해서는 안 된다고 했소. 짐이 지금 한 가지 일을 하면 천하 사람들이 모두 보고, 한 마디 말을 하면 천하 사람들이 모두 듣소. 바른 사람을 등용하면 선행을 하는 사람들이 모두 힘을 얻고, 악인을 잘못 등용하면 악행을 하는 자들이 다투어 진출할 것이오. 상을 그 노고에 맞게 내리면 공로가 없는 자는 스스로 물러날 것이고, 벌을 그 죄과에 맞게 내리면 악행을 하는 자가 경계하고 두려워할 것이오. 이 때문에 상과 벌을 경솔하게 내려서는 안 되고 사람을 등용할 때도 더욱 신중하게 선발해야 함을 알아야 하오."

위징이 대답했다.

"사람을 알아보는 일은 옛날부터 어려웠습니다. 이 때문에 실적을 잘 헤아려 퇴출과 승진을 결정했고, 또 그들의 선악까지 자세히 살폈습니다. 오늘날 인재를 구하려면 반드시 품행을 세밀하게 따져봐야 합니다. 만약 그 사람이 선하다는 사실을 알고 난 연후에 등용하면 설령 그가 일을 잘하지 못하더라도 그것은 그의 재능과 힘이 미치지 못한 결과일 뿐이니 큰 폐해가 생기지는 않습니다. 그러나 악인을 잘못 등용하면 그 사람이 힘이 강하고 능력이 뛰어나다 하더라도 그 폐해는 지극히 커집니다. 다만 난세에는 사람의 재능만 구해야지 품행을 돌아볼 수 없습니다. 그러나 태평할 때는 반드시 재능과 품행을 겸비한 사람을 임용해야 합니다."

군수와 현령에 어진 사람을 임명하라

정관 11년 시어사 마주가 상소문을 올렸다.

"천하를 다스리는 분은 사람을 근본으로 삼아야 하고, 백성을 안락하게 하는 일은 오직 자사와 현령의 능력에 달려 있습니다. 그러나 현령의 숫자가 많아지니 그들 모두가 현명할 수는 없습니다. 만약 모든 주州에 훌륭한 자사를 임명하면 온 고을 경내가 안정을 이룰 수 있을 것이고, 천하의 자사가 모두 성상의 뜻을 잘 받들면 폐하께서는 대궐에서 공손하게 손만 모으고 있어도 백성이 불안하게 생각하지 않을 것입니다. 옛날부터 군수와 현령 직위엔 모두 어질고 덕망 있는 사람을 잘 선발해서 썼고, 장군이나 재상으로 승진시키려는 사람이 있으면 반드시 백성에게 다가가는 직위[군수]에 임명해 먼저 시험해보았습니다. 그리하여 더러 녹봉 2000석의 군수 직위에서 승상 및 사도나 태위가 되기도 했습니다. 조정에서는 절대로 내신內臣의 선발만 중시해서는 안 됩니다. 그럼 외직인 자사와 현령을 임명할 때 마침내 그 선발을 소홀히 하게 될 것입니다. 따라서 백성이 아직도 편안한 생활을 하지 못하는 연유가 아마도 여기에서 말미암는 듯합니다."

그리하여 태종이 근신들에게 말했다.

"자사는 짐이 스스로 선발할 터이니 현령은 경관京官 5품 이상에게 조칙을 내려 각자가 한 사람씩 추천하게 하오."

상서성의 관리를 엄선하여 관직의 기강을 잡으라

정관 11년, 치서시어사 유계劉洎가 좌우 승을 특별히 정선해야 한다고 생각하고 상소문을 올렸다.

"신이 듣건대 상서성에서 국가의 만사를 처리하는 건 실로 정치의 근본이라고 합니다. 엎드려 살펴보건대 상서성의 인원을 선임하고 임무를 맡기는 일은 진실로 어렵습니다. 이러한 까닭에 좌복야와 우복야 그리고 6부의 상서尙書 직은 하늘의 문창성文昌星[8]에 비견되고, 좌승과 우승은 수레의 양쪽 끌채에 비견됩니다. 그리고 조랑曹郎[9] 직에 이르기까지 모든 관직이 위로 하늘의 여러 별자리에 호응하므로 만약 직무에 합당한 인재가 아니면 벼슬자리나 훔쳐 비방만 들끓게 할 것입니다.

엎드려 살펴보건대 근래에 상서성에서는 조칙 시행이 막히고 문건 처리가 정체되고 있습니다. 신은 진실로 용렬하지만 그 근원을 말씀드리고자 합니다. 정관 초년에는 아직 상서령과 복야 직이 없었습니다. 당시에 상서성은 업무가 복잡하여 지금보다 두 배 이상의 일을 했습니다. 그러나 좌승 대주와 우승 위징은 모두 관리의 업무에 통달했고 성품은 공평하고 정직하여 관리의 탄핵과 천거에 있어서 회피함이 없었습니다. 폐하께서도 여가 있을 때마다 은혜를 베푸시어 저절로 관리들을 엄숙하게 만드셨습니다. 백관이 게으르지 않았던 것도 이러한 연유 때문이었습니다. 두정륜杜正倫이 계속해서 우승 직을 맡고 나서도 아랫사람을 꽤 엄격하게 단속했습니다.

그런데 근래에 관리들의 기강이 잡히지 않는 것은 모두 훈구대신과 황실 친척이 벼슬자리를 차지하고 있기 때문입니다. 그들은 자신의 임무도 감당하지 못하는 재능으로, 공훈과 세력만 믿고 서로 다투고 있습니다. 무릇 관료들도 공평한 도리를 아직도 따르지 않으며, 스스로 부지런히 노력하려 하면서도 먼저 시끄러운 비방을 당할까 두려워합니다. 이 때문에 낭중도 일을 결정할지 말지 망설이다가 오직 상

8_ 학문과 문운文運 그리고 공명功名을 관장한다는 별. 흔히 28수 중 규수奎宿를 가리킨다.

9_ 각 관서의 낭郎 직을 가리킨다. 시랑侍郎, 낭중郎中, 원외랑員外郎 등이 이에 해당한다.

부와 상의하려고만 할 뿐이고, 상서도 일을 지지부진 미루며 결단을 내리지 못합니다. 더러 규탄에 관한 일은 상주하여 황상께 알려야 하는데도 고의로 일을 지연시키며 그 안건의 이치가 다 밝혀졌는데도 여전히 아랫사람을 다시 심문합니다. 공문서를 내보낼 때는 일정한 기한이 없고 되돌려 받을 때도 지연에 따른 책임을 지지 않으니, 한 번 문서를 내보내면 바로 1년을 넘깁니다.

때로는 상부의 지시를 바라다가 실제 상황을 놓치기도 하고 때로는 자신의 혐의를 피하려다 올바른 이치를 억누르기도 합니다. 담당 관서는 안건을 종료시키기 위해 시시비비는 따지지도 않고, 상서는 아첨과 영합을 공무 처리의 원칙으로 삼은 채 옳고 그름은 논하지도 않습니다. 서로서로 대강대강 업무를 처리하며 미봉책만 일삼고 있습니다. 사람들 속에서 인재를 선발하고 유능한 사람에게 벼슬을 주어야 하므로 재능 있는 사람이 아니면 천거해서는 안 됩니다. 하늘의 관직을 사람이 대신해야 하는데 어찌 함부로 벼슬을 줄 수 있겠습니까?

황실 친척과 훈구대신은 오직 예법에 맞는 품계로만 우대해야 합니다. 더러 연세가 여든에 이르렀거나 더러 오래 병을 앓아 지혜가 어두워진 분들은 이미 시의時宜에 도움이 되지 않으므로 응당 편안히 쉬도록 조치해야 합니다. 현인의 진로를 오래 방해하는 것은 매우 잘못된 일입니다. 이러한 폐단을 바로잡기 위해서는 상서, 좌우 승과 낭중을 정밀하게 선발해야 합니다. 만약 그런 인재를 모두 얻었다면 저절로 관직의 기강이 잡힐 것이고 또 벼슬자리만 다투는 기풍도 바로잡을 수 있을 것이니 이것이 어찌 업무 지체를 멈추게 하는 일에만 그치겠습니까?"

상소문을 아뢰고 오래지 않아 유계를 상서우승尙書右丞으로 삼았다.

스스로를 천거하게 해서는 안 된다

정관 13년, 태종이 근신들에게 말했다.

"태평한 시대 이후에는 반드시 천하대란이 있고, 천하대란이 있은 연후에는 반드시 태평한 시대가 있다고 하오. 지금은 천하대란이 있은 이후이니 바로 태평한 시대의 운세에 해당하오. 천하를 안정시키는 일은 오직 현명한 인재를 등용하는 일에 달려 있소. 공들도 현명한 인재를 알지 못하고 짐도 두루두루 많은 사람을 알 수가 없소. 하루하루 일상을 반복하면서도 인재를 얻는 이치를 알지 못하오. 지금 사람들로 하여금 스스로를 천거하게 하면 어떻겠소?"

위징이 대답했다.

"다른 사람을 잘 아는 사람은 지혜롭고 스스로를 잘 아는 사람은 현명하다고 합니다. 다른 사람을 잘 아는 건 어려운 일이고, 스스로를 잘 아는 것도 쉬운 일이 아닙니다. 또 어리석은 사람들은 모두 자신의 유능함을 자랑하고 자신의 선함을 떠벌립니다. 경박한 경쟁 풍조를 조장할까 두려우니 스스로를 천거하는 정책을 시행해서는 안 됩니다."

임금은 어진 신하의 보필을 받아야

정관 14년, 특진 위징이 상소문을 올렸다.

"신이 듣건대 신하를 아는 사람으로는 임금보다 더 나은 이가 없고, 자식을 아는 사람으로는 아버지보다 더 나은 이가 없다고 합니다. 아버지가 아들을 알 수 없으면 한 집안을 화목하게 할 수 없고, 임금이 신하를 알 수 없으면 만국을 잘 다스릴 수 없습니다. 만국이 두루 평화를 얻고 임금 한 사람이 경사를 맞이하려면 반드시 충성스럽고 어진 신하의 보필에 기대야 합니다. 준재가 관직에 있으면 수많은 공적을 쌓을 수 있어 임금은 아무 일을 하지 않고도 백성을 교화할 수 있습니다.

요, 순, 문왕, 무왕이 앞 시대에 칭송을 들은 이유는 이들 모두 사람을 잘 알아보고 현인을 법도로 삼았으며, 다양한 인재가 조정에 가득했기 때문입니다. 당시에는 8원八元[10]과 8개八凱[11]가 위대한 공적을 세웠고, 주공[12]과 소공召公[13]이 찬란한 미덕을 빛냈습니다. 그러므로 4악四嶽,[14] 9관九官,[15] 5신五臣,[16] 10란十亂[17]이 어찌 지난 시대에만 탄생하고 유독 지금 시대에는 없겠습니까? 그런 인재를 구하느냐 구하지 않느냐? 그리고 그런 인재를 좋아하느냐 좋아하지 않느냐에 달려 있을 뿐입니다.

무슨 까닭에 이렇게 말할 수 있겠습니까? 대저 아름다운 옥과 밝은 구슬, 공작, 비취, 무소, 코끼리, 그리고 대원大宛[18]의 명마와 서이西

10_ 중국 전설에 나오는 고신씨高辛氏의 뛰어난 여덟 아들. 백분伯奮, 중감仲堪, 숙헌叔獻, 계중季仲, 백호伯虎, 중웅仲熊, 숙표叔豹, 계리季狸가 그들이다.

11_ 중국 전설에 나오는 고양씨高陽氏의 뛰어난 여덟 아들. 창서蒼舒, 퇴개隤凱, 도인檮戭, 대림大臨, 방강尨降, 정견庭堅, 중용仲容, 숙달叔達이 그들이다.

12_ 주 문왕의 아들이며 주 무왕의 아우. 이름은 단旦이다. 어린 조카 성왕이 보위에 오르자 섭정攝政을 맡아 주나라 문물제도를 완성하고 전성기를 열었다. 유가에서 존중하는 성인의 한 사람이다. 그의 후손은 노나라에 봉해졌다.

13_ 주 문왕의 아들이며 주 무왕과 주공의 아우로 이름은 석奭. 주공과 함께 성왕을 보필하여 주나라 전성기를 열었다. 그의 후손은 연燕나라에 봉해졌다.

14_ 사악四嶽을 한 사람으로 보는 학설과 네 사람으로 보는 학설이 있다. 『국어』「주어周語」에 따르면 순임금 때 공공共工의 종손자 사악四嶽이 우를 도와 치수에 공을 세워 강성姜姓을 하사받고 여呂 땅에 봉해졌으며, 이 사람이 강태공 여상呂尙의 선조라고 한다. 공안국의 『상서집해尙書集解』에 따르면 요임금 때 희화羲和의 네 아들이 사악四嶽을 관장하는 제후가 되었다.

15_ 중국 전설에 따르면 순임금 때의 아홉 대신이다. 안사고顔師古의 『상서』 주注에 따르면 우는 사공, 기棄는 후직后稷, 설契은 사도司徒, 고요咎繇는 작사作士, 수垂는 공공共工, 익益은 짐우朕虞, 백이伯夷는 질종秩宗, 기夔는 전악典樂, 용龍은 납언納言 직에 임명되었다.

16_ 『논어』「태백」 하안何晏의 주에 따르면 순임금 때 명신인 우, 직稷, 설契, 고요皐陶, 백익伯益이 5신이라고 한다. 이외에 주 문왕, 주 무왕 때도 5신이 있었다.

17_ 주나라 때 천하를 태평성대로 이끈 10명의 명신을 가리킨다. 공영달孔穎達의 『상서』 주소에 따르면 주공 단, 소공 석, 태공망太公望, 필공畢公, 영공榮公, 태전太顚, 굉요宏夭, 산의생散宜生, 남궁괄南宮适, 문모文母(또는 읍강邑姜)다.

18_ 지금의 우즈베키스탄 페르가나 분지에 있던 고대국가. 명마의 산지로 유명했다.

夷의 명견은 어떤 것은 발이 없는 물건이며 어떤 것은 감정이 없는 동물입니다. 그것들은 팔방의 끝에서 생산되었고 만리 밖 먼 곳에 떨어져 있습니다. 그런데도 여러 번의 통역을 거쳐 그것들을 조공품으로 바치기 위해 끊임없이 도로를 오고가는 것은 무슨 이유입니까? 대체로 중국에서 이 물건들을 좋아하기 때문입니다.

게다가 벼슬에 나선 사람은 임금이 부여하는 영화를 누릴 생각을 하고 임금이 하사하는 녹봉을 먹습니다. 이들을 대의로써 인도하면 임금이 어디에 간들 이들이 오지 않겠습니까? 이들과 함께 효도를 실천하면 [이들을] 증삼曾參[19]·민자건閔子騫과 같아지게 할 수 있고, 이들과 함께 충성을 실천하면 [이들을] 관용방·비간과 같아지게 할 수 있으며, 이들과 함께 신의를 실천하면 [이들을] 미생尾生[20]·전금展禽[21]과 같아지게 할 수 있고, 이들과 함께 청렴을 실천하면 [이들을] 백이·숙제[22]와 같아지게 할 수 있다고 신은 생각합니다."

여섯 부류의 바른 신하와 사악한 신하

"그러나 지금의 신료들 중에서 정결하고 탁월하게 행동할 수 있는

19_ 공자의 제자로 자는 자여子輿. 공자의 가르침을 깊이 체득하여 그 적통을 전한 것으로 알려져 있다. 효孝에 뛰어났고, 『효경』의 저자로 전해지며 후세에 종성宗聖으로 일컬어졌다.

20_ 『장자莊子』 「도척盜跖」에 따르면 미생이 한 여자와 다리 아래에서 만나기로 약속했는데, 여자는 오지 않고 홍수로 강물이 불어 결국 미생은 다리기둥을 끌어안고 기다리다가 익사했다. 고지식할 정도로 신의를 중시하는 사람을 비유한다.

21_ 춘추시대 노나라 대부 유하혜柳下惠. 성씨는 전展, 자는 자금子禽이다. 유하柳下 땅에 봉토가 있었고 시호가 혜惠이기 때문에 유하혜로 불린다. 『순자』 「대략大略」에 따르면 유하혜가 추운 밤에 성문 근처에서 잠을 자게 되었는데, 집이 없는 한 여자가 추위에 떠는 것을 보고 그녀를 자신의 품에 안고 밤을 새면서도 음란한 짓을 하지 않았다. 여기에서 좌회불란坐懷不亂이란 고사성어가 나왔다.

22_ 백이와 숙제는 은나라 고죽군孤竹君의 두 아들. 두 사람은 고죽국의 보위를 사양하고 주 문왕에게 귀의했다. 그러나 문왕의 아들 무왕이 신하의 몸으로 은나라 주왕을 정벌하자, 그 부당함을 아뢰고 수양산首陽山으로 들어가 고사리를 캐먹으며 연명하다 아사했다.

사람이 드문 까닭은 대체로 그런 인물을 구하는 마음이 절실하지 않고 그들을 단련하는 교육이 정확하지 않기 때문입니다. 만약 공정한 충성심으로 힘쓰게 하고 원대한 포부로 기약하면서 각자가 직분을 갖게 하면 저마다 자신의 도리를 행할 수 있을 것입니다. 귀족을 평가할 때는 그가 추천한 인물을 살펴보고, 부자를 평가할 때는 그가 부양하는 문객을 살펴보고, 평소 거주할 때는 그가 좋아하는 기호를 살펴보고, 공부할 때는 그가 하는 말을 살펴보고, 가난하면 그가 받지 않는 것이 있는지 살펴보고, 비천하면 그가 하지 않는 행동이 있는지 살펴봐야 합니다. 재능에 따라 사람을 선발하고 능력을 살펴 직무를 맡기면서 사람의 장점을 쓰고 사람의 단점을 가려줍니다. 육정六正으로 진출시키고 육사六邪로 경계하면 엄격하게 하지 않아도 저절로 갈고닦고 권하지 않아도 저절로 힘씁니다.

이 때문에 『설원說苑』[23]에서는 이렇게 말했습니다.

'신하의 행동에는 육정과 육사가 있다. 육정을 행하면 영예를 누리지만 육사를 범하면 치욕을 당한다. 육정이란 무엇인가? 첫째, 일의 단초가 아직 생겨나지 않고 사건의 조짐이 아직 보이지 않을 때 분명하게 홀로 존망의 기미와 득실의 요체를 살펴 사단이 일어나기 전에 미리 엄금하고 임금으로 하여금 혁혁한 영예의 땅에 우뚝 서게 한다. 이와 같은 신하가 성신聖臣이다. 둘째, 허심탄회하게 생각을 다 펼쳐 날마다 선한 길로 나아가면서 예의로써 임금을 권면하고 장기 대책으로 임금을 깨우친다. 임금의 미덕에는 순종하고 임금의 악행은 바로잡아 구제한다. 이와 같은 신하가 양신良臣이다. 셋째, 아침 일찍 일어나 밤늦게 잠들면서 현인 등용에 게으르지 않고 지난 역사의 사례를 자주 말하며 생각을 가다듬는다. 이와 같은 신하가 충신忠臣이다.

23_ 전한의 유향劉向이 유가 사상에 입각하여 앞 시대의 다양한 일화를 모은 책. 모두 20권이다. 육정六正과 육사六邪는 『설원』「신술臣術」에 나온다.

넷째, 성공과 실패의 결과를 미리 밝게 살펴 일찌감치 예방하고 구제하면서 틈새를 막고 원천을 끊어 전화위복의 대책으로 임금이 마침내 근심에 젖지 않게 한다. 이와 같은 신하가 지신智臣이다. 다섯째, 공문을 준수하고 법령을 받들어 관리를 임명하고 업무를 맡길 때 뇌물을 받지 않고 녹봉은 사양하고 포상은 양보하면서 음식까지 절약한다. 이와 같은 신하가 정신貞臣이다. 여섯째, 국가가 혼란에 빠졌을 때 아첨하지 않고 감히 임금의 존안을 범하면서 면전에서 임금의 과실을 말한다. 이와 같은 신하가 직신直臣이다. 이 여섯 가지를 일러 육정이라 한다.

그렇다면 육사란 무엇인가? 첫째, 벼슬에 안주하고 녹봉만 탐하면서 공무에 힘쓰지 않고 세속의 흐름과 더불어 부침하며 좌우의 눈치를 본다. 이와 같은 신하가 구신具臣이다. 둘째, 임금이 하는 말은 모두 선하다 하고 임금이 하는 행위는 모두 옳다고 하면서 남몰래 임금이 좋아하는 것을 구해 바치고 임금의 이목을 기쁘게 한다. 남몰래 영합하고 비굴하게 아첨하여 임금과 더불어 즐기며 이후의 폐해는 돌아보지 않는다. 이와 같은 신하가 유신諛臣이다. 셋째, 마음속으로는 음험한 생각을 감추고 밖으로는 조심스러운 척하며 교언영색으로 선한 사람을 질투하고 어진 사람을 시기한다. 사람을 추천할 때는 장점만을 밝게 드러내고 단점은 감춘다. 사람을 내칠 때는 단점을 밝게 드러내고 장점은 감춰서 임금이 상벌을 부당하게 내리게 하고 임금의 호령이 시행되지 못하게 한다. 이러한 신하가 간신姦臣이다. 넷째, 지혜는 족히 비리를 분식할 만하고 변론은 족히 남을 설득할 만하여 안으로는 골육지친을 이간시키고 밖으로는 조정의 분란을 조성한다. 이와 같은 신하가 참신讒臣이다. 다섯째, 권력을 오로지하고 세도를 부리면서 하찮은 일을 중요하게 만들고 개인 가문으로 파당을 지어 자기 집안을 부유하게 한다. 또 임금의 명령을 제멋대로 고쳐 자신만 고귀한 지위에 오른다. 이와 같은 신하가 적신賊臣이다. 여섯째, 임금에게 아첨하여 사악함을 찬양하면서 임금을 불의의 소굴에 빠뜨리고 파당을 모아 임금의 현명함을 가려 흑백을 분별하지 못하게 하고 잘잘못을 가리지 못하게 한다. 그리하여 임금의 악행이 나라 안에 두루 알려지게 하고 사방의 이웃 나라에까지 그 소문이 들리게 한다. 이러한 신하가 망국지신亡國之臣이다. 이 여섯 가지를 일러 육사라 한다.

현명한 신하는 육정의 길을 걷지, 육사의 술책을 자행하지 않는다. 이 때문에 임금은 편안하고 백성은 잘 다스려진다. 살아서는 즐거움을 누리고 죽어서는 추모의 대상이 되니 이것이 신하로서의 올바른 계책이다.'

『예기』에서는 또 이렇게 말했습니다.

'저울추를 진실하게 매달면 경중輕重을 속일 수 없다. 먹줄을 진실하게 그으면 곡직曲直을 속일 수 없다. 규구規矩[24]를 진실하게 대면 방원方圓(네모와 동그라미)을 속일 수 없다. 군자가 예의를 자세히 알면 간사한 술수로 속일 수 없다.'[25]

그러므로 신이 말씀드리는 진위眞僞는 알기가 어렵지 않습니다. 또 예의를 베풀어 대우하고 법을 집행하여 제어하면서 선행을 한 사람에게는 상을 내리고 악행을 저지른 자에게는 벌을 내리면 어찌 감히 그 길을 따르려 하지 않을 것이며, 어찌 감히 자신의 힘을 다 발휘하려 하지 않겠습니까?"

24_ 규規는 원을 그릴 때 표준으로 삼던 도구. 구矩는 사각형을 그릴 때 표준으로 삼던 도구다.

25_ 『예기』 「경해經解」에 나온다. "權衡誠懸, 不可欺以輕重. 繩墨誠陳, 不可欺以曲直. 規矩誠設, 不可欺以方圓. 君子審禮, 不可誣以姦詐."

포상과 처벌을 공평하게 시행하라

"국가에서 충성스럽고 어진 인재를 승진시키고 불초한 인재를 퇴출시키려 한 지 10여 년이 되었습니다. 그러나 단지 그런 말만 들리고 그런 조치를 당한 사람은 보이지 않는데 이것이 어찌 된 일입니까? 대체로 말은 옳게 하면서도 행동은 잘못되었기 때문인 듯합니다. 말을 옳게 할 때는 공평한 이치에서 출발했지만 행동을 잘못할 때는 사악한 길로 나아간 것입니다. 옳고 그름이 서로 어지럽게 섞이고 좋아함과 싫어함이 서로 모순을 보이고 있습니다. 자신이 좋아하는 사람은 죄가 있어도 형벌을 가하지 않고, 자신이 싫어하는 사람은 죄가 없어도 처벌을 면치 못하게 합니다. 이것이 이른바 좋아하면 그 사람이 살기를 바라고, 싫어하면 그 사람이 죽기를 바란다는 말입니다.

더러는 작은 증오 때문에 큰 선행을 한 사람을 버리기도 하고, 더러는 작은 과실 때문에 큰 공로를 세운 사람을 망각하기도 합니다. 이것이 이른바 임금의 포상은 공이 없으면 받을 수 없고, 임금의 처벌은 죄가 있으면 모면할 수 없다는 말입니다. 포상으로 선행을 권면하지 못하고 처벌로 악행을 징계하지 못하면서 사악함과 정직함에 의혹이 없기를 바라는 것이 과연 가능하겠습니까? 만약 포상할 때 소원한 사람을 빠뜨리지 않고, 처벌할 때 친밀한 귀족을 비호하지 않으면서 공평함을 규칙으로 삼고 인의를 표준으로 삼아 업무를 살필 때는 그 명분을 바르게 하고 명분을 따를 때는 그 실질을 추구하면 사악함과 정직함이 실상을 숨길 수 없고 선과 악이 저절로 분명해질 것입니다.

그런 다음 실질을 취하며 화려함을 숭상하지 않고, 후덕한 입장을 견지하며 경박한 태도를 갖지 않으면 말을 하지 않고도 교화가 행해져서 한 달 만에 결과를 알 수 있을 것입니다. 만약 한갓 아름다운 비단만 좋아하며 백성을 위해 관리를 선발하지 않는다면 지극히 공평한 말을 한다 해도 지극히 공평한 실속은 없을 것입니다. 좋아하는 사람에게는 그의 악행을 모른 척하고 미워하는 사람에게는 결국 그의 선행조차 잊은 채, 사사로운 감정에 따라 사악한 아첨꾼을 가까이 하고, 공정한 이치를 배반하면서 충성스러운 인재를 멀리하면 비록 아침부터 한밤중까지 게으름 없이 노심초사하며 지극한 다스림을 구하려 해도 그런 결과를 얻을 수 없을 것입니다."

상소문이 올라가자 태종은 매우 가상히 여기며 그의 건의를 받아들였다.

수염만 훌륭해서야

정관 21년, 태종이 취미궁翠微宮[26]에서 사농경司農卿[27] 이위李緯에게 호부상서 직을 내렸다. 이때 방현령은 경성유수京城留守였다. 마침 도성에서 오는 사람이 있어 태종이 물었다.

"방현령이 이위가 상서 직에 임명되었다는 소문을 들었을 텐데 반응이 어떠했소?"

그가 대답했다.

"이위는 수염이 매우 훌륭하다라고만 말하고 다른 말은 없었습니다."

그리하여 이위를 낙주자사洛州刺史로 바꿔 임명했다.

26_ 당 태종의 피서를 위해 종남산終南山 기슭에 지은 행궁.

27_ 양식과 화폐 및 국고國庫를 관장하는 사농시司農寺의 장관. 고대의 대사농을 북주 때 개편했다.

제8편 | 봉건제도

封建

'봉건'이란 왕실 종친이나 이성異姓 공신을 각 지방에 분봉하여 왕실을 호위하게 하는 통치 방법이다. 주나라 때 각 제후를 공公, 후侯, 백伯, 자子, 남男으로 구분하여 전국에 봉함으로써 중국 고대 봉건제도가 완성되었다. 그러나 춘추전국시대에 이르러 제후국이 강성해지자 중앙의 주나라는 통제력을 잃고 위엄을 유지하지 못했다. 전국시대를 통일한 진秦나라는 이러한 병폐를 방지하기 위해 중앙집권식 군현제를 시행했다. 이는 중앙의 조정에서 각 군현에 지방 장관을 파견하여 직접 통치하는 방식이다. 그리고 한나라 때는 봉건과 군현을 병행하는 군국郡國제로 단점을 보완하려 했고, 당나라 때도 한나라 때와 유사한 군국제를 시행했다.

역대로 이 두 제도의 장단점에 대해 많은 논의가 있었지만 명확한 결론은 나지 않았다. 아무리 안정된 나라와 훌륭한 법제가 있더라도 그것을 적절하게 다스리고 정의롭게 운영할 만한 사람이 없으면 아무런 쓸모도 없다. 봉건제도와 군현제도도 결국은 마찬가지다.

그러나 중요한 점은 봉건제도에서 흔히 드러나는 신분과 계층의 세습화, 또는 권력과 부의 고착화 문제다. 봉건 제후국은 자손들이 대대로 그 영토와 작위를 세습한다. 따라서 무능한 후손이 나라에 아무 공로를 세우지 못하고도 조상을 잘 둔 덕에 대를 이어 부귀영화를 누리는 경우가 많았다. 당 태종이 황실 종친 중에서 아무 공로도 세우지 못한 사람에 대해 현공縣公으로 작위를 강등하라고 명령을 내린 것도 바로 봉건제도의 이러한 폐단을 인식했기 때문이다. 아울러 당 태종은 봉건제도를 시대에 맞게 조정하고 세습 귀족 대신 현인을 임용하라는 이백약의 간언까지 받아들였다. 이러한 조치들이 봉건제도에 대한 근본적인 개혁 조치로 나아가지는 못했지만 당시로서는 신분의 고착화를 막기 위한 매우 혁신적인 조치였다.

황실 종친을 편애하지 말라

정관 원년, 중서령 방현령을 한국공邢國公에 봉했고, 병부상서 두여회를 채국공蔡國公에 봉했으며, 이부상서 장손무기를 제국공齊國公에 봉했다. 이들은 모두 제1등 공신이라 식읍으로 실제 봉호 1300호를 받았다. 그러자 태종의 당숙 회안왕淮安王 이신통李神通[1]이 이렇게 아뢰었다.

"의군義軍의 깃발을 처음 들 때 신이 군사를 이끌고 첫째로 달려왔는데, 이제 방현령 등 문서나 끼적이던 자들이 제1등 공신이 되었으니 신은 승복하지 못하겠습니다."

태종이 말했다.

"국가 대사는 오직 상과 벌에 의지해야 합니다. 상을 그 노고에 맞게 내리면 공이 없는 자는 스스로 물러날 것입니다. 벌을 그 죄에 맞게 내리면 악행을 저지른 자는 모두 두려워할 것입니다. 그런즉 상과 벌을 가볍게 시행할 수 없습니다. 지금 공훈을 따져서 상을 내렸습니다. 방현령 등은 군영에서 좋은 계책을 마련하여 사직을 획정한 공이 있습니다. 따라서 한나라 소하蕭何[2]는 전쟁터에서 직접 말을 치달리지는 않았지만 군대의 행동을 지시하고 수레를 밀어주는 일을 했기 때문에 그 공훈이 제1등에 해당될 수 있었습니다. 당숙께서는 우리 국가에 지극히 가까운 친척이므로 진실로 상이 아까울 것이 없지만 사사로운 인연으로 함부로 공신과 똑같은 상을 드릴 수는 없습니다."

이 때문에 공신들은 서로 이렇게 말했다.

1_ 당 고조의 사촌동생(577~630). 이름은 수壽, 자는 신통神通이다. 당나라 창업을 적극적으로 도와 정국공鄭國公에 봉해졌다.

2_ 한 개국 일등 공신(기원전 257~기원전 193). 장량, 한신과 함께 한초삼걸로 불린다. 고조의 참모로 천하 통일에 혁혁한 공을 세웠다. 한신을 천거하여 대장군으로 삼게 했고, 통일 후 승상에 올라 법률과 제도를 정비하여 나라를 안정시켰다.

"폐하께서 지극히 공정한 마음으로 상을 내릴 때 그 친척을 사사롭게 편애하지 않으셨으니 우리가 어찌 망령되이 하소연할 수 있겠는가?"

당초에 당 고조는 모든 황실 종친의 호적을 바로 잡고서 형제와 조카에서 4촌, 6촌, 8촌 이상의 아이들 중 왕에 봉한 사람이 수십 명이었다. 이때에 이르러 태종이 신료들에게 말했다.

"양한 이래로 오직 자식과 친형제만 왕으로 봉했고 촌수가 먼 친척은 큰 공을 세우지 못한 경우, 가령 한의 유가劉賈[3]와 유택劉澤[4]은 모두 봉토를 받지 못했소. 만약 모든 친척을 왕으로 봉하면 노역에 종사하는 사람을 많이 줘야 하므로 만백성을 힘들게 하면서 자신의 친척을 봉양하는 일이 될 것이오."

그리하여 먼저 군왕郡王에 봉한 황실 종친 중에서 그간에 공을 세우지 못한 사람은 모두 현공縣公으로 강등시켰다.

백성을 보호하는 일은 제왕의 직분

정관 11년, 태종은 주나라는 자제를 제후로 봉하여 800년을 갔고, 진나라는 제후를 없애서 2세 만에 멸망했고, 한나라는 여후呂后가 유씨劉氏 황실을 위기로 몰아넣으려 할 때 마침내 종친에 의지하여 안정을 찾았으므로 친척과 현신을 제후로 봉하는 것이 자손이 나라를 오래 유지하는 길이라 생각했다. 그리하여 제도를 정해 자제 중에서 형주도독荊州都督 형왕荊王 이원경李元景,[5] 안주도독安州都督 오왕 이각

3_ 한 고조의 종친(?~기원전 196). 실제로는 형왕荊王에 봉해졌다가 경포黥布가 반란을 일으켰을 때 항거하다 피살되었다.

4_ 한 고조 유방의 종친(?~기원전 178). 한 고조 사후 여후에 의해 낭야왕에 봉해졌고, 문제 등극에 공을 세워 연왕燕王에 봉해졌다.

5_ 당 고조 이연의 여섯째 아들이며 태종의 이복동생(618~653). 조왕과 형왕에 봉해졌다. 방유애房遺愛의 반란에 연루되어 죽임을 당했다.

李恪[6] 등 21명, 그리고 공신인 사공 조주자사趙州刺史 장손무기長孫無忌, 상서좌복야 송주자사宋州刺史 방현령 등 14명을 모두 세습 자사로 임명했다. 그러자 예부시랑禮部侍郞 이백약李百藥[7]이 봉작 세습을 논박하며 아뢰었다.

"신이 듣건대, 나라를 경영하고 백성을 보호하는 일은 제왕의 변함없는 직분이고, 임금을 존중하고 윗사람을 편안하게 하는 일은 백성의 큰 법도라고 합니다. 국가 안정의 규칙을 밝혀 영원무궁의 대업을 넓게 열어가려는 것은 만고토록 변하지 않을 진리요, 많은 사람의 생각이 함께 귀의하는 지점입니다. 그러나 나라의 운명은 길고 짧은 차이가 있고 국가의 상황은 치세와 난세의 차이가 있습니다. 물러나 옛 전적을 살펴보면 이에 대한 논의가 상세하게 실려 있습니다. 모두가 말하기를 주나라는 본래 운수를 초과했지만 진나라는 예상 기한에도 미치지 못했으니 국가 존망의 이치가 군국(제후국)에 달려 있다고 합니다. 주나라는 하나라와 은나라의 유구한 역사를 거울삼고 옛 성군의 봉건제도를 준수하고 성곽을 반석처럼 연결하여 나라의 뿌리를 깊고 튼튼하게 만들었습니다. 비록 왕실의 기강은 해이해졌지만 가지와 줄기가 서로 지탱해줬기에 반역이 일어나지 않았고 종묘의 제사도 단절되지 않았습니다. 진나라는 옛일을 본받아야 한다는 교훈을 배반하고 선왕의 도를 폐기한 채 화산華山을 밟고 그 험준함에 의지하여 제후를 내쫓고 군수郡守를 두었습니다. 황실 자제들은 작은 봉읍도 갖지 못했고 억조창생 중에는 치국의 근심을 함께하는 백성도 드물었기 때문에 필부 한 사람이 반역의 함성을 지르자 7묘七廟[8]가 모

6_ 당 태종의 셋째 아들(619~653). 모친은 수 양제의 딸 양비楊妃다. 한왕, 촉왕, 오왕에 봉해졌다. 방유애의 반란에 연루되어 장손무기의 모함을 받고 죽었다.

7_ 당 태종의 명신으로 자는 중규重規(565~648). 역사에 밝아 『북제서北齊書』를 편찬했고 직간으로도 유명했다. 그가 지은 「봉건론封建論」과 「찬도부贊道賦」가 모두 이 『정관정요』에 실려 있다. 바로 다음에 인용된 글이 바로 「봉건론」이다.

두 파괴되었습니다.

신이 생각하기에 옛날부터 제왕은 천하에 군림하면서 천명을 받지 않은 사람이 없었고 상제上帝의 명록[9]에 이름이 기록되지 않은 사람이 없었습니다. 국가 창업은 제왕 흥기의 운수를 만나 이룩한 것이었고, 그 과정의 깊은 근심은 임금의 지혜를 깨우치는 기회였습니다. 비록 위魏 무제는 양자 가문의 떳떳치 못한 신분이었고 한 고조는 노역자를 인솔하는 비천한 지위에 있었지만 보위를 엿보는 마음을 그치지 않은 것은 그들 스스로 보위를 사양하려 해도 사양할 수 없었기 때문입니다. 만약 억울하게 소송을 당한 백성이 그들에게 귀의하지 않았다면, 그들의 뛰어난 능력은 이미 고갈되었을 것입니다. 비록 요임금의 찬란한 업적은 사방을 뒤덮었고, 순임금의 뛰어난 정치는 칠정七政[10]과 나란했지만 보위를 사양하는 마음을 그치지 않은 것은 그들 스스로 보위를 고수하려 해도 고수할 수 없었기 때문입니다. 요임금과 순임금의 덕으로도 자신들의 후손을 번창하게 할 수 없었습니다. 이로써 국운의 길고 짧음은 반드시 천시天時에 달려 있고 정치의 흥성과 쇠퇴는 인사人事와 관련되어 있다는 사실을 알 수 있습니다.

옛날에 융성했던 주나라는 나라의 세수世數를 점쳐서 30세世를 얻었고, 나라의 연수年數를 점쳐서 700년을 얻었습니다.[11] 비록 쇠퇴의 길이 막다른 골목에 이르렀을 때도 문왕과 무왕의 문물은 여전히 남아 있었습니다. 이것은 원귀元龜[12]과 구정九鼎[13]으로 상징되는 국가 운

8_ 종묘에 봉향하는 일곱 명의 위패. 왕의 부친, 조부, 증조부, 고조부, 5대조, 6대조와 시조(왕조 창업주) 일곱 명의 위패를 가리킨다.

9_ 도교에서 말하는 천제天帝의 관직 명부.

10_ 칠요七曜라고도 한다. 오성五星 즉 태백성太白星(金星), 세성歲星(木星), 진성辰星(水星), 형혹성熒惑星(火星), 진성鎭星(土星)에다 태양성太陽星(日)과 태음성太陰星(月)을 합쳐서 칠정이라고 한다.

11_ 『좌전』 선공宣公 3년 기록에 따르면, 주 성왕이 구정九鼎을 낙읍으로 옮기고 왕조의 연수를 점쳐 700년을 얻었고, 세수를 점쳐 30대代를 얻었다고 한다. 주나라는 이 점괘의 예언을 초과하여 36왕 867년을 이었다.

명이 이미 하늘에 의해 정해져 있다는 사실을 말해줍니다. 주 소왕昭王[14]이 남쪽으로 정벌을 나갔다가 돌아오지 못하고, 주 평왕平王[15]이 동쪽으로 도읍을 옮겨 난리를 피할 무렵에는 하늘에 올리는 제사를 빠뜨리기도 하고 도성 근교를 지키지도 못했습니다. 이것은 쇠퇴가 점점 축적된 결과인데 봉건제도에 그 탓을 돌리게 되었습니다. 포악한 진나라의 국운은 군더더기 윤달과 같을 뿐이어서 그 연수가 불운하게 단명으로 끝나고 말았습니다. 천명을 받은 진나라의 임금은 그 덕이 우왕이나 탕왕과 달랐고, 후세를 이은 임금도 그 재능이 하계夏啓[16]나 성왕[17]에 미치지 못했습니다. 설령 이사李斯[18]나 왕관王綰[19] 같은 무리가 사방의 영토를 넓게 개척하고 장려將閭[20]나 자영子嬰[21] 같은 무리가 모두 천승의 제후에 분봉되었다 하더라도 어찌 적제赤帝의 아들[22]

12_ 중국 고대에 국가 대사를 점치던 큰 거북이. 천명이나 길흉화복을 점쳤으므로 흔히 국가의 정통성을 상징하는 의미로 쓰인다.

13_ 하나라 우왕이 중국 구주의 쇠를 모아 아홉 개의 큰 솥을 만들고 거기에 각 지역의 호수戶數와 산천의 특징 및 특산물을 기록했다. 역대 중국 왕조는 이를 천명의 상징으로 여겼다.

14_ 주 강왕康王의 아들로 이름은 만滿(?~기원전 977). 무리하게 남방 초나라를 정벌하러 나섰다가 돌아오는 길에 한수漢水에서 죽었다.

15_ 주 유왕幽王의 아들로 이름은 의구宜臼(?~기원전 720). 유왕의 폭정으로 신후申侯와 견융이 주나라를 공격하여 유왕을 죽이자, 평왕은 난리를 피해 도성을 장안에서 낙읍으로 옮겼다. 이를 주나라의 동천東遷이라 부르고 이때부터의 역사를 동주東周시대, 즉 춘추시대라 칭한다.

16_ 하나라 우왕의 아들. 제계帝啓, 하후계夏后啓, 하왕계夏王啓로도 불린다. 자신의 아들에게 보위를 물려주어 세습제 왕조를 구축했다.

17_ 주 무왕의 아들로 이름은 송誦. 숙부 주공의 보필을 받아 주나라의 전성기를 이루었다. 흔히 다음 임금인 강왕의 시대와 더불어 성강지치成康之治로 일컬어진다.

18_ 진나라 승상(기원전 284?~기원전 208). 법가 학설로 진시황을 도와 천하를 통일했다. 봉건제를 없애고 군현제를 실시하게 했고, 문자와 수레바퀴 폭을 통일했으며 분서갱유를 단행하여 사상을 통제했다. 진시황 사후 조고趙高와 함께 황제의 유서를 위조하여 호해胡亥를 보위에 올렸다. 나중에 조고의 모함으로 처형되었다.

19_ 진시황 초기 승상. 임금을 부르는 호칭으로 황제皇帝 대신 태황泰皇을 건의했고, 도성에서 먼 지역에 진시황의 자제子弟를 제후로 봉할 것을 건의했으나 이사의 반대로 무산되었다.

20_ 진시황의 아들(?~기원전 209). 호해가 진시황의 유서를 위조하여 진이세秦二世로 즉위한 후 장려 형제를 모함해서 자결하게 했다.

21_ 진시황의 손자(?~기원전 206). 조고가 진이세 호해를 죽인 후 자영을 보위에 올렸다. 자영은 즉위 5일 만에 조고를 참수하고 그의 가족까지 전부 죽였다. 유방에게 항복했으나 나중에 항우에게 살해당했다.

22_『한서』「고제본기」에 따르면 유방은 남방 적제赤帝의 아들로 화덕火德의 화신이라고 한다.

이 발흥하는 것을 거스를 수 있겠으며, 용안龍顏의 천자가 천명을 받는 것을 막을 수 있겠습니까?"

봉건제도는 시대에 맞게 조정해야

"그러므로 나라의 득실과 성패는 각각 그 까닭이 있는 것입니다. 저술가들은 대부분 기존 전철을 고수하며 고금의 차이를 망각하고 풍속의 선악은 덮어둔 채 백대百代 임금의 뒤를 이은 오늘날에 그 옛날 삼대三代의 법을 시행하려 합니다. 천하의 오복五服[23] 땅 안에 모두 제후를 봉하고, 도성 근교 천 리 안에 모두 식읍을 두려 합니다. 이것은 새끼줄 매듭結繩[24]으로 백성을 다스리던 방법을 순임금과 하나라 조정에서 시행하는 것이며, 요임금과 순임금의 낡은 법전으로 한漢나라와 위魏나라 시대를 다스리는 것이니 나라의 기강이 문란해지리라는 사실을 분명하게 알 수 있습니다. 각주구검刻舟求劍의 고착된 방법으로는 올바른 정치를 드러내지 못하고, 교주고슬膠柱鼓瑟의 경직된 방법으로는 의혹만 더 많아질 뿐입니다. 사람들은 단지 초 장왕[25]의 문정問鼎 고사와 진 문공의 청수請隧[26] 고사에 근거하여 패자의 군사를 두려워해야 한다고만 알고 있고, 또 진나라 자영子嬰의 백마소거白馬素車[27] 고사에 근거하여 당시에 제후의 원조가 더 이상 없었다는 사실

23_ 중국 고대 행정제도의 하나. 왕기王畿 밖의 땅을 500리 기준으로 구획한 것이 오복이다. 왕기로부터 가까운 곳에서 후복侯服, 전복甸服, 수복綏服, 요복要服, 황복荒服이라 불렀다.

24_ 『주역』「계사 하」에 따르면 "상고시대에는 새끼줄 매듭으로 세상을 다스렸고, 후세에는 성인이 문자로 그것을 대신했다上古結繩而治, 後世聖人易之以書契"라고 했다.

25_ 초 목왕穆王의 아들로 이름은 여旅(?~기원전 591). 춘추오패의 하나로 꼽힌다. 오산敖山 전투에서 진晉나라 군사를 대파하고 패업을 성취했다.

26_ 진 문공이 주 양왕襄王에게 수도隧道를 만들 수 있게 허락해달라고 요청한 일. 수도隧道는 천자의 시신을 묻을 때 지하의 묘혈까지 갈 수 있게 만든 길이다. 이는 천자만이 사용할 수 있는 제도인데 제후인 진 문공이 수도를 요청한 것은 천자를 대신하고 싶은 자신의 욕망을 드러낸 것이다.

만 알고 있을 뿐입니다. 그러나 사람들은 망이궁望夷宮[28]에서 진이세가 조고趙高에게 살해된 사건은 알지 못하고, 도오桃梧에서 후예后羿[29]가 한착寒浞에게 살해된 참화는 잘 모릅니다. 위나라 고귀향공高貴鄕公[30]이 당한 재앙이 어찌 주나라 신후申侯[31]와 증인繒人[32]이 저지른 참사와 다르겠습니까? 이것은 바로 임금이 현명한가 어리석은가에 따라 저절로 나라의 안위가 바뀐 것이지 진실로 군수나 제후에 의해 나라의 흥망이 결정되었던 건 아닙니다. 또 몇 대가 지나면 왕실의 침체가 나라의 울타리인 제후국에서 비롯되어 그들이 원수로 변합니다. 각 가문이 풍속을 달리하고 각 나라가 정치를 달리하면서 강자가 약자를 능멸하고 다수가 소수를 포악하게 대하면 강역을 넓히기 위해 피차 무기를 들고 서로 침범할 것입니다. 호태狐駘 전투에서는 노나라 여자가 모두 삼麻으로 머리를 묶었고,[33] 효산崤山 싸움에서는 진秦나라 군사가 수레 한 대도 되돌려오지 못했습니다.[34] 이것은 대략 하나의 작은 예만 든 것에 불과하고 그 나머지는 이루 다 헤아릴 수 없을 정도입니다. 진晉나라 육기陸機[35]는 비루하게도 이렇게 말했습니다.

27_ 『사기』 「진시황본기」에 따르면 진 마지막 황제 자영은 흰 말과 흰 수레를 타고 목에는 새끼줄을 건 채 옥새를 받들고 한 고조 유방에게 항복했다. 당시에 흰 말과 흰 수레는 장례 행사 때 쓰였다.

28_ 진나라 별궁의 하나. 지금의 산시陝西 성 징양涇陽 좡류莊劉 근처에 있었다. 조고가 호해를 이곳에서 시해했다.

29_ 하나라 때 동이족 유궁씨有窮氏의 영수. 하나라 태강太康 이후 천하가 혼란에 빠지자 하나라 도성을 공격하여 제위에 올랐다. 후예도 잔학하여 백성을 도탄에 빠뜨렸고 이에 한착이 도오에서 후예를 죽였다.

30_ 위 문제 조비의 손자 조모曹髦(241~260). 당시의 권신 사마사와 사마소 형제에 의해 보위에 올랐으나 사마씨 형제를 제거하려다가 실패하고 살해당했다.

31_ 주나라 유왕幽王의 장인. 유왕이 포사褒姒를 총애하여 왕후 신후申后와 태자 의구宜臼를 폐위하자 신후의 부친 신후申侯는 견융과 연합하여 유왕을 죽이고 태자 의구를 보위에 올렸다.

32_ 증繒은 증鄫으로도 쓴다. 지금의 허난 성 팡청方城 일대에 있던 사성姒姓 제후국이다.

33_ 『좌전』 양공襄公 4년 기록에 따르면 주邾나라와 거莒나라가 증繒나라를 공격하자 노나라 장흘臧紇이 구원에 나섰다가 호태狐駘에서 패배했고, 그 전사자를 맞이하는 노나라 여인들이 모두 삼끈으로 머리를 묶고 애도를 표시했다.

34_ 진秦나라가 진晉 문공의 장례를 틈타 진晉의 우방인 정鄭과 활滑을 공격하고 돌아오다가 효산崤山에서 진의 매복에 걸려 대패했다.

'보위를 이은 임금이 구정을 버리고 도망가자 흉악한 무리가 도읍을 점거했지만 천하는 편안했으며 올바른 통치 방법으로 혼란한 시대에 대비했다.'[36]

이 얼마나 황당한 말입니까? 관직을 설치하여 직무를 분담한 뒤 현인을 임명하고 능력자를 부려, 훌륭한 재능으로 함께 통치할 임무를 지면서, 잘잘못을 점검하고 부절을 나눠주는 일에 어느 세상인들 인재가 없겠습니까? 그리하여 만약 땅이 더러 상서로운 조짐을 드러내고, 하늘이 또한 보배를 아끼지 않으면 백성은 임금을 부모라고 일컬을 것이고 또 그 임금의 정치를 신명神明에 비견할 것입니다. 조경曹冏[37]은 득의만만하게 이렇게 말했습니다.

'무릇 제후들과 즐거움을 함께 누리는 천자는 제후들이 그의 근심을 함께 근심해주고, 제후들과 편안함을 함께 나누는 천자는 제후들이 반드시 그의 위험을 구원해준다.'[38]

어찌 봉건제의 제후로 봉해지면 안정과 위기를 함께하면서도, 군현제의 지방관으로 임명되면 그 근심과 기쁨이 달라지겠습니까? 이 얼마나 황당한 말입니까?"

35_ 서진의 유명한 문학가로 자는 사형士衡(261~303). 삼국시대 오나라 승상 육손陸遜의 손자다. 진晉에 출사하여 평원내사, 저작랑 등을 역임했다. 그의 친필 「평복첩平復帖」과 「문부文賦」 등의 저작이 전한다.

36_ 이 구절은 육기의 「오등론」에 나온다. "嗣王委其九鼎, 凶族據其天邑, 天下晏然, 以治待亂."

37_ 중국 삼국시대 안문 사람으로 자는 원수元首. 황실 종친으로 벼슬이 홍농태수에 이르렀다. 사마씨가 위나라 정권을 찬탈하려 하자 조경이 「육대론六代論」을 지어 군신 간의 대의를 밝혔다.

38_ 이 구절은 조경의 「육대론」에 나온다. "與人共其樂者人必憂其憂, 與人同其安者人必拯其危."

봉작을 세습케 하지 말고 현인을 등용하라

"여러 제후국에 군주로 책봉되면 자신의 높은 문벌에 의지하여 선조가 창업한 고난은 망각하고 저절로 얻은 고귀함을 가볍게 취급하며 세세년년 음란과 잔학을 겹겹이 쌓고, 대대손손 교만과 사치를 더욱 심하게 자행합니다. 이궁離宮과 별관別館을 은하수와 구름에 닿을 듯 높이 짓고는 혹은 강제로 인력을 동원해 백성의 힘을 고갈시키고 혹은 제후들을 불러 함께 즐기기도 합니다. 진陳 영공靈公[39]은 군신간에 패륜을 행하며 함께 하징서夏徵舒[40]를 모욕했습니다. 위衛 선공宣公[41]은 부자父子가 한 여자를 취하여 마침내 공자 수壽와 공자 삭朔을 죽였습니다.[42] 그러고도 여전히 '나 자신을 위해 나라를 잘 다스리려고 생각하는데 어찌 이와 같을 수 있겠는가?'라고 말했습니다.

내직과 외직에 종사하는 관료는 조정에서 선발했으니, 선비들 중에서 발탁하여 임무를 맡기고 샘물 거울에 맑게 비추듯 잘 살펴봐야 합니다. 그 공로를 해마다 평가하여 품계를 높여주고 그 실적을 자세히 고찰하여 진퇴를 밝혀야 합니다. 그리하면 승진에 관한 일을 절실하게 생각하고 각고 노력하는 마음을 깊이 간직하면서 혹자는 녹봉을 자신의 집안으로 가져가지 않을 것이고,[43] 혹자는 처자식을 관사로 들이지 않을 것입니다.[44] 또 품계가 고귀한 조정 관리도 음식을 할

39_ 진陳 공공共公의 아들로 이름은 평국平國(?~기원전 599). 주색에 빠져 국정을 돌보지 않았다. 공녕孔寧, 의행보儀行父와 함께 하희夏姬와 사통하다가 하희의 아들 하징서夏徵舒에게 시해 당했다.

40_ 하어숙夏御叔의 아들로 진陳 영공의 사마를 역임했다. 모친 하희가 진陳 영공 및 공녕孔寧, 의행보儀行父와 사통하는 것을 보고 영공을 시해했다가 초 장왕에게 사로잡혀 거열형에 처해졌다.

41_ 위衛 장공莊公의 아들로 이름은 진晉(?~기원전 700). 장공의 첩 이강과 사통하여 아들 급자急子를 낳았다. 또 급자를 위해 제 희공僖公의 장녀 선강을 며느리 감으로 데려와서 자신이 데리고 살았다. 선강과의 사이에서 공자 수壽과 공자 삭朔을 낳았다.

42_ 위衛 선공과 이강 사이에서 급자急子(伋)가 태어났고, 위 선공과 선강 사이에서는 공자 수와 공자 삭이 태어났다. 실제로는 공자 삭의 모함으로 공자 급자와 공자 수가 죽었고, 공자 삭은 나중에 위나라 보위에 올라 혜공惠公이 되었다. 원문에 다소 착오가 있는 듯하다.

때 불을 쓰지 않고,[45] 임무가 막중한 지방관도 거주지에서 그곳 물만 마실 것입니다.[46] 남양南陽 태수 양속羊續[47]은 너덜너덜한 삼베로 자신의 몸을 감쌌고, 내무萊蕪 현장縣長 범단范丹[48]은 음식 시루에 먼지가 끼었습니다. 벼슬살이가 오로지 재물만 늘리는 일이라면 어떻게 이처럼 청렴하게 처신할 수 있겠습니까?

종합해서 말하자면 봉작을 세습케 하지 않으면 현인을 등용하는 길이 넓어질 것이고, 백성이 안정된 임금을 갖지 못하면 관리에게 의지하는 마음이 굳건하지 못할 것입니다. 이것은 어리석은 자나 지혜로운 자나 모두 판별할 수 있는 일이니 어찌 의혹이 있을 수 있겠습니까? 나라가 멸망하고 임금이 시해당하는 가운데 윤리 강상이 어지러워지고 나라의 법도가 침범당하는 등의 일이 일어나 춘추시대 200년 동안은 대체로 편안한 해가 없었습니다. 수수睢水[49]에서 절차에 따라 제사를 올릴 때 마침내 고귀한 군주를 희생으로 사용하는 일이 있었

43_ 후한 예장태수 양병楊秉이 이렇게 처신했다.

44_ 후한 거록태수 위패魏霸와 영천태수 하병何并이 이렇게 처신했다.

45_ 후한 기주자사 좌웅左雄이 이렇게 처신했다.

46_ 서진 오군태수 등유鄧攸가 이렇게 처신했다.

47_ 후한의 유명한 청백리로 자는 흥조興祖(142~189). 남양태수로 재직할 때 그곳 부승府丞이 물고기를 바치자 양속은 뇌물을 거절하기 위해 그 물고기를 뜰에 매달아놓았다. 여기에서 '현어거회懸魚拒賄'란 고사성어가 나왔고, 사람들이 그를 현어태수라 일컬었다.

48_ 후한의 유명한 청백리로 자는 사운史雲(112~185). 내무 현장을 역임하면서 청렴한 처신으로 명망이 높았다. 당시 민요에 "시루에 먼지 나는 범사운이요, 솥 속에 물고기 노는 범래무로다甑中生塵范史雲, 釜中生魚范萊蕪"라는 구절이 있을 정도였다. 여기에서 '증중생진甑中生塵' '부중생어釜中生魚'란 고사성어가 나왔다. 영제가 그에게 정절선생貞節先生이란 시호를 내렸다.

49_ 본래 허난 성 카이펑開封 근처에서 동남쪽으로 흘러 쓰수이泗水 강과 합류했으나, 대운하 개통 이후 물길이 바뀌다가 지금은 수수睢水 자체가 사라지고 없다.

50_ 춘추시대 송 양공이 패자가 되기 위해 작은 나라 군주들과 조曹나라에서 회맹할 때 증繒나라 군주가 늦게 도착하자 그를 죽여 희생으로 삼아 수수睢水의 신에게 제사를 올렸다.

51_ 춘추시대 노 환공桓公의 부인 문강文姜이 이복 오빠 제 양공과 공공연히 사통한 일.

52_ 애제哀帝는 전한 제13대 황제로 성명은 유흔劉欣(기원전 25~기원전 1). 평제는 전한 제14대 황제로 성명은 유간劉衎(기원전 9~기원후 6). 평제는 왕망에게 독살되었다.

53_ 환제는 후한 제11대 황제로 성명은 유지劉志(132~167). 영제는 후한 제12대 황제로 성명은 유굉劉宏(156~189). 이 시기에는 환관이 조정의 실권을 장악하여 나라가 극심한 혼란에 빠졌다.

으며,[50] 노나라의 평탄한 길에서 매번 의상을 잘 차려입고 밀회를 기다리는 일이 일어났습니다.[51] 설령 전한前漢의 애제哀帝·평제平帝[52] 때나 후한後漢의 환제桓帝·영제靈帝[53] 때라 해도 아래 관리들의 음란함과 포악함이 이러한 지경에 이르지는 않았습니다. 정치의 올바른 이치를 한마디 말로 개괄할 수 있는 것입니다."

형벌을 중지하고 교화를 펼쳐야

"엎드려 생각건대 폐하께서는 나라의 기강을 장악하고 천하를 다스리며 천운을 받아 신성한 시대를 열어 억조창생의 재난을 구하고 이 세상에서 나쁜 기운을 제거했습니다. 나라를 창업하여 대통大統을 드리울 때는 천지와 짝하며 공덕을 세웠고, 호소하고 명령을 내릴 때는 만물의 묘리妙理를 알고서 발언했습니다. [폐하께서는] 홀로 성심聖心에 비춰보며 옛날 일을 깊이 생각하고 오등五等의 봉작을 복원하여 옛 제도를 다시 마련했고 여러 제후국을 세워주고 제후들과 가까이 했습니다.

몰래 생각건대 한漢·위魏 이래로 봉건제가 남긴 폐단이 아직 다 가시지 않았고, 요순시대가 지난 뒤로는 공평무사한 도리도 어그러졌습니다. 게다가 진晉나라가 통제력을 잃자 천하의 현이 붕괴되었고, 북위北魏가 승세를 타자 중화족과 이민족이 뒤섞여 살게 되었습니다. 그리하여 다시 산하山河로 경계가 나뉘어 오와 초가 현격하게 갈라졌습니다. 문文을 익히는 사람은 종횡가의 유세술을 배우고, 무武를 익히는 사람은 온통 전쟁의 야심에 젖어 있습니다. 이 모두는 교활한 사기술의 발판이 되어 천박한 풍속을 더욱 심하게 조장합니다.

수 문제가 천운을 탄 것은 북주의 외척이었기 때문입니다. 영웅들을 축출하거나 거느리면서도 그들을 심하게 시기하는 마음을 품었고, 앉아서 밝은 천운을 옮겼을 뿐 전투로 천하를 평정하지는 못했습니다. 세월이 2기紀[54]를 넘어서는 사이에도 백성은 그 사람의 덕망을 보지 못했습니다. 수 양제가 보위를 이었을 때는 세도世道가 침체하여 한때의 인물이 땅을 쓴 듯 깨끗이 사라졌습니다. 비록 폐하께서 신령하고 씩씩한 용력을 마음껏 발휘하여 도적의 학정을 평정하기는 했지만 전쟁의 참화는 그치지 않고 있으며, 백성의 고통도 편안하게 잦아들지 않고 있습니다.

폐하께서는 성스럽고 자애로우신 고조를 이어 보귀한 황위를 계승하고, 마음을 깊이 쓰면서 치세를 이루셨고 이전 임금들의 사적도 자세하게 고찰하셨습니다. 그 지극한 이치를 무어라 이름할 수는 없지만 실마리를 뽑듯 말씀의 단서를 잡아 그 줄거리를 간략히 진술하여 대략 신이 하고 싶은 이야기를 말씀 올리고자 합니다.

부모님을 두텁게 사랑하며 존경하고 그분들을 부지런히 봉양하면서도 싫증내지 않는 것은 위대한 순임금의 효성입니다. 궁궐 내시에게 직접 부왕의 안부를 묻고 친히 부왕의 수라를 맛보는 것은 문왕의 덕행입니다. 매번 사법 관청에서 죄인을 심문할 때 상서가 옥사獄事를 아뢰면 대소사를 반드시 직접 살피고 잘못된 판결과 잘된 판결을 모두 검토하여 발을 자르는 형벌로 목 자르는 형벌을 대신하게 하셨습니다. 이런 어진 마음과 측은한 품성이 음양으로 모두 관철되게 했으니 이는 위대한 우임금이 죄인을 보고 눈물을 흘린 일입니다. 신하가 정색을 하고 직언을 올릴 때 그것을 허심탄회하게 모두 받아들였고, 비천한 사람의 더듬는 말도 무시하지 않았으며 꼴 베고 나무하는 백성의 말도 버리지 않으셨으니 이는 요임금이 간언을 구한 태도입니

54_ 1기紀는 12년이므로 2기는 24년.

다. 올바른 가르침을 널리 장려하여 학생들을 권면하고 경전에 밝은 사람을 고위 관직에 발탁했으며, 뛰어난 유학자를 경상卿相의 자리로 승진시키셨는데 이는 성인聖人이 백성을 선행으로 유도하는 방법입니다. 궁궐 안이 덥고 습하여 폐하께서 더러 침식을 잘 못 하시자 신료들이 폐하에게 높고 밝은 곳으로 옮겨 그곳에 작은 누각을 짓도록 요청했습니다. 그러나 끝끝내 여러 백성의 재산이 소모되는 것을 아까워하며 결국 신료들의 소원을 억누른 채 추위와 더위에도 아랑곳하지 않고 낮고 누추한 곳을 편안하게 여기셨습니다.

근래 몇 년간 서리 피해로 흉년이 들어 온 천하에 기근이 발생하고 상란喪亂이 시작되어 창고가 텅 비었습니다. 폐하께선 백성을 긍휼히 여기고 부지런히 구제하여 한 사람도 길에서 떠돌아다니지 않게 하셨습니다. 그러면서도 폐하께선 거친 나물밥만 드시고 아름다운 음악은 철폐하신 채 말씀을 할 때마다 반드시 슬픈 목소리를 내시고 모습은 수척하게 변했습니다. 옛날에 주공 단旦은 여러 번 통역을 거쳐 조공을 바치는 이민족에게 기쁨을 표했고 우임금도 외국이 차례로 귀의하는 일에 자부심을 가졌습니다. 폐하께서는 매번 사방의 이민족이 신복臣服하고 만리 밖 민심이 귀순하는 걸 보시고도 반드시 물러나 생각하고 나아가 반성하며 정신을 모으고 염려하는 마음을 가지셨습니다. 아마도 중원의 백성을 함부로 괴롭히며 먼 나라를 취하는 걸 두려워하신 듯합니다.

따라서 만고의 영명하신 명성에 의지하여 한때의 화려한 열매를 얻으려 하지 않으셨습니다. 마음으로 애태우며 백성들이 고생할까 근심하고 사냥과 순행조차 끊으셨습니다. 매일 아침 조회를 보시며 신하의 의견을 듣고 수용함에 싫증을 내지 않으셨습니다. 참된 지혜를 만물에까지 두루 미치게 했고 올바른 도로 천하를 널리 구제하려 하셨습니다. 조회를 끝낸 이후에는 명신들을 이끌어 들여 여러 안건의 잘잘못을 토론하는 가운데 속마음을 모두 드러내면서도 오직 정사만 언급하고 다른 말은 전혀 하지 않으셨습니다. 바야흐로 해가 기울면 반드시 재주 있고 학문 깊은 선비들에게 한가한 시간을 주어 옛 서적에 대해 고담준론을 펼치게 하고, 시문을 섞어 넣어 그것을 읊게 하면서 사이사이 오묘한 현언玄言을 곁들이게 하셨습니다. 심야가 되어서도 피로한 줄 몰랐고 한밤중이 되어서도 주무시지 않으셨습니다. 이 네 부문에서 홀로 옛날 임금을 뛰어넘었으니 이것은 실로 백성이 생긴 이래 오로지 폐하만이 이루신 경지입니다.

이러한 교화를 넓혀 사방에 밝게 제시하면 진실로 1년 안에 하늘과 땅 사이에 두루 시행할 수 있을 것입니다. 그러나 지금 순수한 덕치가 아직도 가로막혀 있는 것은 천박한 속임수가 바뀌지 않았기 때문인데, 이는 습관이 오래되어 갑자기 변화하기 어려운 탓입니다. 바라건대 옥 조각을 깎아 보통 그릇을 만들고, 질박한 풍속으로 화려한 풍속을 대신하고, 형벌을 중지하고 교화를 시행하면서 봉선례를 마친 연후에 강역을 다스리는 제도를 정하고 산천을 상으로 내리는 일을 논의해도 늦지 않을 것입니다. 『주역』에서 이르기를 '천지가 차고 비는 것도 계절과 더불어 증감增減하는데 하물며 인간 세상이랴?'라고 했습니다. 이 말은 참으로 훌륭합니다!"

요순에게도 불초자식이 있었다

중서사인中書舍人 마주가 또 상소문을 올렸다.

"엎드려 조서를 살펴보건대 종친과 공신을 번국藩國의 제후로 삼고 그것을 자손에게 물려주어 그 정치를 계승하게 하면서 큰 변고가 없는 한 혹시라도 파면하지 못하게 했습니다. 신이 몰래 생각건대 폐하께서 그들을 제후로 봉한 것은 진실로 그들을 사랑하고 중시하는 마음이며 그 후손들에게 제후의 보위를 계승하게 한 것은 이 나라와 더불어 그 무궁함을 함께하기를 바라신 것입니다. 무슨 까닭입니까? 요임금과 순임금 같은 아버지에게서도 단주丹朱와 상균商均 같은 불초자식이 있었는데, 하물며 그 아래 사람이겠습니까? 아버지를 보고 자식을 발탁하다가 잘못이 심해질까 두렵습니다. 만약 어린 아이가 제후의 직위를 계승하여 만에 하나라도 교만해지면 억조창생이 그 재앙을 당할 것이고 국가도 잘못된 정치의 영향을 받을 것입니다. 제후국의 정사政事를 끊어버리자니 자문子文[55]의 정치 업적이 아직 남아 있고, 제후국의 정사를 계속 존속시키자니 난염欒黶[56]의 악행이 이미 밝게 드러났습니다. 현재 백성에게 해독을 끼치기보다는 차라리 이미 고인이 된 신하에게서 은혜를 끊어버리는 편이 더 낫습니다. 이것은 분명한 이치입니다. 그러므로 앞서 소위 공신을 사랑한 것이 바로 지금 그들을 해치는 원인으로 작용했습니다. 신의 생각으로는 [종친과 공신에게] 봉토를 주고 그 자손에게도 봉읍을 똑같이 하사할 때는 반드시 재능과 행적을 보고 그들의 그릇에 따라 주어야 합니다. 그러면 능력이 뛰어나지 않은 후손은 죄업에서 벗어날 수 있을 것입니다. 옛날 후한 광무제는 공신에게 관직을 맡기지 않은 까닭에 공신들은 끝까지 세상에서 온전한 삶을 누릴 수 있었습니다. 이는 진실로 올바른 통치술을 터득했기 때문입니다. 바라건대 폐하께서도 그 타당한 방법을 깊이 생각하시어 저들로 하여금 폐하의 큰 은혜를 받들게 하시고

55_ 초나라 성왕成王 때의 영윤. 성명은 투누오도鬬穀於菟이고 자는 자문子文이다. 『한서』「서전敍傳」 제70에 따르면 '鬬穀於菟'의 발음은 '투곡오토'가 아니라 '투누오도'다. 어진 정치로 초나라의 부국강병을 이뤘다.

56_ 진晉 여공厲公과 도공悼公의 대신(?~기원전 556). 시호는 환자桓子다. 난염의 부친 난서欒書까지는 현명한 처신으로 가문의 명성을 유지했으나, 난염과 그의 아들 난영欒盈에 이르러 포악하고 교만하여 멸문지화를 당했다.

또 그 자손들로 하여금 끝까지 복록을 누릴 수 있게 해주십시오."

태종은 그들의 말을 모두 가상하게 여기고 받아들였다. 그리하여 마침내 종친들의 자제 및 공신들의 세습 자사직을 폐지했다.

卷四

제9편 | 태자와 왕자들의 직분 정하기

太子諸王定分

당 태종은 자신의 형인 태자 이건성과 아우 이원길을 죽이고 보위에 올랐다. 이는 정권의 정통성에 치명적인 결함으로 작용했다. 태종은 이 원죄와도 같은 열등감과 곤혹감을 지우기 위해 다방면에서 노력을 기울였다. 그중 가장 대표적인 것이 '간언 장려'와 '자식들에 대한 철저한 교육'이었다.

첫째, '간언 장려'는 앞 편에서 자세히 얘기했고 '자식들에 대한 철저한 교육'은 왕실에서 더 이상 골육상잔이 일어나지 않게 하기 위해 태자와 왕자들의 직분을 정하여 각 직분에 합당한 교육을 실시한 일을 가리킨다. 태자 이외의 왕자들을 각 지방의 제후로 봉하고 현명한 선비를 초빙하여 스승으로 삼았고, 충忠, 효孝, 공恭, 검儉 등의 덕목을 집중적으로 교육했다.

하지만 태종의 자식 교육이 그다지 성공한 것 같지는 않다. 왜냐하면 태자 이승건과 넷째 아들 위왕魏王 이태가 역시 보위를 둘러싸고 심각한 암투를 그치지 않았기 때문이다. 이승건은 이태와 태자의 자리를 다투는 과정에서 군사를 일으켜 황위를 노리다가 결국 서인으로 강등되었고, 이태는 아버지의 총애를 믿고 태자 자리를 노리다가 마침내 운향鄖鄉으로 폄적되어 그곳에서 죽었다. 이후 당 태종은 위왕 이태의 아우 진왕晉王 이치李治를 태자로 세웠고, 태종 사후 즉위하여 고종이 되었다.

왕자들이 보위를 노리지 못하게 하라

정관 7년, 오왕 이각을 제주도독齊州都督[1]에 임명했다. 태종이 근신들에게 말했다.

"부자父子의 정으로 보면 어찌 늘 보고 싶지 않겠소? 그러나 국가 대사는 특별하므로 반드시 번국의 제후로 내보내야 하오. 또 일찌감치 직분을 정해주어 보위를 노리는 마음을 끊게 하고, 나의 사후에 그들 형제에게 패망의 우환이 닥치지 않도록 한 것이오."

황제의 자제에게 과도한 봉작을 주지 말라

정관 11년, 시어사 마주가 상소문을 올렸다.

"한나라와 진나라 이래 제후왕은 모두 그 봉작의 타당성을 잃었고 미리 그 직분을 정하지도 않다가 결국 멸망에 이르고 말았습니다. 임금은 그러한 까닭을 익숙하게 알고 있지만 사사로운 사랑에 빠져서 앞 수레가 이미 전복되었는데도 뒤 수레의 전철을 바꾸지 않고 달려가도록 내버려두고 있습니다. 지금 제후왕들은 폐하의 총애를 지나치게 두텁게 받고 있으니 신의 어리석은 생각으로는 총애를 믿고 교만을 부리는 데 그치지 않을 것입니다. 옛날 위魏 무제가 진사왕陳思王[2]을 총애하자, 문제는 즉위 후 방비를 단단히 하고 출입을 엄금하여 마치 [그를] 감옥에 갇힌 죄수처럼 살게 했습니다. 이는 무제의 총애가

1_ 제주齊州는 지금의 산둥 성 지난濟南.

2_ 조조의 셋째 아들 조식曹植(192~232). 자는 자건子建으로 진陳 땅에 봉해져 시호가 사思였으므로 흔히 진사왕이라 부른다. 조조가 그의 뛰어난 재능을 총애하자 조비가 그것을 시기했고, 조조 사후 심한 박해를 받았다. 형의 시기심을 풍자한 「칠보시七步詩」가 유명하고 『조자건집曹子建集』이 전한다.

과했기 때문에 보위를 이은 임금이 이를 두려워한 것입니다. 이것은 무제가 진사왕을 총애한 일이 오히려 그를 고통에 빠뜨린 원인으로 작용한 셈입니다. 또 황제의 아들이 어찌 부귀하지 못할까 근심하겠습니까? 몸소 대국大國을 식읍으로 삼고 봉호封戶도 적지 않으니 좋은 옷과 맛있는 음식 외에 또 무엇이 필요하겠습니까? 그런데도 매년 별도로 [제후왕들에게] 좋은 하사품을 내리는 일이 그치지 않고 있습니다. 속담에 이런 말이 있습니다. '가난뱅이는 배우지 않아도 검소하고, 부자는 배우지 않아도 사치한다.' 이 말은 저절로 그렇게 된다는 뜻입니다. 지금 폐하께서는 위대한 성덕으로 나라를 창업하셨는데 어찌 현재의 자제를 제후로 봉하는 일에만 그치겠습니까? 오래오래 지속되는 방법을 제정하여 만대토록 준수하게 해야 합니다."

상소문을 올리자 태종은 매우 가상히 여기며 비단 100단을 하사했다.

사랑하면 의롭게 교육하라

정관 13년, 간의대부 저수량은 위왕 이태에게 매일 특별히 제공되는 물품이 황태자의 경우보다 더 많은 것을 알고 상소문으로 간언을 올렸다.

"옛날 성인께서 예법을 만들어 적장자(맏아들)를 높이고 서자(나머지 아들)를 낮추라고 했습니다.[3] 적장자를 일러 저군儲君이라 하는데, 그 지위가 하늘(천자)에 버금가는지라 매우 높고 무겁게 예우합니다.

3_ 여기에서 적자는 적장자 즉 본처에게서 태어난 맏아들을 가리키고, 서자庶子는 둘째 아들 이하 모든 아들을 가리킨다. 흔히 후세에는 본처 이외의 첩에게서 태어난 아들만을 서자라고 부르게 되었다.

일용 물품도 수량이나 액수로 따지지 않으며 금전이나 재물도 천자와 함께 사용합니다. 그 밖의 왕자들은 지체가 낮아서 같은 예로 대우할 수 없습니다. 이 때문에 혐의가 점차 확산되는 것을 막고 참화의 근원을 제거해야 합니다. 옛 선왕들께서는 반드시 인정人情에 근본을 둔 연후에 법을 제정해야 한다고 했지만, 국가의 존재를 알게 하려면 반드시 적장자와 그 밖의 왕자들을 구별해야 한다고 했습니다. 여러 왕자를 사랑하더라도 적장자를 초월해서는 안 되고, [적장자의] 올바른 지체를 특히 존중해야 합니다. 만약 왕자들의 올바른 직분을 명확하게 정해놓지 않으면 결국 친해야 할 사람을 멀리하고 높여야 할 사람을 낮추게 됩니다. 그러면 아첨하는 패거리가 기회를 타고 준동하여 사사로운 은혜로 공공의 법도를 해치고, 미혹된 뜻으로 나라를 어지럽게 만들 것입니다.

엎드려 생각건대 폐하의 공덕은 만고의 역사를 뛰어넘었고 그 올바른 도는 백왕의 으뜸인지라 이에 호령을 내려 세상을 위해 법도를 제정하셨습니다. 하루에도 만 가지 일을 처리하시느라 더러 그 아름다움을 다 발휘하지 못하실 때도 있습니다. 신의 직분은 간쟁이므로 조용하게 침묵할 수 없습니다. 엎드려 살펴보건대 황태자에게 제공되는 물품이 위왕보다 오히려 적으니 조야의 사람들이 그 이야기를 보고 들으며 옳지 못하게 생각하고 있습니다. 경전에는 이렇게 기록되어 있습니다.

'신은 아들을 사랑하면 의로운 방법으로 교육해야 한다고 들었습니다.'[4]

충忠, 효孝, 공恭, 검儉이 바로 의로운 방법입니다.

옛날 한나라 두태후竇太后[5]와 경제景帝[6]는 모두 의로움의 이치를 알

4_『좌전』 은공隱公 3년에 나온다. "臣聞愛子, 敎以義方."

지 못하고 마침내 양梁 효왕孝王[7]을 교만하게 만들어 40여 성을 봉해 주고 사방 300리의 원림을 마련하여 궁궐을 크게 짓게 했습니다. 궁전을 잇는 높다란 복도複道[8]가 곳곳에서 바라다보였고, 쌓은 재물이 막대하여 수만 금을 헤아릴 정도였으며 출입할 때 황제처럼 경계와 벽제辟除를 삼엄하게 했습니다. 그러다가 일이 다소 자기 뜻대로 되지 않자 병이 나서 죽고 말았습니다. 선제宣帝[9]도 회양왕淮陽王[10]을 교만하게 만들어 거의 패망에 이르렀다가 겸양을 실천한 신하[11]의 보좌에 힘입어 겨우 패망을 모면했습니다. 또 위왕은 이제 새로 궁궐을 나가 봉지로 부임하게 되었으므로 엎드려 바라건대 항상 예법에 맞는 가르침을 베풀고 사부를 잘 선택하여 역사의 성패成敗를 보이십시오. 또 절약과 검소로 인품을 돈독하게 하고 문장과 학문으로 언행을 권면해야 합니다. 오직 충성과 효도를 생각하게 하고 그에 따라 덕으로 인도하고 예로 다스리는 일을 권장하면 훌륭한 인재가 될 것입니다. 이것이 이른바 성인의 가르침은 엄숙하게 경계하지 않아도 저절로 성취를 이룬다는 의미입니다."

태종은 그의 말을 마음속 깊이 받아들였다.

5_ 전한 문제의 황후(?~기원전 135). 슬하에 경제와 양 효왕을 두었고, 막내아들 효왕을 특히 총애했다.

6_ 전한 제6대 황제로 성명은 유계劉啓(기원전 188~기원전 141). 7국의 반란을 평정하고 정국을 안정시켰다. 역사에서는 흔히 바로 문제 시기와 경제 시기를 합쳐 문경지치文景之治라 부른다.

7_ 전한 경제의 아우로 성명은 유무劉武(기원전 184?~기원전 144). 7국의 반란을 평정하는 데 큰 공을 세워 모친 두태후와 형 경제의 총애를 받았다. 보위를 넘보며 교만하게 행동하다가 병사했다.

8_ 궁궐과 궁궐의 같은 층을 연결하는 회랑으로 화려한 지붕을 이어 햇볕이나 눈비를 피하게 만든다.

9_ 전한 제10대 황제로 성명은 유순劉詢(기원전 91~기원전 49). 재위 기간에 나라의 번영을 이뤄 역사에서 선제중흥宣帝中興이라고 일컬어지지만 서자 회양왕 유흠劉欽을 총애하여 혼란의 화근을 만들었다.

10_ 전한 선제의 서자 유흠劉欽(?~기원전 28). 선제는 장첩여張婕妤를 총애하여 그녀의 소생인 유흠을 회양왕에 봉했다.

11_ 전한 선제宣帝 때 승상 위현韋賢의 아들 위현성韋玄成(?~기원전 36). 학문을 좋아하고 겸손한 인품으로 명망이 높았다. 부친 사후 자신에게 작위가 내려지자, 거짓으로 미친 체하며 형에게 양보했다. 선제는 그의 인품을 알고 회양왕의 중위中尉에 임명하여 회양왕을 바로잡게 했다.

보좌할 바른 선비를 구하라

정관 16년, 태종이 근신들에게 말했다.

"지금 국가에 어떤 일이 가장 급하오? 경들은 각자 짐을 위해 말씀해주시오."

상서우복야 고사렴이 말했다.

"백성을 잘 부양하는 일이 가장 급합니다."

황문시랑 유계가 말했다.

"사방 이민족을 어루만지는 일이 가장 급합니다."

중서시랑 잠문본이 말했다.

"경전에서 말하기를 '덕으로 인도하고 예로 다스린다'[12]고 했습니다. 여기에 근거하여 말씀드리자면 예의가 가장 급합니다."

간의대부 저수량이 말했다.

"이제는 당분간 사방에서 폐하의 덕을 우러르며 감히 잘못을 저지르지 못할 것입니다. 그러나 황태자와 제후왕들에게 직분을 정해줘야 합니다. 폐하께서는 응당 만대의 법도를 만들어 자손에게 물려주셔야 하는데 이것이 지금 가장 급한 일입니다."

태종이 말했다.

"그 말씀이 옳소. 짐의 나이가 쉰에 가까워오니 이미 노쇠함과 나태함이 느껴지오. 맏이에게는 황태자로서 동궁을 지키게 했으나 아우와 왕자의 숫자가 40명에 이르니 마음속으로 늘 걱정하는 점이 바로 이 부분에 있었소. 그러나 옛날부터 적장자와 다른 여러 왕자에게 좋은 보좌진이 없을 때 어찌 국가가 기울지 않을 수 있었겠소? 공들은 짐을 위해 어질고 덕망 있는 분을 찾아 황태자를 보필하게 해주시고

12_ 『논어』「위정爲政」에 나온다. "道之以德, 齊之以禮."

또 제후왕들에게도 모두 올바른 선비를 구해주시오. 그리고 관리들에게 제후왕을 섬기는 일을 오래도록 맡겨서는 안 되오. 기간이 오래되면 의리와 인정을 나눔이 깊어져서 자신도 모르게 보위를 엿보는 마음이 생겨나오. 그 불측한 일이 대부분 이러한 연유로 생겨나게 되므로 관료들이 제후왕 밑에서 4년 넘게 근무하지 못하도록 하시오."

제10편 | 스승을 존경하라

尊敬師傅

여기에서 사부는 태자의 스승을 가리킨다. 태자의 스승은 삼사三師와 삼소三少가 있었다. 삼사는 태자태사太子太師, 태자태부太子太傅, 태자태보太子太保이고, 삼소는 태자소사太子少師, 태자소부太子少傅, 태자소보太子少保를 이른다. 왕조시대에는 태자의 소양에 따라 나라의 미래가 결정되므로 태자를 위해 이처럼 많은 스승을 제도적으로 임명하여 교육에 만전을 기했다.

황제의 보위를 계승하는 사람으로서 태자는 황제에 버금가는 지위와 신분을 보장받았다. 따라서 태자 교육은 첫 단계로 태자 자신을 낮추는 일에서 시작해야 했다. 태자의 스승은 지위와 신분으로는 태자의 아랫사람이지만, 사제지간으로 보면 태자의 윗사람이다. 따라서 태자에게는 지위와 신분을 버리고 제자로서의 낮은 자세로 스승을 섬기는 일이 가장 중요했다. 이는 군사부일체라는 전통적인 윤리 관념의 구현에 그치지 않고 장래의 임금인 태자가 자신의 몸을 낮추어 현인을 존경하고, 신하를 중시하며, 더 나아가 백성을 섬기는 출발점으로 작용하는 일이었다. 『예기』 「문왕세자文王世子」에 따르면 태학太學에서 태자가 교육을 받을 때도 신분을 내세워서는 안 되고 오직 나이에 따라 양보하는 모습을 보여야 한다고 했다.

당 태종은 여기에서 더 나아가 태자가 스승을 대할 때 황제를 대하는 것과 같은 모습을 보일 것을 요구했다. 이에 따라 스승을 맞이할 때도 태자에게 전각의 문을 나가서 영접하도록 했으며, 인사를 나눌 때도 반드시 태자가 먼저 절을 올리게 했고, 자리에 앉을 때도 스승이 먼저 앉은 뒤에 앉도록 했다.

스승을 두려워하며 공경하다

정관 3년, 태자소사 이강李綱[1]이 발에 병이 나서 신발을 신을 수 없었다. 태종은 가마를 하사하고 태자의 호위 무사를 시켜 가마를 메고 동궁으로 들어가게 했고, 황태자에게 조칙을 내려 스승을 이끌어 궁전 위로 모시게 하고 직접 배례를 올리며 존중의 마음을 크게 보이라고 했다. 이강은 태자를 위해 군신과 부자의 도리를 진술하고 침소에 문안을 드리며 수라를 살피는 방법을 이야기했다. 이치가 타당하고 말이 곧아서 듣는 사람이 피로함을 잊을 정도였다. 태자는 일찍이 예로부터 전해져온 군신 간의 가르침과 충절을 다한 일을 토의한 적이 있다. 그때 이강이 엄숙한 태도로 말했다.

"어린 임금을 부탁하고 국가의 명령을 맡기는 일을 옛사람들은 어렵게 생각했지만 저는 쉽게 생각합니다."

매번 논지를 펼치며 발언할 때마다 모두 말과 표정에 의기義氣를 가득 담아 힘으로 빼앗을 수 없다는 뜻을 보여주자 태자는 두려워하는 모습으로 공경하지 않을 수 없었다.

태자의 스승 삼사三師를 설치하라

정관 6년, 태종이 조서를 내렸다.

"짐은 근래에 경전과 역사를 탐구해보았다. 일찍이 현명하고 성스러운 임금에게 어찌 스승이 없었던 적이 있었던가? 이전에 [경들이]

1_ 당나라 초기의 명신으로 자는 문기文紀(547~631). 수 문제의 태자 양용楊勇, 당 고조의 태자 이건성, 당 태종의 태자 이승건李承乾의 스승을 담당했다. 강직하고 공정한 처신으로 명망이 높았다.

올린 시행령 문서에서는 끝끝내 삼사三師[2]의 직위에 관한 내용을 보지 못했다. 짐은 옳지 않다고 생각한다. 무슨 이유인가? 황제는 대전大顚에게 배웠고, 전욱은 녹도錄圖에게 배웠고, 요는 윤수尹壽에게 배웠고, 순은 무성소務成昭에게 배웠고, 우는 서왕국西王國에게 배웠고, 탕은 위자백威子伯에게 배웠고, 문왕은 자기子期에게 배웠고, 무왕은 곽숙虢叔에게 배웠다.[3] 앞 시대의 성군들이 이러한 스승을 만나지 못했다면 공적을 천하에 드러내지 못했을 것이며 명예도 서적에 전하지 못했을 것이다. 하물며 짐은 수많은 왕의 뒤를 이은 처지에 지혜가 성인聖人과 같지 않으니, 스승이 없이 어찌 억조창생 앞에 임할 수 있겠는가? 『시경』에서는 '잘못도 하지 말고 망각도 하지 말고 모두 옛 법도를 따르라'[4]고 하지 않았던가? 대저 배우지 않으면 옛날의 올바른 도리를 분명하게 알 수 없으니 그러고도 능히 정치를 하여 태평성대를 이룬 사람은 아직까지 없었다. 가능하면 즉시 시행령으로 분명하게 밝히고 삼사의 직위를 두도록 하라."

가르침에 따라 품성이 변한다

정관 8년, 태종이 근신들에게 말했다.

"지혜가 가장 뛰어난 부류의 사람은 스스로 나쁜 습속에 물들지 않지만 지혜가 중간 부류의 사람은 항상심이 없어서 가르침에 따라

2_ 태자태사太子太師, 태자태부太子太傅, 태자태보太子太保를 태자삼사라 하고, 태자소사太子少師, 태자소부太子少傅, 태자소보太子少保를 태자삼소라고 부른다.

3_ 유향劉向의 『신서新序』「잡사雜事」 제5에 나오는 구절이다. 이름이 조금씩 다르다. 각 인물의 자세한 경력은 미상이다. "臣聞黃帝學乎大眞, 顓頊學乎綠圖, 帝嚳學乎赤松子, 堯學乎尹壽, 舜學乎務成跗, 禹學乎西王國, 湯學乎威子伯, 文王學乎鉸時子斯, 武王學乎郭叔, 周公學乎太公, 仲尼學乎老聃."

4_ 『시경』「대아·가락假樂」에 나온다. "不愆不忘, 率由舊章."

품성이 변하게 되오. 게다가 태자의 스승은 옛날부터 선발하기가 어려웠소. 주 성왕은 어려서 주공과 소공이 그의 스승이 되었소. 좌우가 모두 현인이라 날마다 고아高雅한 가르침을 들으며 인을 기르고 덕을 보태서 성군이 될 수 있었소. 진나라 호해는 조고를 스승으로 삼았는데, 조고는 형법만을 가르쳤소. 호해는 보위를 계승하고 나서 공신을 주살하고 친족을 죽이고 혹독한 폭행을 그치지 않아 진나라가 금방 멸망하고 말았소. 이 때문에 사람의 선악은 진실로 가까이서 배우는 것으로부터 비롯된다는 사실을 알 수 있소. 짐은 이제 태자와 여러 왕자를 위해 사부를 선발하고 [그로부터] 예법을 우러러 배우게 하여 도움을 받을 수 있게 하려고 하오. 공들은 바르고 곧고 충성스럽고 신의 있는 사람을 찾아서 각각 두세 명을 천거해주시오."

황제를 대하듯 하라

정관 11년, 예부상서 왕규에게 위왕 이태의 스승을 겸하게 했다. 이때 태종은 상서우복야 방현령에게 말했다.

"옛날부터 임금의 아들은 깊은 궁궐에서 성장하므로 성인이 되어 오만방자하지 않은 자가 없었소. 이러한 까닭에 나라가 전복되는 일이 계속 이어져도 스스로 구제할 수 있는 자가 드물었오. 나는 이제 자제들을 엄격히 교육하여 모두 안전한 삶을 얻게 하고자 하오. 왕규는 내가 오래 일을 맡겨보아서 그의 강직함을 깊이 알고 있소. 그의 마음에는 충효가 가득하므로 내 자식의 스승으로 선발했소. 경도 태泰에게 의당 이렇게 말씀해주셔야 하오. '매번 왕규를 대할 때마다 나의 얼굴을 보는 것처럼 마땅히 존경을 더하면서 게으르게 행동하지 말라.'"

왕규도 스승이 준수해야 할 도리로 스스로 처신했고 당시 여론도 그를 훌륭하다고 칭송했다.

태자와 스승

정관 17년, 태종은 사도 장손무기와 사공 방현령에게 말했다.

"태자의 스승인 삼사(태사, 태부, 태보)는 덕으로 사람을 인도하는 분이오. 만약 스승의 신분이 낮으면 태자가 법도를 얻을 게 없소."

그리하여 태자가 삼사를 맞이하는 의례를 편찬하게 했다. 즉 태자는 전각의 문을 나가서 삼사를 맞이하고 태자가 먼저 절을 올리면 삼사가 답례로 절을 올린다. 모든 문에서는 태자가 삼사에게 양보한다. 삼사가 앉으면 태자가 앉는다. 삼사에게 편지를 쓸 때 맨 앞에 '황공합니다'라는 말을 쓰고 맨 뒤에도 '황공하게 재배를 올립니다惶恐再拜'라는 말을 쓴다.

태자의 몸과 종묘사직

정관 18년, 고종[5]이 처음 황태자로 세워졌을 때 아직 현인을 존경하며 도를 중시할 줄 몰랐고 태종도 태자에게 침전 곁에 거주하게 하며 절대로 동궁으로 가지 못하게 했다. 그러자 산기상시 유계가 상소문을 올렸다.

5_ 당나라 제3대 황제로 성명은 이치李治(628~683). 당 태종의 첫 태자 이승건李承乾과 그의 아우 이태가 보위를 다투자 당 태종은 이태의 아우 이치를 태자로 세웠다.

"신이 듣건대 교외에서 사방의 사신을 맞이하는 일은 맹후孟侯[6]가 덕망을 성취하는 방법이고, 태학에서 나이에 따라 세 가지 겸양의 법도를 배우는 일[7]은 원량元良[8]이 이를 통해 만백성을 바르게 하는 방법이라고 합니다. 이러한 행동은 모두 보위 계승자라는 존엄한 신분을 굽히고 아랫사람과 교유하는 대의를 밝히는 일입니다. 이 때문에 꼴 베는 천민의 말도 모두 올릴 수 있고, 예지 가득한 현인의 질문도 두루 들을 수 있어서 궁전의 정원을 나가지 않고도 가만히 앉아 천지 사이의 일을 알게 됩니다. 이 길을 따르면 나라의 큰 기틀을 길이길이 튼튼히 할 수 있을 것입니다.

깊은 궁궐에서 태어나 여인의 손에서 자란다면 세상에 대한 두려움을 알지 못하고 또 풍아風雅[9]를 깨우칠 경로도 없습니다. 비록 또 예측할 수 없는 영감과 생이지지生而知之[10]의 천품이 있더라도 만물의 이치를 깨우치고 온갖 나랏일을 성취하려면 결국 외부로부터 도움을 받아야 합니다. 대저 예악의 교화를 존중하지 않고서, 또 백성의 민요를 듣지 않고서 어떻게 다양한 일을 분별하여 윤리강상의 핵심을 파악할 수 있겠습니까? 성현의 가르침을 두루 고찰하여 그 모든 것을

6_ 제후의 맏이라는 의미로 태자를 달리 일컫는 말.

7_ 『예기』「문왕세자文王世子」에 나온다. 태자가 태학太學에서 신분을 내세우지 않고 나이에 따라서만 양보하는 모습을 보이면 만백성이 이를 보고 부친, 군주, 연장자에게 겸양해야 함을 알게 된다는 의미다.

8_ 어진 사람의 으뜸이란 의미로 역시 태자를 달리 일컫는 말.

9_ 풍風은 『시경』의 15국풍國風에 실린 여러 나라의 민요. 백성의 실정과 풍속을 가리킨다. 아雅는 『시경』의 대아大雅와 소아小雅로 조정의 조회와 연회에 쓰인 음악이다. 조정의 대소사를 가리킨다.

10_ 태어나면서부터 만물의 이치를 깨달은 사람 또는 그런 자질.

11_ 주 무왕의 태자 희송姬誦(기원전 1055~기원전 1021). 나중에 보위에 올라 성왕이 되었다. 태공망과 소공 석을 태보太保로 삼았다.

12_ 한 고조의 태자 유영劉盈(기원전 210~기원전 188). 나중에 보위에 올라 혜제惠帝가 되었다. 고조가 유영을 태자의 자리에서 폐위하려 하자 장량이 여후에게 상산사호商山四皓 즉 동원공東園公, 기리계綺里季, 하황공夏黃公, 녹리선생角里先生을 초청하여 태자를 보필하게 했다. 고조는 현인으로 불리는 상산사호가 태자를 보필하는 것을 보고 태자를 폐위하려던 마음을 버렸다.

절차탁마의 자료로 삼아야 합니다. 이러한 까닭에 주나라 태자[11]는 지혜가 뛰어났지만 태공 망과 소공 석을 스승으로 삼아 넉넉함을 더했고, 한나라 태자[12]는 인애가 깊었지만 동원공東園公과 기리계綺里季를 모셔 와서 덕망을 더욱 밝혔습니다. 대저 태자의 위상을 탐구해보면 종묘사직이 그의 몸에 매여 있고, 그 자신의 선행과 악행 사이에 국가의 흥망이 존재합니다. 처음에 근면하게 노력하지 않으면 마지막에 장차 후회하게 될 것입니다.

이러한 까닭에 한나라 조조鼂錯는 상소하여 [태자로 하여금] 치국의 방책을 알게 했고, 가의는 대책문을 올려 [태자로 하여금] 예교禮教를 아는 데 힘쓰게 했습니다. 몰래 생각건대 황태자는 옥 같은 자질을 출중하게 드러냈고, 금 같은 명성을 일찍부터 떨쳤습니다. 총명하고 미덥고 돈독하고 성실한 미덕과 효성스럽고 우애 있고 어질고 의로운 품성은 모두 천성에서 비롯되었으므로 힘을 들이지 않고도 깨우쳐줄 수 있습니다. 진실로 중화나 이민족이 모두 그 덕망을 우러르고 날아가는 새와 헤엄치는 물고기도 그 풍모를 흠모합니다. 그러므로 폐하의 침전 문 앞에서 안부를 여쭙고 폐하의 수라를 살피는 효성을 이미 하루 세 번의 알현에서 보여주고 있습니다. 예궁藝宮[13]에서 도를 토론할 때는 시, 서, 예, 악의 지식을 넓혀야 합니다. 비록 태자의 나이가 젊고 수신修身에도 점차 발전이 있지만 기실 세월이 흘러감에 따라 학업을 소홀히 하여 비난이 일어날까 두렵습니다. 안일에 탐닉하다보면 비난 여론이 이로부터 시작될 것입니다. 신은 어리석고 모자란 사람으로 다행히 시종 직에 참여하고 있으니 이제 신은 태자의 총명함을 넓혀주어 그 명성이 사방에 널리 알려지길 바랍니다. 옛 사례를 감히 돌려 말씀드리지 않았으니 간절히 바라건대 폐하의 성덕으로 태

13_ 태자가 육예六藝를 공부하는 궁전.

자를 훈계해주십시오."

책을 읽히고 빈객과 사귀게 해야

"엎드려 생각건대 폐하께서는 밝은 지혜를 타고나서 천명을 받으셨고, 보위에 등극하여 고난을 두루 겪으셨습니다. 다재다능하신 역량으로 시대를 구하는 일에 올바른 도를 드러내셨고, 문무겸전하신 능력으로 성군을 계승하는 일에 공적을 이루셨습니다. 만국이 귀의해 왔고, 천하가 태평해졌습니다. 게다가 정치가 아름다워졌지만 아직 아름답게 여기지 않고 하루하루 삼가시며, 고대에서 뛰어난 사적을 구하고, 당대當代에 밝은 생각을 펼치려 애쓰셨습니다. 늦은 밤까지 책을 보는 일은 한나라 광무제보다 더 뛰어나셨고, 말을 타고 문서를 펼치는 일은 위왕魏王 조조를 능가하셨습니다. 폐하께서는 스스로 갈고 닦음이 이와 같은데도 태자에게는 한가하게 날짜를 허비하며 책을 배우게 하지 않으시니 이것은 신이 아직도 이해하지 못하는 첫 번째 일입니다.

그리고 국가의 주요 업무를 잠시 내려놓을 때는 시문詩文을 짓는 일에 마음을 기울이십니다. 보배로운 생각을 천문에 기탁하면 은하수도 빛을 감췄고, 옥 같은 언어를 문장으로 엮으면 흐르는 노을도 채색 구름을 만들었습니다. 진실로 만대의 문장을 하찮게 만들며 수많은 역대 왕 가운데서 으뜸이 되셨습니다. 굴원屈原[14]과 송옥宋玉[15]의 사부辭賦도 [폐하와 함께] 거론할 수 없고, 종요鍾繇[16]와 장지張芝[17]의 서법書法은 [폐하와 함께] 입실入室의 경지에 들어갈 만합니다. 폐하께서는 스스로 좋아하는 취미가 이와 같은데도 태자에게는 유유히 조용하게 거처하게 하며 시문이나 붓을 찾게 하지 않으시니 이는 신이 아직 이해하지 못하는 두 번째 일입니다.

폐하께서는 만물의 오묘한 진리를 모두 체득하여 이 우주 가운데서 홀로 빼어나시지만 그럼에도 하늘이 내린 총명함을 감추고 몸을 굽혀 평범한 식자識者들에게 국정을 자문하셨습니다. 조정에서 국사에 대한 의견을 듣는 틈에는 신료들을 끌어들여 표정을 누그러뜨리고 온화한 얼굴로 고금의 사적에 대해 물으셨습니다. 이 때문에 조정의 시비와 민간의 선악을 모두 알 수 있었습니다. 또 무릇 큰일이나 작은 일을 막론하고 반드시 들으려 하셨습니다. 폐하께서는 스스로 실천하심이 이와 같은데도 태자에게는 오랫동안 폐하만 모시게 하며 외부의 올바른 사람을 만나지 못하게 하시니 이것은 신이 아직도 이해하지 못하는 세 번째 일입니다.

폐하께서 만약 유익한 점이 없다면 무슨 일로 정신을 수고롭게 하십니까? 폐하께서 만약 성취가 있다고 생각하시면 그것을 자손에게 물려주셔야 할 것입니다. 폐하께서 이 일을 업신여기고 시급히 처리하지 않으시면 올바른 결과를 보지 못할 것입니다. 엎드려 바라건대 폐하께서 몸을 굽혀 밝은 모범을 추진해나가고 그 교훈을 태자에게까지 미치게 하시면서 양서良書를 주어 훌륭한 빈객들과 노닐게 하십시오. 아침에는 [태자가] 경전과 역사책을 읽으며 앞 시대의 자취에서 일의 성패를 살펴보게 하고, 저녁에는 빈객들을 접대하며 당대의 정사에서 득실을 탐구하게 하십시오. 그사이마다 [사우師友에게] 편지를

14_ 전국시대 초나라 대부. 이름은 평平이고 자는 원原이라고도 하며, 「이소」에서는 이름이 정칙正則, 자는 영균靈均이라고 했다. 삼려대부三閭大夫를 역임하며 올곧은 충성심으로 회왕懷王을 보좌했으나 간신배의 모함으로 쫓겨나 강호를 방랑하다 멱라수에 몸을 던져 자결했다.

15_ 송옥은 생애가 잘 알려져 있지 않다. 『사기』 「굴원가생열전屈原賈生列傳」에 따르면 굴원 사후 초나라의 송옥宋玉, 당륵唐勒, 경차景差 등이 사부辭賦를 잘 지었다고 한다.

16_ 중국 삼국시대 위나라 서예가 겸 정치가(151~230). 대리大理, 상국相國, 태부太傅 등을 역임했고 정릉후定陵侯에 봉해졌다. 서예 부문에서 해서楷書를 확립하여 후세 왕희지에게 큰 영향을 주었다. 흔히 해서비조楷書鼻祖로 일컬어진다.

17_ 후한의 서예가로 특히 초서에 뛰어나서 흔히 초성草聖으로 불린다.

쓰게 하고 이어서 문장을 짓게 하면 날마다 듣지 못했던 일을 들을 수 있을 것이며, 날마다 보지 못했던 사실을 볼 수 있을 것입니다. 이렇게 되면 태자의 덕행은 더욱 빛날 것이니 이는 만백성의 홍복일 것입니다."

태자가 간언할 기회를 주어야

"남몰래 살피건대 [태자를 위해] 좋은 후궁을 선택하는 일이 국내 전역에 두루 미치고 있습니다. 폐하의 뜻을 우러러본 결과 본래 동궁의 안살림을 관리할 사람을 구한 뒤 눈앞의 미세한 잘못을 방지하여면 미래의 걱정거리에 신중하게 대처하려 하신다는 사실을 신은 알겠습니다. 그러나 뛰어난 인물을 구하여 발탁하는 일은 후궁을 들이는 일과는 다릅니다. 그런데도 태자는 나랏일을 감독하고 군사를 위무해 온 2년 동안 한 사람의 선비와도 가까이하지 않았습니다. 어리석은 신이 보기에 안으로 후궁 선택을 저와 같이 중시한다면 밖으로 인재를 선택하는 일도 마땅히 그렇게 해야 할 것입니다. [그렇지 않으면] 아마 물의가 야기되어 폐하께서 궁궐 안의 일만 중시하고 궁궐 밖에서의 인재 등용은 경시한다고 생각할 것입니다.

고대에 태자가 천자에게 문안 인사를 하고 물러나는 것은 군부君父에게 공경심을 크게 드리기 위한 방법이었고, 서로 다른 궁궐에 거주하는 것은 쓸데없는 의심에서 벗어나기 위한 방법이었습니다. 그런데 지금 태자는 천자의 거처로 한번 들어가 모시기 시작하면 흔히 열흘이나 보름을 넘기므로 사부 이하 동궁 관리들은 태자를 만나볼 경로가 없습니다. 가령 천자를 모시는 틈에 잠시 동궁으로 돌아온다 해도 [동궁 관리들은] 이미 태자를 배알할 기회가 드문 상황에서 또 각종 인사치레까지 응대해야 하므로 간언을 올릴 겨를을 진실로 찾을 수 없습니다. 폐하께서 태자를 친히 가르칠 수 없고, 동궁의 관리도 간언을 올릴 경로가 없으니 관료를 모두 갖춰놓았다 해도 장차 무슨 도움이 되겠습니까?

엎드려 바라건대 앞 시대의 올바른 자취를 따르면서 하찮은 일은 조금 억제하시고, 원대한 법도를 넓히며 사우 간의 대의를 펼치도록 해주십시오. 그럼 태자의 미덕은 더욱 성대해지고 제업帝業에 대한 방략도 더욱 넓어질 터이니 무릇 백성의 입장에서도 그 누가 기쁘게 의지하지 않겠습니까? 태자가 온화하고 선량하고 공손하고 검소하며 총명하고 지혜롭다는 사실은 모든 사람이 다 알고 있는데 신이 어찌 모르겠습니까? 신은 천박한 식견으로나마 부지런을 떨며 우둔한 충성심이라도 다 바치려는 사람인지라, 이제 드넓은 바다에 물방울 하나를 보태고 해와 달의 광채에 빛 한 점이라도 더하기를 바랄 뿐입니다."

이에 태종은 유계, 잠문본, 마주에게 번갈아가며 날마다 동궁으로 가서 황태자와 토론을 하게 했다.

제11편 | 태자와 왕자들을 교육하고 경계하다

教誡太子諸王

왕조를 창업한 임금이 온갖 풍상을 몸소 겪으며 백성의 고통과 직접 대면하는 것과 달리 태자와 왕자들은 궁궐에서 태어나고 자라기 때문에 백성의 실상을 제대로 알지 못한다.

당 태종의 자식 교육은 바로 궁궐에서 태어나고 자란 자식들에게 백성의 실상을 제대로 인식시키고 교만과 안일을 경계하는 데서 출발했다. 밥을 먹을 때는 농사의 고충을 일깨웠고, 말을 탈 때는 동물을 쉬게 할 줄 알아야 한다고 가르쳤다. 또 배를 탈 때는 백성이 바로 물과 같다고 비유하면서 물의 흐름과 바람의 방향에 맞춰 정치를 해야 한다고 깨우쳤다. 심지어 나무 그늘 아래서 쉴 때에도 굽은 나무가 먹줄을 받아 곧은 재목이 된다는 비유를 들어 스승의 가르침과 현신의 간언을 허심탄회하게 받아들여야 한다고 교육했다. 그러나 태어나면서부터 고귀한 지위와 막강한 권력을 갖게 되는 태자와 왕자들이 교만과 안일에 빠지지 않기란 매우 어려운 일이었다. 이 때문에 태종은 위징을 시켜 중국 역사 속 여러 제왕 자식들의 선악과 성패를 기록하게 하고 그것을 『자고제후왕선악록自古諸侯王善惡錄』이란 제목을 붙여 왕자들에게 하사했다.

패가망신의 길은 멀리 있지 않다. 태종은 자식들을 이렇게 타일렀다.

"함부로 욕정에 몸을 내맡기다가 스스로 도륙되는 지경에 빠지지 말도록 하라."

엄한 말로 따끔하게

정관 7년, 태종이 태자좌서자 우지령于志寧[1]과 두정륜에게 말했다.

"경들은 태자를 보필하고 인도하면서 항상 백성의 고통을 알려줘야 하오. 짐은 열여덟 살이 될 때도 아직 민간에서 살아서 백성의 간난신고를 모르는 것이 없었소. 황제의 자리에 올라서도 일처리를 상의할 때마다 더러 잘못되고 소홀한 점이 있었지만 신하들의 간쟁을 듣고 비로소 각성할 수 있었소. 만약 충성스럽게 간언을 올리는 사람이 말해주지 않았다면 어떻게 좋은 일을 할 수 있었겠소? 하물며 태자는 깊은 궁궐에서 성장하여 백성의 간난신고에 대해 아무 것도 보고 들은 바가 없소. 또한 임금은 나라의 안위가 매인 몸이니 함부로 오만방자하게 행동해서는 안 되오. 그런데도 조칙을 내려서 '간언을 올리는 자가 있으면 바로 참수하겠다'고 하면 천하의 선비들은 틀림없이 감히 직언하지 못할 것이오. 이 때문에 자신의 욕망을 극복하고 정신을 갈고닦아 간쟁을 용납해야 하오. 경들은 항상 이 뜻을 [태자와] 함께 토론해주시오. 옳지 않은 일을 볼 때마다 의당 엄격한 말로 따끔하게 간언을 올려 도움이 되도록 해주시오."

굽은 나무는 먹줄을 받아야 곧게 잘린다

정관 18년, 태종이 근신들에게 말했다.

"고대에는 세자에게 태교를 베풀었다고 하는데[2] 짐은 그럴 겨를이 없

1_ 당나라 초기 명신(588~665). 자는 중밀仲謐이며 수나라 때는 관씨현장官氏縣長을 역임했다. 당 태종에게 투신한 후 태자좌서자, 태자첨사에 임명되어 태자 이승건을 가르쳤으나 교육에 실패하여 파직되었다. 당 고종 때 다시 시중, 상서좌복야를 역임하며 연국공燕國公에 봉해졌다. 시호는 정定이다.

었소. 그러나 근래에 태자를 세우고 나서는 어떤 사물을 대할 때마다 태자에게 가르침을 내리오. 태자가 밥을 먹으려 할 때 이렇게 말했소.

'너는 밥을 아느냐?'

'모릅니다.'

'곡식을 심고 거두는 일은 매우 어려운데[3] 모두 백성의 힘에서 나온다. 농사짓는 때를 빼앗지 않아야[4] 항상 이런 밥을 먹을 수 있느니라.'

태자가 말을 타는 것을 보고는 이렇게 말했소.

'너는 말을 아느냐?'

'모릅니다.'

'말은 사람을 대신해서 힘을 쓰며 고통받는 동물이다. 때때로 쉬게 해주고 그 힘을 다 고갈시키지 않아야 항상 이런 말을 탈 수 있다.'

태자가 배를 타는 것을 보고는 이렇게 말했소.

'너는 배를 아느냐?'

'모릅니다.'

'배를 임금에 비유하고 물을 백성에 비유하는 까닭은 물은 배를 띄워줄 수도 있지만 배를 뒤엎을 수도 있기 때문이다.[5] 너는 이제 임금이 될 터인데 가히 두려워하지 않을 수 있겠느냐?'

또 태자가 굽은 나무 아래에서 쉬는 모습을 보고 이렇게 말했소.

'너는 이 나무를 아느냐?'

'모릅니다.'

'이 나무는 비록 굽었지만 곧은 먹줄을 받으면 바르게 다듬어질 수

2_『열녀전列女傳』「모의母儀」「주실삼모周室三母」에 따르면 주나라 왕계王季의 부인 태임太任이 태교를 잘하여 성군으로 불리는 문왕을 낳았다고 한다.

3_『상서』「무일無逸」에 나온다. "先知稼穡之艱難."

4_『맹자』「양혜왕梁惠王 상」에 비슷한 구절이 나온다. "不違農時, 穀不可勝食也."

5_『순자』「왕제」에 나온다. 앞에 출현한 바 있다.

있다.[6] 임금이 비록 무도하더라도 간언을 받아들이면 성군이 된다. 이것은 부열이 한 말이니 스스로 거울로 삼을 만하다.'"

재앙과 복락은 사람이 불러오는 것

정관 7년, 태종이 시중 위징에게 말했다.

"옛날부터 제후왕들은 스스로 목숨을 보전한 자가 매우 드물었소. 모두들 부귀한 곳에서 성장하여 교만과 안일을 좋아했고 대부분 군자와 친해야 하고 소인을 멀리해야 할 줄 몰랐기 때문에 그렇게 된 것이오. 짐의 모든 자제는 앞 시대 선인들의 언행을 보고 그것을 모범으로 삼았으면 좋겠소."

그래서 위징에게 명하여 옛날 제왕 자제들의 성패에 대한 사적을 기록하게 하고 『자고제후왕선악록自古諸侯王善惡錄』이란 제목을 붙여 제후왕들에게 하사했다. 위징은 서문에서 다음과 같이 말했다.

"대저 제왕의 운수에 부응하고 천명을 받아 나라의 권력을 잡고 천하를 통치한 일을 살펴보면 모두 가까운 친척을 제후로 봉하여 왕실의 울타리로 삼았습니다. 그 내용이 서책에 기록되어 있으므로 여기에서 말씀 올릴 수 있습니다. 황제黃帝가 25명의 아들을 분봉하고 순임금이 16명의 친족을 천거한 이래로 주와 한漢을 거쳐 진陳과 수에 이르기까지 강산을 나누어 제후국의 바탕을 크게 연 사람이 많았습니다. 더러는 왕실을 보호하며 시대와 더불어 부침했으나, 더러는 사직을 잃고 제사를 잇지 못한 채 홀연히 사라진 경우도 있습니다. 하지만 그 성쇠를 탐구하고 그 흥망을 살펴보면, 공적을 성취하고 명예를

6_ 『상서』「열명說命 상」에 나온다. "惟木從繩則正, 后從諫則聖."

이룬 일은 모두 처음 분봉을 받은 군주에 의지했고, 나라가 망하고 목숨이 끊어진 일은 대부분 보위를 계승한 군주 때문이었습니다. 그 까닭이 무엇이겠습니까? 처음 분봉을 받은 군주는 혼란한 시대를 만나 왕업 개창의 험난함을 보고 부형의 근심과 근면함을 알았기 때문입니다. 이러한 까닭에 윗자리에서 교만하지 않으면서 새벽부터 밤중까지 나태하지 않았습니다. 혹자는 단술을 만들어 현인을 찾았고,[7] 혹자는 먹던 밥을 뱉어내고 선비를 맞았습니다.[8] 따라서 귀에 거슬리는 충언忠言을 달가워하며 백성의 환심을 샀고 생전에 지극한 덕망을 세워 사후에 남은 사랑이 전해지게 했습니다.

대저 나라를 이어받은 자손에 이르러서는 대부분 태평한 시대를 살며 깊은 궁궐에서 태어나 여인의 손에서 자랐기에 높은 지위의 위태로움을 걱정하지 않았습니다. 그러니 어찌 곡식을 심고 거두는 고난을 알았겠습니까? 소인을 가까이하고 군자를 멀리하면서 아름다운 여인과 뒤엉켜 사느라 현명하고 덕 있는 사람을 오만하게 대했습니다. 대의를 침범하고 예절을 어기며 황음무도한 행위를 일삼았습니다. 법전을 준수하지 않고 등급 제도를 어기는 행동을 했습니다. 한번 보살펴준 황제의 권력과 총애에 의지하여 바로 적장자와 대적하려는 마음을 품었으며, 한 가지 업무에서 세운 미미한 공로를 자랑하며 마침내 만족할 줄 모르는 소망을 품었습니다. 충절의 정도를 버리고 간적의 미로로 빠져들었으며, 간언을 듣지 않고 천명을 어기면서 잘못된 길로 나아가 돌아오지 않았습니다.

비록 양 효왕과 제왕齊王 경冏[9]의 공훈, 회남왕淮南王[10]과 동아왕東

7_ 『한서』 「초원왕열전楚元王列傳」에 따르면 전한 초 원왕元王 유교劉交는 자신과 동문수학한 목생穆生, 백생白生, 신생申生을 중대부로 임명하고 술을 마련하여 연회를 열곤 했는데, 목생이 술을 마시지 못하자 일부러 단술醴을 빚어서 그를 접대했다고 한다.

8_ 『사기』 「노주공세가魯周公世家」에 관련 기록이 있다. 즉 주나라 주공은 식사 중 손님이 찾아오면 입속의 밥을 뱉어내고 뛰어나가 손님을 맞았다고 한다.

阿王[11]의 재능을 갖고 있었지만 하늘을 날 수 있는 강한 날개가 꺾였고, 끊어진 바퀴 자국 속 마른 물고기가 되었습니다. 그리하여 제 환공과 진 문공이 세운 위대한 공적을 버리고 양기梁冀[12]와 동탁董卓[13]이 참형을 당한 길로 나아갔습니다. 이로써 후세에 분명한 경계를 드리웠으니 가히 애석하지 않을 수 있겠습니까?

황제께서는 성스럽고 현명한 자질로 기울어가는 나라의 운세를 구제했고 일곱 가지 덕[14]을 밝혀 천지 사방을 맑게 만들었으며, 수많은 제후국을 통솔하며 만백성의 조공을 받았습니다. 사방의 이민족을 회유하고 구족九族[15]과 친목을 도모하면서 시 「당체棠棣」[16]에서 꽃봉오리를 읊고[17] 적장자에게 많은 성城을 줬습니다. 자식 사랑에 마음을 쓰며 하루라도 생각하지 않는 날이 없었고, 이에 하찮은 신에게 명하여 옛 서적을 열람하게 하고 거울로 삼을 만한 일을 두루 구하여

9_ 서진의 제 무민왕武閔王 사마경司馬冏(?~302). 8왕의 난 때 조왕趙王 사마륜司馬倫과 힘을 합쳐 가황후賈皇后를 죽이고 유격장군에 임명되었다. 이후 사마륜이 혜제를 쫓아내고 보위에 오르자 여러 제후왕과 연합하여 사마륜을 죽이고 혜제를 복위시켰다. 이후 대사마에 임명되어 전횡을 일삼다가 장사왕長沙王 사마예司馬乂에게 사로잡혀 참수되었다.

10_ 전한 회남왕 유안劉安(기원전 179~기원전 122). 학문을 좋아하고 문예에 뛰어났다. 도가 사상을 현실 정치에 실현하기 위해 힘썼다. 술사術士 수천 명을 초빙하여 『회남자淮南子』를 저술했다. 그러나 그의 도가 취향은 한 무제의 유가 중시 사상에 위배되었고, 또 그가 초빙한 수천 명의 술사도 역도로 인식되었다. 한 무제의 정벌을 받은 유안은 결국 자결로 생을 마감했다.

11_ 동아왕은 위魏나라 조식曹植이다. 앞에 출현한 바 있다.

12_ 후한 말의 황실 외척(?~159). 그의 여동생이 순제順帝의 황후가 된 후 조정의 실권을 장악하고 전횡을 휘둘렀다. 질제質帝를 독살하고 환제桓帝를 세웠지만 환제는 그의 전횡에 불만을 품고 환관 선초單超, 서황徐璜 등의 힘을 빌려 그와 그의 일족을 모두 죽였다.

13_ 후한 헌제獻帝 때의 상국(139~192). 조정을 좌지우지하며 한 헌제를 위협하여 도읍을 낙양에서 장안으로 옮겼다. 이후 온갖 악행을 저지르다가 사도司徒 왕윤王允 등과 결탁한 여포呂布에 의해 참살되었다.

14_ 『좌전』 선공宣公 12년 기록에 따르면 칠덕은 폭력을 엄금하고禁暴, 전쟁을 그치고戢兵, 큰 나라를 보유하고保大, 공적을 세우고定功, 백성을 편안히 하고安民, 만민을 화목하게 하고和衆, 재산을 풍성하게 하는豊財 것이다.

15_ 고조高祖, 증조曾祖, 조부祖父, 부친父親, 자신, 아들, 손자孫子, 증손曾孫, 현손玄孫(高孫)에 이르는 직계 친족과 여기에서 갈라진 방계 친족을 모두 가리킨다.

16_ 『시경』 「소아」에 나오며 형제간의 우애를 노래한 시다. 현재 통용본에는 제목이 '常棣'로 되어 있다. '常'은 '棠'의 가차자다.

17_ 「당체」의 맨 첫 구절이 "아가위꽃은 꽃봉오리가 울긋불긋하네常棣之華, 鄂不韡韡"다.

후손들의 대책으로 제공하게 했습니다. 신은 우둔한 정성이나마 다 바쳐 옛날의 교훈을 살펴봤습니다. 번국과 제후국의 군주로 봉해져 나라도 갖고 가문도 갖게 된 사람이 흥하는 이유는 반드시 선을 쌓은 데서 말미암고, 망하는 이유는 모두 악을 쌓은 데서 말미암습니다. 이 때문에 선을 쌓지 않으면 명예를 이룰 수 없고, 악을 쌓지 않으면 목숨을 잃지 않는다는 사실을 알 수 있습니다. 그러므로 재앙과 복락은 서로 다른 문이 있는 것이 아니며,[18] 길함과 흉함은 모두 자신에게서 비롯되고 오직 사람이 불러온다는 말이 어찌 한갓 헛된 말에 그치겠습니까?

이제 옛날부터 전해져온 제후왕들의 사적事績에서 득실을 채록하고 그것을 선악으로 나눠 각각 1편씩 편집하여 『제왕선악록諸王善惡錄』이란 제목을 붙였습니다. [신은 제후왕들께서] 선행을 보고 그와 같이 되려 생각하면서[19] 불후의 명성을 드날릴 수 있기를 바라고, 악행을 듣고 행실을 고쳐 큰 잘못에서 벗어날 수 있기를 바랍니다. 선행을 따르면 명예를 누리고 잘못을 고치면 허물이 없어질 것입니다. 나라의 흥망도 여기에 달려 있으니 가히 힘쓰지 않을 수 있겠습니까?"

태종은 이 글을 읽고 나서 훌륭하다고 칭찬하며 제후왕들에게 말했다.

"이 책을 자리 오른쪽에 비치해두고 몸가짐을 바로잡는 근본 서적으로 삼도록 하라."

18_ 『좌전』 양공襄公 23년에 나온다. "禍福無門, 唯人所召."

19_ 『논어』 「이인里仁」에 비슷한 구절이 나온다. "見賢思齊焉, 見不賢而內自省也."

선행하여 군자가 되어라

정관 10년, 태종은 형왕荊王 이원경李元景,[20] 한왕漢王 이원창李元昌,[21] 오왕 이각, 위왕 이태 등에게 말했다.

"한나라 이래로 황제의 아우와 황제의 아들은 봉토를 받아 영화롭고 고귀하게 산 사람이 매우 많았다. 그러나 오직 동평왕東平王[22] 및 하간왕河間王[23]만이 가장 훌륭한 이름을 남겼고 그 작위를 보전했지만 초왕 사마위司馬瑋[24]의 무리처럼 멸망한 자들도 한 사람에 그치지 않는다. 이들은 모두 부귀하게 성장하여 스스로 교만과 안일로 치달려 가기를 좋아했다. 너희들은 이를 거울로 삼아 경계하며 깊이 생각해야 할 것이다. 현명한 인재를 선발하여 너희들의 사우로 삼고 그들의 간쟁을 받아들여야지 스스로 전횡을 해서는 안 된다. 나는 덕으로 백성을 복종시킨다[25]는 말을 들었는데 이는 진실로 헛말이 아니다.

얼마 전에 나는 꿈속에서 순임금이라고 말하는 사람을 만났다. 나도 모르게 소름이 돋으며 경이로움을 느꼈다. 이 어찌 순임금의 덕망을 우러른 결과가 아니겠느냐? 만약 꿈속에서 걸왕과 주왕을 만났다면 반드시 그들을 죽였을 것이다. 걸왕과 주왕은 비록 천자이지만 지

20_ 당 고조 이연의 여섯째 아들이며, 태종 이세민의 이복동생(618~653). 조왕趙王과 형왕荊王에 봉해졌으며 안주도독, 부주자사, 사도 등을 역임했다. 방유애房遺愛의 모반에 연루되어 사사되었다.

21_ 당 고조의 일곱째 아들이며, 태종 이세민의 이복동생(619~643). 노왕魯王과 한왕漢王에 봉해졌다가 태자 이승건의 모반 사건에 연루되어 사사되었다.

22_ 후한 광무제 유수劉秀의 아들 유창劉蒼(?~83). 학문을 좋아하고 지혜로웠다. 표기장군, 장사연 등을 역임했고 동평왕東平王에 봉해졌다. 명제明帝와 장제章帝의 신임을 받았다.

23_ 전한 경제의 둘째 아들 유덕劉德(기원전 171~기원전 130). 하간왕에 봉해진 후 학문을 닦으며 고서 정리에 힘썼다.

24_ 서진 무제 사마염의 다섯째 아들이며, 혜제 사마충의 이복동생(271~291). 처음에는 시평왕始平王에 봉해졌다가 나중에 다시 초왕에 봉해졌다. 진남장군鎭南將軍, 시중 등을 역임했으며 8왕의 난에 참여했다. 황제의 조서를 위조하여 위관衛瓘 등을 죽이려 하다가 패배하여 겨우 21세의 나이에 사형에 처해졌다.

25_ 『맹자』「공손추公孫丑 상」에 나온다. "以德服人者, 中心悅而誠服也."

금 만약 [어떤 사람을] 걸이나 주라고 부른다면 그 사람은 틀림없이 크게 화를 낼 것이다. 안회, 민자건, 곽임종郭林宗,[26] 황숙도黃叔度[27]는 비록 평민이지만 지금 만약 어떤 사람을 칭찬하며 이 네 현인에 비긴다면 틀림없이 크게 기뻐할 것이다. 이 때문에 사람의 입신立身은 오직 덕행을 귀하게 여기지 어찌 반드시 영예를 따지겠느냐? 너희들은 지위가 번왕의 대열에 들어 있고 집에서 받는 녹봉도 실제 호구에서 수령하고 있다. 그러므로 여기에 다시 덕행을 닦을 수 있다면 이 어찌 온전한 아름다움이 아니겠느냐? 또 군자와 소인은 본래 일정한 자질에 달려 있는 것이 아니라 선한 일을 하면 군자가 되고 악한 일을 하면 소인이 된다. 스스로 갈고 닦아야만 너희가 행한 선한 일이 날마다 널리 소문날 것이다. 함부로 욕정에 몸을 내맡기다가 스스로 도륙되는 지경에 빠지지 말도록 하라."

백성의 고통을 알아야 한다

정관 10년, 태종이 방현령에게 말했다.

"짐이 앞 시대의 혼란을 수습하고 나라를 창업한 임금들을 두루 살펴보니 모두 민간에서 성장하여 민생의 진위를 환하게 알고 있었기에 패망하는 경우가 아주 드물었소. 그런데 보위를 이어 선왕의 법도를 지키는 임금은 태어나면서부터 부귀하여 백성의 고통을 몰랐으므

26_ 후한 순제順帝에서 영제靈帝 때의 명사로 이름은 태泰, 자는 임종林宗(128~169). 박학다식하고 언변에 능했으며 용모도 뛰어났다. 당시 태상太常 직에 있던 조전趙典에 의해 유도有道 직에 천거되었으므로 흔히 곽유도郭有道라고도 불린다. 조정의 부름에 응하지 않고 제자 수천 명을 길렀다.

27_ 후한 장제章帝에서 안제安帝 때의 명사로 자는 숙도, 호는 징군徵君(75~122). 신분이 빈천했으나 학문이 뛰어나 당시 명사들과 교류하며 명성을 떨쳤다. 효렴孝廉으로 천거되었으나 취임하지 않았다.

로 흔히 멸망으로 치닫곤 했소. 짐은 어려서부터 많은 고난을 겪어서 천하의 일을 모두 알게 되었지만 그래도 내가 미치지 못하는 점이 있을까 두려웠소. 형왕荊王 이하 여러 아우들은 깊은 궁궐에서 태어나 식견이 멀리까지 미치지 못하니 어찌 이런 일을 생각할 수 있겠소? 짐은 밥 한 끼를 먹을 때마다 농사의 어려움을 생각하고, 옷 한 벌을 입을 때마다 길쌈의 노고를 생각하오. 아우들이 어떻게 하면 짐을 따라 배울 수 있겠소? 어진 인재를 선발하여 제후국을 보필하는 관리로 삼으면 아마도 평소 습관이 선인善人에 가까워져 과오에서 벗어날 수 있을 것이오."

예법을 어기면 형벌로 도륙

정관 11년, 태종이 자신의 아들 오왕 이각에게 말했다.

"아버지가 아들을 사랑하는 건 인지상정이므로 가르쳐서 알려주지 않아도 된다. 아들이 충성과 효도를 실천할 수 있으면 좋은 일이다. 그러나 만약 가르침의 인도를 따르지 않고 예법을 망각하면 반드시 형벌에 도륙되고 마는 법이니, 아버지가 자식을 사랑하더라도 어쩌겠느냐? 옛날 한 무제가 세상을 떠나고 소제昭帝[28]가 보위를 잇자, 연왕燕王 유단劉旦[29]은 평소 오만방자하게 행동하며 속임수를 쓰고 불복했다. 이에 곽광霍光[30]이 어찰 한 통을 보내 유단을 주살했으니, 이는 자신도 죽고 제후국도 폐지된 경우다. 대저 신하된 자는 삼가지 않을

28_ 전한 제8대 황제 유불릉劉弗陵(기원전 94~기원전 74). 무제의 막내아들로 곽광, 김일제金日磾, 상홍양桑弘羊 등의 보좌를 받아 8세에 보위에 올랐다. 관제를 개혁하고 세금을 줄이는 등 개혁정책을 펴서 치세를 이루었다. 소제의 등극에 불만을 품은 무제의 셋째 아들 연왕 유단의 반란을 곽광의 도움으로 진압했다. 제위 13년 만인 21세에 병으로 사망했다.

수 없는 일이다."

어린 왕자를 자사에 임명하지 말라

정관 연간에 황제의 아들 중 나이 어린 사람도 대부분 도독이나 자사의 직위를 받았다. 이때 간의대부 저수량이 상소를 올려 간언했다.

"옛날 양한 시대에는 군을 설치하여 백성을 다스렸고, 군 이외의 지역은 황제의 여러 아들에게 분봉하여 봉토를 나누고 경계를 확정했는데 이는 주나라 제도를 섞어 쓴 것입니다. 우리 당나라의 군현제는 대략 진나라 법을 따라서, 황자의 나이가 어리면 더러 자사 직에 임명하기도 합니다. 폐하께서는 어찌하여 자신의 골육으로 사방을 진무하시면서도 성인이 제정한 주나라 제도가 그 이치로 볼 때 옛날 진나라의 법보다 고귀하다고 생각하지 않으십니까? 신의 어리석은 소견으로는 [폐하의 시책에] 좀 미진한 점이 있는 듯합니다. 무슨 이유이겠습니까? 자사는 한 지방의 수장이므로 백성이 우러러 의지하며 안정을 얻습니다. 선인 한 사람을 얻으면 온 고을 안이 편안해지고, 악인 한 사람을 만나면 온 고을이 피폐해집니다.

이러한 까닭에 임금은 백성을 아껴 구휼할 때 항상 현인을 선택합

29_ 전한 무제의 셋째 아들(?~기원전 80). 무제의 태자 유거劉據가 무고巫蠱의 참화로 자살하고, 둘째 아들 유굉劉閎도 요절하자 셋째 아들 유단은 태자가 되기 위해 야망을 품었다. 그러나 무제의 노여움을 사서 봉토를 깎이고 야망을 이루지 못했다. 무제 사후 곽광 등의 보좌로 어린 소제가 등극하자 유단은 조정의 상관걸上官傑 등과 모의하여 보위를 찬탈하려 했으나 결국 실패하고 자결했다.

30_ 전한 무제, 소제, 선제의 대신으로 자는 자맹子孟(?~기원전 68). 무제 때 유명한 장수 곽거병郭去病의 이복동생이다. 흉노 정벌에 공을 세웠으며, 무제의 고명을 받고 이런 소제를 보위에 올린 뒤 섭정으로 모든 국가 대사를 관장했다. 사후 2년 만에 곽씨 일족이 반란을 모의하다 발각되어 멸문지화를 당했다.

니다. 어떤 자사가 베푼 은혜는 강물처럼 흘러 멀리 도성에까지 복락이 미친다고 칭송되고, 어떤 자사가 세운 업적은 사람들에게서 노래로 읊어지고 살아서 사당이 세워지기까지 합니다. 한 선제는 '나와 함께 나라를 다스리는 사람은 2000석 녹봉을 받는 어진 태수뿐이로다!'라고 했습니다.

신의 어리석은 소견으로는 폐하의 아드님들은 나이가 아직 어려서 백성에게 임하는 일을 감당할 수 없으므로 바라건대 잠시 도성에 머물도록 하여 경전을 가르치십시오. 그리하여 첫째, 천자의 위엄을 두려워하여 감히 금법禁法을 범하지 못하게 하십시오. 둘째, 조정의 의례를 관찰하게 하여 저절로 몸가짐을 바르게 갖도록 하십시오. 이러한 일로 말미암아 습관이 쌓이면 스스로 사람이 되는 길을 알게 될 것입니다. 고을의 통치를 감당할 수 있는지 자세히 살핀 연후에 파견해야 합니다. 신이 삼가 살펴보건대 한나라 명제明帝,[31] 장제章帝[32], 화제和帝[33] 세 임금은 자제들과 우애 있게 지냈습니다. 그 이후로는 줄곧 그때의 일을 표준으로 삼아왔습니다. 제후로 봉군을 받으면 비록 각각 봉토가 있더라도 아직 나이가 어린 자제는 도성으로 불러 머물게 하며 예법을 가르치고 은혜를 베풀었습니다. 이 세 황제 때에 이르러서는 제후왕이 수십 명에서 100여 명에까지 이르렀지만 오직 두

31_ 후한 제2대 황제로 성명은 유장劉莊(28~75). 광무제 유수의 넷째 아들이다. 유민流民을 어루만지고 농사를 장려하며 민생 위주의 정책을 펼쳐 치세를 이루었다. 역사에서는 흔히 다음 황제인 장제 시기와 합쳐 명장지치明章之治라고 일컫는다.

32_ 후한 제3대 황제로 성명은 유달劉炟(57~88). 명제의 다섯째 아들이다. 형벌을 완화하고 유학을 숭상했다. 권문세가를 억제하고 공평한 정책을 시행하여 치세를 이루었다.

33_ 후한 제4대 황제로 성명은 유조劉肇(79~105). 장제의 넷째 아들이다. 10세의 어린 나이로 즉위하자 두태후竇太后가 수렴청정을 했다. 4년 뒤 그는 환관들과 힘을 합쳐 두씨 일족을 멸문지화로 몰아넣고 정권을 장악했지만 이를 빌미로 환관들이 정치에 참여하는 나쁜 선례를 만들었다.

34_ 후한 초왕楚王 유영劉英과 광릉사왕廣陵思王 유형劉荊. 유영은 광무제의 아들로 초왕에 봉해졌다. 명제의 보위를 찬탈하려고 모의하다가 실패하고 자살했다. 유형 역시 광무제의 아들로 명제가 보위에 오른 후 끊임없이 반란을 도모하다가 실패하고 자살했다.

제후[34]만이 다소 악했고 나머지는 모두 온화하고 순수했습니다. 폐하께서는 자세히 살펴주십시오."

태종이 그의 말을 기쁘게 받아들였다.

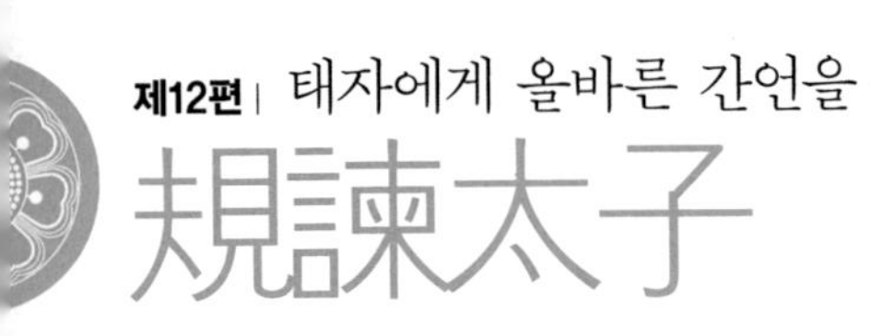

제12편 | 태자에게 올바른 간언을 올려라

規諫太子

성군의 모범이라고 추앙하는 요순에게도 단주와 상균 같은 불초자들이 있었으며, 촉한의 창업주 유비劉備에게도 유선劉禪이라는 무능한 아들이 있었다. 요순시절까지는 그래도 선양이라는 평화로운 권력 이양 방식을 통해 현명한 사람에게 보위를 잇게 할 수 있었다. 그러나 하나라 이후로 세습군주제가 정착되면서부터는 아무리 포악하고 무능해도 태자에 책봉되면 별 어려움 없이 황제의 자리에 오를 수 있었다. 『춘추공양전』 은공隱公 원년에는 "적자를 세울 때는 연장자를 우선하고 현명함은 따지지 않는다立嫡以長不以賢"라고 했다. 여기에서 문제가 발생한다. 현명함은 태어나는 순서와 아무 관계가 없기 때문이다.

이 장에서 길게 인용한 이백약의 「찬도부贊道賦」도 당 태종의 태자 이승건을 바른 길로 이끌기 위한 목적을 지니고 있다. 이 글은 역사 속 태자들의 장단점과 승계 문제를 개괄하면서 태자 이승건에게 덕행을 실천하고 절제된 생활을 하도록 강조했다. 그러나 이승건은 자신의 아우 이태와 권력을 다투다가 폐서인되어 보위에 오르지 못했다. 부덕한 태자를 간언으로 바로잡아 현명한 길로 인도하기란 이처럼 어려운 일이었다. 청 옹정제雍正帝는 이런 폐단을 막기 위해 '밀건황저제密建皇儲制'를 시행하기도 했다. 즉 황제가 비밀리에 태자의 이름을 명기한 문서를 밀봉하여 건청궁乾淸宮의 '정대광명正大光明' 편액 뒤에 넣어두고, 황제 사후 그 문서에 이름이 적힌 태자를 황위에 옹립하는 제도다. 그러나 이 제도도 황제 1인의 사심에 의해 태자가 결정될 수밖에 없다는 한계가 있었다.

만물의 변화법칙에 따라야

정관 5년 이백약이 태자우서자가 되었다. 당시 태자 승건承乾은 『오전五典』과 『삼분三墳』[1]에 꽤 마음을 쓰긴 했지만 공무가 끝난 이후 유희를 지나치게 좋아했다. 이백약이 「찬도부贊道賦」를 지어 그를 풍자했다.

"모자라는 신은 옛 성인의 격언을 귀동냥으로 들었고, 전적의 가르침을 일찍이 읽은 적이 있습니다. 천지가 생겨난 이후 제왕의 건국에 이르기까지 사람의 윤리와 기강은 성인의 말씀과 덕망에 도움을 받았습니다. 그것을 실천하면 선한 본성을 따라 올바른 도가 이루어지지만, 그것을 어기면 생각이 어지러워지며 사특한 짓을 하게 됩니다. 흥망성쇠를 바라보니 마치 하늘의 운행과 같고, 길흉화복을 살펴보니 흡사 번갈아 꼬인 밧줄과 같습니다.

천명을 받고 운수에 부응하여, 밝은 덕망의 제왕께서 군림하셨습니다. 만물의 변화법칙에 따르고, 백성을 자신의 마음으로 삼았습니다. 태극의 숨은 운행법칙을 체화하고, 오늘날 세상에서 옛 역사를 두루 살폈습니다. 늦은 밤까지 선행에 진력했고, 짧은 순간도 아끼며 부지런히 일했습니다. 이 때문에 고비사막에서 두꺼운 얼음을 녹일 수 있었고, 대림蹛林[2]에서 추운 계곡의 기후를 변화시켰습니다. 마침내 만백성이 기뻐하고, 온 천지가 은혜로운 목소리를 그리워합니다."

1_ 『좌전』 소공昭公 12년에 중국에서 가장 오래된 책으로 『삼분三墳』 『오전五典』 『팔삭八索』 『구구九丘』를 거론하고 있다. '삼분三墳'은 삼황三皇의 책, '오전五典'은 오제五帝의 책이라고 한다.

2_ 숲으로 둘러싸인 흉노의 제사 장소, 또는 흉노의 지명이라고도 한다.

어찌 욕망에 몸을 내맡기겠습니까?

“혁혁하도다! 신성한 당나라여! 위대하도다! 신령한 천명이여! 시대는 위대한 시작을 열었고, 운세는 뛰어난 성군을 잉태했습니다. 하늘은 또 태자전하를 세워 진실로 정도正道에 뿌리를 두게 했습니다. 기민한 지혜는 원대했고, 신성한 모습은 찬란했습니다. 세 가지 선행[3]을 돌아보며 반드시 넓히려 했고, 네 가지 덕행[4]을 존중하며 행동으로 옮겼습니다. 매번 뜰에서 가르침을 받으며 예에 대해 들었고[5] 항상 침소에서 문안을 여쭈며 공경심을 자질로 삼았습니다. 성상의 가르침을 받들고 예법에 맞게 처신했으며 하늘의 밝은 천명을 널리 확장했습니다. 부왕의 모습을 바라보며 자식의 도리를 아는 데 힘썼고 또 그것을 커다란 거북과 밝은 거울로 삼았습니다.[6] 대도大道가 바뀐 이후 예교가 일어나서 군신관계를 바로잡고 부자관계를 도탑게 했습니다. 군신 간에는 예의가 있고, 부자간에는 친함이 있습니다. [부자간의] 정과 [군신 간의] 의를 모두 발휘하여 끝까지 실천해야 하니, 진실로 도를 확산하는 일은 사람에게 달려 있다고 하겠습니다. 어찌 하계夏啓와 주성왕[7] 같은 훌륭한 아들을 단주와 상균 같은 불초자와 함께 거론할

3_『예기』「문왕세자」에 따르면 나라의 세자는 한 가지 일을 하여 세 가지 선행을 모두 이룰 수 있다고 했다. 그것은 바로 아버지와 자식 사이의 도리父子之道, 임금과 신하 사이의 대의君臣之義, 연장자와 아이 사이의 예절長幼之節이라고 했다.

4_『주역』「건괘乾卦·문언전文言傳」에 따르면 원元은 선善의 으뜸이고, 형亨은 아름다움의 모임이며, 이利는 대의의 화합이고, 정貞은 일의 줄기라고 했다. 네 가지 덕행은 바로 이 원형이정의 쓰임을 실천하는 것이라고 한다.

5_『논어』「계씨季氏」에 나온다. “다른 날 또 혼자 서 계실 때 빠른 걸음으로 뜰을 지나가는데 이렇게 물으셨습니다. ‘예를 배웠느냐?’ ‘아직 못 배웠습니다’라고 대답했습니다. 그러자 ‘예를 배우지 않으면 사람답게 설 수가 없느니라’라고 하셨습니다. 저는 물러나와 예를 배웠습니다他日, 又獨立, 鯉趨而過庭, 曰, 學禮乎? 對曰, 未也. 不學禮, 無以立. 鯉退而學禮.” 이 구절은 바로 앞 대목의 시를 배운다는 구절과 함께 흔히 시례지가詩禮之家 또는 추정趨庭이라는 전고로 쓰인다. 집안에서 가르침이 잘 전승됨을 비유한다.

6_ 커다란 거북元龜은 점치는 데 사용하고, 밝은 거울明鏡은 자신을 비춰보는 데 사용하므로 이 두 가지는 귀감龜鑑의 의미를 가진다.

수 있겠습니까? [자질을] 깎고 다듬으며 옛것을 익히고 새것을 알아야 합니다. 충성과 공경을 생각하고 효도와 인의를 말하시면 아래로 사해를 비출 수 있고 위로 삼진三辰[8]을 밝게 할 수 있습니다.

옛날 삼왕三王이 자식을 가르칠 때는 사시四時의 질서를 모두 일깨우며 태학에서 연장자를 예우하게 했고, 나라 안팎에서 교류를 펼칠 때는 먼저 예악을 앞세우게 했습니다. 악樂으로는 기풍을 바꾸고 습속을 변화시킬 수 있으며, 예禮로는 윗사람을 편안하게 하고 백성을 교화할 수 있습니다. 종고鍾鼓의 음악에 탐닉할 것이 아니라 마음속 뜻을 펼치며 정신을 화락하게 해야 합니다. 어찌 금옥과 비단에 뜻을 둘 수 있겠습니까? 자신의 욕망을 극복하고 몸을 보호해야 합니다.

[태자께서는] 깊은 궁궐에서 태어나 제후들의 윗자리에 몸을 두고 있으면서도 왕업에 대해서는 깊이 생각하지 않고 종묘사직에 대해서도 스스로 아끼는 마음을 갖고 있지 않습니다. 그리고 부귀는 저절로 생기는 것이라고 말하면서 높은 지위만 믿고 뻐기는 마음을 갖고 있는지라, 언제나 함부로 교만을 부리면서 걸핏하면 예절을 탓합니다. 또 스승을 경시하고 예의를 태만히 여기며, 아첨꾼과 친하고 음탕한 짓에 방종하고 있습니다. 태자의 별빛[9]이 갑자기 어두워지고 동궁의 햇볕[10]이 문득 옅어지고 있습니다. 비록 천하를 한집안으로 삼고 있더라도 그 편안함과 위험함의 길은 동일하지 않습니다. 혹자는 자신의 재능으로 높은 자리에 올라갔지만, 혹자는 참소를 당해 쫓겨났습니다. 그 길흉을 살펴볼 수 있고 득실을 관찰할 수 있습니다. 바라건대

7_ 하계는 하나라 우임금의 아들이고, 성왕은 주나라 무왕의 아들이다. 부왕의 뜻을 잘 계승하여 나라의 치세를 이루었다.

8_ 해日, 달月, 별星을 말한다.

9_ 원문은 전성前星. 『한서』 「오행지五行志」에 따르면 심수心宿의 큰 별이 천왕天王이고, 그 앞에 있는 별前星은 태자이며, 뒤에 있는 별은 다른 왕자들이라고 한다.

10_ 원문은 소양少陽이고, 소양은 동쪽. 궁궐에서는 태자의 궁전이 동쪽에 있으므로 소양은 동궁을 가리킨다.

거칠게나마 그 사실을 진술할 터이니 이 글을 읽으며 내용을 살펴보십시오."

역대 태자의 행적

"주나라 왕실은 덕을 두터이 쌓아 하늘의 조짐을 잡고 시운에 부응했습니다. 문왕과 무왕에 의지하여 은나라를 배반하고 700년의 큰 터전을 열었습니다. 부소扶蘇[11]가 진나라의 태자가 되어서는 그 명망에 흠이 되는 행동은 하지 않았습니다. 그러나 적장자의 막중한 신분임에도 변방 요새에서 적은 군사를 감독했습니다. 참화가 시작되자 냉랭한 쇠처럼 부소 태자를 차갑게 멀리했고, 재앙이 도래하자 뜨거운 불이 꺼지듯 부소 태자는 목숨을 잃었습니다. 태자를 세우는 일이 정도에서 위배되자, 진나라의 종묘사직은 신속하게 멸망하고 말았습니다. 저 한나라가 오래도록 세대를 이어간 것은 진실로 현명한 태자가 번갈아 나왔기 때문입니다.

한 고조는 척戚 부인[12]에 빠져서 조왕趙王[13]을 총애하다가 천하의 웃음거리가 되었습니다. 한 혜제가 상산사호商山四皓와 교분을 맺은 것은 장량의 의견에 따른 것이며, [마침내] 드넓은 하늘로 날아올랐습니다. 경제는 등통鄧通[14]에게 부끄러움을 느끼고, 그를 굶어죽게 만드

11_ 진시황의 맏아들(?~기원전 210). 진시황의 분서갱유 정책에 반대하다가 상군上郡의 변방으로 쫓겨나 몽염蒙恬의 군대를 감독하며 장성 수축을 도왔다. 진시황 사후 조고와 이사가 황제의 유서를 위조하여 호해胡亥를 보위에 올리고 부소를 핍박하여 자살하게 했다.

12_ 한 고조 유방의 총비寵妃(?~기원전 194). 고조의 총애를 받았으나 고조 사후 여후呂后에 의해 손발이 잘리고 귀가 불로 짓이겨졌으며 눈알까지 파내어져 측간에 내버려졌다가 사망했다.

13_ 한 고조 유방과 척 부인 사이에 태어난 아들로 이름은 여의如意. 한 고조가 총애하며 태자에까지 세우려 했으나 실패했고, 고조 사후 여후에게 속아 장안으로 왔다가 독살되었다.

14_ 한 문제의 총신.

는 잔학함을 보였습니다.[15] 경제 때 끝내 강한 오吳 땅에서 환란이 발생한 것은 쌍륙 놀이에 분노했기 때문입니다.[16] 한 무제 유철劉徹은 태자가 되었을 때 나이가 어렸지만[17] 황제가 노쇠했을 때 권신權臣의 전횡을 막는 절묘한 의견을 제시했고, 또 주아부周亞夫[18]가 공적에 기대 교만하게 행동할 것을 알았습니다. 이 때문에 선조의 대업을 확장하고 삼대三代의 유풍을 계승할 수 있었습니다. 무제의 태자 유거劉據[19]는 박망원博望苑[20]을 열었지만 그 명성은 아직 분명하게 드러나지 않았습니다. 슬프게도 운명이 기구하여 강충江充[21]의 참소를 당했습니다. 비록 군사를 동원하여 강충을 죽였지만 결국 대의를 위반하여 흉측한 종말을 맞았습니다.

15_ 『사기』 「영행열전佞幸列傳」에는 다음과 같은 내용이 기록되어 있다. 한번은 한 문제의 몸에 종기가 났는데 등통이 입으로 종기의 고름을 빨아 문제의 총애를 받았다. 등통이 고름을 빨 때 문제가 "누가 세상에서 짐을 가장 사랑할까?"라고 묻자 등통은 "태자전하입니다"라고 대답했다. 이에 태자가 문병을 왔을 때 문제는 태자에게 자신의 종기를 빨아내게 했다. 태자는 마지못해 종기를 빨았지만 싫은 표정을 지었다. 이 때문에 문제는 등통을 더욱 총애했고 태자는 등통에게 부끄러움을 느끼면서도 원망을 품었다. 이 무렵 문제는 관상쟁이에게 등통의 관상을 보게 했는데, 그는 등통이 장차 굶어죽는다고 했다. 문제는 등통을 굶어죽지 않도록 하기 위해 동銅 광산 한 곳을 하사하여 마음대로 돈을 주조해서 쓸 수 있게 했고, 마침내 등통은 천하제일의 갑부가 되었다. 그러나 문제가 죽고 태자가 보위에 올라景帝 등통의 관직과 재산을 몰수했고 등통은 마침내 굶어죽었다. 원문의 '종리從理'는 '종리縱理'로도 쓰며 관상용어로 아사餓死를 나타낸다. 문맥으로 볼 때 이 대목은 주아부周亞夫의 아사가 아니라 등통의 아사를 가리킴이 명백하다.

16_ 『사기』 「오왕비열전吳王濞列傳」에 대략 다음과 같은 내용이 기록되어 있다. 오왕 유비劉濞는 한 고조 유방의 형인 유중劉仲의 아들이다. 당시 유비의 세자 유현劉賢이 장안의 궁궐에 왔다가 황태자 유계와 쌍륙 놀이를 했는데, 서로 이기려 다투는 과정에서 유현이 오만한 태도를 보이자 황태자가 쌍륙판을 던져 유현을 죽였다. 오왕 유비는 이 일 때문에 황태자에게 반감을 품고 칠국의 난을 일으켰다가 패배하여 피살되었다.

17_ 한 무제 유철은 7세에 태자가 되었고 16세에 즉위했다.

18_ 전한 건국공신 강후絳侯 주발周勃의 아들(기원전 199~기원전 143). 경제 때 칠국의 난을 평정하고 명성을 떨쳤다. 나중에 아들 주양周陽의 범죄에 연좌되어 옥에 갇혔고, 단식으로 억울함을 항의하다가 아사했다.

19_ 한 무제의 태자로 성명은 유거劉據(기원전 128~기원전 91). 시호가 여戾이므로 여태자로도 부른다. 간신 강충江充의 참소로 무고의 난에 연루되어 군사를 일으켰다가 패배하여 죽었다.

20_ 한 무제가 태자 유거를 위해 건립한 궁전. 유거는 이곳에서 빈객을 접견했다.

21_ 한 무제의 총신으로 본명은 강제江齊(?~기원전 91). 강충은 태자 유거와 사이가 좋지 않아, 태자 궁 근처에 나무로 만든 인형을 묻어놓고 태자가 황제를 무고한다고 참소했다. 위협을 느낀 태자는 군사를 일으켜 강충을 잡아 죽인 후 황제의 군사와 전투를 벌이다 대패하여 자결했다. 무제는 나중에 태자의 억울함을 알고 여戾란 새호를 내렸다.

22_ 성명은 유석劉奭(기원전 74~기원전 33). 나중에 보위에 올라 원제元帝가 되었다.

선제宣帝의 태자[22]는 유학을 좋아하여 위대한 이치를 밝게 펼쳤습니다. 도덕과 교화에 뛰어남이 감탄스러웠고 충성과 정직에 대해 발언하는 것이 아름다웠습니다. 처음에는 광형匡衡[23]과 위현성韋玄成에게서 도를 들었지만, 마지막에는 홍공弘恭[24]과 석현石顯[25]을 잘못 등용했습니다.

태손太孫[26]의 여러 기예는 비록 정도공왕定陶共王[27]에 못 미쳤지만 황제가 다니는 길을 가로지르지 않은 건[28] 그래도 작은 선행이었습니다. 이 모습은 박학한 학자들에게 중시되어 전적에 그 아름다운 행적이 전해지고 있습니다. 광무제가 한나라를 중흥한 이후의 태자 중에서는 명제明帝와 장제章帝의 행실이 뛰어났습니다. 모두 당시의 정사에 밝았고 경전과 예법에 통달했습니다. 윗사람을 존경함에 마음을 다 바쳤고, 형제를 사랑함에 우애를 돈독히 했습니다. 이러한 까닭에 동해왕東海王[29]의 유업을 튼튼하게 했고 서주西周의 전통을 이을 수 있었습니다.

23_ 전한 원제 때의 유명한 학자 겸 대신으로 자는 치규稚圭. 경학에 밝았고 특히 『시경』에 뛰어났다. 벼슬은 태자소부太子少傅를 거쳐 승상에 이르렀다.

24_ 전한 선제와 원제 때의 환관(?~기원전 47). 사고史高, 정명鄭明 등과 결탁하여 조정의 현신인 소망지蕭望之, 유갱생劉更生, 주감周堪을 배척했다. 소망지가 자살한 날 홍공도 병사했다. 그의 후임에는 석현이 임용되었다.

25_ 전한 선제와 원제 때의 총신(?~기원전 32). 복야僕射, 중서령中書令 등을 역임했다. 성격이 교활하고 음험하여 소망지, 경방京房, 가연지賈捐之 등 현신을 참소하여 죽였다.

26_ 전한 원제元帝의 맏아들로 제12대 성제成帝. 성명은 유오劉驁(기원전 51~기원전 7)이며 자가 태손太孫이다. 태자 시절과 즉위 초에는 학문을 좋아하고 선정을 펼쳤다. 그러나 점차 여색에 빠져 방탕하게 되었고, 결국 황태후 왕씨 일족의 전횡을 막지 못해 전한 멸망의 빌미를 제공했다. 왕망이 바로 황태후의 일족이다.

27_ 전한 원제의 둘째 아들로 성명은 유강劉康(?~기원전 23). 재주가 많고 음률에 밝아 원제의 총애를 받았다.

28_ 『한서』 「원제기元帝紀」에 다음과 같은 내용이 실려 있다. 어느 날 원제가 급하게 태자 유오를 불렀는데, 유오는 감히 임금이 다니는 어도御道를 가로 지를 수 없어서 길을 돌아 어전에 도착하느라 시간을 지체했다. 그러나 원제는 태자의 효심을 알아보고 매우 기뻐했다고 한다.

29_ 광무제의 넷째 아들로 나중에 후한 명제로 등극한 유양劉陽이다. 유양은 유장劉莊으로 이름을 바꿨다. 본래 동해왕으로 봉해졌다가 태자가 되어 보위에 올랐고, 본래 태자였던 유강劉彊이 동해왕이 되었다. 두 형제는 우애가 돈독했다.

30_ 대궐의 문을 수비하고 임금의 거마車馬를 관리하던 관직.

오관중랑장五官中郎將[30]이었던 조비曹丕는 안문에서 덕망으로 명성을 떨치지 못했습니다. 더러 미색에 탐닉하다 비난을 당했고,[31] 또 꿩 사냥에 빠져 스스로 기뻐했습니다. 비록 재주가 뛰어나고 학문이 넓었지만 결국은 황음무도한 행위로 허물을 남기고 말았습니다. 또 위 명제明帝[32]에게 그런 폐습을 남겨 3년 동안 높은 토산[33]을 쌓는 데 골몰했습니다. 진시황의 사치를 따랐지만 한 무제의 기예에는 조금 못 미쳤습니다. 마침내 신료들을 노역에 내몰며[34] 나라의 쇠락을 구제하지 않았습니다.

진晉 무제는 마음이 매우 관대했고 모습이 퍽 기이했습니다. [그의 부친 사마소司馬昭가] 도부桃符[35]를 중시하며 마음이 흔들렸지만, 거록군공鉅鹿郡公 배수裵秀[36]의 밝은 간언을 받아들였습니다. [진 무제는] 마침내 강남의 혼탁한 공기를 쓸어내고 먼 변방까지 개척하여 패자霸者가 되었습니다. 진 혜제[37]는 동궁의 태자로 있을 때 [매우 어리석었는데], 그가 남긴 자취는 자세히 살펴봐야 합니다. 진 무제는 그래도 성

31_ 위魏 문제 조비가 원희袁熙의 아내 견씨甄氏의 미색에 빠진 일을 가리킨다.

32_ 조비의 아들로 위나라 제2대 황제이며 성명은 조예曹叡(204~239). 문예에 뛰어났고 국내외를 평정하여 나라를 안정시켰다. 그러나 말년에 대형 토목공사를 일으켰고 향락에 탐닉했다.

33_ 위 명제가 방림원芳林苑 안에 쌓은 높은 토산.

34_ 위 명제는 방림원에 높은 토산을 쌓고 대소 신료를 모두 동원하여 초목을 심게 했다.

35_ 진 무제 사마염의 아우 사마유司馬攸로 그의 어릴 적 이름은 도부桃符(248~283). 그의 부친은 사마소司馬昭인데 백부인 사마사司馬師가 아들이 없어서 양자로 입적했다. 이후 제왕齊王에 봉해졌다. 성품이 효성스럽고 지혜로웠으며 정무에도 밝아 사마소가 그에게 진왕晉王의 봉작을 물려주려 했으나 배수裵秀와 순욱荀勖이 간언을 올려 사마염을 세자로 삼게 했다. 시호는 헌왕獻王이다.

36_ 위진 시대의 대신으로 자는 계언季彦(224~271). 진왕晉王 사마소에게 사마염을 세자로 삼으라고 간언을 올렸으며, 진晉이 위를 대신하여 천하를 통일하는 데 큰 공을 세웠다. 『우공지역도禹貢地域圖』 등의 저작이 전한다.

37_ 진晉나라 제2대 황제로 성명은 사마충司馬衷(259~307). 어리석고 유약하여 즉위 후 가황후賈皇后가 국가 대사를 좌우했다. 팔왕의 난을 겪으며 조왕趙王 사마륜司馬倫에게 보위를 빼앗겼다가 제왕齊王 사마경司馬冏과 성도왕成都王 사마영司馬穎의 도움으로 복위했다.

38_ 진 무제는 진 혜제가 태자로서 매우 어리석었는데도 불구하고 끝까지 애초의 마음을 변치 않고 그에게 보위를 물려주었다.

39_ 진 무제가 태자 사마충의 어리석음을 알고도 바꾸려 하지 않자 당시 상서령 위관衛瓘이 연회에서 취한 척하고 진 무제의 자리를 쓰다듬으며 "이 자리가 참으로 아깝습니다此座可惜"라고 했다.

덕을 펼쳐 애초의 마음[38]을 견지했는데, 이에 진실로 진나라 보위가 아깝다는 말을 들을 만했습니다.[39]

슬프게도 민회태자愍懷太子[40]가 폐위된 일을 말하자면 사나운 바람이 모래를 휘날리는 듯했습니다. 성령을 모두 발휘해 육예六藝를 가까이했으나, 흉악한 자들에게 빠져 스스로를 망치고 말았습니다. 이들이 어찌 종묘의 제사를 받들고 나라를 계승할 수 있었겠습니까?"

올바른 사람을 뽑아 옥사를 맡겨야

"지금 성상께선 자애로운 마음으로 지극히 올바른 이치에 근거해 대의를 가르치셨습니다. 이것은 한나라 조정에서 정사를 토론한 일과 같고[41] 주나라 도성에서 계율을 마련한 일과 같습니다.[42] [동진 원제元帝가 태자에게] 『한비자』를 하사한 일[43]을 비천히 여기고 유가의 경전과 학술을 중시하여 보배로 삼았습니다. 정치의 선악에 대해 자문하고 수신의 좋은 방도를 공부하려고, 우둔한 백성에게서도 기꺼이 의견을 들으려 했고, 나이 든 노인에게서도 허심탄회하게 말씀을 구하려 했습니다. 세상을 편안케 하는 일에 많은 치적을 남기려면 먼저 인재를 얻는 것이 가장 중요합니다. 요임금은 인재를 잘 알아봐야 한다고 가르침을 남겼고,[44] 주 문왕은 조정에 인재가 많다고 시를 읊었습

40_ 진 혜제의 태자 사마휼司馬遹(278~300). 어려서 총명했으나 간신의 유혹에 빠져 덕행을 닦지 않고 점차 황음무도한 생활을 했다. 그의 모친은 재인才人 사구谢玖였기 때문에 가황후賈皇后의 질시와 모함을 받아 결국 태자의 자리에서 쫓겨났고, 황후가 보낸 자객 손려孫慮에게 살해되었다.

41_ 한 무제가 제자백가의 학설을 배척하고 유가를 존중하면서 자제들을 교육한 일을 가리킨다.

42_ 주나라 주공이 전장제도와 예법을 마련하여 나라를 다스리고 성왕을 가르친 일을 이른다.

43_ 동진 원제는 형법을 좋아하여 태자 사마소司馬紹에게 『한비자』를 하사했다. 『진서晉書』 「유량전庾亮傳」에 나온다. "時帝方任刑法, 以韓子賜皇太子."

44_ 『상서』 「고요모皐陶謨」에 나온다. "知人則哲, 能官人."

45_ 『시경』 「대아·문왕文王」에 나온다. "濟濟多士, 文王以寧."

니다.[45]

올바른 사람들 가운데서 인재를 뽑아 신령스러운 거울에 비춰봐야 합니다.[46] 인재의 능력을 헤아리고 그 행동을 살펴 반드시 그 기지機智에 따라 직무를 분담시켜야지 법도를 위반하면서 정무를 맡겨서는 안 됩니다. 만약 소문에 미혹되거나 사람을 알아보는 데 어두우면 올바른 도를 지닌 사람은 모두 억압될 것이고, 쓸모없는 자가 반드시 뜻을 펼 것입니다. 아첨하는 무리가 다투어 진출하여 총애를 받으려 할 것이고, 놀기 좋아하는 자들이 부르지 않아도 저절로 몰려들 것입니다. 직언과 직간하는 사람은 자신의 충성과 신의 때문에 죄를 얻을 것이고, 관직과 옥사를 파는 자들은 뇌물을 받고 친분을 맺을 것입니다. 그리하여 왕법은 훼손되고 인륜은 혼란해질 것입니다. 구정九鼎이 간신을 만나 영원히 멀어지면, 만백성은 누군가 자신들을 어루만져주며 어진 정치로 돌아가기를 바라게 됩니다.

대체로 조화옹造化翁이 만물을 지극하게 길러주는 천지간에서 오직 사람이 가장 고귀합니다. 옥사를 잘 다스리지 못하면 삶과 죽음의 길이 달라집니다. 맺힌 원한을 풀어주지 않으면 음양의 조화로운 기운이 어긋납니다. 선비의 출세와 퇴출은 가혹한 법조문에 예속되고, 목숨의 길고 짧음은 사나운 옥리에게 맡겨집니다. 이러한 까닭에 요임금은 오형을 받는 형상을 그려놓고 죄인의 고통을 위로하는 말을 했으며 우임금은 죄인에게 눈물을 흘리며 슬퍼하는 마음을 전부 드러냈습니다."

46_ 신령스러운 거울의 원문은 '영경靈鏡'이다. 사표가 될 만한 훌륭한 인물이나 역사의 경험에 비춰보는 것이다.

궁궐 축조, 주색, 사냥을 절제하라

"그리고 『주역』의 「대장大壯」 괘에서 형상을 취하여[47] 높은 건물을 짓고 담장에 아름다운 조각을 했습니다. 걸왕은 옥으로 요대瑤臺[48]를 짓고 주왕은 구슬로 경실瓊室[49]을 지었으니 어찌 화려한 기둥과 무지개 같은 대들보에 그쳤겠습니까? 위 문제[50]는 능운대凌雲臺[51]를 지어 멀리까지 바라보기도 했고, 한 무제는 통천대通天臺[52]를 지어 더위를 식히기도 했습니다. 한껏 취하고 포식하며 백성의 힘을 동원했는데도 자신의 생명은 쇠약해졌고 신체는 재앙을 당했습니다. 이러한 까닭에 한 무제는 열 집의 재산을 아끼며 검소함을 밝혀 넉넉한 덕을 후세에 드리웠습니다. 또 주 문왕은 비록 사방 백 리의 동산을 만들었지만 백성들이 자진해서 일하러 왔으므로 나라가 번창할 수 있었습니다.

즐거운 연회에도 예절로 교유하며 맛있는 술의 덕을 중요하게 생각했습니다. 술에 취해 돌아갈 줄 모르면서도 복을 받을 수 있었던 것은 총명과 예지로 온유하게 처신할 수 있었기 때문입니다. 만약 고주

47_ 『주역』 「계사 하」에 이와 관련된 설명이 있다. 『주역』의 「대장」 괘䷡는 상괘가 진震이고 하괘가 건乾이다. 위의 두 음효는 아래로 내려가는 성질이 있어서 지붕을 덮어 아래로 드리운 형상을 의미하고, 아래의 네 양효는 위로 올라가는 성질이 있어서 네 기둥을 세워 위로 치솟는 형상을 나타낸다. 따라서 「대장」 괘는 집을 지어 우레와 비바람을 막는다는 뜻을 지닌다.

48_ 『습유기拾遺記』 「곤륜산」에 따르면 신선이 거주하는 누대를 가리킨다고 한다. 『회남자』 「본경훈本經訓」에 따르면 걸왕과 주왕이 선실璇室과 요대瑤臺를 만들었다고 한다. 옥을 쌓아 만든 누대인데 흔히 화려한 궁전을 비유한다.

49_ 한漢나라 장형張衡의 「동경부東京賦」에 따르면 하나라 걸왕은 요대를 만들었고, 은나라 주왕은 경실을 만들었다고 한다. 옥구슬로 만든 방인데 흔히 지나치게 사치스런 궁전을 비유한다.

50_ 중국 삼국시대 조조의 아들로 위나라 개국 황제이며 성명은 조비曹丕, 자는 자환子桓이다(187~226). 부친 조조의 후광으로 세력을 얻어 한 헌제의 선양을 받는 형식으로 황제의 자리에 올랐다.

51_ 『삼국지』 「위지魏志·문제기文帝紀」에 따르면 위 문제 조비가 능운대를 세웠다. 낙양 동쪽에 있었고 높이는 25장丈이었다.

52_ 『사기』 「효무본기孝武本紀」에 따르면 한 무제가 통천대를 세웠다. 순화淳化의 감천궁甘泉宮 안에 있었고 높이가 30장이었다.

53_ 전한의 장수로 자는 중유仲孺(?~기원전 131). 오초칠국의 난 때 용맹으로 이름을 떨쳤다. 술을 마신 후 횡포가 심하여 사람들의 원성을 샀고, 결국 승상 전분田蚡의 잔치에서 다시 행패를 부리다가 불경죄로 고발되어 참살되었다.

망태가 되어 정신을 잃거나 술에 찌들어 사특한 짓을 한다면 애통하게도 은나라 주왕과 한나라 관부灌夫[53]처럼 될 뿐 아니라 몸도 망치고 나라도 망하게 할 것입니다. 이러한 까닭에 이윤은 술에 취해 고성방가하는 사람을 보고 경계의 글을 지었고,[54] 주공은 술을 즐기다 혼란에 빠진 나라 때문에 법도를 남겼습니다.[55]

저렇게 그윽하고 얌전한 미녀는 실로 군자에게 좋은 짝이 됩니다. 임금의 수레를 사양하고 사랑을 절제한 것은 본래 반첩여班婕妤가 수치를 알았기 때문입니다.[56] 비녀와 귀고리를 빼놓고 죄를 청한 것은 선강宣姜의 선행이라고 할 만합니다.[57] 그러나 진晉나라의 재앙이 된 여희驪姬[58]와 주나라를 망친 포사褒姒[59]는 그림에 비해서도 훨씬 더 아리따웠지만 그 행위는 인간의 이치에서 흉하게 어그러진 것이었습니다. 성을 기울게 하고 나라를 기울게 할 만한 미녀를 보면 후세의 임금에게 남긴 밝은 교훈을 생각해야 합니다. 고운 모습과 아리따운 자태를 보면 옛날 역사를 영원한 거울로 삼아야 합니다.

54_ 『상서』「이훈伊訓」에 나온다. "항상 집 안에서 춤을 추고 방에서 술에 취해 노래하는 자가 있다면 이를 무풍이라 하오敢有恒舞于宮, 酣歌于室, 時謂巫風."

55_ 『상서』「주고酒誥」에 나온다. "크고 작은 나라가 망하게 되는 것도 술로써 죄를 짓지 않는 경우가 없다越小大邦用喪, 亦罔非酒惟辜."

56_ 반첩여(기원전 48?~기원후 2)는 한 성제成帝의 후궁이다. 첩여는 전한 후궁 2품 품계에 해당한다. 반고班固의 친척으로 알려져 있다. 시부詩賦에 뛰어났고 품행이 단정하여 성제의 총애를 받았다. 『한서』「외척전」「효성반첩여전孝成班婕妤傳」에 따르면 한 성제가 반첩여를 사랑하여 함께 수레를 타고 궁궐 후원을 돌려고 하자, 반첩여는 나라를 멸망시킨 군주나 여자와 함께 수레를 탄다고 하면서 성제의 제의를 사양했다. 여기에서 "사연辭輦"이란 전고가 나왔다. 수레를 사양한다는 말로 흔히 후궁의 덕행을 비유한다.

57_ 주 선왕宣王의 왕후. 『열녀전』「주선강후周宣姜后」에 따르면 주 선왕이 강후의 침소에서 늦잠을 자자 강후가 비녀와 귀고리를 빼고 머리를 풀어헤친 후 말하기를 '첩의 음심淫心 때문에 전하를 그르치게 되었으니 저를 벌하여주십시오'라고 했다. 선왕은 그 말을 듣고 더욱 정무에 힘썼다.

58_ 춘추시대 진晉 헌공의 계비(?~기원전 651). 진 헌공이 여융驪戎을 정벌하자 여융 군주가 두 딸 여희驪姬와 소희少姬를 헌공에 바쳤다. 헌공과의 사이에 태어난 아들 해제奚齊를 세자로 삼기 위해 간계로 세자 신생을 죽이고, 공자 중이 등 여러 공자를 축출했다. 이후 이극里克과 비정보丕鄭父가 공자 중이를 위해 반란을 일으키자 여희는 궁궐 연못에 뛰어들어 자결했다.

59_ 주 유왕幽王의 계비. 유왕의 총애에 의지해 왕후 신씨申氏와 태자 의구宜臼를 폐위하고 자신은 왕후가 되고 아들 백복伯服은 태자가 되게 했다. 거짓으로 봉화를 올려 제후들을 희롱했다. 결국 왕후 신씨의 부친 신후申侯가 견융과 연합하여 유왕을 살해했고, 포사는 견융의 군주에게 능욕을 당한 후 스스로 목숨을 끊었다.

또 사냥에는 예법이 있으니 말 달리며 활을 쏘는 사냥터에서 정의로 절제하지 않으면 반드시 지나친 사냥으로 정신이 황폐해질 것입니다. 신체도 지극히 피로해질 뿐 아니라 마음도 결국 광기에 빠질 것입니다. 대저 높은 산과 깊은 계곡을 두려워하지 않는 자는 죄수의 무리이며, 사냥매와 사냥개를 오락으로 삼는 일은 어린아이의 놀이입니다. 종묘사직의 중대함을 책임지고 선왕의 보물을 지켜야 할 사람이 사냥매·사냥개와 함께 치달리며 위험한 곳을 뛰어넘고 고삐를 휘날린단 말입니까? 마차도 전복될 위험이 있고, 짐승도 사지死地를 두려워합니다. 오히려 지나치게 많이 잡은 것을 부끄러워해야 하는데 유독 이 일에 아무 감정도 없고 아무 괴로움도 느끼지 못하십니까?"

덕행을 준수하며 싫증내지 말라

"보잘것없는 신은 어리석고 비천하지만 성상의 무한한 은혜와 영예를 입었습니다. 초야에서 이 쓸모없는 자를 발탁하여 고관대작 사이에 나란히 몸을 둘 수 있게 하셨습니다. 위대한 도가 행해져 천지가 태평한 시대를 만났고, 기쁘게도 태자께서 강성하시니 만국이 올바르게 행동하고 있습니다. 태자께서는 나라와 군사를 감독하는 사이에 여가가 많아지면 항상 학문을 강론하며 엄숙한 인품을 길렀습니다. 기민한 정신을 우러러보았고, 총명한 성덕에 감탄했습니다. 덕행에 있어서는 스스로 현인을 예우했고, 예의에 있어서는 정도로 귀의할 수 있었습니다. 아름다운 세월에 깨끗한 풍경이 펼쳐져서, 시절은 화창하고 기운은 청명합니다. 화려한 궁전 깊은 곳에 주렴과 장막이 고요하고, 관목이 빽빽이 우거진 숲에 바람과 구름이 경쾌합니다. 꽃송이는 향기를 뿌리며 태양을 향해 웃고, 꾀꼬리는 예쁜 목소리로 서로

애절하게 울어댑니다. 자연 경물의 변화함 속에서 올바른 이치를 맞아오기 위해 생각을 끝 간 데까지 밀고 가야 합니다. 덕행을 준수하며 싫증내지 않고, 마음속 깊이 즐기며 그 정수를 연마하십시오.

용속한 신에게 붓을 잡으라 명하시니 신은 이제 궁궐에서 문장을 지었습니다. [이 글은] 황제를 즐겁게 한 「통소부洞簫賦」[60] 와도 다르고, 빈객들과의 정을 읊은 「비개飛蓋」[61] 와도 상이합니다. 아름다운 말로 [태자의] 덕망을 찬양하지 않았고, 성은에 보답하기 위해 목숨도 가볍게 여겼습니다. 감히 엎드려 절을 올리고 머리를 조아리며 길이길이 훌륭한 기풍과 명성을 세우시길 바랍니다. 황상께서 오래오래 사시도록 받들어 모시며 만고의 큰 명성을 우뚝하게 드날리십시오."

태종은 이 글을 보고 사자를 보내 이백약에게 일렀다.

"짐은 황태자의 처소에서 경이 지은 부賦를 보았소. 옛날부터 전해져온 태자들의 사적을 서술하여 지금의 황태자를 훈계했으니 매우 법도가 있으면서도 요긴한 내용이오. 짐이 경을 뽑아 태자를 보필하게 한 것은 바로 이런 일을 위함이었고 경은 소임을 아주 잘 수행하고 있소. 시작을 잘했으니 끝까지 좋은 결말을 맺을 수 있게 해주시오."

그리하여 말 한 필과 채색 비단 300단을 하사했다.

60_ 「통소부」는 전한 선제宣帝 때의 문인 왕포王褒의 작품. 왕포는 선제의 부름을 받고 궁궐로 들어가 「성주득현신송聖主得賢臣頌」 「감천부甘泉賦」 「통소부」 등을 지었다. 특히 왕포는 대나무로 만든 관악기 '통소洞簫'를 통해 음악의 감정 조화 기능 및 음악의 사회적 효용을 달성할 수 있음을 묘사했다. 당시 선제의 태자였던 유석(원제)이 좋아하여 주위 후궁들에게 모두 암송하게 했다고 한다.

61_ 「비개」는 위나라 조식曹植의 「공연시公宴詩」를 말한다. 조식과 건안칠자 등 빈객들은 함께 연회를 즐기며 각각 「공연시」를 지었다. 이 시에 "맑은 밤 서쪽 정원에서 놀 때, 나는 듯이 수레 몰며 서로 좇았네淸夜游西園, 飛蓋相追隨"라는 구절이 있다.

목숨을 걸고 간언하다

정관 연간에 태자 승건은 예법을 자주 어겼고 사치와 방종이 나날이 심해졌다. 태자좌서자 우지령이 『간원諫苑』 20권을 지어 태자를 풍자했다. 그때 또 태자우서자 공영달孔穎達[62]이 매번 태자의 안색을 범하면서 간언을 올렸다. 그러자 승건의 유모 수안부인遂安夫人이 공영달에게 말했다.

"태자께서 장성하셨는데 어찌하여 면전에서 자주 그분의 뜻을 꺾으십니까?"

공영달이 대답했다.

"나라의 두터운 은혜를 입었으니 [간언을 올리다] 죽어도 여한이 없습니다."

그러면서 더욱 간절하게 간쟁했다. 승건이 그에게 『효경의소孝經義疏』를 편찬하게 하자 그는 그 문장에 따라 자신의 뜻을 드러내며 올바르게 간언을 올리는 길을 더욱 넓혔다. 태종은 그의 의견이 훌륭하다며 모두 받아들이고 두 사람에게 각각 명주 500필과 황금 한 근을 하사하여 승건의 뜻을 격려했다.

지나친 사냥은 종묘사직을 망치는 일

정관 13년, 태자우서자 장현소는 태자 승건이 자못 사냥에 빠져 학문을 돌보지 않자 상소문을 올려 이렇게 간언했다.

62_ 당나라 초기 학자로 자는 충원冲遠 또는 중원仲遠(574~648). 경학에 밝았고 태종의 명으로 『오경정의五經正義』를 편찬했다. 이 책은 당나라 시대 과거시험을 준비하는 표준 교과서가 되었다.

"신이 듣건대 '하늘은 사사로이 친한 사람이 없고 오직 덕을 베푼 사람만을 돕는다'[63]고 합니다. 만약 천도天道를 어기면 사람과 신령이 모두 그 사람을 버립니다. 그러나 옛날에 사냥할 때 3면만 포위하는 제도를 만든 것[64]은 살상을 가르치려는 것이 아니라 백성을 위해 해악을 제거하려는 의도였습니다. 이 때문에 탕왕이 사냥 그물을 한 면에만 펼치자 천하가 모두 그 어진 마음에 귀의했습니다. 지금 [태자께서는] 황실 동산에서 사냥을 즐기시는데 명목은 야외에서 사냥하는 것과 다르다고 하지만 만약 그 사냥에 일정한 의례儀禮가 없다면 마침내 나라의 올바른 법도를 해치게 될 것입니다.

또 부열은 이렇게 말했습니다. '학문할 때 옛일을 스승으로 삼지 않는 경우를 저는 들은 적이 없습니다.'[65] 그러므로 옛일을 공부하는 데서 올바른 도를 넓혀야 하고, 옛일을 공부하려면 반드시 스승의 가르침에서 도움을 받아야 합니다. 이미 공영달에게 은혜로운 조칙을 받들고 학문을 강의하게 했으니, 바라건대 자주 돌아보고 물을 것이 있으면 만의 하나라도 도움을 받으십시오. 이에 명성과 품행을 갖춘 학자를 많이 뽑아서 아침저녁으로 태자를 모시고 강의하게 한 것입니다. 성인이 남겨주신 가르침을 열람하고 지난날의 사적을 살펴 날마다 자신의 부족한 점을 깨닫고 달마다 자신이 행할 수 있는 점을 잊지 않아야 합니다.[66] 이렇게 하면 선을 다 실천하고 미를 다 실천한 것이니 하계夏啓와 주 성왕을 어찌 입에 담을 필요가 있겠습니까?

대저 백성의 윗자리에 앉은 사람치고 선행을 추구하지 않은 사람은 없었습니다. 그러나 선한 본성이 욕정을 이길 수 없었기 때문에 유

63_ 『상서』「채중지명蔡仲之命」에 나온다. "皇天無親, 唯德是輔."

64_ 이것을 '삼구三驅'라고 한다.

65_ 『상서』「부열傅說 하」에 나온다. 그러나 글자가 조금 다르다. "事不師古, 以克永世, 匪說攸聞."

66_ 『논어』「자장子張」에서 비슷한 구절이 나온다. "日知其所亡, 月無忘其所能, 可謂好學也已矣."

혹에 탐닉하다 혼란이 발생한 것입니다. 유혹에 탐닉하는 일이 극심해지자 충언은 모두 가로막혔으며, 이 때문에 신하들은 구차하게 순종하게 되었고 결국 임금의 올바른 도리도 점점 어그러진 것입니다. 옛사람이 말하기를 '작은 악이라도 제거하지 않아서는 안 되고, 작은 선이라도 행하지 않아서는 안 된다'[67]라고 했습니다. 이 때문에 화복의 발생은 모두 [선행과 악행이] 점차 쌓인 결과임을 알아야 합니다. 태자께서는 나라를 이어갈 지위에 있으므로 치국의 훌륭한 법도를 드넓게 세우셔야 합니다. 사냥을 지나치게 좋아하면서 어찌 종묘사직을 주관할 수 있겠습니까? 처음 시작할 때 마음처럼 끝까지 삼가는 태도를 유지해야 하는데 그런 마음이 점차 쇠퇴하는 것 같아서 두렵습니다. 그런데 처음부터 행동을 삼가지 않고서 어찌 좋은 결말을 보장할 수 있겠습니까?"

악행이 쌓이면 성정까지 바뀐다

태자 승건이 이 간언을 받아들이지 않자 장현소는 또 상소문을 올려 이렇게 간언했다.

"신이 듣건대 태자가 학교에 들어갈 때 나이에 따라서만 서열을 정하는 것은 태자로 하여금 군신, 부자, 존비, 장유의 도리를 알게 하려는 제도라고 합니다. 임금과 신하 사이의 대의, 부모와 자식 사이의 친분, 존귀한 자와 비천한 자 사이의 질서, 어른과 아이 사이의 예절 등의 이치를 마음속으로 체득하여 사해의 밖까지 넓히는 일은 모두가 태자의 행동에 따라 그 소문이 멀리까지 퍼질 것이며 태자의 말을

67_『삼국지』「촉지·선주전先主傳」 배송지 주에 비슷한 구절이 나온다. "莫以惡小而爲之, 以善小而不爲."

빌려 그 은택이 두루 밝혀질 것입니다.

엎드려 생각건대 태자께서는 현명한 자질을 넉넉하게 갖추셨지만 옛 문장에 적힌 교양을 배워 풍모를 장중하게 장식해야 합니다. 신이 몰래 공영달과 조홍지趙弘智[68] 등을 살펴보니 덕망 있고 위대한 유학자일 뿐 아니라 정무의 요령까지 겸비한 사람이었습니다. 바라건대 자주 [태자를] 모시고 학문을 강의하게 하여 만물의 이치를 밝게 분석하고 옛 역사를 살피면서 지금 세상을 토론해 현명한 덕을 더욱 빛나게 하십시오.

말타기, 활쏘기, 사냥, 음주, 가무, 여색에 탐닉하는 것은 구차하게 귀와 눈만 즐겁게 하는 것일 뿐이니 결국은 정신을 더럽히게 될 것입니다. 점점 오염이 쌓여 시간이 오래되면 반드시 본래의 성정까지 바뀌게 됩니다. 옛사람이 말하기를 '마음은 만사의 주인이니 행동할 때 절제가 없으면 바로 혼란에 빠진다'고 했습니다. 전하께서 덕을 해치는 근원이 바로 이 점에 있을까 두렵습니다."

승건은 상소문을 읽고 더욱 화를 내며 장현소에게 말했다.

"우서자는 미쳤소?"

쓰라린 간언이 행동에는 이롭다

정관 14년, 태종은 장현소가 동궁에서 자주 간언을 올린다는 사실을 알고 그를 은청광록대부銀青光祿大夫 태자좌서자에 발탁했다. 당시에 태자 승건이 궁중에서 북을 쳤는데 그 소리가 궁궐 밖에까지 들렸다. 장현소는 뵙기를 청하고 극언을 하며 절실하게 간언을 올렸다. 그

68_ 당나라 초기 학자로 자는 처인處仁(572~653). 역사와 예법에 뛰어나 『육대사六代史』『예문류취藝文類聚』 편찬에 참여했다. 백복전百福殿에서 『효경』을 강의하여 고종의 칭찬을 들었다.

러자 [승건이] 궁궐 안의 북을 꺼내 와서 장현소를 마주보며 찢었다. 또 노복에게 장현소가 아침에 입조할 때를 틈타 몰래 말채찍으로 그를 때리게 하여 거의 죽을 지경에까지 이르게 했다. 당시 승건은 정자나 누대 짓는 걸 좋아했고 극도로 사치스런 생활을 하여 비용이 나날이 증가하고 있었다. 장현소가 다시 상소문을 올려 간언했다.

"신은 어리석고 몽매한 사람인데 황궁과 동궁에서 벼슬자리나 도둑질하고 있습니다. 이것이 신에게는 하해와 같은 은덕이지만 나라에 털끝만한 보탬도 주지 못하고 있습니다. 이러한 까닭에 신은 반드시 어리석은 정성이나마 모두 쏟아붓고 신의 절개를 다 바치고자 합니다. 엎드려 생각건대 태자에게 맡겨진 임무는 그 책임이 특히 막중한데 만약 덕을 쌓고 그것을 넓히지 않으면 어떻게 대업을 계승하여 지킬 수 있겠습니까? 성상께서는 전하에게 가깝기로는 부자관계이고 업무로는 집안일과 나랏일을 겸하고 있어 사용하는 물건에 제한을 가하지 않습니다. 은혜로운 칙지가 내린 지 아직 60일도 넘지 않았지만 사용하는 재물은 이미 7만을 넘어서 지나친 사치가 극에 달했으니 누가 이것을 뛰어넘겠습니까? 용루문龍樓門[69] 아래에는 장인들만 모여 있고 박망원博望苑[70] 안에는 어진 선비가 보이지 않습니다.

지금 효도와 공경을 말하자면 직접 수라를 살피고 문안을 드리는 예절이 부족합니다. 공손과 순종을 말하자면 군부君父께서 자애롭게 가르치신 법도를 어기고 있습니다. 기풍과 명성을 구함에 있어서는 옛 역사를 공부하고 올바른 도를 좋아하는 내용이 없습니다. 행동과 태도를 살펴보면 [무고한 사람을] 연루시켜 함부로 주살하는 죄를 범하고 있습니다. 동궁의 신하 중 정직한 사람은 곁에 둔 적이 없고, 간사한

69_ 한나라 때 태자가 거주하던 궁궐의 정문. 후대에는 흔히 태자궁 즉 동궁의 문 또는 동궁을 가리키는 말로 쓰였다.

70_ 한 무제가 태자를 위해 건립한 궁전. 후대에는 박망원 혹은 망원望苑이란 말로 동궁을 비유했다.

무리 가운데 음란한 자들만을 깊은 궁궐에서 가까이하고 있습니다. 애호하는 것은 모두 유희나 잡기이고 베푸는 것은 전부 그림이나 조각 따위입니다. 궁궐 밖에서 바라봐도 이미 이러한 잘못이 드러나는데 궁궐 안의 은밀한 행위야 어찌 이루 헤아릴 수 있겠습니까? 정령을 펼치는 궁궐 문이 시장통과 다르지 않고 시정잡배들이 아침저녁으로 드나들면서 사악한 소문이 점점 멀리까지 퍼지고 있습니다.

우서자 조홍지는 경전에 밝고 품행이 단정한 사람으로 지금 세상의 어진 인재입니다. 신은 매번 [태자께] 그를 자주 불러들여 함께 대화를 나누고 토론하면서 아름다운 도리를 넓히도록 요청드렸습니다. 그러나 태자께서는 오히려 의심을 품으시고 신이 망령되이 사람을 이끌어 들인다고 말씀하셨습니다. 선을 따르는 건 마치 물이 흘러가는 것과 같아서 선에 미치지 못할까 걱정합니다. 잘못을 분식하고 간언을 거부하면 틀림없이 손해를 초래하게 됩니다. 옛사람이 말하기를 '쓴 약이 병에는 이롭고 쓰라린 간언이 행동에는 이롭다'고 했습니다. 엎드려 바라건대 편안할 때 위험한 시기를 생각하며 하루하루 언행을 삼가십시오."

상소문이 올라가자 승건은 크게 화를 내며 자객을 보내 장현소를 죽이려 하다가 얼마 지나지 않아 동궁에서 폐위되었다.

궁궐 건축의 사치를 금하라

정관 14년, 태자첨사 우지령은 태자 승건이 궁궐을 크게 짓고 지나치게 사치하며 음악에만 탐닉하자 상소문을 올려 간언했다.

"신이 듣건대 검소와 절약은 도를 넓히는 근원이고 사치와 방종은 덕을 망치는 근본이라고 합니다. 이러한 까닭에 구름을 뚫고 해를 가리는 높은 궁궐을 보고 서융 사신 유여由余는 가소롭게 여겼고, 높다란 지붕과 조각한 담장을 「하서夏書」에서는 경계로 삼았습니다.[71] 옛날 조돈趙盾[72]은 진晉나라를 바로잡았고, 여망呂望은 주나라의 스승이 되었습니다. 여망은 재물을 절약하라고 권유했고, 조돈은 세금이 많다고 간언을 올렸습니다. 이들은 모두 충성을 다해 나라를 보좌하고 성심을 바쳐 임금을 받들며, 그 성대한 업적을 무궁하게 전파하고, 아름다운 명성을 만백성의 귀에 들리게 하려 하지 않은 사람이 없었습니다. 이 모두는 역사책에 실려 미담으로 전해지고 있습니다.

지금 [태자께서] 거주하시는 동궁은 수나라 때 건축한 것인데 이 건물을 목도한 사람은 아직도 사치스럽다고 비난하고, 이 건물을 바라보는 사람은 여전히 너무 화려하다고 탄식합니다. 여기에 다시 건물을 더 수축하며 재물을 나날이 낭비하고 토목공사를 그치지 않으면서, 목수의 기술을 다 발휘하게 하고, 석공의 묘방을 다 쏟아부으라 하니 이를 어찌 용납할 수 있겠습니까? 장인들과 관노들이 궁궐로 들어오는 일을 근래에는 다시 감독하는 사람도 없습니다. 이들 중에는 형이 국법을 어긴 자도 있고 아우가 왕법에 걸린 자도 있습니다. 이들이 궁궐을 왕래하며 금궁을 출입하고 있는데 몸에는 집게와 끌을 지니고 있고 손에는 망치와 쇠막대를 들고 있습니다. 궁궐 문지기는 본래 생각지도 못한 사태를 방비하기 위해 설치했고, 궁궐 숙위宿衛[73]는 예기치 못한 일에 대비하기 위한 제도입니다. 그런데도 직장直長[74]은

71_ 『상서』 「하서夏書·오자지가五子之歌」에 나온다. "안으로 여색에 탐닉하거나, 밖으로 사냥에 탐닉하거나, 술을 좋아하고 음악을 즐기거나 높다란 지붕과 조각한 담장을 두르거나 한 가지만 여기에 해당되어도 망하지 않을 자는 아무도 없다內作色荒, 外作禽荒, 甘酒嗜音, 峻宇彫墻, 有一于此, 未或不亡."

72_ 춘추시대 진晉 양공襄公과 영공靈公의 상경(?~기원전 601). 영공의 과도한 사치와 음란무도함에 간언을 올리다 쫓겨났다. 그의 친족 조천趙穿이 영공을 시해하고 성공成公을 보위에 올렸다.

73_ 궁궐에서 숙직하며 경비를 담당하는 관리.

74_ 당나라 때 전중성殿中省에 소속된 하급 관리로 봉어奉御의 보좌관이었다. 봉어는 임금에게 올리는 여러 가지 일을 관장했다.

[지금의 상황을] 알지 못하고 천우天牛[75]도 [현재의 형편을] 살피지 못합니다. 호위병은 궁궐 밖에 있고 일꾼들은 궁궐 안에 있는데 담당 관리들이 어찌 안심할 수 있고 신하들이 어떻게 두려워하지 않을 수 있겠습니까?"

음란한 음악을 경계하라

"또 정鄭나라와 위衛나라의 음악은 옛날부터 음란한 소리라고 말해왔습니다.[76] 옛날 조가朝家 고을에서 수레를 돌린 사람은 묵적墨翟이었고,[77] 협곡夾谷 회맹에서 칼을 휘두른 사람은 공구孔丘였습니다.[78] 옛날 성인도 [음란한 음악을] 이미 잘못으로 생각했고 통달한 현인도 그것을 과실로 여겼습니다. 얼마 전 소문을 들으니 대궐 안에서 자주 북소리가 들렸고, 궁궐 제사나 연회의 연주를 담당하는 기녀들이 동궁으로 불려들어가 나오지 않았다고 합니다. 이 소문을 들은 사람은 다리를 떨었고, 말을 전하는 사람도 심장을 떨었습니다. 지난날 성상께서 말씀해주신 가르침을 다시 찾아보시길 엎드려 바랍니다. 성상의 뜻은 은근했고 밝으신 가르침은 간절했습니다. 태자전하께서도 이에 대해 생각하지 않을 수 없고 미천한 신도 두려워하지 않을 수 없습니다."

75_ 천우위장군千牛衛將軍. 당나라 때 황제나 태자를 가까이서 호위하던 장수다.

76_ 『예기』「악기樂記」에 나온다. "정나라와 위나라의 음악은 혼란한 세상의 음악이다鄭衛之音, 亂世之音也."

77_ 묵가학파의 창시자다. 흔히 묵자墨子라고 부른다. 겸애兼愛, 비전非戰, 절검節儉, 비악非樂 등을 주장했다. 특히 묵적은 화려한 음악을 반대했다.

78_ 노 정공定公과 제 경공景公의 협곡 회맹에서 제 경공이 광대를 동원해 음란한 춤과 음악으로 노 정공을 모욕하자 공자가 칼로 광대를 베고 제 경공을 굴복시킨 일을 말한다.

거슬리는 간언은 좋은 약과 같다

"신은 궁궐에서 업무를 맡아 분주히 돌아다닌 지 이미 여러 해가 지났습니다. 개와 말도 주인의 은혜를 알고 나무와 돌도 감사할 줄 안다고 했습니다. 그러니 신의 좁은 소견이나마 감히 다 말씀드리지 않을 수 있겠습니까? [신의 간언을] 진실한 마음으로 보아주시면 신에게 살길이 생기겠지만, 태자의 뜻을 거슬렀다고 질책하시면 신은 죄인이 될 것입니다. 윗사람의 마음을 기쁘게 하여 잘 보이려 하는 일을 장손臧孫[79]은 질병으로 생각했고, 윗사람의 안면을 범하며 귀에 거슬리는 간언을 올리는 걸 『춘추春秋』에서는 좋은 약에 비유했습니다.[80] 엎드려 바라건대 장인들에게 시킨 교묘한 일을 그만두시고, 오래 노역에 동원된 사람을 풀어주시고, 정나라 위나라의 음란한 음악을 끊으시고, 조무래기 소인배들을 배척하십시오. 그럼 세 가지 선한 일 즉 아버지와 자식 사이의 도리, 임금과 신하 사이의 대의, 연장자와 아이 사이의 예절이 모두 갖춰질 것이고 만국이 올바르게 행동할 것입니다."

태자 승건은 이 상소문을 읽고 기뻐하지 않았다.

잘못된 시작을 막고 악의 싹을 잘라야

정관 15년, 승건은 농번기에 수레꾼 등의 인부를 동원하고 교대 근무를 허락하지 않아 사람들이 이에 원한을 품었다. 또 돌궐 노예 아이들을 궁궐로 불러들였다. 우지령이 상소문을 올려 간언했다.

79_ 장손흘臧孫紇. 시호가 무武이고 자가 중仲이어서 흔히 장무중이라고도 한다.

80_ 『춘추』는 공자가 노나라를 중심으로 춘추시대의 사실을 기록한 편년체 역사서. 『춘추』를 해설한 책으로 『좌전左傳』 『공양전公羊傳』 『곡량전穀梁傳』이 있다.

"신이 듣건대 하늘이 높은 곳에 펼쳐져 있더라도 해와 달이 그 덕을 밝혀주며, 밝은 임금이 지극한 성덕을 갖추고 있더라도 보필하는 신하들이 그 공적을 돕는다고 합니다. 이러한 까닭에 주 성왕은 태자의 자리에 올라서도 늘 모숙毛叔[81]과 필공畢公[82]을 만났고, 한나라 유영劉盈도 동궁에 거주하며 하황공夏黃公과 기리계綺里季에게 도움을 받았습니다. 주공 단은 자신의 아들 백금伯禽[83]에게 세자의 법도를 가르쳤고,[84] 가의는 한 문제에게 자주 국가 대사에 관한 간언을 올렸습니다. 이들 모두는 단정한 선비를 은근하게 대했고, 정직한 사람을 간절하게 구했습니다. 역대로 현명한 임금 중에서 태자에게 거듭해서 가르침을 내리지 않은 사람은 없었습니다. 진실로 그 지위가 보위를 이어야 하고 그 자리가 임금 다음이기 때문입니다. 태자가 선하면 온 땅이 그 은혜를 입고, 태자가 악하면 천하가 그 참화에 빠져듭니다.

근래에 소문을 들으니 복시僕寺,[85] 사어司馭,[86] 가사駕士,[87] 수의獸醫 등이 초봄부터 늦여름까지 항상 동궁 내에서 부역하며 교대 근무도 하지 못하고 있다 합니다. 어떤 사람은 집에 부모님이 있지만 봉양하지 못하고, 어떤 사람은 집에 어린 자식이 있지만 보살핌조차 끊겼습니다. 봄에는 밭갈이도 못하게 할 뿐 아니라 여름에는 곡식 기르는 일조차 방해하고 있습니다. 만물과 만민을 양육하는 일을 어기고 있으

81_ 주 문왕의 열셋째 아들이며 무왕과 주공의 아우. 성왕의 숙부이기도 하고 모毛 땅에 봉토를 받았으므로 모숙이라고 불린다.

82_ 주 문왕의 열다섯째 아들이며 무왕의 이복 아우. 이름은 고高로 필畢 땅에 봉토를 받았으므로 흔히 필공고畢公高라고 불린다.

83_ 주나라 주공 단의 아들로 노나라에 봉해졌다(?~기원전 998).

84_ 『예기』「문왕세자」에 관련 기록이 있다. 주 무왕이 죽고 성왕이 즉위했지만 나이가 어려 주공이 섭정을 맡아 나라를 다스렸다. 주공은 성왕을 가르칠 때 임금에게 매를 들 수 없으므로 자신의 아들 백금을 불러 매를 쳐가며 세자의 도리를 깨우쳐주었다.

85_ 태자궁에서 말과 수레를 관리하는 관직.

86_ 말을 길들이고 부리는 하위직.

87_ 수레를 몰거나 말구유를 관리하는 하위직.

니 원한과 탄식이 생겨날까 두렵습니다. 만약 천자께서 소문을 들으시면 그때 후회해도 어찌 미칠 수 있겠습니까?

또 돌궐 사람 달가지達哥支 등은 모두 인면수심의 패거리라, 어찌 예의를 기대할 수 있겠습니까? 어짊과 믿음으로 대우할 수 없습니다. 마음으로는 충과 효를 알지 못하고 말로는 옳고 그름을 분별하지 못합니다. 저들을 가까이하면 아름다운 명성에 손해만 날 것이고, 저들과 친하면 성대한 덕망에 아무 보탬도 없을 것입니다. 저들을 동궁으로 끌어들이자 사람들이 모두 깜짝 놀랐습니다. 어찌 신의 어리석은 식견으로만 혼자 불안감을 느끼겠습니까?

태자께서는 반드시 위로는 지존의 성스러운 마음에 부응해야 하고 아래로는 백성의 기본 소망을 미덥게 해주어야 합니다. 경미한 악이라도 피하지 않아서는 안 되고, 사소한 선이라도 행하지 않아서는 안 됩니다. 잘못된 시작을 막는 방안이 강구되어야 하고 악의 싹을 방지하는 책략이 있어야 합니다. 불초한 자들을 가로막아 물러나게 하고 현명한 인재를 가까이해야 합니다. 이와 같이 하면 선한 이치가 날마다 융성하고 덕을 담은 말씀이 멀리까지 전해질 것입니다."

승건은 크게 화를 내며 자객 장사정張師政과 흘간승기紇干承基를 우지령의 집으로 보내 그를 죽이려 했다. 그때 그는 마침 모친상을 당했지만 조정에서 그를 일으켜 첨사 직에 임명했다. 두 자객은 우지령의 집으로 잠입하여 그가 빈소의 거적자리에서 잠을 자는 것을 보고는 결국 차마 죽이지 못하고 거사를 중지했다. 나중에 승건의 악행이 탄로 난 이후에 태종이 이 사실을 알고는 우지령을 깊이 위로했다.

卷五

제13편 | 인의 仁義

『맹자』와 『정관정요』에서 말하는 인의는 철학적이고 추상적인 의미라기보다는 매우 현실적인 의미를 담고 있다. 그것은 바로 나라를 다스리는 군주가 반드시 지녀야 할 마음가짐과 통치 방식을 가리킨다. 맹자가 생활한 전국시대는 부국강병을 위해 약육강식이 일상화되고 수많은 폭군이 백성에게 끝없는 희생을 강요하던 시기였다. 맹자는 이를 극복하기 위해 군주에게 어진 마음으로 정치할 것을 요청했다. "백성이 고귀하고, 사직은 그다음이며, 임금은 가볍다"는 맹자의 언급에도 바로 이런 인의의 관념이 바탕에 깔려 있다. 어진 정치란 강압적인 위협이나 형벌에 기대지 않고 백성의 마음을 사랑하고 위로하는 정치다. 따라서 인의는 군주가 갖춰야 할 기본 자질이자 덕목이다.

또한 인仁은 늘 의義를 지향해야 한다. 의는 인간 사회의 공공성에 대한 올바른 판단이다. 나라의 모든 것을 관장해야 하는 군주는 어진 마음을 베풀면서 사회의 공공성을 지향해야 한다. 이로써 인의는 모든 사람이 함께 어울려 사는 사회에서 그 기반을 이루는 정의로운 덕성이 된다. 절대군주에게 있어서 법률과 무력에 의한 사회 통제는 얼마나 달콤한 유혹이었겠는가? 그러나 당 태종은 "법에만 의지하여 사람을 단속하면 비록 한때 폐단을 구제할 수 있을지언정 패망도 재촉할 수밖에 없다"고 말했다. 왜냐하면 군주의 강압은 타율적 복종만 요구하게 되어 백성의 자발적 참여를 이끌 수 없기 때문이다.

인의로 다스려야 국운이 길어진다

정관 원년, 태종이 말했다.

"짐이 살펴보니 자고이래로 제왕이 인의로 나라를 다스리면 국운이 길게 이어지지만 법에만 의지하여 사람을 단속하면 비록 한때 폐단을 구제할 수 있을지언정 패망도 재촉하게 되오. 이미 앞 시대 왕들의 성취 사례를 보았더니 그것을 족히 귀감으로 삼을 만하오. 이제 오로지 인의와 성신誠信으로 나라를 다스려 근래의 각박한 기풍을 바꾸고자 하오."

황문시랑 왕규가 대답했다.

"천하에 [올바른 도가] 사라진 지 오래된 시절에 폐하께서 그 남은 폐단을 이어받아 올바른 도를 넓히고 풍속을 바꿨으니 이는 만대에 전해질 복입니다. 그러나 현인이 아니면 나라를 다스릴 수 없으니 [다스림은] 오직 인재를 얻는 데 달려 있습니다."

태종이 말했다.

"현인을 생각하는 짐의 마음을 자나 깨나 어떻게 버릴 수 있겠소?"

급사중 두정륜이 앞으로 나서며 말했다.

"세상에는 반드시 인재가 있고 때에 따라 등용할 수 있습니다. 어찌 꿈속에서 부열을 만나고[1] 여상을 만나기를 기다린 연후에야[2] 나라를 다스리려 하십니까?"

태종이 그의 말을 마음 깊이 받아들였다.

1_ 은나라 임금 무정武丁은 꿈속에서 성인을 만난 후 부암傅巖에서 부열을 만나 승상으로 등용했다.

2_ 주 문왕이 어느 날 사냥을 나가면서 점을 치니 점괘에 이르기를 오늘 얻는 것은 "물건도 아니고, 용도 아니고, 교룡도 아니고, 범도 아니고, 곰도 아니다. 그것은 바로 패왕의 대업 성취를 보필할 신하다"라고 했다. 이날 문왕은 위수渭水 가에서 여상呂尙을 만났고 그를 태사로 등용했다. 여상은 문왕 사후 무왕을 도와 은나라 주왕을 정벌하고 천하를 통일했다.

민심을 따르고 가혹한 법률을 제거하라

정관 2년, 태종이 근신들에게 말했다.

"짐은 난리를 겪은 이후에는 풍속을 바꾸기가 어렵다고 생각해왔소. 그러나 근래 백성을 살펴보니 점점 염치를 알아가고, 관리와 백성이 모두 법을 받들고 있고, 도적도 날마다 줄어들고 있소. 따라서 사람들에게 고정된 습속이 있는 것이 아니라 다만 정치를 함에 있어서 백성을 잘 다스리느냐 못 다스리느냐만 있을 뿐이라는 사실을 알았소. 이러한 까닭에 나라를 다스리는 도리는 반드시 인의로 백성을 어루만지고 위엄과 신의를 보여주어야 하오. 그리고 사람들의 마음을 따르고 가혹한 법률을 제거하고 이단을 만들지 않으면 나라는 저절로 안정을 이룰 것이오. 공들은 이러한 일을 함께 행해야 하오."

백성의 안락이 바로 갑옷과 무기다

정관 4년, 방현령이 아뢰었다.

"지금 무기고의 갑옷과 무기를 점검해보니 수나라 때보다 훨씬 더 좋아졌습니다."

태종이 말했다.

"무기를 정비하고 도적에 대비하는 것이 중요한 일이기는 하오. 그러나 짐은 오직 경들이 다스림의 도리에 마음을 쓰고 충성과 절개를 다 바쳐 백성을 안락하게 하는 데 힘써주기 바라오. 그것이 바로 짐의 갑옷과 무기요. 수 양제가 어찌 갑옷과 무기가 부족하여 멸망에 이르렀겠소? 바로 인의를 닦지 않아서 아랫사람들이 원한을 품고 반란을 일으켰기 때문이오. 짐의 이 마음을 알아야 할 것이오."

인의가 쌓이면 백성이 저절로 귀의한다

정관 13년, 태종이 근신들에게 말했다.

"숲이 깊으면 새가 깃들고 물이 넓으면 물고기가 노닐며, 인의가 쌓이면 백성이 저절로 귀의한다 하오. 사람들은 모두 재앙을 두려워하며 피할 줄은 알지만 인의를 행하면 재앙이 발생하지 않는다는 사실은 모르오. 대저 인의의 도를 늘 생각하며 마음에 새기고 그것을 항상 이어갈 수 있게 해야 하오. 만약 잠시라도 해이해지면 인의에서 멀리 떨어질 것이오. 이것은 마치 음식으로 몸을 보양하며 항상 배부르게 먹어야 생명을 보존할 수 있는 것과 같소."

왕규가 머리를 조아리며 말했다.

"폐하께서 능히 이 말의 의미를 아신다면 천하에 큰 행운일 것입니다."

貞觀政要

제14편 | 충의

忠義

본래 '충忠'은 개인의 성실함, 충실함을 가리키는 말이었다. 『논어』「학이」 편의 "다른 사람을 위해 일을 처리함에 성실하지 못했던가爲人謀而不忠乎?" 라고 할 때의 '충忠'을 보면 그렇다. 심지어 『좌전』 환공 6년에서는 "군주가 백성을 이롭게 하려고 생각하는 것이 충이다上思利民, 忠也"라고 했다.

그러나 후대로 갈수록 아랫사람의 충성심으로 그 의미가 제한되었다. 이 장에서 내세운 20여 명에 가까운 충신들도 대부분 이와 같은 후대의 경향을 잘 보여준다. 하지만 간과할 수 없는 요점은, 인이 의와 합쳐져 인의가 되는 것처럼 충도 의와 합쳐져 충의가 된다는 사실이다. 인을 군주의 덕목으로 제한해서 이해하고, 충을 신하의 덕목으로 좁게 이해한다 하더라도 중요한 점은 이 두 글자가 모두 의와 연결되어 있다는 점이다. 모두 정의로운 공공성을 지향해야 한다는 뜻이다.

흥미로운 것은 이 장 마지막에서 고구려와의 안시성 전투를 거론하고 있다는 점이다. 잘 알려져 있다시피 이 싸움에서 태종은 비참한 패배를 맛봤다. 그것을 사실대로 기록하기란 쉬운 일이 아니다. 게다가 태종은 패배 후 퇴각하면서 안시성주에게 비단 300필을 내려 그의 충의를 표창했다. 곧 죽어도 대국의 체면을 잃지 않으려는 허세에 불과한 일일까? 단순히 그렇게 단정할 수는 없다. 첫째, 적장의 충의를 표창함으로써 은연중 적의 적대의식을 누그러뜨리고 자만심을 부추기는 효과를 달성할 수 있다. 둘째, 아군의 충의도 그보다 훨씬 더 후하게 표창할 수밖에 없는 근거로 작용할 수 있다. 셋째, 패배 후 자칫 동요하기 쉬운 군심軍心을 바로잡고 재기의 칼날을 갈 수 있다.

풍립과 사숙방의 충의

풍립馮立[1]이 무덕 연간에 동궁솔東宮率[2]이 되어 은隱 태자에게 두터운 대우를 받았다. 태자가 죽자 좌우 신료들이 대부분 도망쳤다. 풍립이 탄식하며 말했다.

"어찌하여 태자가 살아 있을 때 은혜를 받던 자들이 태자가 죽었다고 그 환난에서 피하려고만 하는가?"

그리하여 군사를 이끌고 현무문으로 쳐들어가서 고투를 벌이며 둔영장군屯營將軍[3] 경군홍敬君弘[4]을 죽이고 부하들에게 말했다.

"미력하나마 태자의 은혜에 보답했다."

마침내 군사를 해산하고 야외로 달아났다. 얼마 지나지 않아 다시 와서 죄를 청했다. 태종이 그를 질책했다.

"너는 지난번에 군사를 출동시켜 싸움을 걸어와 우리 군사를 크게 살상했다. 그러니 어떻게 죽음에서 벗어날 수 있겠느냐?"

풍립은 울음을 삼키며 대답했다.

"저는 벼슬길에 올라 주군을 섬기면서 목숨을 바치기로 기약했으므로 전투를 벌이던 날 거리낄 것이 없었습니다."

그리고 흐느껴 울며 스스로 슬픔을 이기지 못했다. 태종은 그를 위로하고 격려하며 좌둔위중랑장左屯衛中郎將[5] 직에 임명했다. 풍립은 친한 사람에게 이렇게 말했다.

1_ 당나라 초기 장수. 본래 당 고조의 태자 이건성을 위해 분투하다가 당 태종에게 항복했다.

2_ 동궁의 위솔衛率 즉 동궁의 수비와 관련된 일을 하던 하급 관직.

3_ 군대의 주둔과 영채를 관할하는 장수.

4_ 당 태종 휘하의 장수. 현무문의 난 때 태종을 위해 이건성의 군사와 싸우다가 풍립에게 참살되었다.

5_ 각 부의 방어와 호위를 맡은 부대. 중랑장은 각 부대의 대장군과 장군 아래 소속된 중급 장령이다.

"막대한 은혜를 입어 죽음에서 벗어났으니 마침내 죽음으로 보답할 것이다."

얼마 지나지 않아 돌궐이 변교便橋[6]에까지 쳐들어오자 풍립은 기마병 수백 명을 이끌고 함양에서 이민족과 싸워 죽이거나 사로잡은 군사가 매우 많아서 그가 향하는 곳마다 적군이 모두 쓰러졌다. 태종은 보고를 듣고 가상하게 여기며 감탄했다.

그 무렵 제왕齊王 원길元吉 왕부王府의 좌거기左車騎[7] 사숙방謝叔方[8]은 왕부의 군사를 이끌고 풍립과 연합하여 항전했다. 태종(당시는 아직 진왕이었음)의 장수 경군홍과 중랑장 여형呂衡[9]을 죽이자 태종의 군사는 힘을 쓸 수 없었다. 진왕부의 호군위護軍尉[10] 울지경덕尉遲敬德[11]이 이에 원길의 목을 가져와서 보여주자 숙방은 말에서 내려 소리쳐 울고는 절을 하고 달아났다. 다음 날 그가 자수해오자 태종이 말했다.

"의사로다!"

그리고 석방하라 명령을 내리고 우익위낭장右翊衛郎將[12]에 임명했다.

6_ 장안성長安城 서북쪽 위수渭水에 있던 다리. 변문교便門橋라고도 한다.

7_ 거기장군은 한나라 때부터 설치된 군대의 고위 장수다. 좌우 거기장군으로 나뉘어 있었다. 대장군과 표기장군 아래에 위치했고, 군대의 병거부대를 통솔했다.

8_ 당 태종의 아우 이원길의 부하(601~652). 현무문의 난 때 이원길을 위해 싸우다가 나중에 당 태종에게 항복했다.

9_ 본명은 여세형呂世衡이나 이세민의 이름을 피휘하여 여형呂衡이라고 했다. 당 태종의 진왕부秦王府에서 중랑장을 역임하다가 현무문의 난 때 전사했다.

10_ 황제나 태자의 호위부대를 통솔하고 무관직 선발을 관장하고 각급 장수를 감독하던 고위 무장.

11_ 당 태종 때의 명장(585~658). 울지尉遲는 복성, 본명은 공恭, 자가 경덕敬德이다. 현무문의 난 때 태종의 장수로 나서서 이건성과 이원길의 군사를 패배시켰다. 이후 각급 전투에 참가하여 수많은 전공을 세웠다.

12_ 황제나 태자를 보위하는 하급 장수.

충렬지사 요사렴

정관 원년, 태종이 조용히 수나라 멸망에 대해 이야기하다가 슬프게 탄식하며 말했다.

"요사렴姚思廉[13]은 칼날을 두려워하지 않고 위대한 절개를 분명하게 드러냈소. 옛사람에게서 그런 사례를 구하고자 해도 어찌 더 뛰어난 사람을 찾을 수 있겠소?"

당시에 요사렴이 낙양에 살고 있어서 비단 300단을 보냄과 동시에 편지를 전하며 이렇게 말했다.

"경의 충절 어린 기풍을 생각하여 이 물건을 증정하는 바이오."

애초 대업大業 말년에 요사렴은 수나라 대왕代王 양유楊侑[14]의 시독학사侍讀學士[15]가 되었다. 당 고조 이연의 의병이 도성을 함락했을 때 대왕부代王府의 신료들은 대부분 놀라 흩어졌고 오직 요사렴만 대왕을 모시며 그 곁을 떠나지 않았다. 군사들이 어전으로 오르려 하자 요사렴은 사나운 목소리로 말했다.

"당공唐公[16]이 의병을 일으킨 건 본래 왕실을 바로잡기 위함이니 그대들은 대왕에게 무례하게 굴어서는 안 된다!"

군사들은 그 말에 굴복하고 조금씩 물러나 계단 아래 늘어섰다. 잠시 후 고조가 당도하여 상황을 전해들은 뒤 그를 의롭게 여기고 그에게 대왕을 부축하여 순양각順陽閣[17] 아래로 가도록 허락했다. 요사렴은

13_ 당나라 초기 사학자로 자는 간지簡之(557~637). 『양서梁書』와 『진서陳書』를 편찬했다.

14_ 수 양제의 손자, 원덕태자 양소楊昭의 셋째 아들(605~619). 진왕陳王과 대왕代王에 봉해졌다. 양제가 고구려를 침공할 때 후방에 남아 장안을 지켰다. 당 고조 이연이 장안을 공격하여 점령한 뒤 양유를 황제에 올렸고, 나중에 이연이 황제의 자리를 찬탈하고 당나라를 세웠다.

15_ 임금이나 왕자 또는 제후왕들에게 학문을 강의하며 정치의 자문을 담당하던 관리.

16_ 당나라 고조 이연. 수나라 때 당공唐公에 봉해졌다.

17_ 수나라 궁궐의 전각.

18_ 『논어』 「헌문憲問」에 나온다. "仁者必有勇."

울며 절을 올리고 떠났다. 그것을 본 사람은 모두 감탄하며 말했다.

"충렬지사로다! 어진 사람이 용기 있다는[18] 말은 바로 이 사람을 이르는 말이다."

옛 주군을 애도함은 의로운 일

정관 2년, 식은왕息隱王 이건성과 해릉왕海陵王 이원길의 시신을 안장하려 하자 상서우승 위징과 황문시랑 왕규가 장례 행차를 수행하며 전송하겠다고 요청했다. 그들은 상소문을 올려 이렇게 말했다.

"신 등은 옛날에 태상황 고조의 어명을 받아 동궁에 몸을 의탁하고 용루문을 출입하면서 거의 12년을 보낸 적이 있습니다. 이전 태자는 종묘사직에 재앙을 일으켜 사람과 신령에게 죄를 지었습니다. 신 등은 그와 함께 죽을 수 없었지만 기꺼이 참형을 받으려 했습니다. 그러나 이제 죄를 지은 몸으로 벼슬아치 대열에 서서 부질없이 생애를 마친다면 장차 어떻게 황은에 보답할 수 있겠습니까?

폐하께서는 덕으로 사해를 비추시고 도로 옛 임금들의 으뜸이 되셨으며, 산등성이로 올라가 감상에 젖어[19] 죽은 형제를 추모하셨습니다.[20] 사직의 대의를 밝히면서도 골육지친의 깊은 은혜를 펼쳐, 두 분 형제 왕을 안장하시니 나라의 원대한 기약을 조만간 이룰 수 있겠습니다. 신 등은 옛일을 영원히 생각하기 위해 외람되게도 두 분의 옛 신하를 칭하고 있습니다. 옛 주군을 잃고도 다시 새 주군을 만났으니

19_ 『시경』 「위풍魏風 · 척호陟岵」에 나온다. 형제의 정을 읊은 구절이다. "저 산등성이에 올라 형님 계신 곳 바라보네陟彼岡兮, 瞻望兄兮."

20_ 원문은 '추회당체追懷棠棣.' '당체棠棣'는 『시경』 「소아 · 당체」에 나온다. 형제의 정을 읊은 시다. "아가위꽃은 꽃받침이 붉네. 모든 사람 중에 형제보다 더 나은 이는 없네常棣之華, 鄂不韡韡. 凡今之人, 莫如兄弟."

비록 주군을 섬기는 예법을 행할 수 있지만 묵은 풀이 다시 빽빽이 돋아나는데도 아직 장송葬送의 슬픔을 드러내지 못했습니다. 묘지를 바라보니 옛 의리가 보통 사람들보다 깊어집니다. 바라건대 안장하는 날 묘지로 가서 장송하게 해주십시오."

태종은 의롭다고 여기고 그 일을 허락했다. 그리하여 동궁의 옛 관료들을 모두 보내 장송하게 했다.

수나라의 충신들

정관 5년, 태종이 근신들에게 말했다.

"충신과 열사가 어느 시대엔들 없겠소? 공들은 수나라 때 누가 충성과 절개를 지켰다고 알고 있소?"

왕규가 말했다.

"신이 듣건대 태상승太常丞[21] 원선달元善達[22]이 경성유수京城留守로 재직할 때 수많은 역적이 함부로 날뛰자 마침내 말머리를 돌려 멀리 강도江都까지 가서 수 양제에게 간언을 올리고 도성으로 군사를 돌려달라고 요청했습니다. [양제가] 자신의 말을 받아들이지 않자 그 뒤 다시 눈물을 흘리며 지극하게 간언을 올렸습니다. 양제는 분노하여 그를 먼 곳으로 보내 군사를 모집하라고 했고 그는 결국 역병이 퍼진 땅에서 죽었습니다. 또 호분낭중虎賁郞中[23] 독고성獨孤盛[24]은 강도에서 양제를 호위하다가 우문화급이 반란을 일으키자 혼자서 항거하다 죽

21_ 태상시太常寺의 관리. 왕실의 제사, 예악, 천문, 역법, 점술, 질병 등을 관장했다.

22_ 수나라 태상승. 당시 월왕越王 양동楊侗의 명령을 받고 강도로 가서 수 양제의 귀경을 간청했다. 그러나 간신 우세기 등의 방해로 뜻을 이루지 못했고 결국 동양東陽으로 추방되어 군사와 군량미 모집을 담당하다가 도적들에게 살해되었다.

23_ 전문적으로 황제를 호위하는 군대의 장수.

었다고 합니다."

태종이 말했다.

"굴돌통屈突通[25]은 수나라 장수였는데 우리 군사에 대항하여 동관潼關[26]에서 전투를 벌이다가 도성이 함락되었다는 소식을 듣고는 군사를 이끌고 동쪽으로 달아났소. 우리 의병이 그를 추격하여 도림桃林[27]에 이르렀을 때 짐은 그의 가족을 보내 위무하려고 했지만 그는 급거 그 노비를 죽였소. 또 그의 아들을 보냈더니 이렇게 말했소.

'나는 수나라의 부림을 받아 이미 두 황제를 섬겼다. 지금은 내가 절개를 위해 죽을 때다. 너는 지난날 우리 집에서는 부자관계였지만 지금은 우리 집에서 원수일 뿐이다.'

그러고는 아들에게 화살을 쏘려 하자 아들은 피해 달아났고, 그가 거느린 병졸도 대부분 흩어졌소. 굴돌통은 홀로 동남쪽을 향해 통곡하고 지극히 슬퍼하며 이렇게 말했소.

'신하로서 나라의 은혜를 입었고, 장수의 임무를 맡아 지혜와 힘이 모두 소진되어 이처럼 패망을 야기하게 되었다. 이에 신하로서 나라에 정성을 다 바치지 않으면 안 된다.'

말을 마치고 추격병에게 사로잡혔소. 태상황 고조께서 그에게 관직을 내렸지만 매번 병을 핑계로 굳게 사양했소. 이러한 충성과 절개는 진정 가상하게 여길 만하오."

그리하여 담당 관리에게 칙령을 내려 대업 연간에 직간을 하다가 주살된 사람의 자손들을 찾아 아뢰게 했다.

24_ 수나라 양제 때의 장수(?~618). 본래 성은 이씨李氏였으나 자신의 주군인 독고신獨孤信을 따라 성을 바꿨다. 우문화급이 수 양제를 죽일 때 혼자 항거하다 참살당했다.

25_ 수·당 시대의 명장(557~628). 본래 수나라 장수였으나 당 태종에게 항복하여 왕세충의 반란을 진압했고, 현무문의 난 때도 전공을 세웠다.

26_ 지금의 산시陝西 성 퉁관潼關 북쪽에 있는 관문. 중원에서 관중으로 들어가는 요충지다.

27_ 도림새桃林塞라고도 한다. 지금의 허난 성 링바오靈寶 양핑陽平 원둥閿東 서북쪽에 있는 요새다. 함곡관 서쪽에서 관중 지역으로 연결되는 좁은 통로다. 복숭아나무가 많아 도림새라고 한다.

진숙달의 직간

정관 6년, [태종은] 좌광록대부左光祿大夫[28] 진숙달陳叔達[29]에게 예부상서 직을 제수하며 이렇게 말했다.

"무덕 연간에 공은 일찍이 태상황에게 직언을 하며 짐에게 천하의 혼란을 평정한 큰 공이 있음을 밝히고 퇴출시켜서는 안 된다고 말씀하셨소. 짐은 본성이 강렬하여 만약 당시에 마음에 억울한 일을 당했으면 아마도 울분을 이기지 못해서 죽음의 위기로까지 치달려 갔을 것이오. 이제 공의 충성과 정직에 보상하려고 이 직책을 내리는 바이오."

숙달이 대답했다.

"신은 수나라 황제 부자가 서로 살육을 하다가 멸망에 이르렀다고 생각합니다. 앞 수레가 전복되는 걸 목도하고도 그 전철을 바꾸지 않고 있었는데 어찌 그 일을 용납할 수 있었겠습니까? 이 때문에 신이 성심을 다해 간언을 올린 것입니다."

태종이 말했다.

"짐은 공이 유독 짐 한 사람만 위해 그렇게 한 것이 아니라 실로 사직을 위해 그렇게 했음을 잘 알고 있소."

28_ 수·당 시대의 관직 품계. 좌광록대부는 수나라 때 정2품이었고, 당나라 고조 때는 종1품이었다.

29_ 당나라 초기의 재상으로 자는 자총子聰(?~635). 본래 남조 진陳나라 후주의 이복동생이었으나 수나라를 거쳐 당나라에서 벼슬했다.

30_ 계주桂州는 지금의 광시 좡족 자치구 구이린桂林.

청렴한 관리 이홍절

정관 8년, 앞서 계주도독桂州都督30 이홍절李弘節이 청렴하고 신중한 성품으로 유명했는데 그가 죽은 후 가족들이 옥구슬을 팔았다. 태종이 그 소문을 듣고 조정에 유시를 내렸다.

"이 사람의 생애에 대해 재상들은 모두 청렴하다고 말했소. 그런데 오늘 이런 일이 벌어졌으니 그를 추천한 사람이 어찌 죄가 없겠소? 반드시 자세하게 조사해야지 그대로 내버려둘 수 없소."

시중 위징이 틈을 보아 이렇게 말했다.

"폐하께서는 이 사람의 생애에 대해 혼탁하다고 말씀하시지만 아직 뇌물을 받은 일은 드러나지 않고 있습니다. 지금 그 집에서 옥구슬을 판다는 소문을 듣고 추천자를 죄주려 하시는데 신은 말씀하시는 연유를 모르겠습니다. 우리 성스러운 조정이 출범한 이래 나라를 위해 충성을 다하고 청렴하게 절개를 삼가 지키면서 시종일관 변함없었던 사람은 굴돌통과 장도원張道源31이 있을 뿐입니다. 굴돌통의 세 아들은 관리 선발에 응하러 왔을 때 말라빠진 말 한 필만 갖고 있을 뿐이었습니다. 장도원의 아들은 현실에서 살아갈 수 없을 지경인데도 [폐하께서] 한마디 말씀이라도 해주시는 걸 본 일이 없습니다.

지금 이홍절은 나라를 위해 공을 세워 앞뒤로 포상을 많이 받았습니다. 관직에 있다가 세상을 떠난 뒤에도 아무도 그가 탐욕스럽거나 잔학하다고 말하지 않았습니다. 그러니 그의 처자식이 옥구슬을 판다고 해서 그것이 죄가 되지는 않습니다. 그가 청렴한 사람이란 사실을 알고도 [가족들에게] 안부를 물은 적이 없고 오히려 혼탁한 사람이라고 의심하며 추천자까지 질책하신다면 비록 폐하께서 악을 미워하

31_ 당나라 초기 관리(?~624). 효행, 덕행, 청렴으로 명망이 높았다.

시는 마음이 의심할 바 없다 해도 선을 좋아하시는 마음은 독실하지 않은 것이 됩니다. 신이 몰래 생각건대 그것은 옳은 일로 보이지 않습니다. 아마도 식견 있는 사람들은 이 소문을 듣고 틀림없이 물의를 일으킬 것입니다."

태종은 박수를 치며 말했다.

"서두르다가 깊이 생각하지도 않고 마침내 이런 말을 내뱉고 말았소. 이제야 말하는 것이 쉽지 않음을 알았으니 더 이상 추궁하지 마시오. 굴돌통과 장도원의 아들에게는 각각 관직을 하나씩 주도록 하겠소."

임금의 잘잘못을 직언한 위징

정관 8년, 태종이 각 도道[32]에 출척사黜陟使[33]를 파견하려고 했는데, 기내도畿內道에는 아직 적임자를 찾지 못했다. 태종은 친히 적임자를 찾으려고 방현령 등에게 물었다.

"이 도道의 일은 가장 중요한데 누가 출척사를 맡으면 좋겠소?"

우복야 이정李靖이 말했다.

"기내는 일이 중대하므로 위징이 아니면 안 됩니다."

태종이 안색을 바꾸며 말했다.

"짐은 이제 또 구성궁九成宮으로 가야 하는데 이 또한 작은 일이 아니오. 그러니 어떻게 위징을 출척사로 파견할 수 있겠소? 짐이 매번

32_ 당나라는 중국 전역을 기내도畿內道, 하남도河南道, 하동도河東道, 하북도河北道, 산남도山南道, 농우도隴右道, 회남도淮南道, 강남도江南道, 검남도劍南道, 영남도嶺南道의 10개 도로 나누었다.

33_ 당나라의 관직. 중앙 조정에서 지방으로 파견하여 관리의 직무를 감찰하고 각지의 상황을 파악하여 황제에게 실상을 전하는 임시직이었다.

행차할 때마다 그와 떨어지고 싶지 않은 이유는 그가 짐의 시비와 득실을 참으로 적절하게 관찰하기 때문이오. 공들은 짐을 바로잡을 수 있겠소? 어인 까닭으로 갑자기 이런 말을 하는 것이오? 올바른 이치에 크게 어긋나오."

그러고는 바로 이정을 출척사에 임명했다.

극형을 두려워하지 않은 소우

정관 9년, 소우는 상서좌복야가 되었다. 태종은 일찍이 연회를 열어 방현령에게 말했다.

"무덕 6년 이후로 태상황께서는 이전 태자를 폐하고 나를 태자로 세우려는 마음을 품으셨소. 그러나 나는 그 무렵 형제에게 용납되지 못하여 실로 공은 높지만 상을 받지 못하는 근심을 안고 있었소. 그런데 당시 소우로 말하자면 후한 이익으로도 유혹할 수 없었고, 극형으로 죽이려 해도 두렵게 할 수 없었소. 진정 사직을 지킨 신하라 할 만하오."

그리하여 그에게 시를 하사했다.

"세찬 바람 속에서 억센 풀을 알고,

혼란한 세상에서 진실한 신하를 안다."[34]

소우가 절을 올리며 감사의 말을 했다.

"신은 특별히 폐하의 가르침을 받았습니다. 신이 충성을 바쳤다고 인정하시니 비록 죽는다 해도 산 것과 같을 것입니다."

34_ 당 태종이 소우에게 증정한 시로 제목은 「사소우賜蕭禹」. 전체 시는 다음과 같다. "세찬 바람 속에서 억센 풀을 알고, 혼란한 세상에서 진실한 신하를 안다. 용기만 있는 사내가 어찌 대의를 알랴? 지혜로운 사람이 반드시 어진 마음을 품으리疾風知勁草, 板蕩識誠臣. 勇夫安識義, 智者必懷仁."

양진의 충절이 수백 년 후에 보답을 받다

정관 11년, 태종은 한나라 태위 양진楊震[35]의 분묘에 행차하여 그가 충성을 바치다가 제명에 죽지 못한 일을 슬퍼하며 친히 제문을 지어 제례를 올렸다. 방현령이 앞으로 나아가 말했다.

"양진은 비록 억울하게 요절했지만 수백 년 후에 바야흐로 성스럽고 밝으신 임금께서 수레를 멈추고 친히 신령을 불러내셨으니 죽어도 산 것과 같으며 사라져도 불후하게 존재하는 것과 같습니다. 이제 부지불식간에 양진이 성은을 입어 다행히 구천지하에서 환호작약할 수 있게 되었습니다. 폐하께서 지은 제문을 엎드려 읽으며 감격과 위안의 마음을 갖습니다. 무릇 수많은 군자가 어찌 감히 명예와 절개를 힘써 닦지 않고도 선행이 좋은 보답을 받는다는 사실을 알겠습니까?"

제 배를 갈라 임금의 간을 품은 홍연

정관 11년, 태종이 근신들에게 말했다.

"북방 이민족이 위衛 의공懿公[36]을 죽이고 그 시신의 살점까지 모두 먹어치우고 단지 그의 간만 남겨놓았소. 의공의 신하 홍연弘演[37]은 하

35_ 후한 시대의 관리로 자는 백기伯起(?~124). 박학다식하고 성격이 곧아 '관서關西 공자孔子 양백기'로 일컬어졌다. 형주자사荊州刺史, 태복太僕, 태상太常, 사도司徒, 태위太尉 등을 역임했다. 권세가에 굴하지 않고 정치의 폐단을 개혁하기 위해 자주 직간을 하다가 파직되어 귀향 도중 짐독을 마시고 자결했다.

36_ 춘추시대 위衛나라 군주로 성명은 희적姬赤(?~기원전 660). 학鶴을 좋아하며 백성을 돌보지 않아 민심이 이반했다. 그 기회를 노려 북적北狄이 침입하여 전국을 유린했다. 북적과의 싸움에서 전사했고, 시신이 북적 군사에 의해 난도질당했다.

37_ 춘추시대 위衛 의공의 대부(?~기원전 660). 의공이 형택滎澤 전투에서 북적 군사들에게 난도질당해 간肝만 남자, 홍연은 진陳나라에 사신으로 갔다가 돌아오는 길에 자신의 배를 가르고 의공의 간을 넣어 보호한 후 숨을 거두었다.

늘을 부르며 대성통곡하고 스스로 자신의 간을 꺼낸 뒤 의공의 간을 자기 뱃속에 집어넣었소. 지금 이런 사람을 찾으려 하면 아마도 찾을 수 없을 것이오."

특진 위징이 대답했다.

"옛날에 예양豫讓[38]은 지백智伯[39]을 위해 복수하려고 조양자趙襄子[40]를 칼로 찌르려 했습니다. 양자가 마침내 그를 잡아 묶어놓고 이렇게 말했습니다.

'너는 옛날에 범씨范氏[41]와 중항씨中行氏[42]를 섬기지 않았느냐? 지백이 그들을 멸망시켰을 때 너는 오히려 지백에게 몸을 맡기고 그들을 위해 복수하지 않았다. 그런데 오늘 지백을 위해서 복수를 하겠다니 무엇 때문이냐?'

예양이 대답했습니다.

'신이 범씨와 중항씨를 섬길 때 그들은 보통 사람처럼 나를 대우해서 나도 보통 사람처럼 그들에게 보답했습니다. 지백은 나라 안의 최고 선비로 나를 대우했으므로 나도 나라 안의 최고 선비로 그에게 보답하고자 하는 것입니다.'

38_ 춘추시대 자객. 본래 중항인中行寅과 범길석范吉射을 섬겼다. 권력 투쟁 가운데서 지갑智甲에게 포로가 되었다가 지갑의 아들 지요智瑤의 도움으로 목숨을 구했다. 이후 예양은 지씨智氏의 심복이 되었다. 지요가 조무휼趙無卹에게 참수당하자 지요의 복수를 도모했으나 뜻을 이루지 못하고 잡혀서 죽었다.

39_ 춘추시대 진晉나라 권력자 지요智瑤(?~기원전 453). 본래 순씨荀氏여서 순요荀瑤라고도 불리고 시호가 양襄이어서 흔히 지양자智襄子로도 불린다. 진晉 출공出公 때 정권을 장악했기 때문에 지백智伯이라 칭해지기도 한다. 출공을 축출하고 애공哀公을 보위에 세웠으며 한씨韓氏, 위씨魏氏와 힘을 합쳐 조씨趙氏를 공격하다가 오히려 이 세 집안의 역공을 받고 참수당했다.

40_ 춘추시대 조씨 가문의 권력자 조무휼趙無卹(?~기원전 425). 시호가 양襄이어서 흔히 조양자라 불린다. 한씨, 위씨와 힘을 합쳐 지요를 참수했다.

41_ 춘추시대 진晉나라 대부 사회士會가 범范 땅에 봉토를 받아 범씨의 시조가 되었다. 이후 사섭士燮, 범개范匄, 범앙范鞅, 범길석范吉射 등을 거치면서 진나라의 유력 가문으로 권력을 행사했다. 순인荀寅과 함께 조씨를 공격하다가 지씨, 한씨, 위씨의 연합 반격을 받고 제나라로 망명했다.

42_ 춘추시대 진晉나라 대부 순경荀庚이 중항장군中行將軍을 역임했기 때문에 그 후손들이 중항씨中行氏를 칭했다. 이후 순언荀偃, 순오荀吳, 순인荀寅을 거치면서 진나라의 유력 가문으로 행세했다. 범길석范吉射과 함께 조씨를 공격하다가 지·한·위씨의 연합 반격을 받고 제나라로 망명했다.

이것은 임금이 사람을 예우하는 것에 달려 있을 뿐입니다. 어찌 사람이 없다고 하십니까?"

추운 겨울의 소나무 같은 요군소

정관 12년, 태종이 포주蒲州[43]로 순행하면서 조칙을 내렸다.

"수나라 고 응격낭장鷹擊郎將[44] 요군소堯君素[45]는 지난날 대업 연간에 하동河東을 지키는 임무를 부여받고 충의를 고수하며 끝까지 신하의 절개를 다했소. 비록 폭군 걸왕의 개가 성군 요임금을 보고 짖는 것처럼 행동하며 끝까지 창을 거꾸로 잡는 마음을 품지는 않았지만 세찬 바람 속에서 억센 풀을 알아볼 수 있듯이 실로 추운 겨울의 소나무 같은 마음[46]을 보여줬소. 이에 이곳에 와서 지난 일을 추모하며 은총을 담은 명령을 내려 그의 행동을 권면하고 장려하고자 하오. 포주자사 직을 추증하고 그 자손들을 찾아 짐에게 알려주시오."

43_ 지금의 산시 성 융지永濟 서북쪽.

44_ 수 양제 때 표기부驃騎府를 응양부鷹揚府로 개편했다. 응양부는 도성 및 기타 주요 지역의 시설을 수비하는 임무를 담당했고, 각급 군대를 유기적으로 연결해주는 역할도 맡았다. 응양부의 장수를 응양낭장 또는 응격낭장이라 했다.

45_ 수 양제의 시종무관(?~618). 당 고조 이연이 수나라에 반군을 일으키자 하동에서 홀로 분전했다. 강도에서 양제가 살해된 후 요군소도 좌우 부하들에게 피살되었다.

46_ 『논어』「자한子罕」에 나온다. "날씨가 추워진 연후에야 소나무와 잣나무가 늦게 시든다는 사실을 안다歲寒, 然後知松柏之後凋也." 난세를 맞아서도 변함없는 꿋꿋한 절개를 비유한다.

원헌 부자의 충렬

정관 12년, 태종이 중서시랑 잠문본岑文本에게 말했다.

"남조 양梁과 진陳의 명신으로는 누구를 일컬을 만하오? 또 그들의 자제 중에서 초빙할 만한 사람이 있소?"

잠문본이 아뢰었다.

"수나라 군사가 진陳으로 들어가자 백관들이 분주히 달아나 머물러 있는 사람이 아무도 없었지만 오직 상서복야 원헌袁憲[47]만이 자신의 주군 곁에 있었습니다. 왕세충이 수나라의 선양을 받으려 하자 신료들이 상소문을 올려 왕세충에게 보위에 오를 것을 권했지만 원헌의 아들 국자사업國子司業[48] 원승가袁承家[49]는 병을 핑계로 홀로 서명하지 않았습니다. 이들 부자야 말로 충렬을 바친 사람이라 일컬을 만합니다. 승가의 아우 승서承序[50]는 지금 건창령建昌令[51]으로 청렴하고 곧은 절개를 지키고 있으니 실로 선인의 유풍을 계승했습니다."

이러한 까닭에 그를 불러 진왕晉王의 우友[52]에 임명하고 또 시독侍讀을 겸하게 했으며, 얼마 지나지 않아 홍문관弘文館[53] 학사 직을 맡겼다.

47_ 남조 진陳나라와 이후 수나라의 명신으로 자는 덕장德章(529~598). 어려서부터 학문을 좋아하고 총명하여 진나라에서 상서복야를 지냈다. 수나라가 진나라를 침략했을 때 혼자서 진후주陳後主 곁을 지켰다. 수나라에 항복한 후 창주자사昌州刺史를 지냈다. 시호는 간簡이다.

48_ 국자감에 속한 관리. 국자감에는 좨주 1명 밑에 사업司業 2명을 두었다.

49_ 수나라 명신 원헌의 맏아들로 비서승과 국자사업를 역임.

50_ 수나라 명신 원헌의 둘째 아들로 건창령, 제왕부학사, 진왕시독, 홍문관학사 등을 역임.

51_ 건창현령. 건창은 지금의 랴오닝 성 후루다오葫蘆島다.

52_ 당나라 관직. 제후왕을 수행하며 도의를 권하고 잘못을 바로잡아주는 직책이다.

53_ 기존에 있던 수문관修文館을 당 태종이 홍문관으로 개칭했다. 장서가 20만여 권에 달하는 황실 도서관이었다. 학사, 교서랑 등을 설치하여 도서를 관리하고 귀족 자제들에게 학문을 강의했다.

충신의 자손에게 관용을 베풀라

정관 15년, 태종이 조칙을 내렸다.

"짐은 조정에서 정사를 듣는 여가에 옛 역사책을 찾아보곤 했소. 매번 선현들이 시대를 도운 일과 충신들이 순국한 일을 읽을 때마다 어찌 그 사람이 보고 싶어서 책을 덮고 우러러 탄식하지 않은 적이 있었겠소! 근래의 사적에 이르러서는 시간이 오래 지나지 않았으므로 그 자손들이 혹시라도 살아 있을 수가 있소. 설령 정려각을 세워 표창할 수는 없더라도 먼 변방에 버려둬서는 안 되오. 주나라[54]와 수나라의 명신 및 충신의 자손으로 정관 이래 유배형을 받은 자가 있으면 담당 관청에 명령을 내려 사정을 모두 기록해 짐에게 알려야 할 것이오."

그리하여 그들 자손 대부분에게 연민과 관용을 베풀었다.

고구려 안시성주에게 비단 300필을 내리다

정관 19년, 태종이 요동遼東의 안시성安市城[55]을 공격하자 고구려 사람들이 모두 목숨을 걸고 싸웠다. 태종은 욕살褥薩[56] 고연수高延壽와 고혜진高惠眞[57] 등에게 조칙을 보내 항복하게 했다. 또 당나라 군사를 안시성 아래에 머물게 하고 항복을 권했으나 성안의 군사들은 견고하게 지키며 동요하지 않았다. 매번 황제의 깃발을 볼 때마다 반

54_ 남북조시대 북주를 말한다.

55_ 지금의 랴오허 강 유역에 건설한 고구려의 방어용 성곽. 정확한 소재지에 대해서는 다양한 학설이 있다. 근래의 연구에 따르면 지금의 중국 랴오닝 성 하이청海城 남동쪽에 있는 잉청쯔英城子라는 견해가 설득력을 얻고 있다.

56_ 고구려의 지방 관리로 큰 성을 다스리던 장관. 당나라의 자사나 도독에 해당한다.

드시 성 위로 올라가 북을 치며 고함을 질렀다. 태종은 대로하여 강하왕江夏王[58] 이도종李道宗[59]에게 토산을 쌓아 성을 공격하게 했지만 끝내 이길 수 없었다. 태종은 장차 군사를 돌리려 하면서 안시성주[60]가 신하의 절개를 굳게 지킨 일을 가상히 여겨 비단 300필을 하사하고 자신의 임금을 섬긴 사람을 격려했다.

57_ 두 사람 모두 고구려의 장수. 고연수는 북부욕살, 고혜진은 남부욕살이었다. 안시성을 구원하러 파견되었으나 당 태종의 유인책에 걸려 참패한 뒤 항복했다.

58_ 강하는 지금의 후베이 성 우한武漢 우창武昌에 치소가 있었다.

59_ 당 고조 이연의 5촌 조카로 당나라 초기의 명장(600~653).

60_ 『삼국사기』 및 고대의 역사책에는 안시성주의 이름이 밝혀져 있지 않다. 그런데 조선시대 송준길의 『동춘당선생별집同春堂先生別集』과 박지원의 『열하일기熱河日記』에 양만춘梁萬春 또는 양만춘楊萬春으로 기록되어 있다.

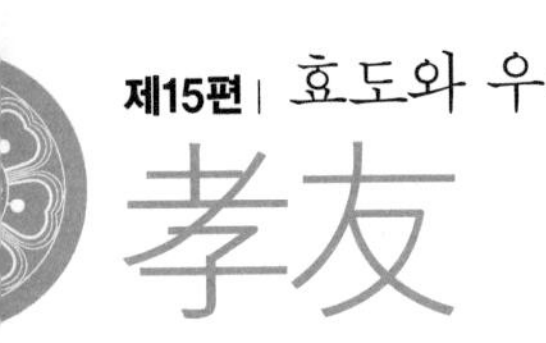

제15편 | 효도와 우애 孝友

우리는 흔히 효도란 말을 마주하면 왕조시대 효자들의 비인간적인 희생정신을 떠올린다. 가령 자신의 손가락을 자르고 피를 받아 병든 부모에게 먹인 이야기라든가, 부모를 봉양하기 위해 자신의 아들을 산속에 갖다버리는 이야기 등이 그것이다.

그러나 효孝의 출발점은 비인간적이고 의무적인 윤리 규범이 아니라 부모와 자식 간의 무조건적이고 본능적인 사랑이다. 자식의 입장에서 그것은 효로 명명되고 부모 입장에서 그것은 자慈로 명명된다. 그것은 매우 자연스럽고도 자발적인 사랑이다. 우애도 마찬가지다. 같은 부모를 둔 형제자매 간의 사랑도 서로를 보듬고 의지한다는 측면에서 본능적인 사랑에 속한다. 따라서 자애, 효도, 우애는 모두 사랑의 선천성에 바탕을 두고 있으므로 성선설性善說의 근거가 된다고 할 수 있다.

문제는 자애, 효도, 우애와 같은 가족 간의 본능적인 사랑이 자발적이긴 하지만 맹목적인 가족 이기주의로 치우치기 쉽다는 점이다. 가족을 사랑하듯 친구와 이웃을 사랑하고, 가정을 사랑하듯 사회와 국가를 사랑하는 것이 인仁의 본령이다. 그러나 그것은 흔히 가족의 테두리 안으로 사랑이 폐쇄됨으로써 자기 가족과 가문만을 편애하는 차별적인 사랑에 그치는 경우가 많다. 이 때문에 공자는 늘 인에 도달하는 것이 어렵다고 했고, 당시의 인물이나 역대 유명 인물을 비평할 때도 인한 사람이 드물다고 토로했다. 가족 내부의 사심과 이기심을 극복하고 드넓은 사랑으로 나아가는 것이 바로 인의 본질이기 때문이다. 인의 바탕이 바로 효도와 우애다.

계모에게 효도한 방현령

사공 방현령은 계모를 모실 때 온화한 안색으로 봉양할 수 있었으며, 공손하고 삼가는 모습이 다른 사람들보다 훨씬 더 뛰어났다. 계모가 병이 났을 때 의원을 청하여 자신의 집 문 앞에 이르면 반드시 의원을 맞아 절을 하며 눈물을 흘렸다. 상례 기간에는 슬픔이 심하여 몸이 마른나무처럼 수척해졌다. 태종은 산기상시 유계를 그에게 보내 마음을 풀어주고 위로하게 했으며 침상과 죽과 염채鹽菜[1]를 보냈다.

형 대신 죽기를 청한 우세남

우세남은 애초에 수나라에서 벼슬을 시작하여 기거사인起居舍人[2]을 역임했다. 우문화급이 수 양제를 죽이고 반역했을 때 그의 형 우세기는 당시 내사시랑內史侍郎[3] 직에 있다가 주살당할 처지에 놓였다. 우세남은 형을 끌어안고 소리쳐 울며 자신을 대신 죽여달라고 청했지만 우문화급은 받아들이지 않았다. 세남은 이로부터 슬픔으로 몸이 망가져 여러 해 동안 뼈만 앙상하게 남은 모습이었다. 당시 사람들이 그를 칭찬하며 귀중하게 여겼다.

1_ 소금과 채소 또는 소금에 절인 채소를 말한다.

2_ 황제의 일상 언행과 국가 대사를 기록하는 관리.

3_ 중서성 소속 관리인 중서시랑을 수나라 때 내사시랑으로 개칭했다. 중서령을 도와 중서성의 일을 관장했다.

효도와 우애로 이름난 이원가

한왕韓王 이원가李元嘉[4]는 정관 초에 노주자사潞州刺史[5]가 되었다. 당시에 나이가 15세였는데, 노주 고을에 있을 때 그의 모친이 병이 났다는 소식을 듣고 울면서 음식을 먹지 않았다. 도성으로 가서 발상發喪할 때는 슬픔에 몸이 망가질 정도로 예법을 벗어났다. 태종은 그의 지극한 효성을 가상히 여기고 자주 위로하고 격려했다.

이원가는 집안에서 몸가짐을 단정히 하며 가난하고 소박한 사대부처럼 행동했다. 자신의 아우 노魯 애왕哀王 영기靈夔[6]와 매우 우애 있게 지내면서 형제가 만날 때마다 보통 백성처럼 예禮를 행했다. 몸을 닦고 자신을 깨끗하게 유지하며 안팎에서 한결같이 행동했으니 당대의 제후왕들 중에 그에게 미칠 수 있는 사람은 아무도 없었다.

부친 사후 종신토록 베옷을 입은 이원궤

곽왕霍王 이원궤李元軌는 무덕 연간에 처음으로 오왕吳王에 봉해졌다. 정관 7년, 수주자사壽州刺史가 되었는데 고조가 세상을 떠나자 관직을 버리고 몸이 수척할 정도로 슬퍼하며 예법을 벗어났다. 이후로도 늘 베옷을 입고 죽을 때까지 슬픔을 내비쳤다. 태종이 일찍이 근신들에게 물었다.

4_ 당 고조의 열한 번째 아들, 당 태종의 이복동생, 방현령의 사위(618~688). 학문을 좋아해서 장서가 만 권에 이르렀고 품행이 단정했다.

5_ 지금의 산시 성 창즈長治.

6_ 당 고조의 열아홉째 아들이며 한왕 이원가의 친동생. 학문을 좋아하고 음악과 서예에 뛰어났다.

"짐의 자제들 중에서 누가 현명하오?"

시중 위징이 대답했다.

"신은 어리석어서 그들의 재능을 모두 알지 못합니다. 오직 오왕이 여러 차례 신과 이야기를 나누었는데 일찍이 제 자신이 부끄럽지 않은 적이 없었습니다."

태종이 말했다.

"경의 생각엔 이전 시대의 누구와 비교할 수 있을 것 같소?"

위징이 말했다.

"경학의 소양과 문사로서의 기품은 한나라의 하간왕河間王과 동평왕東平王에 비견되고, 효행을 예로 들자면 옛날 증삼曾參이나 민손閔損과 같습니다."

이로부터 태종의 총애가 더욱 두터워졌고 그런 연유로 위징의 딸을 아내로 삼게 했다.

고기를 남겨 모친에게 올린 사행창

정관 연간에 돌궐 출신 사행창史行昌이 현무문에서 당직을 서다가 식사 도중 고기를 남겼다. 사람들이 그 까닭을 묻자 이렇게 대답했다.

"집으로 돌아가서 어머니께 드리려 하오."

태종이 소식을 듣고 감탄했다.

"어질고 효성스런 성품에 어찌 중화와 이민족의 간격이 있겠는가?"

그리하여 황실에서 기르는 말 한 필을 하사하고 그 모친에게 고기를 보내라고 어명을 내렸다.

貞觀政要

제16편 | 공평 公平

정치에 사리사욕이 개입되는 순간 명분은 사라지고 이기적 전횡만이 남게 된다. 또한 사리사욕은 개인이나 가문의 편협한 입장만 중시하게 되므로 사회와 국가의 공공성과 다양성을 존중할 수 없다. 『순자』「불구不苟」편에서는 "공평한 마음은 밝음을 낳고, 편협한 마음은 어둠을 낳는다公生明, 偏生闇"고 했다. 공평함은 모든 사람의 공감과 동의를 이끌어낼 수 있으므로 밝고 깨끗한 사회적 분위기를 형성할 수 있지만, 편협함은 개인의 사욕과 부패를 조장하게 되므로 이기적이고 음침한 사회적 분위기를 초래한다는 의미다.

한나라 선제 때의 권신 곽광霍光은 자신의 부인이 선제의 황후를 독살하고 자신의 막내딸 곽성군霍成君을 황후로 옹립한 사실을 알고도 사건을 덮어두었다가 그의 사후 멸문지화를 당했다. 곽광은 공명정대한 일 처리로 명망이 높았으나 가족이 연루된 일에서는 사사로운 감정을 떨치지 못하여 결국 장님과 귀머거리가 되고 만 것이다.

당 태종은 자신의 자녀와 황실 종친의 권력 편승을 제한하고 각종 혜택을 줄이려고 노력했다. 또 자신의 일시적인 감정에 따라 형벌을 시행하는 것이 아니라 반드시 해당 법률에 따라 옥사를 판단했고, 인재를 등용할 때도 능력에 따라 적재적소에 유능한 사람을 임명했다. 그리고 널리 선행을 행하고 정직하게 국사를 처리하는 관리는 적극 표창했지만 탐욕스럽게 뇌물을 받아먹으며 공평의 원칙을 어기는 관리는 혹형에 처했다.

자식과 형제도 내쳐야 한다

태종이 처음 즉위했을 때 중서령 방현령이 다음과 같이 아뢰었다.

"진왕부의 옛 측근들 중 아직 관직을 얻지 못한 사람들은 모두 이전 태자 및 제왕齊王의 측근들이 자신들보다 먼저 관직에 임명된 것을 원망하고 있습니다."

태종이 말했다.

"옛날부터 지공至公이라고 일컫는 말은 대체로 공평무사함을 이르는 말이오. 단주, 상균은 요와 순의 아들이었지만, 요와 순은 그들을 태자의 자리에서 내쳤소. 관숙[1]과 채숙[2]은 주공의 형제였지만 주공은 그들을 주살했소. 이 때문에 임금된 자는 천하를 공公으로 여겨야지 만물에 사사로운 마음을 품어서는 안 된다는 사실을 알아야 하오. 옛날 제갈공명諸葛孔明[3]은 작은 나라의 승상이었지만 '내 마음을 저울추처럼 공평하게 유지해야지 사람에 따라 경중을 달리해서는 안 된다'라고 했소. 하물며 내가 지금 큰 나라를 다스려야 하는 경우에야 어떠해야겠소?

짐과 공들의 의복과 음식은 모두 백성에게서 나왔소. 그런데 백성의 힘은 이미 윗사람에게 바쳐졌는데도 윗사람의 은혜는 아직 아래 백성에게 미치지 못하고 있소. 이제 어진 인재를 선발하는 까닭은 대

1_ 주 문왕의 셋째 아들이며 무왕의 아우이고 주공의 형으로 성명은 희선姬鮮(?~기원전 1039). 관管 땅에 봉해졌고 성왕의 숙부이므로 흔히 관숙이라고 부른다. 채숙蔡叔 도度, 곽숙霍叔 처處와 함께 은나라 주왕의 아들 무경武庚 및 은나라 유민을 감시하는 임무를 맡았으므로 이 세 사람을 삼감三監라고 했다. 무왕 사후 어린 성왕이 즉위하고 주공이 섭정을 맡자 관숙, 채숙, 곽숙이 무경과 연합하여 주나라에 반란을 일으켰다. 이것이 '삼감의 난三監之亂'이다.

2_ 주 문왕의 다섯째 아들이며 무왕과 주공의 아우로 성명은 희도姬度. 채蔡 땅에 봉해졌고 성왕의 숙부이므로 흔히 채숙蔡叔이라고 부른다.

3_ 중국 삼국시대 촉한의 승상 제갈량諸葛亮(181~234). 유비劉備가 삼고초려三顧草廬로 초빙하여 승상에 등용했다. 적벽대전에서 오나라와 연합하여 조조曹操의 군대를 대파하고 삼국정립의 형세를 이루었다.

체로 백성의 편안함을 도모하기 위함이오. 사람을 등용할 때는 다만 직책을 감당할 수 있는지 여부만 따져야지 어찌 옛 친구냐, 새 인물이냐에 따라 마음을 달리 먹을 수 있겠소? 무릇 한 번만 만나고도 서로 친해지는 경우가 있는데 하물며 옛 친구들이야 어찌 갑자기 잊을 수 있겠소? 재능이 만약 직무를 감당할 수 없다면 어찌 옛 친구라고 먼저 등용할 수 있겠소? 지금 능력이 있는지 없는지는 따지지 않고 단지 그들이 원망한다고만 말하면 이것이 어찌 공평무사한 이치라 할 수 있겠소?"

전쟁은 자신까지 불태운다

정관 원년, 밀봉 상소문을 바치는 자가 진왕부의 옛 군사들에게 모두 무관직을 주어 궁궐의 호위병으로 들어가게 해달라고 요청했다. 태종이 말했다.

"짐은 천하를 모두 한 집안으로 생각하지 어떤 한 사람에게 사사로운 마음을 가질 수는 없다. 오직 재능과 행적이 뛰어난 사람에게만 관직을 맡긴다. 어찌 옛 친구냐 새 인물이냐에 따라 차별을 둘 수 있겠느냐? 하물며 옛사람들은 이렇게 말했다. '군대는 불과 같다. [전쟁을] 그치지 않으면 장차 자신까지 불타게 된다.'[4] 너의 이 의견은 정치에 도움이 되지 않는다."

4_『좌전』 은공 4년에 나온다. "夫兵, 猶火也. 弗戢, 將自焚也."

형벌 시행은 국법에 따라야

정관 원년, 이부상서 장손무기가 황제의 부름을 받은 적이 있는데, 패도佩刀를 풀지도 않고 동상각문東上閣門으로 들어갔다. 문을 나간 후에야 감문교위監門校尉가 비로소 발각했다. 상서우복야 봉덕의가 그 일을 의논하며 감문교위가 발각하지 못했으므로 사형에 처해야 하고, 장손무기는 실수로 칼을 차고 궁궐을 출입했으므로 징역 2년에 벌금으로 동銅 20근을 바쳐야 한다고 했다. 태종이 그에 따랐다. 그러자 대리소경大理少卿 대주戴胄가 반박했다.

"교위가 발각하지 못한 것과 장손무기가 칼을 차고 궐내로 들어간 것은 모두 잘못입니다. 대저 신하는 지존에게 실수란 말로 변명해서는 안 됩니다. 법률에는 이렇게 되어 있습니다. '임금에게 바치는 탕약, 음식, 선박을 실수로 법률에 정한 대로 하지 않으면 모두 사형에 처한다.' 폐하께서 만약 그의 공적에 따라 계속 임용할 생각이시면 사법기관의 판결에 따라서는 안 됩니다. 만약 법률에 따를 생각이시면 벌금으로 동을 바치라고 하는 것은 타당한 처리 방법이라 할 수 없습니다."

태종이 말했다.

"법이란 짐 한 사람의 법이 아닌 천하의 법이오. 어찌 장손무기가 나라의 친척이라 해서 법을 왜곡하여 적용할 수 있겠소?"

그러고는 다시 의논해서 결정하라고 명령을 내렸다. 봉덕이는 처음처럼 자신의 의견을 고집했고 태종이 그의 의견에 따르려 하자 대주가 또다시 반박하며 아뢰었다.

"교위는 장손무기 때문에 죄를 지었으므로 법률에 따르면 가볍게 처리해야 합니다. 만약 그들의 실수를 논의한다면 둘의 사정은 같습니다. 그러나 한 사람은 살고 한 사람은 죽는다면 [법률 적용이] 현격한 차이가 납니다. 그래서 감히 간청하는 바입니다."

이에 태종은 교위의 사형을 사면해주었다.

이 무렵 조정에서 관리의 선발 문호를 크게 개방하자 더러 품계와 직위를 속이는 자가 있었다. 태종은 그들에게 자수하게 하고 자수하지 않으면 죄를 물어 사형에 처하겠다고 했다. 오래지 않아 속임수를 쓴 자의 일이 발각되자 대주는 법률에 의거하여 유배형에 처해야 한다고 판단하고 결과를 아뢰었다. 그러자 태종이 말했다.

"짐이 애초에 칙령을 내릴 때 자수하지 않는 자는 사형에 처한다고 했소. 지금 법률에만 따라서 판단하면 천하에 [짐의 말이] 신용 없음을 드러내게 되는 것이오."

대주가 말했다.

"폐하께서 죄인을 당장에 죽이신다면 신도 어떻게 할 수가 없습니다. 그러나 담당 관서에 맡기셨으므로 신은 감히 법을 어길 수 없습니다."

태종이 말했다.

"경이 스스로 법을 지킨다는 게 짐으로 하여금 신용을 잃게 만드는 것인가?"

대주가 말했다.

"법이란 국가가 천하에 큰 신용을 펼치는 방법입니다. 말이란 때에 따라 기쁨과 노여움의 감정을 나타내는 표현일 뿐입니다. 폐하께서 하루아침의 노여움을 발설하여 그들을 죽이도록 윤허하셨지만 이미 그 불가함을 아셨다면 법률로 처리해야 합니다. 이것은 작은 노여움을 참고 큰 신용을 지키는 길이므로 신은 남몰래 폐하를 위해 이 법을 아끼는 것입니다."

태종이 말했다.

"짐이 법을 집행할 때 실수가 있어도 경이 능히 바로잡아줄 수 있으니, 짐이 또 무엇을 근심하겠소?"

공평무사한 제갈량의 정치

정관 2년, 태종이 방현령 등에게 말했다.

"짐이 근래에 수나라의 유로遺老[5]를 만나보니 모두 고경高熲[6]을 일컬어 재상 직을 훌륭하게 수행한 사람이라고 했소. 짐이 마침내 그의 본전本傳을 살펴보니 '공평하고 정직했으며 특히 다스림의 본체를 잘 알았고, 수나라의 안위가 그의 생사에 달려 있었다'고 이를 만했소. 수 양제가 무도하여 그를 억울하게 주살했으니 어찌 이 사람을 보고 싶지 않겠소? 책을 덮고 흠모하는 마음으로 탄식했소.

또 한漢·위魏 이래로 제갈량이 승상이 되었을 때도 매우 공평하고 정직하게 처신했소. 그는 일찍이 상소문을 올려 남중南中[7]에서 요립廖立[8]과 이엄李嚴[9]을 퇴출시켰는데도 요립은 제갈량이 세상을 떠났다는 소식을 듣고 울면서 '나는 이제 좌임左衽을 하겠구나'[10]라고 했소. 이엄은 제갈량이 세상을 떠났다는 소식을 듣고 병이 들어 죽었소. 이 때문에 진수陳壽[11]는 이렇게 칭송했소.

'제갈량은 정무를 맡아 진실한 마음을 열고 공평무사한 도리를 펼

5_ 새 왕조에서 벼슬하지 않고 자기가 섬기던 옛 왕조 신하를 자처하며 절개를 지킨 늙은이들이다.

6_ 수나라 명신으로 일명 민敏, 자는 소현昭玄(541~607). 성품이 강직하고 병법에 밝았다. 수 양제 때 태상경太常卿에 재직하며 양제의 황음무도함을 비판하다가 고발당해 처형되었다.

7_ 파촉巴蜀 지방 남쪽 즉 지금의 쓰촨 성 남쪽 및 윈난 성, 구이저우 성 일대를 가리키는 말. 옛날 남만南蠻으로 일컫던 땅이다.

8_ 중국 삼국시대 촉한의 관리로, 뛰어난 재주만 믿고 오만하게 처신하며 조정을 비방하다가 승상 제갈량에 의해 서민으로 강등되었다.

9_ 중국 삼국시대 촉한의 중신으로 자는 정방正方(?~234). 유비劉備가 죽으면서 후사를 부탁한 고명대신의 한 사람이다. 제갈량의 북벌 때 군량미 운반의 책임을 제대로 수행하지 못해 서민으로 강등되었다.

10_ '좌임'은 옷깃을 왼쪽으로 여며서 입는다는 뜻이며 중국 밖 이민족의 풍습을 일컫는다. 즉 나라가 멸망하여 이민족의 지배를 받는 일을 비유한다.

11_ 위진 시대 진晉나라 사학자로 자는 승조承祚(233~297). 촉한에서 벼슬을 시작했지만 환관 황호黃皓의 전횡에 항거하다 여러 번 파직되었다. 촉한 멸망 후 진晉나라에서 10년의 시간을 들여 정사 『삼국지三國志』를 완성하여 중국 고대 역사 저술에 혁혁한 공적을 남겼다.

쳤다. 충성을 다해 시대에 도움을 주는 사람이라면 비록 원수라 해도 반드시 상을 줬으며, 법을 어기고 일에 태만한 자라면 비록 친한 사람이라 해도 반드시 벌을 줬다.'

경들은 어찌 그를 흠모하며 따르려 하지 않는 것이오? 짐은 지금 늘 이전 시대 제왕들 중 훌륭한 사람을 흠모하고 있소. 경들도 앞 시대 재상들 중 현명한 사람을 흠모할 수 있을 것이오. 이와 같이 하면 영예로운 이름과 높은 벼슬을 오래도록 지킬 수 있을 것이오."

방현령이 대답했다.

"신이 듣건대 치국의 요체는 공평과 정직에 있다고 합니다. 이 때문에 『상서』에서는 이렇게 말했습니다.

'치우치지 않고 파당을 짓지 않으면 임금의 길은 넓고 넓으리. 파당을 짓지 않고 치우치지 않으면 임금의 길은 평탄하고 평탄하리.'

또 공자는 이렇게 말했습니다.

'곧은 사람을 천거하여 사악한 자들 위에 두면 백성이 복종한다.'

지금 성상께서 마음속에 숭상하는 것으로도 진실로 정치 교화의 근원을 지극하게 밝히고 공평무사한 도리의 요체를 전부 펼쳐 우주를 모두 포괄하면서 천하를 선하게 변화시킬 수 있을 것입니다."

태종이 말했다.

"이것이 바로 짐이 품고 있는 소망이오. 어찌 경들과 더불어 말만 하고 시행하지 않을 수 있겠소?"

공주를 특별히 대우하지 말라

장락공주長樂公主[12]는 문덕황후 소생이다. 정관 6년에 시집보내려 할 때 담당 관서에 칙령을 내려 혼수품을 선대 고조의 공주長公主 때보다 두 배가 되게 하라고 했다. 그러자 위징이 아뢰었다.

"옛날 한나라 명제는 자신의 아들을 제후에 봉하려 하면서 이렇게 말했습니다.

'짐의 아들을 어찌 선제의 아들과 똑같이 대우할 수 있겠소? [봉토를] 초왕楚王[13]과 회양왕淮陽王[14]의 반으로 줄이시오.'

이전 역사서에서는 이를 미담으로 여기고 있습니다. 천자의 누이는 장공주長公主라 하고 천자의 딸은 공주라 하는데 장長 자를 추가한 것은 진실로 공주보다 더 존귀하기 때문입니다. 친분의 정은 다르더라도 대의에 차별을 두어서는 안 됩니다. 만약 공주의 예물을 장공주의 예물보다 많게 한다면 도리에 있어서 옳지 못할까 두렵습니다. 진실로 폐하께서 깊이 생각하시기를 바라옵니다."

태종은 좋은 말이라고 칭찬했다. 그리고 그 말을 황후에게 해주자 황후가 감탄하며 말했다.

"일찍이 소문을 들으니 폐하께서 위징을 공경하고 존중한다고 했습니다. 그때는 특별히 그 까닭을 알지 못했습니다. 그러나 지금 그의 간언을 듣고 보니 대의로써 임금의 감정을 제어할 수 있는 사람인지라, 진실로 사직을 지탱하는 신하라고 할 만합니다. 신첩은 머리를 묶고 폐하와 부부가 되어 외람되게도 예우와 공경을 받고 있으며 인정과 도의도 깊고 무겁게 느끼고 있습니다. 그러나 매번 드릴 말씀이 있더라도 반드시 폐하의 안색이 편안하길 기다리면서, 감히 경솔하게 폐하의 위엄을 범할 수 없었습니다. 하물며 신하의 입장으로 인정과 예

12_ 당 태종의 다섯째 딸이면서 정실인 문덕황후에게서 태어난 첫째 딸이기도 하다. 이름은 여질麗質(621~643). 장락군長樂郡에 봉해져서 장락공주로 불린다. 남편은 장손무기의 적장자인 장손충이다.

13_ 한 선제의 셋째 아들 초효왕楚孝王 유효劉囂(?~기원전 25).

14_ 한 선제의 둘째 아들 회양헌왕淮陽憲王 유흠劉欽(?~기원전 28).

의가 소원한 경우야 어떠하겠습니까? 이 때문에 한비韓非[15]는 유세가 어렵다고 말했고, 동방삭東方朔[16]은 간언이 쉽지 않다고 말했으니 진실로 까닭이 있는 것입니다. 충언은 귀에 거슬리나 행동에는 이로운 법이니 이는 국가를 다스리는 사람에게 매우 긴요한 말입니다. 충언을 받아들이면 세상은 잘 다스려지지만, 충언을 가로막으면 정치는 혼란에 빠집니다. 진실로 바라건대 폐하께서 자세히 살피시면 천하 사람들에게 크나큰 행운일 것입니다."

그리하여 황후는 태종에게 궁중 사자로 하여금 비단 500필을 가지고 위징의 댁으로 가서 그에게 하사해달라고 요청했다.

증거가 불충분하면 무죄다

형부상서 장량張亮[17]이 모반죄에 연좌되어 옥에 갇히자 [태종은] 조칙을 내려 백관에게 처리 방안을 논의하게 했다. 대부분의 관리들이 장량을 주살해야 한다고 말했지만 오직 전중소감殿中少監[18] 이도유李道裕[19]만은 모반의 증거가 자세히 드러나지 않았으므로 그의 무죄를

15_ 전국시대 말기 한韓나라 왕족으로 법가사상의 대표자(기원전 280?~기원전 233). 순자에게서 예禮를 배워 그것을 당시 현실에 맞게 적용하여 법가사상을 제창했다. 진시황에게 유세하여 인정을 받았으나 이사李斯의 모함으로 감옥에 갇혔다가 독살되었다. 법가사상의 대표 저작인 『한비자』를 남겼다.

16_ 한 무제 때의 문학가로 자는 만천曼倩. 천성이 해학을 좋아했고 언변에 뛰어났다. 늘 골계를 섞어 정치의 득실을 말했기 때문에 끝내 중용되지 못했다. 문학에 뛰어나 「답객난答客難」 「비유선생론非有先生論」 등의 저작을 남겼다.

17_ 당나라 초기의 명장(?~646). 당 태종의 즉위에 공을 세워 능연각 24공신의 한 명으로 추대되었다. "장씨가 따로 도읍을 정한다弓長之主當別都"는 참언을 믿고 반역을 모의하다 참수당했다.

18_ 당나라 때 전중성殿中省의 차관. 장관인 전중감殿中監과 함께 황제의 음식, 의약, 의복, 제사, 목욕, 청소, 마필馬匹, 가마 등과 관련된 일을 관리했다.

19_ 당나라 초기 대신. 법률과 형벌을 공평하고 신중하게 시행할 것을 주장하여 당 태종의 신임을 얻었다.

밝혀야 한다고 했다. 태종은 이미 심하게 화가 나 있었기에 결국은 그를 죽였다. 이윽고 형부시랑의 자리가 비자 재상들에게 적임자를 잘 선발하라고 했고, [재상들이] 누차 적임자를 아뢰었으나 태종은 불가하다고 했다. 태종이 말했다.

"나는 이미 적임자를 구했소. 지난번에 이도유가 장량에 대해 의논하며 '모반의 증거가 자세히 드러나지 않았다'고 했으니 공평하다고 할 만하오. 당시에는 비록 그의 말을 받아들이지 않았지만 지금은 후회하고 있소."

그리고 마침내 이도유에게 형부시랑 직을 내렸다.

능력 있는 사람이면 원수라도 추천하라

정관 초년에 태종이 근신들에게 말했다.

"짐은 지금 부지런히 인재를 구하여 정치의 올바른 도리를 시행하는 일에 전념하려 하오. 훌륭한 사람이 있다는 소문을 들으면 발탁하여 직무를 맡길 것이오. 그런데 이 일을 헐뜯는 사람들은 대부분 '천거된 사람이 모두 재상들의 친척이나 친구다'라고 말하고 있소. 그러나 공들이 공평무사하게 일을 처리하고 있다면 이 말을 회피하지 말고 편하게 행동하기 바라오. 옛사람들은 '안으로 사람을 추천할 때 친척도 피하지 않고, 밖으로 사람을 추천할 때 원수도 피하지 않는다'[20] 고 했소. 진정한 현인을 추천하면 되기 때문이오. 다만 쓸 만한 인재를 천거할 수만 있다면 비록 자신의 자제나 원수라 하더라도 천거하지 않을 수 없을 것이오."

20_『좌전』 양공 21년에 나온다. "外擧不棄讎, 內擧不失親."

보옥과 돌멩이는 구분해야 한다

정관 11년, 당시에는 자주 환관이 외교 사신으로 충당되었다. 이들은 망령되이 허위로 일을 보고했고, 허위로 보고한 일이 밝혀지자 태종은 분노했다. 위징이 앞으로 나서며 말했다.

"환관은 비록 미천한 존재이지만 임금을 좌우에서 가까이 모시고 수시로 대화를 나누며 [자신의 말을] 가볍게 믿게 합니다. 천천히 스며드는 참소는 그 우환이 특히 심각합니다. 지금은 폐하께서 밝으시므로 틀림없이 이러한 염려가 없을 테지만 자손을 가르치기 위해서는 그 근원을 막고 끊어야 합니다."

태종이 말했다.

"경이 아니면 짐이 어찌 이런 말을 들을 수 있겠소? 지금 이후로 환관을 외교 사신으로 충당하는 일을 중지하도록 하겠소."

위징이 이 일로 또 상소문을 올렸다.

"신이 듣건대 임금 된 분의 성공 여부는 선행을 좋아하며 악행을 미워하고, 군자를 가까이하며 소인배를 멀리하는 데 있다고 합니다. 선행을 좋아하는 일이 밝게 시행되면 군자가 등용되고, 악행을 미워하는 일이 분명히 드러나면 소인배가 물러납니다. 군자를 가까이하면 조정에 잘못된 정치가 없어지고, 소인배를 멀리하면 정무를 들음에 사사로운 왜곡이 없어집니다. 소인배도 작은 선행을 행하지 않는 것이 아니고, 군자도 작은 잘못을 저지르지 않는 것이 아닙니다. 군자의 작은 잘못은 대개 하얀 옥돌 위의 희미한 흠집에 불과하고, 소인배의 작은 선행은 바로 무딘 칼의 우연한 한 번 베기[21]에 불과합니다. 무딘 칼의 우연한 한 번 베기는 훌륭한 장인이 중시하는 기술이 아닙니다.

21_ 원문은 '연도일할鉛刀一割.' 납으로 만든 무딘 칼이 우연하게 한 번 물건을 벨 수 있다는 의미다.

작은 선행으로는 수많은 악행을 가릴 수 없습니다. 뛰어난 장사꾼은 하얀 옥돌에 희미한 흠집이 있다고 해서 그것을 버리지 않습니다. 작은 흠집은 옥돌의 큰 아름다움을 방해할 수 없습니다. 소인배의 작은 선행을 좋아하면서 [그것을] 모든 선행을 좋아하는 행위라 하고, 군자의 작은 잘못을 미워하면서 [그것을] 모든 악행을 미워하는 행위라고 한다면 쑥덤불과 난초가 같은 향기를 낸다고 말하는 격이고, 보옥과 돌멩이를 구분하지 못하는 격입니다. 이것이 바로 굴원이 강물에 몸을 던진 까닭이고 변화卞和[22]가 피울음을 운 까닭입니다. 보옥과 돌멩이를 구분할 줄 알고, 또 쑥덤불과 난초의 향기를 분별할 줄 알더라도, 선행을 좋아하며 군자를 등용하지 못하고 악행을 미워하며 소인배를 물리치지 못하는 경우도 있습니다. 이것이 바로 곽나라가 폐허로 변한 까닭이고[23] 또 사어史魚[24]가 한을 남기고 죽은 까닭입니다."

선행을 좋아하고 악행을 미워해야

"폐하께서는 총명하고 위엄 있으며, 천품 또한 영명하십니다. 드넓은 사랑에 마음을 두고 다방면의 인재를 이끌어 들이십니다. 그러나

22_ 춘추시대 초나라 사람. 변화가 형산荊山에서 옥돌 원석을 발견하여 초나라 여왕厲王, 무왕武王에게 바쳤지만 두 왕은 변화가 임금을 속인다고 생각하고 각각 왼발과 오른발을 잘랐다. 변화는 억울하여 형산 아래서 옥돌 원석을 가슴에 품고 피울음을 울었고 마침내 문왕文王이 그 원석을 가공하여 아름다운 보옥을 얻었다. 그것이 바로 화씨지벽和氏之璧이다. 전도顚倒된 시비是非, 숨어 있는 인재, 드러나지 않은 진리, 난관의 극복 등을 비유한다.

23_ 곽郭, 괵虢과 발음이 통하여 흔히 통용해서 썼다. 진晉 헌공獻公이 가도멸괵假道滅虢의 계책으로 괵을 멸망시키려 하는데도 괵공 추醜는 간신배의 말을 듣고 진나라의 미인계에 빠져 결국 망국의 군주가 되었다.

24_ 춘추시대 위衛나라 충신. 이름은 타佗, 자는 자어子魚다. 위 영공靈公 때 축사祝史 벼슬을 했으므로 흔히 사어史魚로 불린다. 직간으로 유명했다. 그러나 현신 거백옥蘧伯玉을 등용하지 못하고, 간신 미자하彌子瑕를 추방하지 못한 것을 평생의 한으로 여겼다. 그는 죽으면서 아들에게 자신의 시신을 정실에 안치하지 말고, 그 시신을 영공에게 보여 현신 등용과 간신 배척에 대한 자신의 마지막 충언을 고하라고 했다. 이것이 바로 죽어서도 간언을 올린다는 시간尸諫이다.

선행을 좋아하면서도 사람을 그다지 가리지 않고 있으며, 악행을 미워하면서도 아직 아첨꾼을 멀리하지 않고 있습니다. 말씀을 하실 때 아무 것도 감추는 것이 없으며 악을 미워하심도 매우 극렬합니다. 그러나 사람들의 선행을 들으면 완전히 다 믿지 못하겠다 하시고, 사람들의 악행을 들으면 반드시 그럴 거라고 생각하십니다. 비록 폐하 혼자만의 밝은 견해가 있지만 아마도 올바른 도리를 모두 펼치지는 못하시는 듯합니다. 무슨 까닭입니까?

군자는 남의 선행을 찬양하고, 소인배는 남의 악행을 폭로합니다. 남의 악행을 듣고 그것을 반드시 믿는다면 소인배의 길은 넓어질 것이고, 선행을 듣고도 그것을 더러 의심한다면 군자의 길은 사라질 것입니다. 국가를 다스리는 사람에게는 군자를 등용하고 소인배를 물리치는 일이 가장 시급합니다. 군자의 길을 사라지게 하고 소인배의 길을 넓어지게 하면 임금과 신하는 질서를 잃고, 윗사람과 아랫사람은 단절될 터이니 혼란과 멸망이 도래해도 서로 구휼해주지 않습니다. 그러니 장차 어떻게 치세를 이룰 수 있겠습니까?

또 세속의 보통 사람들은 마음속에 원대한 계획이 없고 남의 잘못을 폭로하는 데만 마음을 쓰며 패거리를 지어 이야기하기 좋아합니다. 대저 선행을 서로 이루어주는 것을 동덕同德이라 하고 악행을 서로 도와주는 것을 붕당朋黨이라고 합니다. 지금은 청류와 탁류가 함께 흐르고 선행과 악행이 구별되지 않습니다. 악행 폭로만 정직이라 여기고 선행 권장은 붕당이라 여깁니다. 선행 권장을 붕당으로 여긴다면 모든 일을 믿을 수 없고, 악행 폭로만을 정직으로 여긴다면 모든 참소를 받아들 수 있습니다. 이것이 임금의 은혜가 아랫사람에게서 결과를 맺지 못하는 까닭이고, 신하의 충성이 윗사람에게까지 전달되지 못하는 까닭입니다. 대신大臣도 올바름을 분별할 수 없고 소신小臣도 감히 의논을 펼칠 수 없습니다. 먼 곳에서 가까운 곳까지 이러한 기풍이 이어져서 혼란스럽게 풍속이 되고 있습니다. 이런 현상은 국가의 복이 아니며 다스림의 도도 아닙니다. 이것은 참으로 사람의 간사함을 조장하고 사람의 시청각을 어지럽히는 행위여서 임금에게는 믿을 바를 알지 못하게 하고 신하에게는 안정을 얻지 못하게 합니다. 만약 원대한 계획에 근거하여 악행의 원천을 근절하지 못하면 후환이 그치지 않을 것입니다.

지금 다행히 패망하지 않은 까닭은 임금에게 원대한 계획이 있기 때문이고, 처음에는 많은 것을 잃었지만 마지막에는 반드시 얻는 바가 있기 때문입니다. 때때로 작은 실수를 하고도 그길로 매진하며 돌이키지 않으면 나중에 뉘우치며 고치려 해도 틀림없이 미치지 못할 것입니다. 이렇게 되면 후계자에게도 나라를 전할 수 없게 될 터인데 어떻게 장래에까지 바른 법도를 드리울 수 있겠습니까? 또 선인을 등용하고 악인을 퇴출하는 일은 남에게 시행하는 것이고, 옛일을 거울로 삼는 일은 자신에게 시행하는 것입니다. 얼굴을 비춰보는 일은 고요한 물을 통해서 해야 하고, 자신의 언행을 비춰보는 일은 옛 철인哲人을 통해서 해야 합니다. 옛날의 성군을 통해 자신이 한 일을 비춰볼 수 있으면 내 모습의 미추가 완연히 눈에 들어올 것입니다. 내가 한 일의 선악을 마음속으로 파악할 수 있으면 사과史過[25]의 역사 기록에 힘을 빌릴 필요도 없고, 초동과 나무꾼의 여론에 기댈 필요도 없을 것입니다. 높고 높은 공적이 날마다 드러나고 혁혁한 명성이 더 멀리 퍼질 것입니다. 임금께서 힘쓰지 않을 수 있겠습니까?"

25_ 중국 고대의 관직. 조정에서 신하나 임금의 잘못을 감찰하고 바로잡았다.

형벌로는 치세를 이룰 수 없다

“신은 듣건대 도덕의 두터움은 황제나 요임금보다 더 나은 사람이 없고, 인의의 숭고함은 순임금이나 우임금보다 더 밝게 드러난 사람이 없다고 합니다. 황제와 요임금의 기풍을 잇고 순임금과 우임금의 사적을 따르려면 반드시 도덕으로 백성을 진무鎭撫하고 인의를 백성에게 확장하면서 선인을 천거하여 벼슬에 임용하고 선행을 가려서 그것을 좇아 행해야 합니다. 선인을 천거하거나 유능한 이를 임용하지 못하고 저속한 관리에게 관직을 맡기면 나라의 원대한 계획이 사라질 뿐 아니라 틀림없이 정치의 요체도 잃을 것입니다. 엄격한 법률만 떠받들며 천하의 백성을 옭아맨 채 스스로 손을 모으고 무위無爲의 정치를 하려 하신다면 그것은 불가능한 일입니다.

이 때문에 성스럽고 밝은 임금이 백성에게 임하여 나라의 풍속을 바꿀 때는 엄격한 형벌과 가혹한 법률에 의지하지 않고 인의仁義에 기댔을 뿐입니다. 따라서 인이 아니면 은혜를 널리 베풀 수 없고 의가 아니면 몸을 바르게 할 수 없습니다. 인으로 아랫사람에게 은혜를 베풀고 의로 자신의 몸을 바르게 하면 그 정치가 가혹하지 않아도 치세에 도달하고 그 교화가 엄숙하지 않아도 성취를 이룰 것입니다. 그런즉 인의는 다스림의 근본이고, 형벌은 다스림의 말단입니다. 나라를 다스림에 형벌이 있는 것은 수레를 몰 때 채찍이 있는 것과 같습니다. 모든 사람이 교화를 따른다면 형벌을 시행할 일이 없고, 말이 있는 힘을 다 발휘한다면 채찍을 사용할 일이 없을 것입니다. 이러한 점에 근거하여 말씀드리자면 형벌로 치세를 이룰 수 없음은 이미 분명한 사실이라 할 만합니다.

이 때문에 『잠부론潛夫論』[26]에서는 이렇게 말했습니다.

‘임금이 나라를 다스릴 때 도덕 교화보다 더 큰 것은 없다. 백성에게는 본성이 있고 감정이 있고 교화가 있고 풍속이 있다. 감정과 본성은 마음에 속하므로 이것은 근본이다. 교화와 풍속은 행동에 속하므로 이것은 말단이다. 이러한 까닭에 임금이 세상을 어루만질 때는 근본을 먼저 살피고 말단은 뒤로 미뤄야 하며 백성의 마음을 따르고 나서 행동을 실천해야 한다. 마음이 바르면 간특한 생각이 생겨나지 않고 사악한 뜻이 자리 잡지 못한다. 이러한 까닭에 성군들은 민심을 다스림에 힘쓰지 않은 사람이 없다. 따라서 공자는 이렇게 말했다. '소송을 판결하는 일은 나도 다른 사람과 같이 할 수 있다. 그러나 반드시 소송이 없게 해야 하리라!'[27] 예로 백성을 인도하여 그들의 본성을 도탑게 하고 감정을 밝게 이끈다. 백성이 서로 사랑하면 서로 해칠 마음을 먹지 않는다. 행동할 때 의를 생각하면 간사한 마음이 쌓이지 않는다. 이와 같은 경지는 법률로 다스릴 수 있는 것이 아니라 도덕 교화로 이룰 수 있는 것이다. 성인은 덕치와 예의를 매우 존중하고 형법과 처벌을 비천하게 여긴다. 이 때문에 순임금은 설契[28]에게 칙령을 내려 삼가 다섯 가지 가르침五教[29]을 펼치도록 한 연후에 고요咎繇[30]를 임명하여 다섯 가지 형벌五刑[31]을 사용하게 했다.

무릇 입법立法이란 백성의 단점을 다스리고 과오에 벌을 주기 위함이 아니라, 간악함을 방지하고 참화를 구제하며, 음란함을 점검하고

26_ 후한 시대 학자 왕부王符의 저작. 왕부는 이 책에서 당시 부패한 정치를 비판하면서 민의에 바탕을 둔 덕정德政을 펼칠 것을 요청했고 운명론이나 미신에 대해서도 신랄한 비판을 퍼부었다. 그의 사상은 대체로 유가를 본체로 삼고 법가를 응용하는 경향을 보인다.

27_ 『논어』「안연顔淵」에 나온다. "聽訟, 吾猶人也, 必也使無訟乎!"

28_ 순임금 때 교육 담당 관리인 사도司徒를 역임했다. 설卨이라고도 쓴다. 제곡帝嚳의 아들이고 요임금의 이복동생으로 상나라의 조상이 되었다고 전해진다.

29_ 『맹자』「등문공 상」에 따르면 순임금이 사도 설을 시켜 인륜을 가르쳤다. 그 다섯 가지가 바로 "부자유친, 군신유의, 부부유별, 장유유서, 붕우유신"이다.

30_ 순임금 때 형벌 담당 관리인 이관理官를 역임했다. 고요皐陶라고도 쓴다. 동이족 소호少昊의 후손이라고 전해진다. 후세에는 옥신獄神으로 추앙되었다.

31_ 얼굴에 먹물을 새겨 넣는 묵형墨刑, 코를 베는 의형劓刑, 발을 자르는 비형剕刑, 생식기를 제거하는 궁형宮刑, 목숨을 빼앗는 대벽大辟이 오형.

정도正道를 받아들이기 위함이다. 백성이 이런 선정善政의 교화를 입으면 사람마다 군자의 마음이 생기고, 악정惡政의 피해를 입으면 사람마다 간사한 마음이 생긴다. 이 때문에 선정의 교화가 백성을 기르는 것은 술과 된장을 빚는 사람이 누룩과 메주를 발효시키는 것과 같다. 천지사방의 민중은 마치 하나의 그늘 아래 있는 것과 같고 만백성의 무리는 마치 콩이나 밀과 같다. 그들의 언어와 행동은 그들을 거느리는 사람에게 달려 있을 뿐이다. 선량한 관리를 만나면 충성과 신의를 생각하며 어질고 돈후하게 행동하지만 사악한 관리를 만나면 간악함과 사특함을 생각하며 비천하고 경박하게 행동한다. 충성스럽고 돈후한 행동이 쌓이면 태평성대가 이루어지지만 비천하고 경박한 행동이 쌓이면 위기와 멸망이 초래된다. 이러한 까닭에 성스럽고 영명한 제왕은 모두 도덕 교화를 두텁게 하고 위엄 있는 형벌을 줄였다. 덕이란 자신을 잘 제어하는 방법이고, 위엄이란 다른 사람을 잘 다스리는 방법이다. 백성의 삶은 용광로에서 쇠를 녹이는 것과 같다. 주형鑄型이 네모인지, 둥근지, 얇은지, 두터운지에 따라 쇳물을 녹여 모양을 만들 수 있을 뿐이다. 이러한 까닭에 세상이 선해지는가 악해지는가, 그리고 풍속이 경박해지는가 돈후해지는가는 모두 임금에게 달려 있다. 세상을 다스리는 임금은 진실로 천하의 모든 지역과 온 세상 사람들로 하여금 충성스러운 감정을 느끼게 하면서 천박한 악행을 없애게 할 수 있으며 각자가 공정한 마음을 받들고 간악한 생각을 없애게 할 수 있다. 그러면 순박한 풍속을 여기에서 다시 볼 수 있을 것이다.'

후세의 왕들은 비록 이런 원칙을 준수하지는 못하더라도 오로지 인의를 숭상하면서 신중하게 형벌을 집행하고 연민으로 법률을 시행하며 슬픔과 공경의 마음으로 사사로운 정책을 없애야 합니다. 따라서 『관자』[32]에서는 이렇게 말했습니다.

'성군은 공정한 법률을 따르지 자신의 꾀를 따르지 않고, 공평함을

따르지 사사로움을 따르지 않는다.'[33]

이러한 까닭에 천하의 왕 노릇을 할 수 있었고 국가를 잘 다스릴 수 있었습니다."

감정에 따라 형벌을 정해서는 안 된다

"정관 초년에는 [폐하께서] 공평한 도리에 마음을 두시고 사람들이 법을 위반하면 하나하나 법률에 의거하여 처리하셨습니다. 설령 임시로 판결을 내릴 때 더러 경중輕重의 편차가 생기기도 했지만 신하들의 고집스런 의론을 보면서도 그것을 흔쾌히 받아들이시지 않은 적이 없었습니다. 백성은 형벌이 공평무사함을 알았기 때문에 기꺼운 마음으로 원망하지 않았고, 신하들도 자신들의 직간이 폐하의 마음을 거스르지 않는 것을 보았기 때문에 전심전력으로 충성을 다 바쳤습니다.

그런데 근래에는 폐하의 뜻이 점차 각박해지고 있습니다. 비록 [한 면은 열어둔 채] 삼면으로 그물을 치시고는 있지만 연못 속의 물고기를 살피듯 백성의 죄를 살피시면서 잡아들임과 풀어줌을 사사로운 애증에 따라 결정하시고 형벌의 경중도 사사로운 희로애락에 따라 결정하십니다. 자신이 사랑하는 사람은 비록 무거운 죄를 범해도 억지로 그를 위해 변명해주십니다. 미워하는 사람은 비록 사소한 죄를 범

32_ 춘추시대 제나라 재상 관중과 그 학파의 이론을 기록한 책. 현재 판본은 전한 말 유향劉向이 정본화했다. 부국강병을 위해 법가, 유가, 도가 등의 다양한 학설을 취합하고 있다. 관중은 본명이 이오夷吾, 자字가 중仲이다(기원전 725~645). 본래 공자 규糾의 사부로 제 환공을 죽이려 해서 사형당할 위기에 처했으나 포숙아의 추천으로 제 환공의 재상이 되었다. 관중이 재상으로 재임하는 동안 제 환공은 패자로 군림하며 천하를 호령했다.

33_ 『관자』「임법任法」에 나온다. "聖君任法而不任智, 任數而不任說, 任公而不任私."

해도 심각하게 그 의도를 추궁하십니다. 법률에 일정한 규정이 없어서 형벌의 경중을 폐하의 감정에 내맡기십니다. 어떤 사람이 고집스럽게 간언을 올리면 임금을 속이는 것으로 의심하십니다. 따라서 형벌을 받은 자는 하소연할 데도 없고 관직에 있는 자도 감히 바른 말을 할 수 없습니다. 백성의 마음을 복종시키지는 않고 단지 그들의 입만 틀어막아 죄를 주시려 한다면 과연 원망의 말이 없겠습니까?

또 5품 이상의 관리가 죄를 지으면 모두 담당 관청에 명을 내려 폐하께 아뢰도록 했습니다. 그 본래의 의도는 상황을 자세히 파악하려는 것으로 거기에는 죄인을 가엾게 여기는 마음이 깃들어 있었습니다. 그런데 지금은 사소한 일까지 구석구석 조사하여 더러 그 죄를 더 무겁게 하시고 사람들로 하여금 공격을 퍼붓게 하시면서 오직 그 공격의 심도가 깊지 않을까 안타까워합니다. 어떤 일은 형벌을 매길 법조문이 없는데도 법률 밖에서 근거를 구하여 죄를 가중시키시기도 하는데 [이러한 경우가] 열에 예닐곱은 됩니다. 이 때문에 근래에 죄를 범한 자는 황상께 알려지기를 두려워하고 사법기관에만 넘겨지는 것을 크나큰 행운으로 생각합니다. 범죄 고발은 끝이 없고 법리를 따지는 일이 그치지 않는 가운데 임금은 위에서 사사롭게 일을 처리하시고 관리는 아래에서 간사하게 아부만 하고 있습니다. 사소한 잘못만 조사하다가 일의 요체는 망각하고, 한 가지 처벌을 시행하다가 수많은 간신을 불러일으키고 있습니다. 이것은 공평한 도리에 위배되는 일이고 죄인을 보고 눈물을 흘리는 마음에 어긋나는 일입니다. 이러할진대 송사가 그치고 사람들의 화합을 바라는 것은 있을 수 없는 일입니다."

주관을 개입시키지 말라

"이 때문에 『체론體論』[34]에서는 다음처럼 말했습니다.

'음란함과 도적질은 만백성이 미워하는 것이다. 나는 민의에 따라 형벌을 시행했으므로 비록 타당한 처벌보다 지나친 점이 있더라도 백성이 나를 포악하다고 생각하지 않았다. 이것은 나의 처벌이 공평무사했기 때문이다. [징병 등으로 인한 가족과의] 오랜 이별과 기한飢寒도 백성이 싫어하는 것인데 그것을 피하다가 법망에 걸렸을 때 나는 민의에 따라 관대하게 처리했지만 백성은 나를 사사로움에 치우친 사람이라고 생각하지 않았다. 이것은 나의 처벌이 공평무사했기 때문이다. 내가 형벌을 무겁게 시행하는 대상은 백성이 싫어하는 자들이고, 내가 형벌을 가볍게 시행하는 대상은 백성이 가련하게 여기는 사람들이다. 이런 까닭에 상을 가볍게 주면서도 선행을 권장할 수 있고, 형벌을 줄이면서도 간사함을 금지시킬 수 있다.'

이로부터 말씀드리자면 법률을 공평무사하게 집행하는 건 불가한 경우가 없으니 이 경우는 형벌을 지나치게도 가볍게도 적용할 수 있습니다. 법률을 사사롭게 집행하는 건 불가한 일이니 이 경우 형벌을 너무 가볍게 적용하면 간사한 자들을 날뛰게 하고, 형벌을 너무 무겁게 적용하면 선한 사람들을 해치게 됩니다. 성인은 법을 집행할 때 공평무사하게 했지만 그래도 아직 부족함이 있을까 두려워하며 교화로써 보완하려 했습니다. 이것이 상고시대 사람들이 힘쓴 일입니다.

후대에 옥사를 처리하는 자들은 그렇지 않습니다. 죄인을 아직 심

34_ 삼국시대 위나라 학자 두서杜恕의 저작으로 본래 4권 8편이었으나 당나라 말기에 실전되었다. 지금의 판본은 『군서치요羣書治要』 등 여러 책에 실린 일부 내용을 청나라 가경嘉慶 연간에 다시 편집한 것이다. 저자는 유가사상을 바탕에 두고 군신관계, 언행, 정치, 법률, 군사 등에 관한 자신의 인식을 정리했다. 저자 두서는 진晉나라의 유명한 역사학자 두예杜預의 부친이다.

문하지 않을 때는 먼저 자신의 의도를 정해두고, 심문할 때가 되어서는 죄인을 마구 내몰아 자신의 의도를 달성하는데 이것을 능력이라고 합니다. 옥사가 발생한 연유는 조사하지도 않고 억지로 죄목을 나누어 위로 임금의 은밀한 뜻에 영합하며 그 제재를 받는데 이것을 충성이라 합니다. 이처럼 관직을 맡아 능력을 발휘하고 임금을 섬기는데 충성을 다 바치면 명예와 이익이 이에 따라 주어지고 그들은 다시 백성을 내몰아 법의 함정에 빠져들게 합니다. [이렇게 하고서도] 도덕교화가 성대하게 이루어지길 바란다면 그 또한 어려운 일입니다."

인정을 베푸는 척 뇌물을 받지 말라

"소송을 듣고 옥사를 처리할 때는 반드시 부자간의 친분에 근원을 두어야 하고, 군신 간의 대의에 바탕을 둬야 하며, 범죄의 경중을 잘 저울질해야 하고, 처벌의 형량을 타당하게 판단해야 합니다. 법관은 자신의 총명함을 모두 발휘하고 자신의 충애심忠愛心을 다 기울이고도 의심이 들면 여러 사람과 함께 의논해야 합니다. 의심스러울 때 가벼운 형량에 따르는 이유는 죄인을 신중하게 처리해야 하기 때문입니다. 따라서 순임금은 고요에게 '그대는 법관이 되어 형벌을 내릴 때 연민의 마음을 가져야 한다'[35]고 했습니다. 그리고 다시 세 번의 심문을 더하여 여러 사람이 좋다고 한 연후에 형량을 판단해야 합니다. 이러한 까닭에 법 집행은 인정을 참조해야 합니다. 따라서 『좌전』에서는 '크고 작은 옥사를 모두 자세히 살필 수 없어도 반드시 인정에 따랐다'[36]고 했습니다.

35_ 『상서』「순전」에 나오는 두 구절을 조합한 것. "汝作士, 惟刑之恤."

그러나 세속의 어리석고 가혹한 관리들은 인정이란 뇌물을 받아먹는 수단이고, 애정과 증오를 확정하는 수단이며, 친척을 돕는 수단이고, 원수를 곤경에 빠뜨리는 수단이라고 생각합니다. 이런 세속 소인배 관리들의 인정은 저 선인先人들의 생각과는 얼마나 현격한 차이가 납니까? 고위 담당 관리는 이런 인정 때문에 여러 말단 관리를 의심하고 임금은 이러한 인정 때문에 고위 관리를 의심합니다. 이렇게 임금과 신하, 윗사람과 아랫사람이 서로 의심하면서 그들에게 충성을 다하게 하고 절개를 세우게 하려 한다면 이는 어려운 일입니다."

판결은 사람을 살리기 위한 것

"무릇 옥사를 처리하는 마음은 반드시 범법 사실을 중심으로 삼는 일에 바탕을 두어야 하는데 엄밀하게 심문도 하지 않고, 관련 증거도 두루 찾지 않고, 다양한 단서도 중시하지 않으면서 자신의 총명함을 보여주려 합니다. 이 때문에 관리 탄핵에 관한 법률을 바르게 시행하여 저들의 말을 종합 비교해야 합니다. 이것은 진실을 밝히기 위한 방법이지 진실을 가리기 위한 방법이 아닙니다. 오직 종합 비교를 통해 진실을 밝게 들어야지 옥리로 하여금 죄명을 날조하고 법리를 은폐하며 제 스스로 말을 꾸며대게 해서는 안 됩니다. 공자께서 말씀하시기를 '옛날의 옥사 판결은 사람을 살리는 방법을 찾으려 했지만, 오늘날의 옥사 판결은 사람을 죽이는 방법을 찾으려 한다'[37]고 했습니다. 이

36_ 『좌전』 장공莊公 10년에 나온다. "小大之獄, 雖不能察, 必以情."

37_ 『공총자孔叢子』 「형론刑論」에 나오는 구절을 간략하게 재편집했다. "古之聽獄, 求所以生之也, 今之聽獄, 求所以殺之也." 『한서』 「형법지」에도 같은 구절이 나온다.

때문에 교묘한 말로 법률을 파괴하고 사건에 따라 마음대로 법을 만들며 사도邪道를 고집하는 자에겐 반드시 형벌을 가했습니다. 또 『회남자淮南子』[38]에서는 이렇게 말했습니다.

'풍수灃水[39]의 깊이는 열 길이나 되지만 쇠붙이가 그 속에 잠겨 있어도 그 형체를 밖에서 볼 수 있다. 깊지 않은 건 아니나 물이 맑아서 물고기와 자라도 몸을 숨길 수 없다.'[40]

이 때문에 윗사람은 가혹함을 조사의 방법으로 삼고, 박절함을 밝은 지혜로 삼고, 아랫사람에게 각박하게 대하는 걸 충성으로 삼고, 타인에 대한 비방을 공로로 삼는데, 이는 비유컨대 가죽을 넓게 늘리면 그것이 커지기는 커지지만 결국 찢어지는 길로 나아간다는 격입니다. 대저 상은 후하게, 벌은 가볍게 내려야 합니다. 임금이 후덕한 마음을 갖는 건 수많은 군왕에게 통용되어온 통치 방략입니다. 형벌의 가벼움과 무거움, 은혜의 두터움과 박정함, 임금에 대한 그리움과 증오심을 대등하게 이야기할 수 있겠습니까?

또 법이란 나라의 저울이고 시대의 먹줄입니다. 저울은 물건의 경중을 재기 위한 물건이고, 먹줄은 선의 곡직曲直을 바로잡기 위한 물건입니다. 지금 법률을 만들 때는 관대함과 공평함을 귀하게 여겨야 한다고 하면서도 죄인에게 형벌을 내릴 때는 가혹하게 시행하며 희로애락에 마음을 내맡기고 선입관대로 판결을 내리고 있으니 이것은 먹줄을 버려두고 선의 곡직을 바로잡으려는 행위이며, 저울을 내버리고

38_ 한나라 초기 회남왕淮南王 유안이 주도하여 편찬한 책. 『회남홍렬淮南鴻烈』 또는 『유안자劉安子』라고도 한다. 도가사상을 중심으로 제자백가의 정수를 모아서 정치, 인생, 처세, 전략, 지리, 역사, 천문 등을 논했다.

39_ 지금의 산시陝西 성 시안 웨이허 강 서남쪽 지류인 펑허 강. 주나라 초기 도읍지인 풍豐과 호鎬, 그리고 진나라 도읍지 함양도 이 근처에 있다.

40_ 『회남자』 「도응훈道應訓」에 나온다. 구절을 조금 고쳐서 인용했다. "灃水之深十仞, 金鐵在焉, 則形見於外. 非不深且清, 而魚鱉莫之歸也."

물건의 경중을 재려는 행위입니다. 이러고도 의혹이 없겠습니까? 제갈공명은 작은 나라의 재상이었지만 이렇게 말했습니다.

'내 마음은 저울과 같아서 다른 사람을 위해 무게의 경중을 인위로 만들 수 없다.'[41]

하물며 만승지국의 천자이신 폐하께서 각지에 제후를 봉하는 이 태평한 시대에 임의로 법을 버리면서 사람들에게서 원성을 야기하신다는 말씀입니까?"

다른 사람을 탓해서는 안 된다

"또 때때로 작은 사건이 발생하면 사람들에게 소문이 나지 않게 하려고 갑자기 사납게 화를 내며 사람들의 비방을 막으려 하십니다. 만약 하는 일이 옳다면 밖으로 소문이 난다고 무슨 손해가 나겠습니까? 하는 일이 그르다면 소문을 막는다고 무슨 보탬이 되겠습니까? 이 때문에 속담에서는 이렇게 말했습니다.

'다른 사람이 알지 못하게 하려면 아무 행동도 하지 않는 것보다 더 좋은 방법은 없으며, 다른 사람이 듣지 못하게 하려면 아무 말도 하지 않는 것보다 더 좋은 방법은 없다.'[42]

따라서 행동하면서 다른 사람이 알지 못하게 하거나 말하면서 다른 사람이 듣지 못하게 하려는 것은 마치 참새를 잡을 때 눈을 가리는 것과 같고 종을 도둑질할 때 귀를 막는 것과 같습니다. 이는 단지

41_『북당서초北堂書鈔』 37「삼국 촉상 제갈량 잡언三國蜀諸葛亮雜言」에 나온다. "吾心如秤, 不能爲人作輕重."

42_『한서』「열전」 21「매승전枚乘傳」에 나온다. 몇 글자가 다르다. "欲人不知, 莫若不爲, 欲人不聞, 莫若勿言."

남의 책망만 받을 행동이니 장차 무슨 이익이 있겠습니까? 신은 또 듣건대 '항상 혼란한 나라는 없으며, 다스릴 수 없는 백성은 없다'[43]고 합니다.

대저 임금의 선악은 교화의 옳음과 두터움에 달려 있습니다. 따라서 우왕과 탕왕은 자신의 나라를 잘 다스렸고, 걸왕과 주왕은 자신의 나라를 혼란에 빠뜨렸습니다. 문왕과 무왕은 자신의 나라를 편안하게 했고, 유왕幽王과 여왕厲王[44]은 자신의 나라를 위기에 빠뜨렸습니다. 이러한 까닭에 옛날 밝은 임금은 자신의 능력을 다 기울였지 다른 사람을 탓하지 않았고, 자신에게서 모든 원인을 구했지 아랫사람을 책망하지 않았습니다. 그래서 이런 말이 있습니다.

'우왕과 탕왕은 자신에게 죄를 돌려 나라의 흥성이 문득 시작되었고, 걸왕과 주왕은 다른 사람에게 죄를 돌리다가 나라의 멸망이 갑자기 들이닥쳤다.'[45]

지금 자신에게 죄를 돌리는 일은 들을 수 없고 다른 사람에게 죄를 돌리는 마음은 멈추지 않고 있습니다. 이는 측은지심을 깊이 어기는 일이며 진실로 간사함의 통로를 열어젖히는 일입니다. 왕온서王溫舒에 대해 옛날에도 [사람들이] 한탄했는데, 신은 오늘날에도 그를 한탄합니다. 베풀어준 은혜가 마음속까지 스며들지 않았는데 나라가 태평하길 소망하는 일을 신은 들어본 적이 없습니다.

신이 듣건대 요임금에게는 감히 간언을 올리기 위한 북이 있었고, 순임금에게는 비방을 쓰는 나무가 있었고, 탕왕에게는 잘못을 지적

43_ 왕부의 『잠부론』 「술사述赦」에 나온다. 몇 글자가 다르다. "無常亂之國, 無不可理之民者."

44_ 서주의 제10대 임금으로 성명의 희호姬胡(기원전 904~기원전 829). 가혹한 세금과 지나친 전쟁으로 민심이 이반했다. 백성의 폭동으로 여왕은 체彘 땅으로 도주했고 그곳에서 죽었다. 여왕이 도주해 있는 기간 동안 소목공召穆公과 주정공周定公이 함께 협의하여 나라를 다스렸기 때문에 이 시기를 공화共和라 한다.

하는 어사御史가 있었고, 무왕에게는 관리를 경계하는 명문銘文이 있었다고 합니다.[46] 이것은 아직 아무 형체도 없는 곳에서 조짐을 듣고, 아무 모습도 없는 곳에서 기미를 찾아, 마음을 비운 채 아랫사람을 대하고, 아래 백성의 마음을 윗사람에게 전달하여, 윗사람과 아랫사람이 사사로움을 없애고 임금과 신하가 덕을 함께하는 방법이었습니다. 위 무제는 이렇게 말했습니다.

'덕망을 갖춘 임금은 귀에 거슬리는 말과 안면을 범하는 간쟁을 즐겨 듣는다. 충신과 친하고 간관을 예우하고 참소하는 자를 배척하고 아첨꾼을 멀리하는 것이 진실로 제 몸을 온전히 하고 나라를 보전하는 방법이며 멸망에서 멀리 벗어나는 방법이다.'

무릇 많은 군자가 천명에 부응하고 시운時運의 줄기를 잡으면 윗사람과 아랫사람이 아직 사사로움을 없애지 못하고, 임금과 신하가 덕을 함께하지는 못하더라도 제 몸을 온전히 하고 나라를 보전하지 못할 리가 있으며, 멸망에서 멀리 벗어나지 못할 리가 있겠습니까? 그러나 옛날부터 성스럽고 밝으신 임금은 큰 공을 세우고 국가 대사를 마련할 때 동심동덕同心同德의 태도와 '짐이 잘못하면 그대가 바로잡아 주오'[47]라는 자세로 임하지 않은 적이 없습니다."

45_『좌전』 장공 11년에 나온다. "禹湯罪己, 其興也勃焉, 桀紂罪人, 其亡也忽焉."

46_『여씨춘추』「자지自知」에 나온다. 몇 글자가 다르다. "堯有敢諫之鼓, 舜有誹謗之木, 湯有司過之史, 武有戒愼之銘."

47_『상서』「익직益稷」에 나온다. "我違, 汝弼."

간언을 좋아해야 간언을 올린다

"지난날 정관 초년에는 [폐하께서] 삼가는 모습으로 힘써 실천하며 사람들의 의견을 두루 받아들였습니다. 대체로 좋은 말을 들으면 반드시 행동을 고쳤고, 때때로 작은 잘못을 범하면 충성스런 간언을 받아들였으며, 매번 직언을 들을 때마다 기쁜 표정이 얼굴에 드러났습니다. 이 때문에 무릇 충렬지사에 속하는 신하는 모두 자신의 말을 다했습니다. 그러나 근년 이래로 천하에 우환이 없어지고 먼 곳의 이민족이 두려워 복종하자 마음이 교만해져서 일처리가 처음과 달라졌습니다. 간사함을 싫어한다고 소리 높여 외치면서도 어의御意에 순종하는 말을 듣기 좋아했고, 충직한 간언을 해야 한다고 크게 떠들면서도 귀에 거슬리는 말을 불쾌하게 생각합니다. 사사로운 편애의 길은 점점 넓어지고 지극히 공평한 길은 나날이 막히고 있습니다. [이러한 사실은] 도로를 왕래하는 사람들도 다 알고 있습니다. 나라의 흥망성쇠는 진실로 이 길에서 말미암는데, 백성의 윗자리에 앉은 사람이 힘쓰지 않을 수 있겠습니까?

신은 몇 해 전부터 매번 밝은 칙지를 받들고도 신하들이 말을 다하지 않으려는 사실을 알고 깊은 두려움에 젖었습니다. 신이 남몰래 생각해보니 또한 까닭이 있었습니다. 근래 사람들이 더러 상소문을 올리기도 하고 일을 토론함에 잘잘못이 있을 수도 있는데 신이 보기에는 [폐하께서] 오직 그들의 단점만을 거론하고 그들의 장점은 일컫지 않으셨습니다. 또 천자로서 높은 곳에 자리 잡고 있으셔서 용의 역린을 침범하기가 어렵습니다. [따라서 신하들은] 경황이 없을 때는 감히 말씀을 다 올리지 못하고, 때때로 말씀을 올릴 기회가 있어도 자신의 생각을 다 발휘하지 못합니다. 그 후 다시 모든 말씀을 전부 올릴 생각을 하지만 길을 찾을 수 없습니다. 또 간언이 이치에 맞아도 꼭 은총을 받아 관직이 높아지는 것도 아니고 또 혹시라도 폐하의 뜻에 어긋나면 치욕이 뒤따르게 됩니다. 아무도 절개를 다 바칠 수 없는 연유가 기실 여기에서 기인한 것입니다.

비록 좌우 근신들이 아침부터 저녁까지 어전의 계단을 지키고 있지만 사안이 더러 용안을 범하는 것이면 모두 주저하는 마음을 갖습니다. 하물며 관계가 소원하여 폐하를 만날 수 없는 사람들이야 장차 어떻게 자신의 충성을 다 바칠 수 있겠습니까? 폐하께서는 더러 이렇게 말씀하셨습니다.

'신하들이 어떤 사안을 만나면 짐에게 와서 대책을 말할 수는 있소. 그러나 무슨 까닭으로 그 모든 말을 짐이 채용하길 바라시오?'

이것은 간언을 거절하는 말씀이고 충성을 받아들이려는 마음이 진실로 아닙니다. 무엇 때문에 신이 이런 말을 하겠습니까? 임금의 지엄한 용안을 범하면서까지 행해야 할 일이나 행하지 말아야 할 일을 건의하는 것은 임금의 아름다움을 이루어주고 임금의 잘못을 바로잡기 위한 방법이기 때문입니다. 만약 임금이 간언을 듣고 의심이 생기면 그 일은 시행하지 못합니다. 따라서 신하로 하여금 충직한 간언을 다 아뢰고 고굉지신의 힘을 다 쏟아붓게 해도 혹시 때가 되어 두려움을 품으면 아무도 자신의 성실함을 다 발휘하려 하지 않을 것입니다. 폐하께서 조서에서 말씀하신 것처럼 바로 겉으로 순종만 하게 하면서 또 말을 다 하지 않는다고 질책하시면 [신하들이] 나아가고 물러날 때 장차 무엇을 근거로 삼겠습니까? 신하들에게 반드시 간언을 올리게 하려면 임금이 간언을 좋아하면 그만입니다.

이 때문에 제 환공이 자주색 옷을 좋아하자 나라 안 전체에 다른 색깔 옷이 없었고, 초 영왕靈王[48]이 허리 가는 미녀를 좋아하자 후궁들 중에 굶어죽는 사람이 많아졌습니다. 대저 눈과 귀로 즐기는 놀이도 사람들은 죽을 때까지 임금의 뜻을 어기지 않는데 하물며 성스럽고 밝으신 임금께서 충성스럽고 정직한 선비를 구하는 일이야 말해 무엇하겠습니까? 천 리 밖에서도 호응하는 일이 진실로 어렵지 않을 것입니다. 만약 단지 겉으로 말씀만 하시고 안으로 그것을 시행할 마음이 없으신데도 반드시 간언을 올리게 하려 하신다면 그것은 불가능한 일입니다."

큰 강을 건널 때

태종이 손수 조서를 내려 말했다.

"앞뒤 상소문의 가르침을 살펴보니 모두 절실한 마음이 담겨 있었소. 이는 진실로 짐이 경에게 바라던 바였소. 짐은 지난날 누추한 집에 살면서 아직 어린아이였을 때 태사와 태보의 가르침을 받은 적이 없고 앞 시대 뛰어난 현인들의 말씀도 거의 듣지 못했소. 마침 수나라가 붕괴되고 만방이 도탄에 빠져, 두려움에 젖은 백성이 몸을 보호할 곳조차 없는 시기를 만났소. 짐은 18세 때부터 고난에 처한 백성을 구제할 마음을 먹고 떨쳐 일어나 창과 방패를 잡았소. 서리와 이슬을 무릅쓰고 동서로 정벌에 나서 날마다 눈코 뜰 새도 없이 치달리며 편안한 세월을 보내지 못했소. 하늘의 영험함을 내려받고, 선조의 책략을 이어받아 의병의 깃발을 들고 향하는 곳마다 이민족을 평정했소. 약수弱水[49]와 유사流沙[50]까지도 모두 사신의 수레가 통하게 되었고, 머리를 풀어헤치고 옷깃을 왼쪽으로 여미는[51] 이민족들도 모두 중국

48_ 춘추시대 초나라 군주로 성명은 웅건熊虔(?~기원전 529). 보위에 오르기 전 이름은 위圍다. 초왕 웅균熊麇 부자를 시해하고 보위에 올랐다. 전쟁과 토목공사에 전념하며 무도한 폭정을 펼쳤다.

49_ 중국 전설에 나오는 물 이름. 서쪽 변방 끝에 있다고 한다. 흔히 중국 서쪽 먼 곳을 가리키는 말로 쓰인다.

의 의관을 받아들이게 되었소. 중원에서 제정한 역법曆法도 먼 곳이라 해서 전해지지 않은 곳이 없소. 공손히 보위를 이어받고 삼가 제업을 받들어, 억지로 다스리지 않아도 저절로 무위의 정치가 이루어지면서 천하의 티끌이 깨끗하게 사라진 지 오늘날에 이르러 10여 년이나 되었소. 이것은 대체로 팔과 다리 같은 대신들이 막부幕府에서 지략을 다 발휘한 결과이며, 손톱과 이빨 같은 장수들이 용맹한 역량을 모두 쏟아부은 결과라 할 만하오. 서로 덕을 합하고 습속을 함께하며 여기까지 온 것이오.

스스로 생각해보건대 짐은 부족한 덕으로 이러한 경사를 홀로 후하게 누리고 있으니 매번 위대한 신기神器[52]를 어루만질 때마다 근심은 깊어지고 책임은 무거워져 항상 만사에 소홀함이 많아질까 사방의 여론을 듣지 못할까 두려웠소. 이처럼 전전긍긍하는 마음에 앉은 채로 아침을 맞지 않은 적이 없소. 공경대부에게 자문하는 일을 하층민에까지 이르게 했고, 진실한 마음을 미루어나가 형벌이 사용되지 않기를 바랐소. 옛날에 기민하고 지혜로운 임금은 풍후風后와 역목力牧[53]에 의지하여 나라를 매우 태평하게 했고, 선행을 격려하는 밝은 임금은 후직后稷과 설契에 의지하여 지극한 도道를 편안하게 펼쳤소. 그런 후 문덕文德과 무공武功을 종鐘과 돌에 새겼고, 순후한 기풍과 지극한 덕망을 죽간과 비단에 전했소. 위대한 이름을 널리 전할 수 있게 되어 항상 그들의 공을 으뜸으로 칭송하고 있소. 그러나 짐은 재덕才德이 박약하여 지난 시대 성군들에게 매우 부끄럽소. 배의 노를 잡

50_ 중국 전설에 나오는 서쪽 변방 사막지역. 바람이 불면 사막이 물처럼 흐른다고 한다.

51_ 원문은 '피발좌임被髮左衽'. 중원 바깥 이민족의 풍속을 묘사하는 말이다.

52_ 국가를 상징하는 신령스러운 기물.

53_ 『사기』 「오제본기五帝本紀」에 따르면 황제黃帝는 풍후, 역목, 상선常先, 대홍大鴻을 등용하여 백성을 다스렸다.

54_ 음식의 다섯 가지 맛. 즉 신맛酸, 단맛甘, 쓴맛苦, 매운맛辛, 짠맛鹹을 가리킨다.

지 않고서 어떻게 저 큰 강을 건널 수 있겠으며, 소금과 매실에 기대지 않고서 어찌 저 다섯 가지 맛五味[54]을 조화시킬 수 있겠소?"

태종은 위징에게 비단 300필을 하사했다.

제17편 | 성실과 신의

誠信

『맹자』「등문공滕文公 상」에 나오는 오륜五倫에 '붕우유신朋友有信'이란 항목이 있다. '친구 간에는 신의가 있어야 한다'는 말이다. 신라시대 원광법사도 화랑도에게 세속오계를 가르칠 때 '교우이신交友以信'이란 말을 썼다. 친구 사이는 피를 나눈 친척이 아니므로 서로의 친분을 지속할 수 있는 신의라는 윤리강령이 필요하다. 이 장에서 말하는 성신誠信이 여기에 해당한다. 군신과 군민 관계에 성실과 신의가 깔리지 않으면 서로의 이해타산에 따라 반목과 질시를 거듭할 뿐이다.

동엽봉제桐葉封弟라는 말이 있다. 주 무왕은 강태공을 군사軍師로 임명하여 은 주왕을 정벌하고 천자에 올랐다. 얼마 후 무왕이 죽자 그의 아들 성왕成王이 어린 나이로 보위를 물려받았고 삼촌인 주공이 섭정하며 국정을 보살폈다. 어느 날 어린 성왕이 동생 숙우叔虞와 놀다가 오동잎을 잘라 홀珪 모양을 만들어 동생에게 주면서 "내가 너를 당唐 땅에 봉한다"라고 했다. 주공이 묻자 성왕은 소꿉놀이를 하다가 장난으로 그랬다고 대답했다. 그러나 주공은 "임금은 장난으로라도 거짓말을 해서는 안 됩니다天子無戲言"라면서 나중에 숙우를 실제로 당 땅에 봉하게 했다.(『여씨춘추』「중언重言」)

공자는 정치의 요체를 '군대兵' '식량食' '믿음信' 세 가지로 제시하면서, 이 중에서 가장 중요한 것이 '믿음信'이라고 했다. 즉 "백성이 믿지 않으면 나라가 바로 설 수 없다民無信不立"는 것이다.(『논어』「안연」)

윗물이 맑아야 아랫물도 맑다

정관 초년에 어떤 사람이 상소문을 올려 아첨하는 신하를 제거하라고 요청했다. 태종이 말했다.

"짐이 임용한 신하를 모든 사람이 어질다고 여기오. 경은 아첨하는 신하가 누군지 알고 있소?"

그 사람이 대답했다.

"신은 초야에 살고 있어서 아첨하는 신하를 확실하게 알지 못합니다. 바라건대 폐하께서 분노한 척 가장하시고 신료들을 시험해보십시오. 만약 우레와 같은 폐하의 노여움을 두려워하지 않고 곧은 말로 간언을 올리면 그는 바로 정직한 사람이고, 감정에 순종하며 폐하의 뜻에 아첨하면 그는 바로 아첨꾼입니다."

태종이 봉덕이에게 말했다.

"흐르는 물의 맑음과 흐림은 그 근원에 달려 있소. 임금은 정치의 근원이고 서민은 흐르는 물과 같소. 임금 자신이 속임수를 쓰면서 신하에게 정직하게 행동하라고 하는 것은 마치 근원이 흐린데도 흐르는 물이 맑기를 바라는 것과 같으므로 이것은 이치상 있을 수 없는 일이오. 짐은 항상 위 무제 조조가 속임수를 많이 썼고 그 사람됨이 매우 비루하다고 생각해왔소. 이와 같은 상황에서 어찌 교화의 명령이 행해질 수 있겠소?"

그리고 상소문을 올린 사람에게 말했다.

"짐은 천하에 큰 신의를 행하려는 것이지 속임수로 세속 사람들을 가르치려는 것이 아니오. 경의 말씀은 좋기는 하나 짐은 채택하지 않겠소."

말과 행동은 일치해야 한다

정관 11년, 위징이 상소문을 올려 아뢰었다.

"신이 듣건대 나라를 다스리는 바탕은 반드시 덕행과 예의에 의지해야 하고 임금의 지위를 보존해주는 건 오직 진실과 신의라고 합니다. 진실과 신의가 바로 서면 아랫사람이 두마음을 먹지 않고, 덕행과 예의가 이루어지면 먼 곳의 사람들도 귀의할 것입니다. 그런즉 덕행과 예의 그리고 진실과 신의는 나라의 기강이므로 군신 간이나 부자간이라 해도 잠시라도 내버릴 수 없습니다. 이 때문에 공자는 '임금은 예의로 신하를 부리고, 신하는 충성으로 임금을 섬긴다'[1]고 했고 또 '자고이래로 모든 사람이 죽었지만 백성이 믿어주지 않으면 나라는 바로 설 수 없다'[2]고 했습니다. 그리고 문자文子[3]는 '같은 말을 했는데도 신의를 얻었다면 그 신의는 이미 말을 하기에 앞서 정해진 것이다. 같은 명령을 내렸는데도 시행되었다면 그 진실함은 명령 바깥에 존재하는 것이다'[4]라고 했습니다. 그러므로 말을 하고도 실천하지 않으면 말에 신의가 없어지고, 명령을 내렸는데도 따르지 않는다면 그 명령은 진실함이 없는 것입니다. 신의가 없는 말과 진실함이 없는 명령은 윗사람에게는 덕행을 망치게 하고 아랫사람에게는 자신의 몸을 위태롭게 합니다. 비록 엎어지고 자빠지는 고난 속에서도 군자는 그렇게 행동하지 않습니다."

1_ 『논어』 「팔일」에 나온다. "君使臣以禮, 臣事君以忠."

2_ 『논어』 「안연」에 나온다. "自古皆有死, 民無信不立."

3_ 춘추시대 노자의 제자. 성은 신씨辛氏, 이름은 견鈃, 자는 문자, 호는 계연計然으로 전해진다. 월왕 구천의 대부인 범려范蠡의 스승으로 알려져 있으며 도교에서는 태을현사太乙玄師라고도 부른다. 『문자文子』 12편을 남겼다. 『문자』는 『통현진경通玄眞經』이라고도 한다.

4_ 『문자』 「정성精誠」에 나온다. "同言而信, 信在言前, 同令而行, 誠在令外."

열린 태도로 직언을 받아들여라

"왕도王道가 아름답게 밝아진 지 10여 년이 되자 나라의 위엄이 천하에 더해지게 되었고 만국이 우리 조정으로 귀의하게 되었으며 창고는 나날이 가득 차고 토지는 나날이 넓어졌습니다. 그러나 도덕은 아직 더 돈후해지지 않았고 인의는 아직 더 넓어지지 않았습니다. 무슨 까닭입니까? 아랫사람을 대하는 마음이 진실과 신의를 다하지 못해서 비록 좋은 시작으로 부지런히 노력하고는 있지만 아직 그것을 끝까지 밀고 가는 미덕은 없기 때문입니다. 그 유래는 점차 진행된 것이지 하루아침 하룻저녁에 생긴 것이 아닙니다. 지난날 정관 연간이 시작될 때는 좋은 간언을 들으면 경탄했고 정관 8~9년에 이르러서도 간언을 따르기를 좋아했습니다. 그 이후로는 점차 직언을 싫어하면서 더러 마지못해 받아들이기는 해도 더 이상 앞서 보인 열린 태도는 보이지 않았습니다.

강직하게 간언하는 사람들은 용의 역린을 조금씩 피했고, 간사하게 아첨하는 패거리는 교묘한 언사를 마음대로 일삼았습니다. 동심으로 협력하는 사람에 대해서는 붕당을 만든다 하고, 남의 허물을 폭로하는 사람에 대해서는 공평무사하다고 하며, 강력하게 직언하는 사람에 대해서는 함부로 전횡한다 하고, 충성스럽게 바른 말을 하는 사람에 대해서는 비방을 일삼는다고 합니다. 붕당을 만드는 것으로 규정되면 비록 충성과 신의를 바쳐도 의심스럽다 하고, 공평무사한 사람으로 규정되면 비록 교만과 거짓을 일삼아도 허물이 없다고 합니다. 강력하게 직언하는 사람은 전횡한다는 비난을 당할까 두려워하고, 충성스럽게 바른 말을 하는 사람은 비방의 허물을 쓸까 걱정합니다. 또한 도끼를 훔쳤다고 의심을 당하는 경우[5]와 베틀의 북杼을 내던지며 의혹을 품는 상황[6]에 이르니 정직한 사람도 자신의 말을 다 할 수 없고, 대신들도 더불어 논쟁할 수 없게 되었습니다. 보고 듣는 일에 의혹이 생기고 나라의 대도大道에도 정체停滯가 생기니 정치를 방해하고 덕행을 해치는 일이 아마도 여기에서 비롯되는 듯합니다. 따라서 공자가 '날카로운 입놀림이 나라를 뒤엎는 것을 미워한다'[7]고 한 것은 대체로 이 때문인 듯합니다."

군자에게 일을 맡겨라

"또 군자와 소인은 모습은 같지만 마음은 다릅니다. 군자는 다른 사람의 악행을 가려주고 다른 사람의 선행은 칭찬합니다. 환난에 임해서도 구차하게 피하려 하지 않고 자신의 몸을 바쳐 인仁을 이룹니다. 소인은 불인不仁을 부끄러워하지 않고 불의를 두려워하지 않으며 오직 이익만 있으면 다른 사람을 위기에 빠뜨리더라도 자신의 편안함을 도모합니다. 대저 다른 사람을 위기에 빠뜨리는 자가 무슨 짓인들 못하겠습니까? 이제 치세를 도모하려 한다면 반드시 군자에게 일을 맡겨야 합니다. 그러나 일에 잘잘못이 드러날 때 더러 소인에게 문의할 수는 있습니다. 군자를 대할 때는 존경하면서도 거리를 둡니다. 소인을 만날 때는 경시하면서도 친근하게 굽니다. 친근하면 하지 못할 말이 없지만 거리를 두면 감정이 윗사람에게 통하지 못합니다. 이렇게 되면 사람에 대한 비난과 칭찬이 소인에 의해서 결정되므로 그 형벌

5_ 『열자』 「설부說符」에 나오는 우언. 어떤 사람이 도끼를 잃어버리고 이웃집 아이에게 혐의를 둔 채 자세히 살펴보니 모든 언행이 의심스러웠다. 그러나 며칠이 지나 산골짜기에서 도끼를 찾은 후 이웃집 아이를 살펴보니 언행은 지난번과 같았는데 아무것도 의심할 점이 없었다.

6_ 공자의 제자 증삼曾參과 이름이 같은 자가 살인을 했는데 어떤 사람이 증삼의 모친에게 증삼이 살인을 했다고 알려주자 처음 두 번은 믿지 않다가 세 번째는 아들을 의심하며 베틀에서 내려왔다고 한다. 앞에 이미 나온 바 있다.

7_ 『논어』 「양화陽貨」에 나온다. "惡利口之覆邦家者."

이 군자에게 시행되어 진실로 국가의 흥망이 여기에 달려 있게 됩니다. 삼가지 않을 수 있겠습니까? 이에 순자는 이렇게 말했습니다.

'지혜로운 사람에게 일을 계획하게 해놓고 어리석은 자들과 함께 그를 비평하고, 깨끗한 사람에게 일을 시행하게 해놓고 더러운 사람들과 함께 그를 의심한다. 이렇게 하여 일이 성공하기를 바란다면 그것이 가능하겠는가?'[8]

대저 중간 수준의 지혜를 가진 사람이라 해도 어찌 작은 혜안도 없겠습니까? 그러나 재능이 나라를 다스릴 정도가 되지 못하거나 생각이 멀리까지 미치지 못하면 비록 힘을 다 바치고 성의를 모두 기울여도 나라가 기울거나 패망하는 상황에서 벗어나지 못합니다. 하물며 마음속으로 간사한 이익만을 생각하며 윗사람의 표정과 뜻에만 순종하는 경우에야 그 참화가 더 심각하지 않겠습니까? 대저 곧은 나무를 세워놓고 그 그림자가 곧지 않을까 의심한다면 비록 정신을 모두 쏟아붓고 생각을 수고롭게 한들 아무 결과도 얻을 수 없음이 명백하다고 하겠습니다."

아첨꾼에게 상을 주면 안 된다

"대저 임금이 [신하에 대한] 예우를 극진하게 하면 신하는 충성을 다 바치는데 그러면 틀림없이 조정 안팎에 사사로움이 없어지고 상하가 서로 믿을 수 있습니다. 윗사람에게 믿음이 없으면 아랫사람을 부릴 수 없고 아랫사람에게 믿음이 없으면 윗사람을 섬길 수 없습니다. 믿음의 도道는 위대합니다.

8_『순자』「군도君道」에 나온다. 몇 글자가 다르다. "使智者謀之, 與愚者論之, 使修潔之士行之, 與汚鄙之人疑之, 欲其成功, 可得乎哉?"

옛날 제 환공은 관중에게 이렇게 물었습니다.

'내가 술잔에서 술을 썩게 만들고 도마에서 고기를 썩게 만들면 나의 패업을 해치지나 않겠소?'

관중이 말했다.

'그것은 매우 좋은 일이 아니지만 패업을 해치지는 않겠습니다.'

환공이 말했다.

'어떻게 하면 패업을 해치게 되오?'

관중이 말했다.

'사람을 알아볼 수 없으면 패업을 해치게 됩니다. 알아보고서도 임용할 수 없으면 패업을 해치게 됩니다. 임용하고서도 믿을 수 없으면 패업을 해치게 됩니다. 믿고서도 소인에게 간섭하게 하면 패업을 해치게 됩니다.'

진晉나라 중항목백中行穆伯[9]이 고鼓나라[10]를 공격했으나 1년을 넘기고도 함락시킬 수 없었습니다. 그러자 궤간륜餽間倫[11]이 말했습니다.

'고나라의 색부嗇夫[12]를 제가 압니다. 병사와 대부를 피로하게 하지 않고도 고나라를 얻을 수 있습니다.'

목백은 아무 대답도 하지 않았다. 좌우 심복들이 물었다.

'창 한 자루도 부러뜨리지 않고, 병졸 한 명도 손상시키지 않고 고나라를 얻을 수 있다는데 주군께서는 어찌하여 그 의견을 채택하지 않으십니까?'

목백이 말했다.

'간륜의 사람됨은 아첨을 잘 하면서 어질지 못하오. 만약 간륜을

9_ 춘추시대 진晉나라 대부 순오荀吳(?~기원전 519). 진나라 육경六卿의 한 사람으로 당시 정치를 좌우했다.

10_ 춘추시대 백적白狄 일파가 세운 제후국. 성은 기祁, 봉작은 자작이었다.

11_ 춘추시대 순오荀吳의 가신.

12_ 춘추시대에 소송과 세금을 관장한 지방관.

시켜 고나라를 함락시키면 내가 그에게 상을 주지 않을 수 있겠소? 만약 상을 주면 아첨꾼에게 상을 주는 것이오. 아첨꾼이 뜻을 얻으면 진나라의 선비들이 인仁을 버리고 아첨이나 할 것이오. 그럼 고나라를 얻었다 해도 무슨 소용이 있겠소?'

대저 목백은 열국列國의 대부이고, 관중은 패자覇者의 재상인데도 사람을 신임함에 신중하고 아첨꾼을 멀리함이 이와 같았습니다. 하물며 사해를 다스리는 위대한 군주이시며 천고의 대업을 계승한 성군께서 높고 지극한 덕행의 성대한 교화를 끊어지게 할 수 있겠습니까?"

선인을 등용하고 악인을 제거하라

"만약 군자와 소인 그리고 옳음과 그름을 뒤섞이지 않게 하려면 반드시 덕행으로 사람을 품어주고, 신의로 대우하고, 대의로 격려하고, 예의로 절제해야 합니다. 그런 뒤에야 선인을 좋아하고 악인을 미워하면서 형벌을 꼼꼼하게 살피고 포상을 밝게 시행할 수 있습니다. 그럼 소인은 사사로운 아첨을 그만둘 것이고 군자는 스스로 쉼 없이 계속 힘쓸 것이므로 인위에서 벗어난 자연스런 정치無爲之治가 어찌 멀리 있다고 하겠습니까? 선인을 좋아하면서도 등용할 수 없고, 악인을 미워하면서도 제거할 수 없고, 형벌이 죄를 범한 자에게 미치지 않고, 포상이 공을 세운 사람에게 주어지지 않으면 나라가 위기에 빠지고 패망할 날이 온다고 장담하지는 못한다 하더라도 후손들에게 영원히 나라를 물려주는 일을 어찌 바랄 수 있겠습니까?"

태종이 상소문을 읽고 감탄했다.

"만약 공을 만나지 않았다면 어떻게 이런 말씀을 들을 수 있겠소?"

전쟁을 중지하고 문치를 일으켜야

태종이 일찍이 장손무기 등에게 말했다.

"짐이 즉위한 초기에는 상소문을 올리는 사람이 한두 명에 그치지 않았소. 혹자는 말하기를 임금은 반드시 권위를 갖고 혼자서 국가 대사를 처리해야지 신하들에게 위임해서는 안 된다고 했고, 혹자는 또 군사를 뽐내고 무력을 떨치며 사방 이민족을 두렵게 복종시켜야 한다고 했소. 그러나 오직 위징만 짐에게 이렇게 권했소.

'전쟁을 중지하고 문치文治를 일으켜 덕행과 은혜를 펼치시면 중국은 편안해지고 먼 곳 사람들도 스스로 복종할 것입니다.'

짐은 이 말을 좇아 천하를 크게 안정시켰소. 아득히 먼 곳의 군장君長들이 모두 조공을 바치러 왔고, 구이九夷[13]의 족속들도 여러 번의 통역을 거쳐 오느라 길에서 서로 발걸음이 이어지고 있소. 이 일은 모두 위징의 힘에 의지한 바요. 짐이 인재를 임용함에 어찌 적임자를 얻지 못했다 하겠소?"

위징이 절을 올리며 감사의 말을 했다.

"폐하께서는 하늘로부터 성덕을 받아 정치의 방략에 마음을 쓰셨습니다. 신은 진실로 용속하고 천박한 사람이라 어명을 받들 겨를도 없었는데 어찌 성스럽고 밝으신 폐하께 도움을 드릴 수 있었겠습니까?"

13_ 중국 고대 중원지방 동쪽에 거주한 이민족을 가리킨다. 구九는 구체적으로 아홉 동방 민족으로 보기도 하지만 많은 숫자를 나타내는 접두어로 보기도 한다.

먹을 것을 버리더라도 신의를 지켜라

정관 17년, 태종이 근신들에게 말했다.

"전해오는 말에 따르면 '먹을 것을 버리고 신의를 지킨다'고 했고, 공자도 '백성이 믿어주지 않으면 나라가 바로 설 수 없다'[14]고 했소. 옛날에 항우는 함양咸陽으로 들어가 천하를 제압했소. 만약 인의와 신의에 힘써 행했다면 누가 천하를 빼앗을 수 있었겠소?"

방현령이 대답했다.

"인仁, 의義, 예禮, 지智, 신信을 일러 오상五常이라고 하고 이 중 한 가지라도 버려서는 안 됩니다. 이 오상을 부지런히 행할 수 있으면 크나큰 도움이 될 것입니다. 은나라 주왕은 오상을 업신여겼기 때문에 주나라 무왕이 그의 천하를 빼앗았고, 항우는 신의가 없었기 때문에 한나라 고조가 그의 천하를 탈취했는데, 이는 진실로 폐하의 뜻과 같습니다."

14_ 앞의 두 구절은 『논어』「안연」에 근거를 두고 있다. 자공子貢이 공자에게 정치에 대해 묻자 공자는 식량과 군대와 신의를 갖춰야 한다고 했다. 그러나 부득이하게 하나씩 버려야 한다면 먼저 군대를 버리고, 둘째 식량을 버려야 한다고 했으며, 신의는 끝까지 버릴 수 없다고 했다. 즉 백성이 믿어주지 않으면 나라가 바로 설 수 없기 때문이라는 것이다.

貞觀政要

卷六

제18편 | 검약 儉約

현대사회는 소비를 부추긴다. 소비가 미덕이란 말이 공공연하게 나돈 지 오래다. 검약과 저축은 자금의 원활한 확대재생산을 막고 불경기를 부추기는 악덕으로 치부되기도 한다. 그러나 지나치게 소비를 조장하는 추세는 자제되어야 한다. 검약은 자본을 축적하기 위한 가장 기본적인 수단이기 때문이다. 검약이 바탕이 되지 않은 생활은 일확천금을 망상하는 투기에 불과하다. 특히 경제적으로 고달픈 삶을 사는 서민의 입장에서는 검약이야말로 삶을 지탱하는 기둥이다. 검약 없이 이들이 어떻게 생존할 수 있겠는가?

또한 검약과 관련하여 우리가 간과하지 말아야 할 것은 그것이 경제적 측면의 한 가지 실천에 그치지 않고 정신적 측면의 어떤 경향에도 일정한 영향을 미친다는 점이다. 이에 대해 사마광은 아들에게 주는 글에서 "대저 검약하면 욕심이 적어진다. 군자가 욕심이 적어지면 재물에 종속되지 않고 정직한 이치를 따라 행동할 수 있다夫儉則寡欲, 君子寡欲則不役於物, 可以直道而行"고 말했다.

올바른 이치란 무엇인가? 공동체의 공공성을 지키는 일이다. 그렇다면 사치스런 생활에 집착하면 어떻게 되는가? 사마광은 계속해서 다음과 같이 지적했다. "사치하면 욕심이 많아진다. 군자가 욕심이 많아지면 부귀를 탐해 잘못된 이치를 따르다가 참화를 재촉한다侈則多欲, 君子多欲則貪慕富貴, 枉道速禍."

화려한 복식을 남용하지 말라

정관 원년, 태종이 근신들에게 말했다.

"자고이래로 제왕들이 공사를 일으킬 때는 반드시 민심에 순응하는 것을 귀하게 여겼소. 옛날 위대한 우임금은 구산九山[1]을 뚫고 구강九江[2]을 통하게 했소. 당시에 인력을 지극히 많이 동원했는데도 원망이 없었던 것은 민심이 바라던 바였고 사람들과 일을 공유했기 때문이오. 진시황이 궁궐을 건축할 때 비방한 사람이 많았던 까닭은 사욕을 추구하며 사람들과 일을 공유하지 않았기 때문이오. 짐은 지금 궁전 한 채를 지으려고 목재를 이미 다 갖춰놓았지만 먼 옛날 진시황의 일을 생각하고 마침내 다시 짓지 않기로 했소. 옛사람이 이르기를 '무익한 일을 하여 유익한 일을 해치지 말라'[3]고 했고, 또 '욕심낼 만한 것을 내보이지 않음으로써 민심을 어지럽게 하지 않는다'[4]고 했소. 따라서 욕심낼 만한 것을 보여주면 마음이 반드시 어지러워진다는 사실을 확실하게 알 수 있소. 아름다운 조각을 새겨 넣은 기물이나 구슬과 보옥으로 장식한 의복과 노리개를 함부로 사치스럽게 남용한다면 위기와 패망의 날을 서서 기다리게 될 것이오. 왕공王公 이하의 저택, 수레, 혼인, 상례 규모는 품계의 규정에 따라야 하오. 규정된 복식과 용기에 합치되지 않는 자는 모두 엄단할 것이오."

이로부터 20년간 풍속이 소박해져서 의복은 수놓은 비단 옷을 입

1_ 구산九山이 무엇을 가리키는가에 대해서는 역대로 의견이 분분하다. 그러나 『상서』「우공禹貢」에는 다음과 같은 구절이 실려 있다. "구주의 모든 산의 나무를 베어 길을 냈다九山刊旅." 즉 우임금이 치수할 때 중국 전역의 산을 깎고 나무를 베어 사람이 다닐 수 있게 했다는 뜻이다.

2_ 구강九江도 특정 지명을 가리키는 것이 아니라 우임금이 중국 전역의 모든 강을 통하게 하여 치수에 성공했다는 뜻으로 봄이 옳다. 『상서』「우공」에는 "구주의 모든 강을 근원부터 잘 흐르도록 물길을 텄다九川滌源"라는 구절이 나온다.

3_ 『상서』「여오旅獒」에 나온다. "不作無益害有益."

4_ 『노자』 제3장에 나온다. "不見可欲, 使民心不亂."

지 않았고, 이에 재물이 넉넉해져서 굶주림과 추위로 인한 고통이 없어졌다.

누대 건설에 과도한 경비를 쓰지 말라

정관 2년, 공경대부들이 아뢰었다.

"『예기』에 따르면 늦여름季夏인 음력 6월에는 높다란 누대에 거주할 수 있습니다.[5] 여름 더위는 아직 물러나지 않았는데 가을장마가 바야흐로 시작되고 있습니다. 궁중은 낮고 습하니 바라건대 높은 누각 한 채를 지어 거주하십시오."

태종이 말했다.

"짐도 기질氣疾[6]이란 질병이 있는데 어찌 낮고 습한 곳이 편안하겠소? 그러나 만약 경들이 와서 요청하는 일을 들어준다면 그 경비가 참으로 많이 들 것이오. 옛날 한나라 문제는 노대露臺를 지을 때 열 집 재산조차 아까워했소. 짐은 덕이 한 문제에 미치지 못하는데 경비를 그보다 더 많이 쓴다면 어찌 백성의 부모 된 도리를 한다고 할 수 있겠소?"

신하들이 재삼 굳게 청했지만 끝내 허락하지 않았다.

5_ 기실 『예기』 「월령月令」에는 중하仲夏에 "누대에 거처할 만하다可以處臺榭"라고 했다.

6_ 앞에 나온 바 있다. 흔히 기병氣病이라고 한다. 한의학에서 말하는 기氣와 관련된 질병이다.

탐욕에 빠지면 망한다

정관 4년, 태종이 근신들에게 말했다.

"궁궐과 전각을 높게 지어 화려하게 꾸미고 연못과 누대를 즐기며 감상하는 것은 제왕이 바라는 일이지만 백성은 바라지 않는 일이오. 제왕이 바라는 것은 방종과 안락이고 백성이 바라지 않는 것은 노역과 피폐요. 공자는 이렇게 말했소.

'한마디 말로 평생토록 행할 만한 것이 있습니까?' '그것은 아마도 서恕[7]일 것이다! 자신이 하고 싶지 않는 일을 다른 사람에게 시키지 말라.'[8]

노역에 내몰아 삶을 피폐하게 하는 일을 진실로 백성에게 강요해서는 안 되오. 짐은 존귀하기로는 제왕의 지위를 갖고 있고 부유하기로는 사해四海를 모두 소유하고 있소. 모든 일을 나 자신이 결정하면서 진실로 스스로 절제할 수 있었고, 만약 백성이 바라지 않는 일이라면 반드시 그들의 마음에 따라 행동할 수 있었소."

위징이 말했다.

"폐하께서는 본래 백성을 가엾게 여기시며 매번 자신을 절제하고 다른 사람의 의견에 따랐습니다. 신이 듣건대 '다른 사람의 의견에 따르려는 사람은 번창하고, 다른 사람을 이용하여 자신의 욕망을 즐기는 자는 망한다'고 했습니다. 수 양제는 만족할 줄 모르는 탐욕에 뜻을 두고 오직 사치만 좋아했습니다. 담당 관리가 매번 건축 계획을 받들어 올릴 때 조금이라도 마음에 들지 않으면 엄벌과 혹형을 가했습니다. 위에서 사치를 좋아하면 아래서는 반드시 더욱 심한 자가 생기

7_ 여기에서 서恕는 단순한 용서가 아니라 자신의 마음으로 다른 사람의 마음을 미루어 아는 일, 즉 일종의 폭넓은 공감 능력과 동정심을 말한다.

8_ 『논어』「위영공」에 나온다. "有一言可以終身行之者, 其恕乎. 己所不欲, 勿施於人."

고, 이에 서로 끝도 없이 경쟁하다가 마침내 멸망에 이르렀습니다. 이것은 책으로만 전해져온 사실이 아니고 폐하께서 친히 목도한 사실입니다. 저들이 무도한 정치를 했기 때문에 하늘이 폐하로 하여금 저들을 대신하게 한 것입니다. 폐하께서 만약 만족스럽게 생각하신다면 오늘날 그 만족에만 그쳐서는 안 될 것입니다. 만약 만족 못 한다 생각하신다면 지금보다 만 배를 더 한다 해도 만족하지 못할 것입니다."

태종이 말했다.

"공의 대답이 매우 훌륭하오. 공이 아니었다면 짐이 어찌 이런 말씀을 들을 수 있겠소?"

궁궐 증축에 마음을 써서는 안 된다

정관 16년, 태종이 근신들에게 말했다.

"짐이 근래 「유총전劉聰傳」[9]을 읽었는데 유총이 유후劉后[10]를 위해 황의전鵷儀殿을 건축해주려 하자 정위廷尉[11] 진원달陳元達[12]이 절실하게 간언을 올렸소. 그러자 유총은 대로하여 그를 죽이라고 명령을 내렸소. 이때 유후가 친히 상소문을 작성하여 아뢰었소. 글에 담긴 마음이 매우 간절하여 유총도 분노를 풀고 자신을 퍽 부끄럽게 여겼소.

9_ 남북조시대 북제 위수魏收가 지은 『위서魏書』 「유총열전匈奴劉聰列傳」을 말한다. 유총은 흉노 사람으로 일명 재載, 자는 현명玄明이다(?~318). 시호를 사용하여 흔히 소무황제昭武黃帝라고도 부른다. 오호십육국 시대 한조漢趙(前趙) 황제로 유연劉淵의 아들이다. 유연이 죽은 후 형 유화劉和를 죽이고 황제가 되었다. 서진을 공격하여 혜제와 민제愍帝를 포로로 잡아갔다. 이로써 중국의 중원은 북방민족의 치하에 들어갔으며 진晉나라는 남쪽으로 도주하여 동진東晉을 세우고 남북 대치 상황에 들어갔다.

10_ 본명은 유아劉娥이고, 자는 여화麗華(?~314). 전조前趙 소무황제 유총의 세 번째 황후다. 현숙하고 정직한 성품으로 명망이 높았다.

11_ 법률과 옥사를 관장하던 최고위직 관리. 구경九卿의 하나.

12_ 오호십육국 시대 한조의 대신. 흉노족으로 본래 성은 고씨高氏였으나 나중에 진씨陳氏로 바꿨다. 법률과 형벌에 밝았으며 직간으로 유명했다.

사람이 책을 읽는 이유는 견문을 넓혀 스스로 유익함을 얻기 위함이오. 짐은 이 일을 읽고 깊이 경계하는 마음을 가질 수 있었소. 근래에 궁전 한 채를 짓고 또 누각을 중수重修할 생각으로 이제 남전藍田[13]에서 목재를 베어 모든 것을 다 갖춰놓았소. 그러나 먼 옛날 유총의 일을 생각하고 마침내 공사를 중지하게 되었소."

화려한 장례 의식은 교화를 망친다

정관 11년, 태종이 조서를 내렸다.

"짐이 듣건대 죽음이란 끝을 의미하고 만물이 본연의 상태로 돌아가는 것이며, 장례란 감춤을 의미하고 사람을 다시 볼 수 없게 하려는 것이라 한다. 상고시대부터 장례의 풍속이 전해졌지만 봉분을 만들고 나무를 심는 일에 대해서는 들은 적이 없다. 후세에야 법도를 만들어 관곽棺槨을 갖추게 된 것이다. [장례에 있어서] 분수 넘치게 사치하는 자를 나무라는 일은 과도한 비용만을 아끼려는 것이 아니며, 검소하고 소박한 사람을 찬미하는 일은 실로 그가 장차 위기에 빠지지 않음을 고귀하게 여기는 것이다. 이러한 까닭에 요임금은 성군이었

13_ 지금의 란톈藍田. 산시陝西 성 시안 남쪽 친링 산맥秦嶺山脈 북쪽 기슭에 있다.

14_ 지금의 산둥 성 쥐안청鄄城에서 7킬로미터 정도 떨어진 푸춘富春 향 구린谷林.

15_ 원문은 통수通樹. 『여씨춘추』「안사安死」에 나온다. "堯葬於穀林, 通樹之." '수장樹葬'은 나무 사이에 시렁을 만들어 시신을 안치하고 자연스럽게 부패하게 하는 장례 방식이다. 통수通樹는 무덤이나 시신 주위의 모든 자연목을 묘목墓木으로 삼았다는 뜻이다.

16_ 춘추시대 진秦나라 군주로 성姓은 영嬴 이름은 임호任好(?~기원전 621)다. 백리해百里奚, 건숙蹇叔, 유여繇余 등을 등용하여 영토를 넓히고 국력을 키웠다. 서융 20여 나라를 병합하여 세력을 떨치고 중원으로 진출하여 패자로 일컬어졌다.

17_ 지금의 산시陝西 성 펑샹鳳翔 남쪽.

18_ 공자는 본명이 구丘, 자는 중니仲尼다.

19_ 지금의 산둥 성 취푸曲阜 동쪽.

지만 곡림穀林[14]에다 수장樹葬을 했다[15]는 전설이 있고, 진秦 목공[16]은 명군明君이었지만 탁천橐泉[17]에다 봉분 없는 무덤을 만들었다. 중니仲尼[18]는 효자였지만 방防[19] 땅에 부모의 무덤을 쓰고 역시 봉분을 만들지 않았으며, 연릉延陵[20]은 자애로운 아버지였지만 [여행 도중 아들이 죽자] 영嬴 땅과 박博 땅 사이에 그 시신만 묻었다.[21] 이들은 모두 무궁하고 원대한 생각을 품고 독특하고 밝은 지혜를 이루었다. 이는 구천에서 몸을 편안하게 해주려는 조치였지, 백대 이후에까지 이름을 남기려는 예법은 아니었다.

오왕吳王 합려闔閭[22]가 예법을 어김에 이르러서는 구슬과 보옥으로 오리와 기러기를 만들었고,[23] 진시황이 무도한 폭정을 폄에 이르러서는 [묘혈 속에] 수은으로 강과 바다를 만들었다.[24] 계손씨季孫氏[25]는 노나라에서 전횡을 하며 여璵와 번璠이란 보옥으로 시신에 염殮을 했다.[26] 환퇴桓魋[27]는 송나라를 오로지하며 석곽을 사용하여 장례를 치

20_ 춘추시대 오나라 공자公子 계찰季札. 봉토가 연릉延陵에 있어서 흔히 연릉계자延陵季子라고 한다. 재주가 뛰어나고 성품이 어질어 오왕 수몽이 보위를 물려주려고 했으나 완강하게 거절하고 받지 않았다.

21_ 『예기』「단궁檀弓 하」에 따르면 오나라 계찰이 제나라에 사신으로 갔다가 돌아오는 길에 맏아들이 죽자 영嬴 땅과 박博 땅 사이에 장사지냈다고 한다. 흔히 타향에서 죽어서 소박한 장례를 치르는 일을 가리키는 전고로 쓰인다.

22_ 춘추시대 오나라 왕으로 본성명은 희광姬光(?~기원전 496). 오왕 요僚를 시해하고 보위에 오른 후 이름을 합려闔閭로 고쳤다. 오자서를 등용하여 부국강병을 이뤘다. 월왕 구천과의 싸움에서 부상을 입고 진중에서 세상을 떠났다.

23_ 보옥으로 만든 오리와 기러기를 부장품으로 넣은 것. 오왕 합려의 장례와 관련된 기록은 『월절서越絕書』에 나온다.

24_ 『사기』「진시황본기秦始皇本紀」에 나온다.

25_ 계손씨는 노나라 공자 계우季友의 후손이다. 맹손씨孟孫氏, 숙손씨叔孫氏와 함께 노나라 권력을 장악하고 공실을 유명무실하게 만들었다. 여기에서 말하는 계손씨는 계손의여季孫意如다(?~기원전 505). 시호는 계평자季平子이며 노나라 권력을 전횡하며 노 소공昭公을 추방하고 그 자식을 죽인 후 노 정공定公을 보위에 올렸다.

26_ 『좌전』 정공 5년에 따르면 계평자가 방房 땅에서 죽자 그의 가신 양호陽虎가 노나라 군주에게 사용하는 여璵와 번璠이란 아름다운 옥으로 시신을 염했다고 한다.

27_ 송 경공景公의 남색男色으로 사마司馬를 역임하며 송나라 권력을 좌우했다. 공자가 송나라로 입국하자 송 경공의 총애를 빼길까 봐 공자를 죽이려 했다.

28_ 『예기』「단궁 상」에 나온다.

렀다.[28] 이것들은 모두 부장품을 많이 묻어 참화를 재촉하는 일이며 시신을 이롭게 하려다가 오히려 치욕을 부르는 일이 아닌 것이 없다. 무덤이 도굴된 후 묘혈에서 시신이 불태워지기도 했고, 시신의 오장육부가 파헤쳐진 후 들판 가운데서 해골이 뒹굴기도 했다. 지난 일을 자세히 생각해보면 어찌 슬프지 않겠는가? 이로부터 살펴보건대 사치라는 것은 경계로 삼을 만한 일이고, 절검節儉이라는 것은 스승으로 삼을 만한 것임을 알 수 있다.

짐은 사해의 지존으로 자리 잡았으나 온갖 왕의 폐단까지 계승했고 교화에 대해서는 밝게 알지 못해 한밤중까지 전전긍긍하며 두려움에 떨고 있다. 죽은 이를 장송하는 전례典禮는 여러 의례에 상세하게 기록되어 있고, 예법에 어긋난 금지 사항은 형서刑書[29]에 분명하게 밝혀져 있다. 그러나 훈구대신의 가문에서도 폐습에 젖은 사람이 많고 보통 백성 사이에서도 더러 사치에 빠져 풍속을 해치는 자들이 있다. 후한 장례를 죽은 자에 대한 공경이라 생각하고 높다란 봉분을 효행의 실천으로 생각하면서 마침내 수의와 관곽에 조각의 화려함을 끝 간 데까지 추구하고 상여와 부장품에 금옥 장식을 극도로 찬란하게 꾸미고 있다. 부유한 자는 법도를 어겨가며 이런 풍습을 서로 숭상하고, 가난한 자는 재산을 모두 쏟아부어도 여기에 미치지 못한다. 이는 단지 교화의 대의를 해치는 짓이며 땅 밑 망자에게도 아무 이익이 없는 일이다. 해악이 이미 극심하니 마땅히 징계하고 혁파해야 할 것이다. 왕공 이하에서 서민에 이르기까지 지금부터는 장례 용품을 쓸 때 법도에 의거하지 않는 자가 있으면 바라건대 주, 부, 현의 관리들이 분명하게 조사하여 상황에 따라 형벌을 내려라. 도성의 5품 이상 관리 및 훈구대신의 가문에 대해서도 여전히 상황을 기록하여 짐

29_ 법률과 형벌에 관한 책.

에게 알리도록 하라."

검소하게 본분을 지키다

잠문본은 중서령이 되었지만 그의 집은 낮고 습한 곳에 있었고 휘장과 같은 장식도 없었다. 어떤 사람이 그에게 집안의 재산을 늘릴 것을 권하자 잠문본이 탄식하며 말했다.

"나는 본래 한수漢水 남쪽의 일개 평민에 불과했소. 말을 타고 전장을 치달린 공로도 없이 단지 문장 짓는 능력으로 중서령까지 올랐으니 이 또한 극도로 높은 지위에 오른 것이오. 지금 막중한 녹봉을 받고 있어서 두려움 또한 이미 큰데 여기에 다시 재산을 늘린다는 말을 할 수 있겠소?"

그 말을 한 사람도 감탄하며 물러났다.

검소함을 숭상한 관리들

호부상서 대주가 세상을 떠난 후 태종은 그의 주택이 누추하여 제사를 올릴 곳이 없자 담당 관리에게 명하여 사당을 지어주도록 했다.

온언박이 상서우복야에 올랐을 때 집이 가난하여 정침正寢[30]이 없었다. 세상을 떠나자 곁방에 빈소를 마련했다. 태종이 소문을 듣고 탄식하며 급히 담당 관서에 명하여 정침을 지어주고 부의賻儀를 후하게 내려줬다.

30_ 개인 저택이나 관공서에서 공무를 처리하는 몸채의 정당正堂. 사람이 죽은 후 이곳에 빈소를 설치한다.

위징의 집에는 일찍이 대청正堂이 없었다. 그가 병이 들자 태종은 작은 궁전을 지으려다 그 목재를 뜯어서 위징을 위해 대청을 지어주며 5일 만에 완공했다. 그리고 궁궐 사자를 시켜 하얀 담요와 이불을 가져다주게 하여 그가 숭상하는 뜻을 완성하게 했다.

貞觀政要

제19편 | 겸양
謙讓

군주의 입장에서 겸양은 백성의 자발적 지지를 이끌어내고 반대파까지 포용할 수 있는 치국의 기본 덕목이다. 한나라 유향劉向은 『설원說苑』「경신敬愼」에서 "선비는 총명하고 지혜롭더라도 어리석은 듯 자처해야 한다. 공훈이 천하를 뒤덮더라도 겸손한 모습을 지켜야 한다士雖聰明聖智, 自守以愚. 功被天下, 自守以讓"고 강조했다.

중국 춘추시대 초 장왕의 영윤令尹을 지내며 초나라를 강국으로 이끈 손숙오孫叔敖는 당시에 만인지상萬人之上 일인지하一人之下의 권력을 누렸지만, 항상 겸손하고 검약한 생활을 실천했다. 그는 자신의 임종을 맞아 아들 손안孫安에게도 다음과 같은 유언을 남겼다. "너는 절대로 벼슬을 하지 마라. 만약 임금께서 나의 공로를 참작하여 네게 봉토를 내린다면 초나라에서 가장 척박한 침구寢丘 땅을 요청하여 그곳을 대대로 삶의 터전으로 삼아라." 손안은 부친의 유언에 따라 벼슬길에 나가지 않고 초야에 묻혀 손수 농사를 짓고 나무하며 자신을 전혀 내세우지 않았다. 나중에야 초 장왕은 손숙오의 아들이 서민으로 살아간다는 소식을 듣고 초나라에서도 매우 좋은 땅을 봉토로 내리려 했다. 그러자 손안은 처음에 봉토조차 사양하다가 마침내 부친의 유언대로 척박한 침구 땅을 봉토로 내려달라고 부탁했다. 이후 손숙오의 자손들은 침구에 뿌리를 내리고 겸손하면서도 편안한 삶을 살았다.

늘 겸허하고 두려워해야

정관 2년 태종이 근신들에게 말했다.

"사람들이 말하기를 천자가 되면 스스로 존귀함을 얻었다고 생각하므로 두려워할 것이 없다고 하오. 짐은 스스로 겸허함과 공손함을 지키고 있다고 생각하지만 항상 두려움을 품고 있소. 옛날에 순임금이 우임금을 훈계하며 이렇게 말했소.

'그대가 자만하지 않으면 천하에 아무도 그대와 능력을 다툴 사람이 없을 것이오. 그대가 과시하지 않으면 천하에 아무도 그대와 공훈을 다툴 사람이 없을 것이오.'[1]

또 『주역』에는 이런 말이 있소.

'사람의 도는 가득 찬 것을 미워하고 겸허한 것을 좋아한다.'[2]

무릇 천자가 되어 만약 스스로 존귀함을 얻었다고 생각하고 겸허함과 공손함을 지키지 않는다면 자신에게 만일 옳지 않은 일이 생길 때 누가 안면을 범하면서까지 간언을 올리려 하겠소? 짐은 매번 한 마디 말을 하고 한 가지 일을 할 때마다 반드시 위로 하늘에 무서움을 느껴야 하고 아래로 신료들에게 두려움을 가져야 한다고 생각하오. 하늘이 높은 곳에서 낮은 땅의 소리를 듣고 있으니 어찌 무서워하지 않을 수 있겠소? 공경대부들이 모두 우러러보고 있으니 어찌 두려워하지 않을 수 있겠소? 이로써 생각건대 늘 겸허하고 늘 두려워할 줄 알아도 하늘의 마음과 백성의 뜻에 부응하지 못할까 두렵소."

위징이 말했다.

"옛사람이 이르기를 '훌륭하게 시작하지 않는 나라는 없지만 그것

1_ 『상서』 「대우모大禹謨」에 나온다. "汝惟不矜, 天下莫與汝爭能, 汝惟不伐, 天下莫與汝爭功."

2_ 『주역』 「겸괘謙卦 · 단전」에 나온다. "人道惡盈而好謙."

을 끝까지 유지할 수 있는 나라는 드무네'라고 했습니다.[3] 원컨대 폐하께서는 늘 겸허하고 늘 두려워하는 도리를 지키시고 하루하루 삼가시면 종묘사직을 영원히 튼튼하게 지키면서 전복되지 않게 할 수 있을 것입니다. 요임금과 순임금이 태평성대를 이룰 수 있었던 까닭은 진실로 이러한 방법을 썼기 때문입니다."

신명함을 감추고 과묵함을 유지하라

정관 3년, 태종이 급사중 공영달에게 물었다.

"『논어』에 이런 말이 있소.

'유능하면서도 무능한 사람에게 묻고, 많이 알면서도 적게 아는 사람에게 묻고, 있으면서도 없는 듯하고, 가득 차 있으면서도 텅 비어 있는 듯하다.'[4]

이것이 무슨 말이오?"

공영달이 대답했다.

"성인이 가르침을 베풀 때는 사람들로 하여금 겸허하게 행동하여 그 인품을 빛나게 하기를 바랍니다. 자신이 비록 유능하더라도 스스로 교만하지 않고 여전히 무능한 사람에게까지 가서 그 사람이 잘하는 일에 대해 자문을 구합니다. 자신의 재주가 비록 많더라도 스스로 적다고 근심하며 재주가 모자라는 사람에게까지 가서 또다시 보탬이 될 만한 것을 찾습니다. 자신은 지식을 갖고 있으면서도 마치 없는 듯한 모습을 보이고, 자신은 내면이 가득 차 있으면서도 마치 텅 빈 듯

3_『시경』「대아·탕蕩」에 나온다. "靡不有初, 鮮克有終."

4_『논어』「태백」에 나온다. "以能問於不能, 以多問於寡, 有若無, 實若虛."

한 용모를 드러냅니다. 서민뿐만 아니라 제왕의 덕도 응당 이와 같아야 할 것입니다. 대저 제왕은 안으로 신명神明함을 감추고 밖으로는 과묵함을 유지하면서 그 깊은 내면을 알 수 없게 해야 합니다. 이 때문에 『주역』에서는 '몽매함으로 올바름을 기른다'[5]라고 했고, 또 '밝음을 감춘 모습으로 백성에게 다가간다'[6]라고 했습니다. 만약 제왕이 지존의 자리에 위치하여 자신의 총명함을 자랑하면서 자신의 재능으로 다른 사람을 능멸하고 자신의 잘못을 분식하며 간언을 거절한다면 상하 간의 마음이 단절되고 군신 간의 도리가 어그러질 것입니다. 옛날부터 나라의 멸망은 이로부터 말미암지 않은 적이 없습니다."

태종이 말했다.

"『주역』에 이르기를 '노고하면서도 겸손하니 군자가 유종의 미를 거두리라. 길하다'[7]라고 했소. 이는 진실로 경의 말씀과 같소."

이에 조칙을 내려 비단 200단을 하사했다.

이효공과 이도종의 겸손함

하간왕河間王[8] 이효공李孝恭[9]은 무덕 초년에 조군왕趙郡王[10]에 봉해졌고 거듭해서 동남도행대상서좌복야東南道行臺尙書左僕射[11]에 임명되었다. 효공은 소선, 보공석을 토벌하여 평정하고 마침내 장강, 회수 및

5_ 『주역』「몽괘蒙卦 · 단전」에 나온다. "蒙以養正."

6_ 『주역』「명이괘明夷卦 · 상전象傳」에 나오는 구절을 축약하여 인용했다. "以明夷莅衆."

7_ 『주역』「겸괘 · 구삼효사九三爻辭」에 나온다. "勞謙, 君子有終, 吉."

8_ 하간은 지금의 허베이 성 허젠河間.

9_ 당 태종의 6촌 형으로 능연각 24공신의 한 사람(591~640). 소선과 보공석을 토벌하여 평정하고 양주대도독揚州大都督이 되었다. 온화하고 겸손한 처신으로 명망이 높았다.

10_ 조군은 지금의 허베이 성 가오이高邑 서남쪽.

영남嶺南, 영북嶺北[12] 일대를 모두 다스렸다. 한 지방을 완전히 제압하고 위엄과 명성이 혁혁하게 알려져서 여러 번 승진하여 예부상서에 임명되었다. 효공은 성품이 겸손하여 교만하거나 자랑하는 기색이 없었다.

당시에 특진特進 강하왕江夏王 이도종李道宗은 장수의 재능으로 이름을 더욱 드날렸고 아울러 학문도 좋아했다. 현명한 선비를 존경하고 흠모하면서 행동에 있어서 예의와 겸양을 강구했다. 태종은 이 두 사람을 모두 친밀하게 대우했다. 나라의 여러 종실 가운데 효공과 도종에게만은 비견할 만한 사람이 아무도 없었으니 종실 인물 중에서 일대의 영걸이라 할 만했다.

11_ 동남도는 당나라 초기 지방 행정구역의 하나. 행대는 중앙 상서성의 지역 파견 기관으로 특히 정벌 업무를 원활하게 수행하기 위해 임시로 설치한 관청이다.

12_ 중국에서는 남방의 오령五嶺을 기준으로 영남과 영북을 구분한다.

제20편 | 측은지심 仁惻

공자는 『논어』에서 인仁을 모두 105번 언급했다. 『맹자』 「공손추 상」에서는 "남을 측은하게 여기는 마음이 없으면 인간이 아니다無惻隱之心, 非人也"라고 했다. 이후 수많은 학설의 공통점은 인이 인간 사랑의 단서인 동시에 사회와 국가로 더 확장된 박애정신이라는 것이다. 측은지심으로서 인의 단서는 모든 사람이 갖고 있기 때문에 공동체 유지의 기본 토대로 작용한다. 『대학』에서 말하는 수신修身, 제가齊家, 치국治國, 평천하平天下의 단계도 인을 더 넓게 확장해가는 과정에 다름 아니다. 따라서 측은지심이 작동하지 않는 사회는 인간의 사랑이 사라진 사회다.

측은지심이 개인과 가정의 테두리에 머문다면 그것은 이미 인이 아닌 사욕이다. 물론 사적 욕망도 발전의 계기로 작용할 수 있다. 그러나 불인不仁의 입구가 되기 훨씬 더 쉽다. 이 때문에 당나라 유학자 한유韓愈는 「원도原道」에서 드넓게 사랑하면서 올바르게 실천하라고 했다. 이것이 박애博愛로서의 인의仁義다.

당 태종은 불필요한 궁녀를 내보내 혼인시키고, 가뭄과 기아로 팔려나간 아이들을 다시 부모의 품으로 돌려보냈으며, 세상을 떠난 신하의 장례식을 찾아 슬피 곡을 하고, 병졸의 곪은 상처를 직접 입으로 빨았다. 이런 구체적인 인정仁政을 통해 민심을 얻고 신민臣民의 자발적 참여를 이끌어냈다.

궁녀들을 내보내 짝을 찾게 하라

정관 초년에 태종이 근신들에게 말했다.

"여인들을 깊은 궁궐에 가둬두는 건 인정상 진실로 가련한 일이오. 수나라 말년에 궁녀를 뽑는 일을 끝없이 계속하여 이궁離宮이나 별관別館 중에서 임금이 숙식하지 않는 곳에도 궁녀를 많이 모아뒀소. 이것은 모두 백성의 재산과 역량을 고갈시키는 일이므로 짐은 이런 제도를 취하지 않겠소. 청소하는 일 외에 또 무슨 쓸모가 있겠소? 이제 이들을 내보내서 마음대로 짝을 찾게 하시오. 이는 나라의 경비를 절약하는 일일 뿐 아니라 사람들을 편히 쉬게 하는 일이고 또 각각 자신의 성정대로 살 수 있게 하는 일이오."

그리하여 이 시기를 전후하여 후궁 및 비빈妃嬪 3000여 명을 내보냈다.

아이들을 찾아 부모에게 돌려주다

정관 2년, 관중 땅에 가뭄이 들어 큰 기아가 발생하자, 태종이 근신들에게 말했다.

"홍수와 가뭄이 순조롭지 못한 것은 모두 임금이 덕을 잃었기 때문이오. 짐이 덕을 닦지 않아서 하늘이 짐을 질책하는 건 당연하지만 백성은 무슨 죄로 이토록 많은 곤궁을 당해야 하오? 소문에 자녀를 파는 사람 있다는데 짐은 이들이 몹시 가련하오."

이에 어사대부 두엄杜淹[1]을 보내 실정을 조사하게 하고 황실 창고의 금은보화를 출연出捐하여 아이들의 값을 대신 치르고 그 부모에게 돌려주었다.

슬픔에 무슨 기피하는 날이 있겠는가?

정관 7년, 양주도독襄州都督[2] 장공근이 세상을 떠났다. 태종이 소식을 듣고 상심에 젖어 애도했다. 궁궐을 나서 교외에서 장례에 참석하려 하자 담당 관리가 아뢰었다.

"『음양서陰陽書』에 따르면 '일진이 진辰에 있을 때는 곡哭을 할 수 없다'고 합니다. 이 또한 세속에서 꺼리는 일입니다."

태종이 말했다.

"군신 간의 의리는 부자간과 같소. 마음속에서 슬픈 감정이 우러나오는데 어찌 진일辰日이라고 피할 수 있겠소?"

그러면서 마침내 [장공근을 위해] 곡을 했다.

태종이 친히 병졸 상처의 피를 빨다

정관 19년, 태종이 고구려를 정벌할 때 정주定州[3]에 주둔했다. 병사들이 도착하면 황제가 정주성 북문 누각까지 가서 위로했다. 어떤 병졸 한 명이 병이 나서 황제를 알현할 수 없었다. 태종은 그의 병상 앞으로 조서를 보내 그의 고통을 위문하고 그 고을 의원에게 칙령을 내려 그를 치료하게 했다. 이러한 까닭에 장졸들은 기쁜 마음으로 종군하려 하지 않는 사람이 없었다.

대군이 회군하여 유성柳城[4]에 주둔했을 때 이 무렵의 앞뒤 전사자

1_ 당나라 초기 관리로 자는 집례執禮(?~628). 수나라 때 강남으로 폄적되었으나 당 태종이 등용했다. 시문에 뛰어났다.

2_ 양주襄州는 지금의 후베이 성 샹양襄陽 샹저우襄州 구.

3_ 지금의 허베이 성 딩저우定州.

유골을 모으라고 조서를 내린 뒤 태뢰太牢[5]를 진설하여 위령제를 올렸다. 태종이 친히 제단에 임하여 곡을 하며 슬픔을 곡진하게 드러내자 군사들도 눈물을 뿌리지 않는 사람이 없었다. 귀가하여 그 광경을 이야기하니 부모들이 이렇게 말했다.

"우리 아들의 장례에 천자께서 곡을 하셨으니 죽어서도 여한이 없을 것이다."

태종이 요동 정벌에 나서 백암성白巖城[6]을 공격할 때 우위대장군 이사마李思摩[7]가 화살에 맞았다. 태종이 친히 그 상처의 피를 빨자 장졸들이 감격해하지 않는 사람이 없었다.

4_ 지금의 랴오닝 성 차오양朝陽 쐉타雙塔 구 경내.

5_ 옛날 왕조시대에 임금이 종묘사직에 제사를 지낼 때 소, 양, 돼지 세 짐승을 모두 잡아서 제수를 마련하는데 이 세 가지 희생을 태뢰太牢라고 한다. 태종이 전사한 장졸의 제사를 종묘사직의 제사와 동일하게 시행했다는 의미다.

6_ 중국의 침략을 방어하던 고구려 서쪽 성곽. 대체로 랴오닝 성 타이쯔 강太子河 북쪽 기슭의 연주산성燕州山城으로 추정된다.

7_ 돌궐족으로 당나라에 귀화한 장수(?~655). 본래 성은 아사나阿史那였으나 당나라 고조가 그의 충성을 가상히 여겨 황실 성인 이씨李氏를 하사하고 화순군왕和順郡王에 봉했다.

貞觀政要

제21편 | 좋아하는 것을 삼가라

愼所好

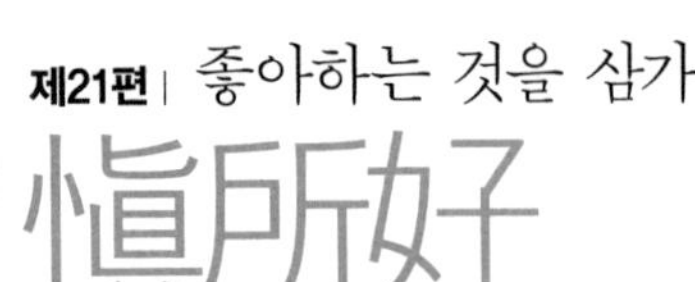

『맹자』「등문공 상」에는 "위에서 좋아하는 것이 있으면 아래에서는 반드시 그보다 더 심한 자가 있게 마련이다上有好者, 下必有甚焉者矣"라는 말이 있다. 윗사람의 기호는 아랫사람들에게 깊은 영향을 끼친다.

춘추시대 위衛나라 의공懿公은 학을 좋아하여 궁정 가득 학을 길렀다. 좋아하는 학에게는 대부와 장군의 봉작을 수여하고 외출하는 수레에까지 함께 태웠다. 이를 원망한 백성은 국정에 전혀 협조하지 않았다. 북쪽 오랑캐가 쳐들어와 풍전등화의 위기에 처했으나 백성은 병졸 모집에 응하지 않고 도주했다. 결국 의공은 오랑캐에게 사로잡혀 온몸이 난도질당하고 오직 간 하나만 남겨지는 비참한 최후를 맞이했다.

춘추시대 초 영왕은 남녀노소를 불문하고 허리가 가는 사람을 좋아했다. 그는 당시 중국 전역에서 가장 화려한 궁전인 장화궁章華宮을 지어 그 속에 허리가 가는 여인을 가득 채워 넣었다. 사람들은 장화궁을 세요궁細腰宮이라고도 불렀다. 그러자 모두 허리를 날씬하게 유지하기 위해 밥을 굶는 사람이 속출했고 아사하는 사람까지 발생했다. 영왕은 또 끊임없이 외국과 전쟁을 벌여 우환이 그치지 않았다. 이를 견디지 못한 신하들은 영왕의 동생 채공蔡公을 보위에 올리고 영왕을 추방했다. 그는 옛 부하의 집에서 스스로 목숨을 끊었다.

『회남자』「병략훈兵略訓」에서는 "천하의 재물을 소모하여 한 사람의 욕망을 만족시키면, 그 참화는 막심해진다殲天下之財而澹一人之欲, 禍莫深焉"고 했다.

화려하고 텅 빈 학문을 좋아하지 말라

정관 2년, 태종이 근신들에게 말했다.

"옛사람이 이르기를 '임금은 그릇과 같고 백성은 물과 같다. 물의 모양이 네모가 되느냐 원이 되느냐는 그릇 모양에 달려 있지 물에 달려 있는 것이 아니다'[1]라고 했소. 이 때문에 요임금과 순임금이 인仁으로써 천하를 인도하자 백성은 그 인仁을 따랐고, 걸왕과 주왕이 폭력으로 천하를 인도하자 백성은 그 폭력을 따랐소. 아래의 백성이 행하는 것은 모두 위의 임금이 좋아하는 것이오.

양 무제 부자[2]는 텅 빈 화려함을 숭상하며 오직 석가와 노자의 가르침만 좋아했소. 양 무제 말년에는 자주 동태사同泰寺[3]로 행차하여 친히 불경을 강의했고 백관들도 모두 큰 관冠을 쓰고 높은 신발을 신은 채 수레를 타고 황제를 호위했소. 그들은 온종일 인생의 고통과 공허함을 이야기하며 군대나 국가의 법전에는 마음을 쓰지 않았소. 후경侯景이 군사를 이끌고 대궐을 공격할 때도 상서랑 이하 관리들은 대부분 말을 탈 줄도 몰라 갈팡질팡 걸어서 도망쳤는데, 죽은 자가 도로에 줄줄이 이어졌소. 무제 및 간문제簡文帝[4]는 후경에게 유폐되어 핍박을 받다가 죽었소.

양나라 효원제孝元帝[5]는 강릉江陵[6]에 있다가 만뉴우근萬紐于謹[7]에게

1_ 『순자』「군도」에 나오는 구절을 바탕으로 조금 변형했다. "君猶器也, 人猶水也. 方圓在於器, 不在於水."

2_ 중국 남조 양梁나라를 세운 무제 소연蕭衍과 그의 아들 간문제簡文帝 소강蕭綱. 모두 불교와 도가사상을 좋아했다.

3_ 남조 양나라 무제가 지금의 난징南京 동북쪽에 세운 규모가 크고 화려한 사찰. 무제는 늘 이 사찰로 가서 불공을 드리고 불경을 강의했다.

4_ 남조 양나라 무제의 셋째 아들이며 소명태자昭明太子 소통蕭統의 아우로 성명은 소강蕭綱(503~551). 소통이 일찍 죽은 후 태자로 책봉되었다. 후경의 반란으로 무제가 죽은 후 보위에 올랐으나, 후경의 권세에 눌려 핍박을 받다가 후경에게 살해되었다. 연약하고 화려한 염정시艷情詩를 좋아하여 『옥대신영玉臺新詠』 편찬에 관여했다.

포위되었는데도 여전히 『노자』 강의를 중단하지 않았고 백관도 모두 갑옷을 입은 채 강의를 들었소. 순식간에 성이 함락되자 군신들이 모두 포로가 되었소. 유신庾信[8]은 이와 같은 상황을 탄식하며 「애강남부哀江南賦」[9]를 지어 이렇게 읊었소.

'재상들은 무기를 아이들 장난감으로 여기고, 사대부들은 청담淸談[10]을 조정의 대책으로 삼았다.'

이 일은 우리가 경계로 삼을 만하오. 짐이 지금 좋아하는 것은 오직 요임금과 순임금의 올바른 도리이며, 주공과 공자의 진정한 가르침이오. 짐은 이것이 새에게 날개가 있는 것, 물고기가 물에 의지하는 것과 같다고 생각하오. 이것을 잃으면 반드시 죽기 때문에 잠시라도 없어서는 안 되오."

신선술은 본래 허망한 것이다

정관 2년, 태종이 근신들에게 말했다.

"신선술은 본래 허망한 것으로 헛되이 그 이름만 있는 것이오. 진시

5_ 남조 양나라 무제의 일곱째 아들로 제3대 황제가 된 소역蕭繹(508~555). 후경의 반란을 진압하고 강릉江陵에서 보위에 올랐다. 그림과 문학에 뛰어났다. 도가사상을 좋아하여 서위西魏의 만뉴우근萬紐于謹이 쳐들어오는데도 용광전龍光殿에서 『노자』를 강의하다가 사로잡혀 죽었다.

6_ 지금의 후베이 성 장링江陵.

7_ 북조 서위西魏의 명장. 성이 만뉴우萬紐于이고 이름이 근謹이다(493~568). 북위, 서위, 북주를 거치면서 혁혁한 전공을 세웠다.

8_ 중국 남북조시대 양梁, 서위西魏, 북주에서 벼슬한 유명한 문인으로 자는 자산子山(513~581). 어려서부터 문명을 날렸고 양나라가 멸망한 후 북으로 끌려가서 서위와 북주에서 벼슬했다. 문학에 뛰어나 문단의 영수로 추앙되었으나 자신은 적국에서 벼슬하는 수치심과 고향을 떠난 회한을 벗어던지지 못했다. 『유자산집庾子山集』에 전한다.

9_ 남북조시대 유신이 지은 부賦. 양나라가 서위西魏에 의해 멸망한 울분과 유신 자신이 포로가 된 원한을 비통하게 읊은 작품이다.

10_ 위진남북조시대 문인들이 노장사상 및 『주역』과 관련된 원리를 매우 과도하게 토론하던 경향을 가리킨다. 현학玄學이라고도 불렀다. 혼란한 현실을 벗어난 공리공담의 성격이 짙었다.

황은 분수도 모르고 신선술을 좋아하다가 결국 방사方士들에게 속았소. 이에 동남동녀童男童女 수천 명으로 하여금 방사를 따라 바다로 들어가 신선을 찾게 했소. 방사들은 진나라의 가혹한 정치를 피해 먼 곳에 머물며 돌아오지 않았소. 진시황은 그런데도 바닷가에서 머뭇거리며 그들을 기다리다가 돌아오는 길에 사구沙丘[11]에서 죽었소. 한 무제도 신선을 찾기 위해 자신의 딸을 도술가道術家에게 시집보냈소.[12] 이러한 일이 아무 영험이 없자 곧 그 도사를 주살했소. 이 두 가지 일에 근거해보더라도 신선술은 망령되이 구할 필요가 없소."

허황한 일로 의심을 품지 말라

정관 4년, 태종이 말했다.

"수 양제는 성격상 의심이 많아 장래의 위험을 방지하길 좋아하며 오로지 사악한 이치만 믿고 호인胡人[13]들을 매우 꺼렸소. 이에 호상胡牀을 교상交牀[14]이라 부르고, 호과胡瓜를 황과黃瓜[15]라 불렀으며 장성을 쌓아 호인들을 회피했소. 그러나 결국 우문화급이 영호행달令狐行達[16]을 시켜 양제를 죽이는 일이 발생했소. 또 양제는 이금재李金才[17]를 주살하고 여러 이씨도 거의 멸족시켰지만 결국 무슨 이익을 얻었

11_ 지금의 허베이 성 광쭝廣宗 핑타이平臺 남쪽 .

12_ 『한서』 「교사지郊祀志」에 따르면 한 무제가 신선술을 좋아하여 자신의 딸 위장공주衛長公主를 도사 난대欒大에게 시집보냈다.

13_ 중국 고대 북방 유목 민족을 총칭하는 말.

14_ 교의交椅. 등받이와 팔걸이가 있고 접을 수 있는 옛날식 의자.

15_ 오이.

16_ 수나라 말기의 장수로 관직은 교위校尉였다. 우문화급 등이 강도江都에서 정변을 일으킨 후 영호행달을 시켜 수 양제를 목 졸라 죽였다.

17_ 수나라 개국공신으로 본명은 혼渾(?~615)이고 자가 금재金才. 『수서』 「이목열전李穆列傳」에 따르면 우문술宇文述이 도사 안가타安伽陀의 참언讖言을 빌려 "이씨가 천자가 된다當有李氏應爲天子"고 수 양제에게 이금재를 모함하자, 양제가 그 말을 믿고 이금재와 그 친족들을 모두 죽였다고 한다.

소? 천하에 임금 된 사람은 오직 몸을 바르게 하고 덕을 닦으면 되오. 이 밖의 허황한 일은 마음에 담아둘 필요가 없소."

기묘한 솜씨에 탐닉하지 말라

정관 7년, 공부상서 단륜段綸[18]이 솜씨 좋은 장인 양사제楊思齊가 도착하자 그를 등용해야 한다고 아뢰었다. 태종이 그의 솜씨를 시험해보게 하자 단륜이 그로 하여금 인형극 도구를 만들게 했다. 그러자 태종이 단륜에게 말했다.

"솜씨 좋은 장인을 추천한 것은 장차 나랏일에 도움을 주고자 함인데 경은 먼저 이런 물건을 만들게 했소. 이것이 어찌 백공百工을 서로 경계시켜 기묘한 솜씨를 부리지 못하게 하는 뜻이라 할 수 있겠소?"

그리하여 조칙을 내려 단륜의 품계를 깎고 이 놀이를 엄금하게 했다.

18_ 당나라 초기의 관리로 당 고조 이연의 사위이기도 하다(?~642).

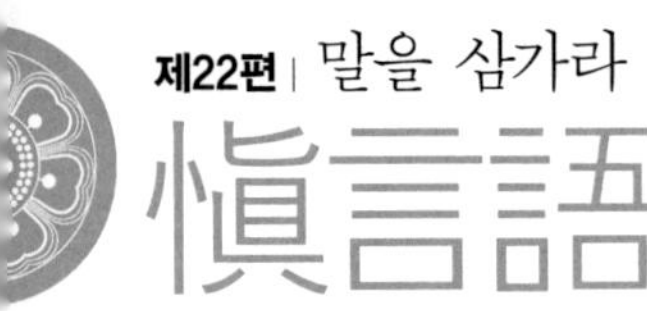

제22편 | 말을 삼가라
愼言語

주나라 유왕幽王은 총비 포사褒姒의 웃음을 얻기 위해 잘못된 명령으로 봉화를 올려 제후들을 소집했다가 결국 망국의 지경에 빠졌다. 사리에 어긋난 군주의 말이 나라를 멸망으로 끌고간 사례다. 또한 옛 군주들은 권위에 의지해 궤변으로 억지 논리를 일삼으며 자신의 뜻을 관철시키곤 했다. 제갈량은 위나라를 정벌하기 위해 후주 유선에게 「출사표出師表」를 올리면서 "망령되이 스스로 덕이 부족하다고 여기거나, 잘못된 비유를 끌어들여 올바른 도리를 잃음으로써 충성스러운 간언의 길을 막아서는 안 됩니다不宜妄自菲薄, 引喩失義, 以塞忠諫之路也" 라고 했다. 군주가 자신의 힘으로 궤변을 늘어놓고 전횡을 일삼으면 어느 누가 저지할 수 있겠는가? 역사를 들춰보면 이런 사례가 대단히 많다.

『예기』「옥조玉藻」에 따르면 옛날에 "임금이 행동하면 좌사가 기록하고, 임금이 말을 하면 우사가 기록한다動則左史書之, 言則右史書之"고 되어 있다. 임금의 행동과 말은 모두 일일이 기록하여 후세의 경계로 삼는다는 뜻이다. 이에 중국과 한국에서는 모두 왕조시대에 임금의 언행을 기록하는 기거관起居官이나 사관史官을 두어 『기거주起居注』나 『실록實錄』을 편찬했다. 이는 현재까지도 한·중 양국에 방대한 사료로 남아 있다.

임금은 언행에 신중해야 한다

정관 2년, 태종이 근신들에게 말했다.

"짐은 매일 조정에 앉아 한마디 말을 하려고 할 때마다 이 말이 백성에게 이익이 되는지 여부를 생각하기 때문에 감히 말을 많이 할 수 없소."

급사중 겸 지기거사知起居事[1] 두정륜이 앞으로 나서며 말했다.

"임금의 행동은 반드시 기록되고 임금의 말씀도 좌사左史가 기록합니다.[2] 신의 직무는 기거주起居注[3]를 겸하고 있기 때문에 감히 우직한 노력이라도 다 바치지 않을 수 없습니다. 폐하께서 도리에 어긋나는 말씀을 한마디라도 하시면 천 년토록 성덕에 누를 끼치게 될 것입니다. 이는 오늘날 백성에게만 손해를 끼치는 것이 아니니 바라건대 폐하께서는 말씀을 신중하게 하십시오."

태종이 크게 기뻐하며 채색 비단 100단을 하사했다.

수 양제의 잘못된 명령을 경계로 삼으라

정관 8년, 태종이 근신들에게 말했다.

"말이란 군자의 요체이니 어찌 쉽게 내뱉을 수 있겠소? 무릇 서민들도 한마디 말을 잘못하면 사람들이 그것을 기억하며 치욕으로 여

1_ 당나라 정관 초년에 문하성에 설치한 기거랑起居郞. 황제의 일상 언행과 국가 대사를 기록하여 『기거주起居注』를 편찬했다.

2_ 『예기』 「옥조玉藻」에는 "천자의 행동은 좌사가 기록하고, 천자의 말은 우사가 기록한다動則左史書之, 言則右史書之"라고 되어 있다. 그러나 『한서』 「예문지」에는 "좌사가 임금의 말을 기록하고 우사가 나라의 일을 기록한다左史記言, 右史記事"라고 되어 있다. 당나라 공영달은 『예기』의 기록이 맞다고 고증했다.

3_ 기거랑이나 기거사인이 임금의 언행을 기록한 필사본 자료집. 흔히 임금의 언행을 기록하는 관직을 가리키기도 한다.

기는데 하물며 만승지국의 임금이겠소? 임금은 도리에 어긋난 말을 해서는 안 되오. 그 손실의 지대함이 어찌 필부와 같겠소? 나는 항상 이것을 경계로 삼고 있소. 수 양제가 처음 감천궁甘泉宮[4]에 갔을 때 샘물과 기암괴석은 마음에 들었지만 반딧불이가 없음을 나무라며 '반딧불이를 많이 잡아와 궁궐 안에서 밤을 밝히도록 하라'는 조칙을 내렸소. 담당 관리가 급하게 수천 명을 시켜 반딧불이를 잡게 했고 그것을 500대의 수레에 실어 궁궐 곁으로 전송했소. 작은 일도 오히려 이와 같은데 하물며 큰일이겠소?"

위징이 대답했다.

"임금은 천하 지존의 지위에 자리 잡고 있으므로 만약 도리에 어긋난 언행을 하면 옛사람들은 마치 일식과 월식처럼 모두가 그것을 볼 수 있다고 생각했습니다. 이는 진실로 폐하께서 경계하고 삼가시는 바와 같습니다."

변론을 줄이고 기상을 기르라

정관 16년, 태종은 매번 공경대부와 옛날의 정도正道를 언급할 때마다 반드시 서로 반복해서 비판을 주고받았다. 산기상시 유계가 상소문을 올려 간언했다.

"제왕과 서민, 성현과 어리석은 자는 능력의 높고 낮음에 현격한 차이가 있어 나란히 비교할 수 없습니다. 이에 지극한 바보가 지극한 성현을 대할 때나 지극히 비천한 사람이 지극히 존귀한 사람을 대할 때 오로지 스스로 뛰어난 생각을 보여주고자 해도 그건 불가능한 일

4_ 지금의 산시陝西 성 춘화淳化 톄왕鐵王에 있던 중국 고대 궁궐. 진나라 때의 궁궐을 한 무제가 화려하게 증축했다. 수·당 시대까지도 존재했던 듯하다.

임을 알 수 있습니다. 폐하께서는 은혜를 베풀고, 자애로운 표정을 짓고, 정신을 집중하여 말을 듣고, 마음을 비운 채 의견을 받아들여도 신하들이 감히 폐하를 마주보고 생각을 마음대로 펼치지 못할까 두렵습니다. 게다가 폐하께서 신령스런 기지를 발휘하고, 뛰어난 변론을 펼치고, 언어를 꾸며서 신하들의 논리를 꺾으시고, 옛일을 끌어와서 신하들의 논의를 배척하시면서 사람들로 하여금 어떻게 응답하게 하려 하십니까?

신이 듣건대 하늘은 침묵을 귀하게 여기고, 성인은 말하지 않음을 덕으로 삼는다고 합니다. 노자는 '위대한 변론은 눌변訥辯과 같다'[5]고 했고, 장자莊子는 '지극한 도道는 꾸밈이 없다'[6]고 했습니다. 이들은 모두 번거롭게 많은 말을 하려 하지 않았습니다. 이러한 까닭에 제 환공이 책을 읽자 윤편輪扁[7]이 은근히 비난했고,[8] 한 무제가 옛것을 좋아하자 급암汲黯[9]이 풍자하는 말을 했습니다.[10] 이들도 임금의 지나친 피로를 원하지 않은 것입니다. 또 많은 걸 기억하면 마음이 손상되고, 말을 많이 하면 기력이 손상됩니다. 마음과 기력이 안에서 손상되고 외형과 정신이 밖에서 피로하면 처음에는 비록 자각하지 못하더라도 나중에는 반드시 피해를 보게 될 것입니다. 모름지기 사직을 위해 자신을 아껴야 하는데 어찌 본성이 좋아하는 일 때문에 자신을 손상시킬 수 있겠습니까?

5_ 『노자』 제45장에 나온다. "大辯若訥."

6_ 『장자』 「재유在宥」에서는 "지극한 도의 정수는 깊숙하고 어둡다至道之精, 窈窈冥冥"라고 했다.

7_ 『장자』에 나오는 수레바퀴 깎기의 명인.

8_ 『장자』 「천도天道」에 나온다. 제 환공이 독서하는 것을 보고 수레바퀴를 만드는 윤편이란 사람이 은근히 풍자한 내용이다. 윤편은 참다운 도란 글이나 기술로는 드러낼 수 없고 오직 마음의 깨우침으로만 알 수 있기 때문에 자식에게도 물려줄 수 없다고 했다.

9_ 한 무제 때의 명신으로 자는 장유長孺(?~기원전 112). 강직한 성품에 직간으로 유명했다.

10_ 『사기』 「급정열전汲鄭列傳」에 나온다. 한 무제가 유가를 존중하며 유학자를 초빙하려 하자 급암이 나서서 "폐하께서는 마음속에 많은 욕심을 품고 있으면서도 겉으로만 인의를 시행하고자 하십니다陛下內多欲而外施仁義"라고 비판했다.

몰래 생각건대 오늘날의 평화로운 시대는 모두 폐하께서 힘써 이룩한 결과입니다. 이런 시대가 오래가기를 바란다면 변론과 박학博學에 의지해서는 안 됩니다. 오직 사랑과 증오의 마음을 망각하고 취사선택을 신중히 하며 매사에 돈후하고 소박한 마음을 지닌 채 지공무사至公無私의 태도로 정관 초년처럼 일을 해나가야 합니다. 진시황처럼 변론이 뛰어난 경우에는 자만심 때문에 백성의 마음을 잃었고, 위 문제처럼 재주가 대단한 경우에는 헛된 말 때문에 민중의 여망을 잃었습니다. 이와 같은 재주와 변론의 폐해는 모두들 분명하게 알 수 있는 것입니다.

엎드려 바라건대 폐하께서는 이러한 웅변을 줄이시고, 드넓게 기상을 기르시고, 옛 서적을 적게 보시고, 담박한 태도로 안락하고 유쾌하게 처신하십시오. 그럼 남산보다 더 장수하실 것이며, 동호東戶[11]보다 백성을 더 잘 다스리실 것입니다. 이렇게 되면 천하에 크나큰 행운일 것이고 황은도 모든 백성에게 두루 미칠 것입니다."

태종은 손수 조서를 써서 답변했다.

"깊이 생각하지 않고는 아래 백성에게 임할 수 없고, 말을 하지 않고는 깊은 생각을 서술할 수 없소. 근래에 대화와 토론을 하다가 결국 지나치게 번잡한 지경으로 떨어지고 말았소. 남을 경시하고 다른 사람을 오만하게 대하는 일이 이런 경로를 따라 발생할까 두렵소. 형체, 정신, 마음, 기상을 이처럼 피로하게 해서는 안 되오. 지금 직언을 들었으니 마음을 비우고 고치도록 하겠소."

11_ 동호계자東戶季子라고도 한다. 중국 전설에 나오는 상고시대 성군이다. 『회남자』「무칭훈繆稱訓」에서는 "옛날 동호계자가 세상을 다스릴 때는 길에 떨어진 남의 물건을 줍지도 않았고, 쟁기, 보습, 곡식이 밭머리에 가득 쌓여 있었다昔東戶季子之世, 道路不拾遺, 耒耜餘糧, 宿諸畮首"라고 했다.

제23편 | 아첨꾼을 막으라

杜讒邪

아첨꾼이 문제가 되는 이유는 대체로 다음과 같다. 첫째, 자신의 사욕을 위해 감언이설을 일삼기 때문이다. 둘째, 자신의 출세만을 위해 교언영색에 전념하기 때문이다. 셋째, 군주의 기분에 영합하기 위해 군주의 잘못에 대해서는 눈감기 때문이다. 넷째, 눈앞의 안락과 영화만을 위해 충신들의 간언을 가로막기 때문이다.

제 환공은 춘추오패의 첫 패자로 주나라 천자를 대신하여 중원 열국을 호령했다. 환공이 유명한 충신 관중의 직언을 받아들여 올바른 정치를 펼칠 때는 천하에 제나라를 대적할 제후국이 없었다. 그러나 관중이 죽은 뒤 역아易牙, 개방開方, 수초竪貂 등 간신배의 아첨만 믿고 향락에 빠져 살다가 사후에 결국 시신이 두 달 이상 방치되는 참화를 맞았다.

『순자』「강국彊國」에서는 "무릇 간신배가 일어나는 까닭은 군주가 대의를 귀하게 여기지 않고 또 대의를 공경하지 않기 때문이다. 대저 대의라는 것은 사람들의 악행과 간사함을 제한하고 금지하는 방법이다凡姦人之所以起者, 以上之不貴義, 不敬義也. 夫義者, 所以限禁人之爲惡與姦者也"라고 말했다.

아첨꾼이 종묘사직을 폐허로 바꾼다

정관 초년에 태종이 근신들에게 말했다.

"짐이 이전 시대를 살펴보니 아첨하는 무리는 모두 나라의 해충이었소. 더러 교묘한 말을 하고 온화하게 얼굴빛을 꾸미면서 붕당을 만들어 서로 어울리기도 했소. 사리에 어두운 임금이나 용렬한 군주는 그들에게 미혹되지 않은 사람이 없었으니 충신과 효자가 피울음을 울며 원한을 품은 까닭이 바로 이 때문이오. 따라서 난초 떨기가 무성하게 자라려 해도 가을바람이 그것을 꺾고 임금이 밝게 살피려 해도 아첨꾼이 그것을 가로막았소. 이런 일은 역사책에 명확히 드러나 있어서 일일이 이야기할 수조차 없을 지경이오. 북제와 수나라 사이에 있었던 참소讒訴에 관한 일 중에서 짐이 직접 보고 들었던 것만이라도 대략 공들에게 말씀드리고자 하오.

곡률명월斛律明月[1]은 북제의 뛰어난 장수로 그 위엄이 적국에까지 진동했소. 북주에서는 매년 분하汾河의 얼음을 깨뜨려야 했는데, 북제의 군사가 서쪽으로 강을 건너올까 두려웠기 때문이오. 곡률명월이 조효징祖孝徵[2]의 참소에 얽혀 주살되자 북주 사람들은 비로소 북제를 병탄할 마음을 먹었소.

수나라 고경高熲은 나랏일을 경륜할 만한 큰 인물로 수 문제를 도와 패업을 이룬 뒤 국정을 20여 년이나 맡았는데 이로써 천하가 그의 힘에 의지하여 안정을 찾았소. 그런데 문제는 부인의 말만 듣고 특별히 명령을 내려 그를 배척했소. 그가 수 양제에게 주살되자 나라의

1_ 남북조시대 북제의 명장으로 본명은 광光, 자가 명월(515~572). 솔선수범하는 희생정신과 엄한 군율로 수많은 전투를 승리로 이끌었다. 그러나 목제파穆提婆와 조정祖珽의 모함에 빠져 주살되었다.

2_ 남북조시대 북제의 관리로 본명은 정珽, 자가 효징孝徵. 성격이 오만했으며 재물에 욕심이 많았다. 곡률광과 불화하고 목제파와 함께 그를 모함하여 주살했다.

형벌과 법률이 이로써 파괴되고 말았소.

또 수나라 태자 양용楊勇[3]은 군사를 위무하고 나라를 감독하며 20년을 보냈으니 진실로 일찍부터 태자의 직분이 정해진 것이오. 그런데 양소楊素[4]가 주상을 기만하여 선량한 태자에게 해를 끼쳐 부자간의 도리를 하루아침에 천성에서 사라지게 했소. 반역의 근원이 이로부터 시작된 것이오. 수 문제는 적자와 서자의 위계를 뒤섞어 마침내 참화가 자신의 몸에 미쳤고 사직도 오래지 않아 전복되고 말았소. 옛사람이 이르기를 '세상이 혼란하면 참소가 기승을 부린다'고 했는데 이는 진실로 망언이 아니오.

짐은 매번 미미한 조짐부터 방비하여 참소의 단서를 끊었지만 그래도 마음과 힘이 미치지 못하거나 혹시 참소를 알아챌 수 없을까봐 두려웠소. 지난 역사서에서 이르기를 '맹수가 산림에서 살면 명아주와 콩잎을 따가는 사람이 없고, 곧은 신하가 조정에 서 있으면 간사한 자들이 음모를 그친다'[5]라고 했소. 이는 진실로 짐이 공들에게 바라는 모습이오."

위징이 말했다.

"『예기』에 이르기를 '다른 사람이 보지 않는 곳에서도 경계하며 삼가고, 다른 사람이 듣지 않는 곳에서도 두려움을 갖는다'[6]고 했고, 또 『시경』에 이르기를 '온화하신 군자여 참소를 믿지 말라. 참소는 망극하여 온 나라를 어지럽힌다'[7]고 했으며, 공자는 '날카로운 입놀림이

3_ 수나라 문제의 맏아들(568~604). 문제 즉위 후 바로 황태자에 책봉되어 어진 성품으로 백성의 추앙을 받았다. 그러나 그의 아우 양광楊廣의 반란으로 폐위되어 사약을 받고 죽었다.

4_ 수나라 장수로 자는 처도處道(544~606). 남조 진陳나라를 격파하고 천하를 통일하는 데 큰 공을 세웠다. 양광의 편에 서서 태자 양용을 폐위시키는 데 앞장섰으나 나중에 양제에게 미움을 받아 울화병으로 죽었다. 그의 아들 양현감이 수나라에 대항하여 반란을 일으켰다.

5_ 『한서』「개관요전蓋寬饒傳」에 나온다. 뜻은 같으나 구절이 조금 다르다. "猛獸處山林, 藜藿爲之不采, 直臣立朝廷, 姦邪爲之寢謀."

6_ 『예기』「중용中庸」 제1장에 나온다. "戒愼乎其所不睹, 恐懼乎其所不聞."

7_ 『시경』「소아·청승靑蠅」의 제2행과 제4행. "愷悌君子, 無信讒言. 讒言罔極, 交亂四國."

나라를 뒤엎는 것을 미워한다'[8]고 했는데, 대체로 모두 이를 가리키는 말입니다. 신이 일찍이 자고이래 국가를 소유한 사람을 살펴본 결과, 아첨꾼을 잘못 받아들여 충신과 현신을 함부로 해치면 반드시 종묘사직이 폐허가 되었고 저잣거리도 서리와 이슬에 덮였습니다. 바라건대 폐하께서는 깊이 삼가십시오."

아첨을 일삼다가 질책당한 조원해

정관 7년, 태종이 포주蒲州로 행차했다. 자사 조원해趙元楷[9]는 그곳 부로父老들에게 반드시 황색 무명 홑옷을 입게 하고 길 왼쪽에서 황제의 행차를 환영하며 배알하게 했다. 또 관아를 성대하게 장식하고 성루와 성가퀴를 수리하여 황제에게 아첨하려 했고, 양 100여 마리와 물고기 수천 마리를 몰래 길러 황실 친인척들에게 음식을 대접하려 했다. 태종이 그 사실을 알고 불러서 일일이 질책했다.

"짐은 황하와 낙수洛水 지역을 순행하면서 여러 고을을 거치는 동안 필요한 것이 있으면 모두 관청의 물품에서 도움을 받았소. 경은 양을 사육하고 물고기를 기르면서 관아의 건물까지 아름답게 장식했는데 이는 멸망한 수나라의 폐습이니 지금 다시 시행해서는 안 되오. 짐의 마음을 알고 낡은 태도를 고치도록 하시오."

조원해가 수나라에서 사악하게 아첨하던 자였기 때문에 태종이 이런 말을 하여 그를 경계한 것이다. 조원해는 부끄럽고 두려운 마음에 며칠 동안 밥도 먹지 못하다가 결국 죽었다.

8_ 『논어』「양화」에 나온다. "惡利口之覆邦家."

9_ 수나라와 당나라의 관리. 맛있는 음식과 아첨으로 수 양제의 마음을 사로잡아 강도군승江都郡丞이 되었다. 당나라에 투항하여 태종에게도 아첨으로 잘 보이려다 호된 질책을 당했다.

선악은 가까운 배움에서 말미암는다

정관 10년, 태종이 근신들에게 말했다.

"태자태보와 태자태부는 옛날부터 선발하기가 어렵다고 했소. 주 성왕은 나이가 어려서 주공과 소공을 태보와 태부로 삼았고 좌우의 신하들이 모두 현명했으므로 어진 성품을 길러 태평성대를 이룰 수 있었고 마침내 성군으로 일컬어지게 되었소. 진나라의 호해는 진시황이 총애하여 조고를 태부로 삼아 형벌과 법률을 가르쳤소. 그리하여 보위를 찬탈하자 공신을 주살하고 친척을 살해하고 가혹한 정치를 그치지 않다가 순식간에 멸망하고 말았소. 이로써 말해보자면 사람의 선악은 진실로 가까운 배움에서 말미암는다고 할 수 있소. 짐이 약관의 나이에 교유한 벗은 오직 시소柴紹[10]와 두탄杜誕[11] 등에 불과했고 이들의 사람됨도 세 가지 유익한 벗은 아니었소.[12] 짐이 이제 보위에 올라 천하를 다스림에, 비록 요임금과 순임금의 현명함에는 미치지 못하지만 손호孫皓[13]나 고위高緯[14]의 포악함은 면할 수 있을 듯하오. 이로써 말해보자면 짐은 또 가까운 사람에게서 물들지 않았다 할 수 있소. 이것은 무슨 까닭이오?"

위징이 말했다.

10_ 당나라 초기의 장수로 자는 사창嗣昌(588~838). 당나라 고조의 딸 평양소공주平陽昭公主를 아내로 맞았다. 능연각 24공신의 한 사람이다. 당 고조를 따라 당나라 건국에 공을 세웠고, 태종을 수행하며 고락을 함께했다.

11_ 당나라 초기 관리로 자는 광대光大(580~648). 당 고조의 딸 양양공주襄陽公主를 아내로 맞았다. 당 태종과도 친분이 깊어 함께 설거薛擧를 토벌했다.

12_ 『논어』「계씨」에서 공자는 세 가지 유익한 벗이 있다고 했다. "정직한 사람을 벗하고, 신의 있는 사람을 벗하고, 견문이 넓은 사람을 벗하면 유익하다友直, 友諒, 友多聞, 益矣."

13_ 중국 삼국시대 손권孫權의 손자로 오나라 마지막 황제(242~284). 처음에는 현명한 정치를 펴다가 오래지 않아 주색에 탐닉하며 폭정을 일삼았다. 진晉나라에게 패망한 뒤 항복하여 귀명후歸命侯에 봉해졌다가 4년 뒤 병사했다.

14_ 중국 남북조시대 북제의 마지막 황제(556~577). 주색에 빠져 간신을 총애하고 충신을 죽이는 등 폭정을 펼쳐 망국을 초래했다. 북주의 정벌을 받고 포로가 되었다가 장안에서 죽었다.

"지혜가 중간 정도인 사람은 함께하는 사람에 따라 선인善人이 될 수도 있고 악인이 될 수도 있습니다. 그러나 지혜가 뛰어난 사람은 스스로 그런 것에 물들지 않습니다. 폐하께서는 하늘로부터 천명을 받아 도적들의 난리를 평정하고 만민의 목숨을 구제하여 태평한 세상을 이루셨습니다. 어찌 시소나 두탄의 무리가 성덕에 누를 끼칠 수 있겠습니까? 그러나 경전에 이르기를 '음란한 음악을 내치고 아첨꾼을 멀리하라'[15]고 했습니다. 가까이서 배우는 사람들에게 더욱 깊이 삼가야 합니다."

태종이 말했다.

"훌륭한 말씀이오."

참소하는 진사합을 내쫓다

상서좌복야 두여회가 아뢰었다.

"감찰어사 진사합陳師合이 「발사론拔士論」을 올려 이르기를 사람의 생각에는 한계가 있으므로 한 사람이 여러 관직을 모두 담당할 수 없다고 하면서 신 등을 거론했습니다."

태종이 대주에게 일렀다.

"짐은 공평무사한 태도로 천하를 다스리고 있소. 지금 방현령과 두여회를 임용한 건 공훈이 있는 옛 신하이기 때문이 아니라 그들에게 뛰어난 재능과 행적이 있기 때문이오. 이 진사합이란 자는 망령되이 비방을 일삼으며 단지 우리 군신관계를 이간하려할 뿐이오. 옛날 촉한의 후주 유선劉禪[16]은 어리석고 유약했으며 북제의 문선제文宣帝는

15_ 『논어』 「위영공」에 나온다. "放鄭聲, 遠佞人."

광포하고 무도했소. 그래도 나라가 균형 있게 다스려진 것은 제갈량과 양준언을 임명하고 의심하지 않았기 때문이오. 짐이 지금 두여회 등을 임명한 것도 그와 같은 방법을 쓴 것이오."

이에 진사합을 영외嶺外[17]로 추방했다.

남을 모함하는 자는 처벌하라

정관 연간에 태종이 방현령과 두여회에게 말했다.

"짐이 듣건대 자고이래 임금이 위로 하늘의 뜻에 부합하여 태평성대를 이룰 수 있었던 것은 모두 팔다리 같은 대신의 힘에 의지했기 때문이오. 짐이 근래 직언의 길을 연 것은 백성의 억울한 사연을 알고 간쟁을 들으려는 시도요. 지금 봉함 상소문을 올리는 모든 사람은 대부분 관리들의 잘못을 고발하고 있는데 내용이 몹시 시시콜콜하여 취할 만한 것이 없소. 짐이 앞 시대 임금들의 사적을 두루 뽑아 살펴보니 임금이 신하를 의심하면 아랫사람의 의견이 윗사람에게까지 전달될 수 없었소. 그러므로 신하가 충성을 다 바치고 생각을 모두 발휘하려 해도 어찌 그럴 수 있었겠소? 그리고 식견이 없는 사람이 참소에 힘쓰면서 군신관계를 교란시키면 특히 나라에 아무 도움도 되지 않소. 지금 이후로 상소문을 올려 다른 사람의 작은 잘못을 고발하는 자가 있으면 참소죄로 형벌을 내릴 것이오."

16_ 중국 삼국시대 촉한의 후주後主(207~271). 선주 유비의 아들로 어릴 때 이름은 아두阿斗였다. 제갈량에게 승상 직을 맡겨 나라의 안정을 이루었으나, 제갈량 사후 간신 황호黃皓 등을 총애하며 망국의 길을 걸었다. 위나라에게 패망한 후 낙양으로 끌려가 안락공安樂公에 봉해졌고 그곳에서 죽었다.

17_ 중국의 영남 즉 오령五嶺 이남 지역을 가리킨다. 지금의 광둥 성과 광시 좡족 자치구 지역이다.

참소하는 자는 참수한다

위징이 비서감이 되었을 때 그가 반역을 꾀한다고 고발하는 자가 있었다. 태종이 말했다.

"위징은 지난날 나의 원수였으나 다만 자신이 섬기는 사람에게 충성을 다했기 때문에 짐이 마침내 선발하여 등용했다. 그런데 어찌하여 망령되이 그를 참소한단 말인가?"

그리하여 끝내 위징을 문책하지 않고 고발한 자를 서둘러 참수했다.

당 태종이 힘쓴 세 가지 일

정관 16년, 태종이 간의대부 저수량에게 말했다.

"경은 기거주起居注 일을 맡고 있는데 근래 내가 행한 일을 기록한 결과 그 선악이 어떠하오?"

저수량이 말했다.

"사관을 설치한 것은 임금의 거둥을 반드시 기록하기 위함입니다. 잘해도 반드시 기록하고 잘못해도 그것을 은폐하지 않습니다."

태종이 말했다.

"짐은 지금 세 가지 일을 부지런히 행하면서 또한 사관이 나의 잘못을 기록하지 않기를 바라고 있소. 첫째, 이전 시대의 성공과 실패를 거울삼고 그것을 국가의 보배로 여기고 있소. 둘째, 선한 사람을 등용하여 함께 정치의 올바른 도를 이루려 하오. 셋째, 소인배를 배척하고 그들의 참소를 듣지 않으려 하오. 나는 이 세 가지를 지키면서 끝끝내 바꾸지 않을 것이오."

貞觀政要

제24편 | 잘못을 뉘우치다
悔過

사람은 누구나 많든 적든 잘못을 저지른다. 인간은 신이 아니기 때문이다. 문제는 자신이 저지른 잘못을 대하는 자세다. 왕조시대의 지존무상인 임금은 자신의 잘못을 분식粉飾하기 위해 죄 없는 신하를 죽이는 일도 마다하지 않았다. 송나라 사마광은 『자치통감』 「당기」 45에서 "다른 사람에게 이기기를 좋아하고, 자신의 잘못을 듣는 것을 치욕으로 생각하고, 자신의 변명을 장황하게 늘어놓고, 자신의 총명함을 자랑하고, 자신의 위엄을 사납게 과시하고, 자신의 강퍅함을 함부로 자행하는 것, 이 여섯 가지가 바로 군자의 폐단이다好勝人, 耻聞過, 騁辯給, 眩聰明, 厲威嚴, 恣强愎, 此六者, 君子之弊也"라고 말했다.

이는 군주가 쉽게 범하는 잘못이라 해도 과언이 아니다. 공자는 『논어』 「학이」에서 "잘못을 저지르면 고치기를 꺼리지 말라過則勿憚改"고 했다. 명나라 학자 여곤呂坤은 『신음어呻吟語』 「수신修身」에서 "잘못을 저지르면 하나의 잘못에 불과하지만, 잘못을 인정하지 않으면 또 하나의 잘못을 저지르는 것이다有過是一過, 不肯認過又是一過"라고 꼬집었다.

잘못을 반복하지 말아야

정관 2년, 태종이 방현령에게 말했다.

"사람이 되려면 학문이 크게 필요하오. 짐은 지난날 흉악한 적들이 평정되지 않아서 동서로 정벌을 다니며 몸소 군사 일을 행하느라 책 읽을 겨를이 없었소. 근래에는 천하가 안정되어 몸은 궁전에 있지만 스스로 책을 잡을 수 없어서 사람을 시켜 읽게 하고 짐은 그것을 듣고 있소. 군신과 부자간의 도리, 정치 교화의 이치가 모두 책 속에 들어 있소. 옛사람은 이렇게 말했소.

'배우지 않으면 담벼락을 마주하고 있는 것과 같아서 일을 만날 때 번거롭게 될 것이다.'[1]

이건 실없는 말이 아니오. 또 어린 시절에 한 일을 생각해보면 잘못이 많았음을 크게 느끼게 되오."

황제도 잘못을 인정하다

정관 연간에 태자 승건承乾은 법도를 따르지 않는 일이 많았고, 위왕魏王 태泰는 뛰어난 재능으로 태종에게 더욱 중시되었다. 태종은 특별히 태에게 무덕전武德殿[2]으로 거처를 옮기라고 조칙을 내렸다. 위징이 상소문을 올려 간언했다.

"위왕은 폐하께서 사랑하는 아들이지만 반드시 정해진 본분을 알게 해야 언제나 안전을 보장할 수 있을 것입니다. 매사에 교만과 사치

1_ 『상서』「주관周官」에 나온다. "不學, 墻面, 莅事惟煩."
2_ 당 태종의 태극궁太極宮에 있던 궁전.

를 억눌러주고, 잘못된 혐의를 받을 만한 곳에 거처하지 않게 해야 합니다. 지금 그를 이 궁전으로 옮겨 오게 해서 동궁의 서쪽에 거주하게 하셨는데 이곳은 해릉왕海陵王 원길이 옛날에 거주하던 곳이고, 당시 사람들은 옳지 않다고 여겼습니다. 비록 시간이 흘러 사정도 달라졌지만 사람들이 여러 말을 할까 두렵습니다. 또 위왕의 본심도 편하지 않을 것입니다. 폐하의 총애 때문에 두려움을 가질 수 있으니 엎드려 바라건대 그 사람의 아름다운 점을 이루게 해주십시오."

태종이 말했다.

"내가 생각이 짧아 매우 큰 실수를 저질렀소."

태종은 마침내 위왕 태를 본래 저택으로 돌려보냈다.

부모의 짧은 상례 기간을 뉘우친 태종

정관 17년, 태종이 근신들에게 말했다.

"사람의 마음이 지극히 고통스러운 일로 부모가 상을 당했을 때보다 더 심한 경우는 없소. 이 때문에 공자가 이르기를 '3년상은 천하에 통용되는 상례喪禮다'[3]라고 했소. 이것은 천자에서 서민에게까지 시행되는 제도요. 또 이르기를 '하필 고종高宗[4]뿐이겠느냐? 옛날 사람들은 모두 그러했다'[5]라고 했소. 근래의 제왕들은 하루를 한 달로 계산하는 한 문제의 짧은 복상 기간에도 미치지 못하는 제도를 시행하고 있는데 이는 옛날 예법에 크게 어긋나는 일이오. 짐은 어제 서간徐

3_ 『논어』「양화」에 나온다. "三年之喪, 天下之通喪."

4_ 은나라를 중흥시킨 임금 무정武丁(?~기원전 1192).

5_ 『논어』「헌문」에 나온다. "何必高宗, 古之人皆然." 은나라 고종만 부모의 3년상을 지킨 것이 아니라 옛날 사람들은 모두 3년상을 지켰다는 의미다.

幹[6]이 쓴 『중론中論』[7] 「복삼년상復三年喪」 편을 읽었소. 그 의리가 매우 심원하여 일찍이 이 책을 보지 못한 것이 한스러웠소. 짐이 전에 시행했던 상례가 퍽 소략하여 스스로의 죄를 알고 자책했소. 그러나 지금 후회한들 어찌 미칠 수 있겠소?"

그러면서 태종은 오랫동안 슬피 울었다.

직언하는 사람을 힐난하지 말라

정관 18년, 태종이 근신들에게 말했다.

"대저 신하가 임금을 대할 때는 대부분 그 뜻을 받들고 따르면서 감언이설로 환심을 사고자 하오. 짐은 지금 내 자신의 잘못에 대해 듣고 싶으니 경들은 모두 직언해도 좋소."

산기상시 유계가 대답했다.

"폐하께서는 매번 공경대부와 국사를 논의할 때나 상소문을 올리는 자가 있을 때 폐하의 뜻에 합치되지 않으면 더러 면전에서 힐난하며 저들을 참담한 모습으로 물러나게 하지 않으신 적이 없습니다. 이것은 아마도 직언을 유도하는 방법이 아닌 듯합니다."

태종이 말했다.

"짐도 이런 힐난을 후회하고 있으니 당장 고치도록 하겠소."

6_ 중국 삼국시대 위나라 문학가로 자는 위장偉長이며 건안칠자建安七子의 한 사람(170~217). 시문에 뛰어났고 『중론中論』이란 저작을 남겼다.

7_ 건안칠자의 한 사람인 서간의 저작으로 지금 전해지는 판본은 상하 2권 20편. 『군서치요群書治要』에 또 『중론』의 일문逸文 「복삼년상復三年喪要」과 「제역制役」 두 편이 실려 있다. 대체로 유가 사상을 중심으로 다양한 정론과 제도를 토론한 내용이다.

貞觀政要

제25편 | 사치와 방종 奢縱

중국 은나라 마지막 임금 주왕은 백성에게서 수탈한 천하의 재물과 보배를 보관하기 위해 녹대鹿臺를 지었다. 그는 이 막대한 재물을 바탕으로 주지육림을 조성하여 음주가무와 여색을 즐겼다. 또 피를 가득 채운 자루를 높은 곳에 매달아놓고 화살로 쏘아 피가 사방으로 날리면 하늘과 싸워서 이겼다고 큰소리를 쳤으며, 시뻘겋게 달군 쇠기둥에 기름을 발라 죄인을 그 위로 건너게 하면서 잔인하게 죽였다. 사치와 방종이 극에 달했다고 할 만하다. 영원토록 위세를 떨칠 것 같던 주왕도 분노한 민심을 등에 업은 주周 무왕의 정벌을 받고 스스로 목숨을 끊었다. 진시황은 전국시대 여섯 나라를 합병하여 천하를 통일한 후 화려한 아방궁을 짓고, 불로장생술에 탐닉하며 사치스러운 생활을 했다. 그러나 그렇게 막강한 진나라도 일개 농민 진승陳勝의 반란으로 갈가리 찢기고 만다. 민심에 역행하고 사치와 방종을 일삼은 결과다.

서진西晉 무제武帝 때 삼공三公을 두루 역임하면서 부귀와 권세를 누린 하증何曾은 무려 1만 전에 달하는 비용으로 매일 음식을 차리게 하고도 젓가락 댈 곳이 없다고 불평했고, 그의 아들 하소何劭는 한 술 더 떠서 자기 부친의 두 배에 달하는 2만 전을 하루 음식 비용으로 썼다. 끝 간 데 없이 사치한 생활을 하던 하씨 가문은 결국 팔왕의 난八王之亂과 이후의 혼란한 정국 속에서 멸문지화를 당해 한 사람의 후손도 생존하지 못했다.

자신에게 근검하고 백성에게 은혜를 베풀라

정관 11년, 시어사 마주가 상소문을 올려 시정時政에 대해 진술했다.

"신이 이전 시대를 두루 살펴보니 하·은·주로부터 한나라가 천하를 소유할 때까지는 보위를 서로 이어간 기간이 길게는 800여 년이나 되었고 짧아도 400~500년은 되었습니다. 이것은 모두가 덕을 쌓고 업적을 이뤄 민심에 은혜를 심어줬기 때문입니다. 어찌 사악한 임금이 없었겠습니까? 이전의 밝은 임금의 업적에 의지하여 참화를 면했습니다.

위魏나라와 진晉나라 이후로 북주, 수나라로 내려와서는 길어야 50~60년에 불과했고, 짧을 때는 겨우 20~30년 만에 멸망하고 말았습니다. 진실로 창업 군주가 널리 은혜로 백성을 교화시키는 데 힘쓰지 않고 그때그때 겨우 지키기에만 급급했으니 후대에 생각할 만한 덕을 남겨놓지 못했습니다. 이 때문에 대를 이은 군주에 이르러서는 정치 교화가 조금씩 쇠퇴하여 마침내 한 사람이 크게 고함을 치자 천하가 붕괴되고 말았습니다.

지금 폐하께서는 비록 위대한 공덕으로 천하를 평정하셨지만 덕을 쌓는 일이 나날이 줄어들고 있습니다. 진실로 우왕, 탕왕, 문왕, 무왕의 도를 숭상하며 덕화를 널리 펼치고 은혜를 넉넉하게 베풀어 자손들을 위해 만대의 기틀을 놓으셔야 합니다. 어찌 단지 정치 교화에 실수가 없기만을 바라며 목전의 시대만 유지하려 하십니까?

옛날부터 밝은 임금과 성스러운 군주는 사람에 따라 교화를 베풀고 때에 따라 완급을 조절하기도 했지만 정치의 가장 큰 요체는 자신에게는 근검하고 백성에게는 은혜를 베푸는 이 두 가지 일에 힘쓰는 것이었습니다. 이 때문에 아래 백성은 그를 부모처럼 사랑하고, 또 해와 달처럼 우러르며, 신령처럼 공경하고, 천둥 번개처럼 두려워했습니다. 이것이 보위를 길이길이 전하면서도 참화와 혼란이 일어나지 않게 하는 방법이었습니다."

황실의 검소함이 갖는 중요성

"오늘날 백성은 혼란한 시대의 뒤를 잇고 있어서 수나라 때에 비해 인구가 겨우 10분의 1에 불과합니다. 관가의 부역과 병역에 징집된 사람이 도로를 계속 메우고 있습니다. 형이 떠나면 또 아우가 돌아오는 등 대열의 머리와 꼬리가 끝없이 이어지고 있습니다. 먼 곳은 왕복 5000~6000리나 되어 춘하추동 거의 휴식할 시간도 없습니다. 폐하께서 매번 은혜로운 조칙을 내려 저들의 고통을 줄여주시지만 담당 관리는 이미 일으킨 일을 폐지하지 못하여 자연히 사람을 필요로 하고, 그래서 하릴없이 공문서를 발부하여 이전처럼 부역을 시키고 있습니다. 신이 매번 부역 현장을 방문해보니 4~5년 이래로 백성에게서 원망의 말이 꽤 많이 들끓고 있었고, 폐하께서 자신들을 잘 부양해주지 않는다고 여기고 있었습니다.

옛날 요임금은 띠풀로 지붕을 이고 흙으로 계단을 만들었으며, 우왕은 남루한 옷을 입고 거친 음식을 먹었습니다. 이와 같은 일을 오늘날 다시 시행할 수 없음은 신도 잘 압니다. 한 문제는 100금의 비용을 아끼려 노대露臺 공사를 중지했고, 상소문을 모은 자루로 궁전의 휘장을 만들었으며, 총애하는 부인에게는 옷자락이 땅에 끌리지 않도록 했습니다.[1] 한 경제에 이르러서는 수놓은 비단 옷과 화려한 띠가 부녀자의 일을 방해한다고 하여 특별히 조칙을 내려 이 복장을 폐지

1_ 『사기』「효문본기孝文本紀」에 따르면 이것은 한 문제의 총비인 신부인愼夫人과 관계된 일이다.

했고 이 때문에 백성이 안락한 생활을 하게 되었습니다. 한 무제에 이르러서는 끝 간 데까지 사치가 만연했지만 문제와 경제가 남긴 덕망을 이어받았기 때문에 민심이 동요하지 않았습니다. 만약 한 고조 이후에 바로 한 무제가 있었다면 천하를 틀림없이 보전할 수 없었을 것입니다. 이것은 시대가 다소 가깝고 사적도 분명하게 알 수 있는 일입니다. 지금 도성 장안長安 및 익주益州[2] 등 여러 곳에서는 황실에 바칠 기물과 여러 왕, 왕비, 공주의 복식을 만들고 있는데 이를 비난하는 사람들은 모두 검소하지 않다고 여깁니다.

신이 듣건대 나라의 새벽을 연 임금이 현명하더라도 그 후대 임금이 게으를 수 있으며, 처음에는 이치에 맞게 법을 제정했더라도 갈수록 폐단이 노출되어 어지러워질 수 있다고 합니다. 폐하께서는 어려서 민간에서 살아 백성의 고통을 잘 알고, 앞 시대의 성공과 실패도 친히 목도하셔서 아직도 이와 같이 검소하게 거처하고 계십니다. 그러나 황태자는 깊은 궁궐에서 성장하여 바깥일을 겪지 못했으니 만세 이후의 일에 대해서 폐하께서는 진실로 우려하셔야 합니다."

옛 시대의 망국을 거울로 삼아야

"신이 몰래 역대 이래의 성패에 관한 사적을 찾아보니 백성이 원한을 품고 반란을 일으켜 그들이 함께 모여 도적이 되면 그 나라는 즉시 멸망하지 않는 경우가 없었습니다. 임금이 비록 후회하며 고치려 해도 더 이상 안전을 보장할 수 없었습니다.

무릇 정치 교화를 수행하는 일은 수행할 수 있을 때 바로 수행해

2_ 지금의 쓰촨 성과 충칭重慶 및 산시陝西 성 남부를 포괄하는 지역. 치소는 청두成都였다.

야 합니다. 만약 변란이 발생하면 후회해도 아무 소용이 없습니다. 따라서 군주는 앞 시대의 멸망을 볼 때마다 정치 교화가 실패한 연유는 알지만 임금 자신에게 잘못이 있었음은 알지 못합니다. 이러한 까닭에 은나라 주왕은 하나라 걸왕의 패망을 비웃었고, 주나라 유왕과 여왕도 은나라 주왕의 멸망을 비웃었습니다. 수 양제도 대업大業 초년에 또 북주와 북제의 망국을 비웃었습니다. 그러나 지금 우리가 수 양제의 망국을 보는 것은 수 양제가 북주와 북제의 망국을 본 것과 같습니다. 이 때문에 경방京房[3]은 한 원제元帝[4]에게 이렇게 말했습니다.

'신은 뒷 세대가 지금 세대를 보는 것이 또한 지금 세대가 옛 세대의 망국을 보는 것과 같을까봐 두려움에 젖습니다.'

이 말을 경계로 삼지 않을 수 없습니다."

검소하게 생활하며 백성을 편히 쉬게 하라

"지난날 정관 초년에 온 땅이 심한 서리로 흉년이 들어 비단 한 필로 겨우 곡식 한 말을 살 수 있었지만 천하 사람들이 모두 순종했습니다. 백성은 폐하께서 자신들을 걱정하며 가엽게 여긴다는 걸 알고 있었기 때문에 모두들 스스로 편안한 마음을 먹고 비방하지 않았습니다. 그런데 5~6년 이래로는 자주 풍년이 들어 비단 한 필로 곡식 10여 섬이나 살 수 있었지만 백성은 모두 폐하께서 자신들을 걱정하

3_ 전한 원제 때의 학자로 자는 군명君明(기원전 77~기원전 37). 초연수焦延壽의 역학易學을 이어받아 경씨역학京氏易學을 창시했다. 음률과 재난에 밝아 명성을 날렸으나 환관 석현石顯의 모함으로 옥에 갇혀 죽었다.

4_ 전한의 제11대 황제로 성명은 유석劉奭(기원전 74~기원전 33). 선제宣帝의 맏아들이다. 유학을 존중하고 흉노를 격파하는 등 국력을 크게 떨쳤다. 그러나 외척과 환관의 권력을 방치하여 결국 망국의 빌미로 작용했다.

지 않는다 생각하고 모두들 원성을 쏟아냈습니다. 또 오늘날 나라에서 벌이는 일이 대부분 시급하지 않은 업무이기 때문입니다.

옛날부터 나라의 흥망은 재산이 많은가 적은가에 달려 있지 않고, 오직 백성의 삶이 괴로운가 안락한가에 달려 있습니다. 또 근래의 일로 이를 증명할 수 있습니다. 수나라에서는 낙구창洛口倉[5]에 식량을 저장했지만 이밀이 그것을 사용했고, 동경東京 낙양에 비단을 많이 쌓아뒀지만 왕세충이 점거했으며, 서경西京 장안 창고의 물품도 우리 당나라에서 사용하면서 지금까지도 다 쓰지 못하고 있습니다. 만약 낙구창이나 동경에 곡식과 비단이 없었다면 왕세충과 이밀이 반드시 많은 군사를 모을 필요는 없었을 것입니다. 그러나 재물을 저장하는 일은 본래 나라의 일상 업무인데 중요한 점은 백성의 생업에 남은 힘이 있은 연후에 세금을 거둬야 한다는 것입니다. 만약 백성이 피로에 젖어 있는데도 강제로 징수한다면 그것은 결국 도적을 돕는 일이므로 많이 비축해봐야 아무 도움도 되지 않습니다.

그러나 검소하게 생활하며 백성을 편히 쉬게 하는 조치를 정관 초년에 이미 폐하께서 몸소 실천하셨습니다. 이 때문에 지금 그것을 실천하는 일이 어렵지 않을 것입니다. 검소한 생활을 하루라도 실천하면 천하 사람들이 그것을 알고 노래를 부르고 춤을 출 것입니다. 만약 백성이 피로해하는데도 그들을 쉬지도 못하게 동원하는 상황에서, 중원이 홍수나 가뭄의 피해를 입고 변방에 전란의 경보가 발생하여, 광포하고 교활한 무리가 그 틈을 타서 몰래 일어나면 나라에 예측할 수 없는 일이 촉발될 터이니, 이는 성상께서 늦은 시간에 수라를 들고 늦은 시간에 주무시는 일에 그치지 않을 것입니다. 만약 폐하의

5_ 수나라 때의 국가 식량 창고. 홍락창興洛倉이라고도 한다. 지금의 허난 성 궁이鞏義 허뤄河洛 진 치리푸七里鋪에 있었다.

성스럽고 영명한 자질로 진실로 정성을 다해서 정무를 처리하려 하신다면 번거롭게 멀리 상고시대의 방법을 구하지 마시고 오직 정관 초년의 조치를 시행하십시오. 그리하면 천하 사람들이 큰 다행으로 여길 것입니다."

태종이 말했다.

"근래에 몸에 지니고 다니는 작은 물품을 만들라고 했는데, 백성이 결국 원망할 줄 생각지도 못했소. 이것은 짐의 잘못이오."

이에 어명을 내려 그 일을 그만두게 했다.

제26편 | 탐욕과 비열

貪鄙

춘추시대 초나라 소왕昭王 때 영윤을 지낸 낭와囊瓦는 자신의 욕망을 절제하지 못하고 공공연하게 온갖 뇌물을 받아먹었다. 그는 초나라의 막강한 국력에 기대 국내뿐 아니라 국외 약소 제후국에도 수많은 뇌물을 강요했다. 당시에 채蔡나라 소후昭侯와 당唐나라 성공成公이 인사차 초나라를 방문했다. 채 소후는 양의 비계처럼 새하얀 양지백옥패羊脂白玉佩와 은색 담비 가죽으로 만든 은초서구銀貂鼠裘를 갖고 있었다. 또 당 성공은 천하의 명마인 숙상驌驦을 타고 왔다. 숙상의 털은 새로 누빈 하얀 명주와 같았고, 높다란 머리에 목이 길었다. 낭와는 그 보물이 탐이 나서 달라고 요구했다. 두 군주가 거절하자 낭와는 본국으로 돌려보내지 않겠다고 위협했다. 결국 두 군주는 구금되어 오랜 시간을 보내게 되었고 끝내 석방할 기미를 보이지 않자 어쩔 수 없이 보물을 주고 귀국했다. 이때부터 채 소후와 당 성공은 초나라 낭와에게 원한을 품고 오왕 합려와 힘을 합쳐 초나라를 망국의 지경으로 몰아넣었다.

또 전국시대 조趙 도양왕悼襄王의 대부 곽개郭開는 평소에 끝없는 탐욕을 품고 자신의 사리사욕을 위해 참소를 일삼았다. 그는 진秦나라 대군을 격파한 조나라 명장 염파廉頗를 참소하여 외국으로 떠나게 했으며, 또 진나라 빈객 왕오王敖로부터 막대한 황금을 뇌물로 받고 명장 이목李牧을 추방한 후 목을 잘라 죽였다. 그는 조나라가 망하자 진시황에게 항복하여 다시 부귀를 누리다가 자신의 집에 숨겨둔 황금을 진나라로 옮기려고 했다. 그는 황금을 실은 수많은 수레를 몰고 진나라로 향했다. 그때 그것을 노린 도적떼가 몰려와 곽개를 잔혹하게 살해하고 황금을 빼앗아 달아났다. 곽개는 황금에 눈이 멀어 나라를 팔아먹었으니 그야말로 명실상부한 매국노인 셈이다.

몸 안의 것과 몸 밖의 것

정관 초년, 태종이 근신들에게 말했다.

"사람에게 야광주明珠가 있다면 귀중하게 여기지 않는 사람이 없소, 그러나 이것으로 참새를 쏜다면 어찌 아깝지 않겠소? 하물며 사람의 목숨은 야광주보다 훨씬 더 귀중한데 금전과 재물을 보고는 형벌과 법망도 두려워하지 않고 바로 뇌물을 받아먹으니 이는 목숨을 아끼지 않는 짓이오. 야광주는 자기 몸 밖의 물건인데도 그것으로 참새를 쏘지 않는데 어찌 귀중한 목숨으로 재물을 바꾸는 도박을 한단 말이오? 신료들이 만약 충직함을 다 바쳐 나라를 유익하게 하고 백성을 이롭게 할 수 있다면 바로 관작을 하사할 것이오. 그러나 모두 뇌물을 받는 방법으로 영화를 구할 수는 없소. 결국 망령되이 재물을 받았다가 그것이 뇌물임이 드러나면 자신의 몸도 형벌을 받을 뿐 아니라 진실로 사람들의 비웃음거리가 될 것이오.

제왕 또한 그러하오. 마음대로 방종하고, 끝도 없이 노역을 시키고, 소인배를 신임하고, 충직한 사람을 멀리하는 등 이 중에서 하나만 해당된다 해도 어찌 멸망하지 않을 수 있겠소? 수 양제가 사치를 부리며 스스로 현명하다고 여기다가 필부의 손에 죽은 것 또한 웃음거리가 될 만한 일이오."

돌소가 황금 똥을 누다

정관 2년, 태종이 근신들에게 말했다.

"짐은 일찍이 탐욕스런 사람은 재물을 아낄 줄 모른다고 말한 적이 있소. 예컨대 5품 이상의 내외 관리는 녹봉이 넉넉하여 1년에 받는 수익도 그 액수가 매우 많소. 만약 다른 사람의 뇌물을 받으면 수만 금에 불과한데 하루아침에 탄로나면 녹봉을 모두 박탈당하오. 이 어찌 재물을 아낄 줄 안다 할 수 있겠소? 작은 이익을 엿보다가 큰 손실을 보는 자라 할 수 있소. 옛날 공의휴公儀休[1]는 물고기 요리를 좋아했지만 다른 사람이 주는 물고기를 받지 않음으로써 물고기 요리를 오래도록 맛볼 수 있었소. 임금이 탐욕스러우면 반드시 나라를 잃게 되고, 신하가 탐욕스러우면 반드시 자신의 몸을 잃게 되오. 『시경』에서는 '세찬 바람이 쌩쌩 불고, 탐욕스런 자가 선인을 해치네'[2]라고 했는데 이는 진실로 잘못된 말이 아니오.

옛날 진秦 혜왕惠王[3]은 촉蜀나라[4]를 정벌하고 싶었지만 가는 길을 몰라서 돌소石牛 다섯 마리를 깎아 그 뒤에다 황금을 놓아두었소. 촉나라 사람들이 그것을 보고 돌소가 황금 똥을 눈다고 여겼소. 촉나라 왕은 다섯 역사力士를 시켜 돌소를 끌고 촉나라로 들어오게 했고, 그리하여 길이 완성되었소. 진나라 군사는 그 길을 따라 정벌에 나섰

1_ 춘추시대 노 목공 때의 명신. 성씨는 공의씨公儀氏, 이름이 휴休다. 성품이 깨끗하여 다른 사람과 이익을 다투지 않았다.

2_ 『시경』「대아·상유桑柔」에 나온다. "大風有隧, 貪人敗類."

3_ 진秦 혜문왕惠文王으로 성명은 영사嬴駟(기원전 356~기원전 311). 즉위 후 파촉을 병합하고 진나라에서는 처음으로 왕을 칭했다. 장의張儀를 객경에 임명하여 연횡책連衡策을 채택하고 강국의 기틀을 더욱 튼튼히 했다. 다섯 명의 역사와 관련된 이야기는 진秦 간공簡公의 아들 혜공惠公과 관련된 전설로 보기도 한다.

4_ 삼국시대 촉나라가 아니라 춘추시대 촉나라.

5_ 한나라 양웅揚雄의 『촉왕본기蜀王本紀』에 나오는 전설.

고 촉나라는 마침내 멸망했소.[5] 한나라 대사농大司農[6] 전연년田延年[7]은 3000만 전의 뇌물을 받았다가 일이 발각되어 자살했소. 이와 같은 부류의 인간을 어찌 이루 다 기억할 수 있겠소? 짐은 지금 촉나라 왕을 경계로 삼을 것이니 경들도 전연년을 교훈으로 삼기 바라오."

뜻을 해치고 허물을 만든다

정관 4년, 태종이 공경대부에게 말했다.

"짐이 온종일 부지런히 정무를 돌보는 건 백성을 가엾게 여겨서일 뿐 아니라 경들에게 오랫동안 부귀를 누리게 하기 위해서요. 하늘은 높지 않은 곳이 없고, 땅은 두텁지 않은 곳이 없소. 짐은 항상 전전긍긍하며 하늘과 땅을 두려워하오. 경들이 만약 조심스럽게 법령을 받들고 늘 짐과 같이 하늘과 땅을 두려워할 수 있다면 백성이 편안한 생활을 할 수 있을 뿐 아니라 자신도 항상 즐거움을 누릴 수 있을 것이오. 옛사람은 이렇게 말했소.

'현명한 자가 재산이 많으면 자신의 뜻을 해치게 되고, 어리석은 자가 재산이 많으면 자신의 허물을 만든다.'

이 말은 깊이 경계로 삼을 만하오. 만약 사사로움을 좇아 혼탁한 뇌물을 탐하면 법률을 파괴하고 백성을 해치는 데 그치지 않소. 설령 일이 아직 두루 알려지지 않았다 하더라도 마음속에 어찌 늘 두려움이 없겠소? 두려움이 많아지면 이로 인해 죽음에 이르게 되오. 대장부가 어찌 구차하게 재물을 탐하다가 목숨을 해치는 지경에 빠져 자

6_ 한나라 구경九卿의 하나. 농사, 소금, 재정 등을 담당했다.

7_ 한나라 초기의 포악한 관리로 자는 자빈子賓. 한 소제의 능묘 공사를 하면서 3000만 전의 뇌물을 받았다가 일이 발각되어 자결했다. 여기에 실린 이야기는 『한서』 「혹리전」에 나온다.

손들로 하여금 늘 부끄러움을 품고 살아가게 할 수 있단 말이오? 경들은 이 말을 깊이 생각해야 할 것이오."

밀기울을 탐한 진만복

정관 6년, 우위장군右衛將軍[8] 진만복陳萬福이 구성궁에서 도성으로 가는 도중 법을 어기며 역참驛站 소속 민가의 밀기울 몇 섬을 빼앗았다. 태종은 그에게 그 밀기울을 하사하고 스스로 그것을 지고 나가게 하여 그를 치욕스럽게 했다.

노다지 은광을 내버려두는 이유

정관 10년, 치서시어사 권만기權萬紀가 아뢰었다.

"선주宣州[9]와 요주饒州[10]의 여러 산에 은광銀鑛이 많이 있습니다. 그것을 캐내면 대단히 큰 이익이 되고 매년 수백만 관貫의 은전을 얻을 수 있습니다."

태종이 말했다.

"짐은 존귀한 천자이므로 이런 일은 부족하지 않소. 오직 아름다운 의견을 받아들이고 선한 일을 추진하여 백성에게 도움이 되도록 할 뿐이오. 또 국가가 수백만 관의 은전을 여분으로 얻었다 해도 어떻게 훌륭한 재능과 행적을 갖춘 인물 한 사람을 얻는 것과 같을 수 있

8_ 중국 삼국시대 이래로 황실의 궁궐이나 별궁을 호위하고 수비하던 관직.

9_ 지금의 안후이 성 쉬안청宣城 일대.

10_ 지금의 장시 성 포양鄱陽 일대.

겠소? 짐은 경이 어진 사람을 추천하고 선한 사람을 이끌어주는 일은 보지 못했고 또 불법을 저지른 자를 조사하여 검거하거나 권세가를 떨게 만들지도 못한 채 단지 은광의 세금을 받거나 은덩이를 파는 일만 이익이 된다고 말하고 있소.

옛날 요임금과 순임금은 우거진 숲에다 둥근옥璧을 버리고 깊은 연못에다 주옥珠玉을 던졌소. 이로부터 이름이 높아지고 아름답게 되어 천년토록 칭송을 받았소. 후한의 환제와 영제는 이익만 좋아하고 대의는 천시한 근래의 어리석은 임금이오. 경은 나를 환제와 영제에 비견하려는 것이오?"

이날 태종은 칙령을 내려 권만기를 집으로 돌아가게 했다.

물 밑 굴속의 물고기는 왜 잡힐까

정관 16년, 태종이 근신들에게 말했다.

"옛사람이 이렇게 말했소.

'새는 숲속에 깃들어 살지만 나무가 높지 않을까 걱정하며 다시 나무 끝에 둥지를 만든다. 물고기는 물속에 숨어 살지만 물이 깊지 않을까 걱정하며 다시 물 밑 굴속에 혈거한다. 그러나 [새나 물고기가] 사람에게 잡히는 것은 모두 미끼를 탐하기 때문이다.'

지금 신하들은 벼슬에 임명되어 높은 자리를 차지하고 많은 녹봉을 받고 있소. 모름지기 충직함을 행하고 공정함을 실천하면 재앙을 당하지 않고 오래도록 부귀를 누릴 수 있을 것이오. 옛사람은 이렇게 말했소.

11_『좌전』 양공 23년에 나온다. "禍福無門, 惟人所召."

'재앙과 복락은 특별히 들어오는 문이 있는 것이 아니라 오직 사람이 불러오는 것이다.'[11]

그러나 자신의 몸을 재앙에 빠뜨리는 건 모두 재물과 이익만 탐하기 때문이니 이것이 물고기와 새가 미끼를 탐하는 것과 무엇이 다르단 말이오? 경들은 이 말을 생각하며 경계로 삼아야 할 것이오."

卷七

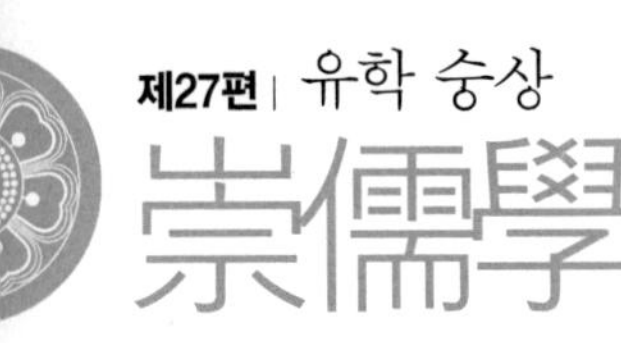

제27편 | 유학 숭상

崇儒學

한나라 때는 진나라의 가혹한 법률과 그 이후 지속된 전쟁의 폐해를 극복하고 인의에 입각한 유화 정책으로 백성의 고통을 어루만지며 그들을 편히 쉬게 해야 한다는 사회 분위기가 형성되어 있었다. 이것이 바로 한나라가 유학을 통치 이념으로 채택하게 된 배경이다.

유학이 현실에서 발휘하는 기능은 대체로 세 가지 정도로 요약해볼 수 있다. 첫째, 인정仁政에 입각한 문치文治다. 통치자의 입장에서는 백성을 어질고 온화하게 대하고, 백성의 입장에서는 자발적으로 자신의 심신을 바치는 행위다. 둘째, 유학은 의례와 윤리를 중시한다. 유학의 13경에는『주례』『예기』『의례』라는 왕조시대 예의에 관한 방대한 전적이 포함되어 있다. 이는 국가 행사, 왕실 윤리, 가족 윤리, 사회 질서 등에 관한 규정이다. 셋째, 유학은 경전과 역사를 중시한다. 지난날의 경험을 통해 역사를 포폄하고 오늘날의 교훈을 모색하는 유가의 역사 지향성과 관련된 특징이다.

당 태종도 바로 위와 같은 연유로 유학을 장려했다. 남북조시대 이래로 민간에서는 불교와 도교가 흥성했지만, 태종은 민심에 기반한 어진 정치를 실현하기 위해 유학을 통치 이념으로 적극 활용했다. 그는 홍문관을 세워 유학자들을 초빙했고, 그곳에서 밤늦도록 유교 경전을 토론했다. 또 공자 이후에 활약한 21명의 유학자들을 새롭게 포상하고 작위를 추증했으며, 당시 유명한 유학자 안사고와 공영달에게 오경五經을 교감하여 새롭게 정리하게 했다.

홍문관을 설치하여 유학을 장려하다

태종은 즉위 초에 정전 왼쪽에 홍문관弘文館[1]을 설치하고 천하의 유학자를 정선하여 본래의 관직에다 학사를 겸하게 했다. 그리고 5품 품계의 진귀한 음식을 제공하고 날을 바꿔 교대로 숙직하게 했다. 태종은 조정의 업무를 처리하는 틈틈이 그들을 내전으로 이끌어 들여 고전을 토론하고 정사를 상의하게 했는데 때때로 한밤중이 되어서야 토론을 그쳤다. 또 현명한 공신 3품 이상의 자손을 홍문관 학생으로 삼도록 조칙을 내렸다.

교육을 통해 유학을 장려하다

정관 2년, 태종은 주공을 선성先聖으로 삼던 관례를 중지하라고 조칙을 내리고 처음으로 국학에 공자 사당公子廟堂을 세워 옛 법전의 의례를 본받아 공자를 선성으로 삼고 안회顏回를 선사先師로 삼았다. 또 사당 양쪽에 조두俎豆[2]와 간척干戚[3] 등의 예기禮器를 마련하는 일이 이때 처음으로 모습을 갖췄다. 그해에 천하의 유학자를 크게 모아 비단을 하사하고 수레를 제공하여 도성으로 오도록 했다. 그리하여 품계의 서열을 뛰어넘는 관직에 발탁하자 조정에 늘어선 유학자가 매우 많았다. 학생이 하나의 대경大經[4] 이상에 통달하면 모두 관리로 임용

1_ 당 고조가 설치한 수문관修文館을 당 태종이 홍문관으로 개편했다. 앞에 나온 바 있다.

2_ 조俎는 고기를 담는 제기이고, 두豆는 일반 제수를 담는 제기.

3_ 간척무干戚舞를 추는 도구. 간척무는 중국의 전통 의례에 쓰이는 악무樂舞다. 왼손에는 방패干를, 오른손에는 도끼戚를 잡고 춤을 춘다.

4_ 당나라 때 국자학에서 글자 수에 따라 경전을 분류하던 방식. 『신당서』「선거지選擧志 상」에 따르면 『예기』와 『좌전』은 대경大經, 『시경』『주례周禮』『의례儀禮』는 중경中經, 『주역』『상서』『공양전』『곡량전』은 소경小經으로 분류했다.

되었다. 국학에 학사學舍 400여 칸을 증축했고, 국자학國子學,[5] 태학太學,[6] 사문四門,[7] 광문廣文[8]에도 학생 수를 늘리고 서학書學과 산학算學[9]에도 각각 박사와 학생을 두고 다양한 기예를 갖추게 했다.

태종은 또 자주 국학으로 행차하여 좨주祭酒,[10] 사업司業,[11] 박사博士[12]를 시켜 강론하게 하고 강론이 끝나면 각각 속백束帛[13]을 하사했다. 천하 사방의 유생들 중에서 책을 지고 장안으로 온 사람이 1000여 명에 이르렀다. 얼마 지나지 않아 토번吐蕃[14] 및 고창高昌,[15] 고구려, 신라 등 여러 이민족 추장들도 자제를 보내 이들 학교에 입학시켰다. 그리하여 국학 안에는 열심히 공부하며[16] 강의를 듣는 사람이 거의 1만 명에 이르렀다. 유학의 이 같은 흥성은 옛날에도 일찍이 없던 일이었다.

5_ 당나라 때 국자감 아래에 국자학國子學, 태학太學, 사문학四門學, 율학律學, 서학書學, 산학算學의 교육기관이 있었다. 국자학에는 3품 이상의 관료 자제가 입학했고 유교 경전을 공부했으며 입학 연령은 14세에서 19세까지였다.

6_ 당나라 때 국자감 아래 설치되어 국자학과 함께 최고 교육기관 역할을 했다. 5품 이상의 관료 자제가 입학했고 교육과정은 국자학과 같았다.

7_ 당나라 때 동서남북 사방 도성 문밖에 설치된 고등교육 기관. 흔히 사학四學이라고도 한다. 7품 이상의 관료 자제가 입학했다.

8_ 당나라 때 국자감 안에 따로 개설된 고등교육 기관인 광문관廣文館. 국자감생 중에서 특히 진사進士 수업을 받는 학생이 들어갔다.

9_ 서학과 산학 모두 국자감 아래에 개설된 교육기관이었다. 7품 이상의 관료 자제가 입학했다. 서학은 서예를 연마하는 과정이고, 산학은 수학을 공부하는 과정이다.

10_ 국자감의 최고 책임자. 품계는 종3품이었다.

11_ 국자감 좨주 아래에 종4품 관직인 사업 2명을 두어 유학儒學 교육과 학생 훈도를 관장했다.

12_ 국자학에는 유교경전에 뛰어난 학자 5명을 박사로 임명하여 각 경전별로 학생 교육을 담당하게 했다. 이 밖에 서학과 산학에도 각 분야에 뛰어난 사람을 박사로 임명했다.

13_ 비단 5필을 하나로 묶은 예물. 옛날 뛰어난 선비를 초빙하거나 우대할 때 보내는 특별 선물이다.

14_ 당나라 때 지금의 칭하이 성과 티베트 자치구 일대를 기반으로 활동한 나라. 한때 세력이 강성하여 당나라에서는 황실의 문성공주와 금성공주를 토번으로 출가시켜야 했다. 약 200여 년간 존속했다.

15_ 지금의 신장 투루판 분지 주위에 있던 고대 국가.

16_ 원문은 고협鼓篋. 북을 두드려 학생을 소집하고, 책 상자를 열고 책을 꺼내 공부를 한다는 뜻이다. 부지런히 학문에 전념하는 상황을 비유한다.

역대 유학자를 드높이다

정관 14년, 태종이 조서를 내려 이렇게 말했다.

"양梁나라 황간皇侃[17]과 저중도褚仲都,[18] 북주의 웅안생熊安生[19]과 심중沈重[20], 남조 진陳나라의 심문아沈文阿,[21] 주홍정周弘正,[22] 장기張譏,[23] 수나라의 하타何妥[24]와 유현劉炫[25]은 모두 전대의 명유들이라 경전에 대한 그들의 학술은 기록해둘 만하다. 게다가 곳곳의 학도들이 대부분 그들의 해설을 따르고 있으니 더욱 좋은 상을 내려 후학들을 권면해야 한다. 그 자손들 중에서 생존해 있는 사람을 찾아 성명을 기록하여 짐에게 아뢰도록 하라."

정관 21년에 또 조서를 내렸다.

"좌구명左丘明,[26] 복자하卜子夏,[27] 공양고公羊高,[28] 곡량적穀梁赤,[29] 복

17_ 남조 양梁나라 유학자(488~545). 특히 『예기』 『논어』 『효경』에 뛰어났다. 한나라의 전통 훈고학에다 남북조시대 현학玄學을 가미하여 새롭게 경전을 해석했다.

18_ 남조 송나라와 양나라의 유학자. 오경박사五經博士를 역임했고 『주역』에 뛰어났다.

19_ 북제와 북주의 경학가로 자는 식지植之. 국자박사, 노문학박사露門學博士 등을 역임했다. 특히 『삼례三禮』에 뛰어났다.

20_ 남북조 시대 경학가로 자는 자후子厚(500~583). 특히 『시경』 『예기』 『좌전』에 정통했다. 『주례의周禮義』 『예기의禮記義』 『모시의』 등 다양한 저작을 남겼다.

21_ 남조 양나라와 진나라의 경학가로 자는 국위國衛. 『삼례』와 『좌전』 『공양전』 『곡량전』에 뛰어났다. 『의례』 80여 권과 『경전대의經典大義』 18권을 저작했다.

22_ 남조 양나라와 진나라의 경학가로 자는 사행思行(496~574). 『노자』와 『주역』에 뛰어났다. 『주역강소周易講疏』 『논어소』 『장자소』 『노자소』 등의 저작을 남겼다.

23_ 남조 양나라와 진나라의 경학가로 자는 직언直言. 『효경』과 『논어』에 뛰어났고 현학玄學을 좋아했다. 『주역의周易義』 『모시의毛詩義』 『효경의』 『논어의』 등의 저작을 남겼다.

24_ 수나라의 경학가로 자는 서봉棲鳳이다. 음률과 『주역』에 뛰어났다. 국자좨주를 역임했다. 『악요樂要』와 『주역강소周易講疏』 등의 저작을 남겼다.

25_ 수나라의 경학가로 자는 광백光伯. 『상서』와 『춘추』에 뛰어났다. 『상서술의尙書述義』 등을 지었으나 전해지지 않는다.

26_ 춘추시대 노나라 사람으로 『춘추좌씨전』의 저자로 알려져 있다. 『논어』에도 좌구명의 이름이 언급되어 있지만 그가 『좌전』의 저자인지는 명확하지 않다.

27_ 성은 복卜 이름은 상商 자는 자하子夏. 공자의 제자로 공문십철의 한 사람이며 문학에 뛰어났다.

28_ 전국시대 제나라 사람으로 자하의 제자로 알려져 있다. 자하로부터 『춘추』에 관한 학설을 전수받아 『춘추공양전春秋公羊傳』을 지었다고 한다.

승伏勝,[30] 고당생高堂生,[31] 대성戴聖,[32] 모장毛萇,[33] 공안국孔安國,[34] 유향劉向,[35] 정중鄭衆,[36] 두자춘杜子春,[37] 마융馬融,[38] 노식盧植,[39] 정현鄭玄,[40] 복건服虔,[41] 하휴何休,[42] 왕숙王肅,[43] 왕필王弼,[44] 두예杜預,[45] 범녕范甯[46]

29_ 전국시대 노나라 사람으로 자하의 제자로 알려져 있다. 자는 자시子始이며 자하로부터 『춘추』에 관한 학설을 전수받아 『춘추곡량전春秋穀梁傳』을 지었다고 한다.

30_ 한나라 초기 경학가로 본명을 생生으로도 쓰며 자는 자천子賤(기원전 260~기원전 161). 본래 진나라의 박사였으며 한나라 문제 때 분서갱유 이후 사라진 『상서』 29편을 전수했다.

31_ 한나라 초기 경학가로 성이 고당高堂이고 본명은 백伯. 분서갱유 이후 사라진 『의례儀禮』 17편을 한나라에 전수했다.

32_ 한나라 선제宣帝 때 경학가로 자는 차군次君. 그의 숙부 대덕戴德과 함께 후창后蒼에게서 『예기』를 배워 후세에 『예기』가 전해지게 했다. 흔히 그의 숙부를 대대大戴라 부르고 그를 소대小戴라 부른다. 그가 전한 『예기』를 『소대예기小戴禮記』, 그의 숙부가 전한 『예기』를 『대대예기大戴禮記』라 일컫는데 지금 전해지는 판본은 바로 『소대예기』다.

33_ 한나라 초기 경학가. 숙부 모형毛亨에게서 『시경』을 배워 흔히 소모공小毛公으로 일컬어진다. 그가 전한 『모시고훈전毛詩詁訓傳』 30권이 지금 우리에게 전해지는 『시경』이다.

34_ 한나라 초기 경학가로 공자의 11세손으로 알려져 있다. 신배공申培公에게서 『시경』을 배우고 복승에게서 『상서』를 배워 경학에 정통했다. 노魯 공왕恭王이 공자의 저택을 넓히려다 그 저택 벽에서 『상서』 등 고문으로 된 경전을 발견하자 공안국이 해독에 참여하여 한나라 『고문상서古文尙書』 학파의 창시자가 되었다.

35_ 한나라 성제 때의 대학자로 본명은 갱생更生, 자는 자정子政(기원전 77?~기원전 6). 성제의 명으로 황실 문서를 정리하고 교감하면서 목록을 만들어 『별록別錄』이라 이름 붙였는데 이것이 중국 목록서지학의 최초 저작이다. 저작으로 『신서新序』 『설원說苑』 『열녀전列女傳』 등이 있다. 그의 아들도 유명한 학자인 유흠劉歆이다.

36_ 후한의 명제와 장제 때의 경학가로 자는 중사仲師(?~83년). 부친 정흥鄭興에게서 『좌전』을 배워 후세에 전했다. 『주역』과 『시경』에도 뛰어났다. 저작으로 『춘추난기조례春秋難記條例』가 있다.

37_ 전한 말에서 후한 초기의 경학가. 유흠劉歆에게서 『주례周禮』를 배워서 후세에 전했다. 그의 학설은 정현鄭玄의 저작인 『삼가주해三家注解』에 채택되었다.

38_ 후한의 저명한 경학가로 자는 계장季長(79~166). 다방면의 경전에 모두 뛰어났다. 후한 시기 고문경학이 그에 의해 중흥되었고 제자가 1000여 명에 달했다. 노식盧植과 정현이 모두 그의 제자다.

39_ 후한 말기의 경학가로 자는 자간子幹(139~192). 마융에게서 경학을 배워 고문경학과 금문경학에 모두 뛰어났다. 『상서장구尙書章句』와 『삼례해고三禮解詁』를 지었지만 전해지지 않는다. 『소대예기주』만 청나라 왕모王謨가 편집한 『한위유서초漢魏遺書鈔』에 전한다.

40_ 후한 말기 대학자로 자는 강성康成(127~200). 고문경학 위주로 금문경학을 융합하여 한나라 경학을 집대성했다. 제자가 수천 명에 달하여 후대 경학에 지대한 영향을 끼쳤다. 『천문칠정론天文七政論』 『중후中侯』 등의 저작을 남겼다.

41_ 후한 말기 경학가로 자는 자신子愼. 『춘추』에 뛰어났다. 『춘추좌씨전해의春秋左氏解誼』 『춘추좌씨음春秋左氏音』 등의 저작을 남겼다.

42_ 후한 시기 경학가로 자는 소공邵公(129~182). 의랑, 간의대부 등을 역임했다. 특히 금문경학인 『공양전』에 뛰어나 『춘추공양전해고春秋公羊傳解詁』를 지어 후세에 막대한 영향을 끼쳤다.

43_ 중국 삼국시대 위나라 경학가로 자는 자옹子雍(195~256). 각종 경전과 고전에 뛰어났고, 『공자가어』와 『공총자孔叢子』를 편집한 것으로 알려져 있다.

등 21명은 모두 그들의 저서를 이용하여 나라의 자손들에게 가르침을 베풀고 있고 그들의 도를 시행하고 있으니 이치로 보더라도 포상하여 존중하는 것이 마땅하다. 지금부터 태학에서 제사를 올릴 때 공자의 사당에 함께 배향하도록 하라."

태종이 유학을 드높이고 도를 중시함이 이와 같았다.

경전의 뜻에 밝은 사람을 등용하라

정관 2년, 태종이 근신들에게 말했다.

"정치의 요체는 오직 인재를 얻는 데 달려 있소. 재능이 없는 자를 등용하면 틀림없이 치세를 이루기 어려울 것이오. 지금 인재를 임용하려면 반드시 덕행과 학식을 바탕으로 삼아야 하오."

간의대부 왕규가 말했다.

"신하된 자가 만약 학식이 없다면 이전 시대 사람들의 언행을 알 수 없으니 어찌 큰 임무를 감당할 수 있겠습니까? 한 소제昭帝 때 어떤 사람이 위태자衛太子[47]라 사칭했는데, 그를 보려고 모여든 사람이 수만 명이었지만 모두 그의 모습에 미혹되었습니다. 그러나 준불의雋不疑[48]는 괴외蒯聵[49]의 사례에 의거하여 분명한 판단을 내렸습니다.

44_ 중국 삼국시대 위나라 학자로 자는 보사輔嗣(226~249). 어려서부터 각종 학문에 천재성을 발휘하며 문명을 드날렸다. 특히 『도덕경』과 『주역』에 대한 그의 주해註解는 지금까지도 많은 영향을 끼치고 있다.

45_ 서진의 경학가 겸 명장으로 자는 원개元凱(222~285). 오나라를 멸망시키고 전국을 통일하는 데 큰 공을 세웠다. 박학다식한 경전 지식을 바탕으로 『춘추좌씨경전집해春秋左氏經傳集解』와 『춘추석례春秋釋例』라는 불후의 저작을 남겼다.

46_ 동진의 경학가로 자는 무자武子(339~401). 당시 유행하던 현학을 반대하고 유학을 존중했다. 『춘추곡량전집해春秋穀梁傳集解』를 남겼다.

47_ 한 무제의 적장자로 일찍 태자에 책봉되었으나 강충江充의 모함으로 억울한 누명을 쓰고 군사를 일으켰다가 자결했다. 앞에 나온 바 있다.

당시 소제는 이렇게 말했습니다.

'공경대부는 옛날 뜻에 밝은 경학자를 임용해야 하오. 이것은 진실로 글장난이나 하는 속된 관리에 비교할 수 없소.'"

태종이 말했다.

"진실로 경의 말씀과 같소."

안사고가 경전의 오류를 바로잡다

정관 4년, 태종은 경전이 성인에게서 떠난 지 오래되어 문자에 오류가 있다고 하면서 전임 중서시랑 안사고顔師古[50]에게 조칙을 내려 비서성에서 오경을 고증하여 바로잡게 했다. 이 일이 끝날 때가 되자 다시 상서좌복야 방현령에게 조칙을 내려 여러 유학자를 모아 다시 더욱 상세하게 토의하게 했다. 당시 유학자들은 스승의 학설을 전승하고 익히며 착오와 오류를 이미 오래 반복했으므로 모두 [안사고의 고증을] 비난하면서 이단의 학설을 벌떼처럼 제기했다.

그러나 안사고는 바로 진晉, 송宋 이래의 고본古本에 근거하여 상황에 따라 분명하게 답변하고, 또 증거를 인용하여 상세하게 설명하면

48_ 한나라 소제 때의 명신으로 자는 만천曼倩. 청주자사靑州刺史, 경조윤京兆尹 등을 역임했다. 소제 때 어떤 사람이 위태자衛太子를 사칭하며 궁궐로 들어오자 당시 조정 대신들이 모두 그 진위를 판별하지 못했다. 그러나 준불의는 춘추시대 위衛나라 태자 괴외蒯聵의 사례를 들어 위태자를 사칭한 자를 즉시 체포하게 했다. 즉 괴외가 부친 위衛 영공靈公에게 죄를 지어 국외로 추방된 뒤 괴외의 아들 첩輒이 보위에 올랐고, 나중에 괴외가 국내로 들어와 아들에게 보위를 양보해달라고 하자, 그 아들이 영공의 뜻을 거론하며 부친 괴외에게 보위를 양보하지 않았고, 그것이 올바른 일이라는 것이다.

49_ 춘추시대 위衛 영공과 그의 부인 남자南子의 아들(?~기원전 478). 일찍 세자에 책봉되었으나 자신의 모후 남자南子의 음란함을 싫어하여 암살하려다가 발각되어 국외로 도망쳤다. 영공 사후 자신의 아들 첩輒이 보위에 오르자 진晉나라의 지원으로 귀국하려다 아들에게 거절당했다.

50_ 당나라 초기 경학가 겸 역사학자로 이름은 주籒, 자가 사고師古(581~645). 남북조시대의 유명한 문인 안지추顔之推의 손자다. 박학다식한 지식을 바탕으로 훈고, 성운, 교감에 뛰어났다.

서 저들의 의표를 모두 뛰어넘으니 유학자들이 탄복하지 않는 사람이 없었다. 태종도 그를 오래도록 칭찬하며 비단 500필을 하사했고 거기에 더하여 통직산기상시通直散騎常侍[51] 직을 내렸다. 그리고 그가 정한 경전을 천하에 반포하여 학자들로 하여금 배우게 했다.

태종은 또 경전 학술에 문파가 많고 장구章句도 매우 번잡하자 안사고와 국자감좨주 공영달 등의 유학자들에게 조칙을 내려 『오경소의五經疏義』를 편찬하게 하고 그것을 모두 180권으로 만들어 『오경정의五經正義』[52]란 이름을 붙인 뒤 국학에서 사용하도록 했다.

학문을 배워 도를 완성하라

태종이 일찍이 중서령 잠문본에게 이렇게 말했다.

"대저 사람은 일정한 본성을 타고나지만 반드시 널리 학문을 배워 그 도를 완성해야 하오. 이것은 마치 대합조개의 본성은 물을 머금고 있지만 달빛이 비치기를 기다렸다가 물을 뿜어내는 것과 같고,[53] 나무의 본성은 불을 품고 있지만 부싯돌로 불씨가 튄 이후에야 화염이

51_ 서진의 관직. 원외산기상시員外散騎常侍와 산기상시에게 함께 돌아가며 숙직을 하게 했는데, 숙직하는 산기상시를 모두 통직산기상시라고 불렀다.

52_ 『오경정의』는 현재 『십삼경주소十三經注疏』 판본 속에 모두 포함되어 있다.

53_ 중국 전설에 따르면 바닷가에 달빛이 비치면 대합조개가 수증기를 뿜어서 바다 위에 환영 같은 누각 모습을 보여준다고 한다. 이것이 바로 말 그대로의 신기루蜃氣樓다. 신루해시蜃樓海市라고도 한다.

54_ 전국시대의 유세가로 자는 계자季子(?~기원전 284). 귀곡자鬼谷子 문하에서 유세술을 배워 합종책合縱策을 주장했다. 연횡책連衡策을 주장한 장의張儀와는 결의형제로 알려져 있다.

55_ 이것이 소진자고蘇秦刺股라는 유명한 고사성어. 『전국책』 「진책秦策」에 따르면 소진은 학문에 전념할 때 송곳으로 자신의 허벅지를 찔러가며 졸음을 쫓았다고 한다.

56_ 한나라 초기 유명한 경학가. 금문경학인 『춘추공양전』을 공부하여 박사로 임명되었다. 무제 때 제자백가의 학술을 몰아내고 유학만을 장려하도록 건의하여 유교를 국가 이데올로기가 되게 했다.

발생하는 것과 같으며, 사람의 본성은 신령함을 포함하고 있지만 학문을 이룬 이후에야 인품이 아름다워지는 것과 같소. 이러한 까닭에 소진蘇秦[54]은 송곳으로 허벅지를 찔러가며 공부했고,[55] 동중서董仲舒[56]는 장막을 드리우고 마당에도 나가지 않은 채 학문에 전념했소.[57] 도덕과 기예를 부지런히 닦지 않으면 명성을 날릴 수 없소."

잠문본이 대답했다.

"대저 사람의 본성은 서로 비슷하지만 감정은 바뀔 수 있으므로 반드시 학문으로 감정을 다스려 본성을 완성해야 합니다. 『예기』에 이르기를 '옥도 갈지 않으면 그릇을 만들 수 없고, 사람도 배우지 않으면 도를 알지 못한다'[58]라고 했습니다. 이 때문에 옛사람들은 학문을 닦는 일에 부지런히 힘썼고, 그것을 일러 '아름다운 덕懿德'이라고 했습니다."

57_ 이것이 동생수유董生垂帷 또는 동생하유董生下帷라는 고사성어. 『한서』「동중서전」에 따르면 동중서는 장막을 드리우고 제자를 가르치면서 3년 동안 정원에도 나오지 않았기 때문에 제자들 중에는 동중서의 얼굴을 모르는 사람도 있었다고 한다.

58_ 『예기』「학기學記」에 나온다. "玉不琢, 不成器, 人不學, 不知道."

제28편 | 문장과 역사

文史

당태종은 현실에 아무 쓰임이 없고 겉만 화려한 문장을 배척했다. 이는 그가 한나라 때 유행한 부賦 작품을 비난한 사실에서도 잘 드러난다. 부는 한나라를 대표하는 문학 갈래의 하나지만 황제의 사냥, 궁궐의 장엄함, 도성의 화려함 등을 과도한 수식을 통해 쓸데없이 길게 늘어 쓴다는 특징이 있다.

태종은 논리가 절실하고 정치에 도움이 되는 문장을 중시하면서 이와 같은 내용이 담긴 상소문을 반드시 역사 기록으로 남겨놓으라고 어명을 내렸다. 동시에 그는 국사를 사실대로 기록하게 하고 임금의 잘못까지 남김없이 드러내라고 했다.

실제로 성서나 신화를 인문적 전통의 근원으로 삼는 서구와는 달리 동아시아에서는 엄정한 역사 기록을 매우 중시했다. 따라서 아무리 막강한 권력을 가진 임금이나 권세가라 하더라도 역사의 기록을 피해갈 수는 없었다.

춘추시대 제齊나라 태사 백伯은 당시의 권신權臣 최저崔杼가 장공莊公을 시해하자 그 사실을 죽간에 명백하게 적었다. 최저가 그 사실을 알고 태사 백을 죽이자 그 아우 중仲과 숙叔도 같은 사실을 기록했다가 최저에게 죽임을 당했다. 그러자 막내인 계季가 최저의 위협에 굴하지 않고 역시 최저가 장공을 시해한 사실을 적었다. 그때 남사씨南史氏라는 사관이 제나라 태사들이 사실을 기록하다가 죽임을 당했다는 소문을 듣고는, 역사의 진실이 사라질까 염려하여 죽간을 들고 제나라 궁궐로 들어왔다. 그는 태사의 막내 계가 이미 정확한 기록을 남겼다는 사실을 확인한 뒤 안심하고 집으로 돌아갔다. 최저는 죽음을 두려워하지 않는 사관들의 용기에 굴복하여 자신이 장공을 시해한 기록을 그대로 남겨둘 수밖에 없었다.

문장은 화려함보다 현실에 도움이 돼야

정관 초년에 태종이 감수국사監修國史 방현령에게 말했다.

"근래에 『전한서前漢書』[1]와 『후한서後漢書』[2]를 살펴보니 양웅揚雄[3]의 「감천부甘泉賦」[4]와 「우렵부羽獵賦」,[5] 사마상여司馬相如[6]의 「자허부子虛賦」[7]와 「상림부上林賦」,[8] 반고班固[9]의 「양도부兩都賦」[10] 등이 실려 있었소. 이 글들은 문체만 화려하여 권성징악에 아무 도움도 되지 않는데 어찌하여 역사책에 기록해놓았는지 모르겠소. 이제 나랏일을 토론한 상소문 중에서 문장의 논리가 절실하고 정직하며 정치의 이치에 도움이 될 만한 것은 짐이 그것에 따르든 따르지 않든 모두 기록으로 남겨놓도록 하시오."

1_ 전한의 역사를 기록한 반고班固의 『한서』를 말한다.

2_ 후한의 역사를 기록한 범엽范曄의 『후한서』를 말한다.

3_ 전한과 후한 교체기의 유명한 사부가辭賦家 겸 학자로 자는 자운子雲(기원전 53~기원전 18). 성제 때 「감천부」 「하동부河東賦」 「우렵부羽獵賦」 「장양부長楊賦」를 지어 올려 문장 실력을 인정받고 벼슬길에 올랐다. 그러나 만년에는 부를 짓는 일이 쓸데없이 문장을 깎고 다듬는 것에 불과하다고 비판했다.

4_ 감천궁甘泉宮의 화려함을 찬미한 부賦. 한 성제가 총비 조비연趙飛燕의 자식 기원 제사를 감천궁에서 행할 때, 양웅이 그 행차를 수행하여 감천궁의 화려함을 보고 그 경관을 부賦로 읊은 작품이다.

5_ 장양궁長楊宮에서 사냥하는 한 성제의 장엄한 모습을 부로 읊은 작품. 사마상여의 「자허부子虛賦」와 「상림부上林賦」의 형식 및 어투를 모방했으나 환상과 수사에서 새로운 면도 드러나고 있다.

6_ 한 무제 때의 유명한 사부가辭賦家로 자는 장경長卿(기원전 179~기원전 117). 초사의 형식을 발전시켜 장편 부賦를 창작했으며 이후 한나라 때 부 작가들에게 큰 영향을 끼쳤다. 탁문군卓文君과의 사랑 이야기로도 유명하다.

7_ 사마상여의 대표작 중의 하나. 가공의 인물인 자허子虛와 오유선생烏有先生의 대화를 통해, 초왕楚王이 운몽택雲夢澤에서 사냥하는 장대한 모습을 화려하게 묘사했다.

8_ 사마상여의 대표작 중의 하나. 가공의 인물인 무시공亡是公의 진술을 통해 천자의 원림인 상림원上林苑의 장관을 웅대하고 화려하게 읊은 부賦 작품이다.

9_ 후한의 유명학 사학자로 자는 맹견孟堅(32~92). 난대영사蘭臺令史, 현무사마玄武司馬 등을 역임했다. 부친 반표班彪의 유지를 받들어 중국 최초의 단일 왕조 역사인 『한서』를 지었다.

10_ 서도西都 장안長安과 동도東都 낙양洛陽의 장엄하고 호화로운 모습을 장편 부賦로 읊은 작품.

임금의 문집이 왜 필요한가?

정관 11년, 저작좌랑著作佐郎[11] 등륭鄧隆[12]이 상소문을 올려 태종의 문장을 체계에 맞게 편집하여 문집으로 만들자고 요청했다. 태종이 말했다.

"짐이 만약 나랏일을 관장하고 명령을 내릴 때 백성에게 유익한 점이 있으면 사관이 그것을 기록하여 불후의 문장으로 남길 것이오. 그런데 만약 나랏일을 처리할 때 옛 일을 본받지 않고 정치를 어지럽게 만들어 백성을 해친다면 비록 화려한 문장을 지었다 하더라도 결국 후대에 비웃음거리가 될 터이니 이는 짐이 행해야 할 일이 아니오. 양 무제 부자[13] 및 진陳 후주後主,[14] 수 양제의 경우에도 방대한 문집이 있소. 그러나 그들이 행한 것은 대부분 불법이어서 종묘사직이 모두 순식간에 전복되고 말았소. 무릇 임금은 오직 덕행에 힘써야지 어찌 반드시 문장 짓기에 힘쓸 필요가 있겠소?"

태종은 끝내 허락하지 않았다.

임금의 잘못은 천하 사람이 모두 기록한다

정관 13년, 저수량이 간의대부가 되어 기거주起居注 업무를 겸직했

11_ 앞의 저작랑著作郎 각주 참조.

12_ 당나라 초기 관리. 본래 성명은 등세륭鄧世隆이었으나 피휘하여 등륭鄧隆으로 표기하게 되었다. 수나라 말기에 관직에 나왔으나 수나라가 망한 후 은거했다가 정관 초년에 태종의 초빙을 받아들여 수사학사修史學士가 되었다.

13_ 남조 양나라 초대 황제인 무제 소연蕭衍과 그의 아들 소명태자昭明太子 소통蕭統, 간문제 소강蕭綱을 말한다. 모두 문학에 뛰어났다.

14_ 남조 진陳나라의 마지막 황제로 이름은 숙보叔寶 자는 원수元秀(553~604). 궁궐을 크게 짓고 사치한 생활을 하며 매일 비빈妃嬪 및 문신들과 연회를 열고 시를 지으며 소일했다. 결국 수나라 군사의 포로가 되어 낙양으로 잡혀가서 죽었다.

다. 태종이 물었다.

"경은 근래에 기거주 업무를 맡고 있는데 어떤 일들을 기록했소? 대략이나마 임금에게 보여줄 수 있소? 짐은 기록된 내용을 보고 싶소. 짐이 행한 일의 잘잘못을 보고 스스로 경계로 삼고자 할 뿐이오."

저수량이 말했다.

"오늘날의 기거주 업무는 옛날의 좌사左史와 우사右史의 업무와 같아서 임금의 언행을 기록합니다. 임금의 선과 악을 모두 기록하여 임금이 불법행동을 하지 못하도록 하려는 것입니다. 그러므로 제왕이 직접 사초史草를 봤다는 말은 듣지 못했습니다."

태종이 말했다.

"짐에게 선하지 못한 언행이 있을 때 경은 반드시 기록했소?"

저수량이 말했다.

"신은 듣건대 올바른 도를 지키는 일은 자신의 업무를 고수하는 것보다 더 나은 것이 없다고 합니다. 신의 업무는 기록 담당이므로 어찌 [임금의 언행을] 기록하지 않을 수 있겠습니까?"

황문시랑 유계가 앞으로 나서며 말했다.

"임금에게 과실이 있는 것은 일식과 월식이 있는 것과 같아서 사람들이 모두 볼 수 있습니다. 설령 저수량이 기록하지 않았다 해도 천하 사람이 모두 기록할 것입니다."

국사는 사실대로 기록해야 한다

정관 14년, 태종이 방현령에게 말했다.

"짐은 매번 이전 시대 역사책을 볼 때마다 당시 권선징악의 사례를 장래의 경계로 삼을 만했소. 그런데 옛날부터 당대當代의 국사國史는 무슨 이유로 제왕이 직접 볼 수 없게 한 것이오?"

방현령이 대답했다.

"국사에 임금의 선악을 반드시 기록하는 것은 임금이 불법행동을 하지 못하도록 하려는 조치입니다. 다만 당연히 임금의 뜻을 거스를까 두렵기 때문에 볼 수 없게 한 것입니다."

태종이 말했다.

"짐의 뜻은 옛사람들과 매우 다르오. 지금 직접 국사를 보려 하는 것은 대체로 좋은 일이 기록되어 있으면 논란을 벌일 필요가 없지만 좋지 않은 일이 기록되어 있으면 그것을 경계로 삼아 스스로 수행하여 고치기 위함이오. 그러니 경은 국사를 기록하여 올려주기 바라오."

방현령 등은 결국 국사를 요약하여 편년체로 만든 뒤 고조실록과 태종실록 각 20권을 저술하여 상소문과 함께 올렸다. 태종은 6월 4일 현무문의 거사 기록에 은밀한 문장이 많은 것을 보고 바로 현령에게 말했다.

"옛날 주공이 관숙과 채숙을 주살하고 나서야 주나라 왕실이 안정을 찾았고, 노나라 계우季友[15]가 숙아叔牙[16]를 짐독[17]으로 죽인 뒤에야 노나라가 편안해졌소. 현무문 거사 당시 짐의 행동은 그 뜻이 바로 이런 종류의 조치와 같소. 이것은 대체로 사직을 안정시키고 만민을 이롭게 하기 위한 방법이었을 뿐이오. 사관이 붓을 잡고 어찌하여 이런 사실을 숨기려 애쓴단 말이오? 의당 헛된 말은 바꾸거나 삭제하고

15_ 노 환공桓公의 아들이며 노 장공莊公의 동생(?~기원전 644). 현명하고 공정한 처신으로 노나라 공실公室을 잘 보호했다. 노 환공의 서장자庶長子인 경보慶父가 보위에 오르기 위해 그의 아우 숙아叔牙와 함께 반란을 도모하며 악행을 일삼자, 계우가 그 사실을 알고 숙아를 짐독으로 죽이고 경보를 국외로 추방했다. 계우의 후손이 바로 노나라 삼환三桓의 하나인 계손씨季孫氏 가문을 일으켰다.

16_ 노 환공의 아들이며 노 장공의 서제庶弟이고, 공자 경보의 아우(?~기원전 662). 형인 경보를 보위에 올리려다 실패하고 멸문지화를 당했다.

17_ 짐새의 깃에 있다는 맹독. 하늘을 날아가는 짐새가 술잔에 비치기만 해도 치명적인 해를 입는다고 한다.

그 일을 직서하도록 하시오."

시중 위징이 아뢰었다.

"신이 듣건대 임금이 지존의 자리에 군림하면 꺼릴 것이 없다고 합니다. 따라서 오직 국사로만 권선징악의 기록을 남길 뿐인데, 기록할 때 사실대로 기록하지 않으면 후손들이 무엇을 볼 수 있겠습니까? 폐하께서 지금 사관으로 하여금 그 문장을 바로잡도록 하신 것은 공평무사한 도리에 딱 합치되는 일입니다."

貞觀政要

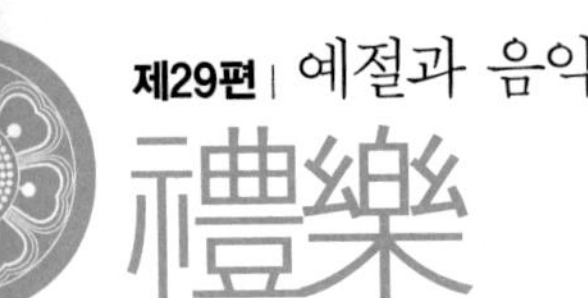

제29편 | 예절과 음악

禮樂

예禮는 인간의 행동거지를 규정하는 일종의 관습적 장치다. 그러나 느슨한 규범이라도 한 국가나 사회에서 인정하는 관례이기 때문에 만약 예를 어기면 구성원으로서의 자격을 상실한다. 그리고 국가와 사회의 중요한 의례는 대부분 악樂과 함께 행해진다. 따라서 예악禮樂이라고 부른다. 악은 의례 때 연주하는 음악과 무용이며 예의 정서화라는 중요한 목적을 지향한다. 예에 동반되는 악은 예의 타율성을 인간의 감정과 정서 속으로 녹아들게 하여 그것을 자율적인 규범으로 변화시킨다.

그러나 예는 경지에 도달하기도 전에 복잡한 규정과 절차로 허례허식에 빠져든다는 비판에 직면해야 했다. 유가의 오경 중 하나인 『예기』에 이미 "주요 의례가 300가지이고, 세부 의례는 3000가지에 이른다經禮三百, 曲禮三千"라고 기록되어 있다. 주나라에서 한나라에 걸쳐 고정화된 고대의 예절은 그 이후 각 시대와 형편에 맞지 않는 점도 많았다.

이 때문에 당 태종은 즉위 후 현실과 맞지 않고 형식화된 고대의 예절을 크게 조정했다. 조정의 원칙은 황실의 특권을 줄이고 백성의 편의를 확대하는 측면에 두었다. 그는 임금의 이름을 융통성 없이 피휘避諱하는 문제에 있어서 임금의 이름이 두 글자 반복해서 나오는 경우에만 피휘하도록 했다. 또 황실을 높인다는 명분으로 숙부가 황제의 아들에게 절을 하는 예절과 공주가 시집가서 시부모를 뵙지 않는 예절을 모두 고치라고 했다. 그리고 스님과 도사가 된 후 부모에게 절을 하지 않는 풍속도 바로잡게 했고, 친족의 복상 기간과 상례 규정도 현실에 맞게 새로 제정했다.

살아 있는 임금의 이름은 피휘하지 말라

태종이 즉위 초에 근신들에게 말했다.

"『주례』에 따르면 임금의 이름은 죽은 뒤에나 피휘하오. 옛날에는 제왕이라 해도 살아서는 그 이름을 피휘하지 않았소. 이 때문에 주 문왕의 이름은 창昌이었지만 『시경』 「주송周頌」에서는 '그 후손들을 창성케 하셨네克昌厥後'[1]라고 했고, 춘추시대 노나라 장공[2]은 이름이 동同이었지만 『춘추』 장공 16년에 '제후, 송공과 유 땅에서 동맹을 맺었다齊侯宋公同盟於幽'라고 했소. 단지 근래의 제왕들만 망령되이 금지 규정을 만들어 특별히 생전에도 피휘를 시행하고 있소. 이는 이치로 봐도 통용될 만한 규정이 아니니 마땅히 개정해야 하오."

그리하여 이렇게 조서를 내렸다.

"『예기』에 따르면 이름 두 글자를 모두 피휘하지는 않는다. 공자께서는 사리에 통달한 성인이셨는데 이전에 이에 대해 지적하지 않은 적이 없다. 근래에 금지 규정을 잘못 만들어 임금의 이름 두 글자를 모두 피휘하게 하면서 삭제하거나 빼버리는 글자가 이미 많아졌다. 이 규정을 마음대로 시행하는 건 경전의 말씀에 어긋나는 일이다. 이제 『예기』에 의거하여 간편한 예절을 따르는 데 힘쓰고 우러러 선현들의 언행을 본받아 장래에까지 법도를 물려주고자 한다. 관명官名과 인명 및 공문서와 사문서에 '세世'와 '민民' 두 글자가 연이어 나오지 않으면 피휘할 필요가 없다."

1_ 『시경』 「주송 · 옹雝」에 나온다.

2_ 춘추시대 노나라 군주로 이름은 동同(?~기원전 662). 노 환공桓公과 문강文康의 아들이며 공자 계우季友의 친형이다. 모후 문강의 음행으로 인해 오랫동안 고통을 겪었다. 강국인 제나라와의 관계 정립에 고심했고, 송나라의 전투에서 승리하는 등 국력 신장을 위해 노력했다.

숙부가 조카에게 절을 해서는 안 된다

정관 2년, 중서사인 고계보가 상소문을 올렸다.

"신이 남몰래 살펴보니 밀왕密王 이원효李元曉[3] 등은 모두 황실 종친으로 폐하께서 그들에게 품고 있는 우애의 정은 그 의리가 옛 시대에 비해 훨씬 높은 듯합니다. 수레와 복식을 나눠주고 번국藩國 제후의 소임을 맡기실 때는 모름지기 의례에 따르셔야 뭇 사람들의 우러름에 부응할 수 있습니다.

근래에 신은 황제의 아들이 숙부들에게 절할 때 숙부들도 답례로 절을 올리는 걸 보았습니다. 제후왕으로서 작위는 같아도 가족끼리는 예법이 있어야 합니다. 어찌 이와 같이 하여 집안의 위계질서를 전복시키려 하십니까? 엎드려 바라건대 한 번 훈계를 내리시어 영원히 옛날의 떳떳한 예법을 따르게 하십시오."

이에 태종은 이원효 등에게 조칙을 내려 조카인 오왕 이각, 위왕 이태 형제에게 절을 하지 못하게 했다.

부모의 상에는 슬픔을 다하라

정관 4년, 태종이 근신들에게 말했다.

"근래 소문을 들으니 도성의 선비와 서민들 중에서 부모의 상을 당한 사람들이 무서巫書에 적힌 말을 믿으며 진일辰日에는 곡을 하지 않고 이로써 조문도 사양한다 하오. 무속의 금기에 구애되어 슬픔을 그치는 것은 풍속을 해치고 인간의 도리를 지극히 파괴하는 일이오. 주

3_ 당나라 고조의 21번째 아들이며 태종의 이복아우(626?~676).

와 현에 명령을 내려 백성을 가르쳐 인도하게 하고 예법으로 그들을 다스리게 하시오."

스님과 도사도 부모에게 절을 해야

정관 5년, 태종이 근신들에게 말했다.

"불교와 도교에서 교화를 베푸는 건 본래 선행을 실천하기 위함이오. 어찌 스님과 도사들로 하여금 자존망대 하는 자세로 앉아서 부모의 절을 받으며 풍속을 해치고 예법의 경전을 혼란스럽게 할 수 있겠소? 즉시 이런 일을 금지하고 부모에게 절을 하게 하시오."

조상의 명성을 팔지 말라

정관 6년, 태종이 상서좌복야 방현령에게 말했다.

"근래에 산동의 최崔, 노盧, 이李, 정鄭 네 성씨가 여러 세대 동안 가문이 침체했음에도 여전히 옛 근거지의 세력을 믿고 자존망대하기 좋아하며 사대부를 칭하고 있소. 또 매번 딸을 다른 종족에게 출가시킬 때도 반드시 혼인 예물을 많이 요구하면서 예물이 많은 걸 귀하게 여기는데 액수를 따져서 혼약을 정하는 건 시장의 장사치 흥정과 같은 일이오. 이는 풍속을 심하게 파괴하고 예법의 경전을 문란하게 만드는 행위요. 일의 경중에 있어서 타당함을 잃었으니 올바른 도리로 볼 때 반드시 개혁해야 하오."

이에 이부상서 고사렴, 어사대부 위정, 중서시랑 잠문본, 예부시랑 영호덕분令狐德棻[4] 등에게 조칙을 내려 성씨를 바로잡고 천하의 족보를 두루 수집한 뒤 모두 역사 기록에 근거하여 과장된 부분을 삭제하고 그 진위를 판정하게 했다. 이를 근거로 충성스럽고 현명한 사람을 포상하여 승진시키고 도리를 어기고 반역한 자를 깎아내려 퇴출시키기 위해 『씨족지氏族志』를 편찬하게 했다. 고사렴 등은 태종에게 씨족의 등급을 판정하여 올릴 때 마침내 최간崔幹[5]을 제1등으로 삼았다. 태종이 말했다.

"나와 산동의 최, 이, 노, 정 네 성씨는 옛날부터 아무 은혜나 원한이 없었소. 그들은 대대로 쇠락하여 벼슬한 사람이 전혀 없는데도 자칭 사대부라 운운하며 혼인할 때 재물을 많이 요구하고 있소. 혹은 재능이나 식견이 용렬한데도 자존망대하며 조상의 명성이나 팔아먹고 부귀한 자들에 의탁하려 하오. 나는 세상에서 왜 그런 자들을 존중하는지 모르겠소.

또 사대부란 뛰어난 재능으로 공훈을 세워 작위는 높고, 또 임금과 부모를 잘 섬겨 충신 효자로 일컬어지는 사람이오. 혹은 도의를 지키고 깨끗하게 살면서 학예에 통달하면 이 또한 자신의 가문을 세울만한 사람이니 천하의 사대부로 일컬을 수 있소.

지금 최씨와 노씨 같은 부류는 오직 먼 조상의 의관이나 자랑하고 있으니 어찌 현 조정의 고귀한 사대부와 비견할 수 있겠소? 공경대부 이하의 사람들이 어느 겨를에 금전이나 재물을 많이 보내 그들에게 세력을 제공할 수 있겠소? 그들은 헛된 명성이나 좇으며 현실에 위배된 삶을 사는 것을 영광으로 여기고 있소. 내가 지금 씨족의 등급을

4_ 당나라 초기 사학자(583~666). 어려서부터 고금의 사적에 통달해 명성을 날렸다. 『오대사지五代史志』 『태종실록太宗實錄』 『고종실록高宗實錄』 『씨족지氏族志』 등의 편찬 작업에 참가했고, 『주서周書』 편찬을 주도하여 완성했다.

5_ 본명은 최민간崔民幹인데 당 태종의 이름을 피휘하여 최간崔幹이라고 칭했다. 자는 도정道貞이다. 영호덕분 등이 처음 『씨족지』를 편찬할 때는 제1등 귀족으로 편입되었으나 당 태종에 의해 제3등으로 조정되었다.

정하려는 것은 진실로 지금 조정의 관리들을 높여주려는 의도요. 그런데 무슨 까닭으로 최간을 여전히 제1등으로 삼고 있소? 내가 내린 관작을 경들이 귀하게 여기지 않는 것으로 봐야 한단 말이오? 몇 세대 이전의 일은 논하지 말고 오직 오늘의 관직 품계와 사람의 재능을 등급으로 삼아 [가문의 순위를] 잘 헤아려 정해서 영원한 준칙으로 삼아야 할 것이오."

그리하여 마침내 최간을 제3등으로 정했다.

정관 12년에 『씨족지』가 완성되었는데 모두 100권이었으며 그것을 천하에 반포했다. 또 조서를 내려 이렇게 말했다.

"씨족의 아름다움은 실제로 높은 벼슬에 달려 있고, 혼인의 도는 인의보다 더 앞서는 것이 없다. 북위가 실각하고 북제가 멸망한 이래로 조야의 민심은 변했고 풍속은 쇠퇴했다. [전국시대] 연나라와 조나라의 옛날 성씨는 대부분 의관의 전승이 끊어졌고, 제나라와 한나라의 옛 문벌도 예의의 기풍을 잃어버렸다. 이름은 고을에서도 드러나지 않고, 몸은 빈천함을 면치 못하고 있는데도, 스스로 고관대작의 자손이라고 일컬으며 배필의 짝을 맞추는 의례는 중시하지 않고 있다. 그들은 혼인의 문명問名[6] 절차에서도 오직 재물을 도둑질하는 데만 뜻을 두고, 딸을 출가시킬 때도 반드시 부잣집으로만 보내려 한다.

그리하여 새로 관리가 된 자들이나 재산이 많은 집에서는 저들의 조상을 흠모하여 다투어 혼인을 맺으려 하면서 뇌물을 다량으로 바치는데 이는 마치 사람을 사고파는 것과 같다. 어떤 신랑은 스스로 가문을 낮추어 신부의 집에서 굴욕을 당하기도 하고, 어떤 신부는 가

6_ 옛날 전통 혼례 절차인 육례六禮의 한 과정. 육례는 첫째, 납채納采로 혼인 요청을 승낙하는 것. 둘째, 문명問名으로 신부 어머니의 가문이나 신부의 생년월일을 묻는 것. 셋째, 납길納吉로 혼인의 길흉을 점치는 것. 넷째, 납징納徵으로 서로 폐물을 주고받는 것. 다섯째, 청기請期로 신부측에 혼인 날짜를 잡도록 청하는 것. 여섯째 친영親迎으로 신랑이 신부집으로 가서 혼례를 올리고 신부를 맞아오는 것이다.

문의 옛 명망을 자랑하며 시부모에게 무례하게 굴기도 한다. 폐습이 쌓여 풍속이 되면서 그것이 지금까지도 그치지 않고 있다. 이는 인륜을 문란케 하는 일이고 진실로 예교를 파괴하는 일이다. 짐은 아침부터 한밤중까지 전전긍긍하며 정치의 올바른 도를 이루기 위해 근심하며 노력하고 있다. 지난 시대의 해악은 모두 혁파되었지만 이 폐습만은 아직 다 변화시키지 못하고 있다. 지금 이후로는 [짐의 명령을] 분명하게 고시하여 백성으로 하여금 시집가고 장가드는 질서를 알게 하고, 예법에 합치되도록 힘쓰게 하여 짐의 뜻에 부합하게 하라."

공주도 시부모를 뵙는 예절을 행해야

예부상서 왕규의 아들 왕경직王京直[7]은 태종의 딸 남평공주南平公主[8]에게 장가들었다. 왕규가 말했다.

"『의례』에는 며느리가 시부모를 뵙는 예절이 기록되어 있습니다.[9] 근래에는 풍속이 피폐해져서 공주가 출가할 때 이런 예절을 모두 행하지 않고 있습니다. 주상께서는 영명하시어 모든 거동을 예법에 따르고 있습니다. 제가 공주의 알현을 받을 수 있다면 어찌 제 몸의 영광일 뿐이겠습니까? 국가의 아름다움을 완성하는 방법이 될 것입니다."

그리하여 마침내 왕규는 자신의 아내와 자리를 잡고 앉아 공주로 하여금 친히 수건을 잡고 시부모의 손을 씻어주며 음식을 올리는 예절을 행하게 하고 예절이 끝난 후 물러나게 했다. 태종이 소문을 듣고

7_ 왕규의 아들로 남성현남南城縣男에 봉해졌다. 당 태종의 셋째 딸 남평공주에게 장가들었다.

8_ 당 태종의 셋째 딸(?~650). 왕규의 아들 왕경직王敬直에게 출가했다. 나중에 왕경직이 태자 이승건의 변란에 연루되어 유배되자, 당 태종은 남평공주를 유현의劉玄意에게 개가시켰다.

9_ 『의례』「사혼기士昏記」에 나온다.

훌륭한 일이라고 칭찬했다. 이후로는 공주가 출가할 때 시부모가 있으면 모두 이러한 예절을 갖춰서 시행하게 했다.

지방의 사자를 위해 숙소를 마련하다

정관 12년, 태종이 근신들에게 말했다.

"옛날 제후들이 천자를 뵈러 입조할 때는 도성 근교에 목욕하고 숙박할 수 있는 장소를 마련해주고 수레 100대 분의 말 먹이를 제공하는 등 빈객을 맞이하는 예절로 우대했소. 낮에는 천자가 정전에 앉아서, 그리고 밤에는 궁궐 마당에 불을 환하게 밝히고 그들과 만날 것을 생각하고 또 [만나서는] 그들의 노고를 묻소. 그리고 한나라 도성에도 여러 군의 관리를 위한 숙소가 설립되어 있었소. 근래에 듣건대 지방의 사자가 도성에 와서는 모두 방을 세내어 머물고 있고 그것도 장사치와 잡거雜居해야 겨우 몸을 들일 수 있을 정도라고 하오. 접대 예절이 부족하므로 틀림없이 원망하고 한탄하는 사람이 많을 것인데 어찌 공무에 마음을 다 바치려 하겠소?"

그리하여 도성의 한적한 곳에 각 주의 사자를 위해 숙소를 지으라고 명령을 내렸다. 건물이 완성되자 태종이 친히 행차하여 살펴봤다.

임금의 아들을 지나치게 높여서야

정관 13년, 예부상서 왕규가 아뢰었다.

10_ 황제의 아들로 제후왕으로 책봉된 사람.

"법령에 따르면 3품 이상의 고관이 길에서 친왕親王[10]을 우연히 만났을 때 말에서 내리는 것은 예의에 합당하지 않은 행동입니다. 그런데 지금은 모두 법령을 어겨가며 공경을 표하고 있으니 이는 조정의 법전을 어기는 일입니다."

태종이 말했다.

"경들은 스스로를 높이려 하면서 내 아들들은 낮추려는 것이오?"

위징이 대답했다.

"한나라와 위나라 이래로 친왕의 품계는 모두 삼공 아래에 배치되어 있었습니다. 지금 삼품의 관리 그리고 천자의 여섯 상서와 구경[11]이 친왕을 위해 말에서 내리는 건 친왕에게 적당하지 않은 예절입니다. 옛날의 사례를 찾아봐도 의지할 만한 근거가 없으니 오늘날에 이런 예절을 시행하는 건 국법을 어기는 것이므로 이치로 볼 때 진실로 시행해서는 안 되는 일입니다."

황제가 말했다.

"국가에 태자를 세우는 건 임금으로 삼기 위한 일이오. 사람의 장단점은 나이의 많고 적음에 달려 있지 않소. 만약 태자가 없으면 친아우가 그다음으로 태자가 되는 것이오. 이를 근거로 말해보건대 어찌 짐의 아들을 가볍게 대할 수 있겠소?"

위징이 또 말했다.

"은나라 사람들은 실제 상황을 숭상했기 때문에 형이 죽으면 아우가 그 자리를 이어받는 의리가 있었습니다. 주나라 이후로 적자 중에서 반드시 맏이를 태자로 세웠는데 이는 서얼의 염탐을 끊고 참화의 근원을 막기 위한 방법이었습니다. 국가를 다스리는 분은 깊이 삼가야 합니다."

11_ 당나라 때 구경은 태상시太常寺, 광록시光祿寺, 위위시衛尉寺, 종정시宗正寺, 태복시太僕寺, 대리시大理寺, 홍로시鴻臚寺, 사농시司農寺, 태부시太府寺의 장관인 경卿을 가리킨다.

태종은 마침내 왕규의 주청을 받아들였다.

친족의 복상 기간을 새로 정하라

정관 14년, 태종이 예관禮官에게 말했다.

"한솥밥을 먹기만 해도 시마緦麻[12]의 복상을 하는 은정이 있소. 그런데 수숙嫂叔[13] 사이에는 복상하는 예법이 없고, 또 외숙과 이모는 친소가 비슷한데도 복상 기간이 달라 아직 상례 규정이 타당하지 못하니 학자들의 상세한 논의를 모아야 하오. 이 밖에도 친족으로서 가까운데도 복상 기간은 짧은 경우가 있으면 덧붙여 아뢰도록 하오."

이 달에 상서팔좌尙書八座[14]가 예관들과 논의를 정하여 아뢰었다.

"신이 가만히 듣건대 예란 의심을 판단하고 유예를 결정하고 같고 다름을 구별하고 시비를 밝히기 위한 방법이라고 합니다. 그것은 하늘에서 떨어진 것도 아니고 땅에서 솟아난 것도 아니며 사람의 정리에서 나온 것일 뿐입니다. 인간 도리로 앞세워야 할 것은 구족九族과 화목하게 지내는 것입니다. 구족의 화목이란 친족과 친하는 일에서 시작하여, 가까운 관계로부터 먼 관계로까지 화목을 넓혀가는 것입니다. 친족에도 친함의 차이가 있기 때문에 상례의 예법에도 높이고 낮추는 차이가 있습니다. 은정의 돈독함과 박정함에 따라 모두 정리에 맞게 예법을 만든 것입니다. 무릇 외숙 및 이모와의 정리를 따져보면 비록 같은 친족이기는 하지만 어머니 입장에서 미뤄볼 때 친족의

12_ 전통 상례 제도에서 가장 짧은 복상 기간인 3개월을 말한다. 고운 베緦麻로 만든 상복을 입는다.

13_ 형제와 형제 배우자 간의 관계를 말한다. 즉 형수와 시동생, 제수와 시숙의 관계다.

14_ 당나라 때는 육부상서六部尙書, 상서좌복야, 상서우복야를 '상서팔좌'라고 했다.

경중에 현격한 차이가 있습니다. 무슨 이유이겠습니까? 외숙은 어머니의 친정 본가이지만 이모는 밖으로 시집가서 타성 친척이 됩니다. 어머니 친족을 따질 때 이모는 거기에 들어가지 못합니다. 경전과 역사서를 살펴봐도 외숙이 진실로 더 무겁게 다뤄져 있습니다. 이 때문에 주나라 천자는 제나라를 생각하면서 외숙과 생질의 나라라고[15] 일컬었고, 진秦 강공康公은 진晉나라를 생각하면서[16] 「위양渭陽」[17] 시를 진실로 절절하게 읊었습니다. 지금 외숙에 대한 복상 기간은 일시의 감정에 그치게 하면서 이모를 위해서는 5개월 동안 복상하는 것은 허울만 따르다가 실질을 잃는 일이며 말단만 좇다가 근본을 버리는 일입니다. 이것은 옛사람들이 인정을 처리함에 있어서 더러 미숙함을 보인 부분이고, 따라서 깎고 보태야 할 점은 진실로 이 대목에 있다고 하겠습니다."

복상 기간은 은정에 따라야

"『예기』에서는 이렇게 말했습니다.

'형제의 아들에 대한 복상 기간을 내 아들과 같이 한 것은 대체로 끌어서 올려주는 것이다. 수숙嫂叔 간에 복상 예법이 없는 것은 대체로 밀어서 멀리하는 것이다.'[18]

『의례』에 따르면 '의붓아버지도 함께 살면 1년간 복상하지만 함께

15_ 주나라 무왕의 부인 읍강邑姜이 바로 강태공姜太公의 딸. 따라서 무왕의 자손이 대를 이은 주나라 왕실 천자들은 강태공의 후예가 대를 이은 제나라를 외숙의 나라라고 불렀다.

16_ 진秦 목공의 부인은 진晉 헌공獻公의 맏딸인 목희穆姬. 나중에 진秦 목공 사후 목공과 목희의 아들 진秦 강공康公이 보위에 올랐고, 진晉 나라에서는 진晉 헌공의 아들 진晉 문공이 보위에 올랐다. 따라서 진晉 문공은 진秦 강공의 외숙이 된다.

17_ 『시경』 「진풍秦風」에 나오는 시. 진秦 강공이 외숙인 진晉 문공을 배웅한 시라고 한다.

18_ 『예기』 「단궁 상」에 나온다. "兄弟之子, 猶子也, 蓋引而進之也. 嫂叔之無服, 蓋推而遠之也."

산 적이 없으면 복상하지 않는다'[19]라 하고, 이모부와 외숙모 두 사람에 대해서는 복상한다고 합니다.[20] 또 혹자는 말하기를 '한솥밥을 먹었으면 시마緦麻 복을 입는다'[21]라고 합니다. 그런즉 의붓아버지는 골육지친이 아니지만 복상을 무겁게 하는 것은 한솥밥을 먹었기 때문이고, 은정을 가볍게 하는 경우는 서로 따로 살았기 때문입니다. 이로써 복상 제도는 명문화된 조문에 매여 있기는 하지만 대체로 은정의 돈독함과 박정함에 따른다는 사실을 분명하게 알 수 있습니다. 더러는 나이 많은 형수가 어린 시동생을 만나 애를 써서 길러내며 그 정을 직접 낳은 자식처럼 쏟아붓고, 배고픔을 나누고 추위를 함께하면서 한마음으로 같이 늙어갑니다. 이런 경우를 함께 산 의붓아버지나 한솥밥을 먹은 타인과 비교해볼 때, 인정과 의리의 깊이를 어찌 함께 거론할 수 있겠습니까? 살아 있을 때는 골육지친처럼 사랑하다가 죽고 나서는 밀어서 멀리하는 것은 그 이치의 근원을 따져 보더라도 너무나 이해할 수 없는 일입니다. 만약 밀어서 멀리하는 일이 옳다면 살아서 함께 거주해서는 안 되고, 살아서 함께 사는 일이 옳다면 죽은 다음에 낯선 사람처럼 대해서는 안 됩니다. 살아 있을 때는 중시하다가 죽은 이후에는 경시하고, 처음에는 돈독하게 대하다가 마지막에는 박정하게 대하면서 정리에 맞게 예법을 만든다는 건 그 의미가 어디에 있단 말입니까?

또 형수를 섬겨서 칭송받은 사람이 역사 기록에 한두 사람이 아닙니다. 정중우鄭仲虞[22]는 형수에 대한 은정과 예우가 매우 돈독했고, 안

19_ 『의례儀禮』「상복喪服」에 나온다. 자구가 조금 다르다. "繼父同居則爲之期, 未嘗同居則不爲服."

20_ 『예기』「단궁 상」에 나온다. "從母之夫, 舅之妻, 二人相爲服." 『예기』에는 '인人' 자 앞에 '부夫' 자가 더 있다.

21_ 『예기』「단궁 상」에 나온다. "同爨緦麻." 『예기』에는 '마麻' 자가 없다.

22_ 후한 때 사람으로 본명은 균均, 자가 중우仲虞. 사람됨이 우애 있고 대의를 중시했다. 과부가 된 형수와 조카들을 보살피는 데 은정을 다했다.

홍도顔弘都[23]는 형수에게 정성을 다하여 하늘이 감동했고, 마원馬援[24]은 형수를 만날 때 반드시 관을 썼고, 공급孔伋[25]은 형수의 상례에 통곡하면서 위패를 모셨습니다. 이런 사례는 대체로 몸소 교화의 대의를 실천하며 인仁으로써 효도와 우애를 깊게 한 일입니다. 그들이 실천한 뜻을 살펴보면 어찌 선각자가 아니겠습니까? 그러나 당시에는 위로 밝은 임금이 없었고 예법은 또 신하들이 논의할 수 있는 일이 아니었으므로 마침내 이처럼 깊은 은정을 천년 동안 묻어두었고 만고에 이르도록 매장시켜 놓았던 것입니다. 이러한 일의 유래가 오래되었으니 어찌 안타깝지 않겠습니까?"

상례 규정을 바꾸다

"지금 폐하의 생각으로 존비의 등급은 이미 분명하게 갖춰졌지만 상례 제도는 더러 정리상으로 타당하지 못한 점이 있다고 여기시며 예부禮部에 어명을 내려 줄이고 보탤 점을 상세하게 논의하게 하셨습니다. 신 등은 밝은 성지를 받들고 상례의 부류에 따라 사례를 널리 구하여 여러 경전에서 근거를 취하고 열전의 기록을 토론했습니다. 더러는 억누르기도 하고 더러는 끌어오기도 하여 명분과 실질을 모두 겸하게 하면서 지나친 점은 줄이고, 부족한 점은 보탰습니다. 그리하여 명문 규정이 없는 예법이 모두 질서를 잡게 되었고, 돈독하고 화목

23_ 동진 때의 관리. 본명은 함含, 자가 홍도弘都다. 공자의 제자 안연의 26세손이다. 그의 형수가 실명하자 성심으로 봉양하여 시력을 되찾게 했다.

24_ 후한 개국공신으로 유명한 장군이며 자는 문연文淵(기원전 14~49). 광무제를 도와 후한을 건국하는 데 혁혁한 공을 세웠다.

25_ 전국시대 노나라 사상가로 자는 자사子思이고 공자의 손자(기원전 483~기원전 402). 증삼曾參에게 학문을 배웠고, 또 자신의 학문을 맹자에게 전한 것으로 알려져 있다.

한 인정이 모두 갖춰졌습니다. 옛날의 예법에서 박정한 풍속을 바꾸어 먼 장래에까지 두터운 대의가 전해지게 했습니다. 이것은 진실로 『육경六經』[26]에서도 말하지 못했던 것인데 옛날의 수많은 왕을 뛰어넘어 폐하께서 홀로 수립하신 제도입니다.

삼가 살펴보건대 증조부모의 경우는 옛날에 복상 기간이 자최齊衰[27] 3개월이었지만 자최 5개월로 상기喪期를 더 늘리기 바랍니다. 적자의 아내(맏며느리)는 복상 기간이 옛날에 대공大功[28] 9개월이었지만 상기를 더 늘리기 바랍니다. 둘째 이하 여러 아들의 아내는 옛날에 소공小功[29] 5개월이었지만 지금은 형제와 같이 모두 대공 9개월로 정하기 바랍니다. 수숙 간에는 옛날에 상복을 입지 않았지만 지금은 소공 5개월로 복상하게 하기 바랍니다. 아우의 아내(제수) 및 남편의 형(시숙)도 소공 5개월로 복상하게 하기 바랍니다. 외숙은 옛날에 시마 3개월로 복상했는데 이모의 경우와 마찬가지로 소공 5개월로 기간을 늘리기 바랍니다."

태종이 논의에 따라 조서를 내렸다. 이것은 모두 위징이 한 말이다.

생일은 기쁨으로 즐기는 날이 아니다

정관 17년 12월 계축일癸丑日에 태종이 근신들에게 말했다.

26_ 유가의 여섯 경전을 말한다. 『시경』『상서』『주역』『춘추』『예기』『악경樂經』이 그것이다. 이 중 『악경』은 지금 전해지지 않는다.

27_ 올이 굵고 거친 생포生布(표백하지 않은 삼베)로 만들며 옷의 끝단을 마름질한 상복.

28_ 올이 굵고 거친 숙포熟布(표백한 삼베)로 만든 상복. 보통 9개월의 복상에 쓰인다.

29_ 약간 가는 베로 빨아 누여서 짓는데, 대공복보다는 곱고 시마복보다는 거칠다. 보통 5개월의 복상에 쓰인다.

30_ 본래 성명은 중유仲由이고 자는 자로子路 또는 계로季路(기원전 542~기원전 480). 공자보다 아홉살 연하였던 뛰어난 제자다. 공문십철의 한 사람으로 정사政事에 탁월했다. 성품이 강직하고 용기가 뛰어났으며 매우 효성스러웠다.

“오늘은 짐의 생일이오. 민간에서는 생일을 기쁨으로 즐기는 날이라 생각하는데 짐의 마음은 온갖 감상으로 들끓소. 짐은 지금 임금으로 천하에 군림하며 넉넉하게 사해를 소유하고 있지만 부모님을 모시고 봉양하려 해도 이젠 영원히 그런 기회를 가질 수 없소. 자로子路[30]는 부모님께 쌀을 지고갈 수 없는 한을 품었는데[31] 진실로 까닭이 있는 일이오. 게다가 『시경』에 이르기를 ‘슬프다 부모님은 날 낳고 기르시느라 고생하셨네’[32]라고 했소. 어떻게 부모가 고생하신 날에 잔치를 열어 즐길 수 있겠소? 이는 예법을 심하게 어기는 일이오.”

그러고는 눈물을 흘리며 오래오래 울었다.

음악은 사람의 마음에서 비롯된다

태상소경太常少卿[33] 조효손祖孝孫[34]이 새로 제정한 음악에 대해 아뢰었다. 태종이 말했다.

“예악의 제정은 만물에서 법도를 취하고 가르침을 세워서 욕망을 절제하기 위한 것이오. 그러므로 정치의 좋고 나쁨이 어떻게 예악에서 말미암겠소?”

어사대부 두엄杜淹이 대답했다.

“앞 시대의 흥망은 진실로 음악에서 말미암았습니다. 남조 진陳나라가 멸망하려 할 때 「옥수후정화玉樹後庭花」[35]가 지어졌고, 남조 제齊

31_ 『공자가어』 「치사致思」에 나온다. 자로가 어렵게 살 때는 나물밥과 아욱국을 먹으면서도 부모님을 위해 100리 밖에서 쌀을 얻어 짊어지고 와서 즐겁게 봉양했지만, 부모님이 돌아가신 후에는 수레 100승에 곡식 만 종鍾을 갖고 있으면서도 돌아가 봉양할 수 없음을 한탄했다.

32_ 『시경』 「소아·육아蓼莪」에 나온다. “哀哀父母, 生我劬勞.”

33_ 왕실의 제사, 예악, 천문, 역법, 점술, 질병 등을 관장하는 관청인 태상시太常寺의 관리.

34_ 수·당 시기 악률학자. 수·당의 아악雅樂 제정에 크게 공헌했다.

나라가 망하려 할 때는 「반려곡伴侶曲」[36]이 지어져서 길가는 사람들이 그 음악을 듣고 슬프게 울지 않는 사람이 없었습니다. 이것이 이른바 망국지음입니다. 이로써 살펴보건대 [망국이] 진실로 음악에서 말미암는다는 사실을 알 수 있습니다."

태종이 말했다.

"그렇지 않소. 대저 음악 소리로 어찌 사람의 마음을 움직일 수 있겠소? 기쁜 사람이 음악을 들으면 마음이 즐겁고, 슬픈 사람이 음악을 들으면 마음이 슬퍼지는 법이오. 슬픔과 즐거움은 사람의 마음에 있는 것이지 음악에서 오는 것은 아니오. 멸망해가는 나라의 정치는 사람의 마음을 괴롭게 하고, 서로가 그 괴로운 마음을 느끼기 때문에 음악을 들으면 슬프게 느껴질 뿐이오."

상서우승 위징이 앞으로 나서며 말했다.

"옛사람이 말하기를 '예의다, 예의다 하지만 그것이 옥이나 비단만을 말하는 것이겠는가? 음악이다, 음악이다 하지만 그것이 종이나 북만을 말하는 것이겠는가?'[37]라고 했습니다. 음악이란 사람의 화합된 마음에 달려 있는 것이지 음조로부터 비롯되는 건 아닙니다."

태종이 그렇다고 여겼다.

음악으로 아픈 과거를 그려내지 말라

정관 7년, 태상경 소우가 아뢰었다.

35_ 남조 진陳나라 후주 진숙보陳叔寶가 지은 악곡 이름. 요염하고 퇴폐적인 가사와 곡조로 흔히 망국지음亡國之音이라고 불린다.

36_ 남조 제나라 마지막 임금 소보권蕭寶卷이 지은 악곡 이름. 「옥수후정화」와 함께 망국지음으로 일컬어진다.

37_ 『논어』 「양화」에 나온다. "禮云, 禮云, 玉帛云乎哉? 樂云, 樂云, 鍾鼓云乎哉?"

“지금 「파진악무破陣樂舞」[38]가 천하에 두루 전해지고 있지만 폐하의 성덕盛德을 찬미하는 모습에 있어 아직 미진한 점이 있습니다. 폐하께서 건국을 전후한 시기에 격파한 적으로는 유무주劉武周,[39] 설거薛擧,[40] 두건덕, 왕세충 등이 있는데, 신이 바라건대 그들의 형상을 그려놓고 폐하께서 전쟁에서 승리하고 공적을 성취하는 모습을 묘사했으면 합니다.”

태종이 말했다.

“짐은 사방이 아직 평정되지 않았을 때 천하를 위하여 물과 불 속에서 백성을 구하려 했기 때문에 부득이하게 정벌해야만 했소. 따라서 민간에서 마침내 이 춤이 발생했고, 국가에서도 이에 따라 이 악곡을 제작한 것이오. 그러나 아악雅樂으로 형용하는 내용은 그 줄거리를 진술하는 데 그쳐야지 만약 자세하게 묘사하면 당시 상황이 쉽게 드러나오. 짐이 지금 장군과 재상을 살펴보니 대부분 일찍이 저들의 부림을 받은 적이 있소. 그것이 하루 만의 군신관계였다 하더라도 지금 다시 그들이 포로가 되던 상황을 보게 되면 틀림없이 참을 수 없을 것이오. 나는 이런 사정 때문에 자세히 묘사하라 하지 못하겠소.”

소우가 사과하며 말했다.

“그런 사정은 신이 생각하지 못한 부분입니다.”

38_ 당 태종이 아직 진왕으로 있을 때 유무주劉武周를 격파하고 군영에서 「파진악破陣樂」을 만들어 악공 28명에게 은색 갑옷을 입힌 후 방패를 들고 춤을 추게 했다. 태종의 무공을 찬양하는 내용이다.

39_ 수나라 말기 군웅 중 한 사람(?~620). 수나라 말기에 군사를 일으켜 돌궐의 세력에 의지했다. 진양晉陽과 하동河東 일대를 석권하고 세력을 떨쳤다. 그러나 당 태종에게 패배하여 돌궐로 달아났고 오래지 않아 돌궐 사람들에게 살해되었다.

40_ 수나라 말기 군웅 중 한 사람(?~618). 금성부교위를 역임하다가 서진패왕西秦霸王을 일컬으며 수나라에 반기를 들었다. 한때 강력한 군사로 당 태종을 압박했으나 갑자기 병들어 죽었다.

卷八

제30편 | 농사에 힘쓰라

務農

『국어』「주어周語」에서는 "백성의 큰일은 농사에 있다民之大事在農"라고 했고, 『사기』「효문본기孝文本紀」에서는 "농사는 천하의 근본으로, 그 업무가 이보다 큰 것은 없다農, 天下之本, 務莫大焉"라고 했다. 왜 이처럼 농사를 중시했을까? 첫째, 농사는 인간 생존의 기본 조건인 먹을 것食과 입을 것衣을 생산하는 일이기 때문이다. 둘째, 정착생활을 기반으로 하는 농사는 국가 노동력과 세수稅收 확보에 안정적이기 때문이다. 셋째, 농사는 극심한 천재지변이 발생하지 않는 한 인간의 노동에 따른 결과를 정직하게 보장해주기 때문이다. 넷째, 농사가 생업의 중심이 되는 사회 공동체에서 예禮와 법法을 시행하기가 편리하기 때문이다.

왕조시대에는 농사를 장려하기 위해 봄철에 임금과 왕비가 직접 농사와 양잠을 장려하는 친경親耕·친잠親蠶 행사를 실시했고, 농번기에는 전쟁이나 부역과 같은 국가의 대사를 벌이지 못하게 했다. 당 태종이 메뚜기 떼가 뒤덮인 들판으로 나가 메뚜기를 직접 잡아먹는 모습을 내보인 일이라든가, 태자의 관례를 농한기로 미루게 한 일 등도 모두 농사가 천하의 근본임을 강조한 행사였다.

사람의 근본은 옷과 밥이다

정관 2년, 태종이 근신들에게 말했다.

"모든 일은 근본에 힘써야 하오. 나라는 사람을 근본으로 삼고, 사람은 의식衣食을 근본으로 삼으며, 무릇 의식을 마련하는 일은 농사 시기를 잃지 않음을 근본으로 삼소. 대저 농사 시기를 잃지 않으려면 임금이 간명하고 고요한 정치를 해야 이룰 수 있소. 군사를 자주 일으키고 토목 공사를 쉬지 않으면서 백성의 농사 시기를 빼앗지 않으려 한다면 그것이 가능한 일이겠소?"

왕규가 말했다.

"진시황과 한 무제는 밖으로 군사를 끝까지 사용했고 안으로는 궁궐을 높고 화려하게 장식했습니다. 백성의 힘이 고갈되자 마침내 재앙이 발생했습니다. 저들이 어찌 백성을 편안하게 하고 싶지 않았겠습니까? 백성을 편안하게 하는 방법을 잃어버렸기 때문입니다. 멸망한 수나라의 전철이 바로 앞에 있으니 경계로 삼아야 할 일이 멀리 있지 않습니다. 폐하께서는 친히 수나라의 폐단을 이어받았으나 그것을 바꿀 수 있는 방법을 알고 계십니다. 그러나 그것을 처음 시작하기는 쉽지만 끝까지 지속하기는 진실로 어렵습니다. 그러므로 처음 시작할 때처럼 끝까지 신중함을 유지하시어 바야흐로 그 아름다움을 모두 발휘할 수 있기를 엎드려 바랍니다."

태종이 말했다.

"공의 말씀이 옳소. 대저 백성을 편안하게 하고 나라를 안정시키는 건 오직 임금에게 달려 있소. 임금이 강제로 정치를 하지 않으면 백성이 즐겁고, 임금이 욕심이 많으면 백성이 괴롭소. 이것이 바로 짐이 감정을 억누르고 욕심을 줄이면서 자신을 극복하고 스스로 힘쓰는 까닭이오."

당 태종이 누리를 삼키다

정관 2년, 도성에 가뭄이 들고 누리(메뚜기의 일종) 떼가 창궐했다. 태종은 원림苑林으로 들어가 벼를 살펴보다가 누리를 발견하고는 여러 마리를 잡아서 주문呪文을 읊조렸다.

"사람은 곡식을 목숨으로 삼는데 네가 그 곡식을 먹는구나. 이것은 백성에게 해가 되는 일이다. 백성에게 잘못이 있다면 그 잘못은 나 한 사람에게 있다. 네가 영험하다면 나의 심장을 파먹어야지 백성을 해쳐서는 안 된다."

그러고는 그것을 삼키려 했다. 좌우 신하들이 얼른 간언을 올렸다.

"아마도 병환이 올 듯하니 삼켜서는 안 되옵니다."

태종이 말했다.

"짐이 바라는 것은 내 몸에 재난을 옮기는 것이오. 그런데 어찌 질병을 피하겠소?"

마침내 누리를 삼켰다. 그때부터 누리가 더 이상 재난을 일으키지 않았다.

태자의 관례를 농한기로 미루라

정관 5년, 담당 관리가 상소문을 올렸다.

"황태자에게 장차 관례冠禮를 시행해야 하는데 2월에 행해야 길하다고 합니다. 군사를 증원하여 행사를 준비하시기 바랍니다."

태종이 말했다.

"올해 논밭갈이가 지금 막 시작되었는데 농사에 방해가 될까 두렵소."

이에 10월로 시기를 바꾸라고 명령을 내렸다. 그러자 태자소보 소우가 아뢰었다.

"음양가의 견해에 따르면 2월에 시행하는 것이 좋다고 합니다."

태종이 말했다.

"음양가에서는 꺼리더라도 짐은 [그들의 건의를] 시행하지 않겠소. 만약 움직이는 행동마다 반드시 음양가의 건의에만 따르면서 올바른 이치는 돌아보지도 않고 복을 받기 바란다면 그것이 가능한 일이겠소? 만약 시행하는 일마다 모두 정도를 따른다면 저절로 항상 길할 것이오. 또 길흉은 사람에 달려 있는데 어찌 음양에 구애될 겨를이 있겠소? 농사는 시기가 매우 중요하므로 잠시라도 어겨서는 안 되오."

농사 시기를 빼앗지 말라

정관 16년, 천하의 곡식 가격이 대체로 한 말斗에 5전, 더 싼 곳은 한 말에 3전이 되자 태종이 근신들에게 말했다.

"나라는 백성을 근본으로 삼고, 백성은 먹을 것을 목숨으로 삼소. 만약 곡식의 작황이 좋지 않으면 억조창생은 이 나라 소속이 아니게 되오. 이와 같이 풍년이 들었더라도 짐은 억조창생의 부모가 되어 오직 몸소 근검절약에 힘쓰며 갑작스레 사치한 생활을 하지 않을 것이오. 짐은 항상 천하 백성에게 혜택을 베풀어 그들을 모두 부귀하게 해줄 생각을 하고 있소. 지금 부역과 세금을 줄여주고, 그들의 농사 시기를 빼앗지 않고, 가가호호 백성으로 하여금 농사일을 마음대로 하게 하면 모두 부유해질 것이오. 예의와 겸양을 돈독하게 실천하여 향리의 백성으로 하여금 젊은이는 어른을 공경하게 하고 아내는 남편을 공경하게 하면 모든 이가 고귀해질 것이오. 천하가 전부 이렇게 되면 짐은 음악을 듣지 않고 사냥에 나가지 않아도 즐거움이 그 안에 있을 것이오."

제31편 | 형벌과 법률

刑法

공정한 법률에 따른 형벌 시행은 사회 공동체의 제도와 질서를 유지하기 위한 최소한의 제한 장치다. 『순자』 「군도」에서는 "법이란 다스림의 단서다法者, 治之端也"라고 했고, 『관자』 「법법法法」에서는 "법을 폐지하고 나라를 다스릴 수 없다不能廢法而治國"라고 했다. 제도적으로 마련된 공정한 법률이 치국의 출발점임을 강조하는 언급들이다. 치국은 물론 리더의 어진 마음을 바탕으로 삼아야 하지만, 인정과 감정에만 기대면 상황에 따라 일처리가 편의적으로 치우치기 쉽다. 그러므로 권세, 부귀, 폭력, 인정에 휘둘리지 않는 객관적이고 공평한 법률이 필요하다.

법률이란 특히 사회적 약자의 권익을 보호하는 제도적 장치로 작동해야 한다. 당 태종도 법률의 원칙을 지키되 가능한 한 법률을 관대하게 시행할 것을 요구했다. 또 사형선고가 내려진 법률안에 대해서는 다섯 번에 걸쳐 반복 심사를 하는 '오복주五覆奏' 제도를 실시하라 했고, 옥사에 억울한 일이 발생하지 않도록 관대하고 공평한 판결을 내리도록 어명을 내렸다. 그리고 높은 지위에 있으면서도 늘 아래 세상의 민의를 들으며 힘없는 백성을 위해 법률을 관대하게 적용하고자 노력했다.

관대하고 가볍게 법을 시행하라

정관 원년, 태종이 근신들에게 말했다.

"죽은 자는 다시 살아날 수 없으므로 법을 집행할 때 관대하고 가볍게 하는 데 힘써야 하오. 옛사람은 이렇게 말했소.

'관棺을 파는 자는 해마다 전염병이 돌기를 바란다. 이는 사람을 미워해서가 아니라 관을 팔아 이득을 얻기 때문이다.'[1]

지금 법관들은 한 가지 옥사를 심사할 때 반드시 엄격하고 각박하게 취조하여 성과를 내려고 하오. 지금 어떤 법을 만들어야 공평하고 미더운 판결을 내릴 수 있겠소?"

간의대부 왕규가 말했다.

"오직 공정하고 선량한 사람을 뽑아 미덥고 타당하게 판결을 내리는 관리에게는 품계를 올려주고 상금을 하사하면 간사함과 허위가 저절로 그칠 것입니다."

태종은 조칙을 내려 이 견해에 따르게 했다. 태종이 또 말했다.

"옛날에 옥사를 판결할 때는 반드시 삼괴三槐[2]와 구극九棘[3] 직에 있는 관리에게 자문을 구했는데, 지금의 삼공과 구경이 그 직책에 해당하오. 지금 이후로 사형 죄는 모두 중서성과 문하성의 4품 이상 관리 및 상서성의 구경들이 심의하게 하시오. 이와 같이 하면 억울하고 과도한 형벌에서 벗어날 수 있을 것이오."

이로부터 4년이 지나자 사형 판결을 받은 자가 천하에 29명뿐이었고, 거의 사형을 시행하지 않게 되었다.

1_ 『한서』 「형법지刑法志」에 나온다. 글자가 조금 다르다. "鬻棺者欲歲之疫, 非疾於人, 利於棺售故耳."

2_ 『주례』 「추관秋官·조사朝士」에 따르면, 주나라 때 삼공이 임금을 알현할 때 조정 밖에 심어놓은 세 그루의 홰나무를 향해 앉았기 때문에 삼괴三槐는 삼공을 의미한다고 한다.

3_ 『주례』 「추관·조사」에 따르면 조정 마당에 가시나무를 심어서 관리들의 품계를 구분했다.

혼자서 반역할 수는 없다

정관 2년, 태종이 근신들에게 말했다.

"근래에 주인의 역모를 고발하는 노복이 있소. 이것은 법을 지극히 황폐하게 만드는 일이니 특히 엄단해야 하오. 반역을 모의하는 자가 있다면 틀림없이 혼자서 일을 이루지 못하므로 종당에는 다른 사람과 상의할 것이오. 여러 사람과 상의하는 일은 틀림없이 다른 사람들에게서 논란이 될 것이니 어찌 노복의 고발에 의지할 필요가 있겠소? 지금부터 노복 중에 주인을 고발하는 자가 있으면 고발을 받지 말고 모두 참수하도록 하시오."

사형은 다섯 번에 걸쳐 다시 심사하라

정관 5년, 장온고張蘊古[4]가 대리승이 되었다. 상주相州[5] 사람 이호덕李好德은 평소에 정신이상 증세가 있어서 요망한 말을 했다. 태종이 조칙을 내려 그를 옥에 가두고 국문하라고 명했다. 그러자 장온고가 말했다.

"호덕의 정신병은 증거가 있으니 법을 적용해서는 안 됩니다."

태종이 관대한 처리를 허락했다. 온고는 비밀리에 태종의 칙지를 전한 뒤 호덕을 이끌고 함께 박희博戲[6]를 했다. 치서시어사 권만기가 이 일을 탄핵했다. 태종은 대로하여 동쪽 저자에서 온고를 참수하게 했다.

조금 지나서 태종은 그 일을 후회하며 방현령에게 말했다.

4_ 당 태종 때 관리(?~631). 박학다식하고 문장을 잘 지었으며 시무에 밝았다. 정관 초년에 「대보잠大寶箴」을 지어 올려 태종의 칭찬을 들었다.

5_ 지금의 허베이 성 린장臨漳 서남(안양安陽 북쪽).

6_ 바둑, 장기, 쌍륙雙六 등과 같은 일종의 승부 놀이.

"공들은 임금이 주는 녹봉을 먹고 있으니 임금의 근심을 함께 근심해야 하며, 일의 크고 작음을 막론하고 모두 마음을 써야 하오. 그런데 지금은 짐이 묻지 않으면 말도 하지 않고, 나랏일을 보고서도 간쟁하지 않으니 어찌 임금을 보필하는 신하라 할 수 있겠소? 예를 들면 온고는 법관의 몸으로 죄수와 박희를 즐기며 짐의 말을 누설했소. 이는 죄질이 매우 무겁소. 만약 보통 법률에 의거했다면 극형에 이르지는 않았을 것이오. 짐은 당시 매우 화가 나서 그를 바로 처형하도록 했소. 그러나 공들은 끝내 한마디 말도 하지 않았으며, 담당 관리도 다시 아뢰지 않고 결국 곧바로 처형하고 말았소. 이 어찌 도리에 맞는 일이겠소?"

그리하여 이렇게 조칙을 내렸다.

"무릇 사형 선고를 내리고 즉시 처형하라 해도 모두 다섯 번의 심사를 하여 아뢰도록 하시오."

다섯 번의 심사제도五覆奏가 장온고의 사건으로부터 시작되었다. 또 이렇게 말했다.

"법조항만 고수하여 죄를 판단하면 더러 원통한 일이 생길 수도 있소. 지금 이후로는 문하성에서 재심사를 하도록 하고, 법령에 근거해 사형이 합당하더라도 인정상 불쌍하게 여길 만한 경우가 있으면 그 일을 기록하여 아뢰도록 하시오."

높은 곳에서도 낮은 세상의 소리를 들으라

장온고는 당초 정관 2년에 유주총관부기실幽州總管府記室에서 시작하여 중서성의 관직을 겸하는 가운데 「대보잠大寶箴」이란 글을 지어 올렸다. 문장과 뜻이 매우 아름다워서 교훈으로 삼을 만했다. 그 문장은 다음과 같다.

"옛날부터 지금에 이르기까지 땅을 살피고 하늘을 우러러보니, 오로지 임금님만 복을 짓는지라 임금 되기가 진실로 어렵습니다. 하늘 아래 온 땅을 집으로 삼고 제후 삼공 윗자리에 머무십니다. 땅에 따라 생산물을 바치게 하고 관료를 갖춰 임금의 노래에 화답하게 합니다. 이 때문에 두려운 마음이 나날이 풀어지고 사특한 마음이 마구 일어납니다. 소홀함에서 사건이 생기고 뜻하지 않은 데서 참화가 발생함을 어찌 알겠습니까? 진실로 성인은 천명을 받아 물에 빠진 자를 구해내고 재난을 해결합니다. 모든 죄는 자신에게 귀속시키고 백성에게선 민심을 따릅니다. 밝은 태양이 치우침 없이 온 땅을 비추듯 공평함엔 사사로운 친분이 없습니다. 따라서 한 사람이 천하를 다스리지만 온 천하가 한 사람을 받들게 하진 않습니다. 예의로는 사치함을 금지하고 음악으로는 방탕함을 방비합니다. 좌사는 임금의 말을 기록하고 우사는 임금의 일을 기록하며, 나갈 때 길을 경계하고 들어올 때도 길을 치웁니다. 춘하추동 음양을 조화시키고 해, 달, 별과 그 득실을 함께합니다.[7]

이 때문에 임금의 몸은 법도가 되고 임금의 목소리는 음율이 됩니다. 하늘이 무지하다 말하지 마십시오. 높은 곳에 자리 잡고도 낮은 세상의 소리를 듣습니다. 작은 악이 무슨 해가 되느냐고 말하지 마십시오. 작은 것이 쌓여서 큰 것이 됩니다. 쾌락을 끝 간 데까지 즐기지 마십시오. 쾌락이 극에 달하면 슬픔이 됩니다. 하고 싶은 일에 방종하지 마십시오. 방종은 마침내 재앙이 됩니다.

안으로 구중궁궐이 웅장하게 늘어서 있어도 거주하는 자리는 무릎을 들일 작은 곳에 불과합니다. 저 어두운 폭군들은 이런 이치를

7_ 땅 위의 정치의 득실에 따라 해, 달, 별도 빛을 잃거나 빛을 더한다는 이론. 일종의 천인감응론天人感應論이다.

알지 못하고 누대를 옥돌로 꾸미고 궁실을 옥구슬로 장식합니다. 눈 앞에 산해진미를 차려놓아도 먹는 건 입에 맞는 몇 가지에 그칩니다. 저 미친 폭군들은 이런 이치를 생각지도 않고 술지게미로 언덕을 쌓고 술로 연못물을 채웁니다.

안으로는 여색에 탐닉하지 말고 밖으로는 사냥에 빠지지 마십시오. 얻기 어려운 물건을 귀하게 여기지 말고 나라 망치는 음악을 듣지 마십시오. 안으로 여색에 탐닉하면 선한 본성을 해치게 되고, 밖으로 사냥에 빠지면 사람의 마음을 방탕하게 합니다. 얻기 어려운 물건은 사람을 사치하게 하고, 나라 망치는 음악은 사람을 음란하게 합니다. 나는 존귀한 사람이라 말하며 어진 선비에게 오만하게 대하지 마십시오. 나는 지혜로운 사람이라 말하며 간언을 거절하고 자신을 자랑하지 마십시오.

전해오는 말을 듣건대 하나라 우임금은 한 끼 수라를 들다가도 자주 일어나 정무를 처리했다 합니다. 또한 위나라 문제가 간언을 듣지 않자 신비辛毗는 끊임없이 문제의 옷자락을 잡아당겼다고 합니다. 마음이 변덕스러운 자들을 안정시키려면 봄볕이나 가을 이슬처럼 부드럽게 대하면서 높고도 드넓게 한 고조처럼 큰 도량을 펼쳐야 합니다. 여러 가지 업무를 처리할 때는 살얼음을 밟는 듯이, 깊은 연못에 임하는 듯이 하며 전전긍긍 두려운 마음으로 주 문왕의 조심스런 태도를 본받아야 합니다."

8_ 『시경』「대아·황의」에 나온다. "不識不知, 順帝之則."

9_ 『상서』「홍범洪範」에 나온다. "無偏無黨."

화와 복은 사람에 달려 있다

"『시경』에 이르기를 '이해하지 못하고 알지 못해도 하늘의 법도를 따르라'[8]고 했고, 『상서』에서는 '치우침도 없고 당파도 없다'[9]라고 했습니다. 이는 마음속에서 피차의 구분을 하나로 여기고, 생각 속에서 애증의 감정을 없앤다는 의미입니다. 뭇 사람이 내친 후에야 형벌을 가하고, 뭇 사람이 기뻐한 후에야 상을 내리십시오. 강한 적을 약하게 만들어 혼란을 다스리고, 왜곡된 사정을 펴주어서 잘못을 바로잡으십시오. 그러므로 이르기를 저울대나 저울추처럼 처신하며, 일정한 숫자로 물건의 중량을 정하지 않아도 저울에 물건을 달면 그 경중이 저절로 드러나게 해야 합니다. 또 물이나 거울처럼 처신하며, 일정한 모양으로 사물을 비추지 않아도 물과 거울에 사물을 비추면 그 미추가 저절로 노출되게 해야 합니다.

뒤죽박죽 혼탁해서도 안 되지만 새하얗게 맑기만 해서도 안 됩니다. 흐리멍덩 어두워서도 안 되지만, 깨끗하게 맑기만 해서도 안 됩니다. 비록 면류관으로 눈을 가리더라도 형체가 없는 곳에서 형체를 보고,[10] 비록 주광黈纊[11]으로 귀를 막더라도 소리 없는 곳에서 소리를 들어야 합니다. 맑고 고요한 경지에 마음을 자유롭게 풀어놓고, 지극한 도의 정수에서 정신을 놀게 하십시오. 종을 두드릴 때면 방망이의 크고 작음에 응하여 소리를 내는 데 힘쓰고, 술을 따를 때면 술잔의 깊고 얕음에 따라 모든 잔을 채워주십시오. 그러므로 이르기를 하늘은 맑아야 하고, 땅은 안정돼야 하며, 임금은 올바르게 정치를 해야

10_ 면류관 앞뒤에는 주옥을 꿴 줄이 늘어져 있다. 황제는 12줄, 제후는 9줄이다. 임금이 사람들의 잘못을 너무 밝게 살피는 것을 경계하고, 임금에게 관용과 은혜를 일깨우는 의미가 담겨 있다.

11_ 면류관 좌우 귓가에 늘어뜨린 황색 솜 방울로 형식적으로 임금의 귀를 막는 모습을 하고 있다. 즉 임금이 간신의 참언이나 다른 사람의 잘못을 지나치게 자세히 듣지 말아야 한다는 의미다.

합니다. 춘하추동은 말을 하지 않고도 계절 순서를 바꾸고, 만물은 억지로 무엇을 하지 않아도 저절로 성장합니다. 어떻게 백성이 황제에게 힘이 있어서 천하가 태평하게 되는 것을 알겠습니까?

폐하께서 혼란을 평정하시면서 지혜와 역량으로 승리를 거두자, 사람들은 폐하의 위력을 두려워하고는 있지만 아직 폐하의 덕망은 생각하지 않고 있습니다. 폐하께서 천운을 손에 잡고 순후한 기풍을 진작하자 백성들은 시작 때의 정치를 깊이 생각하지만 아직 마지막 운명까지는 보장해주지 않고 있습니다. 이에 거울처럼 맑은 도를 서술하고 정신을 다 쏟아부으며 본성을 다 발휘해야 합니다. 마음으로 사람을 부리고 행동으로 약속을 지켜야 합니다. 다스림의 요체를 포괄하여 조칙과 어명으로 선악을 포폄하면서 천하를 공공의 터전으로 삼으면 황제 한 분에게도 경사가 있을 것입니다. 한 면으로만 그물을 펼쳐놓고 삼면으로는 동물이 달아나길 축원하고,[12] 금琴을 끌어당겨 시詩를 짓도록 명령을 내리십시오.[13] 하루 이틀 짧은 순간에도 이것을 생각하고 또 생각하십시오. 오직 사람의 행동이 화와 복을 부르고 하늘이 그것을 돕습니다. 저는 간쟁하는 신하로 직언하는 일을 맡고 있어서 감히 앞서의 의심을 말씀드립니다."

태종은 이 글을 가상하게 여기고 장온고에게 비단 300단을 하사하면서 바로 대리시승大理寺丞 직에 임명했다.

12_『사기』「은본기殷本紀」에 따르면 은나라 탕왕은 사냥할 때 한 면에만 그물을 친 채 삼면은 비워두고, 짐승이 삼면으로 도망가도록 명령하고 축원하면서 그 명령에 따르지 않는 짐승만 잡았다.

13_『예기』「악기」에 따르면 순임금이 오현금을 만들어 「남풍南風」 노래를 불렀다고 한다. 남풍은 임금의 은혜가 모든 백성에게 퍼짐을 비유한다.

옥사 판결에 억울함이 없게 하라

정관 5년, 태종이 조칙을 내렸다.

"도성에 있는 여러 관청에서는 근래 사형수 판결에 관해서 보고할 때 세 번 심사를 했다고 하지만 하루 만에 판결을 끝내버린다. 그러니 자세히 조사하고 생각할 겨를이 전혀 없을 터인데 세 번 심사하는 제도가 무슨 도움이 되겠는가? 설령 나중에 후회한다 해도 미칠 수가 없다. 지금 이후로는 도성의 여러 관청에서 사형수 판결에 관해 보고할 때 이틀에 걸쳐 다섯 번 심사를 한 후 보고해야 하고, 천하의 여러 주에서는 세 번 심사한 후 보고하라."

또 손수 조칙을 내려 이렇게 말했다.

"근래에 담당 관리가 옥사를 판결할 때 대부분 법률 조항에만 의지하고 있다. 그러나 인정상 불쌍하게 여길 만하고 감히 법을 어기지 않았는데도 법률 조항만 고수하여 죄를 판단하면 더러 원통한 일이 생길 수도 있다. 지금 이후로는 문하성에서 재심사를 하도록 하고, 법령에 근거하면 사형이 합당하더라도 인정상 불쌍하게 여길 만한 일이 있으면 그 일을 기록하여 아뢰도록 하라."

공신이라고 사면해서는 안 된다

정관 9년, 염택도행군총관鹽澤道行軍總管[14] 겸 민주도독岷州都督[15] 고증생高甑生[16]이 이정李靖의 규제를 어겼을 뿐 아니라 이정이 역모를 꾸민다고 모함을 하다가 사형에서 감형을 받아 변방으로 추방되었다. 당시에 어떤 사람이 상소했다.

"증생은 옛날 진부秦府의 공신이니 그의 허물을 관대하게 처리해주십시오."

태종이 말했다.

"그가 비록 짐의 번국 시절 옛 공신이라 진실로 잊을 수는 없지만 나라를 다스리고 법을 지켜야 할 때는 모든 일을 똑같이 처리해야 하오. 지금 만약 그를 사면하면 요행을 추구하는 길을 열어주는 것이오. 또 우리 당나라가 태원太原[17]에서 의병을 일으켰을 때 처음부터 전쟁에 종군한 유공자는 매우 많소. 만약 증생이 사면 받는다면 그 누가 요행수를 노리지 않겠소? 유공자들은 모두 법을 어길 것이오. 내가 절대 사면하지 않으려는 까닭은 바로 이 때문이오."

14_ 염택도鹽澤道는 지금의 신장위구르 자치구 동남쪽 뤄부보羅布泊 일대가 포함된 당나라 시기 행정 구역.

15_ 민주岷州는 지금의 간쑤 성 민岷 지역.

16_ 당나라 초기 장수. 이세민을 따라 왕세충을 정벌했다. 돌궐 토벌에도 공을 세웠다.

17_ 지금의 산시 성 타이위안太原.

기분에 따라 시행하지 말라

정관 11년, 특진 위징이 상소문을 올렸다.

"신은 『상서』에 실린 다음과 같은 말을 들은 적이 있습니다.

'덕망을 밝히고 형벌에 신중하라'[18] '오직 형벌은 삼가야 하느니라.'[19]

『예기』에서는 또 이렇게 말했습니다.

'임금이 되어 도리를 잘 지키면 섬기기가 쉽고, 신하가 되어 도리를 잘 지키면 그 마음을 쉽게 알 수 있으니 형벌을 번거롭게 쓸 필요가 없다. 임금이 의심하면 백성이 미혹되고, 신하의 마음을 알기 어려우면 임금이 수고로워진다.'[20]

대저 임금을 섬기기가 쉬우면 신하의 마음을 알기가 쉽고 임금이 수고롭지 않으면 백성도 의혹에 빠지지 않습니다. 이 때문에 임금은 한결같은 덕을 품고 있어야 신하가 두마음을 먹지 않습니다. 임금은 위에서 충성스럽고 후덕한 정성을 펼치고 신하는 아래에서 고굉지신股肱之臣의 역량을 모두 발휘한 연후에야 태평 시대의 기틀이 무너지지 않고, '편안하도다!'라는 감탄이 저절로 우러날 것입니다.

지금은 다스림의 도가 중화와 이민족을 덮었고, 공적은 우주까지 높게 치솟아 있습니다. 복종하지 않으려는 자들이 없고, 먼 곳에서부터 모여들지 않는 족속이 없습니다. 그러나 말로는 간편한 법률을 숭상하고 그 뜻은 명확한 조사에 두고 있다지만 형벌과 포상의 운용이 여전히 미진합니다. 대저 형벌과 포상의 근본은 선행을 권하고 악행을 징벌하는 것입니다. 제왕이 천하에 동일한 법률을 시행하는 까닭

18_ 『상서』 「강고康誥」에 나온다. "明德愼罰."

19_ 『상서』 「순전舜典」에 나온다. "惟刑恤哉!" 『상서』 원문에는 '刑' 다음에 '之'가 더 있다.

20_ 『예기』 「치의緇衣」의 몇 구절을 조합했다. "爲上易事, 爲下易知, 則刑不煩矣. 上人疑則百姓惑, 下難知則君長勞矣."

은 사람의 귀천이나 친소에 따라 형벌의 경중을 결정하지 않기 위해서입니다. 그러나 오늘날은 이렇게만 시행되지는 않습니다. 더러는 법관의 호오에 따라 형기의 장단을 정하기도 하고 더러는 법관의 희로애락에 따라 형벌의 경중을 정하기도 합니다. 기분이 좋을 때는 법률의 한도 내에서 동정을 베풀기도 하지만, 노여울 때는 사건 밖에서 다른 죄를 찾아내기도 합니다. 죄인을 좋아하면 피부를 파헤쳐 고운 솜털까지 드러내주기도 하지만, 죄인을 싫어하면 피부의 때를 씻어낸 후에 흉터까지 까밝힙니다. 숨은 흉터까지 찾아낸다면 형벌을 남용할 것이고, 고운 솜털까지 드러낸다면 포상이 어지러워질 것입니다. 형벌을 남용하면 소인배의 길이 넓어지고, 상벌이 어지러워지면 군자의 길이 사라집니다. 소인배의 악행을 징벌하지 못하고, 군자의 선행을 권면하지 못하면서 나라의 안정을 이루고 형벌 폐지를 바라는 경우를 신은 아직 듣지 못했습니다."

참화와 복락은 서로 의지해 있다

"또 한가롭게 청담淸談을 나눌 때는 모두 공자와 노자를 숭상하지만, 분노가 치밀 때는 신불해[21]와 한비자에게서 법률을 가져와 사용합니다. 정직한 이치를 행하는 사람이 자주 쫓겨나지 않는 경우가 없으니, 이에 남을 위태롭게 하여 스스로 안락을 얻는 자가 몹시 많아질까 두렵습니다. 이 때문에 도덕의 의의는 아직 널리 펼쳐지지도 못했는데 각박한 기풍이 벌써 유행하고 있습니다. 대저 각박한 기풍이 유행하면 아래 백성에게서 온갖 폐단이 생겨나고, 사람들이 다투어 세태만 좇으면 나라의 법률과 제도가 통일되지 않습니다. 옛 성군의 법도에 비교해보면 진실로 임금의 도가 부족합니다.

옛날 백주리伯州犁[22]가 상하기수上下其手[23] 행동을 하자 초나라의 법률은 마침내 차별이 생겼고, 장탕張湯[24]이 제 마음대로 죄의 경중을 정하자 한나라 형벌은 폐해를 드러냈습니다. 신하가 불공평하고 편벽되어도 그 속임수를 드러낼 사람이 없는데 하물며 임금이 마음대로 형벌을 높이고 낮춘다면 장차 백성이 어떻게 손발을 둘 데가 있겠습니까? 지혜로운 성군께선 총명하시므로 어떤 어둠도 촛불로 밝히지 못할 곳이 없습니다. 어찌 정신으로 통달하지 못할 것이 있고, 지혜로 소통하지 못할 점이 있겠습니까? 자신의 편안함에만 안주하면 형벌을 신중하게 시행할 생각을 하지 못하고, 자신의 쾌락만 즐기면 마침내 먼저 웃다가 끝내 통곡하는 이치조차 망각합니다. 재앙과 복락은 서로 의지해 있고 길함과 흉함은 함께 존재합니다. 이는 오직 사람이 초래하는 것이니 어찌 깊이 생각하지 않을 수 있겠습니까?

근래에 질책과 형벌이 조금씩 많아지고 위엄과 분노가 다소 심해지고 있습니다. 더러는 바치는 물목 장부가 넉넉하지 못하기도 하고, 더러는 짓는 건축물이 본래의 계획과 달라지기도 합니다. 또 더러는 사용하는 물건이 마음에 들지 않을 때도 있고 더러는 사람들이 어명에 따르지 않을 때도 있습니다. 그러나 이런 것들은 모두 치세를 이루기 위한 급선무가 아니라, 진실로 교만과 사치를 점점 조장하는 일인

21_ 전국시대 한나라 학자(?~기원전 337). 그는 특히 정치적 술수를 바탕으로 임금의 권력을 강화하여 부국강병을 이루자는 주장을 했다. 그가 주장한 술術, 상앙商鞅이 주장한 법法, 신도愼到가 주장한 세勢는 한비자에 이르러 법가철학으로 통일되었다.

22_ 춘추시대 초나라 강왕康王 때의 태재(?~기원전 541). 고사성어 상하기수上下其手의 주인공이다.

23_ 춘추시대 초나라 대부 천봉술穿封戌이 전쟁에서 정나라 장수 황힐皇頡을 사로잡자, 초나라 공자 위圍는 그 공로를 다투며 황힐을 자신이 잡았다고 거짓말을 했다. 천봉술은 공자 위의 거짓말에 화가 나서 태재 백주리에게 공정한 판결을 요구했는데, 백주리는 포로 황힐을 불러놓고 누구에게 포로가 잡혔는지 증언하라고 하면서 은연중 공수拱手한 손을 위로 들어 올리며 공자 위를 가리키고, 손을 아래로 내리면서는 천봉술을 가리켰다. 그것은 초 강왕의 아우인 공자 위를 편드는 행위였고, 그것을 알아차린 황힐은 오히려 자신이 공자 위에게 포로가 되었다고 거짓 증언을 했다.

24_ 한나라 무제 때의 관리. 각종 법률 사건을 맡아 처리하면서 황제의 뜻을 판결 기준으로 삼았다.

듯합니다. 이로써 '고귀함은 교만과 서로 함께하기로 약속하지 않아도 교만은 저절로 이르고, 부유함은 사치와 서로 함께하기로 약속하지 않아도 사치는 저절로 이른다'[25]는 말이 진실로 헛말이 아님을 알 수 있습니다."

편안할 때 위기를 생각해야

"또 우리 당나라가 대체한 나라는 기실 수나라였습니다. 수나라가 혼란에 빠져 망한 근원을 영명하신 폐하께서는 친히 목도하셨습니다. 수나라 창고에 감춰둔 보물을 오늘날 우리가 축적한 재물에 비교하고, 수나라의 갑사를 오늘날의 군사와 병마에 맞춰보고, 수나라의 호구를 지금의 백성과 비교하여 그 장단을 헤아리고 그 강약을 견줘보면 어느 정도의 수준이라고 할 수 있겠습니까? 그러나 수나라가 부강했으나 멸망한 것은 백성을 수고롭게 움직였기 때문입니다. 우리가 빈궁하지만 편안한 것은 백성을 조용히 쉬도록 해주었기 때문입니다. 조용히 쉬게 해주면 나라가 편안하고, 수고롭게 움직이면 나라가 어지러워진다는 사실을 모든 사람이 알고 있습니다. 이는 은밀히 숨어 있어서 발견하기 어려운 사실이 아니며, 너무 미세하여 관찰하기 어려운 사실이 아닙니다. 그런데도 평탄한 길을 걷는 사람은 드물고 전복된 수레의 전철을 밟는 사람이 많은 것은 무슨 이유입니까? 편안할 때 위기를 생각하지 않고, 치세에 난세를 염려하지 않고, 존재할 때 패망을 걱정하지 않아서 야기된 현상입니다.

옛날에 수나라가 아직 혼란에 빠지지 않았을 때는 그들 스스로 틀

25_ 『상서』 「주관周官」 공안국 전傳에 나온다. "貴不與驕期, 而驕自至, 富不與侈期, 而侈自來."

림없이 혼란이 없을 것이라고 떠벌렸고, 수나라가 아직 멸망하지 않았을 때는 스스로 멸망하지 않을 것이라고 떠벌렸습니다. 이 때문에 갑사를 자주 동원했고 부역을 그치지 않았습니다. 심지어 살육과 치욕을 당함에 이르러서도 끝내 멸망의 원인을 깨닫지 못했으니 슬퍼하지 않을 수 있겠습니까?"

올바른 원칙을 신중하게 고수하라

"대저 모습의 미추를 비춰보려면 반드시 고여 있는 물가로 가야 하고, 나라의 안위를 비춰보려면 반드시 패망한 나라에서 교훈을 얻어야 합니다. 이 때문에 『시경』에서는 읊었습니다.

'은나라의 거울은 먼 곳에 있지 않고, 하나라 임금이 통치하던 시절에 있네.'[26]

또 이렇게 읊었습니다.

'도끼자루를 깎도다, 도끼자루를 깎도다, 그 본보기가 멀리 있지 않도다.'[27]

신은 바라건대 오늘날 백성을 부리고 쉬게 하는 일은 반드시 수나라를 거울로 삼으십시오. 그리하면 국가 존망에 관한 치세와 난세의 이치를 터득하여 알 수 있을 것입니다. 만약 나라가 위기에 빠진 까닭을 생각할 수 있으면 나라는 안정을 얻을 것이고, 혼란에 빠진 까닭을 생각할 수 있으면 잘 다스려질 것이며, 멸망한 까닭을 생각할 수

26_ 『시경』 「대아·탕蕩」에 나온다. "殷鑒不遠, 在夏后之世."

27_ 『시경』 「빈풍豳風·벌가伐柯」에 나온다. "伐柯伐柯, 其則不遠." 도끼자루를 깎을 때는 도끼 구멍을 바로 옆에서 보고 자루의 굵기를 조절하므로 본보기가 멀리 있지 않다고 한 것이다.

있으면 계속 존속할 것입니다. 국가 존망의 원인 소재를 알았다면 임금은 욕망을 줄이고 민심을 따라야 합니다. 또 사냥의 즐거움을 줄여야 하고, 화려한 궁궐 건축을 중지해야 하며, 급하지 않은 일을 폐지해야 하고, 편향된 의견을 듣고 화내는 일을 삼가야 합니다. 또 충성스럽고 후덕한 사람을 가까이하고 비위나 맞추고 아첨하는 자를 멀리하십시오. 귀를 즐겁게 하는 사설邪說을 막고 입에 쓴 충언을 기꺼이 받아들이십시오. 승진만 추구하는 자는 퇴출시키고, 얻기 어려운 재화는 천시하면서, 요순의 비방목誹謗木[28]을 본받고 우탕의 「죄기조罪己詔」[29]를 따르십시오. 열 집의 재산도 아끼면서 백성의 마음에 순종하십시오. 가까이로는 자신의 몸에서 시작하여 용서의 마음으로 다른 사람을 대하십시오. 부지런하면서도 겸손하려고 애쓰면 이익을 얻을 수 있을 터이니 혼자 자만에 빠져 손해를 초래하지 마십시오.

이런 행동을 하면 서민들이 화답할 것이고, 이런 말을 하면 천 리 밖에서도 호응할 것입니다. 뛰어난 덕행은 앞 시대를 초월하고 아름다운 명성은 후세까지 전해질 것입니다. 이것은 성군의 웅대한 계획이고 제왕의 위대한 사업입니다. 이러한 일에 종사하여 그것을 끝까지 완성할 수 있으려면 [성군의 치국 원칙을] 신중하게 고수해야 할 것입니다."

처음처럼 공손하고 검소하라

"대저 원칙을 고수하는 일은 쉽지만 그것을 실천하는 일은 진실로

28_ 전설에 따르면 순임금이 보위에 오른 후 조정 앞에 나무판을 설치하여 백성으로 하여금 임금이나 나랏일에 대한 비판 의견이나 자신들의 억울한 사정을 적게 했다고 한다.

29_『좌전』 장공 11년에 다음과 같은 기록이 있다. "우임금과 탕 임금은 모든 것을 자신의 죄로 돌려 나라가 문득 홍성했다禹湯罪己, 其興也悖焉."

어렵습니다. 그러나 이미 어려운 것을 얻었는데 어찌 쉬운 것을 보전할 수 없겠습니까? 더러 보전이 튼튼하지 못하게 되는 경우도 있는데 그것은 교만, 사치, 음란, 방탕이 그것을 뒤흔들었기 때문입니다. 처음 시작할 때처럼 마지막까지 신중하게 처신하면서 부지런히 힘쓰지 않을 수 있겠습니까? 『주역』에서는 이렇게 말했습니다.

'군자는 편안할 때 위험을 잊지 않고 나라가 존재할 때 망국을 잊지 않으며 치세에 난세를 잊지 않는다. 이러한 까닭에 몸도 편안해지고 국가도 보전할 수 있다.'[30]

이 말은 진실로 믿을 만하니 깊이 살피지 않을 수 있겠습니까? 엎드려 바라건대 폐하께서는 선행을 하고자 하는 마음을 옛날보다 줄이지 마시고 잘못에 대해 듣고 고치려는 마음을 지난날보다 줄이지 마십시오. 만약 오늘날과 같은 무사태평한 시절에 지난날과 같은 공손함과 검소함을 실천하면 더할 나위 없이 선하고 아름다운 정치가 이루어질 것이니 진실로 폐하와 짝할 임금은 아무도 없을 것입니다."

태종은 매우 가상하게 여기며 그의 의견을 받아들였다.

불필요하게 상관을 연루시키지 말라

정관 14년, 대주자사戴州刺史 가숭賈崇은 부하 중에 십악十惡[31]을 범한 자가 있어서 어사에 의해 탄핵되었다. 태종이 근신들에게 말했다.

"옛날 요임금은 위대한 성인이었고, 유하혜柳下惠는 위대한 현인이

30_ 『주역』 「계사 하」에 나온다. 자구가 조금 다르다. "君子安不忘危, 存不忘亡, 治不忘亂, 是以身安而國家可保也."

31_ 십악은 모반謀反, 모대역謀大逆, 모반謀叛, 악역惡逆, 부도不道, 대불경大不敬, 불효不孝, 불경不敬, 불의不義, 내란內亂의 죄를 범한 죄인이다. 죄목이 분명하지 않은 항목도 있다.

었소. 그러나 요임금의 아들 단주丹朱는 매우 불초했고, 유하혜의 아우 도척盜跖[32]은 대단한 악인이었소. 대저 성인과 현인의 가르침으로도 부자나 형제 같은 혈친을 감화시켜 행동을 바꾸게 할 수 없었고, 악행을 없애고 선행을 따르게 할 수 없었소. 지금 어사를 파견하여 짐의 교화를 아래 백성에게 펼치고자 하지만 그들을 모두 선행으로 귀의하게 하는 일이 어떻게 가능하겠소? 만약 이러한 방법에 따라 모든 자사를 강등시킨다면 서로 번갈아가며 죄를 은폐하고 그 죄인조차 놓칠까 두렵소. 여러 주에 십악을 범한 자가 있다 해도 자사를 연좌시켜서는 안 되오. 다만 그 죄목을 분명하게 밝히고 규탄하기만 해도 간악한 자들을 정화시킬 수 있을 것이오."

관대하고 공평하게 판결하라

정관 16년, 태종이 대리경大理卿 손복가孫伏伽에게 말했다.

"대저 갑옷을 만드는 사람은 갑옷이 튼튼하기를 바라는데 그것은 갑옷을 입은 사람이 부상을 입을까봐 걱정하기 때문이오. 화살을 만드는 사람은 화살이 날카롭기를 바라는데 상대방을 상하게 하지 못할까 걱정하기 때문이오. [이는] 무슨 까닭이겠소? 각각 자신이 맡은 일이 있고, 자신의 이익은 자신이 맡은 일을 적절하게 처리하느냐에 달려 있기 때문이오. 짐이 항상 법관에게 형벌의 경중에 대해서 물으면 그들은 매번 법망이 지난 시대보다 더 관대하다고 하오. 짐이 여전히 두려워하는 바는 옥사를 주관하는 관리가 사람을 죽이는 것을 자

32_ 춘추시대 노나라의 유명한 도적. 『장자』 「도척盜跖」에 따르면 부하 9000명을 거느리고 천하를 횡행하며 온갖 악행을 다 저질렀다고 한다. 노나라 현인 유하혜의 아우로 알려져 있다.

신의 이익으로 삼고, 사람을 위험에 빠뜨리는 것을 자신의 출세 수단으로 삼으면서 세상의 명성을 구하고자 하는 행동이오. 지금 짐이 걱정하는 것은 바로 이 점에 있소. 이러한 일들을 절대 금지시키고 옥사를 관대하고 공평하게 판결하는 데 힘써야 할 것이오."

제32편 | 사면령
赦令

적절한 사면은 반성하는 범죄자를 다시 사회 구성원으로 받아들여 사회 융화를 달성하는 일이지만 이를 남발하면 법률 준수의 원칙이 흔들리고 범죄자들이 요행을 바라 범법을 일상화한다. 이와 같은 사면의 남용을 막기 위해 왕조시대에는 "사면해서는 안 되는 열 가지 악행十惡不赦"을 법으로 정해두었다. 수나라 법률집인 『개황률開皇律』과 당나라 법률집인 『당률소의唐律疏議』에 이에 대한 명확한 규정이 있다.

1. 모반謀反: 조정의 전복을 시도한 죄.

2. 모대역謀大逆: 황실의 종묘, 능묘, 궁전을 훼손하고 파괴한 죄.

3. 모반謀叛: 조정을 배반한 죄.

4. 악역惡逆: 조부모, 부모, 백숙부 등 가까운 손위 친족을 구타하거나 죽인 죄.

5. 부도不道: 죽을죄를 범하지 않은 일가친척 세 사람을 살상한 죄. 무술巫術로 일가친척을 해친 죄.

6. 대불경大不敬: 임금의 제례 용품과 일상 용품을 훔친 죄. 임금이 먹는 약이나 음식을 불결하게 만든 죄.

7. 불효不孝: 조부모, 부모에게 불효한 죄. 부모의 상례 기간에 혼인하거나 음악을 즐긴 죄.

8. 불목不睦: 8촌 이내의 친척을 살상한 죄.

9. 불의不義: 관리가 서로 살상한 죄. 병졸이 상관을 죽인 죄. 제자가 스승을 죽인 죄.

10. 내란內亂: 친척 간에 간음하거나 강간한 죄.

이것은 왕조시대의 규정이므로 역모, 왕실 모독, 친척 불화, 하극상 등과 관련된 범죄가 사면 대상에서 제외되었음을 알 수 있다.

함부로 사면령을 내리지 말라

정관 7년, 태종이 근신들에게 말했다.

"천하에 어리석은 자는 많고 지혜로운 사람은 드무오. 지혜로운 사람은 악행을 하려 하지 않고, 어리석은 사람은 법률을 범하기 좋아하는데, 무릇 사면의 은혜는 오직 법을 지키지 않는 자들에게만 미치고 있소. 옛말에 '소인배의 행복은 군자의 불행이다' '1년에 두 번 사면령을 내리면 선한 사람은 침묵에 빠져든다'고 했소. 무릇 잡초를 기르면 벼를 해치고, 간적에게 은혜를 베풀면 선량한 사람이 상하오. 문왕은 죄인을 처벌할 때 윤리강상을 위배한 자에게 형벌을 가하며 사면하지 않았소. 또 촉한의 선주 유비[1]는 일찍이 제갈량에게 이렇게 말했소.

'나는 진원방陳元方[2]과 정강성鄭康成[3]의 사이를 왕래할 때마다 치란治亂의 이치를 일깨워줌이 매우 상세하다고 느꼈소. 그러나 그분들이 사면을 말한 적은 없었소.'

이 때문에 제갈량은 10년 동안 사면을 하지 않았지만 촉한은 크게 다스려졌소. 양梁 무제는 매년 여러 차례 사면했지만 결국 나라가 패망했소. 대저 작은 인仁을 도모하는 자는 큰 인의 적이오. 이 때문에 나는 천하를 다스린 이래 절대 사면을 하지 않았소. 지금 사해는 안정되었고 예의는 잘 시행되고 있으며 특별한 은전도 이루 헤아릴 수 없을 정도로 많이 베풀고 있소. 아마도 어리석은 자들은 항상 요행을

1_ 중국 삼국시대 촉한을 세운 임금으로 자는 현덕玄德(161~223). 전한 중산정왕中山靖王 유승劉勝의 후예로 알려져 있다.

2_ 후한 말기의 학자로 자가 원방, 본명은 기紀(129~199). 부친 진식陳寔, 아우 진심陳諶도 모두 학문이 뛰어나서 이들을 삼군三君이라고 일컬었으며, 진기와 진심 형제는 난형난제難兄難弟의 주인공이기도 하다. 『진자陳子』라는 저서를 남겼다.

3_ 후한 말기의 저명한 학자 정현鄭玄의 자가 강성康成. 앞에 나온 바 있다.

바라며 오직 범법 행위만 하려고 하기 때문에 자신의 잘못을 고칠 수 없을 것이오."

상충되는 법 조항을 없애라

정관 10년, 태종이 근신들에게 말했다.

"국가의 법령은 간략해야 하고 한 가지 죄에 여러 가지 법 조항을 두어서는 안 되오. 규칙이 많아지면 관리들이 모두 기억할 수 없고 간사한 속임수가 발생하오. 만약 관리가 죄인을 방면할 마음을 먹으면 가벼운 법 조항을 적용할 것이고, 법망에 얽어 넣을 마음을 먹으면 무거운 법 조항을 적용할 것이오. 법 적용이 자주 변하면 진실로 올바른 다스림에 아무 도움이 되지 않소. 그러므로 법률을 자세히 조사하여 상충되는 법 조항이 없도록 하시오."

조정의 명령은 반드시 시행하라

정관 11년, 태종이 근신들에게 말했다.

"황제의 조서나 조정의 명령 규칙이 만약 일정하지 않으면 사람들의 마음속에 의심이 많아지고 간사한 속임수가 더 많이 생기오. 『주역』에서 '환한기대호渙汗其大號'[4]라고 했는데, 이 말은 '호령을 내리는 것은 몸에서 땀이 나는 것 같아서 한번 나가면 다시 거두어들일 수 없다'는 뜻이오. 『상서』에서는 '그대들은 명령을 내림에 신중하고, 명

4_『주역』「환괘渙卦」에 나온다.

령을 내리면 꼭 시행토록 해야지 돌이켜 취소해서는 안 되오'[5]라고 했소. 또 한 고조는 날마다 정무에 바빴고, 소하도 말단 관리에서 몸을 일으킨 사람이었지만 [모두] 법령을 제정한 이후에는 그것을 한결같이 시행했다고 말할 수 있소. 지금 이러한 일에 담긴 의미를 상세히 생각하여 경솔하게 조서와 명령을 내리지 말고 반드시 신중하게 심의한 후 오래 지속되는 법도로 삼아야 할 것이오."

병을 빌미로 법령을 어지럽히지 말라

장손황후長孫皇后가 병에 걸려 점점 위독해졌다. 황태자가 황후에게 말했다.

"의약을 모두 쓰고 있지만 지금껏 옥체의 병환이 낫지 않고 있습니다. 바라건대 죄수들을 사면하고 사람들을 출가시켜 불가에 귀의하게 한 후 부처님의 보우를 받을 수 있도록 아뢰게 해주십시오."

장손황후가 말했다.

"살고 죽는 것은 천명에 달린 일이라 사람의 힘으로 보탤 수가 없소. 만약 평소에 복을 닦는 일이 목숨을 연장할 수 있다면 나는 평소에 악행을 저지르지 않았소. 만약 선을 행한 것이 아무 효험이 없다면 어떻게 복을 구할 수 있겠소? 사면이란 국가 대사이고, 불도佛道는 주상께서 보존하라고 지시한 이역의 종교일 뿐이니 그것이 항상 다스림의 요체에 폐단이 될까 두려웠소. 어찌 한 아녀자 때문에 천하의 법령을 어지럽힐 수 있겠소? 태자의 말에 따를 수 없소."

5_『상서』「주관周官」에 나온다. "愼乃出令, 令出惟行, 弗爲反."

貞觀政要

제33편 | 조공품
貢賦

『상서』「우공禹貢」에 이미 중국 9주의 특산품과 조공품이 기록되어 있는 바와 같이 조공이란 제도는 그 전통이 매우 오래되었다. 고대 중국 변경 밖의 외국은 외교와 통상을 위해 관례상 중국 천자의 분봉을 받고 조공관계를 맺는 경우가 대부분이었고, 실제로는 고유의 영토, 납세, 국방, 언어, 문화를 보유한 독립국으로서의 주권을 향유했다.

그리고 조공 무역이라는 말에서도 짐작할 수 있듯 대부분 중국과 외국의 정식 무역 업무가 주된 내용을 차지했다. 그것은 외국이 진상하는 조공품에 중국 천자가 답례품을 하사하는 형식을 띠고 있다. 그런데 그 규모가 어마어마하게 컸다. 이는 서로의 부족한 물품을 교환하는 전형적인 고대 무역의 일종이었다.

이 장에도 당시 중국과 고구려 관계가 언급되어 있어 눈길을 끈다. 고구려 대막리지 연개소문이 영류왕을 시해하고 보장왕을 옹립하자 당 태종은 신하가 하극상의 반역을 일으켜 임금을 시해했다는 명분을 들어 고구려에 적대적 정책을 폈다. 연개소문은 당나라와의 관계를 회복하려고 상당한 분량의 백금白金을 예물로 보내기도 하고, 또 미녀 두 명을 바치기도 했지만 모두 당 태종에게 거절당했다. 태종이 연개소문의 예물을 거절한 이유는 반역자의 뇌물을 받을 수 없기 때문이라고 했지만, 실은 고구려를 정벌할 명분을 찾기 위해서였다고 할 수 있다. 이는 당나라가 소위 조공관계에 기대 종주국 행세를 하려 한 전형적인 사례인 셈이다.

각지의 산물로만 조공품을 바치라

정관 2년, 태종이 조집사朝集使[1]에게 말했다.

"땅의 특성에 따라 조공품을 바치는 건 옛 경전에 실려 있소. 각주의 생산품만으로도 궁궐 뜰을 가득 채울 수 있소. 그런데 근래에 들리는 소문에는 도독과 자사가 명성을 얻으려고 자신이 다스리는 땅의 공물이 더러 좋지 않다고 혐의를 잡으며 경계를 넘어가 외지에서 물건을 구한다고 하고, 서로 모방하여 마침내 풍속이 되었다 하오. 이는 지극히 수고롭고도 번거로운 일이오. 마땅히 이런 폐단을 고쳐 다시는 이런 일이 생기지 않도록 하시오."

앵무새를 돌려보내다

정관 연간에 임읍국林邑國[2]에서 앵무새를 조공품으로 바쳤다. 본성이 말을 잘했고 특히 사람들과의 응답에 뛰어났지만 자주 괴롭다는 말을 했다. 태종은 이를 불쌍히 여기고 사신에게 부탁하여 다시 숲으로 되돌려놓게 했다.

1_ 조공품을 가지고 도성으로 가서 천자를 알현하는 각 지역의 사자.

2_ 지금의 베트남 남부에 있던 고대 국가. 임읍臨邑이라고도 쓴다.

조공품을 보고 두려움에 젖다

정관 12년, 소륵疏勒,[3] 주구파朱俱波,[4] 감당甘棠[5]에서 사신을 보내 그곳의 생산물을 조공품으로 바쳤다. 태종이 신료들에게 말했다.

"만약 중원이 불안하다면 일남日南[6]과 서역의 조공 사절이 무슨 까닭으로 이곳으로 오겠으며, 또 짐은 무슨 덕망으로 그들을 감당할 수 있겠소? 이런 상황을 보고 있자니 두려운 마음이 끓어오르오. 지금과 가까운 시대에 천하를 평정·통일하여 변방을 개척한 사람으로는 오직 진시황과 한 무제가 있을 뿐이오. 그러나 진시황은 포악하여 아들 대에 이르러 멸망하고 말았소. 한 무제는 교만하고 사치하여 나라의 운명이 거의 끊어질 뻔했소. 짐이 삼척검三尺劍[7]을 들고 사해를 평정하자 먼 이민족이 모두 복종했고 억조창생이 편안한 생활을 하게 되었으니 내 스스로도 저 두 황제보다 못하지 않다고 생각하오. 그러나 두 황제는 말년에 모두 스스로를 보존할 수 없었소. 이 때문에 짐은 매번 나라가 위험에 처하거나 멸망할까 두려워 감히 태만한 생활을 하지 못하겠소. 다만 공들의 정직한 말과 올바른 간언에 기대 잘못을 바로잡으며 유익한 도움을 받고 있소. 만약 아름다운 점만 찬양하고 악한 점은 은폐하면서 함께 아첨이나 늘어놓는다면 나라의 멸망을 서서 기다리게 될 것이오."

3_ 지금의 중국 신장위구르 자치구 카스喀什(Kashi) 지방에 있던 고대 국가.

4_ 지금의 중국 신장위구르 자치구 예청葉城 남부에 있던 고대 국가.

5_ 감당국甘棠國이 어디에 있었는가를 둘러싸고 아직도 논란이 분분하다. 서역에 있었던 나라라는 학설과 베트남 근처에 있었던 나라라는 학설이 있다.

6_ 지금의 베트남 중부에 설치했다고 하는 중국 고대의 군郡.

7_ 고대의 검劍은 길이가 대체로 좌우 세 자尺이기 때문에 흔히 '삼척검'이라고 부른다.

반역자의 뇌물을 받지 말라

정관 18년, 태종이 고구려를 정벌하려 하자 막리지 연개소문이 사신을 보내 백금을 조공품으로 바쳤다. 황문시랑 저수량이 간언을 올렸다.

"막리지는 자신의 임금을 잔혹하게 살해해서 동방의 구이九夷[8] 부족에게 용납되지 못하고 있습니다. 폐하께서 이 때문에 군사를 일으켜 장차 그곳 백성을 위로하고 죄인을 토벌하려는 것입니다. 이는 요동[9] 사람들을 위해 그들의 임금이 살해당한 수치를 되갚아주려는 것입니다. 옛날에 자기 임금을 시해한 역적을 토벌할 때는 그 자의 뇌물을 받지 않았습니다. 옛날에 춘추시대 송나라 화독華督[10]은 노 환공桓公[11]에게 고정郜鼎[12]을 뇌물로 줬고, 노 환공은 그것을 받아 태묘太廟에다 두었습니다. 그러자 장애백臧哀伯[13]이 간언을 올렸습니다.

'임금은 덕을 밝히고 반역을 막아야 하는데 지금 전하께선 덕을 없

8_ 『후한서』「동이전東夷傳」에서는 구이九夷를 견이畎夷, 우이于夷, 방이方夷, 황이黃夷, 백이白夷, 적이赤夷, 현이玄夷, 풍이風夷, 양이陽夷라고 했다. 이외에도 몇 가지 다른 학설이 있다.

9_ 지금의 랴오닝 성 랴오허遼河 강 동쪽 지역. 대체로 고구려 땅을 가리킨다.

10_ 춘추시대 송나라 대신(?~기원전 682). 송 상공殤公과 송 민공閔公의 태재를 역임했다. 송 상공을 시해한 후 장공莊公을 보위에 올렸다. 자신의 악행을 덮기 위해 노나라에는 고郜나라의 보물인 고정郜鼎(나라의 보물인 솥)을, 정나라에는 송나라의 자체 보물인 상이商彝(청동제 술그릇으로 종묘 제사에 쓰던 귀한 물건)를 선물로 줬다.

11_ 춘추시대 노나라 군주로 성명은 희궤姬軌(?~기원전 694). 노 은공隱公의 아우인데, 공자 휘翬가 은공을 시해한 후 보위에 올렸다. 그의 세 아들 공자 경보慶父, 공자 아牙, 공자 계우季友의 자손들이 세력을 키워 노나라의 정치를 좌우했다. 이 세 가문을 삼환三桓이라고 한다. 음란한 부인 문강文姜을 따라 제나라에 갔다가 제 양공襄公에 의해 살해되었다.

12_ 정鼎은 중국 고대에 국가의 정통성과 권력을 상징하는 기물이었다. 발이 셋에 귀가 둘 달린 솥이다. 고郜는 주 문왕의 아들이 봉해진 제후국으로 알려져 있다. 지금의 산둥 성 우武 지역 동남쪽에 있었다. 송나라는 고郜나라를 멸망시키고 그 나라의 보물인 고정郜鼎을 차지했다.

13_ 춘추시대 노 효공孝公의 손자이며 장희백臧僖伯의 아들인 장손달臧孫達. 시호가 애哀여서 흔히 장애백臧哀伯으로 불린다. 노 환공의 대부로 정사에 많은 공을 남겼다.

14_ 중국 고대에 천명과 국가를 상징하던 아홉 개의 솥. 하나라 우왕이 천하 구주의 쇠를 모아 아홉 개의 솥을 만들고 각 솥마다 구주의 산천과 특산품을 기록해놓았다고 한다.

15_ 지금의 허난 성 뤄양洛陽.

애고 반역을 부추기며 반역자가 주는 뇌물을 태묘에다 안치했습니다. 백관들이 만약 이 일을 본받으면 어떻게 그들을 주살할 수 있겠습니까? 주나라 무왕이 상나라에 승리한 후 구정九鼎[14]을 낙읍駱邑[15]으로 옮기자 의사義士들 중에는 더러 그 일을 비난하는 사람이 있었습니다. 그런데 하물며 반란을 분명하게 증명하는 뇌물을 태묘에다 안치하다니 어찌하려고 그러십니까?'

대저 『춘추』[16]라는 책은 수많은 임금이 법도로 삼아야 할 경전입니다. 만약 신하 노릇을 하지 않은 자의 뇌물을 받고 임금을 시해한 자의 조공품을 받으면서도 허물로 생각하지 않는다면 장차 어떻게 정벌에 나설 수 있겠습니까? 신은 막리지가 바친 물건을 받아들이는 것이 합당하지 않은 일이라고 생각합니다."

태종이 그의 말에 따랐다.

고구려 여인을 돌려보내다

정관 19년, 고구려왕 고장高藏[17] 및 막리지 연개소문이 사신을 파견하여 미녀 두 명을 바쳤다. 태종이 사신에게 말했다.

"짐은 이 여인들이 본국에서 부모 형제와 헤어진 일을 슬프게 생각하오. 만약 짐이 여인의 미색을 좋아하면 이 두 여인의 마음을 해치게 되니 짐은 받지 않겠소."

그리고 모두 거절하고는 본국으로 돌려보냈다.

16_ 공자가 춘추시대 노 은공 원년(기원전 722)에서 노 도공悼公 14년(기원전 453)까지의 노나라 역사 및 그 주위 제후국의 역사를 편년체로 엮은 책. 아주 짧고 간결한 문장 속에 당시의 정치를 포폄한 공자의 미언대의微言大義가 숨어 있다고 한다.

17_ 고구려 마지막 임금 보장왕寶藏王.

제34편 | 흥망을 논하다
辨興亡

세계 역사에서 망하지 않은 나라는 없다. 20세기만 돌아봐도 수많은 나라가 멸망하기도, 새로 탄생하기도 했다. 역사에 기록된 망국의 군주는 대체로 다음과 같은 특징이 있다.

첫째, 충신의 간언을 듣지 않고 자신의 잘못된 신념을 절대화한다.

둘째, 탐욕에 젖어 백성을 수탈하고 폭력을 일삼는다.

셋째, 전쟁을 좋아하여 끊임없이 백성을 전쟁터로 내몬다.

넷째, 여색과 음주에 빠져 나랏일을 돌보지 않는다.

다섯째, 의복과 수레를 화려하게 장식하고 대형 토목공사를 벌인다.

여섯째, 독단으로 전횡을 일삼으며 나랏일을 사사로운 개인의 일로 여긴다.

일곱째, 간신배에게 나라를 맡기고 자신의 잘못은 모두 남 탓으로 돌린다.

위진남북조 말기의 혼란과 수나라 패망을 직접 목격한 당 태종은 역사에 기록된 흥망성쇠의 원인에 더욱 민감했다. 그는 천하를 지키는 방법은 인의의 정치를 펼쳐 민심을 얻는 것이라 했고, 백성의 삶을 풍요롭게 하면 나라가 흥하지만 백성을 착취하여 피폐하게 하면 임금과 나라가 모두 멸망한다고 했다. 또 나라를 오래 유지하려면 전쟁을 좋아해서는 안 되고 국가와 국가 간에도 화친과 포용 정책을 펴야 한다고 강조했다.

천하를 지키는 방법은 오직 인의일 뿐

정관 초년에 태종이 근신들에게 조용히 말했다.

"주나라 무왕은 은나라 주왕의 혼란을 평정하고 천하를 소유했고, 진시황은 주나라의 쇠락에 힘입어 마침내 육국六國을 병탄했소. 그들이 천하를 얻은 방법이 다르다 해도 국운의 장단이 이처럼 현격할 수 있소?"

상서우복야 소우가 앞으로 나서며 말했다.

"주왕은 무도하여 천하가 괴로워했기 때문에 800국의 제후들이 기약하지 않고도 함께 모였습니다. 주나라 왕실은 쇠미했지만 육국은 아무 죄가 없었는데도 진나라가 지모와 힘을 함부로 동원하여 제후들을 잠식했습니다. 평정한 것은 같지만 인정은 다릅니다."

태종이 말했다.

"그렇지 않소. 주나라는 은나라를 이긴 후 인의를 넓히는 데 힘썼지만, 진나라는 뜻을 얻은 후 오로지 사기와 폭력만을 행했소. 천하를 얻는 방법이 달랐을 뿐만 아니라 그것을 지키는 방법도 같지 않았소. 국운의 장단은 이 점에 의미를 둬야 할 것이오!"

백성이 부족하면 어느 임금이 풍족하랴?

정관 2년, 태종이 황문시랑 왕규에게 말했다.

"수나라 개황[1] 24년 큰 가뭄이 들어 백성 중에 굶주리는 사람이 많았소. 당시 황실 창고에 재물이 가득했지만 끝내 백성 구제를 허락

1_ 수나라 문제 양견楊堅의 연호.

하지 않고 백성이 식량을 쫓아 떠돌게 했소. 수 문제는 백성을 가엾게 여기지 않고 창고의 재물만 아끼며 말년에 이르기까지 천하의 재물을 비축했는데 50~60년 공급할 수 있는 양이었소. 수 양제는 이런 부유함을 믿었기 때문에 사치와 무도함을 일삼다가 결국 멸망에 이르렀소. 양제가 나라를 잃은 건 이런 이유 때문이오.

무릇 나라를 다스리는 사람은 인재를 모으는 데 힘써야지 창고를 채우는 데 마음을 둬서는 안 되오. 옛사람이 말하기를 '백성이 부족한데 임금 중에 그 누가 풍족하겠습니까?'[2]라고 했소. 창고는 다만 흉년에 대비해서 채우는 것이지 이 밖에 어찌 번거롭게 재물을 비축할 필요가 있겠소? 후사後嗣가 현명하면 스스로 천하를 보존할 수 있을 것이고, 후사가 불초하면 창고에 비축한 재물이 많다 해도 한갓 사치만 조장하여 위기와 멸망의 바탕으로 작용할 뿐이오."

배은망덕은 멸망을 초래한다

정관 5년, 태종이 근신들에게 말했다.

"천도가 선한 사람에게 복을 내리고 악한 사람에게 재앙을 내리는 건 마치 형체와 그림자, 소리와 메아리의 관계와도 같소. 옛날 돌궐의 계민가한啓民可汗[3]이 나라가 멸망한 후 투항했을 때 수 문제는 곡식과 비단을 아끼지 않았고, 또 많은 군사를 동원하여 처소를 보위하고 편안히 안치하여 나라를 존립하게 해주었소. 이윽고 나라가 부강해지

2_ 『논어』「안연」에 나온다. "百姓不足, 君孰與足?"

3_ 동돌궐의 가한으로 성은 아사나阿史那, 이름은 염간染干(?~609). 돌리가한突利可汗으로 불리기도 하지만 그의 손자 돌리가한과는 다른 인물이다. 돌궐의 내란과정에서 패배하여 수나라로 귀의했고, 수나라에서는 문제의 딸 의성공주를 그에게 시집보내 우의를 돈독히 했다. 수나라의 도움으로 다시 돌궐로 돌아가 대가한大可汗이 되었다.

자 그 자손들은 수나라의 은덕에 보답할 생각은 하지 않고 겨우 시필가한始畢可汗[4] 대에 이르러서 군사를 일으켜 안문雁門[5]에서 수 양제를 포위했소. 수나라가 혼란에 빠지자 다시 강한 군사에 의지하여 국경 안으로 깊이 쳐들어왔다가 마침내 지난날 자신의 나라를 편안하게 존립시켜준 사람들 및 그 자손들까지 모두 힐리가한頡利可汗[6] 형제에게 도륙당하게 했소. 이 어찌 배은망덕의 결과가 아니겠소?"

신료들이 모두 말했다.

"진실로 폐하의 말씀과 같습니다."

전쟁을 좋아하면 반드시 멸망한다

정관 9년, 북돌궐北突厥에서 입조한 사람이 아뢰었다.

"돌궐 내에 큰 눈이 내려 사람은 굶주리고 양과 말도 모두 죽었습니다. 그곳에 사는 중국 사람도 모두 산으로 들어가 산적이 되었고 민심이 매우 흉흉합니다."

태종이 근신들에게 말했다.

"옛 임금들을 살펴보건대, 인의를 행하고 현인을 임용하면 잘 다스려졌지만 폭정을 자행하고 소인배를 임용하면 패망했음을 알 수 있소. 돌궐에서 신임을 받는 자들은 공들도 다 보았다시피 대체로 충성과 정직으로는 취할 만한 사람이 없소. 힐리는 더 이상 백성을 근심

4_ 동돌궐의 가한可汗으로 계민가한의 아들(?~619). 수 양제가 돌궐 세력을 분열시키자 수나라와 단교했다. 강력한 군사력으로 안문雁門에서 수 양제를 포위하고 곤경에 몰아넣었다. 동돌궐의 전성기를 열어 100만의 군사를 거느렸고, 거란, 실위室韋, 토욕혼, 고창국 등의 이민족과 중원의 설거薛擧, 두건덕, 왕세충, 유무주劉武周, 이세민 등이 모두 신하로 복종했다.

5_ 안문관雁門關. 지금의 산시 성 다이代 현에 있던 요새다.

6_ 동돌궐한국東突厥汗國의 마지막 대가한大可汗으로 시필가한의 아우. 앞에 나온 바 있다.

하지 않고 제 마음대로 행동하오. 짐이 인간사의 이치로 살펴본 결과 어떻게 오래갈 수 있겠소?"

위징이 앞으로 나서며 말했다.

"옛날 위 문후文侯[7]가 이극李克[8]에게 물었습니다.

'제후들 중에서 누가 먼저 멸망하겠소?'

이극이 대답했습니다.

'오나라가 먼저 멸망할 것입니다.'

문후가 물었습니다.

'무슨 까닭이오?'

이극이 대답했습니다.

'여러 번 전쟁을 하여 여러 번 승리했고, 여러 번 승리하면 임금이 교만해지고, 여러 번 전쟁을 하면 백성이 피곤해합니다. 이러고도 멸망하지 않는다면 무엇을 기대할 수 있겠습니까?'

힐리는 수나라 말기 중원의 혼란을 만나 마침내 많은 군사에 의지하여 침입해 왔습니다. 그러고도 지금까지 전쟁을 쉬지 않고 있으니 이것은 틀림없이 멸망의 길을 걷고 있는 것입니다."

태종은 그의 말이 매우 옳다고 생각했다.

백성이 피폐하면 임금도 멸망한다

정관 9년, 태종이 위징에게 말했다.

7_ 전국시대 위魏나라 제후로 성명은 위사魏斯(?~기원전 396). 진晉나라 권력자 위구魏駒의 아들로 주 왕실의 위열왕威烈王에 의해 위후魏侯로 책봉되어 정식으로 제후의 반열에 올랐다. 유능한 인재를 임용하고 공평무사한 정치를 펴서 위魏 나라를 강국으로 만들었다.

8_ 전국시대 위魏 문후와 무후武侯 때의 대신. 흔히 이회李悝와 같은 사람이라고 하나 확실하지는 않다. 자하의 제자로 알려져 있다. 위성魏成을 상국으로 추천하여 위나라 정치를 안정시켰다.

"근래에 북주와 북제의 역사를 읽어보니 마지막에 나라를 멸망시킨 임금의 악행은 대부분 비슷했소. 북제의 마지막 임금 후주後主[9]는 사치를 매우 좋아해서 모든 황실 창고의 재물을 거의 소진했고 결국 관문과 시장마다 세금을 거두지 않는 곳이 없었소. 짐은 늘 이런 상황을 식탐이 많은 자가 스스로 자기 살점을 뜯어먹다가 그것을 다 먹고 나서 결국 죽음에 이르는 일에 비유해왔소. 백성이 피폐하면 임금도 멸망하오. 북제의 후주가 바로 그러한데, 그럼 북주의 천원天元[10] 황제와 북제의 후주는 그 우열이 어떠하오?"

위징이 대답했다.

"두 임금이 나라를 멸망시킨 건 같지만 그 행동은 다릅니다. 북제의 후주는 유약하여 나라의 명령이 여러 문벌에서 나왔습니다. 따라서 나라에 기강이 사라져 마침내 멸망했습니다. 북주의 천원 황제는 성격이 흉악하고 강포해서 위세를 부리고 복을 내리는 일을 제 마음대로 처리했습니다. 따라서 나라를 멸망케 한 사단은 모두 그의 몸에서 비롯되었습니다. 이런 점에서 논의해본다면 북제의 후주가 더 열등합니다."

9_ 남북조시대 북제의 마지막 임금 고위高緯(556~577). 황음무도하고 유약하여 망국의 군주가 되었다. 북주에게 패배하여 포로가 되었다가 모반 혐의를 받고 사사賜死되었다.

10_ 남북조시대 북주의 임금 우문윤宇文贇(559~580). 선비족으로 북주 무제의 맏아들이다. 주색을 좋아하고 포악했다.

貞觀政要

卷九

제35편 | 정벌
征伐

당 태종은 중국 역사에서 한 무제와 함께 거론되는 유명한 정복 군주의 한 사람이다. 그는 돌궐, 정안국, 설연타, 토번 등 수많은 나라를 정벌하여 멸망시키거나 화친책으로 회유했다. 당나라는 강온 양면책과 이간책을 구사했다. 돌궐과 고구려를 분열시킨 계책이 그러하다.

흥미로운 것은 당 태종이 고구려와의 전쟁에 무모할 정도로 강한 집착을 보였다는 점이다. 아무 도움도 되지 않는 전쟁을 하지 말고, 헛된 명성을 위해 군대를 움직이지 말고, 전쟁에서 요행을 바라지 말라고 한 그가 고구려와의 전쟁에서는 울지경덕과 방현령의 간곡한 반대를 물리치고 대군을 파견했다.

그가 고구려와의 전쟁에 집착한 이유로는 몇 가지를 들 수 있다. 첫째, 천하의 황제로 자처한 태종이 자기 임금을 시해한 고구려 연개소문을 용서할 수 없다는 명분 때문이었다. 그러나 이는 기실 고구려를 치기 위한 빌미일 뿐이었다. 둘째, 이전 왕조인 수 양제의 대패를 만회하고 싶었을 터이다. 셋째, 당시 동아시아에서 유일하게 당나라에 복종하지 않는 고구려를 정복하여 천하의 패자로 군림하려 했을 것이다.

당 태종은 『제범帝範』에서 "대저 무기와 갑옷은 국가의 흉기다. 토지가 넓더라도 전쟁을 좋아하면 민생이 피폐해진다"라고 인정하면서도 고구려 침략을 감행했다. 고구려는 태종의 막강한 군대를 맞아 건곤일척의 승부를 벌여 승리했지만 이후 결국 지도부의 심각한 내분과 전쟁으로 고갈된 국력을 회복하지 못한 채 나당 연합군의 공격을 받아 멸망하고 말았다.

무덕 9년 겨울, 돌궐의 힐리가한과 돌리가한이 군사 20만 명을 이끌고 위수渭水의 변교便橋 북쪽에까지 이르러 추장 집실사력執失思力[1]을 당나라 조정으로 보내 상황을 염탐하게 했다. 그가 허장성세를 부리며 말했다.

"두 가한의 총병력 100만 명이 지금 벌써 당도했습니다."

그러면서 당나라 조정의 답변을 요청했다. 태종이 말했다.

"나와 돌궐은 얼굴을 맞대고 직접 화친했는데, 너희가 그것을 어겼으니 나는 부끄러움이 없다. 그런데 어찌하여 갑자기 군사를 거느리고 우리 도성 근교에까지 쳐들어와서 스스로 강성함을 자랑하느냐? 내가 먼저 너를 죽여야겠다!"

집실사력은 겁을 먹고 목숨을 구걸했다. 소우, 봉덕이 등이 예우하여 보내줄 것을 청했다. 태종이 말했다.

"그렇지 않소. 지금 만약 방면하여 돌려보내면 틀림없이 나를 겁쟁이라 할 것이오."

그리하여 그를 잡아 가두었다. 태종이 말했다.

"힐리는 우리 나라에 새로 내란[2]이 발생했다는 소문을 들은 데다 또 짐이 막 즉위했다는 소문을 듣고는 군사를 거느리고 곧추 이곳으로 달려온 것이오. 저들은 내가 감히 항거하지 못하리라 생각하고 있소. 짐이 만약 성문을 잠그고 스스로 지키기만 한다면 이민족들은 틀림없이 군사를 마구 풀어 우리 백성을 크게 약탈할 것이오. 누가 강

1_ 과직본戈直本에는 집실이 집시執矢로 되어 있지만, 『구당서』에는 집실로 되어 있다. 수·당 시기 동돌궐 집실부執失部의 추장이다. 동돌궐이 멸망한 후 당나라로 귀순하여 좌령군장군左領軍將軍에 임명되었다. 당 고조의 딸이며 당 태종의 누이동생인 구강공주九江公主에게 장가들었다. 토욕혼, 토번, 설연타를 격파했다.

2_ 당 태종 이세민이 자신의 형 이건성과 아우 이원길을 현무문에서 죽이고 황제로 즉위한 일.

하고 약한지의 형세는 지금 한 가지 계책에 달려 있소. 그것은 짐이 혼자 성을 나가서 저들을 가볍게 보고 있음을 과시하고 또 우리 군대의 위용을 분명하게 드러내 저들이 우리의 의지를 알게 하는 것이오. 저들이 생각지도 못한 대책을 내어 저들의 본래 의도를 어그러지게 해야 하오. 흉노를 제압하는 일은 이 거사에 달려 있소."

태종은 마침내 필마단기로 달려 나가 위수 나루를 사이에 두고 그들과 담판했다. 이는 힐리가 전혀 예측하지 못한 상황이었다. 또 순식간에 당나라의 육군六軍이 계속 도착하자 힐리가한은 군대의 위용이 대단함을 보았고 또 집실사력이 갇혀 있다는 사실도 알았다. 이 때문에 크게 두려워하며 맹약을 요청하고 물러갔다.

전쟁보다는 덕으로 포용해야

정관 초년에 영남의 여러 고을에서 아뢰기를 고주高州[3]의 추장 풍앙馮盎[4]과 담전談殿[5]이 군사에 의지하여 반역을 도모한다고 했다. 태종은 장군 인모藺謩[6]에게 조칙을 내려 강남과 영남 수십 주의 군사를 징발하여 토벌하라고 했다. 그러자 비서감 위징이 간언을 올렸다.

"중원은 이제 바야흐로 평정되었지만 전란의 상처는 아직 복구하지 못했습니다. 영남에는 풍토병과 역병이 심하고 산천이 험준합니다. 그래서 군대의 행군을 이어나가기가 어려운 데다 질병도 종종 발생합니다. 만약 뜻대로 일을 처리하지 못한다면 후회해도 미칠 수 없을 것

3_ 지금의 광둥 성 마오밍茂名.

4_ 수·당 시대 중국 영남 지방의 유명한 장수로 자는 명원明遠(? ~646). 근검하고 공평한 정치로 백성의 추앙을 받았다.

5_ 수·당 시대 지금의 광둥 성 신이信宜 남부 및 가오저우高州 일대에서 세력을 떨치던 추장.

6_ 당나라 초기의 장수. 대주도독代州都督 등을 역임했다.

입니다. 또 풍앙이 반역했다면 반드시 중원이 아직 안정되지 못한 틈을 타고 먼 이역의 부족과 결합하여 군대를 나눠 험한 곳을 점령하고 주현州縣을 공략하여 관청을 설치했을 것입니다. 그런데 무슨 까닭으로 여러 해 동안 고발이 올라왔는데도 그의 군대가 경계 밖으로 나가지 않았겠습니까? 이것은 반란의 형세가 아직 이뤄지지 않은 것이니 군대 동원을 허용해서는 안 됩니다. 폐하께서는 아직 사람을 보내 저들을 살펴본 적이 없으므로 저들이 조정으로 와서 알현해도 분명한 진상을 알 수 없을 것입니다. 사신을 파견하여 분명하게 저들을 일깨우면 틀림없이 군대를 수고롭게 하지 않고도 저들 스스로 조정에 오게 할 수 있을 것입니다."

태종이 그의 말에 따르자 영남 지방이 모두 안정을 찾았다. 근신들이 아뢰었다.

"풍정과 담전은 이전에 항상 정벌을 일삼았는데 폐하께서는 단 한 명의 사신만 파견하고도 지금 영남을 평화롭게 만들었습니다."

태종이 말했다.

"애초에 영남 여러 고을에서 풍앙이 모반한다고 말이 많아서 짐도 반드시 토벌하려고 했소. 그러나 위징이 자주 간언을 올려 덕으로 포용하면 토벌하지 않아도 틀림없이 스스로 귀의해 온다고 했소. 그의 계책에 따랐더니 마침내 영남이 무사하게 되었소. 군대를 힘들게 하지 않고도 영남을 평정했으니 10만 군사의 힘보다 더 낫다고 할 수 있소."

이에 위징에게 명주 500필을 하사했다.

아무 도움이 안 되는 전쟁을 하지 말라

정관 4년, 담당 관리가 간언을 올렸다.

"임읍이라는 남쪽 이민족 나라에서 올린 상소문이 불순하므로 군사를 일으켜 토벌하시지요."

태종이 말했다.

"군대는 흉기이므로 부득이한 경우에만 사용해야 하오.[7] 이 때문에 후한 광무제는 '군대를 한 번씩 일으킬 때마다 나도 모르게 머리카락과 수염이 희어지오'라고 했소. 옛날부터 군사를 끝까지 부리고 무력을 남김없이 사용하는 자 가운데 망하지 않은 사람이 없었소. 부견苻堅[8]은 스스로 강한 군사만 믿고 진晉나라 황실을 병탄하려고 군사 100만 명을 일으켰다가 일거에 멸망했소. 수나라 양제도 반드시 고구려를 빼앗으려고 여러 해 동안 자주 백성을 괴롭히자 백성은 원통함을 이길 수 없었고, 양제도 마침내 한 필부의 손에 살해되었소. 그리고 힐리가한과 같은 자도 지난 날 여러 해 우리를 침략했고, 그들 부락을 전쟁으로 피폐하게 만들어 결국 멸망했던 것이오. 짐이 지금 이런 사실을 보고 어찌 갑자기 군사를 일으킬 수 있겠소? 게다가 험한 산을 거쳐야 하고 그 땅에는 풍토병이 많아 만약 우리 병사가 역질에라도 걸리면 저 남쪽 이민족에게 승리한다 해도 무슨 도움이 되겠소? 저들의 말이 불순하다 하여 어찌 마음을 쓸 필요가 있겠소?"

끝내 토벌하지 않았다.

7_ 『노자』 31장에 나온다. 여기에서는 구절을 조금 고쳤다. "兵者凶器, 不得已而用之." 『노자』 원문은 다음과 같다. "兵者, 不祥之器, 非君子之器, 不得已而用之."

8_ 오호십육국 시대 저족氐族 전진前秦의 황제로 이름은 문옥文玉(338~385). 한때 북방을 통일하고 국력을 떨쳤다. 남쪽으로 쫓겨난 동진을 멸망시키기 위해 비수淝水에서 대전을 벌였으나 동진의 장수 사안謝安, 사현謝玄 등에게 대패했고 결국 나라가 혼란에 빠져 강족羌族 요장姚萇에게 살해되었다.

헛된 명성을 위해 군대를 움직이지 말라

정관 5년, 강국康國[9]이 당나라에 귀속을 요청했다. 당시에 태종이 근신들에게 말했다.

"앞 시대의 임금들은 대부분 땅을 넓히는 데 힘쓰며 죽은 이후의 헛된 명성을 추구했는데 이는 자신에게 아무 이익도 없을 뿐더러 백성까지 심한 곤경에 빠지게 되오. 만약 자신에게 유익하더라도 백성에게 손해가 된다면 짐은 절대 하지 않을 것이오. 하물며 헛된 명성을 구하다가 백성에게 손해를 끼치는 경우이겠소? 강국이 우리 조정에 귀속되면 그 나라에 급한 난리가 있을 때 구원하지 않을 수 없소. 우리 군대가 만 리를 행군하면서 어떻게 백성에게 수고를 끼치지 않을 수 있겠소? 만약 백성을 수고롭게 하면서 명성을 구하는 일을 해야 한다면 짐은 하고 싶지 않소. 강국의 귀속 요청을 받아들여서는 안 되오."

다른 나라의 장례를 습격해서야

정관 14년, 병부상서 후군집侯君集[10]이 고창국을 정벌할 때 군사가 유곡柳谷[11]에 주둔하자 척후 기병이 말했다.

"고창국 임금 국문태麴文泰[12]가 죽어서 날을 받아 장례를 치르려

9_ 지금의 중앙아시아 카자흐스탄 시르다르야 강과 우즈베키스탄 아무다르야 강 사이에 있었던 고대 국가.

10_ 당 태종의 명장으로 능연각 24공신의 한 사람(?~643). 용맹으로 이름을 날렸다. 진왕부秦王府로 들어가 당 태종 이세민을 섬기며 무수한 전공을 세웠다. 이정을 수행하여 돌궐을 정벌했고 또 직접 대군을 이끌고 가서 고창국을 멸망시켰다. 이후 전공을 믿고 교만하게 행동하며 태자 이승건에게 반란을 부추기다가 일이 발각되어 처형되었다.

11_ 현재의 지명은 미상. 중국 전설에 해가 지는 곳으로 알려져 있다.

합니다. 그 나라 백성이 모두 모였을 때 경기병 2000명으로 습격하면 온전한 승리를 거둘 수 있습니다."

부장 설만균薛萬均[13]과 강행본姜行本[14]은 모두 그 말이 옳다고 생각했다. 그러나 후군집은 이렇게 말했다.

"천자께서는 고창국이 교만하다고 해서 나로 하여금 삼가 천벌을 행하게 했소. 그런데 저들의 무덤 사이에서 장례를 습격한다면 진정한 무인이라 할 수도 없고 또 죄를 묻는 군사라 할 수도 없소."

마침내 군사를 눌러두고 장례가 끝나기를 기다린 뒤 진군하여 그 나라를 평정했다.

혼인으로 화친을 도모하다

정관 16년, 태종이 근신들에게 말했다.

"북적은 대대로 도적질을 하며 혼란을 조성했소. 지금 설연타 부족이 완강하므로 일찌감치 조치를 취해야 하오. 짐이 심사숙고해본 결과 오직 두 가지 계책이 있을 뿐이오. 군사 10만을 뽑아 저들을 격파하여 포로로 잡고 흉악한 도적을 깨끗이 소탕하면 100년 동안 걱정이 없을 것이오. 이것이 한 가지 계책이오.

만약 끝내 저들의 요청을 들어주려면 저들과 통혼해야 하오. 짐은

12_ 당나라 때 서역 고창국의 마지막 임금(?~640). 당나라와 불화하다가 당나라 장수 후군집의 공격을 받았다. 당나라 군사가 적구磧口에 이르렀는데도 서돌궐의 구원병이 당도하지 않자 국문태는 두려움에 떨다가 병이 나서 죽었다.

13_ 당나라 초기 장수(?~641). 본래 돈황敦煌 사람으로 당나라에 귀의하여 상주국 영안군공永安郡公으로 봉해졌다. 수차례의 전공으로 좌둔위대장군으로 승진했고 고창국 정벌에 공을 세워 다시 노국공潞國公에 봉해졌다. 정관 15년 당 태종의 경호를 철저하게 하지 못했다고 옥에 갇혔다가 울분 끝에 죽었다.

14_ 당나라 초기 장수로 본명은 확確이며, 자가 행본行本이다(?~645). 당 태종의 호위군사인 비기군飛騎軍의 대장을 역임했다.

억조창생의 부모로 백성을 이롭게 할 수만 있다면 어찌 딸 한 명을 아끼겠소? 북방 이민족의 풍속은 대부분 부인의 의견에 따라 정치를 한다 하고, 또 아들을 낳으면 바로 나의 외손이 되오. 그러므로 중국을 침략하지 않으리란 사실을 분명하게 알 수 있소. 이로써 보자면 우리 변방에 족히 30년은 아무 일이 생기지 않을 것이오. 이 두 대책을 시행한다면 어느 것을 먼저 해야 하오?"

사공 방현령이 대답했다.

"수나라 때 대혼란을 겪은 뒤 호구의 태반이 회복되지 못했습니다. 군대는 흉기이고 전쟁은 위험하므로 성인께서 신중해야 한다고 했습니다. 화친책을 쓴다면 진실로 천하에 큰 행운일 것입니다."

창을 멈추는 것이 무武다

정관 17년, 태종이 근신들에게 말했다.

"연개소문은 임금을 죽이고 정권을 탈취했으니 진실로 참을 수 없는 일이오. 오늘날 우리 국가의 병력으로 그를 잡아들이는 것은 어렵지 않은 일이오. 그러나 짐은 곧장 군사들을 동원할 수 없소. 이제 거란과 말갈을 시켜 고구려를 교란시키고자 하는데 어떻소?"

방현령이 대답했다.

"신이 옛날의 여러 나라를 살펴보건대 강한 나라가 약한 나라를 능멸하거나 군사가 많은 나라가 군사가 적은 나라를 포악하게 대하지 않은 경우가 없었습니다. 그런데 지금 폐하께서는 창생을 어루만져 길러주시니 장사들은 용감하고 날카로우며 역량은 넉넉한데도 저들을 공격하여 취하지 않고 있습니다. 이것이 이른바 창을 멈추는 것止戈이 무武의 의미라는 것입니다. 옛날 한 무제는 자주 흉노를 정벌했고, 수

임금은 세 차례나 요동을 정벌했습니다. 백성이 빈궁해지고 나라가 패망한 연유가 여기에서 말미암았으니 자세히 살피셔야 합니다."

태종이 말했다.

"좋은 말씀이오!"

전쟁에서 요행을 바라지 말라

정관 18년, 태종은 고구려 막리지가 임금을 죽이고 아랫사람을 잔학하게 대하고 있기 때문에 장차 정벌할 일을 논의하게 했다. 간의대부 저수량이 앞으로 나서며 말했다.

"폐하께서 군사를 부리는 신묘한 책략은 그 누구도 알 수 없습니다. 지난날 수나라 말기의 난리 가운데서 도적들의 환난을 평정했고, 북쪽 이민족이 변경을 침략했을 때나 서쪽 토번이 예법을 어겼을 때 폐하께서는 장수에게 명령을 내려 저들을 공격하려 했지만 신료들이 고심에 찬 간언을 올리지 않는 사람이 없었습니다. 그러나 오직 폐하만이 현명한 책략으로 홀로 결단을 내려 마침내 저 이민족을 모두 주살하셨습니다. 지금 소문을 듣건대 폐하께서 고구려를 정벌하려 하신다는데 신들의 생각은 모두 의혹에 젖어 있습니다. 그러나 폐하의 신령하고 영명한 명성은 북주나 수나라의 임금에 비할 바가 아닙니다. 만약 군사를 이끌고 요하遼河[15]를 건너면 틀림없이 승리할 수 있을 것입니다. 그러나 만에 하나 이기지 못하면 저 먼 곳까지 폐하의 위엄을 과시할 수 없고 그러면 반드시 더욱 분노하여 다시 군사를 동원할 것입니다. 만약 사태가 이 지경에까지 이르면 국가의 안위를 예측하기

15_ 지금의 랴오닝 성 랴오허 강.

어렵습니다."

태종이 그의 말을 옳게 여겼다.

태종이 간언에 따르지 않다

정관 19년, 태종이 친히 고구려를 정벌하려 했다. 그때 개부의동삼사開府儀同三司[16] 울지경덕이 아뢰었다.

"어가御駕를 몰고 직접 요동까지 가시면 황태자도 아직 정주定州[17]에서 나랏일을 감독하고 있는 상황이므로 동경洛陽과 서경長安 두 도성은 나라의 창고가 있는 곳인데, 비록 그곳을 지키는 군사가 있다 해도 결국은 도성이 텅 빈 상황과 마찬가지가 될 것입니다. 또 요동은 길이 멀기 때문에 양현감楊玄感의 변란과 같은 일이 일어날까 두렵습니다. 그리고 변방 구석의 작은 나라는 만승의 천자께서 친히 수고하실 필요가 없습니다. 이겼다 해도 무공으로 삼기 부족하고 이기지 못하면 사람들에게 비웃음거리가 될까 두렵습니다. 엎드려 바라건대 훌륭한 장수에게 맡기시면, 스스로 시기에 맞춰 저들을 멸망시킬 수 있을 것입니다."

태종은 그의 간언에 따르지 않았지만 당시 식자들은 그의 말을 옳게 여겼다.

16_ 위진남북조 시대와 수·당 시대 최고위 명예직. 개부開府란 자신의 막부를 열 수 있다는 뜻이고, 의동삼사儀同三司는 모든 의례를 삼공三公과 같이 하라는 뜻이다.

17_ 지금의 허베이 성 딩저우定州.

임금에게 적병을 남겨주지 않다

예부상서 강하왕江夏王 이도종李道宗이 태종을 따라 고구려 정벌에 나섰다. 태종이 이도종과 이적李勣에게 조칙을 내려 선봉장으로 삼았다. 요수遼水를 건너 개모성蓋牟城[18]을 함락시키자 적병이 크게 몰려왔다. 군중의 장수들은 모두 해자를 깊게 파고 험준한 곳을 지키며 태종이 당도하기를 기다려 천천히 진격하자고 했다. 도종이 이 의견을 비판하며 말했다.

"안 됩니다. 적군은 위급함을 구하러 멀리서 달려왔으므로 병사들은 기실 피로에 찌들어 있고 많은 숫자에 기대 우리를 가볍게 볼 터이니 한 번 싸워서 꺾을 수 있습니다. 옛날에 경엄耿弇[19]은 적병을 임금에게 남겨주지 않았는데, 나도 전군前軍을 맡고 있으므로 앞길을 깨끗이 치우고 폐하의 어가를 기다릴 것입니다."

이적도 그의 의견에 크게 동의했다. 이에 용맹한 군사 수백 기를 이끌고 적진으로 곧추 쳐들어가서 좌우를 마음대로 드나들었다. 이적도 이를 틈타 합심 공격하여 적을 크게 쳐부쉈다. 태종이 당도하여 그의 공로에 큰 상을 내렸다. 도종이 전투 도중 발에 부상을 입자 황제가 친히 침을 놓고 뜸을 떠주고는 자신의 음식을 하사했다.

군대를 손상해서도 내버려서도 안 된다

태종이 『제범』[20]에서 다음과 같이 말했다.

18_ 고구려의 동쪽을 지키던 1차 방어선의 하나. 지금의 랴오닝 성 선양瀋陽 쑤자툰蘇家屯 타산산성塔山山城으로 추정되고 있다.

19_ 후한 건국 시기의 명장으로 자는 백소伯昭(3~58). 광무제 유수에게 투신하여 각 지역을 평정하며 후한 건국에 큰 공을 세웠다.

"대저 무기와 갑옷은 국가의 흉기다. 토지가 넓더라도 전쟁을 좋아하면 민생이 피폐해진다. 중원이 편안하더라도 전쟁을 잊으면 민심이 해이해진다. 민생 피폐는 백성을 보전하는 대책이 아니고, 민심 해이는 적을 막는 방법이 아니다. 무기와 갑옷을 완전히 제거할 수는 없다 해도, 그것을 항상 사용해서는 안 된다. 이 때문에 농한기에 무술을 강구하며 군사 의례를 익혀야 한다. 3년 동안 군사 연습을 하여 그 등급과 차례를 판별한다. 따라서 월왕 구천은 개구리에게 예의를 표하여[21] 마침내 패업을 이루었지만, 서언徐偃[22]은 무기를 버렸다가 끝내 나라를 잃고 말았다. 무슨 까닭인가? 월왕 구천은 군대의 위의를 익혔지만 서언은 나라의 방비를 잊었기 때문이다. 또 공자는 '백성을 가르치지 않고 전쟁을 하는 것은 그들을 버리는 것이다'[23]라고 했다. 이 때문에 활쏘기의 위력을 알고 그것으로 천하를 이롭게 하는 것이 군사를 부리는 사람의 직무다."

고구려는 아무도 공격할 수 없었다

정관 22년, 태종이 다시 고구려를 토벌하려 했다. 이때 방현령은 병

20_ 당 태종이 태자를 위해 지은 제왕학 저작. 「군체君體」「건친建親」「구현求賢」「심관審官」「납간納諫」「거참去讒」「계영戒盈」「숭검崇儉」「상벌賞罰」「무농務農」「열무閱武」「숭문崇文」 등 12편으로 되어 있다.

21_ 『오월춘추吳越春秋』에 다음과 같은 이야기가 전한다. 월왕 구천이 오나라를 공격하기 위해 수레를 몰고 교외로 나서자 큰 개구리 한 마리가 수레를 가로막고 배를 크게 부풀린 채 분노한 눈으로 노려보았다. 구천은 수레의 가로나무를 잡고 일어서서 공경스럽게 예의를 표시했다. 그러자 군사들은 우리 임금께서 용맹한 개구리에게도 예의를 표시하는데 우리가 개구리보다 못해서야 되겠는가 하고 적을 만날 때마다 용맹하게 싸웠다고 한다. 이것이 "식와軾蛙" 고사다.

22_ 서徐나라는 서주西周 시기 회수淮水와 사수泗水 일대의 맹주로 군림하며 국력을 떨쳤다. 서언왕徐偃王은 무력을 숭상하지 않고 인의仁義로 나라를 다스려 천하 사람들의 칭송을 받았으나, 결국 초나라의 공격을 받고 나라를 잃고 말았다.

23_ 『논어』「자로」에 나온다. "以不教民戰, 是謂棄之."

으로 누워 그 상태가 더욱 위독해지고 있었다. 그는 자신의 여러 아들에게 말했다.

"지금 천하는 태평하고 백성은 모두 자신에게 알맞은 생업을 얻었다. 그런데도 동쪽으로 고구려를 토벌하려 하시는데 이는 주상께서 나라에 해를 끼치는 일이다. 내가 알고도 간언을 올리지 못한다면 한을 품고 땅으로 들어가야 할 것이다."

그러고는 마침내 상소문을 올려 간언했다.

"신은 듣건대 무기는 거둬들이지 않는 걸 싫어하고, 군대는 창을 멈추는 걸 귀하게 여긴다 합니다. 지금 성상의 교화가 널리 퍼져나가 먼 곳까지 미치지 않는 곳이 없습니다. 오랜 옛날에는 신하가 아니었던 나라도 폐하께서는 모두 신하로 삼으셨고, 옛날에는 제압하지 못했던 나라도 폐하께서는 모두 제압하셨습니다. 고금의 역사를 자세히 살펴보건대 중원에 우환이 되는 족속으로는 돌궐보다 더 심한 나라가 없었습니다. 그런데도 마침내 가만히 앉아서 신묘한 책략을 운용하시어 궁전 아래로 내려오지 않고도 크고 작은 가한可汗들이 서로 이어서 항복을 해오도록 하셨습니다. 이들은 이제 궁궐 호위 업무를 분담 받아 군대의 대오 속에서 창을 잡고 있습니다. 그후 설연타 부족이 맹위를 떨쳤지만 얼마 지나지 않아 멸망시켰고, 철륵鐵勒은 폐하의 대의를 사모하여 자신들의 땅에 주현州縣을 설치해달라고 요청했습니다. 사막 이북은 이제 만 리에 걸쳐 먼지 하나 일어나지 않습니다. 고창국이 유사流沙에서 반란을 일으키고 토욕혼이 적석積石에서 기회를 엿볼 때도 작은 군사로 토벌하여 모두 평정했습니다.

고구려는 대대로 토벌을 면했고 아무도 공격할 수 없었습니다. 그런데 폐하께서는 그들이 반역을 일으켜 임금을 죽이고 백성을 학대

24_ 지금의 허베이 성 친황다오秦皇島 창리昌黎 제스 산碣石山.

하자 친히 육군六軍을 이끌고 요하와 갈석碣石[24]까지 가서 죄를 물었습니다. 열흘도 되지 않아 요동성을 함락시켰으니 이때를 전후하여 사로잡은 포로가 수십만 명이나 되었습니다. 그들을 여러 고을에 나누어 배치하자 고을마다 가득 차지 않는 곳이 없었습니다. 지난 시대의 오랜 치욕을 씻고 효릉崤陵[25]의 유골을 묻어주셨으니[26] 그 공덕을 비교해보면 앞 시대의 임금들보다 만 배는 뛰어납니다. 이것은 성스러운 폐하께서 스스로 알고 있는 일이니 미천한 신이 어찌 감히 자세히 말씀 드릴 필요가 있겠습니까?"

태종이 직접 섶나무를 지다

"또 폐하의 어진 기풍은 온 땅을 덮었고, 효성스러운 덕은 하늘에 계신 선왕들보다 찬란합니다. 이민족의 멸망을 목도하는 일이 이제 몇 년만 지나면 이루어질 것입니다. 장수에게 통솔권을 주어 만 리 밖에서도 계기에 맞는 결정을 할 수 있게 하여, 손을 꼽으며 역마驛馬가 전해오는 승첩을 기다리고, 해시계를 보며 승리의 서찰이 당도하기를 바라게 되었습니다. 부절符節의 상응이 마치 신령과 같고 치밀한 계획에는 빠뜨린 대책이 없습니다. 병사들의 대오 가운데서 장수를 발탁했고, 평범한 사람들 말석에서 현사賢士를 뽑았습니다. 먼 변방 이민족의 단신 사절도 한 번 보고는 잊지 않았고, 말단 관리의 하찮은 이름도 두 번 물은 적이 없습니다. 화살을 쏘면 일곱 겹의 갑옷을

25_ 지금의 허난 성 서쪽 황허 강 남쪽 연안에 치솟은 산맥. 흔히 효산崤山이라고 부른다. 중원에서 관중關中 지방으로 들어가는 관문으로 함곡관이 그 입구에 위치해 있다.

26_ 춘추시대 진 목공이 진 문공의 장례를 틈타 정나라를 기습하고 돌아오다가 효산에서 진晉나라의 매복에 걸려 참패했다. 당시 험준한 효산의 계곡에 수습하지 못한 진秦나라 군사의 유골이 가득 널려 있었다. 이후 진 목공은 다시 절치부심하여 진晉나라를 기습하여 승리를 거두고 효산까지 진출했으며, 이때 진나라 군사의 유골을 수습해 묻어주고 위령제를 올렸다.

꿰뚫을 수 있고,[27] 활을 당기면 6균鈞[28] 무게의 강궁도 당길 수 있습니다.[29]

게다가 폐하께서는 옛 경전에도 마음을 쓰시며 시를 짓는 일에도 뜻을 두십니다. 서예는 종요鍾繇와 장지張芝를 능가했고, 사부辭賦는 가의와 사마상여에까지 도달했습니다. 문필을 떨쳐 글을 써내면 음악 소리가 저절로 호응하는 듯하고, 경쾌하게 붓을 잠깐만 휘날려도 꽃봉오리가 다투어 피어나는 듯합니다.

만백성을 어루만질 때는 자애를 베풀고 신료들을 만날 때면 예의로 대합니다. 털끝만한 작은 선행에도 포상을 하고, 배를 삼킬 만한 그물망은 풀어버립니다.[30] 귀에 거슬리는 간언도 반드시 듣고, 피부에 파고드는 달콤한 호소는 바로 거절합니다.

생명을 살리기 좋아하는 덕망으로 강과 호수에서 물길을 막는 걸 금지했고, 살생을 싫어하는 인자함으로 도살장에서 칼소리를 내는 것조차 중지시켰습니다. 오리와 두루미도 곡식 모이를 먹는 혜택을 입었고, 개와 말도 휘장 아래에서 보호를 받는 은총을 입었습니다.

고귀한 옥체를 낮추어 이사마李思摩의 상처 고름을 직접 빨았고, 또 영당靈堂에 올라가 위징의 관 앞에서 슬피 울었습니다.[31] 전사한 병졸을 위해 통곡하자 그 슬픈 모습에 육군이 감동했고,[32] 친히 길을

27_ 『전국책』 「서주책西周策」에 따르면 춘추시대 초나라 명궁 양유기養由基와 반당潘黨은 100보 밖에서 화살을 쏘아 일곱 겹의 두꺼운 갑옷을 꿰뚫을 수 있었다고 한다. 당 태종의 궁술이 뛰어남을 비유한 것이다.

28_ 춘추시대에 1균鈞은 30근斤.

29_ 『좌전』 정공 8년에 따르면 춘추시대 노나라 사람 안고顔高는 6균의 강궁을 당길 수 있었다고 한다. 역시 당 태종의 힘과 궁술이 뛰어남을 비유한 것이다.

30_ 거대하고 엄혹한 법망을 제거한다는 의미.

31_ 당 태종은 위징이 죽자 친히 그의 영당에 올라가 제사를 올리며 대성통곡했다.

32_ 정관 19년, 당 태종은 고구려를 침공할 때 영주營州에 이르러 전사한 장졸의 유해를 모아놓고 종묘에 제사를 올리는 것과 똑같은 제수를 마련해 극진하게 제사를 올리며 슬프게 울었다.

33_ 정관 19년 당 태종은 고구려를 침공할 때 요하를 건너다 늪에 빠지자 늪을 메우고 길을 만들기 위해 직접 장졸들과 함께 섶나무를 져 날랐다.

메우는 섶을 지자 그 두터운 은정에 천지까지 감동했습니다.[33] 백성의 귀한 목숨을 무겁게 생각하며, 여러 옥사 판결에 특히 온 마음을 다 바쳤습니다.

신은 지금 마음과 식견이 혼미한 상태인데 어찌 성스러운 공로의 심원한 의미를 논할 수 있으며, 천자께서 펼친 덕망의 높고 위대함을 이야기할 수 있겠습니까? 폐하께서는 수많은 미덕을 겸비하셨으니 갖추고 있지 않은 것이 아무 것도 없습니다. 미천한 신은 폐하를 위해 이를 아끼고 귀중히 여기며 또 이를 사랑하고 보배롭게 생각합니다."

고구려 정벌은 이치에 맞지 않는 일

"『주역』에서는 이렇게 말했습니다.

'나아감만 알고 물러남은 모르고, 존재함만 알고 멸망함을 모르며, 얻음만 알고 잃음은 모른다.'[34]

또 이렇게 말했습니다.

'나아감과 물러남, 생존과 멸망을 알고 그 올바름을 잃지 않는 사람은 오직 성인뿐이신가?'[35]

이로써 말씀드리자면 나아감에는 물러남의 의미가 들어 있고, 생존에는 멸망의 계기가 포함되어 있으며, 얻음에는 잃음의 이치가 담겨 있습니다. 이 늙은 신하가 폐하를 위해 아끼는 마음을 갖는 까닭은 대개 이런 이치에서 말씀드린 것입니다.

『노자』에서는 또 이렇게 말했습니다.

34_『주역』「건괘·문언전」에 나온다. "知進而不知退, 知存而不知亡, 知得而不知喪."

35_『주역』「건괘·문언전」에 나온다. "知進退存亡, 而不失其正者, 其惟聖人乎?"

36_『노자』 제44장에 나온다. "知足不辱, 知止不殆."

'만족할 줄 알면 치욕을 당하지 않고, 멈출 줄 알면 위태롭지 않다.'36

신은 폐하께서 명성을 얻고 공덕을 이루었어도 만족할 줄 알고, 땅을 개척하고 영토를 확장했어도 멈출 줄 안다고 생각합니다. 저 고구려는 변방의 이민족으로 비천한 무리인지라, 인의로 대할 수 없고, 떳떳한 도리로 꾸짖을 수 없습니다. 옛날부터 우리는 그들을 물고기나 자라처럼 길러왔으므로 마땅히 넓은 마음으로 대해야 합니다. 저들 종족을 반드시 멸종시키려 하다가 결국 짐승이 막다른 골목에 몰려 반격하는 것과 같은 일을 당할까 두렵습니다.

또 폐하께서는 사형수를 판결할 때마다 반드시 세 번 심사하고 다섯 번 보고를 올리게 했습니다. [사형을 집행하는 날에] 채식만 올리게 하고 음악 연주를 중지시킨 것은 대체로 사람의 목숨을 소중하게 여기기 때문이니 모두 폐하의 자애로운 마음에 감동하고 있습니다. 하물며 지금 병사들은 한 가지 죄도 저지르지 않았는데, 아무 까닭도 없이 전쟁터로 내몰려 날카로운 칼날 아래 몸이 맡겨진 채 간과 뇌는 땅바닥에 짓이겨지고, 혼백은 고향으로 돌아갈 수도 없게 되었습니다. 그들의 늙은 아버지와 어린 아들, 그리고 홀로 된 아내와 자애로운 어머니는 시신 실은 수레를 바라보며 울음을 삼키고 앙상한 유골을 끌어안고 가슴을 칩니다. 이는 천지 음양의 순서까지 변동시킬 만하고, 그 슬픔은 따뜻한 계절까지 상하게 할 만하니 진실로 천하의 원통한 일입니다.

또 군대는 흉기이고, 전쟁은 위험한 일이므로 부득이한 경우에만 사용해야 합니다. 만약 고구려가 신하로서의 예절을 어겼다면 폐하께서 그들을 주살해도 됩니다. 우리 백성을 침략했다면 폐하께서 그들을 멸망시켜도 됩니다. 오랫동안 중원의 우환거리가 되었다면 폐하께서 그들을 제거해도 됩니다. 만약 이런 조건에 한 가지라도 해당된다면 하루에 만 명을 죽이더라도 부끄러울 것이 없습니다. 그러나 지금은 이 세 가지 조건에 해당되지 않으며 공연히 중원만 번거롭게 할 뿐입니다. 안으로는 고구려의 옛 군주를 위해 원수를 갚는다 하고, 밖으로는 신라를 침략한 저들에게 복수한다 하지만, 이 어찌 얻는 것은 작고 잃는 것은 큰 일이 아니겠습니까?"

멈출 줄 알고 만족할 줄 알라

"바라건대 폐하께서는 황실 선조 노자의 가르침 즉 '멈출 줄 알고 만족할 줄 알라'는 교훈을 준수하여 자손만대로 이어질 높고 높은 명성을 보존하십시오. 가뭄의 단비 같은 흡족한 은혜를 베푸시고 너그러운 조칙을 내리십시오. 따뜻한 봄날의 기운을 따라 은택을 베푸시어 고구려가 스스로 새로워지도록 윤허하십시오. 파도를 건너기 위한 배는 불사르고 모집한 군사는 해산하십시오. 그리하면 저절로 중화와 동방 사람들에게 경사가 넘칠 것이며, 먼 곳은 숙연해지고 가까운 곳은 편안해질 것입니다.

신은 늙고 병든 삼공이니 조만간 땅으로 들어갈 것입니다. 한스러운 일은 바다나 산악 같은 폐하의 공덕에 미미한 보탬이라도 드릴 작은 티끌이나 이슬방울도 끝내 갖고 있지 못하다는 점입니다. 삼가 꺼져가는 혼령과 남아 있는 숨결이나마 다 바쳐, 사후에 결초보은의 정성으로 신의 충정을 대신할까 합니다. 만약 이 슬픈 울음소리를 수용해주신다면 신은 죽어도 뼈는 썩지 않을 것입니다."

태종은 상소문을 읽고 탄식했다.

"이 사람은 병환이 이처럼 위독한데도 여전히 우리 국가를 걱정하고 있도다."

비록 이 간언에 따르지 않았지만 결국 그것은 훌륭한 계책이었다.

경사가 있더라도 기뻐하지 말라

정관 22년, 군사를 자주 동원하고 궁궐 공사도 계속 되자 백성이 몹시 지쳐가고 있었다. 그때 충용充容[37] 서씨徐氏[38]가 상소문으로 간언을 올렸다.

“정관 이래 20여 년 동안 바람은 조화롭게 불고 비는 순조롭게 내려 해마다 풍년이 들었습니다. 백성에게는 홍수와 가뭄의 폐해가 없었고 나라에는 기아와 흉작의 재난이 없었습니다. 옛날 한 무제는 지난 문서나 지키는 평범한 군주였지만 태산에서 옥 부절[39]을 사용하여 봉선례封禪禮[40]를 올렸습니다.[41] 제 환공은 작은 나라의 보통 군주였지만 금실로 묶은 옥첩玉牒으로 봉선례를 거행하려 했습니다.[42] 바라건대 폐하께서는 공적을 남에게 미루며 스스로를 낮추시고 덕업을 남에게 양보하며 안주하지 마십시오. 억조창생의 마음이 폐하에게 기울어 있지만 아직은 하늘에 성공을 알리기에 부족합니다. 운운산云云山[43]과 정정산亭亭山[44]에 우뚝 서서 폐하의 업적을 땅에 아뢰며 아직

37_ 당나라 때 후궁 품계로 구빈九嬪의 하나.

38_ 당 태종의 후궁으로 품계는 충용充容이며 성명은 서혜徐惠(627~650). 어려서 재주와 미모가 뛰어나 당 태종의 후궁으로 간택되었다. 재인才人, 첩여婕妤를 거쳐 충용이 되었다. 정관 말년에 당 태종이 정벌과 건축에 집착하자 간언을 올려 그 일을 그만두게 했다. 당 태종 사후 슬픔이 지나쳐 병이 들었고 결국 1년 만에 세상을 떠났다. 현비賢妃의 품계가 추증되었다.

39_ 봉선례에 사용하는 옥첩玉牒을 말한다.

40_ ‘봉선封禪’은 황제가 자신의 업적을 천지신명에게 고하는 제사 의식이다. ‘봉封’은 태산 위에 높다랗게 제단을 쌓고 하늘에 제사를 올리는 것이고, ‘선禪’은 태산 곁 운운산云云山 또는 양보산梁父山에 흙을 쓸고 땅에 제사를 지내는 것이다.

41_ 한 무제가 원봉元封 원년(기원전 110)에 올린 봉선 의식을 말한다.

42_ 춘추시대 제 환공은 봉선 의식을 올릴 마음이 있었지만 관중의 만류로 그만뒀다.

43_ 『관자』「봉선封禪」의 기록에 따르면 중국 상고시대에 무회씨無懷氏, 복희, 신농, 염제, 황제, 전욱, 제곡, 요, 순, 탕왕이 모두 태산에서 봉封 제사를 지내고, 운운산云云山에서 선禪 제사를 지냈다고 한다. 그리고 하나라 우왕은 태산에 봉 제사를 지내고 회계산에서 선 제사를 지냈다. 운운산은 지금의 산둥 성 신타이新泰 러우더樓德 차이청柴城 동쪽에 있는 산으로 해발 210미터로 알려져 있다.

44_ 운정산云亭山이라고도 한다. 서쪽에 있는 것이 운운산이고, 동쪽에 있는 것이 정정산이다. 『사기』「봉선서」에 따르면 황제黃帝가 태산에서 봉 제사를 지내고, 정정산에서 선 제사를 지냈다.

은 선례禪禮를 지내서는 안 됩니다. 물론 폐하의 이러한 공덕으로 앞 시대 수많은 왕을 비평할 수도 있고 장차 자손만대의 업적까지도 포괄할 수 있습니다. 그러나 옛사람이 '경사가 있더라도 기뻐하지 말라'고 한 데는 진실로 까닭이 있습니다. 처음의 뜻을 지키며 마지막까지 그것을 보존하는 일은 성현들도 그것을 모두 겸한 이가 드뭅니다. 여기에서도 업적이 큰 사람은 쉽게 교만해진다는 사실을 알 수 있습니다. 바라건대 폐하께서는 이러한 일을 어렵게 여겨주십시오. 시작이 훌륭한 사람도 끝이 좋기는 어렵습니다. 바라건대 폐하께서는 이러한 일을 쉽게 할 수 있다고 여겨주십시오."

행군과 노역의 고통을 줄여주라

"근래의 상황을 가만히 살펴보니 부역과 병역이 함께 이루어졌습니다. 동쪽으로는 요동의 고구려를 정벌하는 군사를 일으켰고, 서쪽으로는 곤륜산의 구자龜玆[45]를 정벌하는 전쟁이 있었습니다. 군사와 병마는 갑옷에 지쳤고, 배와 수레는 수송에 지쳤습니다. 그런데 다시 변방을 지킬 군사를 모집하니 떠나보내는 가족들은 생사의 고통에 괴로워하고 있으며, 바람에 시달리고 파도에 막히느라 사람과 군량 모두 수장水葬될 위기에 처해 있습니다. 한 사람이 힘써 농사를 지어도 1년에 수십 섬의 수확도 얻지 못하지만, 배 한 척이 파손되면 수백 섬의 식량이 물속으로 뒤집어집니다. 이것은 제한된 농작물을 운반하여 끝도 없이 거대한 물결을 메우는 일이며, 아직 잡아들이지도 않은 다른 나라 백성을 도모하다가 이미 편성해놓은 우리의 군사를 잃는 일

45_ 지금의 신장위구르 자치구 쿠처庫車 일대에 존재했던 고대 국가. 아리아계 민족으로 조로아스터교, 소승불교, 이슬람교를 신봉한 것으로 전해진다.

입니다. 흉적을 제거하고 폭도를 토벌하는 것은 나라를 가진 사람의 일상 법도이지만 무기를 더럽히며 군사놀이를 하는 것은 선현들께서 경계하신 일입니다.

옛날에 진시황은 여섯 나라[46]를 병탄했지만 오히려 위기와 참화의 발단을 조속하게 재촉했고, 진晉 무제는 삼국[47]의 영토를 점유했지만 나라가 전복되고 패망하는 업적을 이룬 데 불과했습니다. 이 어찌 공적을 자랑하며 강한 힘에만 의지한 채 덕을 버리고 나라를 가볍게 여긴 결과가 아니며, 또 이익만 도모하다 폐해는 망각한 채 감정을 남발하고 욕망을 함부로 채운 결과가 아니겠습니까? 결국 아득한 천지사방이 비록 광대해도 그 멸망을 구제하지 못했으며, 고통으로 울부짖는 백성이 나라의 병폐 때문에 참화를 조성하게 되었습니다. 여기에서도 영토의 광대함이 나라를 안정시키는 대책이 아니며, 백성의 고통이 혼란을 쉽게 야기하는 근원임을 알 수 있습니다. 바라건대 폐하께서는 유랑민들에게 널리 은택을 베풀고 피폐하고 궁핍한 백성을 구휼하면서 행군과 노역의 수고는 줄여주시고 비와 이슬 같은 혜택은 더 늘려주십시오."

대형 공사는 백성을 지치게 한다

"또 신첩이 듣건대 정치의 근본은 그 고귀함이 무위無爲[48]에 있다

46_ 전국시대의 초, 제, 연, 한, 위, 조 여섯 나라.

47_ 후한 시대 이후의 삼국 즉 위, 촉, 오 세 나라.

48_ 노자의 무위자연無爲自然에서 나온 개념. 역사 속에서 다양한 의미로 변주되었다. 한비자는 법가사상에 무위無爲의 개념을 도입하여 아랫사람을 통제하는 군주의 통치술로 의미를 변화시켰다. 즉 군주가 자신의 마음을 밖으로 드러내지 않은 채 조용히 앉아 법률 질서에 의지하여 신하들의 의중을 가늠하며 나라를 다스리는 것을 무위無爲의 정치라 했다. 그러나 이 구절에서 말하는 '무위'는 백성을 억지로 군역과 노역에 동원하지 않고 편안하게 살 수 있도록 해주는 것을 가리킨다.

고 합니다. 신첩이 남몰래 살펴보건대 토목공사는 여러 곳에서 함께 진행해서는 안 됩니다. 북쪽에 궁궐 건축을 처음 시작할 때 남쪽에 또 취미궁翠微宮을 지었습니다. 또 그때를 넘기지도 않고 옥화궁玉華宮을 창건하기 시작했습니다. 이것은 건축 공사로 백성을 지치게 하는 일일 뿐 아니라 자못 그 공력을 낭비하는 일이기도 합니다. 비록 띠풀로 지붕을 덮어 검약함을 드러내고는 있지만 그래도 백성은 목재와 석재 마련을 위해 피곤에 젖게 마련이니 설령 품삯을 주고 인부를 뽑는다 해도 그들을 귀찮게 하는 폐단은 없애지 못할 것입니다.

이러한 까닭에 성스러운 임금은 낮은 궁전과 거친 음식을 편안하게 여겼고, 교만한 군주는 황금 집과 옥구슬 누대를 아름답게 여겼습니다. 따라서 올바른 도를 갖춘 임금은 자신의 편안함으로 백성을 편안하게 해주지만, 올바른 도를 갖추지 못한 임금은 자신의 즐거움으로 자신만 즐겁게 사는 데 그칩니다. 신첩이 바라건대 폐하께서 시절에 맞춰 그들을 부리시면 그들의 힘이 고갈되지 않을 것이며, 그들의 힘을 쓰면서도 쉬게 해주시면 그들의 마음은 기쁨으로 넘칠 것입니다."

교묘한 노리개는 나라를 망치는 도끼

"대저 진귀하고 교묘한 노리개는 나라를 망치는 도끼이고, 옥구슬과 비단 자수는 진실로 사람의 마음을 미혹시키는 짐독鴆毒입니다. 신첩이 남몰래 살펴보건대 폐하의 의복 및 노리개의 곱고 화려함은 자연에서 변화해온 듯하고, 조공품으로 받은 특이한 보배의 진기함은 신선이 만든 듯합니다. 쇠미한 세속 가운데서 화려함을 추구하고 있지만 기실 그것은 순박한 기풍을 타락시키는 것일 뿐입니다. 이로써 옻칠한 그릇이 반란을 조장하는 도구는 아니지만 하나라 걸왕이 그것을 만들자 사람들이 반란을 일으켰으며, 옥 술잔이 어찌 망국을 야기하는 사술邪術이겠습니까만 은나라 주왕이 그것을 사용하자 나라가 망했다는 사실을 알 수 있습니다. 바야흐로 사치와 화려함의 근원을 탐구해보면 그것을 막지 않을 수 없습니다. 대저 검소함에서 법을 만들어도 사치할까 두려운데, 사치함에서 법을 만들어 어찌 후세 사람을 제어할 수 있겠습니까?

엎드려 생각건대 폐하께서는 아직 사건이 일어나기 전에 그 기미를 밝게 살펴 지혜를 무궁하게 펼치시고, 기린각麒麟閣[49]에서 심오한 비책을 끝까지 찾으시며 유림儒林에서 깊은 뜻을 모두 탐색하십니다. 옛 임금들이 보여준 치란治亂의 종적, 대대로 이어온 안위安危의 자취, 흥망성쇠의 운수, 성패득실의 요체 등 이 모든 것을 진실로 마음속에 품으시고 시야 안에 두십니다. 이는 폐하의 충심으로 오랫동안 관찰하셨으니 지금 신첩이 한두 마디 말을 보탤 필요도 없습니다. 다만 아는 것은 어렵지 않지만 행동하는 것은 쉽지 않으며, 뜻은 업적이 드러날 때 교만해지고 몸은 시대가 편안할 때 게을러진다고 합니다. 엎드려 바라건대 교만해지려는 뜻을 억제하시고 풀어지려는 마음을 잘 추슬러 끝까지 신중하게 처신하시며 처음에 마음먹은 일을 이루십시오. 가벼운 과실을 줄여 무거운 덕을 보태시고, 오늘의 올바름을 택하여 옛날의 잘못을 바꾸십시오. 그럼 위대한 명성은 일월과 더불어 무궁할 것이며 성대한 업적은 천지와 더불어 영원할 것입니다."

태종은 서씨의 말이 매우 훌륭하다고 하면서 특별히 좋은 하사품을 매우 후하게 내렸다.

49_ 본래 한 무제가 미앙궁未央宮 안에 건축한 전각. 본래 역대 선왕들의 귀중 문서를 보관하는 황실도서관으로 출발했으나 한 선제가 11명의 공신의 화상을 걸어두었으므로 이후로는 공신각功臣閣의 의미도 갖게 되었다.

제36편 | 변방 안정

安邊

역대 중국 왕조의 국방 정책 또는 변방 정책은 사방 이민족과의 관계를 어떻게 설정할 것인가가 핵심 사안이었다. 진·한 시대의 흉노와의 관계, 수·당 시대의 돌궐과의 관계, 남북송 시대의 거란·여진과의 관계, 명나라 시대의 만주족과의 관계가 그중 대표적이다. 중국 역대 왕조는 이민족이 강할 때는 화친과 굴종조차 마다하지 않다가 힘이 약할 때는 강경책, 회유책, 이간책을 써서 그들을 분열시키고 정복했다.

당 태종의 변방 안정 정책도 역대 다른 중국 왕조와 같았다. 돌궐이 강성하여 장안 근교까지 압박할 때는 당 태종이 당시 황자皇子의 신분으로 돌궐과 치욕적인 화친을 맺었다. 그러나 이후 돌궐이 동서로 갈라지고 내분에 휩싸이자 그 틈을 이용하여 돌궐을 멸망시켰다. 이후 돌궐의 유민들이 당나라 국경 안으로 몰려들자 그들을 변방지역에 집단으로 모여 살 수 있도록 회유 정책을 폈다.

동서고금을 막론하고 강대국은 이처럼 주변국의 분열을 조장하거나 분열을 틈타 자국의 이익을 취한다. 이러한 경향은 지금도 마찬가지다.

돌궐을 회유하여 하남 일대에 살게 하다

정관 4년, 이정이 돌궐 힐리가한을 공격하여 패배시키자 부족 중에서 당나라에 항복해온 사람이 많았다. 태종이 변방 안정책을 논의하라고 조칙을 내렸다. 중서령 온언박이 의견을 냈다.

"바라건대 하남河南[1] 일대로 옮겨 살게 하십시오. 후한 건무建武[2] 연간의 사례에 따르면, 당시 항복한 흉노를 오원五原[3]의 변방 아래에 안치하고 그 부족을 온전히 유지하게 해주어 국경의 방패로 삼았고, 또 고유의 풍속을 버리지 않게 하면서 그들을 위무했다고 합니다. 이것은 첫째, 빈 땅을 채우기 위함이었고, 둘째, 그들을 시기하는 마음이 없음을 드러내기 위함이었으니 이는 이민족을 품어서 기르는 방법입니다."

태종이 그의 의견에 따르려 하자 비서감 위징이 이렇게 말했다.

"흉노는 옛날부터 지금까지 이처럼 참패한 적이 없었습니다. 이것은 하늘이 저들을 멸종시키려는 조치이고, 종묘사직의 신령들께서 씩씩한 무용을 펼치신 일입니다. 또 저들은 대대로 중원을 노략질해서 만백성의 원수가 되었습니다. 폐하께서 저들이 항복했으므로 주살할 수 없다고 생각하시면 하북河北[4]으로 보내 저들의 옛 땅에서 살게 하십시오. 흉노는 인면수심의 족속으로 우리 종족이 아닙니다. 강하면 반드시 약탈과 도적질을 하고, 약하면 비굴하게 복종합니다. 은혜와 인의를 돌아보지 않는 것이 저들의 천성입니다. 진과 한은 흉노를 근심함이 저와 같아서 용맹한 장수를 보내 저들을 공격했고 하남 땅을

1_ 지금의 산시陝西 성 북쪽과 닝샤 후이족 자치구를 흐르는 황허 강 남쪽 일대.

2_ 후한 광무제의 연호(25~56).

3_ 지금의 내몽골 자치구 바오터우包頭 서북쪽에 있던 옛날 군.

4_ 지금의 허베이 성이 아닌 산시陝西 성 북방의 황허 강 이북.

수복하여 군현을 설치했습니다.

그런데 지금 폐하께서는 우리 변경 안쪽에 저들을 거주하게 하십니다. 또 지금 항복한 자들이 거의 10만에 달하는데 몇 년 뒤에는 두 배 이상으로 번식하여 우리의 요지를 점거할 것입니다. 저들의 거주지는 도성에서 가까운지라 우리의 심장과 배의 질병이 되어 장차 후환을 일으킬 터이니 더더욱 저들을 하남에 살게 해서는 안 됩니다."

온언박이 말했다.

"천자는 만물에 대해 하늘이 덮어주고 땅이 실어주듯이 해야 합니다. 나에게 귀의하는 사람이 있으면 반드시 길러줘야 합니다. 지금 돌궐을 격파하여 저들의 잔여 부족이 귀의해 오는데도 폐하께서 가련하게 여기지 않으시고 저들을 내버리신다면 이것은 하늘과 땅의 올바른 이치라 할 수 없고, 사방 이민족의 마음을 거절하는 일이 될 것입니다. 신이 어리석을지라도 이는 매우 불가한 일이라 생각합니다. 그러므로 의당 저들을 하남에 거주하게 해야 합니다. 이른바 죽어가는 사람을 살려주고, 멸망한 나라를 다시 존속시켜주면 저들이 우리의 두터운 은혜를 생각하고 마침내 반역하지 않을 것입니다."

위징이 말했다.

"진晉나라가 위魏나라의 천하를 점유했을 때 호인胡人 부족을 가까운 군에 나눠 거주하게 했습니다. 당시 곽흠郭欽[5]과 강통江統[6]은 변경 밖으로 축출해야 한다고 권했지만 진 무제는 그의 말을 받아들이지 않았습니다. 몇 년 뒤 저들은 마침내 장안과 낙양을 함락시켰습니다. 앞 시대의 전복된 수레나 은나라 멸망의 거울이 멀리 있지 않습니다.

5_ 서진의 관리로 무제 때 시어사를 역임했다. 무제에게 이민족을 변방 밖으로 축출해야 한다고 건의했으나 무제는 받아들이지 않았다.

6_ 서진의 관리로 자는 응원應元(?~310). 팔왕의 난 때 제왕 사마경과 성도왕 사마영을 섬겼다. 직간으로 유명했다. 「사융론徙戎論」 「주고酒誥」 등의 글이 전한다.

폐하께서는 틀림없이 언박의 의견을 채택하시어 저들을 하남에 거주하게 하시려는데 이것이 이른바 짐승을 길러 후환을 남기는 일입니다."

온언박이 또 말했다.

"신이 듣건대 성인의 도는 [어느 경우든] 통하지 않음이 없다고 합니다. 돌궐의 잔당들은 자신들의 목숨을 우리에게 맡겼습니다. 이제 저들을 우리 변경 안쪽 땅에 수용하고 예법을 가르친 후 추장을 선임하여 우리 궁궐의 호위 업무를 담당하게 하면 폐하의 위엄을 두려워하고 폐하의 은덕에 고마운 마음을 가질 터인데 무슨 근심할 일이 있겠습니까? 또 옛날 광무제는 변경 안쪽 군에 하남의 선우[7]를 거주하게 하고 한나라의 울타리로 삼았습니다. 그러나 한 세대가 끝나도록 반역은 일어나지 않았습니다."

온언박이 또 말했다.

"수 문제는 군사와 군마를 수고롭게 하고 창고의 재물을 허비하며 돌궐의 가한을 세워주고 나라까지 회복시켜줬지만 나중에 저들은 은혜를 배반하고 신의를 어긴 채 안문에서 수 양제를 포위했습니다. 지금 폐하께서는 인자하고 후덕하게 저들이 바라는 바를 따라 하남과 하북에 마음대로 거주하게 했습니다. 저들 각 집단에는 각각의 추장만 있고 서로 통일된 소속은 없습니다. 힘은 흩어져 있고 세력은 분산되어 있으니 어찌 우리에게 해악을 끼칠 수 있겠습니까?"

급사중 두초객杜楚客[8]이 앞으로 나서며 말했다.

"북방 이민족들은 인면수심이라 덕망으로 포용하기 어렵고 위력으로 굴복시키기는 쉽습니다. 지금 저들 부족을 하남에 분산시켜 살게 하면 그 땅이 중원과 매우 가깝기 때문에 오래 지나면 반드시 우환거

7_ 흉노족의 군장君長 명칭.

8_ 두여회의 아우로 당나라 초기의 관리(587~655). 인품이 곧고 정직했으나 위왕 이태를 태자로 세우려다 폄적되어 서민으로 강등되었다.

리가 될 것입니다. 안문 전투와 같은 일은 비록 돌궐이 은혜를 저버리기는 했지만 기실 수 양제 스스로의 무도함에서 말미암았습니다. 어찌 망한 나라를 부흥시켜서 이러한 참화가 초래되었다고 할 수 있겠습니까? 이민족이 중화를 어지럽힐 수 없음은 선현들의 분명한 가르침이고, 멸망한 나라를 다시 존속하게 해주고 단절된 후사를 계속 이어주는 것은 옛날 성군들이 지킨 일상의 법도입니다. 신은 오히려 나랏일을 처리할 때 옛 가르침을 본받지 못하여 나라를 오래 보존하기 어려울까 두렵습니다."

태종은 두초객의 말을 가상하게 여겨 바야흐로 돌궐을 회유하는 데 힘썼지만 그 의견에 따르지는 않았다. 태종은 마침내 온언박의 계책을 채택하여 유주幽州[9]에서 영주靈州[10]에 이르는 지역 중 순주順州,[11] 우주祐州,[12] 화주化州,[13] 장주長州[14] 네 고을에 도독부를 설치하고 돌궐 사람들을 살게 했다. 그들 가운데 장안에 거주하는 사람도 거의 1만 가구에 가까웠다.

항복해온 돌궐족은 신중하게 처리해야

돌궐의 힐리가한이 격파된 후 그곳 여러 부락 수령 중에서 항복해온 사람은 모두 장군과 중랑장에 임명되었다. 조정의 대열에 들어가

9_ 지금의 베이징 시 일대.

10_ 지금의 닝샤 후이족 자치구 중웨이中衛와 중닝中寧 북방 일대.

11_ 지금의 랴오닝 성 서쪽과 내몽골 동남 일대.

12_ 지금의 닝샤 후이족 자치구 링우靈武 서남 일대.

13_ 북개주北開州 또는 하주夏州라고도 한다. 지금의 산시陝西 성 위린楡林 위양楡陽 서쪽 웨이자마오魏家峁 일대.

14_ 지금의 간쑤 성 환環 현 쉬자허許家河 향 일대다.

서 5품 이상의 관직을 받은 사람도 100여 명이나 되어 거의 조정의 기존 벼슬아치와 반반의 형세를 이루었다. 탁발拓拔[15] 부족만 오지 않아서 다시 그들을 불러 위로하느라 그곳을 왕래하는 사자가 길에서 서로 만날 수 있을 정도였다. 양주도독 이대량은 이러한 조치가 나랏일에 무익하고 중국의 경비만 헛되이 낭비하는 것이라 생각하고 상소문을 올렸다.

"신이 듣건대 멀리 있는 나라를 안정시키려는 사람은 반드시 먼저 가까운 곳을 편안하게 만들어야 한다고 합니다. 중국의 백성은 천하의 근본이며 사방의 이민족은 지엽枝葉과 같습니다. 근본을 뒤흔들며 지엽을 튼튼하게 하거나 오래 안정을 얻은 사례가 아직까지 없었습니다. 옛날부터 현명한 임금은 믿음으로 중국을 교화하고 권세로 이민족을 부렸습니다. 이 때문에 『춘추』에서는 '융적은 승냥이나 이리와 같아서 그들을 만족시킬 수 없고, 중화의 여러 부족은 친척과 같아서 내버릴 수 없습니다'[16]라고 했습니다. 폐하께서 천하에 군림하신 이후로 줄기와 뿌리가 깊고 튼튼해지니 백성은 편안하고 군사는 강해졌으며 이에 구주[17]가 부유해져 사방의 이민족이 스스로 복종해왔습니다. 그런데 지금 돌궐을 불러서 우리 강역 안으로 들어오게 하고 있지만 신의 어리석은 생각으로는 그것이 쓸데없는 낭비로 느껴지고 유익함이 있는지 알지 못하겠습니다.

그러나 하서河西[18] 땅 백성은 변경의 이민족을 진압하고 방어하는 임무를 지고 있는데 그곳 주현은 황막하고 호구는 매우 적습니다. 여기에다 수나라의 난리 때문에 호구의 감소가 더욱 심합니다. 돌궐을

15_ 중국 북방의 선비족 일파.

16_ 『좌전』 민공閔公 원년에 나온다. "戎狄豺狼, 不可厭也, 諸夏親暱, 不可棄也."

17_ 하나라 우왕이 중국을 구주九州로 나눈 이래 중국 전역을 가리킨다.

18_ 황하 서쪽이라는 의미로 지금의 산시陝西 성을 가리킨다.

아직 평정하기 전에는 생업에 안주하지 못하다가, 흉노가 약화된 이후에야 비로소 농사를 짓게 되었습니다. 이런 상황에 만약 노역을 시행하면 변경 방비에 손실이 생길까 두렵습니다. 신의 어리석은 생각으로 바라건대 저들을 변경 안으로 불러들여 위로하는 일은 중지하십시오. 또 저들은 소위 황복荒服[19]에 속한 자들이라 우리 조정의 신하를 칭하더라도 받아들여서는 안 됩니다.

이러한 까닭에 주나라 왕실은 자기 백성을 사랑하고 이민족을 물리쳐서 마침내 800년 동안 역사가 이어졌고, 진시황은 경솔하게 전쟁을 하며 호족胡族과 사단事端을 일으켰기 때문에 40년 만에 멸망했습니다. 한 문제는 군사를 양성하여 조용하게 변경을 지켰기 때문에 천하가 안정을 누리며 풍족했지만, 한 무제는 위력을 과시하며 먼 곳까지 경략經略했기 때문에 해내의 재물을 헛되이 소모하고 말았습니다. 비록 「윤대죄기조輪臺罪己詔」[20]를 통해 후회했지만 이미 미칠 수 없는 일이 되었습니다.

수나라 때는 일찌감치 이오伊吾[21]를 얻었고 아울러 선선鄯善[22]까지 통치하게 되었습니다. 또한 이 땅들을 얻은 후 헛된 낭비가 나날이 심해져서 나라 안의 재물을 텅 비게 만들며 나라 밖으로 그것을 가져갔습니다. 이는 결국 손해만 남긴 채 아무 이익도 얻지 못한 일이 되었습니다. 멀리 진나라와 한나라의 사례를 찾아보고 가까이로 수나라 황실을 살펴보면 [그 역사에] 나라의 동정과 안위의 이치가 분명하게 갖춰져 있습니다.

19_ 오복五服의 하나. 황복은 도성에서 2500리나 떨어진 변방지역을 가리킨다.

20_ 한 무제 말년에 대신 상홍양이 서역의 윤대輪臺에 수비병을 두고 흉노를 막자고 했지만 무제는 이전까지의 과도한 전쟁, 불로장생 추구 등의 정책이 잘못되었음을 스스로 인정하고 반성하면서 상홍양의 건의를 채택하지 않았다. 이때 내린 조서가 「윤대죄기조」다.

21_ 지금의 신장위구르 자치구 이우伊吾 지역. 이오국伊吾國은 수나라에 복속했다가 다시 서돌궐에 병합되었으며, 정관 4년 당나라에 복속했고 당나라는 그곳에 이주伊州를 설치했다.

22_ 누란樓蘭이라고도 한다. 지금의 신장위구르 자치구 뤄창若羌 일대에 있던 고대 서역국이다.

이오는 이미 신하로 복종하고 있지만 멀리 변경의 사막에 거주하고 있으니 그 백성은 화인華人이 아니고 그 땅도 모래밭에 소금기가 많습니다. 스스로 나서서 부용국으로 일컫는 자들은 기미羈縻[23]의 관계로 받아들인 후 변경 밖에 거주하게 하십시오. 그럼 저들은 틀림없이 우리의 위엄에 겁을 먹고 베풀어준 은덕에 감사하며 영원히 번속藩屬 신하가 될 것입니다. 이것은 대체로 텅 빈 은혜를 베풀어 꽉 찬 복락을 거두는 일입니다.

근래에 돌궐이 자신들의 온 나라를 들어 우리에게 입조했습니다. 그러나 저들에게 장강과 회수 일대를 떠돌며 풍속을 바꾸게 할 수는 없습니다. 저들을 변경 안에 안치하면 도성에서 멀지 않기 때문에 비록 관대하고 어진 인정을 베푼다 해도 그것이 오래도록 우리의 안정을 도모하는 계책은 될 수 없습니다. 저들 한 사람이 처음 항복해올 때마다 포목 다섯 필과 솜옷 한 벌을 내리고, 추장들은 모두 높은 관직에 임명하니 녹봉은 많고 벼슬은 존귀하여 나라를 다스림에 낭비가 많습니다. 중원의 세금을 악행 쌓은 흉적에게 제공하자 항복하는 무리가 더 많아지고 있습니다. 이는 중원의 이익이 아닙니다."

태종은 이 의견을 받아들이지 않았다.

배반한 돌궐족을 옛 땅으로 돌려보내다

정관 13년, 태종이 구성궁九成宮으로 행차했다. 그때 돌리가한의 아우 중랑장 아사나결사솔阿史那結社率[24]이 몰래 부족을 결집시키고 돌

23_ 고대 중국의 이민족 관리 방식의 하나. 기羈는 굴레, 미縻는 고삐를 의미한다. 굴레와 고삐를 통해 소나 말을 제어하는 것처럼, 견제와 회유의 방식으로 이민족을 관리하는 외교술이다.

24_ 돌궐족으로 돌리가한의 아우(?~639). 당나라에 항복한 후 중랑장에 임명되었다. 당 태종이 구성궁으로 행차했을 때 반란을 일으켰다가 실패하여 참형에 처해졌다.

리가한의 아들 하라골賀羅鶻을 받들어 밤중에 황제의 군영을 침범했다. 그러나 일은 실패했고 모두 사로잡혀 참수되었다. 태종은 이로부터 돌궐족을 정직하지 못하다 생각하고, 그들을 중국에 거주하게 한 일을 후회했다. 그리고 다시 그들을 하북 옛 부락으로 돌려보내 옛날 정양성定襄城[25]에 관아를 세우게 한 후 이사마를 을미니숙사리필가한乙彌泥熟俟利苾可汗[26]으로 옹립하여 그들의 군주로 삼았다. 그리고 근신들에게 이렇게 말했다.

"중국의 백성은 진실로 천하의 근본이며 사방의 이민족은 지엽과 같소. 근본을 뒤흔들며 지엽을 튼튼하게 하거나 오래 안정을 얻은 사례가 아직까지 없었소. 짐은 처음에 위징의 간언을 채택하지 않아서 마침내 쓸데없는 낭비가 나날이 심해졌고 오래 안정을 얻는 방도도 거의 잃어버렸다는 사실을 알게 되었소."

유용한 재물을 뿌려 무용한 일을 해서야

정관 14년, 후군집이 고창국을 평정한 후 태종은 그 땅을 주현으로 삼고 싶어했다. 위징이 말했다.

"폐하께서 천하를 다스리신 초기에 고창국 국왕이 먼저 입조하여 폐하를 알현했습니다. 이후 장사로 먹고사는 호족들이 자주 이르기를 자신들이 중국에 조공하려 해도 고창국이 가로막고 있다고 했고, 여기에 더하여 조서를 받든 중국의 사신에게 무례하게 대하여 마침내 [폐하께서] 그들의 왕을 주살하게 했습니다. 만약 그 죄를 국문태에

25_ 지금의 내몽골 자치구 허린거얼和林格爾 북쪽 일대.

26_ 고대 튀르크어의 중국어 음역音譯. 튀르크 원어는 '일 에트미시 이둑 빌게 카간il etmish ïdugh bilge qaghan'으로 추정되는데 '나라를 일으킨 성스럽고 현명한 카간'이라는 뜻이다.

게 그치게 해도 되지만 저들의 백성을 어루만지고 그 아들을 국왕으로 세워주는 것보다는 못합니다. 소위 죄지은 국왕을 정벌하고 백성을 위로하여 폐하의 위엄과 덕망을 먼 외국에까지 두루 미치게 하는 것이 나라를 위한 최선의 방법입니다. 지금 만약 그 땅을 탐내어 주현을 설치한다면 늘 1000여 명의 군사가 진주하여 지켜야 하고 몇 년에 한 번씩 교대해야 할 것입니다. 매번 교대를 위해 왕래할 때 죽는 사람도 열에 서넛은 될 것이고, 의복과 물자도 마련해줘야 하며 가족과도 떨어져 살아야 합니다. 그럼 10년 후에는 농우隴右[27] 땅이 텅 비게 되어 폐하께서는 끝내 고창국에서 중국에 도움을 줄 만한 곡식 한 줌이나 베 한 자도 얻을 수 없을 것입니다. 이것이 이른바 유용한 재물을 마구 뿌리며 무용한 일을 하는 것이니 신은 여전히 그 일이 옳은 일로 보이지 않습니다."

태종은 이 의견에 따르지 않고 마침내 그 땅에 서주西州를 설치하고 또 서주를 안서도호부安西都護府로 삼아 매년 1000여 명의 군사를 징발하여 그 땅을 방어하게 했다.

고창국에 국왕을 세워줘야

황문시랑 저수량도 불가한 일이라 생각하고 상소문을 올렸다.

"신이 듣건대 옛날 지혜로운 임금이 조정에 임하고 현명한 왕이 나라를 창업할 때는 반드시 중화를 앞세우고 이적은 뒤로 돌렸으며, 덕화를 널리 펼쳐 먼 변방에서 일을 만들지 않았다고 합니다. 이러한 까닭에 주 선왕宣王은 정벌에 나섰다가 변경에 이르러 돌아왔고, 진시황

27_ 농산隴山 오른쪽 지역이라는 뜻으로, 지금의 중국 간쑤 성 루판산六盤山 서쪽 지역을 일컫는 말. 이른바 서역을 가리킨다.

은 먼 곳에 요새를 설치하여 중국을 분리시켰습니다. 폐하께서는 고창국을 토멸하시어 그 위엄을 서역에까지 떨쳤고 그곳의 흉적을 수습하여 그 땅을 주현으로 삼았습니다. 그러므로 천자의 군대가 처음 출발하는 해는 하서[28] 땅에 군역이 부과되는 해입니다. 말먹이를 운반하고 군량을 차출하니 열 집에 아홉 집은 창고가 텅 비고 여러 군의 살림이 황폐해져 5년이 지나도 회복하지 못할 지경입니다.

또 폐하께서는 매년 1000여 명의 군사를 파견하여 먼 변방에 주둔시켰습니다. 한 해가 다 가도록 가족과 떨어져 만 리 타향에서 돌아갈 것만 생각합니다. 변방으로 가는 사람은 여비와 복장을 스스로 마련해야 하므로 곡식을 팔고 옷감을 쏟아붓습니다. 길가는 도중에 사망하는 사람이 나오는 건 다시 말할 필요도 없을 지경입니다. 또 죄수를 파견하면 이들을 방비할 병력을 증강해야 합니다. 파견하는 죄수 가운데서 도망자가 생기면 관청에서는 그들을 잡느라 나라에 번거로운 일이 생기게 됩니다.

고창으로 가는 길은 사막이 천 리나 이어져 있어서 겨울바람은 얼음과 같고 여름바람은 불길과 같습니다. 길 가는 사람이 이런 바람을 만나면 대부분 죽습니다. 『주역』에 이르기를 '편안할 때 위기를 잊지 말고, 치세에 난세를 잊지 말라'[29]고 했습니다. 설령 장액張掖[30]에서 전쟁의 먼지가 날리고 주천酒泉[31]에서 봉화가 오르더라도 폐하께서 어찌 고창국 백성 한 사람의 곡식이라도 얻어서 그 전장에 공급할 수 있겠습니까? 결국은 농우 땅 여러 고을의 장정을 징발하여 유성처럼 치달리고 번개처럼 공격에 나서야 할 것입니다. 이로써 말씀드리자면 하서

28_ 지금의 닝샤 후이족 자치구 황허 강 서쪽 지역. 대체로 서역을 가리킨다.

29_ 『주역』「계사 하」에 나온다. 구절을 조금 축약했다. "安不忘危, 治不忘亂."

30_ 감주甘州라고도 한다. 지금의 간쑤 성 장예張掖.

31_ 지금의 간쑤 성 주취안酒泉.

는 우리 조정의 심복에 해당하고, 고창이란 타인의 수족일 뿐입니다. 어찌 중화의 곡식을 허비하며 아무 쓸모없는 일을 할 수 있겠습니까?

폐하께서는 사막 변방에서 힐리를 평정했고 서해西海[32]에서 토욕혼을 멸망시켰습니다. 돌궐의 잔여 부락에는 가한을 세워줬고 토욕혼의 유민을 위해서 다시 군장君長을 세워주었습니다. 이제 또 고창국에 국왕을 세워주는 일도 전례가 없지 않습니다. 이것이 이른바 죄가 있으면 토벌하고 복종하면 존속시켜주는 경우입니다. 의당 고창국에서 국왕으로 세워줄 만한 사람을 선택하여 수령의 지위를 부여하고 본래 나라를 돌려줘야 합니다. 그리하면 크나큰 은혜를 입고 길이길이 우리의 울타리가 될 것입니다. 중국이 혼란스럽지 않으면 부유하고도 편안해질 것이니 그런 나라를 자손에게 전하고 또 그 이후 세대에까지 물려주십시오."

상소문으로 이런 의견을 아뢰었지만 태종은 받아들이지 않았다.

화친책을 주장한 사람에게 상을 내리다

정관 16년에 이르러 서돌궐이 군사를 보내 서주西州를 약탈했다. 태종이 근신들에게 말했다.

"짐이 듣건대 서주에 긴급 상황이 발생했다고 하오. 큰 해악이 될 만한 일은 아니지만 어찌 근심하지 않을 수 있겠소? 지난날 처음 고창국을 평정했을 때 위징과 저수량은 짐에게 국문태의 자제를 국왕으로 세워 여전히 그 나라를 존속시키라고 권했소. 그러나 짐은 끝내 그 계책을 쓰지 않았는데 오늘에야 후회와 자책을 하고 있소. 옛날

32_ 지금의 칭하이 성에 있는 칭하이青海.

한나라 고조는 평성平城[33]에서 포위되었다가 풀려나[34] 누경婁敬[35]에게 상을 주었고, 원소袁紹[36]는 관도官渡[37]에서 패배한 후 전풍田豐[38]을 주살했소. 짐은 이 두 가지 일을 경계로 삼고 있소. 어찌 간언을 올린 분들을 잊을 수 있겠소?"

33_ 지금의 산시 성 다퉁大同 동북쪽.

34_ 한 고조 유방이 직접 군대를 이끌고 흉노로 투항한 한왕韓王 신信을 정벌하러 나섰다가 평성平城 백등산白登山에서 흉노에게 7일 동안 포위되었다. 고조는 진평陳平의 계책을 써서 겨우 포위망을 뚫고 탈출했다.

35_ 한나라 초기 제齊 지방의 수졸戍卒이었다. 한 고조 유방이 아직 도읍지를 정하지 못하고 있을 때 누경이 낙양 대신 장안에 도읍을 정할 것을 건의했고, 유방이 그의 의견을 받아들였다. 한 고조 7년에 누경은 흉노로 사신 가서 흉노의 강성함을 알고 돌아와 흉노와 화친해야 한다고 주장했으나 고조는 그의 건의를 채택하지 않았다. 이후 흉노의 포위망을 뚫고 탈출하고 장안으로 돌아와 누경에게 2000호의 봉읍을 상으로 내렸다.

36_ 후한 말기 군웅 중 한 사람으로 자는 본초本初(?~202). 후한 시대 명문가 출신으로 동탁董卓의 전횡에 맞서 의병을 일으켜 맹주로 추대되었다. 기주冀州를 점거하고 유주幽州의 공손찬公孫瓚을 격파하여 세력을 떨쳤다. 그러나 관도官渡 전투에서 조조에게 대패해 세력이 몰락했다.

37_ 지금의 허난 성 중머우中牟 동북 지역.

38_ 후한 말기 원소의 참모로 자는 원호元皓(?~200). 기주별가冀州別駕를 역임했다. 원소에게 조조曹操와 싸우지 말 것을 건의했으나 원소는 듣지 않았고 결국 관도 전투에서 조조에게 대패했다.

卷十

제37편 | 순행
行幸

『맹자』「양혜왕 하」에 따르면 "천자가 제후에게 가는 것을 순수라 하는데, 순수는 제후들이 지키는 곳을 돌아보는 것天子適諸侯曰巡狩, 巡狩者, 巡所守也"이라고 한다. 과거 천자는 늘 제후들이 봉토를 잘 다스리는지 감독하고 업무를 시찰할 필요가 있었다. 반대로 제후들이 천자를 찾아가서 자신의 직책에 대해 보고하는 것은 술직述職이라 했다. 이 둘은 모두 천자와 제후의 구체적인 업무에 속했다. 또한 천자는 해마다 봄과 가을에 한 번씩 순수를 나가는데, 봄에는 백성이 밭 가는 것을 살펴 부족한 종자와 물자를 보급해주고, 가을에는 백성이 수확하는 것을 살펴 모자라는 식량을 보충해준다고 한다. 이를 보면 천자의 순수는 본래 업무 시찰과 민생 챙기기라는 매우 현실적인 수요에 의해 시행되었음을 알 수 있다.

진·한 이후로 순수의 실용적 목적은 사라져버렸다. 그래서 순행巡幸 또는 행행行幸이라고 불렸다. 황제의 위엄 과시, 명승지 유람, 봉선례 참가 등과 같은 사적인 기호에 따라 행해지는 경우가 많았다. 이 때문에 천자의 행차가 지나가는 곳의 백성, 군사, 관리들은 접대를 하느라 온갖 고통을 겪어야 했다.

그중에서도 수나라 양제의 순행은 엄청난 규모와 장기 체류로 악명이 높았다. 그는 서경西京 장안에서 동도東都 낙양까지의 연도에 행궁과 별궁을 수도 없이 지었고, 북쪽과 서쪽 이민족을 시찰한다는 명목으로 두 차례 변방 순행을 강행했으며, 아울러 대운하 개통을 과시하기 위해 탁군涿郡으로 세 차례나 행차했다. 이 때문에 급격한 민심 이반이 일어났다.

당 태종은 처음에는 양제의 실정을 반복하지 않기 위해 순행을 자제했으나, 말년으로 갈수록 순행의 횟수를 늘리다가 스스로 반성하는 글을 남기기도 했다.

지나친 순행은 백성의 힘을 고갈시킨다

정관 초년에 태종이 근신들에게 말했다.

"수 양제는 궁궐을 크게 짓고 순행을 지나치게 많이 했소. 서경 장안에서 동도 낙양까지 행궁과 별궁이 도로마다 연이어 바라다보였고, 병주幷州와 탁군涿郡[1]에 이르기까지도 모두 그렇지 않은 곳이 없었소. 수레가 다니는 큰길은 수백 보까지 넓혔고 나무를 심어 큰길 주변을 장식했소. 사람들은 그 부역을 견딜 힘이 없어 서로 모여 도적이 됐소. 수나라 말년에 이르자 [양제는] 한 자의 땅이나 한 사람의 신하도 더 이상 자신의 소유가 아니게 됐소. 이로써 살펴보면 궁궐을 넓히고 순행을 좋아하는 것이 도대체 무슨 이익이 있단 말이오? 이것은 모두 짐이 귀로 듣고 눈으로 목격한 일이라 깊이 나 자신의 경계로 삼고 있소. 이 때문에 감히 백성의 힘을 함부로 사용하지 않고 오직 백성을 안정시켜 원한에 찬 반란이 일어나지 않게 하려 할 뿐이오."

순행을 위해 백성을 부역에 내몰지 말라

정관 11년 태종이 낙양궁洛陽宮으로 순행하여 적취지積翠池에 배를 띄우고 근신들을 돌아보며 말했다.

"이곳의 궁궐, 별관, 누대, 연못은 모두 수 양제가 만들었소. 소위 백성을 부역에 내몰아 이렇게 정교하고 화려한 장식을 끝 간 데까지 추구했지만 더 이상 이 도읍을 지킬 수도 없었고 또 만백성을 걱정하지도 않았소. 끊임없이 궁궐 밖 행차를 좋아하자 백성이 견딜 수 없

1_ 지금의 베이징 시 서남쪽 일대.

었소. 옛날에 시인은 이렇게 읊었소.

'어느 풀이 시들지 않으며, 어느 날에 길 가지 않으랴?'[2]

'소동小東 땅과 대동大東[3] 땅엔 북과 도투마리가 다 비었네.'[4]

바로 부역의 고통을 이른 것이오. 그리하여 마침내 천하 만민으로 하여금 원망을 품고 반란을 일으키게 하여, 몸은 살해당하고 나라는 멸망하고 말았으며 지금 그 궁궐 정원은 모두 짐의 소유가 되었소. 수나라를 전복시킨 것이 어찌 단지 그 임금이 무도했기 때문일 뿐이겠소. 고굉지신 중 어진 사람이 없었기 때문이오. 예를 들면 우문술, 우세기, 배온裵蘊[5]과 같은 무리는 고관대작의 지위에서 많은 녹봉을 먹고 임금의 신임을 받으면서도 오직 아첨만 일삼으며 임금의 눈과 귀를 가렸소. 이러고도 나라를 위험에 빠뜨리지 않는다는 건 불가능하오."

사공 장손무기가 아뢰었다.

"수나라가 멸망할 때 임금은 충직한 간언을 가로막았고 신하는 구차하게 자기 몸만 보전하려 했습니다. 좌우 신하에게 잘못이 있어도 애초에 바로잡지 않았고, 도적이 들끓어도 사실대로 보고하지 않았습니다. 이 점에 근거해보면 [수의 멸망은] 단지 천도에 의한 것만이 아니고 기실 임금과 신하가 서로 잘못을 바로잡아주며 돕지 않아서 야기된 일입니다."

태종이 말했다.

"짐과 경들은 수나라가 남긴 폐단을 이어받았으므로 오직 올바른 도를 넓히고 나쁜 풍속을 바꾸어 자손만대가 영원히 여기에 의지하

2_ 『시경』 「소아·하초불황何草不黃」에 나온다. "何草不黃, 何日不行." 끊임없는 행역에 시달리는 백성의 괴로움을 읊은 시다.

3_ 소동小東과 대동大東은 모두 지금의 산둥 성 일대를 가리킨다.

4_ 『시경』 「소아·대동大東」에 나온다. "小東大東, 杼軸其空." 북杼과 도토마리軸는 베를 짜는 도구다. 북과 도토마리가 다 비었다는 것은 베를 짤 수 없을 정도로 부역이 빈번함을 비유한다.

5_ 수나라 때의 대신(?~618). 우문화급이 양제를 살해할 때 배온도 함께 죽였다.

도록 해야 하오."

강도 순행 중 피살된 양제

정관 13년, 태종이 위징 등에게 말했다.

"수 양제는 문제의 넉넉한 유업을 이어받아 해내가 넉넉했소. 만약 관중 땅에 항상 머물러 있었다면 어찌 패망했겠소? 결국 백성을 돌보지 않고 기한도 없이 순행하면서 한사코 강도까지 갔소. 동순董純[6]과 최상崔象[7] 등의 간언도 받아들이지 않다가 몸은 살해되고 나라는 멸망하여 천하의 웃음거리가 되었소. 비록 제업의 장단은 하늘에 달려 있지만 선행에 복을 받고 음행에 화를 당하는 것은 사람이 하는 일에 달려 있소. 짐이 매번 생각해보건대 임금과 신하가 오래 복락을 누리고 나라에 패망이 없게 하려면 임금에게 과실이 있을 때 신하가 반드시 극언으로 간해야 하오. 짐은 경들의 바른 간언을 듣고 비록 당장 따를 수는 없을지라도 재삼 심사숙고하여 반드시 선한 말을 골라 시행하도록 하겠소."

임금의 욕망을 위해 순행에 나서지 말라

정관 12년, 태종이 동쪽을 순행하다가 장차 낙양으로 들어가려고 현인궁顯仁宮에 머물 때 궁궐 정원 관리 중에서 질책과 처벌을 받은

6_ 수나라의 장수로 문제와 양제를 도와 많은 군공軍功을 세웠다. 간신배의 모함으로 억울하게 죽었다.

7_ 수나라의 관리 최민상崔民象. 피휘하여 최상崔象으로만 표기했다. 수 양제 때 봉신랑奉信郞을 역임했다. 양제의 강도 순행을 막으려고 간언을 올리다 피살되었다.

사람이 많았다. 시중 위징이 아뢰었다.

"폐하께서 지금 낙양으로 순행하신 것은 이곳이 지난날 전쟁이 있었던 곳이라 안정을 이루기 위해서이고 이 때문에 이곳 노인들에게 은혜를 베푸시려는 것입니다. 그런데 지금 이 성에 사는 백성이 아직 은덕을 받지도 못했는데 정원을 감독하는 관리들 중 처벌을 받은 사람이 많습니다. 더러는 공물로 바친 물건이 좋지 못했기 때문이라 하고, 또 맛있는 음식을 바치지 않았기 때문이라고도 합니다. 이는 욕심을 멈추거나 만족하려 하지 않고 사치한 생활에 마음을 두는 일이니 순행의 본래 뜻에도 어긋나는데 어떻게 백성의 소망에 부응할 수 있겠습니까?

수나라 임금은 아랫사람들에게 먼저 명령을 내려 맛있는 음식을 많이 만들라 했고, 바친 음식이 많지 않으면 바로 가혹한 형벌을 내렸습니다. 위에서 좋아하면 아래서는 반드시 더 심한 자가 있기 마련이고, 그렇게 끝도 없이 경쟁하느라 마침내 멸망에 이르고 만 것입니다. 이것은 역사에 기록된 사실을 보고 알게 된 것이 아니라 폐하께서 친히 목도한 사실입니다. 수 임금이 무도했기 때문에 하늘이 폐하께 그들을 대신하라고 명하신 것입니다.

두려운 마음으로 전전긍긍하며 매사에 절약하고 앞 시대의 발자취를 참고하여 자손들에게 밝은 가르침을 내려야 합니다. 어찌 오늘 다른 사람의 아래로 들어가려 하십니까? 폐하께서 만약 만족스럽게 생각하신다면 오늘로 그 만족이 그치지 않을 것입니다. 만약 부족하다고 생각하시면 오늘보다 만 배나 더 좋아진다 해도 부족하다고 느낄 것입니다."

태종은 깜짝 놀라며 말했다.

"공이 아니었다면 짐이 이런 말을 듣지 못했을 것이오. 앞으로는 이런 일이 없도록 하겠소."

제38편 | 사냥
畋獵

임금의 사냥은 무력 과시, 심신 단련, 군사 훈련, 우울 해소 등을 목적으로 한다. 그러나 사냥도 지나치면 큰 민폐를 끼칠 수 있었다. 사냥에 동원된 군사가 지나가는 길 근처는 논밭이 초토화되었으며, 몰이꾼으로 동원된 백성은 일상의 생업을 잠시 중단해야 했다. 또 임금이 사냥을 빌미로 행궁에 머물며 주색과 가무까지 즐기면 측근들은 이를 위해 물자와 인력을 동원하느라 인근 백성의 여인과 재산을 수탈해야 했다.

역사를 들춰보면 지나친 사냥으로 나라가 위험에 처하거나 임금 자신이 목숨을 잃는 일도 많았다. 춘추시대 진陳나라 공자 타佗는 세자 면免을 죽이고 스스로 보위에 올랐다. 그는 시도 때도 없이 사냥에 몰두하며 국정을 돌보지 않다가 결국 채蔡나라의 공격을 받고 살해되었다. 또 춘추시대 제齊나라 군주 양공襄公은 주색에 탐닉하며 사냥을 즐기다가 부하 장수 연칭連稱과 관지보管至父의 공격을 받고 행궁에서 시해되었다.

당 태종도 사냥에 탐닉하며 자주 군사를 동원했다. 그도 한 무제와 마찬가지로 직접 맹수를 마주하고 무예를 뽐냈다. 당시 우세남, 곡나율, 위징, 유인궤 등이 모두 태종의 과도한 사냥과 위험한 행동을 경계하는 간언을 올렸다. 옛 법도에 적힌 대로 절제를 갖추고 사냥을 행해야 백성에게 고통을 주지 않는다는 것이다.

천자가 웃통 벗고 사냥에 나서다니

비서감 우세남은 태종이 자못 사냥을 좋아하자 상소하여 간언했다.

"신은 가을 사냥과 겨울 사냥이 대체로 일상 법전에 기록되어 있고, 새매를 쏘고 금수를 뒤쫓는 일도 앞 시대의 가르침에 잘 갖춰져 있다고 들었습니다. 엎드려 바라건대 폐하께서는 국사에 대한 의견을 듣고 상소문을 열람하는 여가에 천도에 따라 사냥을 해야 합니다. 표범을 포획하고 곰을 잡으려면 가죽 수레를 친히 몰아 사나운 동물의 소굴 끝까지 쫓아가고, 또 우거진 숲에서 힘센 금수를 모조리 뒤져야 합니다. 흉포한 짐승을 없애고 포악한 금수를 베어 만백성을 보위하는 일과, 가죽을 벗기고 깃털을 뽑아 무기 재료로 충당하는 일과, 깃발을 높이 들고 사냥물을 잡는 일은 모두 옛날 법도에 따라야 합니다.

그러나 [폐하께서는] 금빛 궁궐에 거주하시는 지존이시고, 금수레를 타시는 고귀한 분이십니다. 팔방의 백성이 그 덕을 우러르고, 수많은 나라가 마음으로 의지하는 분이니 길을 깨끗이 치우고 행차한다 해도 말 재갈과 수레 굴대까지 주의해야 합니다. 이것은 대체로 거듭 삼가는 마음으로 미세한 조짐까지 방비하려는 것인데 이는 사직을 위한 일입니다. 이러한 까닭에 사마상여는 한 무제 앞에서 직간했고,[1] 장소張昭[2]는 손권孫權[3] 뒤에서 안색이 변했습니다.[4] 신은 진실로 미천

1_ 『한서』 「사마상여전」에 해당 기록이 있다. 한 무제가 장양궁에서 사냥할 때 직접 맹수와 마주쳐 위험한 지경에 빠지자, 사냥이 끝난 후 사마상여가 「상서간렵上書諫獵」이란 상소문을 올려 천자가 직접 위험한 사냥에 나서는 것을 경계했다.

2_ 중국 삼국시대 오나라 손권孫權의 군사軍師로 자는 자포子布(156~236).

3_ 삼국시대 오나라 태조 대황제大黃帝(182~252). 손견의 둘째 아들이고 손책의 동생이다. 형 손책 사후 오나라 제후에 올랐다. 이후 위, 촉, 오 삼국 정립의 형세를 이루어 강남의 패자로 군림했다.

4_ 손권이 사냥을 가서 직접 말을 탄 채 호랑이를 마주하고 활을 쏘자 장소가 깜짝 놀라 그것을 경계하는 간언을 올렸다.

한 사람이지만 어찌 감히 이들의 대의를 잊을 수 있겠습니까?

또 화살이 하늘에 가득 날리고 그물이 별처럼 촘촘히 펼쳐져서 죽은 짐승이 이미 많아지자 포획한 금수를 고루 하사하시어 황은도 두루 펼치셨습니다. 엎드려 바라건대 잠시 사냥 수레를 멈추시고 긴 창도 거두어두십시오. 꼴 베고 나무하는 시골 사람의 요청도 거절하지 마시고 졸졸 흐르는 도랑의 작은 물줄기도 받아들이십시오. 웃통을 벗고 맨손으로 사냥하는 일을 아랫사람에게 맡기면 백대의 임금들에게 모범을 남길 수 있을 것이며 만대의 자손들에게 영원한 빛을 드리울 수 있을 것입니다."

태종은 그의 의견을 매우 가상하게 생각했다.

기왓장으로 비옷을 만들면

곡나율谷那律[5]이 간의대부가 되고 나서 일찍이 태종을 따라 사냥을 나갔다. 도중에 비를 만나 태종이 물었다.

"기름 먹인 비옷을 어떻게 만들면 비가 새지 않소?"

곡나율이 대답했다.

"기왓장으로 만들면 틀림없이 비가 새지 않을 것입니다."

그의 의도는 태종에게 자주 사냥을 나가지 말라고 한 말이었다. 그의 의견은 매우 훌륭한 의견으로 받아들여졌다. 태종은 그에게 비단 50단을 하사하고 아울러 금 허리띠를 더해줬다.

5_ 당 태종 때의 학자(?~650). 유가 경전에 뛰어나 '구경고九經庫'로 불렸다.

임금이 위험을 무릅쓰면 안 된다

정관 11년, 태종이 근신들에게 말했다.

"짐이 어제 회주懷州[6]에 갔을 때 봉사封事[7]를 올린 자가 있었는데 그가 이렇게 말했소.

'어찌하여 황실 정원 건축에 항상 산동의 장정들을 차출하십니까? 근래 부역이 수나라 때에 못지않은 듯합니다. 회주와 낙양 동쪽에는 피폐한 사람들이 목숨도 감당하지 못하고 있습니다. 그런데 사냥까지 자주 오시니 교만하고 방탕한 임금이십니다. 지금 또 회주로 와서 사냥하시니 충성스런 간언이 다시는 낙양에 이르지 못할 것입니다.'

사계절마다 행하는 천자의 사냥은 제왕의 상례常禮이고, 오늘 회주에서는 백성에게 추호도 폐를 끼치지 않겠소. 무릇 상소문을 올려 바른 일을 간언하는 것에도 그 나름의 통상 법도가 있소. 신하는 바르게 간언하는 것을 귀하게 여기고, 임금은 잘못을 고치는 것을 귀하게 여기오. 그러나 이처럼 비난하고 헐뜯는 일은 흡사 저주와 같소."

시중 위징이 아뢰었다.

"나라에서 직언의 길을 열었기 때문에 봉사를 올리는 자가 더욱 많아졌습니다. 폐하께서 친히 읽어보시는 건 신하들의 말에서 취할 점이 있기를 바라기 때문입니다. 따라서 요행을 바라는 인사들도 추악한 견해를 마음대로 펼칠 수 있습니다. 신하가 임금에게 간언을 올릴 때는 의견을 잘 절충하여 조용하고 은근하게 풍자해야 합니다. 한 원제는 일찍이 순주醇酒[8]로 종묘에 제사를 올리려고 편문便門[9]으로

6_ 지금의 허난 성 자오쭤焦作 일대.

7_ 다른 사람이 보지 못하게 밀봉하여 올리는 상소문.

8_ 본문은 주酎. 햇곡식으로 빚어 여러 번 거르고 발효시킨 전국술醇酒이다. 종묘 제사에 쓴다.

9_ 정문이 아닌 옆문이나 뒷문을 말한다.

나와 높다란 배樓船를 타려 했습니다. 어사대부 설광덕薛光德[10]이 수레에 타고 달려와 관모를 벗어던지며 아뢰었습니다.

'다리로 건너셔야 합니다. 폐하께서 신의 간언을 듣지 않으시면 신은 스스로 칼로 목을 찔러 목에서 나오는 피로 수레바퀴를 더럽힐 것이고 그럼 폐하께서는 종묘로 들어가지 못하실 것입니다.'

이에 원제가 불쾌하게 여겼습니다. 당시에 광록경光祿卿[11] 장맹張猛[12]이 앞으로 나서며 아뢰었습니다.

'신이 듣건대 임금이 성스러우면 신하가 충직합니다. 배를 타는 것은 위험하고 다리로 건너는 것은 안전합니다. 성스러운 임금은 위험한 것을 타지 않습니다. 광덕의 말을 따를 만합니다.'

원제가 말했습니다.

'사람을 깨우칠 때는 마땅히 경의 태도와 같이해야 하지 않겠는가?'

그러고는 다리로 건넜습니다. 이로써 말씀드리자면 장맹은 임금에게 간언을 올린 충직한 신하라 할 수 있습니다."

태종이 크게 기뻐했다.

황제가 어찌 맹수와 박투를 벌이랴?

정관 14년, 태종은 동주同州[13]의 사원沙苑[14]으로 순행하여 직접 맹

10_ 전한 원제 때의 학자로 자는 장경長卿. 박학한 학문과 충직한 간언으로 명망이 높았다.

11_ 광록훈光祿勳이라고도 한다. 궁궐 보위와 황제의 시종 업무를 담당했다.

12_ 전한 원제 때의 관리. 광록훈 등을 역임했다.

13_ 지금의 산시陝西 성 다리大荔 일대.

14_ 사부沙阜라고도 한다. 지금의 산시陝西 성 다리 뤄허洛河 강과 웨이허渭河 강 사이에 있다. 초목이 자라는 모래밭으로 동서 80리 남북 30리에 달한다. 중국 역대 황실에서 소와 말을 방목하고 사냥을 하던 곳이다.

수와 박투를 벌였고, 새벽에 나갔다가 밤중에 돌아오는 일을 반복했다. 특진 위징이 아뢰었다.

“신이 듣건대 『상서』에서는 주나라 문왕이 사냥에 연연하지 않은 일을 찬미했고,[15] 『좌전』에서는 우인虞人[16]이 「우잠虞箴」[17]을 지어 후예后羿[18]의 지나친 사냥을 경계했다고 했습니다.[19] 옛날 한 문제가 가파른 비탈길에서 수레를 치달리며 내려가려 하자 원앙袁盎[20]이 말고삐를 당기며 말했습니다.

‘성군은 위험한 일에 편승하지 않고 요행을 추구하지 않습니다. 지금 폐하께서는 여섯 마리 말이 끄는 수레를 타고 예측할 수 없는 산길을 치달리려 하고 있습니다. 만약 말이 놀라거나 수레가 부서지면 폐하께서는 자신의 몸을 가볍게 여길 수 있다 하더라도 이 어찌 종묘를 높이는 일이겠습니까?’

한 무제가 맹수와 싸우기를 좋아하자 사마상여는 이렇게 간언을 올렸습니다.

‘힘이 세기로는 오획烏獲[21]을 일컫고 민첩하기로는 경기慶忌[22]를 거론합니다. 인간에게도 진실로 이런 사람이 있을 뿐 아니라 금수에게도 이런 짐승이 있습니다. 갑자기 날쌘 야수와 마주쳐 안전하지 못한

15_ 『상서』 「무일無逸」에 나온다. “文王不敢盤於遊田.”

16_ 중국 상고시대에 산천, 원림, 사냥, 방목을 담당하던 관리.

17_ 「우인지잠虞人之箴」. 주나라 초기 태사 신갑辛甲의 요청에 응하여 우인虞人이 천자의 지나친 사냥을 경계하며 올린 경계의 글箴이다.

18_ 중국 신화에는 해를 쏘아 떨어뜨린 명궁名弓으로 나온다. 그러나 『좌전』 양공 4년, 『사기』 「하본기夏本紀」 등에는 하나라 때 동이족 유궁씨有窮氏 부족의 군주로 기록되어 있다.

19_ 『좌전』 「양공」 4년에 나온다.

20_ 전한 문제 때 대신으로 자는 사絲(기원전 200?~기원전 150). 직간으로 문제의 인정을 받았다. 후에 양왕梁王 유무劉武를 태자로 삼는 일에 반대하다가 자객에게 피살되었다.

21_ 전국시대 진秦나라 위앙衛鞅의 용사. 맹분孟賁, 임비任鄙와 함께 용력으로 이름을 떨쳤다. 3000근이나 나가는 솥을 들 수 있었다고 한다. 한韓나라를 공격하던 중 성가퀴에 깔려서 죽었다.

22_ 오왕 요僚의 아들로 동작이 매우 민첩하고 용력이 뛰어났다. 오왕 요를 시해한 공자 광光(합려)이 자객 요리要離를 보내 경기를 살해했다.

곳에서 깜짝 놀라면, 비록 오획과 방몽逢蒙[23]의 무예가 있다 해도 써볼 수 없으니, 이때는 마른나무나 썩은 그루터기조차도 모두 감당하기 힘든 흉기가 됩니다. 비록 만전을 기하여 걱정할 것이 없다 하더라도 이는 본래 천자께서 해서는 안 되는 일입니다.'[24]

한 원제는 태치泰畤[25]에서 천신天神에게 제사를 올리고 내친 김에 그곳에 머물며 사냥하려고 했습니다. 그러자 설광덕이 말했습니다.

'신이 남몰래 살펴보건대 관동關東[26] 지역이 극심한 곤경에 빠져 백성들이 뿔뿔이 흩어지고 있습니다. 그런데도 멸망한 진秦나라의 악기를 지금 연주하며, 정鄭과 위衛의 음란한 음악을 노래합니다.[27] 병졸은 땡볕과 비바람에 노출되어 있고 수행 관리는 피로에 절어 있습니다. 종묘사직을 안정시키려 하면서 어찌하여 직접 세찬 강물을 건너고 사나운 호랑이와 맞서는 일을 경계하지 않으십니까?'

신이 몰래 생각건대 이 몇 명의 황제 마음이 어찌 목석과 같이 유독 말 달리며 사냥하는 즐거움을 좋아하지 않았겠습니까? 이들이 좋아하는 마음을 끊고 자신의 뜻을 굽혀 신하들의 간언을 따른 것은 나라를 보존하는 데 뜻을 두어 몸의 욕망만을 위하지 않았기 때문입니다.

신이 가만히 소문을 듣건대 폐하의 어가가 근래 자주 밖으로 나가 친히 맹수와 박투를 벌이는데, 새벽에 나갔다가 밤중에야 돌아온다고

23_ 하나라 때 명궁으로 알려져 있다. 『맹자』「이루離婁 하」에 따르면 방몽은 명궁 예羿의 제자인데. 예가 없으면 자신이 천하제일의 명궁이 될 수 있으므로 예를 죽였다고 한다.

24_ 사마상여의 「상서간렵」에 나온다. 『문선』 권39에 실린 원문과 비교해보면 이 문장이 본래의 원문을 축약한 것임을 알 수 있다.(이 대목의 번역은 『문선역주』 6, 소명출판, 2010, 464~465쪽을 참고했다.)

25_ 중국 고대에 태일신泰一神(천신)에게 제례를 올리던 제단. 대체로 도성 남쪽 교외에 있었고, 지일至日에 제사를 올렸으며, 이 제사를 교제郊祭라고 불렀다.

26_ 진·한 시대의 관동은 함곡관 동쪽을 일컫는 말. 대체로 낙양을 포함하는 중원 지역이다.

27_ 『논어』「위영공」, 『여씨춘추』「계하기季夏紀」 등의 기록에 따르면 춘추시대 정나라와 위衛나라의 음악은 음란하다고 한다.

합니다. 만승지국 지존의 몸으로 어둠 속에서 거친 들판을 다니고, 깊은 숲을 치달리며 우거진 풀을 밟고 가는 것은 절대로 만전의 계책이 아닙니다. 바라건대 폐하께서는 사사로운 감정의 즐거움을 끊으시고 짐승과 싸우는 오락을 중지하십시오. 이는 위로는 종묘사직을 위하는 일이고 아래로는 신료들과 억조창생을 위로하는 일입니다."

태종이 말했다.

"어제의 일은 짐이 어리석은 마음으로 우연히 저지른 짓이지 일부러 그런 것이 아니오. 지금부터 깊이 경계로 삼겠소."

사냥은 가을 수확기가 끝난 후 해야

정관 14년 겨울 10월, 태종은 역양櫟陽[28]으로 순행하여 사냥하려 했다. 현승縣丞 유인궤劉仁軌[29]가 농작물 수확이 아직 끝나지 않았으므로 임금이 계절에 따라 움직이는 시기가 아니라고 하면서 행재소行在所[30]로 가서 상소문을 올리고 간절하게 간했다. 태종은 마침내 사냥을 그만두고 유인궤를 신안령新安令[31]에 발탁했다.

28_ 지금의 산시陝西 성 시안 린퉁구臨潼區 북쪽 일대.

29_ 당나라 초기 장수이며 관리로 자는 정칙正則(601~685). 본래 평민 출신이나 부지런히 학문을 닦아 고관대작에 올랐다. 백강白江 전투에서 일본과 백제의 연합군을 대파했다.

30_ 임금이 밖으로 거둥할 때 임시로 머무는 장소.

31_ 신안현령新安縣令. 신안은 지금의 허난 성 신안 지역.

貞觀政要

제39편 | 재난과 길상 災祥

재난과 길상을 임금의 선악이나 나라의 치난治難과 연결시키는 경향은 유서가 매우 오래되었다. 특히 한나라 때 동중서 등에 의해 정립된 천인감응론天人感應論은 임금의 통치 행위가 직접 하늘의 기운에 영향을 미쳐 다양한 재난과 길상으로 드러난다고 논리화되어 있다. 일식이나 혜성 출현도 하늘이 임금의 부덕하고 부정한 통치 행위를 징벌하는 증거로 간주되었다.

이 때문에 왕조시대의 임금은 재난보다 상서로운 조짐에 집착하며 그것을 자신의 권위와 치세를 증명하는 현상으로 해석했다. 수 양제는 비서감 왕소王劭를 시켜 민요, 도참, 불경 등에서 수나라의 길상을 증명하는 다양한 증거를 수집하여 『황수감서경皇隋感瑞經』을 편찬하게 했다. 당 태종은 이를 가소롭게 여기며 비웃었다.

나라를 다스리는 임금이 특이한 자연 현상이나 황당한 운수에 매달려 나라의 장래를 점치려 한다면 이는 스스로 임금의 자격이 없음을 증명하는 태도일 뿐이다. 『순자』 「천론天論」에서도 "다스려짐과 혼란스러움은 하늘이 그렇게 하는 것인가? 해와 달과 별과 역법은 성군인 우임금이나 폭군인 걸 임금 때도 같았다. 그런데도 우임금은 잘 다스렸고 걸 임금은 나라를 혼란에 빠뜨렸으니 다스려짐과 혼란스러움은 하늘이 그렇게 하는 것이 아니다治亂天邪? 曰, 日月星辰瑞曆, 是禹桀之所同也. 禹以治, 桀以亂, 治亂非天也"라고 이미 간파한 바 있다.

상서로운 조짐은 가소로운 것

정관 6년, 태종이 근신들에게 말했다.

"짐은 근래에 많은 사람이 상서로운 조짐을 좋은 일로 여기며 자주 상소문으로 짐에게 경하의 말을 하는 것을 보았소. 그러나 짐의 본심은 천하를 태평하게 하고 가가호호에 의식주를 넉넉하게 제공하려는 데 있을 뿐이오. 비록 상서로운 조짐이 없어도 그 덕은 요순에 비견할 수 있을 것이오. 만약 백성이 풍족하지 못하고, 이민족이 침략해 오면 설령 향기로운 풀이 거리에 가득하고 봉황이 정원에 둥지를 튼다 해도 폭군인 걸주의 시대와 무엇이 다르겠소?

짐은 일찍이 석륵石勒[1] 때 이야기를 들은 적이 있소. 즉 당시 군의 관리가 연리목連理木을 태우고 흰 꿩을 삶아 고기를 먹었다 하오.[2] 그렇다고 [석륵을] 어찌 현명한 임금이라 칭할 수 있겠소? 수 문제는 상서로운 조짐을 매우 좋아한 나머지 비서감 왕소王劭[3]로 하여금 의관을 갖춰 입고 조정에서 그 조짐을 조사해온 사자들에게 향을 피우며 『황수감서경皇隋感瑞經』[4]을 독송하게 했다 하오. 짐은 지난날 이런 일에 대한 전설을 읽고 진실로 가소롭게 생각했소.

대저 임금은 모름지기 지공무사의 태도로 천하를 다스려야 만백성의 환심을 살 수 있소. 요순이 윗자리에 있을 때 백성은 임금을 천지와 같이 공경했고, 부모와 같이 사랑했소. 임금이 움직여 공사를 일으

1_ 오호십육국 시대 후조後趙를 세운 황제(274~333). 갈족羯族으로 자는 세룡世龍이다. 처음에 급상汲桑, 공사번公師藩, 유연劉淵 등에게 투신했다가 양국襄國을 근거지로 세력을 넓혀 후조를 건국했다.

2_ 연리목과 흰 꿩白雉은 모두 상서로운 조짐으로 인식되었다. 연리목을 태우고 흰 꿩을 삶아 먹는 것은 상서로운 조짐을 자신의 몸에 일체화하는 의미가 있다고 한다.

3_ 수나라 때의 관리로 자는 군무君懋. 『수서隋書』 『제지齊志』 『제서齊書』 『황수감서경』 등을 편찬했다.

4_ 수나라 때 왕소가 편찬한 책. 수 문제가 길흉화복에 관한 조짐을 좋아하자 왕소가 민요, 도참, 불경 등에서 이에 관한 내용을 모아 30권으로 편집했다. 『황수영감지皇隋靈感志』라고도 한다.

키면 모든 사람이 즐거워했고, 임금이 호령하고 명령을 내리면 모든 사람이 기뻐했소. 이것이 커다란 상서로움이오. 이후로는 여러 고을에서 출현하는 모든 상서로운 조짐을 아뢰지 말도록 하시오."

덕을 닦으면 천재지변이 없어진다

정관 8년, 농우隴右 지역의 산이 무너지고 큰 뱀이 자주 나타났고, 효산崤山 동쪽 및 장강과 회수에도 홍수가 자주 발생했다. 태종이 이 일에 대해 묻자 비서감 우세남이 대답했다.

"춘추시대에 양산梁山[5]이 무너지자 진후晉侯[6]가 백종伯宗[7]을 불러 연유를 물었습니다. 백종은 이렇게 답했습니다.

'나라는 산천을 주맥으로 삼기 때문에 산이 무너지고 강물이 마르면 임금은 음악을 연주하지 않고, 소박한 옷을 입고 무늬 없는 수레를 타고 폐물을 마련하여 신에게 예법에 맞게 제사를 올립니다.'

양산은 진晉나라의 주산主山입니다. 진후는 백종의 의견에 따랐기 때문에 피해가 없었습니다.

한 원제 원년에 제齊 땅과 초楚 땅의 29개 산이 같은 날 무너져서 홍수가 크게 났습니다. 원제는 그곳의 군과 제후국으로 하여금 조정으로 공물을 바치러 오지 말라 하면서, 천하에 은혜를 베풀었습니다. 먼 곳과 가까운 곳 백성이 모두 기뻐하자 재난이 발생하지 않았습니다. 후한 영제 때 어좌에 푸른 뱀이 나타났고, 진晉 혜제 때는 길이가

5_ 지금의 산시陝西 성 한청韓城 서북쪽에 있는 산. 일설에는 산시 성의 뤼량 산呂梁山이라고도 한다.

6_ 여기의 진후는 진晉 경공景公.

7_ 춘추시대 진晉 경공의 대부伯宗(?~기원전 576). "채찍이 길더라도 말의 배까지 미치지는 않는다"는 비유를 통해 진 경공의 초나라 공격을 중지시켰다.

300보나 되는 큰 뱀이 제 땅에 나타나 시장을 거쳐 조정으로 들어왔습니다. 살펴보건대 뱀은 초야에 있어야 하는데 시장과 조정으로 들어왔기 때문에 괴이하게 여겼을 뿐입니다. 지금 뱀은 산과 소택지에서 보이는데 대체로 깊은 산과 넓은 소택지에는 반드시 용과 뱀이 있으므로 괴이하게 여길 만한 일도 아닙니다. 효산 동쪽에 내리는 비는 늘 있는 일이지만 음울한 날씨가 너무 오래 지속되고 있으니 아마도 원통한 옥사가 있는 듯합니다. 관계된 죄수를 잘 조사하여 다시 판단하면 아마도 하늘의 뜻에 맞출 수 있을 것입니다. 또 요사함은 덕망을 이기지 못하고 덕을 닦으면 천재지변을 없앨 수 있습니다."

태종도 그렇게 생각하고 사자를 파견하여 굶주린 사람들을 구휼하고 억울한 소송을 다시 밝혀서 많은 죄인을 용서해주었다.

교만과 방탕이 재난의 원인

정관 8년, 남방에 혜성이 나타났다. 길이는 6장이었고, 100여 일이 지나서야 사라졌다. 태종이 근신들에게 말했다.

"하늘에 혜성이 나타난 것은 짐이 부덕하고 정치가 잘못되었기 때문에 생긴 일인데 그게 무슨 요망한 일이겠소."

우세남이 대답했다.

"옛날 제 경공 때 혜성이 나타나자 경공이 안자晏子[8]에게 물었습니다. 안자는 이렇게 답했습니다.

'공께선 연못을 파면서 깊지 않을까 근심하고, 누대를 세우면서 높

8_ 춘추시대 제나라 장공莊公과 경공景公의 대부로 본명은 영嬰이고 자는 평중平仲(기원전 578~기원전 500). 최저崔杼가 장공을 시해할 때 항거했으며, 초나라에 외교사절로 파견되어 공명정대하고 민첩한 대응으로 초나라를 굴복시켰다.

지 않을까 근심하고, 형벌을 내리면서 가혹하지 않을까 근심합니다. 이러한 까닭에 하늘이 혜성을 나타나게 하여 공에게 경계로 삼게 한 것입니다.'

그리하여 경공은 두려움에 젖어 덕을 닦았고 16일이 지나자 혜성이 사라졌습니다. 폐하께서 만약 덕정을 잘 펼치지 않는다면 비록 기린과 봉황이 자주 나타난다 해도 끝내 아무 도움도 받지 못할 것입니다. 그러나 조정에 누락된 정사가 없고 백성이 안락하면 비록 천재지변이 있다 해도 폐하의 덕망에 무슨 손실이 있겠습니까? 바라건대 폐하께서는 공적이 고인古人보다 높다고 자존망대하지 마시고, 태평시대가 점차 오래 지속된다고 스스로 교만하지 마십시오. 만약 시종여일하게 처신하시면 혜성이 나타나도 근심할 필요가 없습니다."

태종이 말했다.

"내가 나라를 다스림에 진실로 경공과 같은 잘못은 저지르지 않았소. 짐은 18세에 곧 왕업을 경륜하기 시작하여 북으로 유무주를 격파했고, 서로 설거薛擧9를 평정했으며 동으로 두건덕과 왕세충을 사로잡았소. 24세에는 천하를 평정했고 29세에는 황제의 지위에 올랐소. 이제 사방 이민족이 항복해서 해내는 안정을 되찾았소. 자고이래 반란을 평정한 영웅 중에도 내게 미칠 만한 사람이 없다고 스스로 생각하고 자못 자긍심이 있었는데 이것이 바로 나의 잘못이오. 하늘이 이변을 보여주는 것은 진실로 이 때문이오. 진시황은 여섯 나라를 평정했고 수 양제는 사해를 차지했으나 교만하고 방탕하여 하루아침에 패망하고 말았소. 그러니 내 어찌 자만할 수 있겠소? 이 점을 생각하고 또 말을 하자니 나도 모르는 사이에 소름이 끼치며 두려운 마음

9_ 수나라 말기 군웅의 한 사람(?~618). 몸집이 크고 활을 잘 쏘았다. 금성부교위를 역임하다가 군사를 일으켜 서진패왕西秦霸王을 일컬었으며 얼마 후 황제를 칭했다. 당나라 초기 진왕秦王이던 이세민을 패배시키고 장안을 넘보다가 갑자기 병사했다.

이 드오."

위징이 말했다.

"신이 듣건대 자고이래 제왕 중에 천재지변을 당하지 않은 사람은 없었습니다. 그러나 덕을 닦자 천재지변이 저절로 사라졌습니다. 폐하께서는 하늘의 이변 때문에 마침내 경계하고 두려워하며 반복해서 생각하고 깊이 자책하시니 비록 이런 이변이 일어났지만 틀림없이 재난이 되지는 않을 것입니다."

임금이 도를 잃으면 백성은 반역한다

정관 11년, 큰비가 내려 곡수穀水[10]가 범람했다. 물이 낙양의 성문을 뚫고 낙양궁으로 들어왔다. 평지에도 물이 다섯 자나 들어차서 궁궐 관서 19곳이 파괴되었고 700여 가옥이 떠내려갔다. 태종이 근신들에게 말했다.

"짐이 부덕하여 하늘이 재난을 내렸소. 보고 듣는 것이 밝지 못하고 형벌이 절도를 잃었기 때문에 마침내 음양이 잘못되어 비도 평상 질서를 어기고 있소. 백성을 긍휼히 여기고 나 자신에게 죄를 돌리며 마음 가득 걱정에 싸여 있소. 그러므로 짐이 또 무슨 마음으로 혼자서 달콤한 음식을 즐길 수 있겠소? 상식尙食[11]에게 고기반찬을 중단하게 하고 채소만 올리도록 하시오. 또 문무백관은 각각 밀봉한 상소를 올려 짐이 행하는 정치의 득실을 남김없이 말하시오."

중서시랑 잠문본이 밀봉한 상소에서 이렇게 말했다.

10_ 지금의 허난 성 멘수이澠水 강과 그 하류인 젠허澗河 강을 가리킨다.

11_ 황제의 음식을 담당하는 관리.

"신이 듣건대 혼란 구제의 대업을 시작해도 공을 이루기는 어렵고, 이미 이루어진 황실의 터전을 지키려 해도 그 방법이 쉽지 않다고 합니다. 이 때문에 편안한 세상에서도 위기를 생각하는 것이 국가 대업을 안정시키는 방법입니다. 처음 시작할 때 마음을 끝까지 유지하는 것이 황실의 터전을 튼튼하게 드높이는 방법입니다. 지금 비록 억조창생이 편안하고 사방의 변경이 조용하지만 [우리 당나라는] 혼란 이후의 천하를 계승한 데다 피폐의 잔여 시대를 이어받았기 때문에 호구의 감소는 여전히 많고, 논밭의 개간은 오히려 적습니다. 폐하께서 베푸신 은혜는 뚜렷하지만 백성의 상처는 아직 회복되지 않았고, 덕망으로 교화하시는 기풍은 두루 미치고 있지만 사람들의 재산은 자주 바닥나고 있습니다.

이러한 까닭에 옛사람들은 이것을 나무 심기에 비유했습니다. 세월이 오래되면 가지와 잎이 무성해지지만, 심은 날이 얼마 되지 않으면 줄기와 뿌리가 아직 튼튼하지 못하여 비록 검은흙으로 두툼하게 덮어주고 봄날 햇볕으로 따뜻하게 해줘도 한 사람이 그 나무를 흔들면 반드시 말라죽어버립니다. 오늘날의 백성도 이와 유사합니다. 항상 보듬고 길러주면 나날이 번성하지만 잠깐이라도 부역에 징발하면 나날이 잔약해집니다. 잔약이 심해지면 백성은 삶을 도모할 수 없고 삶을 도모할 수 없으면 원망과 분노가 가득 차며 원망과 분노가 가득 차면 이반하려는 마음이 생깁니다.

따라서 순임금은 이렇게 말했습니다.

'아껴줄 만한 이는 임금이 아니겠소? 두려워할 만한 이는 백성이 아니겠소?'[12]

공안국은 여기에 이렇게 주석을 달았습니다.

12_『상서』「대우모大禹謨」에 나온다. "可愛非君, 可畏非民."

'백성은 임금을 목숨으로 여기기 때문에 아껴준다. 임금이 올바른 도를 잃으면 백성은 반역하기 때문에 두려워해야 한다.'[13]

공자는 또 이렇게 말했습니다.

'임금은 배와 같고 사람은 물과 같다. 물은 배를 띄울 수도 있고 배를 뒤엎을 수도 있다.'[14]

따라서 옛날의 현명한 임금들이 비록 편안해도 편안함을 향유하지 않고 날마다 근신한 것은 진실로 이와 같은 이유 때문입니다."

흉조는 임금의 덕을 이길 수 없다

"엎드려 바라건대 폐하께서는 고금의 일을 살피고 안위의 요체를 고찰하면서 위로는 사직을 중시하고 아래로는 억조창생을 걱정하십시오. 인사를 밝게 하고 상벌을 신중하게 시행하고, 현명한 인재를 등용하고 불초한 소인은 퇴출하십시오. 잘못을 들으면 바로 고치고 물 흐르듯 간언을 따르십시오. 선행할 때는 의심하지 마시고, 명할 때는 반드시 믿음을 주십시오. 정신을 기르고 품성을 함양하면서 사냥의 즐거움을 줄이십시오. 사치는 버리고 검약을 실천하면서 공역의 비용도 줄이십시오. 해내의 안정에 힘쓰고 영토를 넓히려 하지 마십시오. 활과 화살을 활집에 넣어두더라도 군대로 방비하는 일을 잊지 마십시오.

무릇 이 몇 가지는 나라를 다스리는 불변의 도리이고, 폐하께서 늘 실천해야 할 법칙이지만 신의 어리석은 생각으로 바라건대 폐하께서

13_『십삼경주소』의 『상서정의尙書正義』에 나온다. "人以君爲命, 故可愛. 失道民叛之, 故可畏."

14_『순자』에 나온다. 구절이 조금 다르다. 앞에 몇 번 나온 바 있다.

는 항상 이것을 생각하면서 게을러지지 마십시오. 그리하면 지극한 정치의 아름다움은 삼황오제三皇五帝[15]의 융성과 비견될 수 있고, 억만 년 계속될 천명은 천지와 더불어 오래 이어질 것입니다.

설령 뽕나무와 닥나무가 기괴하게 변하고,[16] 용과 뱀이 해악을 끼치고, 꿩이 솥귀에 날아와 울고,[17] 진晉나라 땅에서 돌이 말을 한다 해도[18] 오히려 화가 변하여 복이 될 것이고, 재난이 변하여 길조가 될 것입니다. 하물며 큰비로 생기는 우환은 음양의 일상 이치인데 어찌 하늘의 꾸짖음이라 생각하고 거기에만 마음을 매어두고 계십니까? 신은 옛사람이 한 말을 들은 적이 있습니다.

'농부는 애써 일을 하고 군자는 그들을 길러주며, 어리석은 사람은 간언을 올리고 지혜로운 사람은 그것을 채택한다.'

신은 망령되어 미친 소경처럼 두서없이 말씀드렸으니 엎드려 폐하의 도끼를 기다리겠습니다."

태종은 그의 간언을 깊이 받아들였다.

15_ 삼황오제가 누구인지에 대해서는 다양한 견해가 있다. 그 중 복희씨, 신농씨, 여와씨를 '삼황三皇'으로, 황제·전욱·제곡·당요·우순을 '오제五帝'로 보는 학설이 가장 널리 알려져 있다.

16_ 『사기』「은본기」에 해당 기록이 있다. 은나라 박亳 땅에 뽕나무와 닥나무가 함께 자라고 있었는데, 하룻밤 사이에 굵기가 한 아름으로 변했다. 은나라 왕 태무太戊가 겁이 나서 이척伊陟에게 가르침을 청하자 이척은 태무에게 부지런히 덕을 닦으라고 했다. 태무가 삼가는 마음으로 덕을 닦자 뽕나무와 닥나무가 말라죽었다.

17_ 『사기』「은본기」에 해당 기록이 있다. 은나라 임금 무정이 탕왕에게 제사를 올리고 난 다음 날 꿩이 솥귀에 날아와 울었다. 무정이 두려워하자 현신 조기祖己가 무정에게 부지런히 덕을 닦으라고 권했고, 이후 무정은 덕을 닦아 은나라를 중흥시켰다.

18_ 『좌전』 소공 8년에 해당 기록이 있다. 춘추시대 진晉나라 위유魏榆 땅에서 돌이 말을 했는데, 당시 사람들은 이를 흉조로 여겼다.

제40편 | 끝까지 삼가라

愼終

왕조를 창업하는 것보다 수성하는 것이 더 어려운 것은 첫 마음을 끝까지 유지하기가 어렵기 때문이다. 혼란 속에서 군웅들과 다투며 나라를 세우기 위해 힘을 기울일 때는 백성의 아픔을 보살피며 그들과 동고동락하는 모습을 보인다. 그러나 천하의 패권을 잡고 나라를 세운 뒤에는 무소불위의 권력과 안락에 파묻혀 초심을 잊어버린다. 더욱이나 창업 군주의 후손들은 궁궐에서 태어나 곱게 자라므로 창업 선조의 뜻을 망각하고 백성의 어려운 삶과는 완전히 동떨어진 생활을 한다. 『진서晉書』 「혜제기惠帝紀」에 따르면 서진西晉 창업 황제 사마염의 아들 혜제는 나라에 기황이 들어 민간에 먹을 것이 없다는 소문을 듣자 "그럼 왜 고기죽을 먹지 않느냐何不食肉糜?"라고 반문했다고 한다.

당 태종도 후손 중에 이런 우둔한 임금이 나타날까 두려워하면서 초심을 끝까지 유지하라고 당부했다. 또 그는 임금의 초심은 백성을 즐겁고 풍요롭게 하는 데 중점을 둬야 한다면서, 이를 위해 임금은 편안할 때 교만하거나 게으름을 부려서는 안 된다고 했다. 또 예의를 갖춰 신하를 우대하고 강경하고 정직한 간언을 받아들여 국정의 법칙으로 삼으라고 강조했다.

초심을 끝까지 유지하라

정관 5년, 태종이 근신들에게 말했다.

"옛날부터 제왕도 항상 교화를 시행할 수는 없었소. 가령 나라 안이 편안하면 반드시 나라 밖에서 소란이 일어났소. 지금은 먼 곳의 이민족이 모두 복종하고, 백곡이 풍년을 이루고, 도적도 생기지 않아서 나라 안팎이 모두 안정을 이루고 있소. 이는 짐 한 사람의 힘에 의한 것이 아니라 기실 공들이 서로 함께 잘못을 바로잡아주며 짐을 보필해주었기 때문이오. 그러나 편안할 때는 위기를 잊지 말아야 하고 치세에는 난세를 잊지 말아야 하오. 비록 오늘 무사태평함을 알더라도 끝까지 처음의 마음을 유지하려고 해야 하오. 항상 이와 같을 수 있어야 비로소 고귀함을 유지할 수 있을 것이오."

위징이 대답했다.

"옛날부터 나라에 뛰어난 원수와 고굉지신이 두루 갖춰질 수 없었습니다. 때로 임금이 성군으로 일컬어지더라도 신하가 현명하지 못하기도 했고, 더러 현명한 신하를 만나더라도 성군이 존재하지 않기도 했습니다. 지금은 폐하의 현명함이 치세를 이루는 방법이 되고 있습니다. 만약 오직 현신만 있고 임금은 교화할 생각이 없다면 아무 도움도 되지 않을 것입니다. 천하가 지금 태평하지만 신들은 아직도 기쁘게 생각하지 않습니다. 오직 바라건대 폐하께서 편안할 때 위기를 생각하시면서 태만하지 말고 부지런히 힘쓰십시오."

한 고조도 초심을 유지하지 못했다

정관 6년, 태종이 근신들에게 말했다.

"옛날부터 선을 행하려는 임금들은 대부분 자신의 선한 사업을 [끝까지] 굳게 지킬 수 없었소. 한 고조는 사수泗水[1] 가의 일개 정장亭長[2]에 불과했지만 처음에는 나라의 위기를 구하고 포악한 악당을 주살하여 제업을 이룰 수 있었소. 그러나 다시 10여 년이 지나자 방종과 안일로 잘못을 저지르며 [초심을] 보존할 수 없었소. 어떻게 그런 사실을 알 수 있겠소? 한 혜제는 적장자로 후사의 중임을 맡아[3] 온화하고 공손하며 인자하고 효성스러웠소. 그러나 고조는 애첩[4]의 아들에게 미혹되어 혜제를 폐위하려 했소. 또 소하와 한신은 공로가 높았지만, 소하는 허망하게 구금되었고 한신은 함부로 쫓겨났소. 남은 공신 경포黥布[5] 무리도 두려움에 젖어 불안해하다가 결국 반역하고 말았소. 군신과 부자 사이에도 그 패륜 행위가 이와 같았으니 이 어찌 초심을 보존하기 어렵다는 명백한 증거가 아니겠소? 짐이 천하의 안정에 감히 의지하지 않는 까닭은 매번 위기와 패망을 생각하고 스스로 경계하면서 마지막까지 초심을 잘 보존하려 하기 때문이오."

풍성한 공훈을 후세에까지 누리게 하라

정관 9년, 태종이 공경대부들에게 말했다.

"짐이 단정하게 앉아 두 손을 모으고 무위의 정치를 하자 사방의

1_ 지금의 장쑤 성 페이沛 현 쓰수이팅泗水亭 마을. 페이 현 및 인근 지역은 역대 개국황제가 많이 탄생한 곳으로 유명하다. 한나라 유방, 남조 송나라 유유劉裕, 오대십국 시대 남당南唐 후주 이욱李煜이 모두 이 지역 사람이다. 그리고 명 주원장의 본적도 이곳이다.

2_ 진·한 시대에는 시골에 10리마다 정을 하나씩 설치하여 정장亭長을 두었다. 정장은 그 지역의 치안, 경비, 여행자 관리를 담당했다.

3_ 한나라 고조 유방의 태자 유영劉盈. 앞에 나온 바 있다.

4_ 한나라 고조는 척부인戚夫人을 총애하여 그 아들 조왕趙王 여의如意를 태자로 삼으려 했다.

5_ 한나라 개국공신. 본래 이름은 영포英布다(?~기원전 196). 그러나 진秦나라 때 경형黥刑을 받았기 때문에 흔히 경포라고 부른다.

이민족이 모두 복종했소. 이 어찌 짐 한 사람이 이룰 수 있는 경지이겠소? 기실 공들의 힘에 의지한 결과요. 좋은 시작으로 훌륭한 결말을 맺고 위대한 제업을 오래도록 튼튼하게 유지하여 자자손손 서로 협력할 수 있도록 생각해야 할 것이오. 지금의 풍성한 공훈과 두터운 이익을 후세에까지 누리도록 하여, 수백 년 뒤의 후손이 나라의 역사를 읽으며 위대한 공훈과 성대한 업적을 볼 만하다고 느낀다면 이 어찌 융성한 주나라와 번성한 한나라 그리고 광무제와 명제 때의 사례를 일컫는 데 그치겠소?"

방현령이 이어서 말했다.

"폐하께서는 겸양의 마음으로 아랫사람들에게 공적을 미루고 나라를 평화롭게 다스렸습니다. 이는 본래 폐하의 성덕에 관계된 일인데 신하들에게 무슨 힘이 있었겠습니까? 다만 폐하께 바라건대 처음의 마음을 끝까지 유지하여 천하가 영원히 폐하께 의지하게 하십시오."

태종이 또 말했다.

"짐이 옛일을 살펴보건대 혼란을 구제한 임금은 모두 40세를 넘겼고, 오직 광무제만 33세였소. 그러나 짐은 18세에 군사를 일으켰고, 24세에 천하를 평정했으며, 29세에 천자의 자리에 올랐소. 이것은 무공이 옛날보다 뛰어난 경우요. 어려서 종군했기 때문에 독서할 여가가 없어서 정관 이래로는 손에서 책을 놓지 않았소. 그리하여 풍속 교화의 근본을 알았으며 정치의 근원을 살필 수 있었소. 교화를 펼친 지 몇 년 만에 천하는 크게 다스려졌고 풍속도 바뀌었소. 자식은 효도하고 신하는 충성하니 이 또한 문치文治가 옛날보다 더 뛰어난 경우요. 옛날 주나라와 진秦나라 이후 융적이 계속 나라 안으로 침략해왔지만 지금은 융적이 머리를 조아리고 모두 신복臣服하고 있소. 이 또한 포용력이 옛날보다 훨씬 더 뛰어난 경우라고 생각하오. 이 세 가지를 짐이 무슨 덕으로 감당할 수 있겠소? 그러나 이미 이러한 공훈과 업적을 이뤘으니 훌륭한 시작을 어찌 끝까지 신중하게 유지하지 않을 수 있겠소?"

시대가 안락하면 교만해진다

정관 12년, 태종이 근신들에게 말했다.

"짐은 독서할 때 앞 시대 임금들의 훌륭한 사적을 읽으면 그것을 모두 힘써 실천하며 게으름을 부리지 않았소. 짐이 임명한 공들 몇 분은 진실로 현명한 신하라 생각하오. 그러나 지금의 다스림을 삼황오제와 비교해봤을 때 아직도 그 시대에 미치지 못함은 무슨 까닭이오?"

위징이 대답했다.

"지금 사방의 이민족이 모두 신복하여 천하가 무사태평합니다. 이는 진실로 자고이래 없었던 일입니다. 그러나 옛날부터 처음 즉위한 임금은 모두 정신을 가다듬고 정치하여 자신의 행적을 요순에 비견하려 합니다. 그러나 시대가 안락해지면 교만, 사치, 방탕, 안일에 젖어 좋은 시작을 능히 끝까지 유지하는 사람이 아무도 없습니다. 신하로 처음 임용된 사람도 모두 임금을 바로잡고 시대를 구제하여 직稷과 설契의 자취를 뒤따르려 합니다. 그러나 처지가 부귀해지면 자신의 벼슬이나 구차하게 보전하려 하면서 능히 신하로서의 충절을 모두 바치는 사람이 아무도 없습니다. 만약 임금과 신하가 항상 게으르지 않고 각각 초심을 끝까지 보전할 수 있으면 천하가 잘 다스려지지 않을까 걱정할 필요가 없으니 저절로 앞 시대를 뛰어넘을 수 있게 될 것입니다."

태종이 말했다.

"진실로 경의 말씀과 같소."

아는 것은 어렵지 않으나 행동하는 것은 어렵다

정관 13년, 위징은 태종이 검약을 끝까지 유지하지 못하고 근래 들어 자못 사치와 방종에 빠진 것을 걱정하며 상소문을 올려 간언했다.

"신이 살펴보건대 옛날부터 제왕은 천명을 받아 나라를 세울 때는 모두들 보위를 자손만대까지 전하고 또 그들에게 좋은 계책을 남겨주려 했습니다. 이 때문에 높다란 궁궐에 엄정히 앉아 천하에 정치를 펼쳤습니다. 도를 이야기할 때는 반드시 순박함을 앞세우고 화려함을 억눌렀습니다. 사람을 논할 때는 반드시 충성스럽고 어진 사람을 귀하게 여기고 사악하고 아첨에 능한 자를 비천하게 여겼습니다. 제도를 말할 때는 사치를 끊고 검약을 숭상했습니다. 재물을 이야기할 때는 곡식과 옷감을 중시하고 진기한 보물을 천시했습니다.

천명을 받은 초기에는 모두 이런 원칙을 준수하며 치세를 이룹니다. 그러나 다소 안정을 찾은 이후에는 대부분 이런 원칙에 반대되는 행동을 하며 풍속을 부패하게 만듭니다. 그 까닭이 무엇이겠습니까? 이 어찌 만승지국의 지존으로 사해의 부를 소유하여 말을 하면 어길 사람이 없고, 행동을 하면 사람들이 반드시 따르는 상황에서 공공의 도리를 사사로운 감정에 빠뜨리고 예절을 자신의 욕망으로 훼손했기 때문이 아니겠습니까? 속담에 말하기를 '아는 것은 어렵지 않고 행동하는 것이 어렵다. 행동하는 것은 어렵지 않고 그것을 끝까지 유지하는 것이 어렵다'라고 했습니다. 이 말은 믿을 만합니다."

인의의 도리를 믿고 굳게 지키라

"엎드려 생각건대 폐하께서는 겨우 약관의 나이에 혼탁한 세상을 크게 구제했고, 또 천하를 평정하여 처음 제업을 여셨습니다. 정관 초년에는 폐하의 보령이 한창때였으나 기호와 욕망을 억제하고 절약과 검소를 몸소 실천해서 나라 안팎이 태평했고 마침내 지극한 치세에 도달하셨습니다. 공을 논하자면 은나라 탕왕과 주나라 무왕도 폐하에 비견할 수 없고, 덕을 말하자면 요임금과 순임금도 멀리 있지 않았습니다.

신은 벼슬에 발탁되어 폐하의 좌우에 자리 잡은 이래로 10여 년 동안 매번 폐하의 휘장을 지키며 밝은 칙지를 여러 번 받들었습니다. [폐하께서는] 항상 인의의 도리를 믿고 그것을 고수하면서 잃어버리지 않았고, 검약의 뜻을 믿고 처음부터 끝까지 그 마음을 변치 않았습니다. 말 한마디로 나라를 흥하게 한다는 가르침이 이를 이르는 말일 것입니다. 폐하의 훌륭한 음성이 귀에 울리는데 감히 그것을 잊을 수 있겠습니까? 근래 몇 년 동안 지난날의 뜻이 다소 어그러졌고 순박한 다스림도 점차 끝까지 유지되지 못하고 있습니다. 삼가 신이 소문으로 들은 사실을 아래 나열해보겠습니다.

폐하께서는 정관 초년에 강제로 정치를 하지 않고 욕망을 억제하여 청정한 교화가 먼 변방에까지 두루 퍼졌습니다. 그러나 오늘날을 잘 살펴보면 그런 기풍이 점차 타락하고 있습니다. 신하들의 의견을 듣는 것은 최상의 성군을 훨씬 초월하지만, 국사를 토론할 때는 중간 정도의 임금도 뛰어넘지 못합니다. 어떻게 이런 말을 할 수 있겠습니까? 한 문제와 진 무제는 모두 최상의 지혜를 갖추진 못했지만, 한 문제는 천리마를 사양했고, 진 무제는 꿩 깃으로 만든 갖옷을 불태웠기 때문입니다.[6] 그런데 지금은 만 리 밖에서 준마를 구하고 국외에서 진기한 보물을 사들이고 있습니다. 이에 길 가는 사람에게 질책을 당하

6_『진서晉書』「무제기武帝紀」에 따르면 서진 무제 때 태의太醫 사마정거司馬程據가 꿩 머리 깃털로 만든 갖옷을 바치자 무제는 기이한 옷은 입을 수 없다면서 대전에서 바로 그것을 불태웠다.

고 이민족에게 경시되고 있습니다. 이것이 바로 폐하께서 점차 초심을 끝까지 지키지 못하는 첫 번째 모습입니다."

백성이 즐거워 패망한 적은 없다

"옛날에 자공子貢이 공자에게 백성을 다스리는 방법에 대해 묻자 공자가 말했습니다.[7]

'두려워할진저! 썩은 새끼줄로 말 여섯 마리가 끄는 수레를 모는 것처럼 해야 한다.'

자공이 말했습니다.

'어찌하여 그렇게 두려워합니까?'

공자가 말했습니다.

'백성을 올바른 이치로 이끌지 않으면 나의 원수가 된다. 이와 같은데 어찌 두려워하지 않을 수 있겠느냐?'

이 때문에 『상서』에서는 이렇게 말했습니다.

'백성은 나라의 뿌리다. 뿌리가 튼튼해야 나라가 편안하다.'[8]

백성의 윗사람이 된 분이 어찌 공경하지 않을 수 있겠습니까? 폐하께서는 정관 초기에 상처 입은 사람을 돌보듯 백성을 보살폈고, 그들의 수고로움을 긍휼히 여겼고, 친자식 대하듯 백성을 사랑하면서 매번 절약하는 태도를 유지한 채 큰 공사는 일으키지 않았습니다. 그런데 근래 몇 년 동안은 사치와 방종에 뜻을 두고 갑자기 겸손과 검약을 망각했습니다. 그리고 경솔하게 인력을 동원하면서 이렇게 말씀하

7_ 아래의 공자와 자공의 대화는 『공자가어』「치사致仕」에 나온다. 몇 글자가 다르지만 의미는 동일하다.

8_ 『상서』「오자지가」에 나온다. "民惟邦本, 本固邦寧."

셨습니다.

'백성에게 일이 없으면 교만하고 안일해지니 피로하게 일을 시켜야 쉽게 부릴 수 있다.'

자고이래 백성이 편하고 즐거워서 나라가 기울거나 패망한 적은 없었습니다. 어찌하여 백성이 교만하고 안일해질까 두려워 고의로 피로하게 일을 시키려 하십니까? 아마도 이것은 나라를 흥성하게 하는 훌륭한 말씀이 아닌 듯합니다. 이것이 어찌 백성을 편안하게 하는 장기 대책이겠습니까? 이것이 폐하께서 점차 초심을 끝까지 지키지 못하는 두 번째 모습입니다."

몸을 즐겁게 하는 일만 추구해선 안 된다

"폐하께서는 정관 초년에 스스로 손해를 보면서 백성을 이롭게 했습니다. 오늘날에는 욕망을 과도하게 추구하며 백성을 노역에 내몰고 있습니다. 겸양과 검약의 자취는 해마다 바뀌고, 교만과 사치의 욕망만 날마다 새로워지고 있습니다. 비록 백성을 걱정하는 말씀은 입에서 끊어지지 않고 있지만 기실 몸을 즐겁게 하는 일만을 마음속에서 절실하게 생각하고 있습니다. 때때로 궁궐을 지으려 하면서도 신하들이 간언을 올릴까 걱정하며 이렇게 말씀하셨습니다.

'만약 이 궁궐을 짓지 않으면 짐의 몸이 불편할 것이오.'

신하된 마음으로 어떻게 반복해서 간쟁할 수 있겠습니까? 이것은 오직 간언하는 사람의 입을 막으려는 의도이니 어찌 좋은 대책을 선택하여 시행하는 태도라 하겠습니까? 이것이 폐하께서 점차 초심을 끝까지 지키지 못하는 세 번째 모습입니다."

절인 생선 옆에 있으면 비린내에 젖어든다

"입신출세의 성패는 사람이 접촉하여 물드는 환경에 달려 있습니다. 향기로운 난초와 절인 생선은 [사람이 어느 것과] 함께하느냐에 따라 모두 그 냄새에 젖어듭니다. 따라서 가까이서 젖어드는 습관에 신중해야 하고 또 이를 깊이 생각하지 않을 수 없습니다.

폐하께서는 정관 초년에 명예와 절조를 갈고 닦으시며, 백성을 감정으로 대하지 않고 오직 선한 사람과 함께했습니다. 또 군자와 친하고 소인을 배척했습니다. 지금은 그렇지 않습니다. 가볍게 소인과 가까이하고 예를 다해 군자를 존중하십니다. 그러나 군자를 존중한다는 것은 기실 존경하면서도 멀리하는 것입니다. 소인을 가볍게 대한다는 것은 기실 허물없이 가까이하는 것입니다. 가까이하면 그 잘못을 보지 못하고, 멀리하면 그 올바름을 알지 못합니다. 그 올바름을 알지 못하면 누가 이간질하지 않아도 스스로 군자를 소원하게 대하고, 그 잘못을 보지 못하면 시간 날 때마다 스스로 소인과 가까이합니다. 소인과 가까이하는 것은 치세를 이루는 도가 아닙니다. 군자를 소원하게 대하는 것이 어찌 나라를 흥성케 하는 대의라 하겠습니까? 이것이 폐하께서 점차 초심을 끝까지 지키지 못하는 네 번째 모습입니다."

일상 용품을 천하게 여기지 말라

"『상서』에는 이런 말이 있습니다.

'무익한 일을 하여 유익한 일을 해치지 않으면 공적이 이루어질 것이다. 기이한 물건을 귀하게 여기면서 일상 용품을 천하게 여기지 않으면 백성이 풍족할 것이다. 개와 말은 풍토에 맞지 않으면 기르지 말고, 진귀한 새와 신기한 짐승은 나라 안에서 기르지 말라.'[9]

폐하께서 정관 초년에는 움직일 때마다 요순을 따르면서 황금과 옥벽을 내버리고 순박한 기풍으로 환원하셨습니다. 그런데 근래 몇 년은 기이한 것을 좋아했습니다. 얻기 어려운 물건도 먼 곳이라 해서 구하러 가지 않은 곳이 없으며, 진기한 완상품의 제작도 어느 때고 중단한 적이 없습니다. 윗사람이 사치를 좋아하면서 아랫사람이 소박하기를 바라는 것은 있을 수 없는 일입니다. 상업과 공업을 크게 일으켜놓고 농민이 넉넉하게 살기를 바라는 것도 있을 수 없는 일임이 이미 분명해졌습니다. 이것이 폐하께서 점차 초심을 끝까지 지키지 못하는 다섯 번째 모습입니다."

한 사람이 참소한다고 사람을 버리지 말라

"정관 초년에는 목마른 사람이 물을 찾듯 현인을 구했습니다. 선인이 천거한 사람을 믿고 임용했으며 그들의 장점을 취하면서도 늘 제때에 미치지 못할까 걱정했습니다. 그러나 근래에는 사심의 호오에 따르며, 더러 많은 사람이 천거한 사람을 임용했다가도 더러는 한 사람이 헐뜯는다고 그를 내버리기도 했습니다. 또 더러 여러 해 동안 업무를 맡기고 등용했다가도 또 더러는 하루아침에 의심하고 멀리하기도 했습니다. 대저 행동에는 평소의 자취가 있고 맡은 일에는 이룬 업적이 있습니다. 따라서 헐뜯는 사람을 천거한 사람보다 믿을 필요는 없으며, 여러 해 쌓은 업적을 하루아침에 갑자기 내버려서는 안 됩니다.

9_『상서』「여오」에 나온다. "不作無益害有益, 功乃成. 不貴異物賤用物, 人乃足. 犬馬非其土性, 不畜. 珍禽奇獸弗育于國."

군자의 뜻은 인의를 실천하며 위대한 덕망을 넓히는 데 있고, 소인의 본성은 참소와 아첨을 좋아하며 자신의 이익을 도모하는 데 있습니다. 폐하께서는 그 근원을 자세히 살피지 않고 가볍게 상벌을 시행하십니다. 이것은 올바른 도의 수호자를 나날이 소원하게 대하는 일이며 사욕이나 추구하는 자를 나날이 이끌어주는 일입니다. 이 때문에 폐하의 아랫사람들은 [어려운 일을] 구차하게 피하려고만 할 뿐 자신의 힘을 다 바치는 사람이 없습니다. 이것이 폐하께서 점차 초심을 끝까지 지키지 못하는 여섯 번째 모습입니다."

지나친 사냥으로 변고에 빠질 수 있다

"폐하께서 보위에 오른 초기에는 높은 지위에 앉아 만민을 자세히 살피고 일을 청정하게 처리하며 마음에 사욕이 없었습니다. 안으로는 그물과 주살 같은 사냥 도구를 없애고 밖으로는 사냥의 근원을 끊었습니다. 그러나 몇 년 뒤에는 그 마음을 고수할 수 없었습니다. 비록 열흘 동안 사냥에 탐닉하는 일은 없었지만 1년에 세 번 사냥하는 천자의 예법은 어겼습니다. 이 때문에 백성에게서 비난을 받았고, 사냥매와 사냥개를 조공품으로 바치는 일이 멀리 사방 이민족에게까지 미쳤습니다.

때로는 사냥하며 무예를 익히는 장소가 너무 멀어 신새벽에 나갔다가 한밤중에야 돌아옵니다. 말 타고 치달리는 걸 즐겁게 여기며 예상치 못한 변고는 생각지도 않습니다. 예상치 못한 사건이 일어나면 과연 구원할 수 있겠습니까? 이것이 폐하께서 점차 초심을 끝까지 지키지 못하는 일곱 번째 모습입니다."

예의를 갖춰 신하를 대하라

"공자께서 말씀하시기를 '임금은 예절로 신하를 부리고, 신하는 충성으로 임금을 섬긴다'[10]고 했습니다. 그러므로 임금이 신하를 대할 때는 예의를 경박하게 해서는 안 됩니다. 폐하께서는 보위에 오르신 초기에 공경으로 신하들을 맞았습니다. 폐하께서 은혜를 아래로 베풀자 신하들은 진심을 위로 전하면서 모두 온 힘을 다 바칠 생각을 했고 마음에 숨기는 것이 없었습니다.

그러나 근래에는 신하들을 소홀하게 대하는 때가 많습니다. 더러는 지방관이 사절로 파견되어 국사를 아뢰기 위해 조정으로 들어와 궁궐에서 폐하를 뵙고 자신이 목도한 바를 진술하고 싶어합니다. 그러나 말씀을 올리려 해도 용안을 뵐 수 없고, 부탁을 드리려 해도 은혜를 받지 못합니다. 그러는 사이 자신의 단점이 드러나 사소한 잘못을 질책 받기도 합니다. 비록 총명한 변론능력을 갖추고 있다 해도 자신의 충심을 다 펼칠 수 없습니다. 그러니 상하가 한마음이 되고 군신이 융화되기를 바라는 건 어려운 일이 아니겠습니까? 이것이 폐하께서 점차 초심을 끝까지 지키지 못하는 여덟 번째 모습입니다."

부지런히 힘쓰며 태만하지 말라

"옛말에 '오만을 자라게 해서는 안 되고, 욕망을 함부로 추구해서도 안 되고, 쾌락에 끝까지 탐닉해서도 안 되고, 뜻을 가득 채워서도 안 된다'[11]라고 했습니다. 이 네 가지 말씀을 따르는 것은 앞 시대 왕

10_ 『논어』 「팔일」에 나온다. "君使臣以禮, 臣事君以忠."

들이 복을 구하는 방법이었는데, 사리에 통달한 현인들도 이 말씀을 깊은 경계로 삼았습니다. 폐하께서는 정관 초년에 부지런히 힘쓰며 태만하지 않고, 자신을 굽혀 다른 사람의 의견에 따르며 항상 부족한 듯이 행동하셨습니다.

그러나 근래에는 교만과 방종이 조금씩 생겨나서 위대한 공훈에 기대 앞 시대 왕들을 멸시하려 하고, 밝으신 지혜에 의지하여 당대當代의 인물을 경시하려 하십니다. 이것은 오만이 자라난 경우입니다.

또 하고 싶은 일이 있으면 모두 마음대로 뜻을 이루려 하는데, 설령 감정을 억누르고 간언을 따를 때도 있지만 끝내 본래의 마음을 잊지 못합니다. 이것은 욕망을 함부로 추구하는 경우입니다.

또 유희에 뜻을 두고 싫증도 내지 않습니다. 이것이 비록 정사를 완전히 방해하는 일은 아니지만 더 이상 치도治道에 전심전력하지는 못합니다. 이것은 쾌락을 끝 간 데까지 추구하려는 경우입니다.

그리고 전국이 안정되고 사방 이민족이 복종했는데도 여전히 멀리까지 군사와 군마를 수고롭게 파견하여 먼 나라의 죄를 물으십니다. 이는 뜻을 가득 채우기 위한 경우입니다.

친한 사람은 폐하의 뜻에 아부하느라 말하려 하지 않고, 소원한 사람은 폐하의 위엄을 두려워하며 감히 간언을 올리지 못합니다. 이런 일이 누적되면서 그치지 않으면 장차 폐하의 성덕이 손상될 것입니다. 이것이 폐하께서 점차 초심을 끝까지 지키지 못하는 아홉 번째 모습입니다."

11_ 『예기』 「곡례 상」에 나온다. 셋째 구와 넷째 구의 순서가 바뀌었다. "傲不可長, 欲不可縱, 樂不可極, 志不可滿."

평안할 때 교만하거나 안일하지 말라

"옛날에 요임금과 탕 임금 때도 재난이 없지 않았습니다. 그런데도 그들의 성스러운 덕행을 칭송하는 까닭은 그들이 초심을 끝까지 유지한 채, 강제로 정치를 하지 않고 욕망을 억제하면서, 재난을 당하면 근심에 젖어 부지런히 노력했고, 시절이 안정되어도 교만하거나 안일하지 않았기 때문입니다.

정관 초년에 해마다 서리 피해와 가뭄이 발생하여 도성 근교 호구를 모두 관외關外[12]로 옮길 때 백성이 늙은이의 손을 잡고 어린아이를 업은 채 여러 해를 왕래하면서도 일찍이 한 집도 도망가지 않았고 한 사람도 원망과 고통의 말을 하지 않았습니다. 이것은 진실로 백성을 긍휼히 길러주는 폐하의 마음을 알았기 때문에 죽어도 두마음을 먹지 않은 경우입니다.

하지만 근래에 백성은 부역에 지쳐 있는데 관중 사람들은 그 피로가 더욱 심합니다. 잡역에 동원된 장인들은 근무 기간이 끝난 후에도 모두 붙잡혀 관아에 고용되어 있습니다. 정식으로 군대에 징집된 사람들도 도성으로 파견되어 대부분 또 다른 복무에 내몰리고 있습니다. 관가에서 사들인 물건이 시골 마을에도 끊이지 않고 있으며, 물건을 운반하는 인부도 도로에 계속 이어지고 있습니다. 이미 폐단이 드러나자 백성은 쉽게 놀라며 근심에 젖습니다. 만약 홍수와 가뭄 때문에 곡식을 거두지 못하면 아마도 백성의 마음은 이전처럼 안정될 수 없을 것입니다. 이것이 폐하께서 점차 초심을 끝까지 지키지 못하는 열 번째 모습입니다."

12_ 당나라 도성 장안과 그 근교의 백성을 함곡관 밖으로 옮겼다.

아직도 한 삼태기의 공로가 부족하다

“신이 듣건대 ‘화와 복은 특별히 들어오는 문이 있는 것이 아니라 사람이 스스로 불러들이는 것이다’[13]라 하고 또 ‘사람이 빌미를 제공하지 않으면 요사스러운 일이 터무니없이 발생하지 않는다’[14]라고 합니다. 엎드려 생각건대 폐하께서는 천하를 통치하신 지 13년이 되어 도의道義는 세상에 스며들었고 위엄은 해외에까지 떨쳤습니다. 해마다 풍년이 들고 예교는 흥성하여, 집집마다 상을 받을 만하고, 곡식은 또 물과 불처럼 흔합니다.

그런데 금년에 이르러 천재지변이 유행하고 있습니다. 더운 날씨는 가뭄을 불러와 [피해가] 멀리 군과 제후국까지 덮었습니다. 흉악한 무리가 재앙을 야기하여 [참화가] 갑자기 도성에서 발생하고 있습니다. 대저 하늘이 무슨 말을 하겠습니까? 하늘이 조짐을 드리워 경계하니 지금은 진실로 폐하께서 놀라고 두려워하셔야 할 때이며, 근심에 젖어 부지런히 노력하셔야 할 시기입니다. 만약 경계의 조짐을 보고 두려워하며 선한 일을 선택하여 따른다면 주나라 문왕의 조심하는 태도와 같아질 것이고, 은나라 탕왕의 자책하는 모습을 뒤따를 수 있을 것입니다.

앞 시대 임금들이 예법을 만든 것은 부지런히 그것을 실천하라는 것입니다. 오늘날 덕을 망친 자는 깊이 생각하며 행동을 고쳐야 합니다. 만물과 더불어 더욱 새롭게 살아가며 백성이 보고 듣는 것을 바꾼다면 보위가 무궁하게 전해온 천하에 크나큰 행운이 깃들 것이니 어찌 재앙과 패망이 있을 수 있겠습니까? 그러므로 사직의 안정과 위기, 국가의 치세와 난세는 오직 임금 한 사람에 달려 있을 따름입니

13_『좌전』 양공 23년에 나온다. “禍福無門, 唯人所召.”

14_『좌전』 장공 14년에 나온다. “人無釁焉, 妖不妄作.”

다. 지금 태평성대의 터전이 하늘 끝까지 높아졌지만, 열 길 높이의 공적에는 아직도 한 삼태기의 공로가 부족합니다. 지금 같은 천재일우의 좋은 시기는 다시 얻기 어렵습니다. 밝으신 임금께서는 할 수 있는데도 하지 않고 있으니 이것이 지금 미천한 신하가 우울해하며 장탄식을 내뱉는 까닭입니다."

강경하고 정직한 간언을 채택하라

"신은 진실로 어리석고 비천하여 정사의 요체에 통달하지 못했지만 지금 대략 신이 본 10가지 모습을 대략 열거하여 서둘러 위로 성스러운 폐하께 알려드렸습니다. 엎드려 바라건대 폐하께서는 미친 소경 같은 신의 말을 채택하시고 꼴 베고 나무하는 사람의 의견도 참고하십시오. [어리석은 신이] 천 번 생각하여 얻어낸 한 가지 견해가 폐하의 직무에 도움이 된다면 신은 죽어도 산 것과 마찬가지일 터이니 기꺼이 부월斧鉞의 처분을 따르겠습니다."

상소문을 아뢰자 태종이 위징에게 말했다.

"신하가 임금을 섬길 때 임금의 뜻에 순종하기는 매우 쉽지만 임금의 마음을 거스르기는 지극히 어렵소. 공은 짐의 눈과 귀 그리고 팔다리가 되어 늘 자신의 생각을 토론하여 짐에게 바쳤소. 짐은 지금 잘못에 대해 듣고 고칠 수 있으니 짐이 시작한 선한 사업을 끝까지 유지할 수 있을 것이오. 만약 이 말을 어긴다면 다시 무슨 얼굴로 공과 대면할 수 있겠소? 그리고 또 무슨 방법으로 천하를 다스릴 수 있겠소? 공의 상소문을 받은 이후로 반복해서 연구하고 탐색해본 결과 언어가 강경하고 논리가 정직함을 깊이 깨달았소. 그리하여 마침내 병풍에 붙여두고 아침저녁으로 우러러보고 있소. 또 얼마 후 사관에게 주어 천 년 이후 사람들에게도 군신 간의 대의를 알게 하려 하오."

그리하여 위징에게 황금 10근과 궁궐 구유의 명마 2필을 하사했다.

공을 생각하고 사를 잊어라

정관 14년, 태종이 근신들에게 말했다.

"천하를 평정하여 짐은 비록 대업을 이뤘지만 그것을 지킴에 타당한 계책을 잃어버린다면 짐의 공적도 더 이상 보존하기 어려울 것이오. 진시황도 처음에는 여섯 나라를 평정하여 천하를 점거했지만, 말년에 이르러서는 천하를 잘 지킬 수 없었소. 진실로 이를 경계로 삼아야 하오. 공들이 공公을 생각하고 사私를 잊는다면 이름은 영예로워지고 벼슬은 높아져서 그 아름다움을 끝까지 유지할 수 있을 것이오."

위징이 대답했다.

"신이 듣건대 전쟁에서 이기기는 쉽지만 승리를 지키기는 어렵다고 합니다.[15] 폐하께서는 깊고 원대한 생각으로 편안할 때 위기를 잊지 않으시니 공적은 이미 천하에 밝게 드러났고 덕스러운 가르침도 백성에게 두루 스며들었습니다. 항상 이렇게 정치를 하시면 종묘사직이 기울거나 패망할 까닭이 없습니다."

신하의 간언을 반듯한 법칙으로 삼으라

정관 16년, 태종이 위징에게 물었다.

15_ 『오자병법吳子兵法』 「도국圖國」 제1에 나온다. "戰勝易, 守勝難."

"짐이 근고近古[16] 시대의 제왕을 살펴보니 보위를 10대나 전한 사람도 있었고, 1~2대만 전한 사람도 있었으며 또 자신이 천하를 얻어 스스로 잃어버린 사람도 있었소. 이것이 짐이 늘 근심과 두려움을 품는 까닭이오. 혹은 백성을 부양할 때 그들이 제 능력에 맞는 자리를 얻지 못할까 두렵기도 하고 혹은 짐의 마음이 교만하고 안일해져서 기쁨과 노여움을 과도하게 표현할까 두렵소. 그런데 나 자신에 대해 알지 못할 때 경은 짐을 위해 간언을 올렸으니 짐은 마땅히 그것을 반듯한 법칙으로 삼겠소."

위징이 대답했다.

"좋아하고 욕심내고 기뻐하고 분노하는 감정은 현명한 사람이나 어리석은 사람이 모두 같습니다. 현명한 사람은 감정을 절제하여 도를 넘지 않게 하지만, 어리석은 사람은 자신을 감정에 내맡겨 실수하는 일이 많습니다. 폐하께서는 성덕이 심원하여 편안할 때 위기를 생각하시는 분입니다. 엎드려 바라건대 폐하께서 항상 스스로 절제하여 초심을 끝까지 보전하실 수 있으면 만대 이후까지도 나라의 천명이 영원히 의지할 데가 있을 것입니다."

16_ 당나라 시대에 말하는 근고近古는 대체로 진秦나라에서 수나라까지를 가리킨다.

정관정요

1판 1쇄 2017년 1월 16일
1판 4쇄 2024년 2월 15일

지은이 오 긍
옮긴이 김영문
펴낸이 강성민
편집장 이은혜
마케팅 정민호 박치우 한민아 이민경 박진희 정경주 정유선 김수인
브랜딩 함유지 함근아 박민재 김희숙 고보미 정승민 배진성
제작 강신은 김동욱 이순호
독자모니터링 황치영

펴낸곳 (주)글항아리 | 출판등록 2009년 1월 19일 제406-2009-000002호

주소 10881 경기도 파주시 심학산로 10 3층
전자우편 bookpot@hanmail.net
전화번호 031-955-8869(마케팅) 031-941-5158(편집부)
팩스 031-941-5163

ISBN 978-89-6735-409-1 03900

잘못된 책은 구입하신 서점에서 교환해드립니다.
기타 교환 문의 031-955-2661, 3580

www.geulhangari.com